Wilfried von Eiff (Hrsg.)
Krankenhausbetriebsvergleich

Christiane Saure
(wissenschaftliche Redaktion)

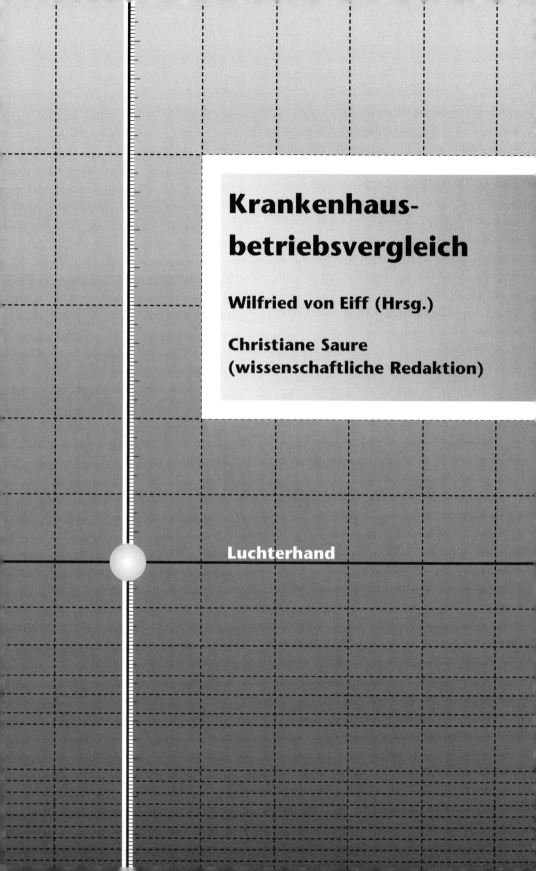

Krankenhaus-betriebsvergleich

Wilfried von Eiff (Hrsg.)

Christiane Saure
(wissenschaftliche Redaktion)

Luchterhand

Die Deutsche Bibliothek – CIP-Einheitsaufnahme

Von Eiff, Wilfried

Krankenhausbetriebsvergleich/Wilfried von Eiff.
Neuwied; Kriftel; Berlin: Luchterhand, 2000

ISBN 3-472-03684-2

Lektorat: Christiane Oehm-Peschel
Umschlaggestaltung und Layout: Ute Weber GrafikDesign, München
Satz: KompetenzCenter Urban, Düsseldorf
Druck und Verarbeitung: Wilhelm & Adam, Heusenstamm
Printed in Germany, Dezember 1999

Gedruckt auf säurefreiem, alterungsbeständigem und chlorfreiem Papier

Prolog

Wilfried von Eiff

*»Der Betriebsvergleich ist kein Denkersatz für
ideenlose Manager...,
... sondern Anstoß zu einem zielgerichteten Dialog:
Hierarchieübergreifend, unternehmensübergreifend,
berufsgruppenübergreifend und branchenübergreifend.«*

Mythos Titanic

oder: Der Betriebsvergleich als Navigationshilfe zwischen Wettbewerb, Kostendruck und Qualitätsanspruch

Die Katastrophenfahrt der Titanic hat eine faszinierende Symbolkraft: als Metapher für den gesellschaftlichen Niedergang europäischen Lebensstils oder als Menetekel für den fatalen Glauben an Unfehlbarkeit menschlicher Technik-Innovationen, ähnlich der Katastrophe von Tschernobyl oder des Challenger-Desasters. Auch die Diskussion um den Krankenhaus-Betriebsvergleich hat etwas vom »Mythos Titanic«: die erfolgreiche Steuerung eines Krankenhauses durch ein »Eisbergfeld« bestehend aus Wettbewerb, Kostendruck und medizinischem Qualitätsanspruch läßt sich nicht alleine leisten durch einen Kompaß, der nur die Entscheidungsparameter »Richtung« mit weiteren einfachen Kennzahlen wie »Windrichtung«, »Strömung« u. ä. kombiniert; benötigt wird eine präzise Navigationshilfe, durch die nicht nur Eisberge erkannt, sondern deren Ausdehnung unterhalb der Wasseroberfläche sicher identifiziert werden (siehe Abbildung 1).

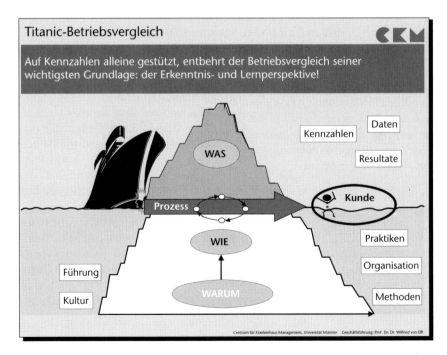

Abb. 1: Ein entscheidungsorientiertes Steuerungsinstrument hinterfragt das Zustandekommen von Kennzahlen

Ein Krankenhaus, das seine Organisationsstrukturen kostensenkend optimiert, gleichzeitig eine hohe medizinische Qualität garantiert, patientengerechte Arbeitsabläufe aufweist und durch kundenorientierten Service besticht, entspricht unserer Idealvorstellung vom bedarfsgerechten und wirtschaftlichen Gesundheitswesen.

Die Entwicklung solcher »modellhafter« Vergleichsmaßstäbe ist die Absicht des Gesetzgebers, der die Einführung des sog. Krankenhausvergleichs verbindlich vorsieht. Gemäß § 5 Bundespflegesatzverordnung sind die Deutsche Krankenhausgesellschaft und die Spitzenverbände der Krankenkassen verpflichtet, einen Krankenhausvergleich gemeinsam zu vereinbaren und zu organisieren. Ziel ist es, durch regelmäßige, strukturierte Überprüfungen der Krankenhausleistungsprozesse auf Qualität und Wirtschaftlichkeit beispielgebende Versorgungs- und Kostenstrukturen zu ermitteln und diese zum »Standard« im Sinne eines Vergleichsmaßstabs zu erheben: nachgewiesene Bestleistungen von »Modellkrankenhäusern« bilden in Zukunft die Grundlage zur Festlegung von Preisen für medizinische Leistungen, in Form von Fallpauschalen und Sonderentgelten.

Unternehmerisches Verhalten von Krankenhäusern soll in Zukunft belohnt werden: preisgünstige Leistungsstrukturen sind die Voraussetzung zur Erweiterung von Versorgungsaufträgen durch die Kassen. Damit stehen die Krankenhäuser im harten Preiswettbewerb.

Die wichtigste Erkenntnis: ohne föderale Anpassung der Führungsorganisation in den Krankenhäusern, ohne einen grundlegenden Wandel zum kooperativen Dialog zwischen Krankenhäusern und Kostenträgern, bleibt der Betriebsvergleich als Controllinginstrument einer leistungsorientierten Führung weit hinter seinen Möglichkeiten zurück.

Damit hat der Betriebsvergleich vier Funktionen zu erfüllen:

a) Marktersatzfunktion
   In bezug auf den ordnungspolitischen Aspekt im Rahmen der Gesundheitssystemsteuerung hat der Betriebsvergleich eine → Marktersatzfunktion: Der Markt hat die Funktion durch Preise die Ressourcen zur Stelle ihrer effizientesten Verwendung zu steuern, damit Verschwendung vermieden wird. Im Gesundheitswesen gibt es einen derartigen Marktmechanismus nur eingeschränkt. Die Konsumentensouveränität ist eher nicht vorhanden, ebenso kann ein Krankenhaus im Normalfall seine Entscheidungen über Leistungsstrukturen und Leistungsmengen nicht autonom treffen, sondern ist von Landesplanung, Kostenträgern und Kassenärztlichen Vereinigungen (Stichwort: Ambulanz-Ermächtigung) abhängig.

b) Innovationsfunktion
   Über den Marktmechanismus wird eine zweite Funktion aktiviert: Die → Innovationsfunktion. Der Markt belohnt den innovativen Unter-

nehmer mit steigenden Marktanteilen, höheren Gewinnen, etc. und trägt damit zu höherer Qualität und steigendem Wohlstand bei.

c) Lern- und Entwicklungsperspektive
Ein Betriebsvergleich fördert die → Lern- und Entwicklungsperspektive: Betriebsvergleichsdaten helfen Leistungslücken aufzuspüren und auf die Suche nach der Besten Praxis zu gehen, die dann innovativ in das eigene Unternehmen umgesetzt wird. Benchmarking wird zum Prozeß der Innovations- und Organisations-Entwicklung.

d) Managementfunktion
Der Betriebsvergleich ermöglicht eine qualifiziertere Wahrnehmung der → Managementfunktion, in dem entscheidungsrelevante Informationen abgeleitet, in operative Ziele transformiert und als Handlungsziele im Rahmen eines delegationsorientierten Führungskonzeptes partizipativ umgesetzt werden. (siehe Abbildung 2)

Aber: Bisher existiert in Deutschland kein akzeptiertes Verfahren für einen Krankenhausbetriebsvergleich: entweder sind die bestehenden Methoden mit erheblichen Mängeln behaftet, oder die Vergleichsansätze sind von einseitigen Interessen geprägt.

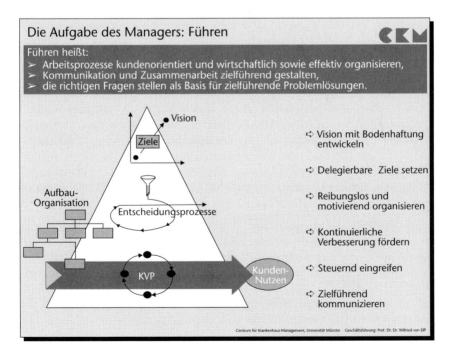

Abb. 2: Führen geht zielführende Kommunikation auf Basis entscheidungsorientierter Informationen voraus

Insofern ist es nachvollziehbar, wenn die Vergleichbarkeit der Leistungs- und Kostenstrukturen alternativer Krankenhäuser von den entscheidungsverantwortlichen Krankenhausmanagern offen bestritten wird.

Ganz anders die Situation in den USA und in England: Hier haben Krankenhaus-Rankings seit Jahren ihren Stellenwert; verglichen werden aber keine betriebswirtschaftlichen Bestleistungen, sondern man konzentriert sich auf medizinische, patientenbezogene und pflegerische Aspekte.

Ein Betriebsvergleich muß möglichst freigehalten werden von einseitigen politischen Interessen. Außerdem sollte ein Betriebsvergleich drei Merkmale aufweisen.

❏ Medizinische und ökonomische Leistungsaspekte werden gemeinsam berücksichtigt, denn, »der Patient erwartet in erster Linie eine bestmögliche medizinische Betreuung; aber andererseits darf nicht vergessen werden, daß wirtschaftliches Verhalten heute die Finanzierungsgrundlage für medizinische Innovation und die Verbesserung der Mitarbeiterqualifikation für morgen darstellt.«

❏ Der Vergleichsansatz löst sich von den üblichen Kennzahlenbetrachtungen; derlei Ergebnisse liegen erst vor, wenn die Kosten zu hoch und die Qualität schlecht ist. Daher steht im Mittelpunkt der Vergleich von sog. Erfolgs- und Qualitätsförderern sowie von Best Practices: Welche Merkmale weist eine patientengerechte Organisation auf? Durch welche Kriterien kann eine Unternehmenskultur beschrieben werden? Welche Strukturmerkmale weisen erfolgreiche Geschäftsprozesse auf?

❏ Bei aller produktiven Euphorie, die mit dem Grundgedanken des »schnellen und gezielten Lernens durch Vergleich mit den Besten« verbunden ist, brachten die Recherchen im Rahmen des internationalen CKM-Krankenhausbetriebsvergleichs eine triviale Erkenntnis hervor, an der auch die Protagonisten des Krankenhaus-Betriebsvergleichs nicht kommentarlos vorbeikommen, und die der Verwaltungsdirektor Hubert Vennemann vom St. Agnes Hospital in Bocholt nüchtern mit der Feststellung beschrieb:

»Das 100 km entfernte Krankenhaus bekommt von mir fundiertere Daten als das 20 km entfernte, mit dem ich im Wettbewerb stehe.«

Diese verständliche Reaktion der Krankenhaus-Manager legt es nahe, den Betriebsvergleich international auszulegen und die branchenübergreifende Komponente einzubauen. Dies ist aus meiner Sicht die wirkungsvollste Verfahrensweise, um echte Innovationen in das Gesundheitswesen einzubringen.

Es kann auch nicht darum gehen, den Betriebsvergleich zum Instrument von Interessenvertretungen zu mißbrauchen: ein Betriebsvergleich ist nicht dazu da, dem Krankenhaus Argumente »gegen die Kassen« zu liefern; ebensowenig darf ein Betriebsvergleich ein Disziplinierungsmittel der Kassen gegen die Krankenhäuser sein.

Ein Betriebsvergleich sollte auch nicht primär den »Ranking-Aspekt« repräsentieren; sprich: Krankenhaus A als vorzugswürdig gegenüber Krankenhaus B einzustufen. Ein Betriebsvergleich im konstruktiven Sinn zeigt objektive Handlungsbedarfe auf und vermittelt anhand von Best Practices Ideen für höhere Qualität und niedrigere Kosten in Zukunft. Insofern ist der Betriebsvergleich eine Chance zur qualifizierten Wertschöpfung der Krankenhäuser; nur wer diese Chance vorsätzlich aus Bequemlichkeit oder Ignoranz nicht nutzt, sollte mit transparenten Sanktionen belegt werden.

Die konstruktive Handhabung eines Betriebsvergleichs geht einher mit der Existenz einer auf Delegation und Subsidiarität begründeten Form der leistungsorientierten Führung.

Außerdem ist der Betriebsvergleich keine Momentaufnahme mit dem Charakter eines Schulzeugnisses. Der Betriebsvergleich ist der Einstieg in einen Prozeß der Organisations-Ent-

> *Delegation setzt operationale und damit delegierbare Ziele bzw. Leistungsvereinbarungen voraus. Aus dem Betriebsvergleich können solche »Delegationsdaten« abgeleitet werden.*

wicklung, in dessen Verlauf erkannte Schwachstellen oder auch interessante Best Practices zum Innovationsmotor für die eigene Organisaton werden. Die Unternehmenskultur, der Erfolgsfaktor einer jeden Organisation, erhält über den Betriebsvergleich eine sachliche Orientierung.

Zielsetzung dieses Buches ist es nicht, den »richtigen« Vergleich zu identifizieren (siehe Abbildung 3), sondern zu verdeutlichen, daß ein Betriebsvergleich

❏ den vom Management gesetzten Zweck (z. B. Marketing-Hilfe, Lernen von der Besten Praxis, Vorbereitung von Verhandlungen mit Kostenträgern, ...) erfüllen muß und

❏ Informationen bereithält aus denen ersichtlich wird, wodurch (Organisation, Führung, Methoden, ...) überragende Resultate erzielt worden sind.

Insofern bietet dieses Buch keine »Checkliste für den ratlosen Manager«, sondern ist als Plattform zu verstehen, auf deren Grundlage aussagefähige Vergleichskonzepte aufgebaut werden können.

Zur Diskussion gestellt werden grundsätzliche methodische Überlegungen (Kennzahlenvergleich versus Prozeßvergleich), die zeigen, daß der Betriebsvergleich – richtig angewendet – ein wirksames Controlling-Instrument sein kann.

Auch die Erfahrungen aus unterschiedlichen Ländern fließen in diese Diskussionsplattform ein.

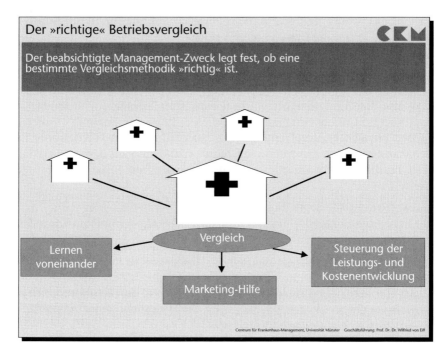

Abb. 3: Der Betriebsvergleich verfolgt unterschiedliche Zwecke – Marketinghilfe, Innovationsmotor, Marktersatzfunktion, strategische Positionierung, Organisationsentwicklung und Kostenbeeinflussung

Dieses Buch erhebt auch keinen Vollständigkeitsanspruch, sondern ist eher ein Leitfaden, mit dessen Hilfe zweckmäßige Vergleichsansätze zielsicherer erkannt werden können.

Ich bedanke mich bei allen, die durch begründete kritische Distanzierung zum Thema Betriebsvergleich einen Zwang zur präzisen Argumentation für das »richtige« Betriebsvergleichs-Konzept auslösten; ebenso gilt mein Dank den positiven Protagonisten, die den schwierigen Weg zur »richtigen« Betriebsvergleichs-Sicht mit ihrem Optimismus förderten.

Mein besonderer Dank gilt der Bertelsmann Stiftung, bei der die Idee geboren wurde, einen Betriebsvergleich für Krankenhäuser als Instrument der Organisations-Entwicklung im Gesundheitswesen ins Leben zu rufen; nicht zu vergessen die Experten aus Krankenhäusern, Ministerien, Kostenträgern und Universität, die ihr Praxis- und Konzeptionswissen in einen konstruktiven Dialog einbrachten.

Danken möchte ich auch meinen MitarbeiterInnen am CKM für die tatkräftige Unterstützung, die von der Interviewdokumentation bis zur inhaltlichen Fachdiskussion, von der Veranstaltungsorganisation bis zur graphischen Gestaltung reichte: Dipl.-Kffr. Christiane Saure, Dipl.-Volksw. Wolfgang Buchholz sowie Frau Doris Eckert und Frau Simone Klasvogt.

Bleibt abschließend nur noch zu vermerken, daß – wie bei solchen Projekten schon üblich – die sozialen Kosten dieses Buches meine Familie trug.

Münster, im Dezember 1999   *Wilfried von Eiff*

Inhalt

1 Controlling als Management-Rahmen für den Betriebsvergleich

Controlling als Führungsaufgabe

Wilfried von Eiff

»*Controlling ist die Fähigkeit
die richtigen Fragen zu stellen.*«

1 Controlling: Begriff, Zweck und Funktion

1.1 Controlling-Begriff

Controlling ist die zielorientierte Steuerung der Prozesse der Leistungsentstehung und Leistungsverwertung im Krankenhaus unter den Aspekten der Bedarfsgerechtigkeit und Wirtschaftlichkeit (vgl. §§ 108, 109 (2) SGB V).

> **Controlling heißt** entscheidungsorientiertes Steuern von Leistungsprozessen sowie kontinuierliche Beeinflussung von Kostenstrukturen nach den Kriterien der Bedarfsgerechtigkeit, Qualität und Wirtschaftlichkeit.

Die ergebnisorientierte Steuerung der Leistungs- und Kostenströme erfolgt mit dem Ziel der

- bedarfs-(kunden-)gerechten Weiterentwicklung sowie der
- ständigen Qualitätsverbesserung der Leistungen ebenso wie der
- kontinuierlichen Kostensenkung.

Damit hat Controlling im Sinne von »Steuerung« folgende Aufgabenschwerpunkte zu erfüllen (siehe Abbildung 1.1):

- Ziele entwickeln und vereinbaren, Bewertungsmaßstäbe festlegen, Abweichungen analysieren.
- Erarbeitung von Organisationsinnovationen zur kosten- und leistungswirksamen Verbesserung des Zusammenwirkens der Produktivfaktoren.
- Entwicklung von Belohnungs- und Sanktionsmechanismen sowie von verhaltenssteuernden Kennzahlen, um unternehmerisches Denken und Verhalten auf allen Mitarbeiterebenen zu fördern.

Controlling beinhaltet fünf Verantwortungsschwerpunkte:

1. Planen
auf der Grundlage einer strategischen Festlegung der Leistungsschwerpunkte und der Ressourcen,

2. Berichten
auf Basis entscheidungsrelevanter Informationen,

3. Steuern
durch Zielvereinbarung und Abweichungsanalyse,

4. Verbessern
durch Einführung organisatorischer Optimierungsmaßnahmen,

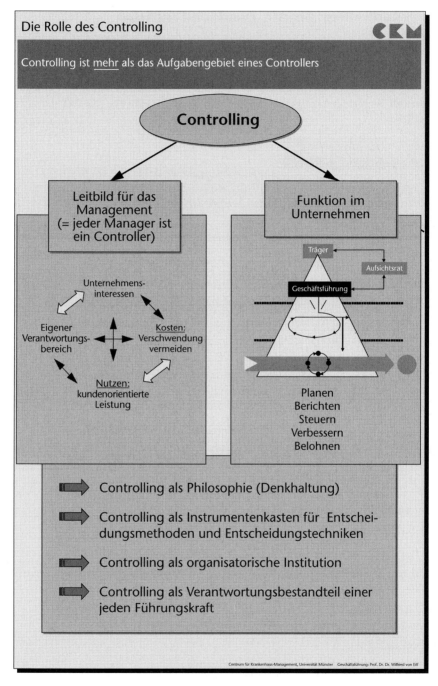

Abb. 1.1: Controlling ist im Wesentlichen eine Denkhaltung des konstruktiven Hinterfragens: »Welche Alternative gibt es noch?«

5. Belohnen
für qualitätsförderndes und wirtschaftliches »unternehmerisches« Verhalten.

> *Controlling muß so angelegt sein, daß die leistungs- und kostenverantwortlichen Führungskräfte für qualitätsförderndes und wirtschaftliches Verhalten belohnt werden.*

1.2 Controlling heißt »Steuern«

Controlling, Kostenrechnung, Rechnungswesen etc. werden von der begrifflichen und inhaltlichen Nähe her von den meisten Praktikern als eng verwandt angesehen. Es ist sicher richtig, daß »Controlling« unter anderem auch auf Daten des Rechnungswesens zurückgreift, aber dieses ist bei weitem nicht die einzige Bezugsquelle zur Ableitung entscheidungsorientierter Informationen.

Controlling kann nur dann seiner steuernden Aufgabe nachkommen, wenn es sich an den Inhalten der Kerngeschäftsprozesse eines Krankenhauses orientiert.

Die Kernfragen der Steuerung sind:

- »Tun wir die richtigen Dinge?« (Versorgungsauftrag, Leistungsziele, Mengenplanung)
- »Tun wir die richtigen Dinge richtig?« (Wie erbringen wir die Leistung; mit welchen Ressourcen; in welcher Organisation?)
- »Was können wir verbessern, um weiterhin die richtigen Dinge zu tun (Strategien) und die richtigen Dinge noch kostengünstiger (»Wie kann Verschwendung vermieden werden?«) und qualitätsgerechter (»Wie kann die Kundenorientierung verbessert werden?«) zu tun?

Damit ist Controlling ausgerichtet auf die Steuerung von Wertschöpfungsbeiträgen (siehe Abbildung 1.2).

Für einen Controller, dessen wichtigste Aufgabe es ist, Führungskräfte in ihrer Führungsaufgabe zu unterstützen, muß die Beeinflussung von kostenverursachenden Faktoren wichtiger sein als die Erfassung und die Verteilung von Kosten. Es ist massiv in Frage zu stellen, ob es immer erforderlich ist, die Kosten aufwendig zu erfassen, um sie dann zu beeinflussen.

Ein zielführender Controlling-Ansatz sollte der Handlungsphilosophie folgen:

Frage nicht, wie Kosten verursachungsgerecht verteilt werden können, sondern frage, ob die Leistung, die hinter den Kosten steht, überhaupt erforderlich ist. Die Kosten einer nicht erforderlichen Leistung braucht man nicht zu erheben oder aufwendig verursachungsgerecht zu verteilen, sondern man muß diese Leistung eliminieren; dann fallen auch die Kosten weg.

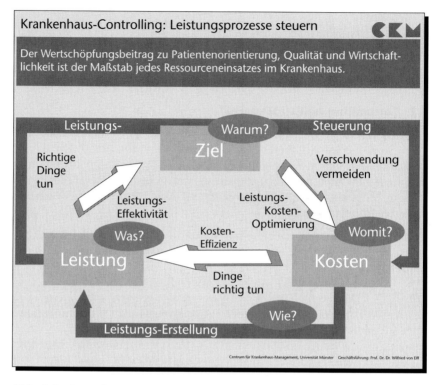

Abb. 1.2: Controlling und Management müssen dafür Sorge tragen, daß die richtigen Dinge getan werden

Controlling heißt primär: »Die Kernfragen gezielt stellen!« (siehe Abbildung 1.3); dieses »Stellen der Kernfragen« ist nicht delegierbare Aufgabe einer jeden Führungskraft.

1.3 Controlling im Krankenhaus: Die Aufgabenschwerpunkte

Die Aufgabenschwerpunkte des Krankenhaus-Controlling lassen sich unter verschiedenen Perspektiven betrachten. Die klassische Betrachtung zielt auf die Abgrenzung zwischen kaufmännisch orientierten Controlling-Aufgaben einerseits und dem sogenannten Medical Controlling andererseits.

Eine zweite Sichtweise unterscheidet funktional orientierte Aufgabenschwerpunkte von prozessional orientierten (siehe Abbildung 1.4).

Ein durchgängiges Controlling-Konzept sollte für ein Krankenhaus einige Mindestbestandteile aufweisen (siehe Abbildung 1.5).

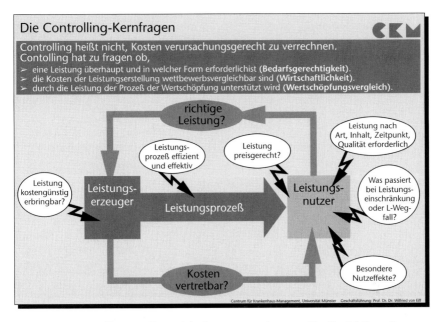

Abb. 1.3: Controlling »weiß es nicht besser«, sondern »weiß, die richtigen Fragen zu stellen«

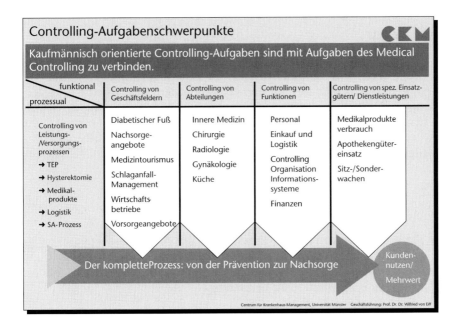

Abb. 1.4: Funktionale und prozeßorientierte Aufgabenbereiche werden ganzheitlich unter Orientierung am Kundennutzen gesteuert

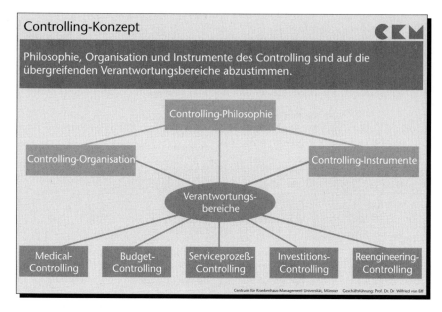

Abb. 1.5: Die Mindestbestandteile eines Controlling-Konzepts

2 Das Medical Controlling (MC)

2.1 Zweck

Zweck des Medical Controlling ist es, die Sicherstellung einer bedarfsgerechten und wirtschaftlichen Patientenversorgung durch verständliche und aussagefähige (Informationswert) Methoden, Instrumente und Verfahren zu unterstützen, die eine integrierte Berücksichtigung medizinischer, pflegerischer und betriebswirtschaftlicher Aspekte erlauben. MC ist das Controlling (Planen, Berichten, Steuern, Verbessern, Belohnen) der medizinischen Kerngeschäftsprobleme im Krankenhaus.

2.2 Beurteilungskriterien

Wichtigste Aufgabe des Medical Controlling ist die

❏ Planung, Steuerung und Verbesserung der medizinischen und paramedizinischen Leistungsstrukturen, Leistungsprozesse und Leistungsmengen eines Krankenhauses bzw. seiner Abteilungen nach folgenden Entscheidungskriterien zu beurteilen:

– **medizinische Qualität**

Dies umfaßt die Berücksichtigung schonender und diagnosesicherer sowie therapieerfolgreicher neuer Methoden auf Grundlage einer evidenzbasierten Medizin und betrifft die Festlegung von Qualitäts-standards, Prüfen deren Einhaltung sowie Verfügbarmachen von In-strumenten der Qualitätssteuerung.

– Standardisierungsgrad

Hier geht es um die Entwicklung von Standards für medizinische Lei-stungsprozesse (Clinical Pathways), auch in Verbindung mit Kosten und Wirtschaftlichkeitsaspekten (DRGs) ebenso wie um die Festlegung von Standards für Medikamente, Medikalprodukte und technische Geräte als Grundlage für Qualitätssicherung und Wirtschaftlichkeit.

– Kundenorientierung: Patientengerechtigkeit

Festlegung von Kundenzufriedenheitsparametern sowie Unterstützung deren Umsetzung. Dabei ist auf eine Kundensegmentierung zu achten, die klar definierbare Nutzenumfänge ermöglicht (z. B. der Angehörige eines Schlaganfallpatienten, der Angehörige eines am Bruch operier-ten Patienten, die Hysterektomiepatientin, ...).

– Kundenorientierung: Mitarbeitergerechtigkeit

Die Ziele der Mitarbeiterorientierung sind zu fixieren (z. B. niedrige körperliche und seelische Belastung, Zeit für Familie und Beruf, ...). Die Leistungsprozesse sind unter den Gesichtspunkten zeitliche Be-lastung, Überstunden zu ungünstigen Zeiten, körperliche und psychi-sche Belastung, etc. zu strukturieren.

– Kundenorientierung: weitere Kunden

Niedergelassene Ärzte, Lieferanten, Kassen, Öffentlichkeit, ...

– Wirtschaftlichkeit

– Ökologie

– Gesundheitssystemvorteile

2.3 Aufgabenschwerpunkte des Medical Controlling

Die Aufgaben des Medical Controlling leiten sich aus den Planungs- und Steuerungsanforderungen rund um die medizinischen und pflegerischen Kerngeschäftsprozesse ab:

- Leistungsstrukturplanung: Strategische Positionierung, Planung und Entwicklung der Krankenhausleistungsstruktur incl. Kapazitätsrah-menplanung,
- Leistungs-/Kostenverfolgung (Kalkulation/Nachkalkulation von Son-derentgelten und Fallpauschalen),
- Leistungsmengenplanung (= von welchen Fällen wird welche Anzahl realisiert?) incl. der Kapazitätsfeinplanung,

- Leistungsprozeßmanagement (nach § 39 SGB V) incl. Kooperations-planung und Kooperationsmanagement,
- Leistungstandards, Ziele, Kriterien,
- Fall-Management (Aufnahme, Diagnose, Behandlungsverlauf, Entlassung, Nachsorge, Dokumentation) inklusive eines Leistungsprozeß-managements nach § 301 SGB V),
- Leistungsüberprüfung/Qualitätsmanagement (nach § 137, 112, 70 SGB V),
- Verbesserung/Reorganisation der Leistungsstrukturen,
- Kosten/Nutzen-Analysen auf Basis medizinischer Erfolgsfaktoren,
- Weiterentwicklung evidenzbasierter Diagnose- und Therapieformen in der Medizin,
- Erstellen von medizinischen Anforderungsprofilen für medizin-technische Geräte.

3 Controlling der Erfolgsfaktoren: Betriebsvergleich und Benchmarking als Steuerungsinstrumente

Eine der wichtigsten Managementaufgaben stellt das Erkennen und stra-tegisch-zielorientierte Beeinflussen der Erfolgsfaktoren eines Kranken-hauses dar.

Als unterstützendes Controlling-Instrument für diese Aufgabenstellung bieten sich Betriebsvergleich, Benchmarking und Best-in-Class-Vergleich an.

Absicht des Betriebsvergleichs ist es, durch vergleichende Analysen

- der Leistungsprozesse und Prozeßresultate,
- der Berichtsorganisation,
- des Krankenhauses als Leistungssystem sowie
- durch BIC-Vergleiche

eine schrittweise Anpassung an realistische Maßstäbe medizinischer Bedarfsgerechtigkeit und Wirtschaftlichkeit in einem Krankenhaus zu er-reichen.

Beurteilungskriterien sind (siehe Abbildung 1.6):

- Kundenorientierung (Patient und Angehörige),
- Mitarbeiterzufriedenheit (Problemlösungsengagement; Identifikation; Innovation),
- Medizinische Qualität,
- Wirtschaftlichkeit/Effizienz,
- Wertschöpfung/Effektivität,
- Führungs- und Kulturwirkungen,
- Gesellschaftliche Auswirkungen (Ethik, Ökologie ...).

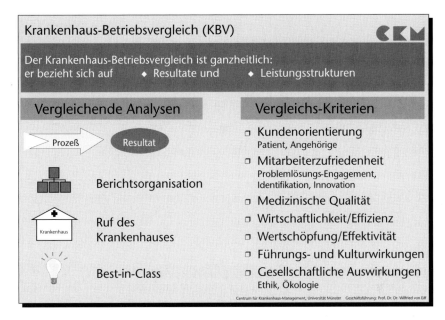

Abb. 1.6: Klare Kriterien sind die Grundlage für Vergleichbarkeit

Eine besondere Bedeutung kommt dem BIC-Vergleich zu. Vom »Besten einer Klasse« zu lernen, setzt voraus, daß beurteilt werden kann, ob eine Bestleistung übertragbar ist.

Inwieweit also eine Beste Praxis für die eigene Organisation »Wert« besitzt, ist umso einfacher feststellbar, je transparenter der »innere Informationswert« einer Bestleistung dargestellt wird. Das Schema in Abbildung 1.7 kann dabei als Beurteilungsschema herangezogen werden.

4 Controlling: Eine führungsunterstützende Funktion

Ein für die Praxis taugliches Controlling-Konzept muß der Tatsache Rechnung tragen, daß »Controlling« im Sinne von »resultatorientierter Leistungs- und Kostensteuerung« keinesfalls die alleinige Verantwortung einer einzigen institutionalisierten und betriebswirtschaftlich ausgerichteten Stelle sein kann. Entgegen der weitverbreiteten Auffassung, wonach ein Controller verantwortlich zeichnet für »die Kosten«, ist (nicht zuletzt aufgrund der Erfahrungen aus der Industrie) an dieser Stelle eindeutig festzustellen, daß Controlling ebenso wie Organisation und Personalführung originäre Aufgaben einer jeden Führungskraft (Leitender Arzt, Leitende Pflegekraft, Abteilungsleiter, Dezernatsleiter, Stationsschwester, Sachgebietsleiter…) sind.

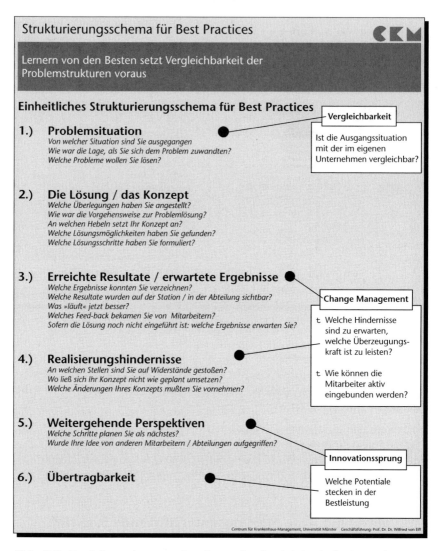

Abb. 1.7: Der Informationswert einer Besten Praxis wird durch die Anwendung eines klaren Strukturierungsschemas erleichtert

Die Verantwortung für medizinische Qualität ist von der Verantwortung für die Kosten dieser Qualität **nicht** zu trennen. Jede fachverantwortliche Führungskraft (z. B. Leiter der Abteilung Radiologie) trifft mit ihrer Entscheidung über Art und Intensität der Diagnosestellung, ebenso mit der Festlegung der internen Organisation und Zusammenarbeit, automatisch auch eine Entscheidung über das bedarfsgerechte und wirtschaftliche Erbringen dieser Leistungsprozesse.

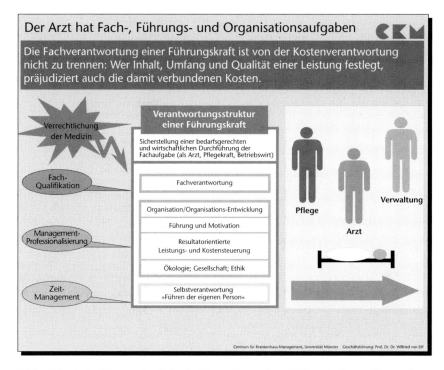

Abb. 1.8: Jede Führungskraft (Arzt, Pflege, Verwaltung) ist auch Controller, weil jeder Manager die Leistungsprozesse in seinem Verantwortungsbereich auch nach unternehmerischen bzw. wirtschaftlichen Gesichtspunkten steuert

Jeder für den Einsatz von Finanzmitteln und Technik verantwortliche Abteilungsleiter hat damit die (Führungs-) Aufgabe, die Leistungsprozesse in seinem Verantwortungsbereich so zu organisieren, daß der vorgegebene Leistungsinhalt in der geforderten Qualität mit den vergleichsweise niedrigsten Kosten erreicht wird (siehe Abbildung 1.8).

Die Verantwortung für fachliche Qualität ist von der Verantwortung für einen wirtschaftlichen Arbeitsvollzug zur Erreichung dieser Qualität nicht trennbar.

Entsprechend kann ein Krankenhaus-Controller weder für die Qualität von medizinischen Leistungsprozessen noch für die Kosten dieser Leistungsprozesse Verantwortung übernehmen.

Im Umkehrschluß heißt dies: Ein »kostenverantwortlicher« Controller, der in der Absicht zu sparen die Zuteilung von Finanzmitteln an eine Klinik einschränkt, nimmt direkten Einfluß auf die Qualität der Patientenversorgung, ohne für die fachlichen Folgewirkungen unmittelbar verantwortlich zu sein.

Andererseits ist es für einen qualitäts- und kostenverantwortlichen Arzt völlig unmöglich, seiner breiten Verantwortungsstruktur ohne professionelle Unterstützung auf betriebswirtschaftlich-organisatorischem Gebiet nachkommen zu können.

Damit ist die Rolle eines Controllers eindeutig fixiert:

Leistungs- und Kostensteuerung im Krankenhaus ist eine gemeinsame Aufgabe von Führungskraft und Controller.

Er übt als Methoden- und Problemlösungsspezialist eine Unterstützungsfunktion für alle Personen/Instanzen mit Managementaufgaben im Krankenhaus aus (= Personen mit Resultatverantwortung für einen Leistungsprozeß). Der Controller unterstützt die Fachverantwortlichen in der Wahrnehmung ihrer Managementaufgaben (Organisation, Führung, Kosten) und trägt damit indirekt zu deren Entlastung bei (siehe Abbildung 1.9, die das Zusammenwirken von Führungskraft und Controller anhand deren komplementärer Verantwortungsstrukturen darstellt).

Dieses Controlling-Verständnis, wonach Controlling eine partizipativ zu organisierende Funktion ist, von Linienmanagern und methodenkompetenten Controllern gemeinsam auszuüben ist, entspricht dem sogenannten 3-F-Führungsstil (siehe Abbildung 1.10).

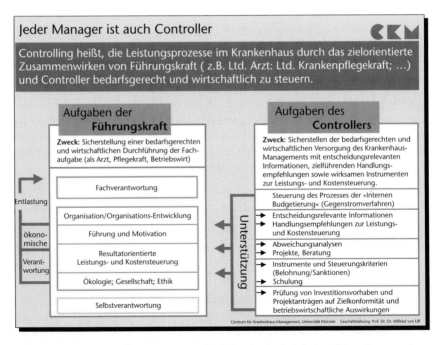

Abb. 1.9: Der Controller unterstützt die Führungskraft bei der Wahrnehmung der Führungsverantwortung (nicht der Fachverantwortung)

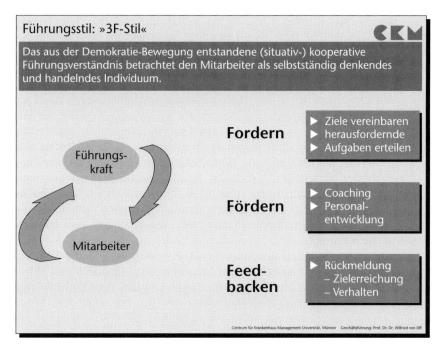

Abb. 1.10: Führungskraft und Mitarbeiter bilden gemeinsam ein Führungsteam, dessen Elemente in einem wechselseitigen Lernprozeß stehen

5 Der Controlling-Prozeß

Die Art der Zusammenarbeit und die jeweiligen Verpflichtungen der Beteiligten werden deutlich am Controlling-Prozeß.

Zweck des Controlling-Prozesses ist die Sicherstellung der bedarfsgerechten und wirtschaftlichen Steuerung sowie der ständigen »kundenorientierten« Verbesserung der Leistungs- und Kostenprozesse im Krankenhaus.

Der Controlling-Prozeß umfaßt folgende Phasen:

- Vereinbarung von Leistungszielen und Budgets; Festlegung des Informationsbedarfs für Zwecke der Führungskraft und für Zwecke des Controllers
- Unterstützung der fachverantwortlichen Führungskräfte durch
  - Operationalisierung (Handlichkeit, Umsetzbarkeit, Verständlichkeit) von Zielen;

Der Controller ist »Eigner« des Controlling-Prozesses, in dessen Rahmen der bedarfsgerechte und wirtschaftliche Vollzug von Leistungsprozessen im Krankenhaus sichergestellt wird. Er stößt den Controlling-Prozeß an, unterstützt durch Instrumente und Verfahrensweisen, klärt Ziel-/Resultat-Abwicklungen und leitet Verbesserungsmaßnahmen ein.

- Handlungsleitlinien (Wie ist zu verfahren; welche Ziele haben Priorität; welche Daten sind entscheidungsrelevant?);
- verständliche Instrumente, die einfach anwendbar sind und hohen Informationswert erzeugen;
- Handlungsempfehlungen (Was ist im Hinblick auf die Krankenhausziele bzw. unter Berücksichtigung gesetzlicher Regelungen zu tun?).
• Durchführung der Maßnahmen vor Ort (in der Klinik) durch die fachverantwortliche Führungskraft. Initiieren von Maßnahmen zur Verbesserung der Qualität und Wirtschaftlichkeit durch geeignete Einbindung der Mitarbeiter (= Aufgabe der Führungskraft).
• Gemeinsame Durchführung von Abweichungsanalysen und Rückkopplung über die Zweckmäßigkeit (Informationswert) der Controlling-Daten (wie kann das Berichtswesen aussagefähiger und kostengünstiger werden?).
• Ableitung von Verbesserungsansätzen (= Organisationsinnovationen) und Einleitung von Projekten zur Erhöhung von Qualität und Wirtschaftlichkeit sowie Einleitung von Zielrevisionen. (siehe Abbildung 1.11)

Damit werden Arzt und Pflegekraft, MTA sowie Kardio- und Medizintechniker – also alle Mitarbeiter mit Leistungs- und Kostenverantwortung

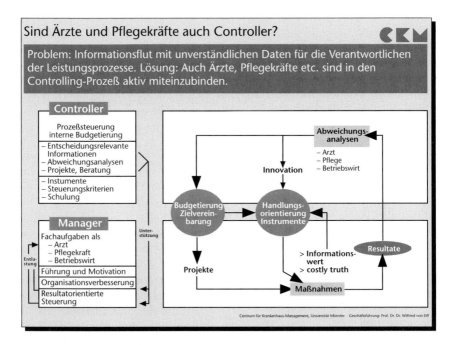

Abb. 1.11: Der Controller ist »Herrscher« des Prozesses der internen Budgetierung

sowie unmittelbarer Arbeit am oder für den Patienten – zum unverzichtbaren Erfolgsträger der Gesundheitsreform.

Denn es ist auch eine ethische Verpflichtung, mit Ressourcen sparsam umzugehen. Niemand hat das Recht, vermeidbaren Ressourceneinsatz (also Verschwendung) bewußt in Kauf zu nehmen. Einsparungen heute sind die

Der Arzt trägt die untrennbare Verantwortung für medizinische Qualität in Verbindung mit einer wirtschaftlichen Behandlung. Damit wird die Ethik des ärztlichen Handelns um die Dimension der Wirtschaftlichkeit erweitert.

Grundlage für Investitionen, die morgen eine bessere medizinische Qualität ermöglichen.

2 Zweck und Funktion des Betriebsvergleichs

Gesetzliche Grundlagen und Auswirkungen des Betriebsvergleichs auf Organisation und Führung von Krankenhäusern

Führen durch Vergleichen:
Zweck, Struktur und Informationswert eines
entscheidungsorientierten Betriebsvergleichs

Wilfried von Eiff

»*In einem Betriebsvergleich wird der Schlendrian in einem Unternehmen mit dem Schlendrian eines anderen Unternehmens verglichen; ist die Abweichung gering, gilt der Schlendrian als Norm.*«
(frei nach Schmalenbach)

1   Ausgangssituation

Der Gesetz- und Ordnungsgeber hat im Rahmen der Reform des Gesundheitswesens auch die regelmäßige Durchführung eines sogenannten Krankenhausvergleichs (§ 5 BPflV) beschlossen; die verantwortlichen Partner (Spitzenverbände der Krankenkassen sowie Deutsche Krankenhausgesellschaft und Trägerverbände) sind zur Einführung zum 01.01.1998 verbindlich verpflichtet.

Absicht dieser Regelung des Gesetzgebers ist es, die Pflegesatzverhandlungen zwischen Krankenhäusern und Krankenkassen in Zukunft verstärkt an den Merkmalen einer medizinisch bedarfsgerechten, wirtschaftlichen und qualitätsorientierten Betriebsführung auszurichten.

Bisher existiert aber in Deutschland kein akzeptiertes Verfahren für einen Krankenhausbetriebsvergleich, ebenso sind bestehende Methoden z. T. mit erheblichen Mängeln behaftet, so daß eine Vergleichbarkeit der Leistungs- und Kostenstrukturen von Krankenhausmanagern offen bestritten wird.

Diese kritische Haltung gegenüber Betriebsvergleichen ist auf drei Ursachen zurückzuführen:

a) Die Datensolidität wird von den meisten Krankenhausmanagern bezweifelt: Da unklar ist, mit welcher Absicht Vergleichsdaten von welchen Interessengruppen benutzt werden, ist man mit der Herausgabe der Daten vorsichtig.

b) Es sind völlig verschiedene Vergleichsansätze anzutreffen:
   - Von der Vergleichsmethodik her sind kennzahlen- und resultatorientierte Ansätze von prozeßorientierten Ansätzen sowie Benchmarkingkonzepten zu unterscheiden.
   - Vom Vergleichsobjekt her betrachtet, verfolgen kundenorientierte Vergleichsansätze (Kundenbefragungen) andere Aussagen-Ziele als funktionsbereichsbezogene (z. B. Radiologievergleiche) oder prozeßbezogene (z. B. Schlaganfall) oder auf das gesamte Krankenhaus bezogene Ansätze.
   - Weiterhin ist zwischen Ranking-Vergleichen und OE-orientierten Best Practice-Ansätzen zu differenzieren: während ein Ranking eine wertende Aussage über die aktuelle Qualitäts- und Leistungsstruktur eines Krankenhauses A gegenüber eines Krankenhauses B trifft (woraus Sanktionen gegen das »schlechte« Krankenhaus z. B. seitens der Kostenträger abgeleitet werden können), liegt den Best Practice-Ansätzen eine Philosophie des lernenden Unternehmens und der kontinuierlichen Verbesserung zugrunde.

c) Bisher durchgeführte Betriebsvergleiche standen unter einer deutlichen Interessenprägung: Von Krankenhausseite organisierte Vergleichsansätze (z. B. f+w-Kompaß) verfolgen die Absicht, die Verhandlungsposition der am Vergleich beteiligten Krankenhäuser gegenüber den Kassen zu stärken.

Andererseits ist es Ziel der kassenseitig initiierten Ansätze (z. B. VdAK Rheinland Pfalz), Kostensenkungspotentiale in den Krankenhäusern nachzuweisen.

Alle Ansätze haben punktuell gesehen ihre Bedeutung. Aber die mangelhafte gemeinsame Zielsetzung führt dazu, daß diese punktuellen Ansätze keinen Aussagewert entwickeln und auch die Entscheidungsprozesse des Managements (egal, ob in Kostenträgerstruktur oder Krankenhaus) nicht wirksam unterstützen.

Insofern kommt es darauf an, den Krankenhausbetriebsvergleich auf eine gemeinsame Zielsetzung der primären Vergleichsadressaten hin auszurichten. Dabei scheint es empfehlenswert, den Betriebsvergleich als Instrument einer lernenden Organisation zu begreifen, durch das im Wege der Organisations-Entwicklung kontinuierliche Verbesserungsprozesse in Gang gehalten werden. Nur wer sich der Verpflichtung zur kontinuierlichen Verbesserung willentlich entzieht, sollte auch entsprechend »bestraft« werden:

- das verbesserungsunwillige Krankenhaus durch Reduktion des Versorgungsauftrags, Verweigerung von Ermächtigungen, etc.
- die reformunwillige Kasse durch reduzierte Förderung aus dem Risikostrukturausgleich o. ä.

2 Die Adressaten des Betriebsvergleichs

Die Adressaten eines Betriebsvergleichs rekrutieren sich aus den Primärbeteiligten des Gesundheitswesens:

- Primärkunden des Systems (= potentielle Patienten, Patienten, Angehörige),
- Sekundärkunden des Systems (= Versichertengemeinschaft),
- Leistungserbringer (= Niedergelassene Ärzte, Krankenhäuser, Reha- und Nachsorgeeinrichtungen, Präventionseinrichtungen, u. a.),
- Kostenträger/Kassen,
- Politische Entscheidungsträger (Regierungen, Behörden, ...),
- Interessenverbände (Standesvertretungen, DKG, Med. Dienste, ...).

Wichtig ist es, die Ziele und Interessen sowie den potentiellen Nutzen für diese einzelnen Adressatengruppen transparent zu machen; so z. B.

a) Krankenhäuser
   Sie erhalten eine Rückkoppelung über die Anforderungen des Marktes und der verschiedenen Kunden und sie bekommen Informationen

über Best Practices, die als Anstoßinformationen für eigene Leistungs-verbesserungsprogramme dienen können.

b) Allgemeine Öffentlichkeit
Diese erhält Informationen über Sachverhalte im Rahmen von Kran-kenhausleistungsprozessen, auf die man als potentieller Patient oder als Patient achten muß.

c) Kassen
Sie erhalten Informationen über Treiberfaktoren für eine qualitäts-orientierte und wirtschaftliche Krankenhausbetriebsführung.

d) Politik
Politiker erhalten Rückkoppelung über Marktmechanismen im Gesund-heitswesen sowie Hinweise auf systemkonforme Steuerungseingriffe.

e) Niedergelassene Ärzte
Sie erhalten Informationen über Leistungsstrukturen von Kranken-häusern, die in besonderer Weise bestimmte Krankheitsfälle zu behan-deln in der Lage sind.

Die Methodik muß auf die jeweiligen Interessenlagen abgestimmt werden. Damit Krankenhäuser voneinander lernen können, müssen die

Abb. 2.1: Alle Betriebsvergleichs-Adressaten müssen auch als Vergleichsobjekt einbezogen werden: die Krankenhäuser, die Kassen aber auch die Kunden und Ihr Verbrauchsverhalten

jeweiligen Best Practices »verfügbar« sein. Für die Gesamtbeurteilung von Best Practices, Programmen und Maßnahmenschwerpunkten, die in einzelnen Krankenhäusern realisiert worden sind, werden daher folgende Kriterien herangezogen, die eine Vergleichbarkeit sicherstellen und gleichzeitig klären, ob eine Übertragung sinnvoll ist.

- Was hat der Kunde davon?
- Welche Wirtschaftlichkeitseffekte wurden erreicht?
- In welcher Form wird die Mitarbeitermotivation gefördert?
- Welche Beiträge im Hinblick auf ein Regionales Gesundheitsnetzwerk sind erzielt worden?
- Welche ökologischen Auswirkungen ergeben sich als Konsequenz?
- Welche gesellschaftspolitischen Auswirkungen sind die Folge?

3 Anlässe für den Krankenhausbetriebsvergleich

Die Notwendigkeit zur Durchführung eines Betriebsvergleichs wurde vom Gesetzgeber aus dem Faktum nicht nachvollziehbar steigender Gesundheitskosten begründet: Der Betriebsvergleich sollte Transparenz in die Kosten- und Leistungsstrukturen bringen.

Andererseits ist die Öffentlichkeit in zunehmendem Maß an Qualitäts- und Kosteninformationen über den Gesundheitsdienst interessiert. Ein Betriebsvergleich wäre ein geeignetes Instrument, um die Kundenorientierung der Krankenhäuser auf den Prüfstand zu legen.

3.1 Kundenorientierte Vergleichsansätze: Zweck, Auftraggeber, Informationswert

Der Zweck von kundenorientierten Vergleichsansätzen richtet sich auf die Beurteilung von Krankenhausleistungen aus Sicht der Primärkunden des Hospitals, nämlich: Niedergelassene Ärzte in der Funktion des Einweisers, Patienten und Angehörige, Instanzen/Organisationen der Interessenwahrnehmung von Patienten (Selbsthilfegruppen, Patientenfürsprecher, ...) sowie Nachsorgeeinrichtungen, die die Patienten zur Weiterbehandlung aufnehmen (Reha-Kliniken) oder betreuen (Sozialstationen).

Mit kundenorientierten Vergleichsansätzen können (u. a. in Abhängigkeit vom Auftraggeber) unterschiedliche Ziele unterstützt werden:

❏ Die **Krankenkasse als Auftraggeber** einer Versichertenbefragung. Im Mittelpunkt der kundenorientierten Vergleichsansätze stehen Kundenbefragungen; erhoben wird die Zufriedenheit der Zielgruppen mit den Service-, Kommunikations- und Organisationsleistungen eines Krankenhauses. Dieses dienstleistungsorientierte Angebot zu beurteilen ist insbesondere auch Nicht-Medizinern möglich. Aussagen zur medizinischen Qualitätseinschätzung werden von medizinischen Fachkollegen abgefragt.

Wichtig ist es für eine Krankenkasse, eine Orientierung über die Anforderungen ihrer Versicherten an die Krankenhausleistungsprozesse zu erhalten und damit die Wichtigkeit bestimmter Leistungsmerkmale aus Kundensicht zu bewerten.

Ebenso kann die faktische Zufriedenheit ehemaliger Patienten abgefragt werden. Diese Wichtigkeits-/Zufriedenheitserkenntnisse sind für eine Kasse in zwei Richtungen verwertbar:

a) Bei Verhandlungen mit Krankenhäusern über Pflegesätze und Versorgungsverträge können Erkenntnisse über Kommunikations- und Servicequalität die Entscheidung beeinflussen.

b) Die Krankenkasse kann sich ein Bild über die wirklichen Bedürfnisse der Patienten/Versicherten machen und das eigene Leistungsangebot entsprechend fortschreiben.

❑ Für das **Krankenhaus als Auftraggeber** von Kundenbefragungen ergeben sich Möglichkeiten zur Ermittlung eines Fremdbildes. Außerdem kann dieses Instrument auch genutzt werden, um Prozesse der Kulturentwicklung in Gang zu setzen: Die Mitarbeiter werden sensibilisiert für kundenorientiertes Verhalten, Qualitätsbewußtsein, Kommunikation und bereichs- sowie berufsgruppenübergreifende Zusammenarbeit.

❑ **Medien als Auftraggeber** ebenso wie Verbände oder staatliche Stellen verfolgen das Interesse, die Öffentlichkeit, Patienten und Angehörige für Qualität im Krankenhaus zu sensibilisieren und Hilfestellung auf dem Weg zum »mündigen Patienten« zu geben. Deshalb sind solche kundenorientierten Vergleichsansätze krankenhausanonym angelegt und damit branchenbezogen orientiert.

Übrigens: Für zahlreiche Patienten ist die empfundene Freundlichkeit in der Zusammenarbeit zwischen Ärzten und Pflegekräften ein Ersatzindikator für die Beurteilung der medizinisch-fachlichen Qualität. Emotionale Spannungen werden mit fachlicher Unsicherheit und minderer Versorgungsqualität direkt in Zusammenhang gebracht (Wer sich nicht wohl fühlt, achtet auf Minderleistungen genauer und ist weniger bereit, Fehler zu verzeihen).

Im Kontext solcher Vergleiche findet man zum Teil auch konkrete Handlungsempfehlungen (Fragenkataloge an den Arzt bzw. an die Kasse), mit denen der Adressat der Vergleichsergebnisse sich einen groben Überblick über die medizinische Qualität eines Krankenhauses verschaffen kann.

Solche Vergleiche geben dem Patienten eine Meßlatte in die Hand, mit deren Hilfe er die ihm entgegengebrachten Leistungen beurteilen kann.

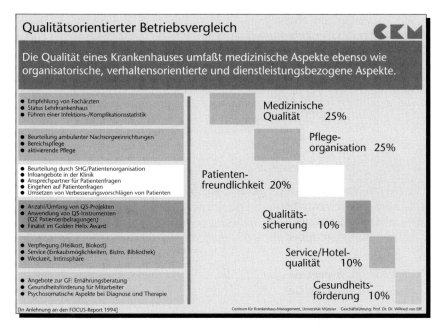

Abb. 2.2: Die Focus-Studie hat krankenhausindividuelle und branchenbezogene Qualitätsgesichtspunkte aus Kundensicht transparent gemacht

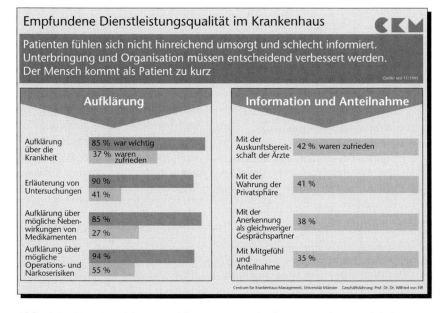

Abb. 2.3: Die Dienstleistungsqualität eines Krankenhauses wird wesentlich festgemacht an Art, Inhalt und Zeitgerechtigkeit sowie Verständlichkeit der Informationen

Aber auch für das einzelne Krankenhaus sind solche von Zeitungen wie *Focus* oder der Zeitschrift *test* durchgeführten vergleichenden Analysen (trotz teilweise beklagter methodischer Mängel) von einem gewissen Informationswert. Denn es werden branchentypische Schwachstellen transparent gemacht, und es wird in Erfahrung gebracht, was Patienten an und im Krankenhaus stört und in welcher Richtung Verbesserungen initiiert werden müssen.

Sehr hilfreich ist es in diesem Zusammenhang, wenn (auch bei einem ansonsten anonym durchgeführten Vergleich) vereinzelte »Bestleistungen« als Positivbeispiele angegeben werden.

Krankenhäuser, die mit solchen Vergleichen konstruktiv umgehen, leiten aus den Negativbeispielen innovativ eigene Aktivitäten ab, die dann zu Bestleistungen führen, die der »Kunde« durch positive Kommunikation gegenüber Dritten verbreitet.

3.2 Der Stellenwert des Krankenhausvergleichs im Rahmen der Gesundheitsreform

Der Gesetzgeber hat mit einer Reihe von Festlegungen die Krankenhäuser darauf verpflichtet, Transparenz in die Qualität ihrer Leistungsprozesse sowie in die Effizienz ihrer Kostenstrukturen zu bringen, um medizinische Versorgungsqualität zu bezahlbaren Preisen sicherzustellen.

Die Umsetzung des GSG ist bewußt nicht auf einen Zeitpunkt bezogen, sondern auf eine Übergangzeit von mindestens sechs Jahren ausgelegt. Innerhalb dieser Übergangsphase werden die veränderten Rahmenbedingungen ständig auf Praktikabilität überprüft und fortgeschrieben; insofern sind die Krankenhäuser, Kassen sowie Interessenverbände verpflichtet, sich schrittweise an realistische Maßstäbe von medizinischer Bedarfsgerechtigkeit und Wirtschaftlichkeit im Gesundheitswesen heranzutasten. Ziel ist es, durch regelmäßige, strukturierte Überprüfungen der Krankenhausleistungsprozesse auf Qualität und Wirtschaftlichkeit beispielgebende Versorgungs- und Kostenstrukturen zu ermitteln und diese zum Standard im Sinne eines Vergleichsmaßstabs zu erheben: nachgewiesene Bestleistungen von »Modellkrankenhäusern« bilden in Zukunft die Verhandlungsgrundlage für die Anpassung von Fallpauschalen und Sonderentgelten bzw. zur Fortschreibung von DM-Werten von Leistungspunkten oder auch für die Erweiterung/Einschränkung des Versorgungsauftrages.

Damit werden die Managementinstrumente des Betriebsvergleichs, des Benchmarking und des Best Practices-Management zur gesetzlich verordneten Pflichtübung der Krankenhausführung.

Hinter diesem Managementansatz zur Steuerung von Leistungen sowie zur Beeinflussung von Kosten steht das klare Bekenntnis des Gesetz-

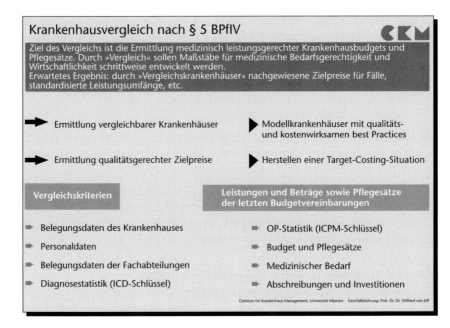

Abb. 2.4: Das Vergleichsziel: Vergleichbare Krankenhäuser ermitteln

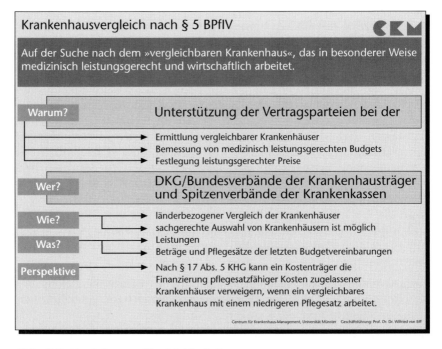

Abb. 2.5: Herstellen von Vergleichbarkeit

gebers, daß es derzeit an leistungsgerecht kalkulierten Preisen für Krankenhausleistungen fehle und daß es möglich ist, die Kosten im Gesundheitswesen deutlich zu senken, ohne die medizinische Versorgungsqualität zu beeinträchtigen.

Daher bildet der § 5 BPflV nur den Ausgangspunkt einer Gesetzgebungslandschaft, die insgesamt von dem Gedanken des »Vergleichens« sowie des »Lernens durch Vergleich« geprägt ist und darauf zielt, unternehmerisches Verhalten der Krankenhäuser zu belohnen.

So ist z. B. der Abschluß eines neuen Versorgungsauftrages bzw. die Fortschreibung eines bestehenden Versorgungsauftrages an den Nachweis einer bedarfsgerechten, leistungsfähigen und wirtschaftlichen Krankenhausbehandlung gebunden (§ 109 Abs. 2 S. 1 SGB V). Bewerben sich mehrere Krankenhäuser um einen Versorgungsauftrag, entscheiden die Landesverbände der Krankenkassen gemeinsam mit den Verbänden der Ersatzkassen, welches Krankenhaus den Qualitäts- und Wirtschaftlichkeitserfordernissen am besten gerecht wird (Best Practices-Vergleich).

Ziel des Gesetzgebers ist es auch, neben medizinischen und pflegerischen Vergleichen verstärkt betriebswirtschaftliche Vergleichsaspekte einzubringen: Durch Transparenz über Kosten- und Leistungsmengenstrukturen der Krankenhäuser soll die Bedarfsgerechtigkeit und Wirtschaftlichkeit von Krankenhaus-Leistungsprozessen sicher beurteilbar werden.

Bezieht man diejenigen Einzelparagraphen in die Betriebsvergleichsdiskussion mit ein, die auf Qualitäts-, Leistungs- und Wirtschaftlichkeitsvergleiche Bezug nehmen (siehe die Übersicht in Abbildung 2.6), so ist festzustellen, daß die Vergleichsbereiche weit über das hinausgehen, was durch Daten aus der Leistungs- und Kalkulations-Aufstellung (LKA) abbildbar ist.

Um die wirkliche Leistungsfähigkeit eines Krankenhauses im Hinblick auf die Anforderungen der Gesetzeslandschaft zu beurteilen, müßten dann auch folgende Fragen den Krankenhausvergleich prägen:

a) Inwieweit ist das Krankenhaus fähig, die gesundheitspolitischen Ziele der Landesregierung zu unterstützen (siehe z. B. das 10-Punkte-Programm des MAGS in NRW, siehe Abbildung 2.7)?

b) Durch welche Organisations- und Kooperationsformen verzahnt das Krankenhaus den ambulanten mit dem stationären Sektor und welche Wirkungen bez. Kosten und Patientenzufriedenheit sind damit verbunden (Anforderungen der §§ 39, 115 a, b SGB V; siehe Abbildung 2.8)?

c) In welcher Form stellt das Krankenhaus eine ganzheitliche Betreuung des Patienten im Rahmen eines Regionalen Gesundheitsnetzwerkes sicher (siehe Abbildung 2.9)?

Krankenhausbetriebsvergleich nach GSG **CKM**

Durch regelmäßigen Vergleich der Krankenhäuser im Hinblick auf Bedarfsgerechtigkeit, Qualität und Wirtschaftlichkeit sollen beispielgebende Versorgungs- und Kostenstrukturen ermittelt werden.

§ 5 BPflV   **Krankenhausvergleich**
Ermittlung vergleichbarer Krankenhäuser; Daten der Leistungs- und Kalkulationsaufstellung (LKA), insbesondere L 1– L5, K4.

§ 26 BPflV   **Modellvorhaben**
Pilotprojekte zur Festellung der Wirtschaftlichkeit von fallpauschalierten und sonderentgeltfähigen Leistungsprozessen, Modellvorhaben zur Senkung von Fallpauschalen und Sonderentgelten.

§ 109 (2) SGB V   **Abschluß von Versorgungsaufträgen mit Krankenhäusern**
Bedarfsgerechte, leistungsfähige und wirtschaftliche Krankenhausbehandlung als Voraussetzung für die Neuvergabe bzw. für die Erhaltung des Versorgungsauftrages.

§ 137 SGB V   **Qualitätssicherung in der stationären Versorgung**
Vergleichende Prüfungen der medizinischen Qualität durch ärztlichen Selbstvergleich.

§ 301 SGB V   **Krankenhäuser**
Patientensteuerung durch die Versorgungskaskade; Diagnosequalität; med. Plausibilität; Merkmalisierung des Patienten nach Bedarfsgerechtigkeit und Wirtschaftlichkeit.

§ 113 SGB V   **Wirtschaftlichkeitsprüfung der Krankenhausbehandlung**
Untersuchung von Wirtschaftlichkeit, Leistungsfähigkeit und Qualität der Krankenhausbehandlung durch unabhängige Prüfer.

§ 63 SGB V   **Modellvorhaben**
Pilotprojekte zur Ermittlung ganzheitlicher Versorgungsformen in regionalen Gesundheitsnetzwerken, insbesondere unter Berücksichtigung der Patienten-steuerung zwischen den Sektoren Ambulanz, vollstationärem Sektor und Nachsorge sowie mit dem Ziel einer orts- und bürgernahen Versorgungs-organisation sowie der Präventionsorientierung.

§ 112 SGB V   **Zweiseitige Verträge**
Grundsätze für Wirtschaftlichkeits- und Qualitätsprüfung; Qualitätskriterien/Vergleichsgrößen: Soziale Betreuung und Beratung, nahtloser Übergang von Krankenhaus zu Reha und Pflege.

§ 12 SGB V   **Wirtschaftlichkeitsgebot**
Den Versicherten werden von den Krankenkassen Leistungen unter Beachtung des Wirtschaftlichkeitsgebots erbracht (§ 2 SGB V).
Leistungen müssen ausreichend, zweckmäßig und wirtschaftlich sein.
Leistungen, die nicht notwendig oder unwirtschaflich sind, können nicht beansprucht und dürfen nicht erbracht werden.

§ 70 SGB V   **Qualität, Humanität und Wirtschaftlichkeit**
Krankenkassen und Leistungserbringer haben eine dem Stand der medizinischen Erkenntnis gemäße Versorgung sicherzustellen und zu garantieren, daß dieser Leistungsstandard wirtschaftlich erbracht wird.

§ 39 SGB V   **Krankenhausbehandlung**
Krankenkassen, Krankenhausgesellschaft und Kassenärztliche Vereinigung erstellen gemeinsam ein Verzeichnis stationärer Leistungen und Entgelte.
Die Entgelte sind so zusammenzustellen, daß sie miteinander verglichen werden können.

Centrum für Krankenhaus-Management, Universität Münster   Geschäftsführung: Prof. Dr. Dr. Wilfried von Eiff

Abb. 2.6: Es gibt zahlreiche Ansätze in der Gesundheitsreformgesetzgebung mit Hinweis auf Vergleichsnotwendigkeiten

Abb. 2.7: Beiträge zur Erfüllung gesundheitspolitischer Programme als Betriebs-vergleichsobjekt

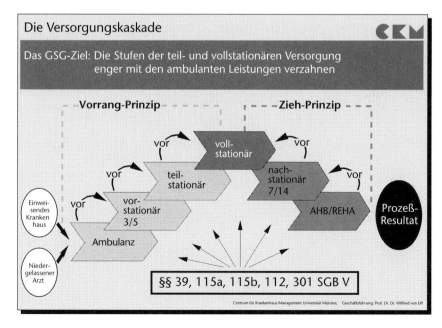

Abb. 2.8: Die »Kaskadenfähigkeit« als Vergleichsobjekt

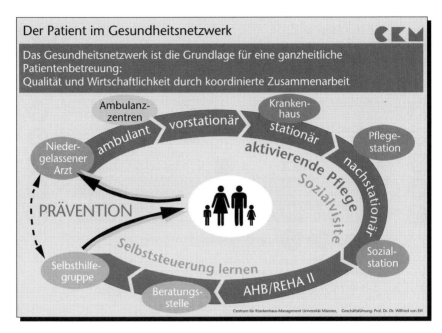

Abb. 2.9: Die Rolle des Krankenhauses im regionalen Gesundheitsnetzwerk als Vergleichsobjekt

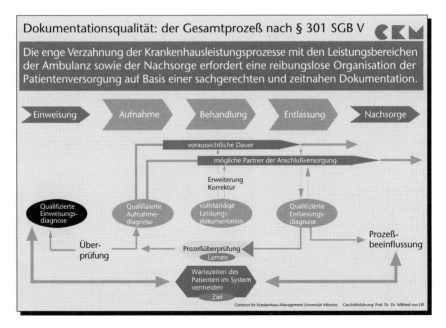

Abb. 2.10: Die »301-er-Fähigkeit« als Leistungsmerkmal eines Krankenhauses

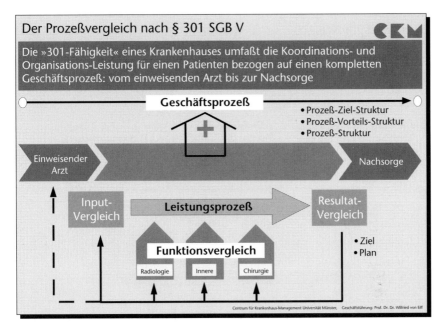

Abb. 2.11: Die Fähigkeit, die eigene Prozeßleistung auch wirksam messen zu können

d) Wie organisiert ein Krankenhaus die Steuerung des Patienten durch das Krankenhaus und wie steuert es den reibungslosen Übergang von einer Versorgungsphase in die nächste (§§ 301, 112 SGB V; siehe Abbildung 2.10)?

Zusammenfassend kann festgestellt werden, daß durch die Gesetzesgrundlage die Fähigkeit des Krankenhauses auf dem Vergleichsprüfstand steht, den Patienten prozeßorientiert zu betreuen (siehe Abbildung 2.11) und durch geeignete Organisation und Kooperation (siehe Abbildung 2.12) dafür Sorge zu tragen, daß der Versorgungsprozeß wirtschaftlich und unter Hinzuziehung des besten Fachwissens Dritter koordiniert abläuft.

Dieses sehr weit gesteckte, anspruchsvolle Vergleichsziel führt zu der Frage der Vergleichsmethodik und zu der Frage nach dem Verhältnis zwischen Datenerhebungsaufwand und Informationswert des Vergleichs.

Die Frage nach der »Richtigkeit« einer Methode läßt sich aber nur schlüssig beantworten, wenn vorher feststeht, für welchen Entscheidungszweck sowie für welche Interessenlagen und Zielgruppen die Methodik Aussagen generieren soll.

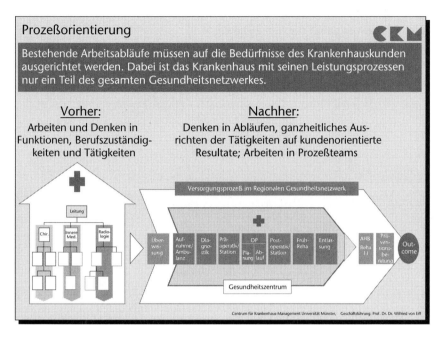

Abb. 2.12: Die Fähigkeit des Krankenhauses zur fallbezogenen ganzheitlichen Behandlung und Steuerung des Patienten als Vergleichsmerkmal

4   Der Betriebsvergleich: Kontrollinstrument der Kassen oder Informationsbörse für die Krankenhäuser

Die aktuelle Diskussion um den Betriebsvergleich von Krankenhäusern konfrontiert im Wesentlichen die Sichtweisen der Hauptbetroffenen, nämlich Krankenhäuser und Kassen, und kristallisiert zwei zentrale Bedenken heraus:

a) Auf welche Art und Weise finden Betriebsvergleichsdaten Eingang in die Entscheidungsfindung der Kostenträger und mit welcher Verbindlichkeit werden die Kostenträger von derartigen Best Practices-Erkenntnissen über Kostensenkungsmöglichkeiten und Rationalisierungspotentiale in den Budgetverhandlungen Gebrauch machen?

b) Unter welchen Bedingungen sind die Krankenhäuser bereit, auch sensible Informationen in einen Vergleichsdatenpool einzustellen und welche Daten werden die Krankenhäuser keinesfalls öffentlich zugänglich machen.

Zwischen beiden Aspekten besteht eine enge Korrelation: Wenn die Kassen Zugriff auf die Vergleichsdaten der Krankenhäuser erhalten, reduziert sich die Bereitschaft der Krankenhäuser auf die Weitergabe von ohnehin vorhandenen Kennzahlendaten aus dem LKA.

Die Krankenhäuser präferieren den Betriebsvergleich in der Form einer rechtlich unverbindlichen Informationsbörse, die allen beteiligten Krankenhäusern gezielt und ohne Realisierungszeitdruck Lernchancen für Qualitätsverbesserungen sowie Kostensenkungsmaßnahmen aufschließt. Gewünscht wird die Entwicklung einer Lernkultur, mit deren Hilfe Qualität und Wirtschaftlichkeit schrittweise verbessert werden können. Die Krankenkassen sollen zu diesen sensiblen Vergleichsdaten keinen oder nur eingeschränkten Zugang erhalten: Denn welches Krankenhaus kann ein Interesse daran haben, kostengünstige Organisationsstrukturen transparent zu machen, um anschließend durch niedrigere Leistungsentgelte für das Rationalisierungsprogramm bestraft zu werden.

Der Wandel von der Verwaltung zum Management kann nur vollzogen werden, wenn unternehmerisches Verhalten belohnt wird.

Kostensenkungen und Ertragsverbesserungen, die durch unternehmerisches Engagement eines Krankenhauses erreicht worden sind, müßten dann auch zur Finanzierung von Innovationen, zur Qualitätsverbesserung, zum Ausbau von Serviceleistungen sowie zur leistungsorientierten Anpassung der Mitarbeitervergütungsstrukturen nutzbar sein.

So verständlich diese Argumentation ist, unterstellt sie doch die Richtigkeit und Angemessenheit des derzeitigen Kosten- und Preisniveaus für Krankenhausleistungen. Und an dieser Stelle setzt die Philosophie des Gesetzgebers an: Keiner kann heute schlüssig nachweisen, welcher Preis für einen bestimmten Eingriff der angemessene ist; diese Frage kann nur durch offenen Preiswettbewerb oder über Transparenz bezüglich alternativer Kalkulationsbeispiele aus verschiedenen Krankenhäusern beantwortet werden.

Aber: Marktwirtschaftliche Anreiz-Beitrags-Mechanismen sind nur in einem marktwirtschaftlichen System sinnvoll, das mindestens eine Grundvoraussetzung erfüllt: Die Entscheidungssouveränität des Konsumenten. Und genau diese ist im »Gesundheitsmarkt« nicht gegeben.

Auf der anderen Seite muß der Tatsache Rechnung getragen werden, daß die Krankenhäuser in zunehmendem Maße um Patienten kämpfen müssen. Unternehmerisches Verhalten, durch das Kosten für die Versichertengemeinschaft gesenkt und die medizinische Qualität erhöht wird, ist zu belohnen, wobei unterschiedliche Verfahrensweisen denkbar sind:

- Das Anbieten einer bestimmten Leistung zu vergleichsweise niedrigen Preisen könnte durch Ausweitung des Versorgungsauftrages honoriert werden.
- Kostengünstige Leistungsprozesse könnten dadurch belohnt werden,

daß die anfallenden Gewinne zur Refinanzierung von Investitionen genutzt werden dürfen.
Es kommt also wesentlich darauf an, mit welcher juristischen Verbindlichkeit der Krankenhausvergleich eingeführt wird, und wie die Beteiligten (insbesondere die Kassen) mit der gewonnenen Transparenz umgehen.

Die Konsequenzen eines Betriebsvergleichs für die einzelnen Krankenhäuser hat der Gesetzgeber bisher nur für nicht- bzw. teilgeförderte Krankenhäuser im Gesetz verankert (siehe § 17 Abs. 5 KHG; siehe Abbildungen 2.13 und 2.14).

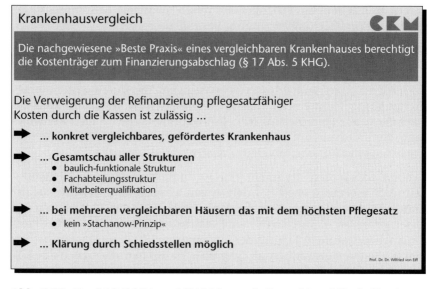

Abb. 2.13: Der § 17 Abbildung 5 KHG könnte als Generalklausel für die Handhabung eines Betriebsvergleichs herangezogen werden

Vergleichbarkeitswirkungen § 17 Abs. 5 KHG

Die nachgewiesene »Beste Praxis« eines vergleichbaren Krankenhauses berechtigt die Kostenträger zum Finanzierungsabschlag.

❏ Eine Weigerung der Kostenträger (Krankenkassen), die in § 8 zugelassenen pflegesatzfähigen Kosten zu finanzieren, ist nach § 17 Abs. 5 KHG nur unter Bezug auf einen niedrigeren Pflegesatz eines konkret vergleichbaren geförderten Hauses zulässig. Bei dem danach erforderlichen individuellen Krankenhausvergleich ist als Vergleichskrankenhaus dasjenige der vergleichbaren Krankenhäuser auszuwählen, das bei einer Gesamtschau aller Strukturen (u. a. bauliche Gestaltung der Krankenhausgebäude, Art und Zahl der Fachabteilungen Bettenzahl. Zahl und Qualifikation der

Mitarbeiter, Verweildauer, Nutzungsgrad) dem zu beurteilenden Krankenhaus am nächsten ist (BVerwG, Urt. v. 6. 11. 1986 – Buchholz 451.784 § 17 Nr. 10). Nicht selten werden mehrere geförderte Krankenhäuser vorhanden sein, die ähnliche Strukturdaten wie das zu beurteilende Krankenhaus aufweisen, ohne daß eines von ihnen eindeutig am ähnlichsten ist.

❑ Bei mehreren in gleicher Weise vergleichbaren Krankenhäusern ist dann dasjenige dieser Krankenhäuser mit dem höchsten Pflegesatz maßgebend. Ein Durchschnittspflegesatz aller vergleichbaren Krankenhäuser wird nicht gefordert. Nach dem Zweck des § 17 Abs. 5 KHG sollen die Sozialleistungsträger nicht etwa niedrigere Pflegesätze entrichten, als sie für eines der vergleichbaren geförderten Krankenhäuser zu entrichten haben (BVerwG, a. a. O.; amtl. Begründung zu § 17 Abs. 5 KHG n. F.).

❑ Ob ein Krankenhaus im Sinne des § 17 Abs. 5 KHG vergleichbar ist, ist eine Rechtsfrage. Gleichwohl kann nach § 18 Abs. 4 Satz 2 KHG n. F. zur Ermittlung der vergleichbaren Krankenhäuser die Schiedsstelle gesondert, d. h. außerhalb des Pflegesatzverfahrens, angerufen werden. Schon nach bisherigem Recht war die Schiedsstelle befugt, im Rahmen ihrer Anrufung zur Festsetzung von Budget und Pflegesatz des nicht geförderten Krankenhauses dazu Stellung zu nehmen, ob und gegebenenfalls welches geförderte Krankenhaus im konkreten Einzelfall vergleichbar ist.

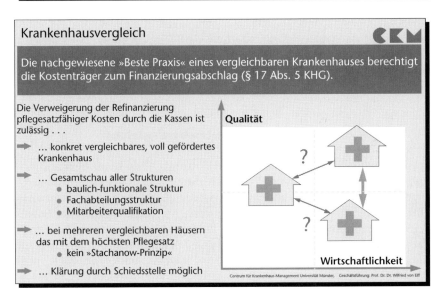

Abb. 2.14: Möglicher Ansatz von Bonus/Malus-Prinzipien bei einem Betriebsvergleich

Allerdings ist es durchaus denkbar, diese Regelung ergänzt durch praktische Ausführungsbestimmungen im Sinne einer Generalklausel auch auf die geförderten Krankenhäuser zu übertragen. De facto werden bereits heute in den Verhandlungen zwischen Krankenhäusern und Kassen Erkenntnisse besonders erfolgreicher Häuser berücksichtigt, wenn es um die Diskussion von Kostensenkungsmaßnahmen, die Festlegung von Fallpreisen oder die Erweiterung eines Versorgungsauftrags, o. ä. geht.

Aber auch im Fall des Betriebsvergleichs in der Form der Informationsbörse ausschließlich für Krankenhäuser sind die Krankenhausmanager nur eingeschränkt zum Informationsaustausch bereit. Vom CKM durchgeführte Workshops mit Betriebsleitungen haben die Tabu-Informationen, über die nur ungern Öffentlichkeit hergestellt wird, klar herausgestellt:

- »Besondere Kniffe und Bestleistungen geben wir erst dann weiter, wenn wir diese bereits selbst mit Erfolg realisiert haben.«
- »Informationen über unsere strategischen Absichten, Verhandlungstaktik gegenüber Kassen, Investitionsvorhaben und Kooperationen geben wir nicht heraus.«

Die entscheidende Botschaft aber lautet:

»Ein Krankenhaus, mit dem wir im Umkreis von 20 km im regionalen Wettbewerb stehen, bekommt von uns keinerlei wettbewerbsrelevante Daten; das mindestens 100 km entferntere Haus ist als Benchmarkingpartner willkommen.«

Damit wird das Dilemma des Betriebsvergleichs deutlich: Der Betriebsvergleich ist nur dann von Nutzen, wenn Informationen generiert werden, mit deren Hilfe die Entscheidungsprozesse im Krankenhaus qualifizierter, schneller und zielführender absolvierbar sind.

5 Zweck und Funktion des Betriebsvergleichs

Krankenhäuser sind durch komplexe Leistungs-, Entscheidungs- und Kostenstrukturen charakterisiert, die sich durch hierarchisch-zentralisierte Organisations- und Führungsformen weder effizient noch kundenwirksam steuern lassen. Delegationsorientierte, nach dem Prinzip der Subsidiarität ausgerichtete Leistungs- und Entscheidungsstrukturen bedingen aber die Verfügbarkeit von entscheidungsrelevanten Informationen auf allen Organisationsebenen: Delegation setzt operationale Ziele und Handlungsorientierungen voraus. Damit erfüllt der Betriebsvergleich folgende Funktionen; er ...

- versorgt das Krankenhausmanagement zeitnah mit entscheidungsrelevanten Informationen;
- fundiert die Leistungsposition des Krankenhauses gegenüber Kostenträgern und kassenärztlichen Vereinigungen, insbesondere im Fall einer geplanten Veränderung des Versorgungsauftrags im Vergleich zu anderen Krankenhäusern;

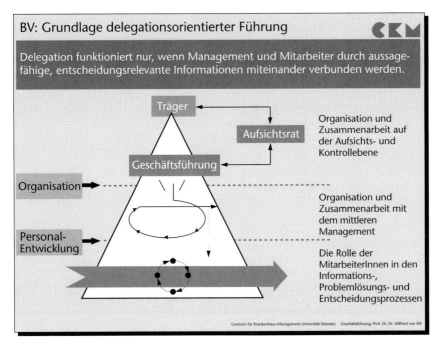

Abb. 2.15: Der Betriebsvergleich muß die Vergleichsdaten entscheidungsorientiert aufbereiten und operationalisiert an die Arbeitsebene weitergeben

- gibt Hinweise auf Bestleistungen anderer Krankenhäuser (Benchmarkingservice);
- dient als Frühwarninstrument, da mit seiner Hilfe Eingriffsnotwendigkeiten in den Bereichen Prozeß, Personal, Qualität und Kosten signalisiert werden;
- läßt insbesondere durch Vergleich mit »Best-in-Class«-Krankenhäusern Trends erkennen bezüglich
  - Weiterentwicklung von Versorgungsstrukturen,
  - Medizintechnik und Ablauforganisation,
  - gesetzliche Regelungen, ihre Konsequenzen und Reaktionsmöglichkeiten;
- dient zur Ableitung von Entscheidungs- und Handlungsprioritäten.

Auf der Basis von Betriebsvergleichsdaten werden entscheidungsrelevante Informationen und Aktionsprogramme zur Kostensenkung und Qualitätsförderung systematisiert in den Steuerungsebenen der Organisation etabliert. Insofern unterstützt der Betriebsvergleich die Einführung von partizipativen Organisations- und Führungskonzepten (siehe Abbildungen 2.15 und 2.16).

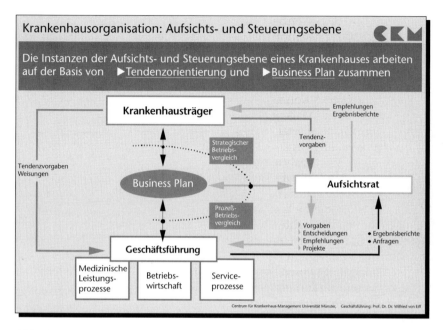

Abb. 2.16: Für die obersten Entscheidungsträger ist der Betriebsvergleich mit strategischen Daten und Prozessen besonders interessant

6 Methoden des Betriebsvergleichs

Leistungs-, Effizienz- und Wirtschaftlichkeitsvergleiche haben in der Betriebswirtschaftslehre und in der praktischen Unternehmensführung ihren Stellenwert als Führungsinstrument, trotz aller Probleme bezüglich Datenvalidität, eingeschränkter Vergleichbarkeit, Aggregationsgrad und Informationsverlust bei Kennzahlen.

Derartige Vergleiche sind im Hinblick auf ihren Zweck, ihre Adressatengruppe (Vorstände, Behörden, Öffentlichkeit, Kunden, ...) und bezüglich ihrer Methodik unterschiedlich ausgelegt.

❑ Der »Klassische Betriebsvergleich« ist ein brancheninterner Vergleich von Unternehmen oder Unternehmensteilen mit dem Ziel, die wirtschaftliche Leistungsfähigkeit zu beurteilen und die Grundlagen des Unternehmenserfolges herauszufinden (Erfolgsfaktoren). Beurteilungsgrundlage bilden aggregierte Vergleichsgrößen mit Kennzahlencharakter; betrachtet werden Resultate, die für die Geschäftstätigkeit sowie für den Erfolg charakteristisch (also branchentypisch) sind: Marktanteil, Gewinn vor Steuern, Gewährleistungskosten, Lagerumschlag u. ä. in Industrieunternehmen; Verweildauer, Belegungsgrad, ambulante Operationen, Schnitt-Naht-Zeiten etc. im Krankenhaus.

❏ In der Form des »Wettbewerbvergleichs« zielt der Betriebsvergleich auf die Ermittlung der momentanen Kosten-, Produkt- und Servicelücke im Verhältnis zum besten Wettbewerber. Auch diese Vergleichsform basiert i. d. R. auf Resultatkennzahlen.
Das »Reverse Engineering« ist ein von japanischen Automobilherstellern entwickeltes Konzept des Wettbewerbsvergleichs, das am »Resultat: Erzielbarer Marktpreis für ein Produkt mit kundengerechter Funktionalität« ansetzt, dann aber zu einem Reengineering des Produktentwicklungsprozesses führt. Es wird insbesondere nach den Methoden der Wertanalyse und der Wertgestaltung festgestellt, aus welchen Gründen (Ablauforganisation, Kostenstruktur, Konstruktionsart, Fertigungsart, …) der »Best-in-Class«-Wettbewerber in der Lage ist, ein Qualitätsprodukt zu konkurrenzlos niedrigen Preisen anzubieten und wie hoch die »erlaubten Kosten« sein dürfen (Target Costing). Damit löst sich das »Reverse Engineering« methodisch vom reinen Resultatvergleich und bezieht den Prozeßvergleich als Analyseobjekt mit ein. Im Gesundheitswesen ist dieser »Market-into-Company«-Ansatz in Form von prozeßorientierten Entgeltformen (Fallpauschalen, Sonderentgelte) etabliert worden.

❏ Das »Benchmarking« ist die systematische Suche nach der »Besten Praxis«(siehe Abbildung 2.17). Es beinhaltet das Verstehen des Zu-

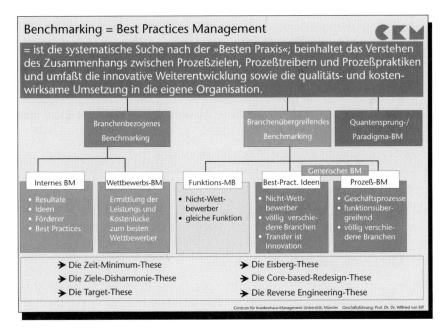

Abb. 2.17: Generisches Benchmarking ist die innovativste Form des Vergleichsmanagements

sammenhangs zwischen Prozeßzielen, Prozeßtreibern sowie Prozeß-praktiken und umfaßt die innovative Weiterentwicklung sowie die qualitäts- und kostenwirksame Umsetzung der »Besten Praxis« in die eigene Organisation. Benchmarking ist damit kein einfallsloses Kopieren anderer mit dem Effekt, das Leistungsniveau des besseren Wettbewerbers erst mit zeitlicher Verzögerung zu erreichen.

»Generisches Benchmarking« sucht branchenübergreifend nach »Best Practices«-Ideen und transferiert sie innovativ auf das eigene Unternehmen: Die Fluggesellschaft verkürzt die Flugzeugabfertigungszeiten am Terminal durch Übernahme der Boxenstop-Organisation eines Formel-1-Teams; das Minibar-System in einem Hotel in Dublin wird zum Ideengeber für ein Schranksystem zur Versorgung einer Station mit Medikalprodukten in einem Krankenhaus und die kundengerechte Standardisierung eines Mercedes-Unimog dient als Vorlage zur Krankenhauslogistikorganisation auf der Basis von eingriffsgerechten Sets.

Methodisch greift Benchmarking auf eine Reihe von Prüfhypothesen zurück (u. a.):

- Die Minimum-These erhebt das absolute Zeitlimit für einen bestimmten Prozeßtyp zur Vergleichsnorm.
- Die Eisberg-These unterstellt, daß die Ursache eines Problems in einem anderen Verantwortungsbereich bzw. in einem vorgelagerten Prozeßabschnitt zu suchen ist.
- Die Ziele-Disharmonie-These geht von der Vereinbarkeit gegensätzlicher Ziele aus. Der Toyota-Ansatz gilt als prominentes Beispiel: Die doppelte Produktion, in der Hälfte der Zeit, mit einem Zehntel der Fehler, auf der Hälfte der Fläche.

Aus den Erfahrungen mit Benchmarking in der industriellen Praxis zeichnen sich zwei wesentliche Erkenntnisse ab, die für die Aussagefähigkeit und den faktischen Erfolg von Betriebsvergleichen zentrale Bedeutung haben:

- Die Prozeßorientierung des Vergleichs und
- die organisationskulturellen Erfolgsvoraussetzungen.

7 Zur Notwendigkeit prozeßorientierter Betriebsvergleiche

7.1 Methodik des Prozeßvergleichs

Die meisten Ansätze zur Durchführung eines Betriebsvergleichs sind kennzahlen- und resultat-orientiert. Das heißt, zur Beurteilung von Leistungsfähigkeit, Qualität und Wirtschaftlichkeit einer Organisation (Unternehmen, Krankenhaus, Behörde, ...) werden erreichte Ergebnisse bzw. Resultate miteinander verglichen; die Form der Kennzahl (als Meßzahl:

z. B. »Verweildauer« oder als Verhältniszahl: z. B. »Verweildauer/Grenz-verweildauer«) soll dabei eine einfache Handhabung bei hohem Aussage-wert unterstützen.

- Der kennzahlenbasierte Betriebsvergleich ist nicht nur methodisch an-zuzweifeln, weil durch die Aggregation von Informationstatbeständen der Aussagewert leidet. Auch können in einer Kennzahl gegenläufige Ursache-Wirkungsbeziehungen nicht so miteinander verknüpft wer-den, daß Fehlentscheidungen vermeidbar wären.
- Kennzahlen fallen zudem ex post an und deklarieren nur einen Zustand als wünschenswert oder verbesserungsbedürftig aus Ergebnissicht.
- Kennzahlen geben keine Hinweise auf die Entscheidungs- oder Ver-haltensfehler, die zu dem Kennzahlenresultat führten.

Frage:
Was hat die Minibar im The Towers Hotel in Dublin mit der Medikalproduk-te-Logistik der Universitätsklinik in Philadelphia zu tun?

Antwort:
Beide benutzen das gleiche organisatorische Konzept zur bedarfsgerechten Versorgung der Kunden bei gleichzeitiger Entlastung des Personals von über-flüssigen Kontroll- und Dokumentationsaufgaben.

Das Minibar-Konzept

Mit der Entnahme eines Produkts wird auto-matisch der Verzehr auf die Zimmerrechnung gebucht (der Übernachtungs-gast füllt keinen Verzehrzettel mehr aus) und der Versorgungsassistent erhält die Information, daß auf einem bestimmten Zimmer ein bestimmtes Produkt nachgeliefert werden muß (Entfall unnützer Kontrollgänge durch jedes Zim-mer).

Abb. 2.18: Das Minibar-Konzept

Abb. 2.19: Ein Bedienungs-Panel steuert alle Order-, Wiederauffüll- und Abrechnungsprozesse (University Hospital of Pennsylvania, Philadelphia)

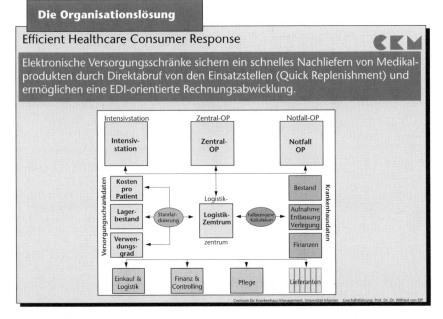

Abb. 2.20: Der Informations- und Steuerverbund in einem Vollversorgungssystem auf Basis elektronischer Versorgungsschränke

Als Krankenhausmanager zu erfahren, welche Prioritäten das eigene Haus im Meinungsbild der Einweiser einnimmt, zu erkennen, daß die eigenen Kosten zu hoch sind oder die eigene Arzneimittelliste viel zu umfangreich ist, stellt im Hinblick auf die Ziele der Qualität und Kundenorientierung eine nicht wertschöpfende Erkenntnis dar, denn es ändert sich ja nichts an der Situation. Außerdem ist dieses Wissen nicht unmittelbar umsetzbar in konkrete Verbesserungshandlungen.

Viel wichtiger ist es doch zu wissen, was andere Wettbewerber konkret tun, um erfolgreicher zu sein. Wie hat es das Best-In-Class-Krankenhaus geschafft, die Arzneimittel auf 250 zu begrenzen; welches Kommunikationsprozedere führte zum Erfolg? Wie wird sichergestellt, daß die Arzneimittelliste nicht wieder unkontrolliert ausufert? Ist das gewählte Verfahren bürokratisch oder schlank?

Prozeßresultate in der Form von »Ist-Resultaten« sind als Vergleichsgrundlage im Sinne von entscheidungsrelevanten Managementinformationen nahezu unbrauchbar; sie geben bestenfalls einen Hinweis auf Handlungsfelder, in denen eine »Beste Praxis mit Wettbewerbsvorteil« vermutet werden kann (siehe Abbildung 2.21).

Ohne tiefergehende Analyse der Prozeßstruktur (Phasen, Ablauforganisation, Verantwortungsorganisation, Organisation der Phasenübergänge,

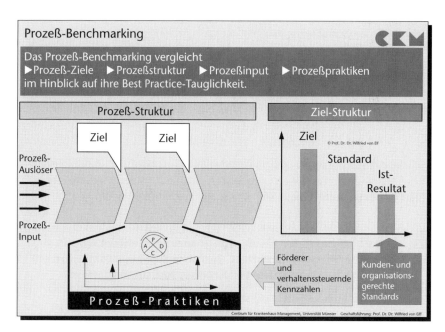

Abb. 2.21: Erst durch den Vergleich von Ziel- und Prozeßstruktur sowie Prozeßpraktiken entsteht »Vergleichbarkeit«

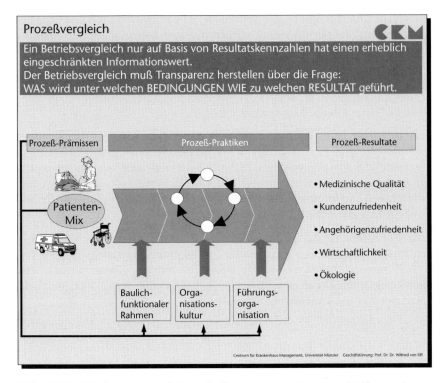

Abb. 2.22: Die Kenntnis von Rahmenbedingungen von Prozessen ist Voraussetzung für Vergleichbarkeit

Prozeßauslöser, Prozeßinput), der Zielestruktur und der Prozeßpraktiken sind reine Kennzahlenvergleiche für ein entscheidungsorientiertes Management nahezu ohne Informationswert. Der Vergleich von Resultaten macht erst im Vergleich mit Prozeßstrukturen Sinn (siehe Abbildung 2.22).

Diese Feststellungen lassen sich durch die nachfolgend beschriebenen, empirischen Beispiele aus dem Krankenhausalltag belegen.

7.2 Das Phänomen der resultatbegründeten Fehlentscheidungen: Die Vergleichsrealität und ihre Konsequenzen für ein entscheidungsorientiertes Krankenhausmanagement

7.2.1 Beispiel: Einkauf und Logistik

Ein unter Krankenhäusern in zunehmenden Maß gepflegter Vergleich betrifft den Bereich »Einkauf, Materialwirtschaft und Logistik« und bezieht sich auf die Preise für einzelne Medikalprodukte oder auf die Preissumme, die für die Medikalprodukte aufzuwenden ist, die für eine bestimmte Operation benötigt werden.

Wenn also Krankenhaus A die 0,1-ml-Spritze für 0,12 DM/Stück einkauft und Krankenhaus B für nur 0,10 DM, scheint dies ein Indiz für ein pfiffiges Einkaufsverhalten in Krankenhaus B zu sprechen.

Und wenn in Krankenhaus B die für eine TEP-Operation (Totale Endo Prothese) benötigten Medikalprodukte zum Gesamtpreis von 159,– DM beschafft werden, während Krankenhaus A 185,– DM aufwendet, so ist dies in »normalen« Denkkategorien ein weiterer Beweis für die professionelle Arbeitsweise des Einkaufs in Krankenhaus B.

Gelingt es sogar dem engagierten Einkäufer von Krankenhaus B in wochenlangen Verhandlungen den Einkaufspreis einer Spritze von 0,10 DM um 20% (!) auf 0,08 DM zu reduzieren, und damit bei einem Jahresvolumen von 700.000 Stück 14.000,– DM im Jahr zu sparen, kann sich dieser Einkäufer des Lobes durch seinen Chef (fast) sicher sein.

In Wirklichkeit ist das Einkäufer-Engagement zwar löblich, aber wenig effizient. Dieses Kostenspar-Verhalten ist die typische Konsequenz ausschließlich resultatbezogener Vergleiche, ist die zwangsläufige Folge funktionsbereichsorientierter Optimierungsbestrebungen und ist kennzeichnend für eine Belohnungskultur, die sich an einfach zu handhabenden Kennzahlen orientiert. Eine solche Belohnungskultur wird von Vorgesetzten bevorzugt, die sich nicht der Mühe unterziehen wollen, die Geschäftsprozesse in ihren ganzheitlichen Ursache-Wirkungs-beziehungen zu verstehen und sich nur noch durch »Berichte« ihrer Mitarbeiter mit dem Ort der Wertschöpfung verbunden fühlen.

Diese Führungskräfte sind keine Manager, sondern Berichtsfetischisten, die sich mangels Interesse oder mangels Fähigkeit mit den wirklichen Problemen des Tagesgeschäfts nicht auseinandersetzen. Sie schwelgen in Visionen; entsprechend abgehoben und unwirklich fallen die Entscheidungen solcher Führungskräfte aus: Kennzahlenvorgaben bedürfen immer erst der Operationalisierung durch die Mitarbeiter vor Ort.

Zurück zu unserem Einkäufer: Dieser hat einen wesentlichen Denkfehler begangen, denn die wirklichen prozeßbezogenen Kosten einer Spritze betragen nicht 0,08 DM, wie es der Einkaufspreis suggeriert, sondern von der Beschaffung bis zum Einsatz der Spritze am Patienten und ihrer Entsorgung entstehen Kosten in Höhe von 4,– DM. Verursacht sind diese Kosten durch eine Vielzahl unnützer (nicht wertschöpfender) »Logistikaufgaben«, die zum Teil von Ärzten und Pflegekräften zu leisten sind: Transportieren, Lagern, Vor- und Endkommissionieren, Auspacken, Entsorgen, Disponieren, Bestandsüberprüfung, usw. Dieses Phänomen des Eisbergpreises ist charakteristisch für Funktionsbereichsdenken und mangelnde Prozeß-Sicht (siehe Abbildung 2.23).

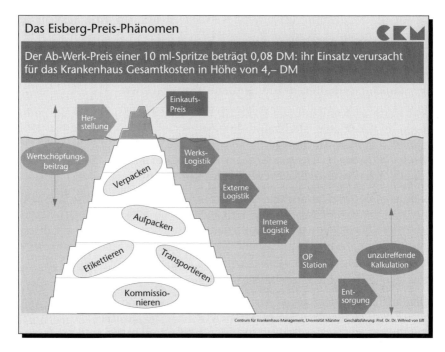

Abb. 2.23: Das Eisberg-Phänomen demonstriert den eingeschränkten Aussagewert von Resultatvergleichen und zeigt das Fehlentscheidungsrisiko von Kennzahlenansätzen auf

7.2.2 Beispiel: Mamaria-Bypaß-Operation

Das Phänomen der resultatbegründeten Fehlentscheidungen findet sich aber nicht nur in primär betriebswirtschaftlich geprägten Prozessen, sondern auch in medizinischen Abläufen.

Ein Vergleich der Leistungsfähigkeit von Herzzentren, orientiert an einzelnen Leistungsprozessen kann dies verdeutlichen. Ein Herzzentrum, das primär Single Bypaß-Operationen durchführt (ACVB), kann diese Leistung zu einem deutlich niedrigeren Preis (Fallpauschale) erbringen als es einem Krankenhaus möglich ist, das multimorbide Patienten mit einem signifikanten Altersanteil über 70 Jahre behandelt und außerdem Mamaria-Bypässe und Kombinationseingriffe (Mehrfach-ACVB und Aortenbogenersatz) durchführt sowie ein breites Spektrum herzchirurgischer Leistungen anbietet.

Ein Kennzahlenvergleich, der lediglich die jährliche Zahl der Eingriffe mit Herzlungenmaschine zu den Vorhaltekosten in Bezug setzt, würde direkt zu Fehlschlüssen führen. Im schlimmsten Fall würden solche Vergleichsergebnisse zu einer landesweiten Anpassung der Fallpauschalen

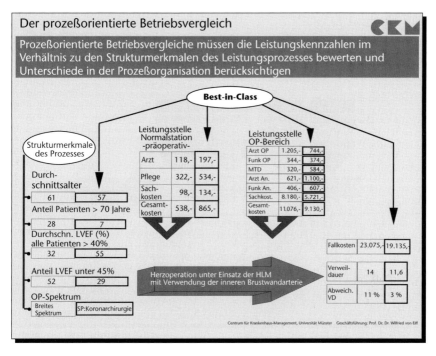

Abb. 2.24: Nur die Kenntnis der Prozeßmerkmale garantiert Vergleichbarkeit

führen und den Krankenhäusern mit breitem Spektrum die Überlebensgrundlage entziehen. Gemäß der Verhaltensmaxime:»What you get is what you measure!« müßte sich die Angebotslandschaft der bis dato generalisierten Häuser ebenfalls auf Spezialisierung ausrichten. Patiententourismus wäre die kundenunfreundliche Konsequenz und eine systematische Zerstörung der »skill-base« bei Ärzten und Pflegekräften würde sich in Zukunft qualitätsmindernd auswirken.

Die Abbildung 2.24 zeigt am Beispiel einer Herzoperation, welche Vergleichskriterien zu beachten sind, damit ein Leistungs- und Wirtschaftlichkeitsvergleich zwischen Herzzentren entscheidungsrelevante und valide Informationen generiert.

In einem zweiten Schritt muß der Betriebsvergleich darauf ausgelegt werden, Standardleistungsprozesse zu ermitteln und diese als Vergleichsmaßstab heranzuziehen (siehe Abbildung 2.25).

7.3 Der Vergleich von Zielstrukturen

Gerade der Vergleich von Zielstrukturen sagt mehr über den Prozeß und die Leistungsfähigkeit einer Organisation aus wie jede Resultatkennzahl.

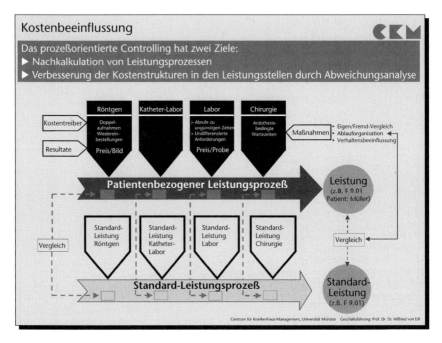

Abb. 2.25: Betriebsvergleiche können auch gemessen an Standardprozessen durchgeführt werden

Ein Waschmittelhersteller muß entscheiden, ob er seinen Kunden Waschmittel verkauft oder saubere Wäsche. Der Autoverkäufer muß, bevor er seine Leistungsstruktur definiert, festlegen, ob er ein Auto verkauft oder jederzeitige Mobilität. Der Anbieter von Mobiltelefonen kann Handys verkaufen oder den Anspruch, daß ein Handy-Käufer innerhalb von 10 Minuten telefonieren kann oder er verkauft die Garantie, jederzeit erreichbar zu sein. Um es deutlich zu machen: Diese Beispiele sind mehr als Wortklaubereien und Formulierungsübungen. Es ist für die organisatorische Gestaltung, für die Dienstleistungsstufe und für die Verhaltenskultur entscheidend, ob Produktziele oder Serviceziele verfolgt werden, ob Produktfunktionalitäten oder Problemlösungshilfen das Leistungsangebot charakterisieren.

Das Service-Niveau bestimmt letztlich die Organisationsform sowie die Dotierung der Ressourcen (nach Menge und Qualität) nachhaltiger, als die ausschließlich auf Produkte konzentrierte Herstellerstrategie.

Insofern wirken unterschiedliche Ziele (und Service-Niveaus) bei ansonsten »gleichen« Prozessen auf die Vergleichskennzahlen. Ein Vergleich zweier Personalabteilungen nur auf der Basis von Ressourcenkennzahlen (Zahl der Mitarbeiter; Mitarbeiter in der Personalabteilung im Verhältnis zu betreuten Mitarbeitern) oder Leistungskennzahlen (Zahl der Einstellungen, Zahl der Austritte, Zahl der Disziplinarverfahren, ...) ist wenig aussagefähig; entscheidend ist das mit jeder Tätigkeit verbundene Service-Niveau: Eintritte können ausschließlich administrativ vollzogen werden oder durch ein Programm »Einführung neuer Mitarbeiter« aufwendig betreut werden. Insofern sind für einen Leistungsvergleich zweier Personalabteilungen andere Vergleichskriterien maßgebend:

- Gibt es Trainée-Programme und Laufbahnsysteme, die von der Personalabteilung gesteuert werden?
- Gibt es Betreuungsprogramme für ausgeschiedene Mitarbeiter?
- Finden regelmäßige Informationsveranstaltungen, aktuelle Fragestunden u. ä. für alle Mitarbeiter statt oder werden alle Informationen per Rundschreiben deklariert?
- Werden regelmäßig Mitarbeiterbefragungen durchgeführt und welche Maßnahmen werden aus den Ergebnissen abgeleitet?

Aus dem Vergleich von Zielen lassen sich auch die wirkungsvollsten Reengineering-Programme ableiten bzw. die effektivsten Best Practices erkennen.

Ziele sind prägend für eine Prozeßstruktur; erreichte Resultate sind das Ergebnis einer Prozeßstruktur. Insofern sind »Ziele« auch die Vergleichsmeßlatte für das Leistungskriterium »Kundenorientierung« (wie auch vorher am Beispiel der Personalentwicklung deutlich wurde).

Ein Krankenhaus sollte vor Auslegung seiner Service- und Leistungsstruktur entscheiden, ob es herausragende »medizinische Qualität« bieten will oder »begeisterte Patienten und Angehörige« das Ziel sind. Der Unterschied zwischen beiden Zielniveaus läßt sich an der Auswertung vermeintlich gegensätzlicher Patientenbefragungsergebnisse demonstrieren (siehe Abbildung 2.26):

- In der Test-Studie (1995) beschwerten sich 58 % über die mangelnde Auskunftsbereitschaft der Ärzte, gleichzeitig aber empfanden 74 % die ärztliche Versorgung als besonders positiv.
- In der Focus-Studie (1994) beurteilten 86 % die medizinische Versorgung als sehr gut bis gut.
- Die DAK-Studie (1996) stellte weder Mängel in Freundlichkeit noch in medizinischer Primärleistung fest, dafür wurden Hilfestellung im Umgang mit der Krankheit, die psychosoziale Versorgung sowie die Unterstützung und Entlassung aus dem Krankenhaus als Fehlleistungen angemahnt.

Bei näherer Analyse ergab sich, daß für Patienten, die man am Entlassungstag befragte, die medizinisch-fachliche Qualität entscheidendes Zufriedenheitskriterium war. Befragte man die Patienten zwei bis vier Wochen nach Entlassung, stand die Art und Weise, in der man als Persönlichkeit behandelt wurde (Informationsverhalten, Wahrung der Intimsphäre, Freundlichkeit) im Mittelpunkt der Beurteilung; die medizinische Ergebnisqualität wurde zur selbstverständlichen Leistung.

Als Ergebnis der Analyse von Kundenbefragungen im Krankenhaus läßt sich derzeit folgende Feststellung treffen:

- Die von verschiedenen Instituten durchgeführten Befragungen (z. B. Hildebrand, GesundheitsConsult (Hamburg), GfR (Aachen), JuWi-Concept (Walsrode), CKM-Befragung der »Kunden« von sieben Akutkrankenhäuser sowie einer chirurgischen Universitätsklinik) haben die kommunikativen Problemphasen der Patientenversorgung festgestellt und die Kundenerwartungen an das Krankenhaus herausgearbeitet (siehe Abbildung 2.27).
- Für die meisten Krankenhäuser kann es jetzt nicht mehr darum gehen, weitere Befragungen durchzuführen; dazu besteht weder sachliche Veranlassung noch sind aufwendige Befragungen wirtschaftlich zu rechtfertigen, sondern es geht darum, endlich konkrete Handlungen zur Situationsverbesserung in den erkannten Schwachstellenbereichen einzuleiten.

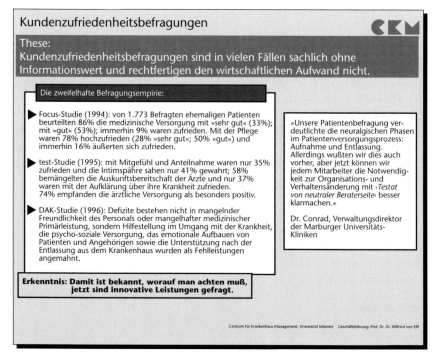

Abb. 2.26: Die Ergebnisse von Kundenbefragungen zeigen, daß nicht eindeutig befragt wird

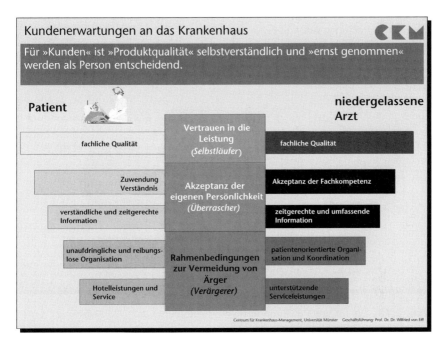

Abb. 2.27: Die entscheidungsrelevanten Kundenerwartungen lassen sich auf wenige Treiberfaktoren reduzieren

- Kundenbefragungen klären weder den wirklichen Kundenbedarf noch vermitteln sie innovative Ideen. Kunden wollen überrascht und begeistert werden. Auf Befragungsergebnisse zu reagieren, kann maximal Unzufriedenheit verhindern. Kundenbindung ist das Resultat von positiver Überraschung. Insofern sind aufwendige Befragungen schon fast ein Zeichen für ein innovationsarmes Management.

Gerade durch das Aufkommen solcher »kundenorientierter Vergleichsansätze« wird eine Erkenntnis ganz deutlich: Die Meßlatte, die Patienten und Angehörige an medizinische Qualität, an Freundlichkeit und an Service stellen, ist deutlich höher gerutscht. Die Krankenhäuser wandeln sich im Forderungsbild der Öffentlichkeit vom »Medizinischen Fachbetrieb« zum »kommunikationsfreundlichen Gesundheitszentrum« mit hoher Fach-, Organisations- und Sozialkompetenz.

Unter Rückgriff auf die bisherigen Erfahrungen, die aus den unterschiedlichen kundenorientierten Vergleichsansätzen gewonnen werden konnten,

Und genau dieser Anspruch muß in Zukunft als Bestandteil einer Leistungsbeurteilung in Betriebsvergleichen repräsentiert sein.

lassen sich folgende Wertungen und Empfehlungen ableiten (siehe Abbildung 2.28):

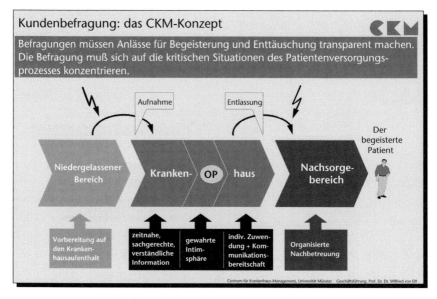

Abb. 2.28: Die für den Patienten relevanten »Momente der Wahrheit« sind bekannt: Jetzt gilt »aktives Machen« statt »erneutes Befragen«

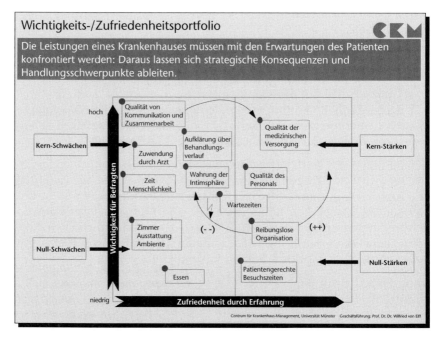

Abb. 2.29: Qualität der Kommunikation ist ein Ersatzkriterium zur Beurteilung der medizinischen Versorgungsqualität

- Aufnahme und Entlassung sind kritische Erlebnisbereiche für Patienten und Angehörige.
- Information, Zuwendung und Intimsphäre stellten sich als Hauptanforderungsbereiche heraus, an denen ein Krankenhaus Kundenorientierung beweisen kann.
- Der niedergelassene Bereich wird ebenso wie der Nachsorgebereich noch zu oft aus den Zufriedenheitsbefragungen ausgespart, obwohl gerade hier Grundlagen für Patientenbegeisterung gelegt werden können.

Daß Kundenbefragungen bei weitem nicht ausreichen, eine kundenorientierte Dienstleistungsorganisation zu entwickeln, verdeutlicht das Wichtigkeits-/Zufriedenheitsportofolio in Abbildung 2.29, das aus mehreren empirischen Erhebungen gefüllt wurde.

- Eine unaufdringliche, reibungslose Organisation wird von den Befragten als wenig relevant im Hinblick auf die Wichtigkeit für das eigene Wohlbefinden eingestuft und die Befragten sind signifikant der Meinung, die bisher gemachten Erfahrungen auf diesem Gebiet seien eher positiv. In der Praxis ist aber immer wieder erlebbar, daß eine perfekt funktionierende Organisation eine Kernstärke ist, da von ihr zahlreiche motivationsfördernde Effekte ausgehen.
- Ganz entscheidend ist das Kriterium »Qualität von Kommunikation und Zusammenarbeit«. Wenn diese vom Patienten als schlecht empfunden wird, führt dies im Meinungsbild dieses Patienten automatisch zu einer erheblichen Schlechtbeurteilung der Qualität der medizinischen Versorgung (obwohl diese möglicherweise objektiv gut sein mag).

7.4 Unternehmenskultur: Erfolgsvoraussetzung für ein Betriebsvergleichsmanagement

Eine Unternehmenskultur bezeichnet das sichtbar gelebte Wertesystem einer Organisation. Die Kultur zeigt sich in der Art des Miteinanderumgehens, der gepflegten Kommunikation und Zusammenarbeit, im Umgang mit Fehlern, mit Initiative und Widerspruch. Die Unternehmenskultur wird gesteuert, durch die »geheimen Spielregeln«, die die Normen für das soziale Miteinander fixieren und Abweichungen ahnden. Es ist die Kultur des Unternehmens, die neue Konzepte begierig aufnimmt und engagiert umsetzt oder Verbesserungsideen durch Diffamierung im Kern erstickt.

Insofern hat Unternehmenskultur zwei Funktionen: sie ist der zentrale Erfolgsförderer für Innovationen und Verbesserungen aller Art und sie ist damit auch Vergleichsgegenstand (Welche Merkmale kennzeichnen eine Best-Practices-Kultur?).

Kennzahlenvergleiche führen zu einer Informations- und Verhaltenskultur der jederzeitigen Planerfüllung wie sie typisch war für zentralistisch geführte Staaten des Kommunistischen Einflußbereichs. »What you get is what you measure«, läßt sich das grundsätzliche Verhaltensmuster von Organisation beschreiben, die zwar Delegationsorientierung predigen, aber zentrale Steuerung durch Kennzahlen präferieren. Wer an der Einhaltung von Budgetvorgaben gemessen wird, ist immer bestrebt, bei Budgetverhandlungen überhöhte Budgetwerte genehmigt zu bekommen.

Wer durch Kostensenkungsmaßnahmen im eigenen Verantwortungsbereich Belobigung erfährt, spart ohne jeden Skrupel auf Kosten von anderen Funktionsbereichen. Der Einkäufer, der ohne Berücksichtigung von Handhabungsaufwand und Gebrauchsrisiko preiswerte Medikalprodukte beschafft, »kauft« in seiner funktionsorientieren Sicht Nachteile für Pflegekräfte und Ärzte im OP ein.

Die kennzahlenorientierte, resultatbezogene Sicht des Betriebsvergleichs führt zu einer Kultur der Bereichsegoismen; diese Kulturbewegung steht der Entwicklung einer kundenorientierten Organisation mit Ausrichtung an Geschäftsprozessen im Wege.

Das wichtigste Ziel eines Betriebsvergleichs muß es demnach sein, eine Unternehmenskultur zu etablieren, in der die Suche nach innovativen Ideen und deren schnelle kundenwirksame Umsetzung zur arbeitstäglichen Realität gehört. Das wichtigste Know-how ist die Problemlösungsfähigkeit der Organisation und der in ihr tätigen Mitarbeiter; dieses Know-how, das charakteristisch ist für eine Hochleistungsorganisationskultur genießt gleichzeitig den höchsten Imitationsschutz (siehe Abbildung 2.30).

Wie wichtig eine vertrauensbasierte Unternehmenskultur ist, zeigt sich in Ausnahmesituationen. Für autoritär und zentralistisch geführte Unternehmen ist es charakteristisch, daß in kritischen Situationen (Kunde konfrontiert uns mit einem peinlichen Fehler und verlangt einen sofortigen erheblichen Preisnachlaß) sich kein Mitarbeiter traut, ohne Rücksprache mit dem Chef eine kundengerechte Entscheidung zu treffen. Wie man aus verunsicherten, unzufriedenen Kunden solche mit Loyalität zum Unternehmen macht, hat Daimler Benz im Nachgang zum Elchtest-Drama um die neue A-Klasse gezeigt. Man hat den Kunden ernst genommen, sich öffentlich entschuldigt und die A-Klasse technologisch so aufgerüstet, daß völlig neue Maßstäbe für die A-Klasse insgesamt etabliert wurden; sehr zum Leidwesen der Konkurrenz, die nun zähneknirschend und renditefeindlich reagieren muß.

Was professionelles Dienstleistungsverständnis, uneingeschränkte Kundenorientierung und dezentrale Handlungsfreiheit sowie Entscheidungskompetenz in einem Krankenhaus bedeuten, demonstrierte der Krankenhauspfleger Stefan Vahrenholt: Als die Küche abends wegen eines technischen Defekts kein Essen ausliefern konnte, lud er die 22 Patienten spontan zur Pizza ein; ... zunächst auf eigene Rechnung. Damit verhielt er sich kundenorientiert und seine Patienten waren begeistert von

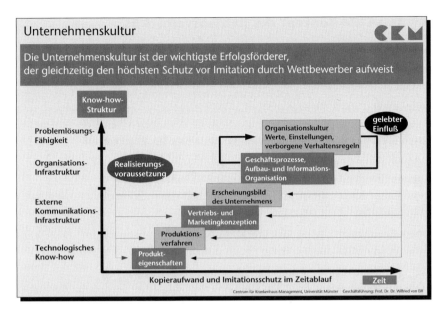

Abb. 2.30: Die Unternehmenskultur gibt Auskunft über die wirklichen Erfolgsursachen

seinem Engagement. Die Patienten erlebten einen »Moment of Truth«. Diesen Augenblick der Wahrheit über die gelebte Führungskultur im Evangelischen Krankenhaus Herne erlebte Stefan Vahrenholt am nächsten Tag, als er seine Geschäftsführer Tschirch und Bitter um Auslagenersatz bat! Jetzt waren seine obersten Chefs von ihm und seiner kundenorientierten Handlungsweise begeistert: Ein erlebbarer Beweis für eine Vertrauenskultur war durch die oberste Führung und einen Stationspfleger überzeugend erbracht.

Anmerkung: Nicht auszudenken, welche schädlichen und kaum reparablen Wirkungen im Hinblick auf die Entwicklung einer Vertrauenskultur eingetreten wären, wenn die Geschäftsführer den Stationspfleger Vahrenholt auf seiner Kundenorientierung hätten sitzen gelassen!

»Wir, das Management, trauen unseren Mitarbeitern zu, für den Patienten die richtigen Entscheidungen zu treffen«, kommentierte Walter Tschirch, Geschäftsführer der Krankenhäuser des Kirchenkreises Herne, die Führungsphilosophie seines Hauses.

Und was lernen wir daraus?

In einer kundenorientierten Unternehmenskultur entscheidet jeder Mitarbeiter im Zweifelsfall immer primär für den Kunden und sekundär im Hinblick auf Kosten.

8 Das CKM-Konzept des Betriebsvergleichs

Ein aussagefähiges BV-Konzept vergleicht beides: Erfolgsresultate und Erfolgs-/Qualitätsförderer (siehe Abbildung 2.31).

Im Mittelpunkt der Vergleichsbetrachtung stehen ausgewählte Leistungsprozesse des Kerngeschäfts. Flankierend dienen »Beste Praxis-Vergleiche« dazu, die Organisation kontinuierlich zu verbessern, und die Fördererstrukturen auf Effizienz und bessere Resultate zu analysieren.

Unternehmenskultur und Verantwortungsorganisation stellen die wichtigsten Erfolgsfördererbereiche dar; im Rahmen des CKM-Ansatzes werden Diagnoseinstrumente bereitgestellt, mit deren Hilfe ein Krankenhaus seinen Kultur-Level diagnostizieren kann.

Ohne Berücksichtigung kultureller Rahmenbedingungen sind Best Practices nicht einführbar; ebenso bleibt ein Lernen durch Vergleiche im Ansatz stehen.

Ein Betriebsvergleich muß am Kerngeschäft orientiert sein: d.h. die medizinischen Leistungsprozesse wie z.B. Lumbale Bandscheibenoperation, Hysterektomie, Katarakt, Stumaresektion, Bypass, etc. müssen im Hinblick auf medizinische Outputdaten (wie Mortalitätsrate, Komplikationsrate, …), patientenbezogene Input-Daten (Schweregrad des Falles bei Einlieferung,

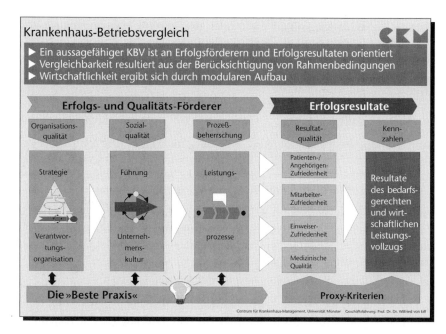

Abb. 2.31: Die modulare Struktur des CKM-Vergleichs

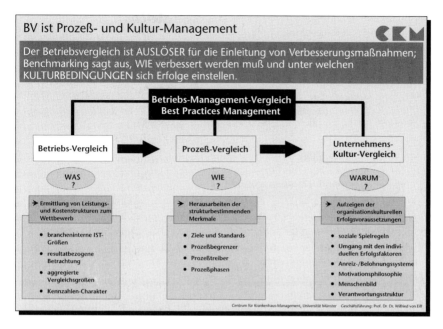

Abb. 2.32: Das Managementziel: Vom Betriebsvergleich zur Best-Practice-Börse

Alter des Patienten, ...) und medizinische Therapiedaten (Operationstechnik, verwendete Implantate, ...) in Kombination mit betriebswirtschaftlichen Daten verglichen werden.

Ein Krankenhausbetriebsvergleich umfaßt damit vier Vergleichsebenen: Krankenhaus, Abteilung, ausgewählte Prozesse der Abteilung und Best Practices (siehe Abbildung 2.33).

Auf Krankenhausebene werden aggregierte Leistungsdaten erfaßt, wie z. B. Fachabteilungsstruktur, stationäre Pflegetage insgesamt (LKA L1, Zeile 4 + 8), stationär behandelte Fälle, Zahl der ambulanten Operationen und Art dieser OP, Anzahl der Kurzlieger, Leistungsstruktur-Mix nach ICD-Gruppen, Einzugsgebiet, Aufbauorganisation, usw.

Auf Abteilungsebene stehen aggregierte Leistungs- und Kostendaten der Abteilung zur Diskussion; hier sind Tendenzaussagen über den Patienten-Mix ebenso gefragt wie Ausstattungsdaten (Personalstruktur) und Leistungskennzahlen medizinischer sowie betriebswirtschaftlicher Art (siehe auch Übersichts-Chart in Abbildung 2.34)

Das Zusammenspiel zwischen »Abteilungsebene« und »Prozeß« kann am Beispiel einer orthopädischen Abteilung unter Konzentration auf den Prozeß einer Totalen Endoprothese (TEP) dargestellt werden (siehe Abbildung 2.35)

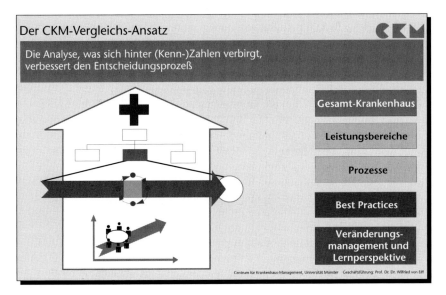

Abb. 2.33: Der CKM-Ansatz stellt Prozesse und die Beste Praxis in den Vergleichsmittelpunkt

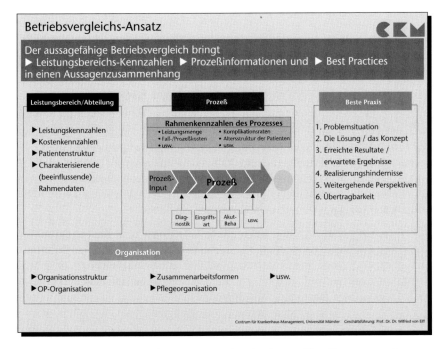

Abb. 2.34: Betriebsvergleichsansatz: Von den Strukturen über Prozesse zur Besten Praxis

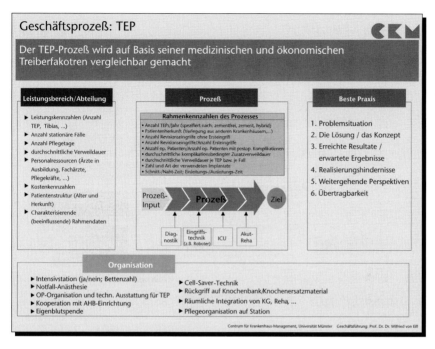

Abb. 2.35: Vergleichsstruktur des Geschäftsprozesses »Hüft-Total-Endoprothese«

Für eine umfassende, medizinisch und betriebswirtschaftliche Vergleichs-aussage kommt es darauf an, den krankenhausinternen Leistungsprozeß um Daten aus der Krankheitshistorie, der vorausgegangenen Betreuung im ambulanten Sektor sowie Patienten-, Leistungs- und Kostendaten aus dem Nachsorgebereich zu ergänzen (siehe Abbildung 2.36)

Die krankenhausübergreifende Diskussion von abteilungsbezogenen Best Practices rundet den Vergleichsansatz ab. Darüber hinaus gibt es aber eine Reihe weiterer interessanter Vergleichsbereiche zwischen Krankenhäusern wie z. B. die Logistikorganisation, die Pflegeorganisation, Dekubitusfälle, Verwaltungsstruktur, Arzneimittelversorgung, EDV-Durchdringung und Projekte zur Organisationsverbesserung sowie Kulturentwicklung. Im Logistikbereich sind neben den Abteilungsstruktur- und Prozeßdaten insbesondere auch Daten zur Lieferantenstruktur sowie über Preise von Interesse.

9 Ergebnisse

❑ Betriebsvergleich, Prozeßvergleich und Kulturvergleich bilden die methodische Grundlage für eine aussagefähige Beurteilung der Lei-

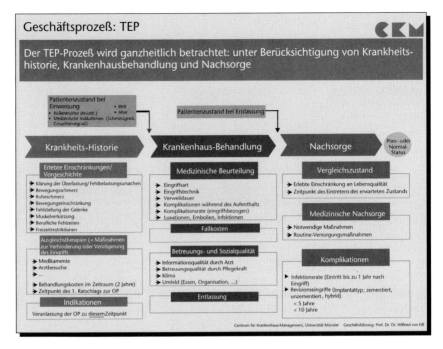

Abb. 2.36: Integration der Patientenkarriere in den Prozeßvergleich

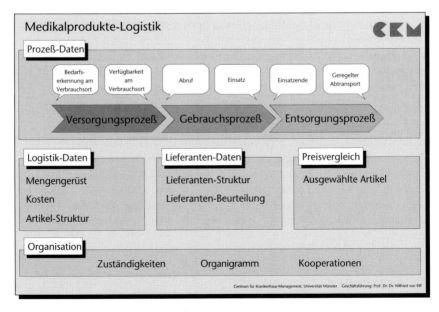

Abb. 2.37: Die Einbeziehung der hinter den medizinischen Leistungsprozessen stehenden Logistikprozesse als Vergleichsgegenstand

stungsfähigkeit im Krankenhaus. Dabei wird der Betriebsvergleich über fünf Ebenen durchgeführt: Krankenhaus, Abteilung, Prozeß, Best Practice, Lern- und Entwicklungsperspektive.

❑ Es gibt nicht »den« Betriebsvergleich, sondern orientiert an den verschiedenen Zwecken und berechtigten Interessenlagen von Krankenhäusern, Kostenträgern und Krankenhauskunden sind mindestens drei Betriebsvergleichsschwerpunkte voneinander getrennt zu bedienen:
1. Der Betriebsvergleich als Best-Practices-Börse gibt den Krankenhäusern Anregungen zur Verbesserung der Kundenorientierung sowie für Qualitäts- und Wirtschaftlichkeitssteigerungen. Verwertet wird WAS, mit welchen PRAKTIKEN unter welchen KULTUR-Bedingungen zum Erfolg führt. Dieser Vergleich bezieht sich überregional auf die Fördererstruktur einer Organisation und wird ausschließlich den Krankenhäusern zugänglich gemacht.
2. Der Betriebsvergleich als Instrument zur systematischen Preissenkung für Krankenhausleistungen; Ziel ist es, über die nachgewiesene Beste Praxis eines Krankenhauses einen Realisierungszwang für andere Krankenhäuser auszuüben und sich damit schrittweise an realistische Maßstäbe von Bedarfsgerechtigkeit und Wirtschaftlichkeit heranzutasten. Dieser Vergleich ist vorwiegend an Resultaten orientiert und bringt Krankenhäuser und Kostenträger in die Diskussion um volkswirtschaftlich vertretbare Preise für medizinische Leistungen.
3. Der kundenorientierte Betriebsvergleich als Barometer für die Dienstleistungsqualität der gesamten Branche; durch regelmäßige Reflexion von Kundenerwartungen und Kundenzufriedenheit können die branchentypischen Dienstleistungsfehler transparent gemacht werden; auf dieser Basis können Marketingstrategien sowie Verhaltens- und Kommunikationsprogramme zur Qualitätsverbesserung entwickelt werden.

❑ Auch die Krankenkassen müssen sich einem Betriebsvergleich unterwerfen; sie nehmen mit ihrem Zusammenarbeitsverhalten Einfluß auf die Kostenstruktur des Krankenhauses und sie können sich schon aus psychologischen Gründen nicht ernsthaft aus dem Geleitzug der Sparsamkeit und Bedarfsgerechtigkeit ausklinken.

❑ Aus der Managementperspektive müssen Betriebsvergleich und Benchmarking im Sinne der Suche nach der Besten Praxis systematisch als Bewertungsbestandteil in die Problemlösungs- und Entscheidungsstrategie einfließen; dies gilt insbesondere auch für Reorganisationsprozesse. Der Betriebsvergleich bildet damit den Ausgangspunkt für eine geplante Organisationsentwicklung sowie für einen Prozeß der kontinuierlichen Verbesserung. Der Betriebsvergleich muß weiterhin flankiert werden durch den schrittweisen Erwerb der Fähigkeiten

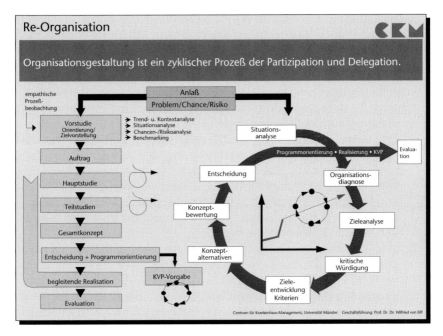

Abb. 2.38: Betriebsvergleich und Benchmarking müssen routinemäßig in die Organisations- und Entscheidungsprozesse eingebunden sein

zur Beherrschung der »Fünften Disziplin«, der Fähigkeit nämlich, systematische Zusammenhänge zu erkennen und die Technik der Systemgestaltung zur Verbesserung von Strukturen und Abläufen wirkungsvoll einzubringen.

Die Tyrannei der oberflächlichen Vernunft

Wilfried von Eiff

»Die großen Leute haben eine Vorliebe für Zahlen.
Wenn ihr ihnen von einem neuen Freund erzählt,
befragen sie euch nie über das Wesentliche.

Sie fragen euch nie: Wie ist der Klang seiner Stimme?
Welche Spiele liebt er am meisten?
Sammelt er Schmetterlinge?

Sie fragen euch: Wie alt ist er?
Wieviele Brüder hat er?
Wieviel wiegt er?
Wieviel verdient sein Vater?

Dann erst glauben sie, ihn zu kennen.«

Antoine de Saint-Exupéry
(Der kleine Prinz)

1   Betriebsvergleiche sind umstritten: Zu recht?

Betriebsvergleiche haben in der internationalen Betriebswirtschaftslehre Tradition. Denn es ist natürlich für jeden Manager wichtig zu wissen, welche Marktposition das eigene Unternehmen im Verhältnis zum Wettbewerb einnimmt, aus welchen Gründen andere Mitbewerber mit günstigeren Kostenstrukturen arbeiten und weshalb die Qualität anderer Unternehmen deutlich höher ist als die eigene. An diesen beispielhaften Fragestellungen wird dem sensiblen Leser die eigentliche Problematik eines Betriebsvergleichs begreiflich: Denn beim Hinterfragen von Bestresultaten taten sich plötzlich Abgründe der Unvergleichbarkeit auf; die baulich-funktionalen Verhältnisse waren andere, der Patientenmix homogener und mit »guten Risiken« durchsetzt, die Stroke-Unit wurde von einem Sponsor finanziert, usw. ...

Betriebsvergleiche sind aber auch von dem ständigen Wechselerlebnis zwischen Illusion und Enttäuschung geprägt: Der Illusion vom Zugriff auf alle diejenigen Daten, die man bisher entbehrte und deren Nichtverfügbarkeit die getroffenen schlechten Entscheidungen entschuldigt. Der Enttäuschung darüber, daß zwar viele Daten aufwendig erhoben wurden, aber der Informationswert weit hinter den Erwartungen zurück blieb.

Die Vergleichbarkeit des eigenen Unternehmens mit den Eckdaten des Betriebsvergleichs wird im »Ernstfall des Direktvergleichs« tendenziell angezweifelt, sofern die Feststellung droht, man selbst habe im Vergleich zur Konkurrenz weniger gute Entscheidungen getroffen oder weniger brauchbare Innovationen zu verzeichnen.

Damit haben Betriebsvergleiche etwas Faszinierendes: Ihre Daten sind heiß begehrt, die Bereitschaft, selbst Daten in einen Vergleichspool einzugeben, ist eher zurückhaltend.

Um es vorwegzunehmen:

*   Die Behauptung, Leistungs-, Effizienz- und Wirtschaftlichkeitsvergleiche zwischen Krankenhäusern seien nicht möglich, ist eine sachlich unbegründete Killerphrase von Zeitgenossen, die die Managementfähigkeit des »zielführenden Sowohl-als-auch« nicht beherrschen.

*   Betriebsvergleiche, ob in der Form des Wettbewerbsvergleichs, des Prozeß-Benchmarking, des Best Practices-Management oder des Reverse Engineering sind aus den Entscheidungsprozessen von Industriemanagern nicht mehr wegzudenken. Mit der Aufzählung dieser unterschiedlichen Verfahrensansätze wird deutlich: Es gibt nicht »den« Betriebsvergleich und damit auch nicht »die« Betriebsvergleichsmethode, sondern orientiert an den verschiedenen Zwecken und berechtigten Interessenlagen von Krankenhäusern, Kostenträgern, Regierung und Krankenhauskunden (niedergelassene Ärzte, Patienten, Angehöri-

ge) sind mindestens drei Betriebsvergleichsschwerpunkte unabhängig voneinander zu handhaben:

a) Der Betriebsvergleich als Best Practices-Börse zwischen Krankenhäusern (ohne Kassenbeteiligung), ohne Beteiligungsverpflichtung, ohne Realisierungsverpflichtung und ohne Sanktionierungsdrohung. Dahinter steht die Absicht, die eigenen Leistungs- und Kostenlücken zu erkennen und schrittweise zu schließen.

b) Der Betriebsvergleich als gemeinsames Instrument von Kassen und Krankenhäusern zur systematischen Preissenkung für Krankenhausleistungen ohne Qualitätseinbußen; mit transparenten Sanktionsmechanismen. Ziel dieser Betriebsvergleichsvariante ist die Belohnung unternehmerischen Verhaltens.

c) Der kundenorientierte Betriebsvergleich als Barometer für die Dienstleistungsqualität der ganzen Branche, auf Basis von überregionalen Kundenbefragungen. Hier geht es um das Erkennen von Dienstleistungstrends und dem Berücksichtigen berechtigter Kundenerwartungen bei der Weiterentwicklung des Leistungsangebots von Krankenhäusern.

Kennzahlen haben eine Orientierungsfunktion, keine vergleichende Beurteilungsfunktion.

• Ein Betriebsvergleich muß Anregungen zum konkreten Handeln bieten, sonst ist er l'art pour l'art. Damit ist nicht gesagt, daß Kennzahlen als Vergleichsgrundlage überflüssig sind: Kennzahlen werden benötigt, um Hinweise auf die erfolgreiche Praxis zu bekommen.

• Beispiele für gescheiterte Betriebsvergleiche gibt es in der Wirtschaftspraxis zur Genüge, so wie es für »Alles« und »Jedes« Positiv- und Negativbeispiele gibt: Daß Betriebsvergleiche an anderer Stelle gescheitert sind, spricht nicht gegen das Verfahren, sondern weist eher auf einen unprofessionellen Umgang mit der »Psychologie« dieses Instruments hin oder findet seine Versagensursache in einer mangelhaften Methodik.

Welche produktive Dynamik, welcher Paradigmenwechsel im Managementverständnis einer ganzen Branche durch einen Betriebsvergleich ausgelöst werden kann, das demonstriert die weltweite vergleichende Studie der Automobilhersteller durch das Massachusetts Institute of Technologie (MIT). Dieser Vergleich war nicht als oberflächlicher Resultatvergleich von aggregierten Kennzahlen ausgelegt, sondern sie legte die Prozeß-, Organisations- und Potentialstrukturen auf den Vergleichsprüfstand und brachte damit eine ganze Branche global in Bewegung. Allerdings: Eine solche Vergleichsstudie erfordert solide Recherchen, verlangt nach gründlichem Verstehen der Wirkungszusammenhänge; solche Wissenschaftstugenden scheinen in unserer Zeit der schnellen Patentrezeptempfehlungen, der telefonischen Blitzumfragen und der oberflächlichen Kompendiumliteratur weniger gefragt zu sein.

2 Die MIT-Studie: Die Abkehr von Kennzahlen als Managementinstrument wird eingeleitet

Ein Betriebsvergleich ist nur so aussagefähig, wie er Auskunft gibt über die organisatorischen, führungstechnischen und unternehmenskulturellen Hintergründe von überdurchschnittlichen Erfolgsresultaten.

Die MIT-Studie zeigte z. B. auf (siehe Abbildung 2.39: »Kennzahlen in PKW-Montagewerken), daß europäische Autofabriken die längsten Fertigungsdurchlaufzeiten je Fahrzeug aufwiesen; gleichzeitig waren diese langsam hergestellten Fahrzeuge mit den meisten Fehlern belastet. Im Direktvergleich mit »den Besten«, nämlich den japanischen Fabriken in Japan war die Ursache für den peinlichen Produktivitätsnachteil der Europäer schnell identifiziert: japanische Arbeiter nehmen keinen Urlaub, die Zulieferer werden gnadenlos ausgebeutet, Japaner werden durch sozialen Druck zu unbezahlten Überstunden gezwungen. Ausschließlich dieser mittelalterlichen Kapitalismusstrategie des »Sozialdumping« hätten die Japaner ihren globalen Erfolg zu verdanken. Mit dieser Kennzahleninterpretation war für viele Manager der selbstberuhigende Übergang zur Tagesordnung bereitet.

Unabhängig von der sachlichen Unhaltbarkeit dieser »Sozialdumping-Legende« war der gewählte Vergleichsansatz falsch, und damit waren

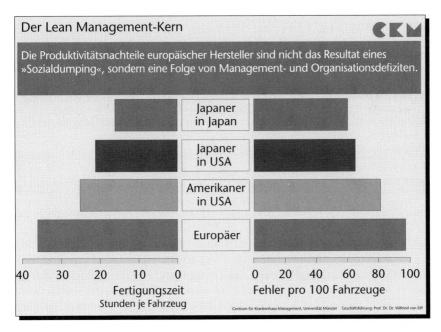

Abb. 2.39: Kennzahlen in PKW-Montagewerken

auch die erzielten Vergleichsergebnisse sowie die daraus gezogenen Schlußfolgerungen wenig hilfreich.

Zwei wesentliche Erkenntnisse hatte die MIT-Studie parat:

a) Es ist möglich, in kürzerer Zeit mit weniger Fehlern preiswerte Autos mit höherer Qualität zu bauen; diese Erkenntnis löste einen grundlegenden Paradigmenwechsel im Managementverständnis aus; nämlich: gegensätzliche Ziele sind vereinbar!

b) Entscheidend für das Auffinden der Erfolgsursachen war nicht der Vergleich der Japaner in Japan mit den Europäern; entscheidend war der Vergleich japanischer Hersteller in USA mit amerikanischen Herstellern in USA: In beiden Vergleichsfabriken arbeiteten nämlich amerikanische Arbeiter; allerdings die einen nach japanischen Organisations- und Führungsprinzipien, die anderen nach amerikanischen Prinzipien.

Mit dieser Erkenntnis war eine weitere »Ausreden-Fatamorgana« entspiegelt: der Irrglaube, japanische Konzepte ließen sich nur in einer japanischen Gesellschaftsstruktur realisieren.

Die wirkliche Erkenntnis: Es gibt offenbar Organisationsprinzipien und Führungstechniken, die unabhängig von einer speziellen Gesellschaftskultur erfolgversprechend sind, weil sie auf das reflektieren, was das menschliche Wesen und seine Motivations- und Begeisterungsfähigkeit ausmacht: Der Wunsch, ernst genommen zu werden. Denn auch die Kennzahlenvergleiche der MIT-Studie brachten für sich genommen noch keine Erkenntnis, sondern förderten höchstens ungläubiges Staunen zu Tage:

Vergleichskriterium	Japanische Produzenten	Amerikanische Produzenten	Europäische Produzenten
Qualität (Montagefehler/100 Kfz)	60	82,3	97
Anzahl Zulieferer je Montagewerk	170	509	442

Der Qualitätskennzahlenvergleich von 60 (Japan) im Verhältnis zu der Kennzahl von 97 (Europa) könnte (und dieses ist vielerorts geschehen) zu der Schlußfolgerung führen, daß die Endprüfung der Produkte intensiviert werden müsse. Tatsächlich lag aber der Erfolg in der weitgehenden Abschaffung der Endprüfung bei gleichzeitiger Einführung sog. integrierter Prüfkreiskonzepte in Verbindung mit der Verantwortungsorganisation der Werkerselbstprüfung.

Auch der Kennzahlenvergleich der Zulieferer führte in den meisten Fällen in die Irre: da es z. B. in Deutschland überhaupt keine Montagewerkstandorte gibt, waren auch diese Kennzahlen ohne Aussagewert.

Ebenso stümperhaft wurde mit den Kennzahlendaten der Fertigungs- und Dienstleistungstiefe japanischer Autohersteller umgegangen; dies mit zum Teil weitreichenden Folgen für Arbeitsplätze, Know-how-Verlust und Innovationsfähigkeit der deutschen/europäischen Hersteller.

Eine Fertigungstiefe von 25 und weniger Prozent ist in Japan ausschließlich im operativen Leistungsbereich anzutreffen; gleichzeitig bestehen über sogenannte Keiretsu-Systeme dispositive Fertigungstiefen von 80, 90 und 100 %. Allerdings: Diese Unterscheidung von operativer und dispositiver Fertigungstiefe wurde von vielen Unternehmensführern schlicht übersehen und leitete sachlich unhaltbare Outsourcing-Programme ein, die nun wieder durch aufwendiges Resourcing nachgebessert werden müssen.

Und was hat dies alles mit dem Krankenhausvergleich zu tun? Eine zentrale Erkenntnis weist darauf hin, daß über Erfolg oder Mißerfolg eines Betriebsvergleichs nicht die Präzision einer Kennzahl entscheidet, sondern

- die Erkenntnis des Organisations- und Führungsprozesses, der zu der Kennzahl geführt hat (also die ablauforganisatorische Praxis),
- die Zusammenarbeits- und Kommunikationskultur, durch die die Entwicklungsprozesse qualifiziert und zeitnah ablaufen und
- die Bereitschaft zum Paradigmenwechsel im Managementverständnis, wonach gegenläufige Ziele miteinander vereinbar gemacht werden können.

Gerade die komplexe Welt eines Krankenhauses läßt sich durch Kennzahlen weder hinreichend steuern noch aussagefähig vergleichen. Und da der prozeßorientierte Betriebsvergleich (PBV) auch Prozeßkenntnis auf der Ebene des Managements voraussetzt, korrespondiert der PBV mit einer Führung durch Go-to-Gemba: Nur wer als Führungskraft das Kerngeschäft kennt, ist auch in der Lage, prozeßorientierte Betriebsvergleiche zu verstehen und innovative Vergleichserkenntnisse zu gewinnen sowie umzusetzen.

3 Vom 7-S-Modell exzellenter Unternehmen zum Magnetkrankenhaus: Zur ökonomischen Unsinnigkeit resultatorientierter Kennzahlenvergleiche

Auf ihrer Suche nach exzellenten Unternehmen gingen *Peters* und *Waterman* (vgl. *Peters, T. J.; Waterman, R. H.,* 1983) der Frage nach, wie sich Großunternehmen lebendig, gesund und innovativ erhalten. Die Erstklassigkeit von Unternehmen wurde an folgenden Kriterien überprüft:

– Ansehen in der Geschäftswelt (sogenanntes Reputations-Ranking),

- kummulierter Vermögenszuwachs,
- kummuliertes Eigenkapitalwachstum,
- durchschnittliches Verhältnis zwischen Marktwert und Buchwert (»Markt zu Buch«; »wealth creation«),
- durchschnittliche Gesamtkapitalrendite,
- durchschnittliche Eigenkapitalrendite,
- durchschnittliche Umsatzrendite.

Um das Prädikat »exzellent« zu erhalten, mußte ein Unternehmen bei mindestens vier der finanzorientierten Kriterien während eines 20-Jahres-Zeitraums in der oberen Hälfte seines Industriezweigs positioniert gewesen sein. Ergänzend wurde die Innovationskraft als Kriterium herangezogen: Branchenkenner wurden gebeten, die innovative Bedeutung des Unternehmens in den letzten 20 Jahren zu beurteilen; dies anhand von richtungsweisenden Produkten und Dienstleistungen, schnelle Reaktion auf veränderte Marktverhältnisse oder sonstige Umweltveränderungen.

Bei ihren Befragungen stellten Peter und Waterman allerdings zu ihrer eigenen Überraschung fest, daß die eigentlichen Erfolgsfaktoren eines Unternehmens nicht die Resultate sind, sondern die Prozesse hinter den Resultaten. Insbesondere stellten sie fest, daß gute Resultate in vielen Fällen von internen Ungereimtheiten (z. B. im Bereich der Mitarbeiterzufriedenheit) und von vorhandenen Schwächefaktoren (die mit Geld »versteckt wurden«) ablenkten.

Im Laufe der Recherchen konnte an verschiedenen Beispielfällen sogar die ökonomische Unsinnigkeit analytischer, resultatorientierter Kennzahlenvergleiche nachgewiesen werden: so beim Ersatzteileservice von Caterpillar (weltweit innerhalb 48 Stunden), der bewußten Entwicklungsdoppelarbeit bei 3M, der Sauberkeitsfanatismus bei McDonalds, die 99,5 % Servicequote bei Massenartikeln von FRITOS, u. a.

Analytische Kennzahlenvergleiche führen zu Fehlentscheidungen des Managements, mit gravierenden Folgen für die Entwicklung der Organisationskultur und die Marktposition des Unternehmens. Als »Tyrannei der oberflächlichen Vernunft« bezeichnete David Ogilvy (Gründer von Ogilvy and Mather) das enge Orientieren an Kennzahlen für Planungs- und Analysezwecke.

Der Vergleichsprozeß von Peters und Waterman brachte damit eine Umorientierung hervor: Gesucht wurde nicht länger nach finanzieller Exzellenz, sondern nach unternehmerischen Spitzenleistungen, u. a. gemessen an dem ständigen Strom von Innovationen, der von einem Unternehmen ausgeht. Aber auch diese Orientierung mußte mit zunehmender Analyseerfahrung angepaßt werden: Unternehmerische Spitzenleistungen sind bei weitem nicht nur an Produktinnovationen oder herausragender Dienstleistungsqualität zu messen; eher ist es die Fähigkeit, unternehmensrelevante Probleme aller Art schnell zu erkennen und konsequent zu lösen und es ist das Vermögen, ständig neue Stärken zu entwickeln, Spezialkenntnisse zu erwerben und alte Gewohnheiten abzulegen.

Der internationale Erfolg von McDonald ist nicht nur eine Folge kundenorientierten Filialmanagements, sondern im Wesentlichen auf die Fähigkeit zurückzuführen, Deutschen, Russen, Schweden und Italienern beizubringen, was ein Hamburger ist.

Weiterhin ist feststellbar, daß die Führungskräfte von Erfolgsunternehmen wie 3M, Procter and Gamble oder Delta immer wieder die Unternehmenskultur, die Einfachheit der Organisation, die Kleinheit und Überschaubarkeit von kundennah operierenden Unternehmenseinheiten sowie das Bekenntnis zur Qualität in Produkten, Dienstleistungen und Prozessen als Erfolgsfaktor hervorhoben.

Man könnte auch sagen, es wurde ein Phänomen aufgespürt, an dem offenbar insbesondere wachsende Unternehmen leiden: Diese Unternehmen verlieren im Zeitablauf beständig ihren wichtigsten Fähigkeitskranz, der sie ursprünglich groß gemacht hat:

– Fähigkeit, über einfache, direkte, unkomplizierte und sachorientierte Informationsprozesse schnell zu qualifizierten und von allen Beteiligten akzeptierten Entscheidungen zu kommen,
– die Innovationskraft,
– die Fähigkeit zur Selbsterneuerung durch Reorganisation, um rechtzeitig die Schlagkraft zu erhöhen,
– die Fähigkeit des kundenorientierten Arbeitens,
– die Fähigkeit, die Mitarbeiter für die Arbeit, für den Kunden, für das Krankenhaus, für sich selbst zu begeistern,
– Einrichtung neuer Stärken.

Insofern stellt sich die Frage nach den Merkmalen exzellenter Unternehmensführung wiederum neu: Inwiefern ist ein Unternehmen in der Lage, trotz permanenten Wachstums künstlich Kleinheit, Überschaubarkeit, Kundennähe und Mitarbeiteridentifikation wiederherzustellen bzw. zu bewahren (siehe Abbildung 2.40; vgl. *von Eiff*, 1997). Die Antworten auf diese Frage fielen in der Praxis eher unterschiedlich aus: Die konsequente »Zerschlagung« des globalen Großkonzerns ABB in über 400 selbstständig und kundennah operierende Geschäftseinheiten durch Percy Barnevik (der bis zum Jahr 1996 den Vorstandsvorsitz inne hatte) gehört ebenso zu den prominenten Vorzeigebespielen wie das »Walking Around« als Koordinationsinstrument von HP oder die Dezentralisierung von Toyota nach dem Go-to-Gemba-Prinzip.

Damit sind die entscheidenden Erfolgsfaktoren von Unternehmen (und damit zugleich die wichtigsten Vergleichsdimensionen) identifiziert: Um eine Unternehmensorganisation vergleichbar beschreiben und im Hin-

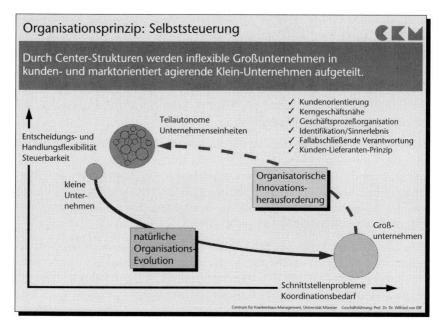

Abb. 2.40: Die organisatorische Innovationsherausforderung: Großunternehmen in geordnete entscheidungsflexible teilautonome Unternehmenseinheiten zu überführen

blick auf ihr Flexibilitätspotential beurteilen zu können, müssen wenigstens sieben Variable und ihre Beziehungen untereinander betrachtet werden (siehe Abbildung 2.41).

Erfolgreiche Unternehmen verfügen über

- Eine klare Strategie: Sie ist einfach, nachvollziehbar und wird flexibel angepaßt; insbesondere sind die strategischen Eckdaten und ihre Konsequenzen für das Tagesgeschäft den in die Informations- und Entscheidungsprozesse Eingebundenen bekannt. Dabei kennen sicher nicht alle Mitarbeiter die Unternehmensstrategie, sondern nur die Führungskräfte der ersten drei Entscheidungsebenen, die dann ihrerseits die Verpflichtung haben, Strategien in konkrete Handlungsorientierungen für ihre Mitarbeiter zu transformieren;
- Die Strukturen sind unkompliziert und zerteilen keine prozeßorientierten Verantwortungsumfänge. Die Organisationsstruktur ist auf den Zweck der Koordination ausgerichtet; personalwirtschaftliche Aspekte (Statut, Gehalt, Fringe Benefits, ...) sind von der Struktur entkoppelt;
- Systeme, die das unternehmerische Denken unterstützen; egal ob EDV-Systeme, Belohnungsregeln oder Company Procedures und Entscheidungs-Verfahrensrichtlinien, sind kein Ersatz für unternehmerisches Denken; sie dienen der Unterstützung der Geschäftsprozesse, nicht der

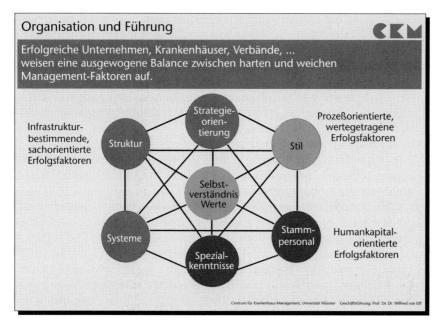

Abb. 2.41: Das Organisations- und Führungssystem eines Unternehmens muß mindestens durch 7 Faktoren charakterisiert werden

Absicherung des Managers vor der Revision. »Keep it simple and stupid« ist die Maxime für organisationswirksame Eingriffe. EDV-Systeme werden nach dem Grundsatz eingeführt: Organisatorisches Fachkonzept vor Technologieeinsatz; in der Fertigung gilt der Grundsatz: Erst vereinfachen, dann automatisieren.

Neben diesen »harten« Faktoren spielen die »weichen« Faktoren (kulturbestimmende Faktoren) eine wichtige Rolle in dem Verbund einer Organisation:

- Der Stil des Miteinanderumgehens, der Art zu kommunizieren oder die Art der Zusammenarbeit zwischen Abteilungen prägt die Anpassungsfähigkeit einer Organisation.
- Spezialkenntnisse im Sinne von Kernkompetenz bilden die Basis für Produktqualität und Vertrauen der Kunden.
- Stammpersonal, exzellent ausgebildet (Vielseitigkeitsausbildung) und kundenorientiert im internen und externen Umgang, ist über Jahre entwickelt worden.
- Ein gemeinsames Selbstverständnis, eine gelebtes Unternehmensbild mit Visionskraft und Bodenhaftung gibt den Mitarbeitern klare Orientierung für ihre Tagesarbeit und insbesondere für ungewohnte Entscheidungsanforderungen in Ausnahmesituationen.

Das Besondere, das Kennzeichen erfolgreicher und innovativer Unternehmen kommt nach Peters und Waterman in acht Merkmalen zum Ausdruck:

1. **Das Primat des Handelns:**
   »Planung ist schwierig, insbesondere, wenn es um die Zukunft geht«, ist eine beliebte Praktiker-Metapher, mit der die eher nutzlose Arbeit von Planungsfetischisten in überflüssigen Stabsabteilungen kommentiert wird.
   In der Tat: Planungskulturen sind in einer dynamischen Umwelt einer Prototypenkultur unterlegen. Natürlich birgt eine treffsichere Analyse bereits 50 % der Lösung in sich. Aber viele Unternehmen kultivieren die Kunst der Problem-Analyse bis hin zur Bedenkenträgerei: Man analysiert so lange, bis man weiß, warum etwas nicht funktioniert, egal, ob es ich um die Feststellung einer Fehlerursache handelt oder ob es um die Beurteilung eines Verbesserungsvorschlags geht. In der Prototypenkultur wird systematisch ausprobiert, gemeinsam mit den relevanten Know-how-Trägern und unter Beteiligung des späteren Nutzers, des Kunden. Speed Teams tragen dabei eine ganzheitliche Verantwortung: Von der ersten Idee bis zur Realisierung und dem Controlling Review sechs Monate nach der Einführung. Das Prinzip des »Deming-Wheel« ist das zugrundeliegende Denk- und Handlungsmodell.

2. **Die Nähe zum Kunden:**
   Die besten Unternehmen lernen von ihren Kunden, indem sie diese in Produktkliniken, Try-Out-Workshops u. ä. Veranstaltungen zur Erfassung von relevanten Trends einbinden. Der »Prozeß des Zuhörens« gibt Marktsicherheit.
   Kundenreklamationen sind die beste Chance, aus einem verärgerten Kunden einen Unternehmensadvokaten zu machen. Alles, was dem Kunden (egal ob intern oder extern) nicht dient (und wozu er nicht bereit ist, zu bezahlen), ist Verschwendung.

3. **Freiraum für Unternehmertum:**
   Die Organisation, d. h. das Harmonisieren von Aufgaben, Kompetenz und Verantwortung, ist nach dem Prinzip der fallabschließenden Verantwortung auszulegen (vgl. *von Eiff*, 1996). Unternehmerisches Verhalten (Verbesserungsideen, Kostenbewußtsein, Initiative, ...) muß »belohnt werden, damit es sich lohnt«.

4. **Produktivität durch Menschen:**
   Der Personalkostenanteil ist gerade im dienstleistungsintensiven Unternehmen (wie z. B. Krankenhäusern) mit über 70 % der größte Aufwandsblock; ihn zu reduzieren scheint kurzfristig erfolgversprechend zu sein, wenn Kostenreduktionen angestrebt werden. Dieses Mißverständnis ignoriert, daß der Mitarbeiter der wichtigste Innovations-

und Ideengeber ist, ohne den auch die Tagesarbeit nicht qualifiziert leistbar ist. Produktivität kann primär nur durch Menschen erreicht oder zerstört/behindert werden. Deshalb betrachten erfolgreiche Unternehmen ihre Mitarbeiter nicht als Kostenfaktor, sondern als Problemlöser, dem sie etwas zutrauen.

5. **Sichtbar gelebtes Wertesystem:**
Die Mitarbeiter und Führungskräfte in erfolgreichen Unternehmen leben eine gemeinsam akzeptierte Idee jeden Tag aktiv vor: Produktqualität, freundlicher Service, Sauberkeit, etc. sind sichtbare Werte (z. B. bei McDonalds).
»Bei uns steht der Patient im Mittelpunkt«, ist kein wirklicher Leitbild-Wert und impliziert keine persönliche Verpflichtung. Aber der Ausspruch: »Wir wahren die Intimsphäre des Patienten«, ist eine erlebbare Leitidee, die jeden Mitarbeiter fordert und die erlebbar ist.

6. **Bindung an das angestammte (Kern-)Geschäft:**
Das Management von Kernkompetenzen ist eine wichtige Managementorientierung, die allerdings gerade im Krankenhaus in zwei Richtungen häufig »überdehnt« wird:

• Einerseits führt ein übertriebenes Outsourcing zum Verlust von Kernkompetenz oder schwächt die zukünftige Verhandlungsposition für strategische Allianzen.
• Andererseits drängt es einzelne Krankenhäuser nach Aufgaben, die fernab des eigentlichen Kerngeschäfts liegen wie z. B. das Anbieten logistischer Dienstleistungen für andere Krankenhäuser.

Grundsätzlich stehen »Mischkompetenzen« auf dem Prüfstand der Zweckmäßigkeit. Allerdings wird der Begriff der Kernkompetenz in der neueren Managementlehre in weiterentwickelter Form diskutiert: Die Kernkompetenz der Zukunft ist die Fähigkeit zu managen und zu führen (vgl. *Bleicher*, 1997).

7. **Einfacher, flexibler Aufbau**
Hier geht es im Wesentlichen um die Verbreiterung von Leitungsspannen, die Verkürzung der Entscheidungshierarchie sowie die Abschaffung von Stäben. Diese Art der Führungsorganisation korrespondiert mit delegationsorientierten Steuerungsprinzipien, Vielseitigkeitsqualifikation der Mitarbeiter und der Notwendigkeit, dass jede Führungskraft auch gleichzeitig Fachmannschaft auf einem bestimmten Teilgebiet des Unternehmenskerngeschäftes hat.

8. **Straff-lockere Führung:**
Delegation nach dem Subsidiaritätsprinzip setzt zwei Dinge voraus:
• ein Berichtswesen auf der Basis operationaler Ziele,

- eine Führung durch Loslassen; d. h. Mitarbeiter haben die Möglichkeit, aus eigenen Fehlern zu lernen.

Die Erkenntnisse der »In Search of Excellence Study« wurden in den 80er und 90er Jahren auf das Gesundheitswesen übertragen: Man ging auf die Suche nach sogenannten »Magnetkrankenhäusern«. Diese zeichneten sich aus durch

- hervorragende medizinische Reputation,
- hohes Aufkommen von Sponsorgeldern,
- qualifizierte Mitarbeiter mit langen Verweildauern am Arbeitsplatz und hoher Identifikation mit dem Krankenhaus.

▶ **Fazit:**

Zwischen Unternehmenserfolg und Organisationskultur besteht ein enger kausaler Zusammenhang: Allerdings ist dieser Zusammenhang kausal enger ausgeprägt, wenn ein Unternehmen eine Stakeholder-Value-Philosophy verfolgt; entsprechend existiert *kein dauerhafter* Nachweis einer positiven Ursache-Wirkungs-Relation zwischen Unternehmenskultur und Shareholder-Value-Strategie.

Im Gegenteil: *Lars Kolind,* Begründer der legendären »Spaghetti-Organisation«, stellt kategorisch fest: »For the company, the fundamental motive is to compete, to win in the market-place, and to improve customer quality of life. Shareholder value is not a goal!«

4 Die beste Bank der Welt oder: Was an einem Best-in-Class-Vergleich wirklich interessant ist

Die Hongkong and Shanghai Banking Corporation (HSBC) gilt unter Analysten, Bankenaufsehern und Branchenkonkurrenten als Maßstab für Erfolg; im Kennzahlenvergleich manifestiert sich die HSBC-Spitzenposition eindrucksvoll: So liegt die Tier-One-Rate bei ≈ 10 % und die Eigenkapitalrendite weist ≈ 21 % auf. Das »haftende Kapital im Verhältnis zu den risikobehafteten Aktiva« ist im Vergleich zu deutschen Kreditinstituten doppelt so hoch: Man könnte auch sagen, der Solidaritätsfaktor der HSBC beträgt 2 im Verhältnis zum Solidaritätsniveau deutscher Banken (siehe auch Abbildung 2.42; entnommen: Wirtschaftswoche 45/1997).

Diese Best-in-Class-Feststellung auf der Basis von Kennzahlen nützt der staunenden Konkurrenz absolut nichts; denn es wird nicht ersichtlich, welche organisatorischen, führungstechnischen und unternehmenskulturellen Erfolgsfaktoren diese Kennzahlen »produziert« haben.

Die *WIRTSCHAFTSWOCHE* hellte die Hintergründe der Erfolgskennzahlen (siehe Bericht von Barbara Bierach und Manfred Fischer in Ausgabe

Name	Grund-kapital[1] (Milliarden US-Dollar)	Rang	Eigen-kapital-quote[2] (Prozent)	Rang	Vorsteuer-gewinn (Milliarden US-Dollar)	Rang	Aufwand/ Ertrags-Verhältnis (Prozent	Rang
HSBC Holdings	25,7	1	15,3	1	7,68	1	52,9	1
Bank of Tokyo-Mitsubishi	24,3	2	9,3	9	1,46	8	96,5	9
Credit Agricole	22,2	3	10,4	7	2,54	7	64,3	5
Chase Manhattan	21,1	4	12,3	4	3,87	4	70,6	7
Citicorp	20,1	5	12,4	2	6,10	2	61,4	4
Deutsche Bank	18,5	6	9,9	8	3,15	5	71,7	8
Bank of America	17,2	7	11,9	5	4,77	3	61,3	3
ABN Amro	16,1	8	10,9	6	2,75	6	68,6	6
Sumitomo Bank	16,0	9	8,8	10	0,50	9	keine Angaben	–
Schweizerische Bankgesellschaft	15,7	10	12,4	2	–0,05	10	60,0	2

[1] Grundkapital = haftendes Kapital = Tier One Capital;
[2] Gesamtkapitalquote laut BIZ: The Banker

Abb.2.42: Kennzahlenvergleich der besten Banken

Nr. 45, 30. 10. 1997, S. 148–163) in einem Interview mit Chairman Sir Willian Purves sowie in einem Hintergrundbericht auf:

- An der Spitze des Unternehmens steht eine überzeugende CEO-Persönlichkeit, die insbesondere durch zwei Merkmale besticht:
  1. aktives Vorleben einer sachgeleiteten, zielorientierten und auf Problemlösung ausgerichteten Konferenz- und Kommunikationskultur,
  2. klare Unternehmensstrategie mit dem Primat der konsequenten Umsetzung.

- Eine Kernmannschaft, die für die Ziele des Unternehmens steht und die mit ihrer Kundenorientierung, ihrem Corpsgeist, ihrem Kostenbewußtsein und ihrem Zusammengehörigkeitsgefühl eine international einsetzbare, hochprofessionelle »Elitegruppe« darstellt; ca. 400 Personen umfaßt diese flexible Einsatzgruppe von »IOs« (International Officers), die den Kern der Kultur eines Unternehmens mit weltweit 130.000 Mitarbeitern sind.

- Das Primat der Direktkommunikation in Verbindung mit einem schlanken Berichtswesen.

- Kostenmanagement als kontinuierliche Daueraufgabe aller leitenden Mitarbeiter.

- Kundenorientiertes Verhalten: Auch/gerade »die Top-Manager« sind nah am Kunden, d. h. sie verstehen deren Geschäftshintergrund und deren Ziele. Der normale Kunde schätzt Kontinuität, der sich bindende Kunde erwartet Erfahrung und Ideen, die ihn weiterbringen.
- Eindeutige Reihenfolge für die Verantwortungsschwerpunkte der Führungsmannschaft:
  1. Dezentrale Entscheidungs- und Verantwortungsstrukturen; Verzicht auf wöchentliche Vorstands- und Führungstreffen in der Zentrale zugunsten dezentraler Meetings mit regionaler Entscheidungskompetenz.
  2. Nicht die größte Bank der Welt mit der größten Bilanzsumme sein wollen, sondern die solideste, ertragreichste und schlagkräftigste Bank zu sein, ist das Ziel.
  3. Enge Kommunikation zwischen den mobilen IOs und den lokalen Mitarbeitern.
  4. Bevorzugung der mobilen IOs bei Beförderungen.

Damit sind die beiden Haupterfolgsfaktoren der HSBC ausgemacht: Sie liegen auf den Gebieten

- Führungstechnik und
- Unternehmenskultur.

5 Der Betriebsvergleich muß Vergleichbares vergleichen: Innovationsmanagement durch Prozeßvergleich

Daß reine Kennzahlenvergleiche ohne Kenntnis der Prozeßstrukturen eher in die Irre führen als das Management entscheidungsrelevant zu unterstützen, ist deutlich geworden.

Wenn ein Betriebsvergleich nicht nur me-too-Strategien hervorrufen soll, sondern als Innovationsmotor fungieren soll, sind Geschäftsprozesse zu vergleichen und so zu hinterfragen, daß die Prozesse vergleichbar werden und/oder die hinter einem Prozeß stehende Beste Praxis erkannt wird.

Der kritische Erfolgsfaktor von Benchmarking sowie von jedem Betriebsvergleich ist die Herstellung von Vergleichbarkeit.

Dabei sind grundsätzlich drei Vergleichsstrategien zu unterscheiden:

a) Identisch definierte Geschäftsprozesse werden auf Kennzahlenbasis sowie unter Verwendung des GPO-Ansatzes verglichen.
b) Der Prozeß-Ziel-Vergleich: Welche Zielsetzung soll mit einem bestimmten Geschäftsprozeß erreicht werden und wie unterscheiden sich die Ziele der im Vergleich stehenden Prozesse?
c) Der Aufwandstreiber- und Fehlervergleich: In einem grob beschriebenen Prozeß (z. B. Rechnungsabwicklung) werden die herausragenden

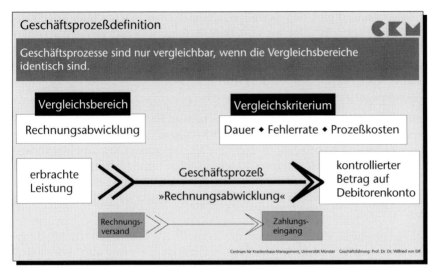

Abb. 2.43: Vergleichbare Prozesse haben die gleichen Prozeßbegrenzer

Aufwandstreiber und/oder Fehlermöglichkeiten verglichen sowie die unterschiedlichen Lösungsansätze auf Brauchbarkeit beurteilt.

Die Benchmarking-Vorgehensweise im Betriebsvergleich kann über folgende Stufen angewendet werden:

1. Festlegung des Vergleichsbereichs und des damit verbundenen Geschäftsprozesses,
2. Ermittlung der kritischen Erfolgsfaktoren und Auwandstreiber und Prozeßresultatgrößen,
3. Identifikation der Modell-Prozeßstruktur auf Basis eines wünschenswerten Prozeßziels,
4. Erkennen der typischen Fehler im Prozeß,
5. Welche Best Practice gibt es, um diese Fehler zu vermeiden?
6. Welche Best Practices begreifen die Prozeßstruktur und das Prozeßziel völlig anders bezüglich Kundenorientierung, Mitarbeiter, Kosten, Qualität, Zeit?

> *Der Vergleich von Kennzahlen führt nur dann zu entscheidungsrelevanten Managementinformationen, wenn die Struktur der hinter den Kennzahlen stehenden Prozesse identisch ist.*

In den meisten Fällen sind Geschäftsprozesse nur von der Etikette her gleich.

Um die Leistungsfähigkeit von Einkaufs- und Logistikfunktionen in verschiedenen Krankenhäusern auf den Effizienzprüfstand zu legen, könnte u. a. die Dauer der Bestellabwicklung herangezogen werden. Man stelle sich vor, drei Krankenhäuser stünden im Vergleich ihrer Logistikstrukturen.

Krankenhaus A gibt den Bestellprozeß mit zwei Tagen Dauer an; Krankenhaus B setzt 20 Tage an und Krankenhaus C kann keine konkreten Angaben machen, weist aber darauf hin, daß in den letzten zwei Jahren niemals eine Beschwerde des Stations- und OP-Personals aufgrund akuter Fehlmengen auftrat, da offenbar immer ausreichend Medikalprodukte im Stationslager vorhanden gewesen seien.

Im Zeichen von Lean Management, Just-in-Time, One-piece-flow und Stockless-mode Management scheidet Krankenhaus C auf der Suche nach unternehmerischer Exzellenz aus: Ein Management, das durch ständige Verfügbarkeit von Medikalprodukten offenbar hohe Stationsläger in Kauf nimmt und zudem über die Zeitläufe der wichtigsten Geschäftsprozesse nur vage Vorstellungen hat, fällt als Best-in-Class-Kandidat vorzeitig aus.

Krankenhaus B kommt gemäß der gemeldeten Kennzahl als BIC-Konkurrent ebenfalls nicht in Betracht, so daß die Leistungszahl von Krankenhaus B fortan als Benchmark zu gelten hat: Bei Durchführung eines reinen »symptomatischen« Kennzahlenvergleichs, bei dem unterstellt wurde, daß alle angefragten Krankenhäuser im gleichen Prozeßverständnis ihre Aussagen träfen.

Und hier liegt der Denkfehler, der bei Vergleichen in der Praxis nur zu häufig gemacht wird, denn die Analyse der Prozesse hinter den Kennzahlen offenbarte folgende Struktur:

Der fundierte Prozeßvergleich zeigt die gravierenden Unterschiede:

a) Unterschiedliches Prozeßverständnis (Definition: Was ist ein Bestellprozeß?) macht direkte Vergleichbarkeit unmöglich.

b) Unterschiedliche Logistikphilosophien:
- Abruforganisation in den Fällen A und B versus Vereinbarungsorganisation im Fall C;
- Dispo-Hoheit beim Ort des Verbrauchs (Fall C) versus Dispo-Hoheit beim Einkauf (Fälle A und B)

c) Unterschiedliche Zielstrukturen:
- 100%ige Produktverfügbarkeit bei minimalem Lager im Fall C versus 100%ige Produktverfügbarkeit durch hohe Zentrallagerbestände in den Fällen A und B.

d) Standardisierung als Effizienzhebel im Fall C statt Individualisierung als Komplexitätreiber in den Fällen A und B;

e) Verwaltungsorientierte Prozeßgestaltung und Prozeßsteuerung in den Fällen A und B versus kerngeschäftsorientiertes Prozeßmanagement;

f) Quick, Replenishment durch Informatisierung der Informations- und Prozeßsteuerung im Fall C.

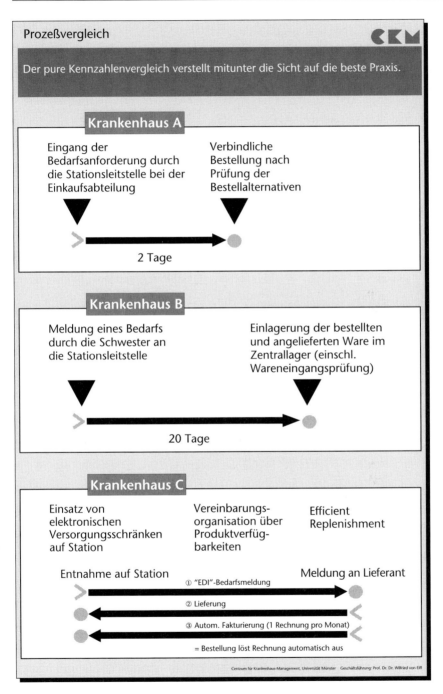

Abb.2.44: Die Identifikation der Besten Praxis ist ohne Hinterfragen der Prozeß-struktur wertlos

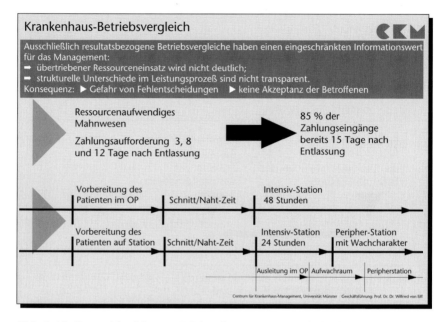

Abb.2.45: Kennzahlen können »Erfolg« demonstrieren und gleichzeitig Ressourcen-verschwendung und Mißmanagement verschleiern

Zusammengefaßt ist festzustellen:

Krankenhaus C betreibt eine innovative, Best Practice-fähige Logistik-organisation, die allerdings per Kennzahlenvergleich nicht auffindbar gewesen wäre.

6 Vom Betriebsvergleich zum strukturierten Aktionsprogramm

Der Betriebsvergleich ist nur dann ein wirksames Führungsinstrument, wenn die Betriebsvergleichsdaten Eingang finden in die Strategien und Entscheidungen des Managements, ihren Niederschlag finden in der Fortschreibung der Organisation und ihre Umsetzung durch konkrete Maßnahmenprogramme erfolgt (siehe Abbildung 2.46).

Dazu bedarf es

- eines Bewertungsinstruments zur Beurteilung von Best Practices,
- geeigneter Controlling-Instrumente z. B. in Form der Balanced Scorecard und
- umsetzungsorientierter Arbeits- und Organisationsformen z. B. in Form des Speed Team-Ansatzes.

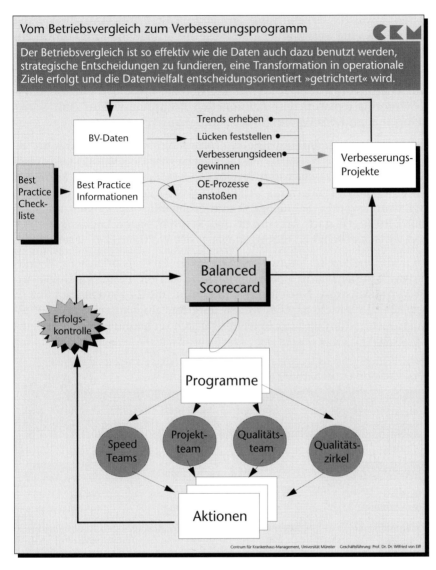

Vom Betriebsvergleich zum Verbesserungsprogramm CKM

Der Betriebsvergleich ist so effektiv wie die Daten auch dazu benutzt werden, strategische Entscheidungen zu fundieren, eine Transformation in operationale Ziele erfolgt und die Datenvielfalt entscheidungsorientiert »getrichtert« wird.

BV-Daten

Trends erheben
Lücken feststellen
Verbesserungsideen gewinnen
OE-Prozesse anstoßen

Verbesserungs-Projekte

Best Practice Check-liste

Best Practice Informationen

Balanced Scorecard

Erfolgs-kontrolle

Programme

Speed Teams
Projekt-team
Qualitäts-team
Qualitäts-zirkel

Aktionen

Centrum für Krankenhaus-Management, Universität Münster   Geschäftsführung: Prof. Dr. Dr. Wilfried von Eiff

Abb. 2.46: Die Balanced Scorecard schließt die Lücke zwischen Betriebsvergleich-/ Benchmarking-Informationen und konkreten Verbesserungsaktionen

6.1 Die Balanced Scorecard (BSC)

Die Balanced Scorecard (Strategische Anzeigetafel) wurde konzeptionell an der Harvard Business School (Boston) von Kaplan und Norton als Instrument der Unternehmenssteuerung entwickelt. Die BSC ist ein hilfreiches Instrument, um die aus einem Betriebsvergleich gewonnenen

Daten sowie die Erkenntnisse aus einer Best Practices-Analyse systematisch in eine verständliche Strategie mit »Bodenhaftung« sowie ein daraus abgeleitetes Aktionsprogramm zu transformieren.

Die BSC ist ein Managementsystem, das an den Aussagegrenzen finanzwirtschaftlich orientierter Kennzahlensysteme sowie den eingeschränkten Informationswert des traditionellen Rechnungswesens (mit seiner mangelhaften Entscheidungsorientierung) ansetzt.

Der Übergang von der Industrie- zur Informationsgesellschaft war mit einem Paradigmenwechsel im Managementverständnis verbunden: Weniger die finanziell bewertbaren Vermögenswerte begründen den Erfolg des Unternehmens, sondern die wirklichen Vermögenswerte sind die Fähigkeit zu Innovation, Schnelligkeit und Problemlösung. Es geht also darum, Leistungen nach Art, Inhalt und Resultat besser, kundengerechter und wirtschaftlicher zu erbringen wie es ein Wettbewerber vermag.

Im traditionellen Rechnungswesen steht der am Preis orientierte Vermögenswert in der Bilanz. Aber die Maschine ist kein managementrelevanter Vermögenswert. Nur diejenige Maschine, die 24 Stunden am Tag in Betrieb ist und nicht ausfällt, weil sie aufgrund einer ausgeklügelten Wartungsorganisation und der Bedienung durch sachkundige und problem-

Abb. 2.47: Die Führungsbilanz ist im Hinblick auf einen Betriebsvergleich aussagefähiger als eine traditionelle Bilanz

lösungsmotivierte Mitarbeiter pfleglich behandelt wird, stellt einen Vermögenswert dar.

▶ **Fazit:**

Die wirklichen Vermögenswerte sind die Leistungstreiber, die Resultate bewirken.

Diese »Befähiger« setzen ein Unternehmen in die Lage,

- Kundenbindung erlebbar zu machen, loyale Kunden zu entwickeln, neue Kunden wirtschaftlich zu akquirieren;
- Produkte, produktgebrauchswerterhöhende Dienstleistungen und Problemlösungsservice innovativ, hochwertig und preislich attraktiv anzubieten;
- die interne Organisation Center-orientiert an Geschäftsprozessen ausgerichtet zu strukturieren;
- die eigene Organisation auch im Zusammenspiel mit externen Leistungspartnern in einem Prozeß kontinuierlicher Verbesserung zu optimieren;
- die Leistungsfähigkeit sowie den Leistungswillen der Mitarbeiter zu mobilisieren und
- Wertschöpfung durch gezielte Nutzung von Informationssystemen zu betreiben: Kundennutzenorientiert (wie bei *HERTZ*), Logistik-optimierend (wie bei *SPRINT-Medical*), strategisch (wie bei *WALMART*) und organisationsvereinfachend.

Auch der Shareholder Value-Ansatz trägt tendenziell dazu bei, die Managemententscheidungen eher an kurzfristigen finanzwirtschaftlich orientierten Erfolgsgrößen auszurichten, als in die wirklichen Leistungstreiber zu investieren: Organisationsinnovationen, Professionalisierung der Führung und der Mitarbeiter, geschäftsprozeßunterstützender Einsatz von Informationssystemen, Produkt-, Verfahrens- und Dienstleistungsinnovationen.

Die BSC-Struktur umfaßt

- resultatorientierte Kernkennzahlengruppen (= Ergebniskennzahlen), an denen der Erfolg von Aktionen und Programmen, gemessen an bestimmten Kriterien (Gewinn, Marktanteil, Kundenzufriedenheit, Mitarbeiterzufriedenheit, ...) transparent gemacht wird;
- Leistungstreiberkennzahlen (»Differenziatoren«), die im Sinne von »Wertangeboten« für Mitarbeiter und Kunden Resultate bewirken, die dann über Kernkennzahlen ausgewiesen werden.

Leistungstreiber (Leading indicators) zeigen, wie Ergebnisse (lagging indicators) zustande kommen.

Die BSC verbindet strategische Optionen mit einer zielorientierten und risikobeherrschten Steuerung der »kritischen Managementprozesse«; und die BSC versteht sich als Managementtechnik, die das Unternehmen als lernendes System begreift. Die BSC ist damit ein Instrument der Organisations-Entwicklung sowie der transparenten Kommunikation, durch die Visionen und Strategien nachvollziehbar herunter gebrochen werden und die Mitarbeiter an den Informations- und Entscheidungsprozessen beteiligt werden.

Ziele und Kennzahlen zur Leistungssteuerung werden aus vier Perspektiven ganzheitlich reflektiert:

1. finanzielle Perspektive,
2. Kundenperspektive,
3. Geschäftsprozeßperspektive,
4. Innovationsperspektive, die sich in besonderer Weise als Lern- und Entwicklungsperspektive darstellt.

Die finanzwirtschaftliche Perspektive bezieht sich auf typische Finanzkennzahlen, wie sie in allen Branchen üblich sind: Return on Capital Employment (ROCE) und Discounted Free Cash Flow (DFCF). Je nach strategischem Objekt können Rentabilitäten für Geschäftsbereiche, Produktlinien oder Projekte in eine BSC aufgenommen werden. Teilweise werden auch bestimmte Normstrategien empfohlen, die sich am Lebens-

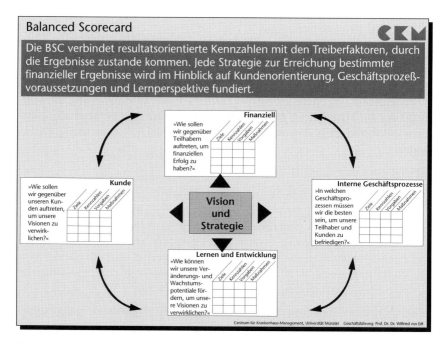

Abb. 2.48: Geschäftsprozeß kundenorientiertes Prozeßziel und Mitarbeiter-Empowerment sind die Grundlage für dauerhaften finanzwirtschaftlichen Erfolg

zyklus eines Produkts orientieren: Reifephase → Cash-flow-Orientierung; Einführungsphase → Umsatzanteil → Neukundenumsatz.

Die Kundenperspektive stellt die Frage nach den Kundenerwartungen, die zweckmäßigerweise erfüllt werden sollten. An dieser Stelle ist strategisch zu klären, welche Kundenziele für welche Kundengruppen verfolgt werden sollen: Produktziele, Serviceziele, Problemlösungsziele. Maßgrößen für den Erfolg könnten sein: Kundenzufriedenheit, Kundentreue, Akquisitionserfolg, Kundenrentabilität. Zu klären sind insbesondere die eigentlichen Erfolgstreiber, also diejenigen Sachverhalten, auf die der Kunde Wert legt: Kulanz im Ausnahmefall, kurze Lieferzeiten, innovative Angebote, um selbst Wettbewerbsvorteile zu erhalten, etc.

An dieser Stelle ist in besonderem Maß »Umdenken« gefordert: Denn jenseits der Resultatkennzahlen kommt es darauf an, »Wertangebote« für den Kunden zu strukturieren, durch die der Kunde einen von anderen Wettbewerbern nicht gebotenen Nutzen erhält.

Hier geht es um:

- Produktfunktionalitäten,
- Servicefähigkeiten,
- Kunden-Lieferanten-Integration (z. B. prozeßorientierte Logistikkonzepte, EDI, gekoppelte Produktionspläne angestoßener Fertigungsbereiche, JIT-Konzepte, ...),
- Image und Reputation begründen, leben, verfestigen.

❏ Die »interne Prozeßperspektive« setzt sich primär mit denjenigen Geschäftsprozessen auseinander, die für den Unternehmenserfolg besonders entscheidend sind: Produktentwicklung, Logistik, Auftragsdurchlauf, Technische Änderungen, Reklamationen, etc.; im Krankenhaus: Medikalprodukteversorgung, OP-Ablauf, Spezialprozesse wie Schlaganfall, Diabetesversorgung, u. ä.

Dabei kommt es nicht nur darauf an, bestehende Prozesse zu betrachten, sondern nach Möglichkeit Prozesse neu auszurichten (»Das Ziel«) und optimiert zu strukturieren.

Das Entwickeln innovativer Konzepte und begeisternder Kundenziele, deren Überleitung (»Produktion«) in ein akzeptiertes Leistungsangebot und die ständige Optimierung aufgrund der systematischen Einbindung von Kunden und Wertschöpfungspartnern ist dann charakteristisch für dieses veränderte Wertschöpfungsverständnis. Die Abbildung »Prozeßperspektive« verdeutlicht, daß jede Organisationsgestaltung (und damit jeder Benchmarkingprozeß mit dem Ziel der Realisierung einer Best Practice im eigenen Unternehmen) aus drei Stufen besteht: Innovative Erfüllung des Kundennutzens, Organisationsanpassung im Sinne eines Quantensprungs und ständige Verbesserung im Sinne einer Lern- und Entwicklungsperspektive.

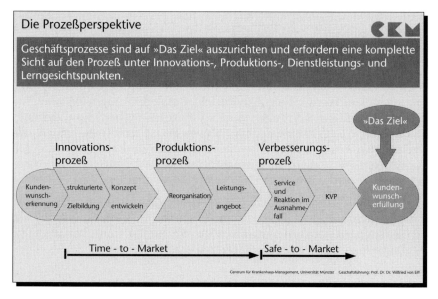

Abb. 2.49: Innovative Erfüllung des Kundenwunsches Quantensprung-reorganisation und ständige Verbesserung als Geschäftsprozeß-Philosophie

❑ Die »Lern- und Entwicklungsperspektive demonstriert, daß jede Strategie als Lernprozeß aufzufassen ist und daß es darauf ankommt, jedes strategische Programm als Mittel zur Entwicklung des Unternehmens als Lernendes System (SENGE) zu nutzen.

Mitarbeiterzufriedenheit, Fluktuation, Krankenstand wären »klassische« Kennzahlen für diesen Bereich. Aber auch proxy-artige Bewertungsansätze wie Job Rotationssysteme, Vielseitigkeitsausbildungsprogramme, Anreiz-/Beitragssysteme sind hier zu nennen.

Investitionen in Weiterbildung, in die wertschöpfende Nutzung von Informationstechnologie (Benutzerservice) oder in Organisation im Sinne einer Leistungsinfrastruktur fallen ebenso in diesen Bewertungsbereich.

An dieser Stelle wird deutlich, daß den Mitarbeiterpotentialen eine zentrale Bedeutung als Erfolgsfaktor zufällt. Es kommt in besonderer Weise darauf an, den engangierten, ganzheitlich agierenden Mitarbeiter mit Gespür für den Kundennutzen, für den eigenen Geschäftserfolg und mit Blick auf Kosten zu entwickeln. Erfolgreiche Unternehmen haben Stammpersonal (vgl. *Peter, R. H.; Waterman, T. J.*) und vielseitigkeitsausgebildete Mitarbeiter (Toyota-System). Der Rahmen für die Beurteilung von Mitarbeiterpotentialen wird in der Abbildung 2.50 skizziert, wobei die »Enabler-Orientierung« die Kennzahlenausrichtung dominiert.

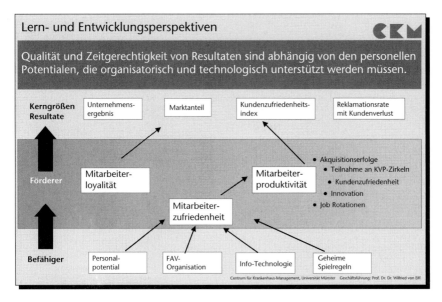

Abb. 2.50: Die zielorientierte Veränderung von »Befähigern« stellt eine konstruktive Strategie zur schnellen und konsequenten Erreichung von Zielen dar

6.2 Die Speed-Teams/Prozeßteams

Bei der Umsetzung von Erkenntnissen aus dem Betriebsvergleich oder auch von Best Practices ist es erforderlich, ein spezielles Projektmanagement unterstützend einzuführen. Um einem Modetrend von vornherein eine Absage zu erteilen: Qualitätszirkel sind für die Umsetzung von Betriebsvergleichsergebnissen nicht geeignet, wohl aber die Philosophie des *KAIZEN*.

Prozeßteams (Speed-Teams) sind Projektgruppen, deren Projektauftrag auf die Berücksichtigung der Auswirkungen von Maßnahmen innerhalb eines kompletten Geschäftsprozesses gerichtet ist. Ein Geschäftsprozeß ist ein Arbeits-, Informations- und Entscheidungsprozeß mit einem für den Erfolg des Krankenhausversorgungsauftrages relevanten Ergebnis. Die Aufgabenstellung solcher Prozeßteams (die aus maximal drei bis fünf Personen unterschiedlicher Berufsgruppen aus verschiedenen Funktionsbereichen bestehen) ist ganzheitlich und nicht einseitig kostensenkungsorientiert (siehe Abbildung 2.51) Ein Geschäftsprozeß besteht grundsätzlich in der ablauforganisatorischen Verbindung zwischen Patientennutzen als Ziel und allen relevanten, dieses Ziel unterstützenden Leistungseinheiten (auch Externe wie z. B. Lieferanten). Das Team hat neben dieser Kontextorientierung seine Arbeitsweise »unternehmerisch« zu verstehen: Durchführung von Organisationsanalysen, Erarbeiten von

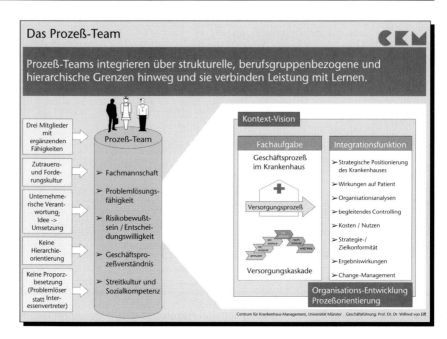

Abb. 2.51: Ein Speed-Team/Prozeßteam arbeitet immer an der Verbesserung eines Prozesses in teilautonomer Verantwortung

Lösungskonzepten, Kosten/Nutzen-Betrachtungen, Realisierungsmanagement u. a. m.

Bestandteil der Prozeßteam-Orientierung ist die Idee, auch den Patienten bzw. Patientenangehörige in derartige Problemlösungsteams als Aktivfaktor einzubinden. Diese Vorgehensweise ist auch Ausdruck einer neuen »Kundenorientierung« im Krankenhaus: Kundenorientierung heißt, den Patienten und sein soziales Umfeld situationsadäquat ernst zu nehmen. Erfolg resultiert dann aus der engen Wechselwirkung zwischen Patientenzufriedenheit und Mitarbeiterzufriedenheit. Nur motivierte Mitarbeiter sichern auf Dauer die Leistungsfähigkeit eines Krankenhauses. »Erfolg« resultiert also aus Beiträgen zu Mitarbeitermotivation, Kostenreduktion und Qualitätssteigerung bei gesicherter Patientenversorgung auf hohem Niveau. Motivierend sind dabei solche Erfolgsbeiträge, deren Zustandekommen der einzelne Mitarbeiter durch eigene Initiative, eigene Entscheidungen und eigene Leistung sichtbar erleben kann. Derartige Resultate im Sinne meßbarer Ergebnisse bzw. nachvollziehbarer Veränderungen zu erreichen, ist Anliegen des *KAIZEN*-Ansatzes.

KAIZEN: Kontinuierliche Verbesserung senkt Kosten und erhöht die Patienten- und Mitarbeiterzufriedenheit.

Der Begriff *KAIZEN* beschreibt das ständige Bestreben aller Mitarbeiter, durch permanente Verbesserungen in kleinen Schritten Transparenz über Fehlerquellen in nicht optimal strukturierten Arbeitsprozessen zu erhalten und Arbeitsprozesse beherrscht zu machen. Die *KAIZEN*-Philosophie hat insbesondere zwei Bestandteile (Thesen):

- Konstruktiver Umgang mit Fehlern.
  (Fehler begehen ist verzeihlich; unverzeihlich ist es, erkannte Fehler zu ignorieren, augenscheinlichen Fehlerphänomenen nicht nachzugehen oder eine systematische Fehleranalyse zu behindern).
- 80 : 20-Regel/Pareto-Ansatz
  (die Realisation eines kleinen, aber sichtbaren Verbesserungserfolges ist sinnvoller und motivationsgebender als das sofortige Anstreben einer zeitraubenden, vermeintlichen 100%-Lösung).

Auf der gedanklichen Grundlage des »Deming-Rades« wurde in Japan der PDCA-Zyklus als Entscheidungs- und Problemlösungsmethode entwickelt: Planen, Tun, Checken, Aktion (siehe Abbildung 2.52)

Der in Abbildung 2.53 dargestellte »verbesserte PDCA-Zyklus« verbindet Management und Mitarbeiter in einem ständigen Prozeß der Verbesserung. Ziel der »Managementplanung« ist es, leistungswirksame Organisationskonzepte zu kreieren, die ein Höchstmaß an Flexibilität gewährleisten, kostengünstiges Arbeiten ermöglichen, beherrschte Arbeitsprozesse

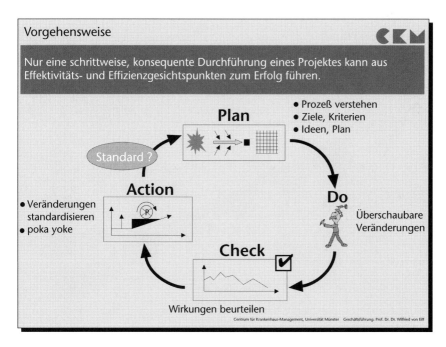

Abb. 2.52: Der »klassische« PDCA-Zyklus

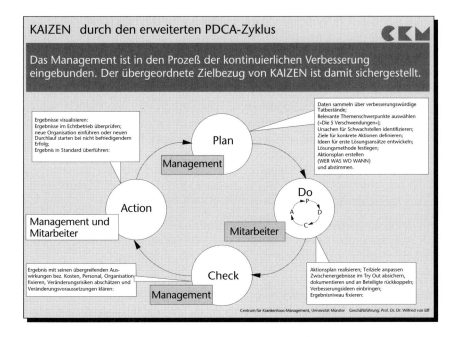

Abb. 2.53: Der »hierarchiebezogene« PDCA-Zyklus

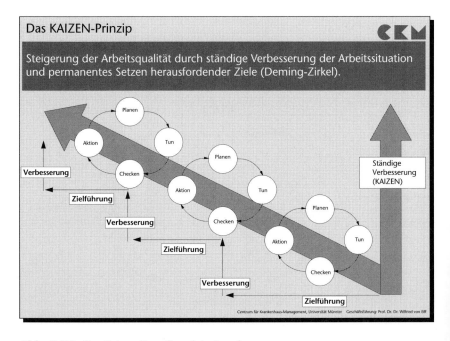

Abb. 2.54: Der Kaizen-Prozeß endet niemals

beinhalten und fehlertolerant sind (= »fehlerhandlungssichere Organisation«; pokayoke).

Das KAIZEN-Prinzip hält jeden Mitarbeiter dazu an, nach erfolgter Verbesserung eines Arbeitsablaufs das Effizienzziel von sich aus erneut zu steigern und damit die eigenen Arbeitsziele permanent fortzuschreiben. Weiterhin soll jeder Mitarbeiter nicht nur bestehende Regeln einhalten, sondern Vorschläge für die Verbesserung dieser Regeln machen, um gemeinsam zu neuen Standards und Zielen zu gelangen.

Weiterführende Literaturhinweise:

Bleicher, K.: Management – kritische Kernkompetenz auf dem Weg zur virtuellen Unternehmung, in: Komplexität und Agilität, Berlin 1997, S. 11 ff.;

Eiff, W. v.: Geschäftsprozeßmanagement – die Prinzipien des schlanken Managements prozeßrientiert umsetzen, in: Deutsches Industrial-Engeneering-Jahrbuch 1995, REFA, S. 1 ff.;

Eiff, W. v.: Transfermanagement, Münsteraner Management Forum 1997;

Peters, T. J.; Waterman, R. H.: Auf der Suche nach Spitzenleistungen, Landsberg 1983.

3 Der Betriebs- vergleich aus Sicht von Beteiligten und Betroffenen

Thesenpapier zu generellen Problemen von Betriebsvergleichen

3.1

Dietrich Adam

»*Kennzahlen des klassischen LKA-orientierten Betriebsvergleichs tragen eher zu Fehlsteuerungen und Management-Fehlleistungen bei.*«
(*Dietrich Adam*)

1 Aufgaben und Ziele von Betriebsvergleichen

Ein Betriebsvergleich stellt Unternehmen einer Branche anhand von Kennzahlen gegenüber, um Aussagen über den wirtschaftlichen Stand, die Entwicklung oder die Ursachen für die Entwicklung zu gewinnen. Sinn dieses Vergleiches ist es, eine Grundlage zur kritischen Überprüfung der eigenen wirtschaftlichen Situation zu gewinnen. Ein Betriebsvergleich soll mithin die Stärken und Schwächen eines Betriebes im Vergleich zu seinen Mitbewerbern aufzeigen, um Denkanstöße für die Verbesserung der eigenen Politik zu geben. Dazu wird auf Kennzahlen über die Struktur der Unternehmen (Bilanz-, Programm-, Finanzierungs-, Ressourcenstruktur) und über die Wirkungen der Unternehmensprozesse (Produktivität, Wirtschaftlichkeit, Rentabilität) zurückgegriffen.

Ein Krankenhausbetriebsvergleich hat grundsätzlich die gleichen Aufgaben zu erfüllen, verfolgt aber zum Teil auch noch externe Ziele (vgl. *Kehr, H.H.*, 1995). Der Gesetzgeber schreibt dieses Instrument ab 1998/99 als Informations-, Steuerungs- und Kontrollinstrument zur Unterstützung der Pflegesatzverhandlungen vor. Krankenkassen nutzen bereits heute Vergleiche von Abteilungspflegesätzen bei den Pflegesatzverhandlungen. Wenn Differenzen bei Abteilungspflegesätzen verschiedener Häuser nicht überzeugend begründet werden können, führt die Information zu erhöhtem Wirtschaftlichkeitsdruck.

2 Das Konstruktionsprinzip klassischer Betriebsvergleiche

Betriebsvergleiche basieren grundsätzlich auf Ist-Daten (Bilanz, GuV, Input- und Outputmengen, Bestände usw.) eines Zeitpunktes bzw. einer Periode. Für Krankenhäuser wird insbesondere auf Daten aus der Leistungs- und Kalkulationsaufstellung (LKA) zurückgegriffen. Dynamik kann nur durch mehrere Betriebsvergleiche im Zeitablauf erfaßt werden. Das Instrument ist damit grundsätzlich vergangenheits- und nicht zukunftsbezogen. Durch das statische Instrument lassen sich zudem grundsätzlich keine zeitübergreifenden Effekte von Entscheidungen abbilden. Ein hoher Ressourceneinsatz in einer Periode, mit dem Erfolgspotentiale für die Zukunft geschaffen werden, erscheint in den Vergleichen als Unwirtschaftlichkeit in der Periode, in der in die Potentiale investiert wird.

Die Eignung des Vergleichs für die definierten Aufgaben hängt ganz wesentlich von der Frage ab, ob sich aus Informationen der Vergangenheit bzw. der Gegenwart aussagekräftige Urteile für eine sinnvolle Entwicklung der Betriebe in der Zukunft ableiten lassen. Das ist der Fall, wenn die Dynamik der Märkte oder der technische Fortschritt gering ist, und zumindest die unmittelbare Zukunft durch die Vergangenheit und den erreichten gegenwärtigen Zustand gut erklärt werden kann. Ist die wirtschaftliche Entwicklung von starken Strukturbrüchen gekennzeichnet, müssen Unternehmen kreativ sein, um auf gesättigten Märkten einen unverwechselbaren komparativen Konkurrenzvorteil (KKV) zu erringen. Fortschreibung von Politiken oder Orientierung an den Verhaltensweisen der Konkurrenz sind dann keine geeigneten Mittel zur Neudefinition des eigenen Weges. Für Krankenhäuser tritt diese Situation ein, wenn beispielsweise durch moderne medizinische Verfahren ganz neue Leistungen angeboten werden. So z. B., wenn durch die Anschaffung medizinisch-technischer Geräte Diagnosen und Therapien möglich werden, die es vorher nicht gab.

Eine zweite Voraussetzung für die Eignung von Betriebsvergleichen ist darin zu sehen, daß zeitübergreifende Effekte grundsätzlich nicht auftreten dürfen. Sind sie aber dennoch vorhanden, sind die Zahlen eines Betriebsvergleiches nur aussagefähig, wenn eine im Zeitablauf gleichbleibende Politik der Entwicklung von Potentialen betrieben wird. Die Politik darf also keine Strukturbrüche aufweisen, weil es sonst zu zeitlichen Verzerrungen in den Kennzahlen kommt, da negative und positive Effekte der Entscheidungen in unterschiedliche Perioden fallen.

Das Konstruktionsprinzip der Kennzahlen des klassischen Betriebsvergleichs basiert auf dem Durchschnitts- und leider nicht auf dem Veränderungsprinzip. Die Kennzahlen informieren beispielsweise über die durchschnittliche Bindungsdauer von Kapital, die durchschnittliche Relation zwischen Faktoreinsatz und Ausbringung oder die durchschnittlich erzielte Rentabilität sowie im Krankenhaus über die durchschnittliche Verweildauer, durchschnittliche Fallkosten usw. Dieses Durchschnittsdenken hat zwei Mängel:

a) Bei einem Unternehmen mit geringer Komplexität (z. B. nur ein Produkt) sagen die Kennziffern nichts über Veränderungen aus. Beispielsweise muß sich die Rentabilität nicht entsprechend der Durchschnittsgröße verhalten, wenn der Kapitaleinsatz steigt oder sinkt. Grund dafür ist die Existenz fixer Kosten oder fixer Kapitaleinsätze. Kennzahlen nach dem Durchschnittsprinzip lassen also die Reaktion auf Entscheidungen nicht erkennen.

b) Bei komplexen Unternehmen (z. B. größere Anzahl kundenindividueller Produktvarianten, viele heterogene Fälle usw.) bestehen in der Regel Verbundeffekte in Produktion, Absatz, Finanzierung usw. Beispielsweise werden viele Produkte gleichzeitig auf einer Produktionsanlage gefertigt oder sehr unterschiedliche Patienten teilen sich die gleichen Ressourcen (z. B. OP-Kapazität), was Gemeinkosten und eine gemeinsame Finanzierungsbasis zur Folge hat. Ein nach dem Durchschnittsprinzip aufgebauter Betriebsvergleich kann die Verbundeffekte bzw. die Wirkungszusammenhänge grundsätzlich nicht aufdecken. Damit aber zeigt ein Betriebsvergleich nicht auf, wie sich die Kapitalstruktur, die Liquidität usw. verändern, wenn neue Produkte, andere Fälle usw. aufgenommen werden oder Produktionsverfahren sich ändern.

Beide Konstruktionsmängel des Betriebsvergleiches spielen dann keine wesentliche Rolle, wenn die Komplexität gegen Null strebt und fixe Größen (Kosten, Kapitaleinsatz) nur eine untergeordnete Rolle spielen. Für diese Ausgangssituation wurden Betriebsvergleiche in den 20iger Jahren auch entwickelt. Die heutige Wirtschaftssituation zeichnet sich aber gerade durch eine überbordende Komplexität und zunehmende Bedeutung fixer Größen aus. Das gilt insbesondere auch für den Krankenhaussektor mit einer Differenzierung der Leistungsprogramme und Behandlungsverfahren und einem hohen Anteil fixer Kosten. Aus dem Konstruktionsprinzip von Betriebsvergleichen folgt damit zwangsläufig, daß dessen Eignung für die deklarierten Ziele zunehmend geringer wird. Betriebsvergleiche sind daher heute – nach einer geradezu euphorischen Phase in den 20er und 30er Jahren – weitestgehend aus der Mode gekommen, weil deren Leistungsfähigkeit zunehmend kritischer beurteilt wird. Allenfalls sind Kennzahlen heute noch auf einer sehr hohen Abstraktionsebene – globale Zahlen für das Gesamtunternehmen – von gewissem Nutzen, um Gefährdungspotentiale in der finanziellen Situation zu erkennen. Zu derartigen Informationen gehören im Krankenhaus beispielsweise der Materialeinsatz für Ernährung pro Tag oder der Medikamenteneinsatz pro Patient.

3 Erweiterungen von Betriebsvergleichen

Ein Versuch, über Betriebsvergleiche auch zu einer Art von Änderungszahlen zu kommen, ist eine Versuchsanordnung entsprechend der PIMS-Studie (vgl. zur PIMS-Studie *Buzell, R.D., Gale, B.T.,* (1989). Auf der Basis einer umfangreichen Datenbank wird die Bedeutung einer Vielzahl von Indikatoren (z. B. Marktanteil, Kapitalumschlaghäufigkeit, Umsatzrendite, Produktqualität usw.) auf den ROI untersucht. D. h., es wird eine Schätzfunktion bestimmt, die die Reaktion einer Erfolgsgröße (ROI) auf unterschiedliche Ausprägungen der Indikatoren aufzeigen soll. Dazu werden auf der Basis einer multiplen Regressionsanalyse die »Gesetzmäßigkeiten« zwischen dem ROI und den Indikatoren untersucht. Die Analyse geht aber leider von einer statischen, linearen und zudem additiven Schätzfunktion aus. Selbst mit diesen groben Vereinfachungen gelingt es nur 39 % der beobachtbaren Streuungen des ROI in Industrieunternehmen und 52 % in Dienstleistungsunternehmen zu erklären (vgl. *Adam, D.,* 1996). Der Erklärungswert ist mithin recht schwach, bzw. der Einfluß von Zufallsfaktoren ist größer als der systematischer Faktoren. Zudem verstoßen die Datensätze gegen die Unabhängigkeitsbedingung, die für eine additive Schätzfunktion erforderlich ist. Unplausibel ist auch die unterstellte lineare Abhängigkeit des ROI von den Indikatoren. Zudem kommt es zu ausgesprochen grotesken »Gesetzmäßigkeiten«, da zeitübergreifende Effekte nicht erfaßt werden. Beispielsweise zeigen alle Untersuchungen, daß eine Erhöhung der Kosten für Vermarktung den ROI negativ beeinflußt und Investitionen in neue Produkte weitgehend negative ROI-Wirkungen haben. Diese unsinnigen Ergebnisse haben ihre Ursache in einer völlig ungeeigneten, nicht zeitübergreifenden Schätzfunktion. Wegen der methodischen Mängel kann ein an die PIMS-Versuchsanordnung angelehnter Betriebsvergleich auch nur Kennzahlen liefern, denen ein schwacher heuristischer Wert zugeschrieben werden muß.

Ein weiterer zentraler Mangel des Konstruktionsprinzips von Betriebsvergleichen besteht darin, daß eine große Zahl von Kennzahlen entwickelt wird, ohne zuvor überprüft zu haben, ob diese Kennzahlen von nachhaltiger Bedeutung für den wirtschaftlichen Erfolg von Unternehmen sind. Betriebsvergleiche degenerieren deshalb häufig zu reinen »Zahlenfriedhöfen«. Dieser Mangel könnte behoben werden, wenn zuvor auf der Basis eines neuronalen Netzes überprüft wird, welche Bedeutung die Ausprägung bestimmter Kennziffern für den wirtschaftlichen Erfolg oder die Gefahr des wirtschaftlichen Untergangs eines Unternehmens hat. Eine Untersuchung hat ergeben, daß von ursprünglich ca. 50 erhobenen Kennziffern nur 14 bedeutend sind, um Unternehmen nach sechs Güte- und vier Risikoclustern zu klassifizieren (vgl. auch zum folgenden *Baetge, J.; Hüls, D.; Uthoff, C.*, 1995). Von diesen 14 Kennzahlen haben der kurzfristige Verschuldungsgrad und die Cash-flow-Gesamtkapitalrendite den höchsten Erklärungswert für die Wahrscheinlichkeit, mit der Unternehmen in ihrem Bestand gefährdet sind oder gute Erfolge erzielen. Betriebsvergleiche sollten daher durch eine derartige Voranalyse unterstützt werden, um den Erhebungsaufwand und die Auswertung auf Kerninformationen zu beschränken.

4 Methodische Probleme

Das zentrale methodische Problem von Betriebsvergleichen resultiert aus dem Anspruch, nur Kennzahlen vergleichbarer Betriebe oder Betriebsteile gegenüberzustellen; denn nur ein derartiger Vergleich kann zu aussagefähigen Ergebnissen führen. Diese Forderung ist nur erfüllt, wenn sich der Vergleich auf homogene Betriebe oder Betriebsteile erstreckt. Betriebe einer Branche erfüllen diese Voraussetzung in der Regel nicht, da sie ganz andere Strukturen und Größenordnungen aufweisen und mit anderen Prozessen arbeiten.

Zentral für Betriebsvergleiche ist damit die Frage, wie Vergleichbarkeit künstlich erzeugt werden kann. Mit steigender Komplexität ist diese Forderung immer schwieriger zu erfüllen, da sich bei starker Vielschichtigkeit der Betriebe kaum mehr homogene Klassen bilden lassen.

Um Vergleichbarkeit zu erreichen, können zwei Wege beschritten werden:

a) Der erste Ansatz versucht das Problem zu bewältigen, indem auf Basis von Strukturähnlichkeiten homogene Gruppen von Betrieben gebildet werden. Diese Vorgehensweise wird auch bei den Krankenhaus-Betriebsvergleichen präferiert, da zahlreiche Konzepte (z. B. von der DKG, GKV, GEBERA) für die Bildung von Strukturgruppen existieren (vgl. zu den verschiedenen Gruppenbildungsverfahren *Kehr, H. H.*, 1995). Ein Vergleich der Kennzahlen ist dann immer nur innerhalb eines strukturähnlichen Clusters von Betrieben sinnvoll. Diese Clusterbildung führt zu Problemen, wenn relativ viele Merkmale zur Clusterbildung erforderlich sind (Bettenzahl, Versorgungsstufe, Struktur des Leistungsprogramms).

Der erste Ansatz wirft zwei Schwierigkeiten auf. Erfolgt die Clusterbildung streng nach Homogenitätsmerkmalen, gibt es relativ viele Cluster. Viele Betriebe, die eine stark differenzierende Strategie betreiben, um sich bei gesättigten Märkten vom Wettbewerb abzuheben, werden dann die einzigen ihres Clusters sein. Wenn also Vergleichbarkeit durch die Clusterung erreicht ist, gibt es kaum mehr etwas zu vergleichen. Werden an die Clusterung geringere Homogenitätsanforderungen gestellt, steigt die Besetzung der Cluster mit Betrieben – es werden auch weniger Cluster – aber die Vergleichbarkeit leidet, da Unvergleichbares in einem Cluster zusammengefaßt wird.

b) Der zweite Ansatz versucht Vergleichbarkeit in Betriebsteilen durch eine Disaggregation der Daten zu erreichen. Verglichen werden dann nicht mehr ganze Krankenhäuser, sondern nur bestimmte Kliniken wie Augenklinik, innere Medizin usw. Dieser Weg ist dann erfolgversprechend, wenn zwischen den Kliniken keine oder nur geringe Verbundeffekte bestehen. Der Verbund ist dann gering, wenn sie über eigene Ressourcen – Personal, Betten und sonstige Kapazitäten – verfügen. Bei gemeinsamen Ressourcen ergibt sich die Schwierigkeit, Kapazitäten und Kosten sinnvoll den einzelnen Kliniken zuzuorden. Wenden nicht alle Betriebe die gleichen Regeln zur Zuordnung an, sind die Kennzahlen wiederum nicht vergleichbar.

5 Praktische Probleme

Praktische Probleme treten bei der Informationsbeschaffung auf:

❑ Die Datenerhebung ist unproblematisch, wenn alle Betriebe über das gleiche, gut ausgebaute Rechnungswesen verfügen. Diese Voraussetzung ist in Krankenhäusern dann erfüllt, wenn sich der Vergleich auf verschiedene Häuser eines Trägers bezieht. Die Betriebsdaten müssen durch die Unternehmen grundsätzlich nach den gleichen Regeln erfaßt und verdichtet werden, und es müssen die gleichen Bewertungsregeln für Bestände und Verbräuche angewendet werden. Für die Kostenrechnung bedeutet das beispielsweise, daß die Kostenarten- und Stellenbildung nach den gleichen Prinzipien erfolgen muß, und die Schlüsselung der Gemeinkosten nach den gleichen Schlüsseln und Verfahren durchgeführt wird. Gerade für Krankenhäuser ist dieses Problem evident. Zwar lassen sich die Kostenarten noch relativ einheitlich nach dem LKA abgrenzen (vgl. dazu die Übersicht bei *Tuschen, K. H.; Quaas, M.*, 1996), aber schon bei den Kostenstellen und erst recht bei den Kostenträgern (Fallpauschalen, Sonderentgelte, Abteilungspflegesätze, Basispflegesatz) ergeben sich Abgrenzungsunschärfen und die Möglichkeiten von Gemeinkostenverschiebungen aufgrund unterschiedlicher Schlüssel.

Praktische Erfahrungen mit Betriebsvergleichen zeigen, daß die Anforderung nach einer einheitlichen methodischen Basis bei den Daten meistens nicht zu erfüllen ist. Es fragt sich dann, ob Unterschiede in den Kennzahlen auf unterschiedliche Strategien der Unternehmen, auf Meßfehler bei der Datenerfassung oder Unterschiede bei der Disaggregation von Daten zurückzuführen sind.

❏ Häufig ist das Rechnungswesen der Unternehmen nicht tief genug ausgebaut, um die für den Betriebsvergleich eigentlich erforderlichen Daten vollständig zu erfassen. Da eine Erhebung zusätzlicher Daten, die nicht der Grundrechnung der Betriebe entsprechen, sehr aufwendig ist, beschränken sich Betriebsvergleiche häufig auf den kleinsten gemeinsamen Datennenner und schränken damit die Aussagefähigkeit der Vergleiche stark ein.

6   Nutzen von Betriebsvergleichen

❏ Die historischen Erfahrungen mit umfangreichen Betriebsvergleichen im Handel und der Industrie sind insgesamt negativ, weil die Messungs- und Verdichtungsprobleme bei den Daten nicht gelöst wurden, und die Erzeugung vergleichbarer Cluster wegen der hohen Komplexität nicht gelang. Die Qualität der Kennzahlen war dementsprechend gering, und die Vergleiche wurden im Laufe der Zeit aufgegeben. Diese Tendenz verschärft sich mit zunehmender Komplexität und Dynamik.

❏ Der klassische Betriebsvergleich liefert nur statische Informationen auf Durchschnittsbasis. Solche Kennzahlen haben aber keine Vorbildfunktion, da nur eine Orientierung am empirischen Mittelwert erfolgt. Orientierung am Durchschnitt ist auf gesättigten Märkten für Krankenhäuser keine erfolgversprechende Strategie. Besser ist ein Benchmarkingansatz, der Kennzahlen über den »Klassenbesten« zur Verfügung stellt (zum Benchmarking im Krankenhaus vgl. *Eiff, W.v.*, 1994). Aber auch dieser Ansatz hat den Nachteil, nur zur Nachahmung anzuregen. Durch Nachahmung gelangt man aber auf gesättigten Märkten nicht zu einem komperativen Konkurrenzvorteil (KKV).

❏ Da ein Betriebsvergleich auf vergangenheitsorientierten, statischen Informationen basiert, liefert er bestenfalls Anregungsinformationen für die Formulierung neuer Entscheidungsprobleme. Aus den Kennziffern sind aber keine unmittelbaren Handlungsempfehlungen abzuleiten. Für solche Fragestellungen sind Veränderungsinformationen erforderlich, und es muß sich um Informationen handeln, die sich auf die Zukunft beziehen. Die Kennzahlen von Betriebsvergleichen haben damit allenfalls heuristisches Potential.

❏ Der Krankenhausbetriebsvergleich wird vom Gesetzgeber als Steuerungs- und Kontrollinstrument installiert. Die beschriebenen Defizite stellen aber die Eignung des Betriebsvergleichs für diesen Zweck stark in Frage. Es besteht die Gefahr, daß die Kennzahlen eher zur Fehlsteuerungen beitragen werden.

Weiterführende Literaturhinweise:

Adam, D.: Planung und Entscheidung: Modelle – Ziele – Methoden, 4. Auflage, Wiesbaden 1996, S. 334;

Baetge, J.; Hüls, D.; Uthoff, C.: Früherkennung der Unternehmenskrisen, in: Forschungsjournal der Westfälischen Wilhelms-Universität Münster, 1995, Nr. 2, S. 21–29;

Buzzell, R. D.; Gale, B.T.: Das PIMS-Programm, Strategien und Unternehmenserfolg, Wiesbaden 1989, S. 330 ff.;

Eiff, W. v.: Benchmarking im Krankenhaus: Qualität steigern und Kosten senken durch Best-Practices-Management, in: Krankenhausumschau, 1994, Nr. 11, S. 859–869;

Kehr, H. H.: Leistungsorientierter Betriebsvergleich: Entwicklung eines Informations- und Kontrollsystems zur Vergleichbarkeit der Krankenhäuser hinsichtlich ihrer Wirtschaftlichkeit, München 1995, S. 62ff.;

Tuschen, K. H.; Quaas, M.: Bundespflegesatzverordnung: Kommentar mit einer umfassenden Einführung in das Recht der Krankenhausfinanzierung, 3. Auflage, Stuttgart u. a. 1996, S. 76.

Der Krankenhausbetriebsvergleich im Meinungsbild von Krankenhausleitungen

Ergebnisse aus Workshops und Interviews mit Mitgliedern

Wilfried von Eiff

von links: Wilfried von Eiff, Wolfgang Schäfer,
Wolfgang Schwarz, Fritz-Peter Kuhn

»Wer gibt denn schon freiwillig Daten ab,
wenn er weiß, daß er nachher dafür gehängt wird.«
(Prof. Dr. Siegfried Eichhorn)

1   Zielsetzung

Der Betriebsvergleich kann sich nur dann als erfolgreiches Management-Instrument beweisen, wenn er

- Informationswert aufweist, d. h. wenn die im Betriebsvergleich abgebildeten Informationen entscheidungsrelevant sind sowie die Prioritäten- und Strategiefindung erleichtern;
- ehrliche Daten enthält, der Benutzer also darauf bauen kann, daß die eingestellten Daten zeitlich aktuell und sachlich richtig sind;
- einfach zu handhaben und
- wirtschaftlich durchführbar ist.

Ein akzeptierter Betriebsvergleich ist daher an eine Reihe von Vorleistungen gebunden:

a) Es ist transparent zu machen, welche Absichten und Ziele die verschiedenen Interessensgruppen (Gesetzgeber, Kostenträger, Krankenhäuser) mit der Einführung eines Betriebsvergleichs verfolgen und welche Bedenken einem Vergleich entgegenstehen.

b) Es ist zu klären, welche Anforderungen an einen Betriebsvergleich aus Sicht der Krankenhausmanager gestellt werden.

c) Es muß im Vorfeld deutlich werden, aus welchen Gründen ein Betriebsvergleich scheitern kann und unter welchen Bedingungen Krankenhäuser bereit sind, sich mit allen Konsequenzen in einen Vergleich einzubringen.

d) Es sind Zielgruppen eines Betriebsvergleichs zu identifizieren, deren Informationsbedarf ist zu klären und es ist festzustellen, mit Hilfe welcher Kriterien ein Vergleich aussagefähig aufzubereiten ist.

e) Letztlich geht es um die Frage, anhand welcher Merkmale trennscharf zu erkennen ist, was den Erfolg eines Krankenhauses ausmacht und wie dieser Erfolg zustande kommt.

Der Betriebsvergleich

- muß Nutzen/Informationswert für das Management bieten und
- unternehmerisches Verhalten darf nicht durch Transparenz über Leistungs- und Kosenstrukturen bestraft werden.

2   Vorgehensweise

Damit der Betriebsvergleich an den Zielen eines Krankenhauses orientiert wird und mit seiner Hilfe die Steuerungsaufgaben des Managements unterstützt werden können, ist es erforderlich, gemeinsam mit den entscheidungsverantwortlichen Managern eines Krankenhauses deren Entscheidungsfelder zu erkennen sowie den daraus abzuleitenden Informationsbedarf festzustellen.

Das Krankenhaus-Management hat zwei Ziele zu unterstützen:

1. die Leistungsprozesse qualitätsgerecht und wirtschaftlich zu steuern und
2. die Kosten durch organisatorische und personalpolitische Verbesserungsmaßnahmen zu beeinflussen.

Um festzustellen inwieweit ein Krankenhaus-Betriebsvergleich aus Sicht der entscheidungsverantwortlichen Krankenhaus-Führung wirklich unterstützen kann, wurden vom CKM die Entscheidungsträger aus Krankenhäusern und Kassen befragt.

a) Gespräche mit Betriebsleitungen

Entsprechend leitet sich die Frage ab: »Aufgrund welcher Daten ist ein Vergleich mit anderen Krankenhäusern zielführend?« Die grundsätzliche Fragesequenz, die in der Abbildung 3.1 dargestellt ist, wurde mit den Betriebsleitungen folgender Krankenhäuser diskutiert:

St. Bernward-Krankenhaus, Hildesheim; St. Agnes Hospital, Bocholt; Klinikum Wuppertal GmbH, Wuppertal; Städtische Kliniken Kassel; St. Josefs-Hospital, Wiesbaden.

b) Workshop-Befragungen zu »Schlüsselfragen«

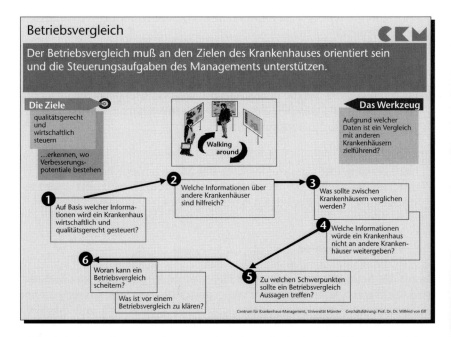

Abb. 3.1: Das Befragungsschema zur Ermittlung des Meinungsbilds zum Betriebsvergleich

Außerdem wurde eine Befragung von 55 Teilnehmern, die an einem Betriebsvergleichs-Workshop 1998 teilnahmen, durchgeführt. Die Frage lautete: »Welche Entscheidungen haben Sie aufgrund Ihrer Teilnahme an einem Betriebsvergleich in anderer Weise als vorher getroffen und in welcher Form haben sich Entscheidungs- und Kommunikationsfähigkeit sowie Entscheidungsfähigkeit verbessert?«

Einer zweiten Vergleichsgruppe von 43 Teilnehmern aus Krankenhäusern, die bisher an keinem Vergleich teilnahmen, wurden zwei Fragen gestellt: »Welche Informationen über andere Krankenhäuser würden mir helfen, die eigene Entscheidungsqualität zu steigern?« Und: »Welche Informationen über das eigene Haus würde ich keinesfalls an andere Häuser weitergeben?«

c) Auswertung von Experten aus Verhandlungen zwischen Kassen und Krankenhäusern

Qualitätsgerechtes und wirtschaftliches Steuern der Leistungsprozesse bedingt eine klare Vorstellung von den eigenen Zielen, um im Vergleich mit anderen Wettbewerbern zu erkennen,

- ob die verfolgten Ziele Wettbewerbsrelevanz haben und
- inwieweit eine Lücke zu den Wettbewerbern absehbar ist.

Der entscheidende Aspekt der Steuerung von Leistungsprozessen korrespondiert mit dem Aspekt der Delegation: Mit zunehmender Komplexität eines Systems werden Entscheidungseffizienz und Entscheidungsqualität sowie Reaktionsschnelligkeit durch den Delegationsgrad einer Organisation bestimmt. Nur durch Delegation von Verantwortung können die kundenwirksamen Prozesse auch kundenorientiert und kostengünstig realisiert werden. Delegation setzt aber neben qualifizierten Mitarbeitern insbesondere auch ein Berichtswesen voraus, durch das die Mitarbeiter in die Lage versetzt werden, mit ihrer Führung einen qualifizierten, direkten, zeitgerechten sowie zielgerichteten Dialog zu führen (siehe Abbildung 3.2)

Die Anforderungen an einen Betriebsvergleich aus Sicht der Krankenhausleitungen wurden durch die nachfolgend dargestellten und kommentierten Fragenkreise erschlossen.

3 Workshop-Abfragen

In den Workshops wurde deutlich, daß jeder Manager begierig entscheidungsrelevante Daten anderer Häuser aufnehmen würde, selbst aber nur sehr eingeschränkt bereit ist, derartige Management-Informationen weiterzugeben. Dies betrifft alle strategischen Daten, Informationen über Bestleistungen auf den Gebieten Führung und Organisation sowie

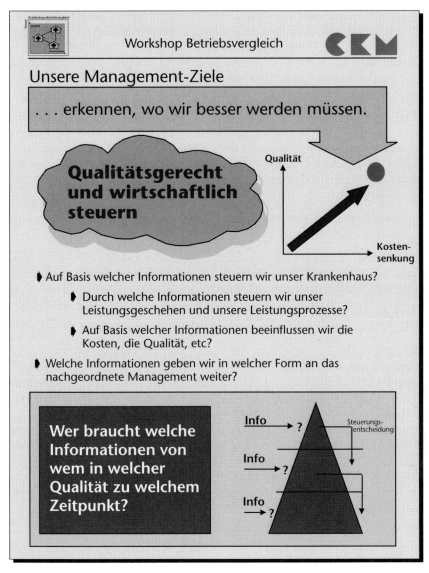

Abb. 3.2: Der Betriebsvergleich verbindet die Ebenen der Organisation durch entscheidungsrelevante Informationen

Ertrags- und Kostendaten. Auch konnte ermittelt werden, daß der Betriebsvergleich von Krankenhäusern untereinander primär nicht zu echten Innovationen führt (diese muß sich das Management selbst ausdenken und umsetzen), sondern davor bewahrt, noch weiter an Boden zu verlieren.

DIESE **INFORMATIONEN** ÜBER ANDERE **KRANKENHÄUSER** **HELFEN MIR WEITER;** MEINE **ENTSCHEIDUNGSQUALITÄT STEIGT:**

Strategische Ausrichtung
- Versorgungsstufe
- Spezialisierungen
- Medizinische Leistungsstruktur
- Marketingüberlegungen
- Ziele und Leitlinien
- zukünftige Ausrichtung
- Welche Kooperationen haben sich ergeben, mit wem? Erfahrungen?
- Diversifikationsvorhaben

Ertrags- und Kostendaten
- Soll-Ist Ergebnisse der Kliniken
- Betriebsergebnis
- Kennzahlen, die das Leistungs- und Kostengeschehen transparent abbilden
- Kostenstruktur
- Fallzahl/Fallart
- Fallerlöse
- Kosten/Fall
- durchschn. Personalkosten/VK
- Nutzungsgrad
- Einkaufspreise

Technische Aspekte
- technische Ressourcen
- Geräteorganisation (Zugriff etc.)
- Instandhaltungsorganisation und -finanzierung
- Erfahrung mit bestimmten Herstellern

Personelle Aspekte
- Mitarbeitermotivation: Wie steigern?
- Personaleinsatz nach Dienstarten
- Pflegepersonal/Fall
- Arzt/Fall
- Wie kommt KH mit der Ordnungs-/ Planungsbehörde aus?
- Qualifikationsprogramme zur Entwicklung der Mitarbeiter als Dienstleister

Aufbauorganisation
- Bettenstruktur
- Struktur des Hauses
- Abteilungsstruktur
- Verantwortungsstruktur
- Einkauf
- Lagerhaltung
- Entscheidungsorganisation, Gremienstruktur

Prozeßorganisation
- Vergleichbarkeit der Betriebsprozesse und deren Plausibilität, insbes. Engpaßorganisation
- Ablauforganisation
- OP-Ablauf
- Gestaltung der Behandlungsabfolge
- Übergeordnete Terminabstimmung des Prozesses von Aufnahme bis Entlassung
- Pathway- und Leitlinienfestlegung

Qualität
- Mit welchen Kosten werden welche und wieviel Leistungen in welcher Qualität erreicht?
- Standardisierung von Medikalprodukten, insbes. Sets
- Welche Aktivitäten laufen im Hinblick auf TQM?

Zeit
- Verweildauer

Patient
- Patientenstruktur
- Schweregrad-Struktur
- Besondere Kostentreiber

Sonst
- FP/SE-Kalkulationsdaten
- durchschn. VD/Leistungsart/Fachrichtung
- Bauliche Gegebenheiten (Wege)
- Bonus-Malus-Regelungen

DIESE INFORMATIONEN ÜBER MEIN EIGENES HAUS WÜRDE ICH NICHT AN ANDERE KRANKENHÄUSER WEITERGEBEN!	
Strategische Ausrichtung • jegliche strategische Daten • Überlegungen zur Spektrumserweiterung • Strategische Ziele • Pläne/Ziele • Kooperationsvorhaben • Neustrukturierungen • Trägerstrukturen, die dem Ruf des Hauses schaden könnten	**Ertrags- und Kostendaten** • Fallerlöse • Kostenstrukturen • Betriebsergebnis (außer gesetzlich) • Liquiditätsplan • Rücklagenbildung • Kontostände • Betriebsergebnis • neutrale Erträge • Ist-Kosten • Bilanzergebnis • Finanzdaten • Erlösstruktur • Erlös-Kosten-Analyse • Grundlagen der Kalkulation • Spendenhöhe • »wahre« Kostenausgliederung • G+V
	Personelle Aspekte • Gehälter • Personenbezogene/persönliche Daten von Mitarbeitern • Struktur und Qualifikation des Mitarbeiters • Qualifizierungsstrategien
Technische Aspekte	**Prozeßorganisation**
Aufbauorganisation	Aus diesen Bereichen gehen Informationen über bessere Leistungen grundsätzlich erst dann an die Öffentlichkeit, wenn die Beste Praxis im eigenen Haus mit Erfolg umgesetzt worden ist.
Qualität	**Zeit**
Patient • Personenbezogene/persönliche Daten von Patienten	**Sonst** • Anzahl und Gründe der anhängigen Haftpflichtverfahren • Schadensfälle • alle Daten außerhalb des KIV • durchschn. VWD bei FP/SE • neue Methoden, besonders hoch über die Latte zu springen (vor dem Sprung) • gebe alles, was ich bekomme und gebe das nicht, was ich nicht bekomme • Prüfbericht des WP • Defizite (Struktur, Organisation, personell)

**Betriebsvergleich im Meinungsbild
von Teilnehmern bestehender Betriebsvergleiche**

Die existierenden Betriebsvergleiche bieten (noch) keine entscheidungsrelevanten Informationen sondern lediglich Daten mit Orientierungshinweisen.

+ +

● … wir erhielten durch die Betriebsvergleichs-Kennzahlen Hinweise auf mögliche Verbesserungspotentiale …

● … die Betriebsvergleichsdaten waren Anlaß für einen Einstieg in einen internen Dialog …

● … die Diskussionen mit Kollegen ergab gute Hinweise auf die Beste Praxis …

● Die Maßnahmen, die wir zur Verbesserung unserer Leistungsstrukturen und Organisationsabläufe ergriffen haben, hätten wir auch ohne Betriebsvergleich realisiert.

● … wir haben festgestellt, daß wir durch den Betriebsvergleich nichts festgestellt haben …

● … wir stellen fest, daß man nichts miteinander vergleichen kann …

– –

Quelle: Befragung unter 55 Teilnehmern einer Workshop-Veranstaltung: »Welche Entscheidungen haben Sie aufgrund Ihrer Teilnahme an einem Betriebsvergleich in anderer Weise getroffen?«

Centrum für Krankenhaus-Management, Universität Münster   Geschäftsführung: Prof. Dr. Dr. Wilfried von Eiff

4 Erfahrungen aus Verhandlungen zwischen Kassen und Krankenhäusern: Killerphrasen zur mangelhaften Vergleichbarkeit

Es ist sicher kein überraschendes Phänomen, daß Betriebsvergleichsdaten immer dann substantiell angezweifelt werden, wenn eigene Nachteilspositionen als Vergleichskongruenz drohen. In diesen Fällen wird mit Vorliebe die mangelnde Vergleichbarkeit von Häusern zitiert, wobei folgende Kriterien die Unvergleichbarkeit demonstrieren sollen (oder sollen sie als dauerhafte Entschuldigung für »Verwalten statt Managen« sein?):

- bauliche Restriktionen und Anzahl der Betriebsstätten,
- Altersstruktur des Personals,
- nicht veränderbares Verhalten von Chefärzten,
- geographische Lage,
- medizinische Infrastruktur im Umfeld (seit wann ist Konkurrenzintensität eine Entschuldigung),
- Kosten für Ausbildungsstätten (Schon mal was von Profit Center gehört?).

An dieser Stelle sei ein provokanter Hinweis angebracht: Ein Industrieunternehmen, ganz gleich ob es Kühlschränke produziert oder Automobile anbietet, Dienstleistungen offeriert oder Finanzierungen bereithält, wird einen Käufer nicht mit dem Argument überzeugen, die eigenen Produkte müßten 30 % über dem Preis der Konkurrenz liegen, weil man leider mit veralteten Anlagen produzieren müßte. Allerdings sei eingeräumt: Krankenhäusern muß die Chance eingeräumt werden, aus erkannten Fehlern zu lernen. Auch wäre es nur fair, wenn sich Krankenhaus und Kassen im Einzelfall darauf einigen würden, daß eine bestimmte Schwachstelle und die damit verbundenen höheren Kosten für eine Übergangszeit gelten würden, damit realistische Verbesserungsmöglichkeiten entwickelt und realisiert werden können.

Wirkliche Leistungsindikatoren sollten die Verhandlungen zwische Kassen und Krankenhäusern leisten:

- Leistungsstruktur,
- Fallzahl,
- Notfallfrequenz, insbesondere aus Wochenenden,
- Notüberweisungen von anderen Häusern,
- Revisionsüberweisungen.

Eine Vereinbarung über die wirklich entscheidungs- und beurteilungsrelevanten Kriterien ist überfällig; dazu ist aber ein Umdenken bei allen Beteiligten erforderlich.

5 Interviews mit Betriebsleitungen ausgewählter Krankenhäuser

Anhand von sechs Fragenkreisen wurde ermittelt, wie Akzeptanz und Erfolg eines Betriebsvergleichs einzuschätzen sind.

 Auf Basis welcher Informationen steuern wir unser Krankenhaus?

Dieser Diskussionsschwerpunkt wurde durch folgende Fragen vertieft:

- Welche Informationen sind für das Management generell von Wichtigkeit?

- Über welche Sachverhalte wird bereits regelmäßig berichtet bzw. sollte in Zukunft berichtet werden?

- Auf Basis welcher Informationen lassen sich die Leistungs- und Entscheidungsprozesse steuern (= Steuerungsinformationen)?

- Welche Informationen zu Sachverhalten, die ich als Manager durch eigenes Entscheiden nicht beeinflussen kann, nehmen Einfluß auf mein Entscheidungsverhalten als Manager (Beeinflussungsinformationen)?

Befragungsergebnisse im Trend

Das Management ist interessiert an

- Informationen, die den Ausnahmefall betreffen, so z. B.:
  - Frühwarninformationen,
  - Verschwendung,
  - Patientenbeschwerden,
  - Abweichungen aller Art,
  - Defizite in Qualität und Wirtschaftlichkeit.

- Informationen, die zukünftige Einflußstrukturen erkennen lassen, wie z. B.:
  - Patientenwanderungsbewegungen,
  - Markttrends,
  - Verhalten anderer Krankenhäuser,
  - Einweiserverhalten.

- Informationen über die Meinungsstruktur Dritter
  - Kundenmeinung,
  - Mitarbeitermeinung,
  - Einweisermeinung.

- Informationen über die wesentlichen Kostentreiber
  - Personalkosten,
  - Sachkosten je Abteilung und/oder je Fall differenziert nach Sachkostenbereichen.

- Informationen über die Leistungsstruktur
  - (bewertete) Leistungsmengen/Erlösstrukturen,
  - Ambulanzleistungen, Ambulantes Operieren,
  - Ressourcennutzung,
  - Leistungsschwerpunkte heute,
  - Leistungspotentiale, Leistungsstrukturergänzungen in Zukunft.

Workshop Betriebsvergleich
St.-Agnes-Hospital Bocholt am 27. 05. 1997

Unsere Antwort

Qualitätsgerecht und wirtschaftlich steuern (I)

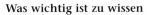

Was wichtig ist zu wissen

Regelmäßige Berichterstattung

- Ist-Zahlen
- Leistungen und Kosten
- Informationsfluß
- Patientenstruktur
- Belegung
- OP-Auslastung
- Bevölerungsstruktur (heute und morgen
- (Medizinische) Entwicklungen in der Behandlung
- Patienteneinbestellung und Patientensteuerung
- Qualität der vorhandenen Mitarbeiter
- Medizinische Leistungsschwerpunkte im Vergleich zu Nachbarhäusern
- Kosten der Institute und Funktionsbereiche (Labor, Radiologie, ...)

- Soll-Ist-Vergleich (Abweichung)
- Belegungsstatistik
- OP-Statistik
- Medizinischer Bedarf
- Faktische Kosten von Fallpauschalen und Sonderentgelten (Nachkalkulation)
- Kosten von Instituten und Funktionsbereichen (Labor, Radiologie, EKG, ...)
- Rückkopplung über Informationsfluß von Entscheidungen (»Wo bleiben Informationen auf der Strecke?«)
- Leistungsanforderungen nach Fachrichtungen (insbes. Röntgen, Labor)
- Personalstruktur, Kosten nach Personalarten je Fachabteilung
- über laufende Projekte

Prof. Dr. Dr. Wilfried von Eiff

Workshop Betriebsvergleich
St.-Agnes-Hospital Bocholt am 27. 05. 1997

Unsere Antwort

Qualitätsgerecht und wirtschaftlich steuern (II)

Steuerungsinformationen

- Zahlen und Fakten
- Verbrauchszahlen pro Abteilung
- einzelne Artikelgruppen bezogen auf das Haus und pro Abteilung (Artikel, die besonders teuer sind und/oder kostenmäßig aus dem Rahmen fallen)
- Verschwendungsinformationen (»Personalverschwendung«, Sachkostenverschwendung)
- Beschwerden von Patienten, Besuchern, einweisenden Ärzten, Mitarbeitern, Lieferanten
- Beanstandungen von Behörden (Berufsgenossenschaft, Gewerbeaufsicht)
- Sicherheitsrisiken, hygienische Belange
- Nichteinhaltung von verbindlichen Absprachen

Beeinflussungsinformationen

- Belegungsgrad (z. B. bei 110 % Konsequenzen für Verbrauchszahlenentwicklung, qualitätsgerechte Behandlung, Patientenunzufriedenheit)
- Markttrends (die Kunden anziehen) wie bspw. Entwicklungen in der Geburtshilfe, bei Eigenblutspenden, externe Angebote (z. B. ambulante OP's)
- Beschaffungsinformationen (Medikalprodukte, Apotheke, Technik)
- Gesetzgeber
- »Einwohnermarkt« (Einwohnerinformationen)
- Situation der Nachbarkrankenhäuser
- Kooperations- und Fusionstrends
- Patientenwanderungsbewegungen

Prof. Dr. Dr. Wilfried von Eiff

Workshop Betriebsvergleich
Städtische Kliniken Kassel am 09. 07. 1997

Unsere Antwort

Qualitätsgerecht und wirtschaftlich steuern (I)

Was wichtig ist zu wissen

- Leistungsmengen und Kosten
- Belegungsdaten, Verweildauern
- was in Funktionseinheiten passiert
- Leistungsprozeßinformationen; fallbezogene Leistungen und Kosten (wie entsteht die Leistung; Zeitdauer)
- Qualitätsmeinung von Leistungserbringern und von Dritten
- Kundenmeinung
- Mitarbeitermeinung
- Soll-Ist-Vergleiche aus Controlling (auf Leistungs- und Kosten-Basis)
- Standards als Meßlatte (in Diagnose und Therapie im Sinne von Behandlungspfaden)
- Personaleinsatz (Menge, Ausfall, Qualifikationsstufen und -dichte)
- Lohnnebenkosten; faktische Personalkosten (klinik-/abteilungsbezogen)
- Erlösinformationen
- Deckungsbeiträge pro Fallpauschalen und Sonderentgelten
- Leistungsplanung
- Kostenzusammensetzung: variable und fixe Kostenbestandteile

Regelmäßige Berichterstattung

- Belegung (täglich)
- Liquidität (täglich)
- Kosten-/Leistungs-Vergleiche der Kliniken/Abteilungen; ICD-/ICPM-Analysen (monatlich)
- Erlösanalyse (insbes. FP und SE) (monatlich)
- Wirtschaftsplanvergleich/GuV-Daten und Budget-Hochrechnung (monatlich)
- Quartalsbilanz
- Medizinischer Sachbedarf (gesamt, abteilungsbezogen, Ausreißer)
- Personalkosten (Vollkräfte-Stellenanalyse; Stellenbesetzungsplan)
- Wirtschafts- und Versorgungsbereich (auch Energieverbrauchsinformationen)
- Reparaturaufwand
- Verwaltungskosten
- Investitionsmaßnahmen (mit Finanzierung)
- Apothekengüter/Medikamente
- ambulante und teilstationäre Leistungen, ambulante Operationen
- Einkaufsaktivitäten (für Investitionsplanung, Liquiditätsplanung, usw.)
- Befragungsergebnisse bei
  ‣ Mitarbeiterbefragungen und
  ‣ Patientenbefragungen
- Betriebsrats-Gespräche
- Strukturgespräche mit Abteilungsleitungen

Prof. Dr. Dr. Wilfried von Eiff

Workshop Betriebsvergleich
Städtische Kliniken Kassel am 09. 07. 1997

Unsere Antwort

Qualitätsgerecht und wirtschaftlich steuern (II)

Steuerungsinformationen

- Personaleinsatz (quantitativ und qualitativ; zeitliche Ressourcenverteilung)
- Bettenzuordnung
- Investitionen (um Personal oder Instandhaltung zu reduzieren) v.s Personal und Instandhaltung
- interne Budgetfestsetzungen
- Informationen über Kurzlieger
- relevante Belegungsparameter, die Strukturveränderungen erforderlich machen
- Ausfallzeiten beim Personal
- prozeßbezogene Informationen (z. B. Leistungszeitpunkte, Leerzeiten, Auslastungsgrade)

Beeinflussungsinformationen

- BAT (öffentliche-Dienst-Mentalität)
- Betriebsverfassungsgesetz
- administrative Hemmnisse durch Träger (z. B. bei Entwicklung neuer Geschäftsfelder, bei Kooperationsvereinbarungen usw.)
- Krankenhaus-Gesetzgebung
- (finanzielle) Position der Kassen, die als Verhandlungspartner zuständig sind
- Probleme der Kassen berücksichtigen (»Politische Zwänge der Kassen schlagen auf das Krankenhaus durch«)
- Strategien der Krankenkassen
- Marktumfeld (Angebote von Krankenhauskonkurrenten, niedergelassenen Ärzten, ...)
- volkswirtschaftliche Rahmendaten (Grundlohnsummenentwicklung, Demographie, ...)
- Kundenmeinung
- Betriebsratsinformationen
- KV-Informationen (Ermächtigungen, Hausarztmodelle u. ä.)
- öffentliche Meinung, Presse
- Einweisermeinung

Prof. Dr. Dr. Wilfried von Eiff

Workshop Betriebsvergleich
St. Josefs-Hospital Wiesbaden am 27. 05. 1997

Unsere Antwort

Qualitätsgerecht und wirtschaftlich steuern (I)

Was wichtig ist zu wissen

Regelmäßige Berichterstattung

- Erkennen von Defiziten bezüglich Qualität und Wirtschaftlichkeit
- Was ist für den Leistungserstellungsprozeß notwendig?
- Leistungsprozesse in den Eckpunkten kennen
- Patientendurchlauf
  ▶ Vermeidung von Verschwendung in Form von Zeit, Ressourcen
  ▶ Ist der Durchlauf aus Sicht der Patienten optimal?
  ▶ Wird das Behandlungsziel erreicht?
  ▶ Ist der Durchlauf aus Sicht der Mitarbeiter optimal?
- Sekundärprozesse
  ▶ Ist die Verwaltung patientenorientiert?
  ▶ Unterstützt die Verwaltung Mitarbeiter, die mit dem Patienten zu tun haben?
  ▶ Unterstützt die Verwaltung Wirtschaftsbetriebe, Einkauf, Logistik, ...?
- Wie stehen wir im Vergleich zu anderen (Verweildauer und Auslastung als Vergleichsinformation kaum aussagefähig; Vergleich der Fallkosten fehlt)?
- optimale Betriebsgrößen nach Abteilungen

- Analyse der Fallzahlen und Fallstruktur bzgl. Art der Abrechnungsformen (FP, SE,...)
- Verweildauervergleich bezogen auf Abrechnungsformen; Verweildauern im Zeitvergleich
- Verweildaueranalysen nach Patientengruppen
- Risikostruktur der Patienten (risikofreie und risikobehaftete Patienten getrennt analysieren)
- Fallkosten im Vergleich zu anderen
- klassische Kennzahlen (Personalaufwand/Fall, Sachkosten/Fall, Lagerumschlag, Logistikkennzahlen, ...)
- OP-Verschiebungen
- präoperativer Aufenthalt
- Meinungsbild der Mitarbeiter
- Meinungsbild der Patienten (einige Wochen nach Entlassung abfragen)
- Meinungsbild der niedergelassenen Ärzte
- Meinungsbild der Lieferanten

Prof. Dr. Dr. Wilfried von Eiff

Workshop Betriebsvergleich
St. Josefs-Hospital Wiesbaden am 27. 05. 1997

Unsere Antwort

Qualitätsgerecht und wirtschaftlich steuern (II)

Steuerungsinformationen

- Budgetzahlen (Kosten und Umsatz nach Abrechnungsarten; Personalkosten, Kosten der Medikalprodukte, Medikamente usw.)
- einzelne Kostenarten in Relation zu bestimmten Kostenverursachern (Bezugsgrößen herstellen)
- Erkennen von Frühwarnindikatoren welche die Leistungs- und Kostenentwicklung miteinander verbinden
- Veränderungen der Leistungszahlen (mit Bezug zu Ursachen) und die kostenmäßigen Konsequenzen
- Problem: reine Kostenabweichungsinformationen kommen häufig zu spät

Beeinflussungsinformationen

- gesetzgeberische Aktivitäten
- Aktivitäten der Krankenkassen im Krankenhaussektor und im niedergelassenen Bereich (Strukturvorschläge, Modellvorhaben, …)
- Krankenhausplanung
- Ambulante Operationen: Krankenkasse gibt dem Niedergelassenen Prämie für Einweisung zur ambulanten Operation
- Einweisungsverhalten der niedergelassenen Ärzte
- Verhalten von Behörden (Überwachung des Arbeitszeitgesetzes durch Gewerbeaufsichtsamt, Kontrollen der Umweltämter etc.)
- Verhalten von Konkurrenten (neue Leistungsbereiche, neue Serviceangebote, Notdienstabsprachen mit niedergelassenen Ärzten, …)
- zunehmender Wettbewerb von Privatanbietern (Psychosomatik, Spezialisierung auf bestimmte Bevölkerungsgruppen u.ä.)

Prof. Dr. Dr. Wilfried von Eiff

Workshop Betriebsvergleich
Klinikum Wuppertal am 16. 07. 1997

Unsere Antwort

Qualitätsgerecht und wirtschaftlich steuern (I)

Was wichtig ist zu wissen

Regelmäßige Berichterstattung

- Klinik-/Fachabteilungsstruktur
- Qualitätsstandards, wichtigste Pathways
- Versorgungsstufe
- Leistungsgefüge
- Pflegestufen
- Standort
- Belegungsdaten (Pflegetage, Verweildauern,...)
- Umfang Intensivmedizin und Intermediate Care
- Verhältnis ambulante und vollstationäre Leistungen
- Vernetzung horizontal und vertikal
- Ausbildungsstandards
- Umfang von Ausbildung, Lehre und Forschung (Intensität, Richtung)
- persönliche Ermächtigungen
- Altersstruktur der Mitarbeiter
- Altersstruktur der Patienten
- Beschwerdemanagement
- medizinische Kennziffern (Komplikationsraten, Mortalitätsraten,...)
- soziale Struktur des Patientenmixes
- Krankenhaus-Markt
- Personalentwicklung
- Vorstellungen des Landes/Planungsperspektiven
- Umfang ambulante Operationen, vor- und nachstationäre Behandlungen
- Kostenstruktur hinter dem Leistungsgefüge

- Leistungsgefüge/Leistungsgeschehen
- Pflegestufe pro Behandlungstag nach Behandlungspfad (Komplikationen erkennen, Abweichungsmanagement)
- Liquidität
- Budgetdaten Profit-Center-orientiert (Erlöse, Belegung, Personal- und Sachkosten, Innerbetriebliche Leistungsverrechnung)
- Abweichungen von Standards/ Pathways
- Einweiserverhalten/-statistik
- Nutzungsentgelte
- Patientenzufriedenheit
- Bauaktivitäten
- Fehlzeitenstatistik
- Verhältnis von Verlegungen, Einweisungen und Notfällen
- täglicher Abgleich in der Belegung zwischen Soll und Ist
- Einzugsgebietestatistik
- Auslastung OP's und Funktionsbereiche
- Marktanteile der einzelnen Krankenkassen bezogen auf das Haus

Prof. Dr. Dr. Wilfried von Eiff

Workshop Betriebsvergleich
Klinikum Wuppertal am 16. 07. 1997

Unsere Antwort

Qualitätsgerecht und wirtschaftlich steuern (II)

Steuerungsinformationen

- Fertigstellungsdauer der Arztbriefe
- Budgetabweichungen
- Abweichungen von Standards
- Abweichungen aller Art
- Fallkosten
- Krankheitsartenstruktur
- stations- und klinikbezogene Auswertung der Pflegeleistung
- Patientenstruktur
- Leistungen pro Fall
- durchschnittliche Kosten pro Mitarbeiter
- Auswertung der Patientenbeschwerden
- Fluktuation, Fehlzeiten
- Sozialverhalten der Mitarbeiter

Beeinflussungsinformationen

- Presseveröffentlichungen, Leserbriefe
- Politikeranrufe
- Mitteilungen der Hausärzte
- Kassenmitteilungen
- Vorstellungen der Kassen
- Gesetzgeber
- Abrechnungsverhalten der Kassen
- Patientenstruktur
- Strategiedaten der Mitbewerber

Prof. Dr. Dr. Wilfried von Eiff

Strategie-Workshop 30. 11./1. 12. 1996

Unsere Antwort

Qualitätsgerecht und wirtschaftlich steuern (I)

Was wichtig ist zu wissen

Regelmäßige Berichterstattung

* Leistungsstrukur
* Welche Abteilungen erbringen welche Leistungen in welcher Menge?
* Welche Abteilungen sind im Krankenhausbedarfsplan?
* Konkurrenzsituation
* Welcher Bedarf besteht in der Region?
* Ruf/Ansehen der Einrichtung (bei den Kunden)
* Verweildauer
* Fallstudien stationär/ambulant

* Geräteausstattung
* Ersatzinvestitionen
* Gebäudesubstanz
* Notwendige Investitionen
* Schulden
* Bilanzergebnisse der letzten 5 Jahre
* Organisationsstruktur
* Fremdvergabe von Leistungen?
* Kooperationsverträge
* Leistungsfähigkeit der Verwaltung
* Qualität und Menge der Information

Prof. Dr. Dr. Wilfried von Eiff

133

Im Gespräch

»Es ist weniger unsere Absicht, Zahlen zu vergleichen; uns kommt es darauf an, strategische Ansätze zu diskutieren, konkrete Best Practices zu besprechen. Unsere Gesellschaft ist einerseits zu zahlengläubig; andererseits kennt jeder den Spruch: traue keiner Statistik, die du nicht selber gefälscht hast.«

(Wolfgang Knauder, Verwaltungsdirektor St.-Bernward-Krankenhaus, Hildesheim)

Im Gespräch

von links: Kalkhof, von Eiff, Jörg, Thiemann, Frau Neumann

»Informationen über unsere strategischen Absichten, über Verhandlungstaktiken gegenüber Kassen, Investitionsvorhaben und Kooperationen geben wir nicht heraus.«

(Dr. Wolfgang Kalkhof, Hauptgeschäftsführer der Kliniken Wuppertal GmbH)

Strategie-Workshop 30. 11./1. 12. 1996

Unsere Antwort

Qualitätsgerecht und wirtschaftlich steuern (II)

Steuerungsinformationen

- Leistungsentwicklung
- Fallzahl/Verweildauer
- Entwicklung des Leistungsprofils/Leistungsdichte
- Leistungsdichte (Art und Menge)
- Wirtschaftsplanabwicklung
- Stellenplanabwicklung
- Kostenentwicklung, medizinischer Bedarf
- Controlling
- Abteilungsbudget
- Standardisierung
- Kontrolle bei Visiten
- monatliche Leistungsentwicklung

Beeinflussungsinformationen

- Fallkosten
- Fallzahlen
- Patientenstruktur
- Leistungsstruktur/Leistungsdichte
- Abteilungspflegesatz
- Basispflegesatz
- Verweildauer
- Diagnosestatistik

Prof. Dr. Dr. Wilfried von Eiff

Welche Informationen über andere Krankenhäuser helfen mir weiter?

In den ersten spontanen Äußerungen der Befragten wurde »Alles« genannt. Das Informationsbedürfnis der Krankenhäuser über andere Leistungserbringer scheint fast unendlich zu sein. Auch wenn im Hinblick auf die Selektion entscheidungsrelevanter Informationen selbstverständlich nicht alle Daten von Interesse sind, so zeigen diese Spontanäußerungen doch die eindeutigen Informationswünsche.

Im Gespräch

von links: Wilfried von Eiff, Karl Josef Schmidt, Peter Pfaffenberger

»Wir informieren grundsätzlich auch über Flops und sparen auch die regionale Konkurrenz nicht von Informationen über Bestleistungen aus.«

(Karl Josef Schmidt, Geschäftsführer St.-Josefs-Hospital, Wiesbaden)

Befragungsergebnisse im Trend

Das Management ist interessiert an nahezu allen Informationen, durch die die Leistungsstruktur eines anderen Krankenhauses aussagefähig beschrieben wird:

- Informationen über die Verhandlungstaktik mit Kassen,

- Informationen über den Ruf des anderen Krankenhauses und die Hintergründe, die zur Rufbildung geführt haben,

- klassische Leistungszahlen (Belegungsdaten/Leistungsstruktur),

- Kostendaten (insbesondere Fallkosten),

- Stärken und Schwächen; aus diesen lernt man am meisten,

- Servicequalität und Patientenzufriedenheit,

- Einsparkonzepte.

Im Gespräch

von links: Wilfried von Eiff, Wolfgang Schäfer, Wolfgang Schwarz, Fritz-Peter Kuhn

»Über unsere Beste-Praxis informieren wir erst dann, wenn wir sie erfolgreich umgesetzt haben. Daher pflegen wir nur mit solchen Benchmarking Partnern eine »Open Book Mentality«, die weit, weit weg sind.«

(Wolfgang Schäfer, Geschäftsführer der Städtischen Kliniken, Kassel)

Workshop Betriebsvergleich
St.-Agnes-Hospital Bocholt am 27. 05. 1997

Welche Informationen über andere Krankenhäuser helfen mir weiter?

➡ Alles!

➡ Belegungsdaten

➡ Ausrichtung für die Zukunft; Perspektiven

➡ Aktivitäten der Nachbarkrankenhäuser

➡ Leistungsangebot (mit medizinischen Spezialisierungen)

➡ besondere Stärken, besondere Schwächen

➡ Personalkosten

➡ Rahmenangebot an Patienten (»Hotelleistungen« wie Radio, Fernsehen, Zeitungen, Beköstigung, usw.)

➡ Geräteausstattung und Gerätestruktur (als Vergleich gegen überzogene Anforderungen im eigenen Haus)

➡ Fallkosten der Nachbarkrankenhäuser (Fallpauschalen und Sonderentgelte)

➡ Was besonders gut gemacht wird

➡ Einzugsgebietestatistik, Patientenwanderungen

➡ Einsparkonzepte der Nachbarhäuser

➡ Ambulante Leistungsstrukturen, KV-Ermächtigungen

➡ Energieverbrauch

➡ Trägerstrukturen

➡ Aufwand pro Patient; Fallkosten pro Abteilung

➡ L4 (Diagnosestatistik) und L5 (OP-Statistik) sowie Fallpauschalen und Sonderentgelte

Prof. Dr. Dr. Wilfried von Eiff

Workshop Betriebsvergleich
Städtische Kliniken Kassel am 09. 07. 1997

Welche Informationen über andere Krankenhäuser helfen mir weiter?

➡ Alles!

➡ Weiterentwicklungsvorhaben/-ideen anderer Häuser (strategische Unternehmensausrichtung)

➡ Leistungsstruktur und Leistungsmenge

➡ Belegungsdaten (Verweildauer, Auslastung der Fachabteilungen, ...)

➡ wirtschaftliche Verhältnisse (Bilanz, GuV, Budget)

➡ Kooperationsmöglichkeiten

➡ Ruf des Krankenhauses

➡ Welche niedergelassenen Ärzte arbeiten primär mit dem Krankenhaus zusammen und warum (leistungsbasiert oder aufgrund persönlicher Bindungen)?

➡ Güte der Service-/Hotelleistungen

➡ Fallkosten

➡ Meinung der Kassen über die anderen Häuser

Prof. Dr. Dr. Wilfried von Eiff

Workshop Betriebsvergleich
St. Josefs-Hospital Wiesbaden am 08. 07. 1997

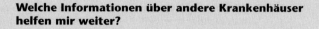

Welche Informationen über andere Krankenhäuser helfen mir weiter?

➡ Fallkostenstruktur mit Risikostruktur (medizinische Risiken) der Patienten
- Gesamtkosten/Fall
- Kalkulationsbestandteile (grob)
- Grenzkosten der anderen Anbieter (als Grundlage für Preis- und Leistungsangebote gegenüber Krankenkassen)

➡ Stärken und Schwächen
- Ablaufstrukturen, Organisationsabläufe rund um den Patienten, die »Beste Praxis«
- die »Beste Praxis« im Bereich Logistik«
- Welcher Nutzen kann ein Lieferant stiften bzgl Kostensenkung und Patientenwirkung?
- Produktkategorisierung nach Qualität, Preis und Lieferzeit; nicht das einzelne Produkt steht im Vordergrund, sondern: wie kann ein bestimtes Problem gelöst werden?

➡ Wie lange dauert die OP-Vorbereitung (präoperative Phase)?

➡ Wie sind die Schnitt-Naht-Zeiten?

➡ optimale Betriebsgrößen von Abteilungen

Prof. Dr. Dr. Wilfried von Eiff

Workshop Betriebsvergleich
Klinikum Wuppertal am 16. 07. 1997

Welche Informationen über andere Krankenhäuser helfen mir weiter?

 Alles!

➡ Strategien

➡ Leistungsgeschehen

➡ Krankheitsstruktur der Patienten

➡ Personalstruktur (nach Berufsgruppen)

➡ Einzugsgebiet

➡ Öffentlichkeitsarbeit

➡ Finanzierung (Gesamtsituation, Drittmittel, …)

➡ Zusammensetzung der Gremien

➡ Erlös- und Kostenstruktur

➡ Kooperationspotential

➡ faktische Kooperationen

➡ Servicequalität

➡ Fortbildungsetat, angebotene Fort- und Weiterbildungen

➡ Fallkosten

➡ Organisationsstrukturen

➡ medizinische Kennziffern (Komplikationsraten, Mortalitätsraten, …)

➡ Leistungsspektrum außerhalb der stationären Krankenversorgung (Reha-Angebote, …)

➡ Patientenzufriedenheit

➡ Akzeptanz bei Niedergelassenen

➡ Schwächen und Stärken im Leistungsspektrum; Spezialisierungen

Prof. Dr. Dr. Wilfried von Eiff

Im Gespräch

»Ein Krankenhaus, mit dem wir im Umkreis von 20 km im regionalen Wettbewerb stehen, bekommt von uns keinerlei wettbewerbsrelevante Daten; das mindestens 100 km entfernte Haus ist uns als Benchmarking-Partner willkommen.«

(Hubert Vennemann,
Verwaltungsdirektor St.-Agnes-Hospital,
Bocholt)

3 **Was sollte zwischen Krankenhäusern verglichen werden?**

Dieser Fragenkreis betrifft die grundsätzlichen Vergleichsgegenstände unabhängig von einem konkreten Betriebsvergleich. Das prinzipielle Problem der Vergleichbarkeit wurde in diesem Zusammenhang von allen beteiligten Berufsgruppen angesprochen. Auch wurde im Verlauf der Diskussion um diese Fragestellung deutlich, daß Kennzahlendaten zwar als Einstieg in einen Vergleich begrüßt werden, gleichzeitig sind es aber gerade Kennzahlen, die aufgrund ihrer Interpretationsbedürftigkeit immer wieder dazu führen, die Vergleichbarkeit für das eigene Haus anzuzweifeln.

Darüber hinaus zeigte sich, daß im Hinblick auf Vergleichsobjekte und Vergleichsintensität teilweise ein deutlicher Unterschied gemacht wurde zwischen

• Wettbewerbskrankenhaus und
• Benchmarking-Partnern.

Auch Befürchtungen bezüglich der Verwendung von Vergleichsdaten durch die Kassen wurden laut: Die Krankenkassen sollten nicht über Beste Praxis-Daten informiert werden, wohl aber über medizinische Daten und Kostendaten, sofern letztere nicht ausschließlich dazu genutzt werden, in Pflegesatzverhandlungen die Preise nach unten zu drücken.

Befragungsergebnisse im Trend

- Entwicklung von Standards:
  Durch diese ist wirkliche Vergleichbarkeit gesichert
  - Medizin (Clinical Pathways, Case Management, Disease Management, Pflege),
  - Medikalprodukte,
  - Apothekenprodukte (Positivliste);

- Belegungsdaten,

- Einkaufspreise aller Art,

- die 20 häufigsten Fälle pro Klinik/Fachabteilung hinsichtlich Leistungen und Kosten,

- Vergleich von Bestleistungen,

- Medizinischer Bedarf,

- Schnitt-Naht-Zeiten,

- Personalkosten,

- Patient Outcome-Daten.

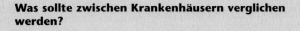

Was sollte zwischen Krankenhäusern verglichen werden?

➡ Vergleichbares
➡ Belegungsstatistiken
➡ Energieverbrauch
➡ Entsorgungskonzepte und Entsorgungskosten
➡ Standards (Medizin, Pflege, Service, EDV, Medikalprodukte, »Positivliste« des Krankenhauses)
➡ Apparative Ausstattung
➡ Serviceleistungen/-angebote bzw. Hotelleistungen
➡ Einkaufspreise (Stichwort: Einkaufsgemeinschaften)

Prof. Dr. Dr. Wilfried von Eiff

Workshop Betriebsvergleich
Städtische Kliniken Kassel am 09. 07. 1997

Was sollte zwischen Krankenhäusern verglichen werden?

Wettbewerbs-Krankenhäuser | Benchmarking-Partner

➡ nur Betriebsteile mit Kooperationsmöglichkeiten zur besseren wirtschaftlichen Ausnutzung der Ressourcen

➡ Bereich des Basispflegesatzes und medizinischer Dienstleistungen (z. B. Labor, Apotheke, Röntgen sowie Einkauf und Versorgungsbereiche mit dem Ziel, entweder ein Übernahmeangebot auszusprechen bzw. Leistungen extern zu vergeben oder gar einzelne Unternehmensteile zu verschmelzen)

➡ keine Kosten- und Leistungsinformationen aus den medizinischen Kerngeschäftsbereichen

➡ alle Türen aufmachen

➡ Unternehmensplanung, strategische Ausrichtung

➡ Personal- und Sachkosten

➡ diagnosebezogene Informationen über Kosten und Leistungen

➡ 20 häufigsten Fälle pro Klinik/ Fachabteilung hinsichtlich Leistungen und Kosten vergleichen

➡ Basispflegesätze

➡ Leistungsprozesse

➡ Organisationsformen (z. B. Zentral-OP, Patientenaufnahme, DV, ...)

➡ Vergleich von Best Practices

➡ »Benchmarking-Partner sind weit weg.«

Prof. Dr. Dr. Wilfried von Eiff

Workshop Betriebsvergleich
St. Josefs-Hospital Wiesbaden am 08. 07. 1997

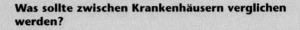

Was sollte zwischen Krankenhäusern verglichen werden?

➡ Leistungsfähigkeit hinsichtlich medizinischer Qualität und Wirtschaftlichkeit

➡ fallgruppen- und risikostrukturbezogene Verweildauern

➡ fallgruppen- und risikostrukturbezogene Fallkosten

➡ poststationäre Patientenkarrieren (Nachbehandlungen, Wiederaufnahmeraten, Länge der Arbeitsunfähigkeit, ...)

➡ Indikationspräzision: Abweichung zwischen Erstdiagnose und Behandlungspfad

➡ Notwendigkeit der Behandlung

Outcomedaten

➡ Kosten- und Leistungsstruktur der Sekundär- und Tertiärleistungsbereiche (Anästhesiologie, Radiologie, Labor, Apotheke, Wirtschaftsbetriebe, Essensversorgung, ...)

➡ qualitätsrelevante Daten (Mitarbeiter- und Patientenzufriedenheit in anderen Häusern)

➡ Logistikdaten (Lagerreichweite, Preise bei ausgewählten Produkten)

➡ Medikameninformationen (krankenhausinterne Positivliste, Preise, Therapiekosten)

»Die Krankenkassen sollten über medizinische und Kostendaten informiert werden (nur Gesamt-Kosten), aber nicht über »Beste-Praxis«-Daten, da die Kassen keinen Einfluß auf die Organisationsentscheidung eines Krankenhauses nehmen sollen.«

Prof. Dr. Dr. Wilfried von Eiff

Workshop Betriebsvergleich
Klinikum Wuppertal am 16. 07. 1997

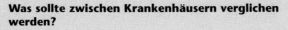

Was sollte zwischen Krankenhäusern verglichen werden?

➡ medizinische und pflegerische Aspekte
➡ K 7 je Fall und Pflegetag
➡ Basispflegesatz
➡ Jahresabschlußdaten bezogen auf Fälle, Pflegetage und Fachgebiete
➡ Medizinischer Bedarf nach Fällen und Fachgebieten
➡ Personalausstattung je Bereich bezogen auf das Leistungsspektrum
➡ Schnittstellen vor-/nachstationär
➡ ICD's mit Nebendiagnosen
➡ Anteile elektiver Fälle und Notfälle
➡ Einweisungsverhalten
➡ Altersstruktur Patienten
➡ Altersstruktur Mitarbeiter
➡ Anteile der operativen Fälle je ICD
➡ OP-Dauer/Schnitt-Naht-Zeit je Fall (bei bestimmten OP-Techniken)
➡ präoperative Aufenthaltstage
➡ Verweildauer Intensivtage, Intermediate Care-Tage krankheitsbild-
   bezogen
➡ Personalkosten nach Berufsgruppen (Grundgehalt, Bereitschafts-
   dienste, Überstunden, ...)
➡ Gehaltsstruktur

Prof. Dr. Dr. Wilfried von Eiff

4   **Welche Informationen würde ich nicht an andere Krankenhäuser weitergeben?**

In Verbindung mit der Frage 2 (Welche Informationen über andere Krankenhäuser helfen mir weiter?) wurde hier das Grundproblem eines Betriebsvergleichs transparent: Der Vergleich ist ein äußerst hilfreiches Instruct, um Unternehmen auf den richtigen Weg zu bringen; aber gerade deshalb sind zahlreiche Manager zurückhaltend, was die Bereitschaft zur Weitergabe »intimer« Daten insbesondere an direkte Konkurrenz-Krankenhäuser angeht: »Der 100 km entfernte Kollege bekommt mehr Daten als der 20 km entfernte, mit dem ich im Wettbewerb stehe.«

Auch die Weitergabe von Kniffen und Erfolgsmaßnahmen ist eher auf solche Bereiche begrenzt, bei denen eine wettbewerbswirksame Nutzung eher ausgeschlossen ist.

Allerdings gibt es auch Manager, die bereit sind, nicht nur über gelungene Best Practices sondern auch über Flops zu reden. Aber: Zur Diskussion werden nur abgeschlossene Projekte gestellt; in der Ideen- und Konzeptionsphase von Modellprojekten wird die Öffentlichkeit ausgespart. Deutlich wurde ferner, daß man gegenüber dem Kooperationspartner großzügiger auskunftsbereit ist, wie gegenüber dem Konkurrenten. Und es besteht die Tendenz, eher verschlüsselte und anonyme Daten weiterzugeben.

Befragungsergebnisse im Trend

Keine Daten werden verfügbar gemacht bezüglich

- Gewinn- und Verlustsituation bzw. durch Daten, die die betriebswirtschaftliche Erfolgsposition transparent machen würden,
- strategische Entwicklungen und Vorhaben,
- marktwirksame Best Practices; es sei denn, sie sind stabil mit Erfolg realisiert,
- interne Personal- und Leistungsprobleme.

Workshop Betriebsvergleich
St.-Agnes-Hospital Bocholt am 27. 05. 1997

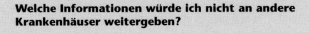

Welche Informationen würde ich nicht an andere Krankenhäuser weitergeben?

➡ Jahresabschluß (Trägerbilanzen, Gewinn- und Verlustrechnungen)

➡ Bilanzen der Nebenerwerbsbetriebe (Stromerzeugung, Gärtnerei, Wohnheime, Landwirtschaft etc.)

➡ Einnahmen der Ambulanzen

➡ Einnahmen aus Kooperationen

➡ Strategische Entwicklungen und Entscheidungen

➡ Chefarztabgaben

➡ besondere »Kniffe« und Erfolge nur dann, wenn diese nicht als Marketingstrategie nutzbar sind

»Der 100 km entfernte Kollege bekommt mehr Daten als der 20 km entfernte!«

Prof. Dr. Dr. Wilfried von Eiff

149

Workshop Betriebsvergleich
Städtische Kliniken Kassel am 09. 07. 1997

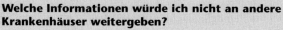

**Welche Informationen würde ich nicht an andere
Krankenhäuser weitergeben?**

➡ Kein Vergleich mit direkten Wettbewerbern

➡ interne Wirtschaftskraft aus Jahresabschlußdaten (auch nicht an
Benchmarking-Partner)

➡ strategische Überlegungen

➡ interne Probleme
  – mit Leitungspersönlichkeiten
  – im medizinischen Bereich, bei technischen Problemen, bei Kunst-
    fehlern

➡ Auskünfte über Vertragsmodalitäten (z. B. mit Chefärzten, Leitenden
Angestellten)

➡ Budgetergebnisse, Kompromisse mit Kassen

Prof. Dr. Dr. Wilfried von Eiff

Workshop Betriebsvergleich
St. Josefs-Hospital Wiesbaden am 08. 07. 1997

Welche Informationen würde ich nicht an andere Krankenhäuser weitergeben?

➡ Gewinn- und Verlust-Situation (Jahresabschlußzahlen)

➡ Liquiditätsdaten

➡ nicht über Modellvorhaben reden (solange es noch in der Konzeptions- oder Umsetzungsphase ist; erst nach erfolgreicher Realisierung publik machen)

➡ alle Dinge, die einen strategischen Wettbewerbsnachteil bringen

➡ »Über Flops würden wir reden.«

➡ »Auch die örtliche Konkurrenz würden wir von Vergleichsinformationen nicht ausnehmen.«

Prof. Dr. Dr. Wilfried von Eiff

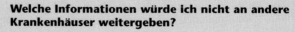

Workshop Betriebsvergleich
Klinikum Wuppertal am 16. 07. 1997

Welche Informationen würde ich nicht an andere Krankenhäuser weitergeben?

➡ schweigepflichtige Daten
➡ individuelle Gehaltsstrukturen

Kooperationspartner

Sonstige Externe

➡ strategische Planungsdaten
➡ Einkaufsdaten
➡ Behandlungspfade, Prozeßdaten (nur Resultatdaten weitergeben)
➡ unverschlüsselte Daten
➡ Kooperationsvereinbarungen (Inhalte)
➡ strafrechtlich relevante Angelegenheiten

»Entscheidend ist, ob es sich um Wettbewerber in der Region handelt – mit einem Radius von ca. 50 km – und um welche Leistungsbereiche es geht, z. B. Innere Medizin oder Herzchirurgie.«

Prof. Dr. Dr. Wilfried von Eiff

Ein Betriebsvergleich sollte zu folgenden Schwerpunkten Aussagen treffen

Im Gegensatz zur Frage 3 (Was sollte zwischen Krankenhäusern verglichen werden?) bezieht sich diese Fragestellung auf die Schwerpunkte eines realisierungsfähigen Betriebsvergleich.

Die Auswahl der Vergleichsschwerpunkte steht in enger Beziehung zu dem schon mehrfach angesprochenen Problem der Vergleichbarkeit.

- Besonders deutlich wird das an dem gewünschten Vergleichsobjekt »Patientenstrukturdaten«. Hier geht es den Entscheidungsträgern im Krankenhaus weniger um den aktuellen Patientenmix; von primärem Interesse ist, wie andere Krankenhausmanager Trends einschätzen und in welcher Weise sie sich auf diese Trends einstellen:

  - Wie verändern sich Patientenstrukturdaten und mit welcher Patientenstruktur ist in Zukunft zu rechnen?
  - Welche Krankheitsbilder kommen in Zukunft in welcher Form verstärkt auf die Krankenhäuser zu?

Ziel dieser Informationsbeschaffung ist die Fundierung von strategischen Entscheidungen bezüglich Arztspezialisierung, Investitionen in medizinisch-technisches Gerät, etc.

- Auch im Hinblick auf »Standards« sind nicht nur die Standards selbst von Interesse. Gewünscht wird ein Informationsaustausch, der erklärt, wie die Standardisierung durchgeführt wurde und durch welche Organisations- und Verhaltensautomatismen der Standard dauerhaft gewahrt bleibt. Rezeptbuchartige Kniffe und konkrete umsetzungsfähige Anregungen sind hier erwähnt. Weit oben auf der Wunschliste der brauchbaren Informationen steht die Frage nach Standard-Sets.

- Informationen über die Versichertenstruktur im Sinne einer »dienstleistungsdifferenzierten Kundenstruktur« sind ebenso von Bedeutung: Selbstzahler, Selbständige und Führungskräfte der Wirtschaft haben andere Dienstleistungsansprüche wie Lehrer, mittlere Beamte und Angestellte.

- Im Hinblick auf Mitarbeiterzufriedenheit und Patientenzufriedenheit besteht das Informationsinteresse nicht darin zu erfahren, wie zufrieden diese Zielgruppen sind, sondern was konkret getan wurde, um Zufriedenheitseffekte zu erreichen.

Befragungsergebnisse im Trend

- Kooperationsformen und erfolgreiche Maßnahmen zur Optimierung der Dienstleistungstiefe,
- erfolgreiche/nicht erfolgreiche Marketingstrategien,
- Fallkosten je Klinik,
- Outcome-Daten,
- Leistungs- und Kostenstruktur,
- pflegerische Struktur.

Im Verhältnis zu den vorherigen Frageweisen wird das Grundproblem des Betriebsvergleichs wieder sichtbar:
- **Erwartet werden sensible, aussagefähige Daten, die man aber selbst nur unter großen Einschränkungen bereit ist anderen zur Verfügung zu stellen.**
- **Der Erwartungsfokus liegt deutlich auf Best Practices; nicht das Resultat ist entscheidend, sondern WIE das Resultat erreicht wurde, bzw. WAS konkret getan wurde.**

Workshop Betriebsvergleich
St.-Agnes-Hospital Bocholt am 27. 05. 1997

**Ein Betriebsvergleich sollte zu folgenden
Schwerpunkten Aussagen treffen:**

➡ Punkte, die eine **echte** Vergleichbarkeit erlauben

➡ Patientenstrukturdaten

➡ Kostendaten

➡ die 5 Eingriffe mit dem höchsten Kosten-/Erlösvolumen
(Kostenvergleich)

➡ Medizinische Leistungen und Qualitätsmerkmale

➡ Standards (i. w. S., d. h. medizinische und pflegerische Standards, Sets,
Medikalproduktestandards usw.)

➡ Mitarbeiterzufriedenheit

➡ Patientenzufriedenheit

➡ Versichertenstruktur

Prof. Dr. Dr. Wilfried von Eiff

Workshop Betriebsvergleich
Städtische Kliniken Kassel am 09. 07. 1997

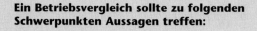

**Ein Betriebsvergleich sollte zu folgenden
Schwerpunkten Aussagen treffen:**

➡ Kennzeichen zu Kosten (Personal- und Sachkosten) und Leistungen
➡ Personalstruktur (nach Berufsgruppen)
➡ Klinik-/Fachabteilungsstruktur mit Leistungsspektrum
➡ Top 20 je Klinik / Fachabteilung
➡ Aussagen über TQM-Bereiche
  – Kundenzufriedenheit
  – Mitarbeiterzufriedenheit
  – Service-Leistungen und -Angebote
➡ Medizinische Qualität, Ruf, Akzeptanz
➡ Marketing-Strategien
➡ Gerätestruktur
➡ Organisationsformen
  (Information, die Kennzahlen erklären)
➡ Fallkosten je Klinik

als Beurteilungs-
grundlagen

➡ durchschnittliche Leistungen pro Patient (im Bereich Radiologie,
  Labor, Pathologie, Apotheke, …)
➡ Vertragswesen (z. B. Art der Verträge mit Leitenden Angestellten,
  Lieferanten)
➡ Kooperationsformen (Dienstleistungstiefe)

Prof. Dr. Dr. Wilfried von Eiff

Workshop Betriebsvergleich
St. Joseph-Hospital Wiesbaden am 08. 07. 1997

**Ein Betriebsvergleich sollte zu folgenden
Aussagen treffen:**

➡ medizinische Outcome-Daten

➡ medizinische Leistungs- und Kostendaten (unter Berücksichtigung
der Risikostruktur)

➡ Fallkosten

➡ Sekundärleistungen

➡ Best Practices

Prof. Dr. Dr. Wilfried von Eiff

Workshop Betriebsvergleich
Klinikum Wuppertal am 16. 07. 1997

Ein Betriebsvergleich sollte zu folgenden Schwerpunkten Aussagen treffen:

➡ medizinische und pflegerische Struktur
➡ Leistungsspektrum
➡ Organisationsstrukturen
➡ Kostenstruktur mit Schwerpunkten
  – Personalkosten, Materialkosten, innerbetriebliche Leistungsverrechnung fall- bzw. diagnosebezogenen und nach Fachgebieten
  – Instandhaltung
➡ Qualität
  – medizinisch
  – pflegerisch
  – Service
➡ Erlössituation (Art und Menge der Entgelte)
➡ Grad der regionalen Vernetzung
➡ Patientenzufriedenheit
➡ Einweiserzufriedenheit
➡ Mitarbeiterzufriedenheit (Ausfallzeiten, Fluktuationsraten, …)
➡ medizinische Outcome-Daten
➡ Fort- und Weiterbildungsaktivitäten

Prof. Dr. Dr. Wilfried von Eiff

Woran kann ein Betriebsvergleich scheitern?

Den Entscheidungsträgern ist klar, daß ein Betriebsvergleich aus vielfältigen Gründen scheitern kann, woraus sich folgende Konsequenzen ableiten lassen:

- Der Vergleich sollte anonymisiert sein und auch nicht die Region erkennen lassen.
- Der Vergleich unter Krankenhäusern, die nicht in Konkurrenz stehen, wird präferiert.

Best Practice-Vergleiche mit wenigen Partnern werden als optimal eingestuft: Sowohl im Hinblick auf unkontrollierte Datenweitergabe an die Konkurrenz als auch bezogen auf einen offenen Austausch von Best Practice-Informationen.

> **»Da wir an eine vollständige Anonymisierung nicht glauben, wäre uns ein Betriebsvergleich mit begrenzter Teilnehmerzahl (ca. 25) unter Beteiligung von Bestleistungshäusern im In- und Ausland willkommen.«**

Der entscheidende Erfolgsfaktor ist offenbar die Vergleichskultur: Es muß die Bereitschaft existieren, mit den Vergleichsdaten konstruktiv umzugehen; Lamento über vermeintliche Nichtvergleichbarkeit und nachbessernde Interpretationen sind jedem Betriebsvergleich abträglich.

Befragungsergebnisse im Trend

- Unehrlichkeit und damit Unbrauchbarkeit der Daten,

- objektiv mangelhafte Vergleichbarkeit,

- administrativer Aufwand im Verhältnis zum eingespielten Informationswert,

- Furcht vor Nachteilen, die sich aus dem »gläsernen Krankenhaus« ergeben:

  - im Hinblick auf das Verhandlungsverhalten der Kassen und
  - bezogen auf regionale/lokale Wettbewerber, die aus »Flops-Informationen« Kapital schlagen und aus »Innovations-Informationen« Wettbewerbsvorteile erreichen.

Workshop Betriebsvergleich
St.-Agnes-Hospital Bocholt am 27. 05. 1997

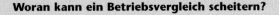

Woran kann ein Betriebsvergleich scheitern?

➡ unterschiedliche Strukturen in der Geräteausstattung, baulich-funktionale Voraussetzungen usw.

➡ Ehrlichkeit

➡ unsere Stärken kommunizieren wir, unsere Schwächen behalten wir für uns

➡ Fachrichtungen nicht vergleichbar (Leistungsstruktur, interne Leistungsschwerpunkte, Bettenzahl, usw.)

➡ Umgebung des Krankenhauses zu unterschiedlich (Bevölkerungsstruktur)

➡ historisch gewachsenes Budget

➡ administrativer Aufwand (wer finanziert Zusatzaufwand?); zu viele Datenanforderungen von außen

➡ undifferenzierte Fragestellungen

»Wir glauben nicht an die vollständige Anonymisierung!«

Prof. Dr. Dr. Wilfried von Eiff

Workshop Betriebsvergleich
Städtische Kliniken Kassel am 09. 07. 1997

Woran kann ein Betriebsvergleich scheitern?

➡ keine echte Vergleichbarkeit gegeben

➡ Krankenhäuser haben unterschiedliche Management-Philosophien z.B. bzgl.
  – Kooperationen und Dienstleistungstiefe
  – Medizin und Wirtschaftlichkeit

➡ Furcht vor Nachteilen durch Transparenz, insbesondere bei direkten Wettbewerbern

➡ wenn bestimmte Daten öffentlich werden

➡ Reaktionsfähigkeit und Reaktionsmöglichkeit muß gegeben sein, wenn Betriebsvergleich öffentlich ist

➡ solide Partnerschaft der Vergleichskrankenhäuser

➡ in einer Übergangsphase nur anonymisierter Vergleich (Konzept methodisch absichern)

➡ zu formal angelegt

➡ Trägerinteressen

➡ Betonkopfmentalität

Prof. Dr. Dr. Wilfried von Eiff

Workshop Betriebsvergleich
St. Josefs-Hospital Wiesbaden am 08. 07. 1997

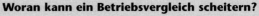

Woran kann ein Betriebsvergleich scheitern?

➡ Datenflut
➡ Erhebungsmethode
➡ Auswertungsaufwand
➡ Unübersichtlichkeit
➡ Daten werden abgefragt, die nicht herausgegeben werden sollen
➡ Nichtgewährleistung der Anonymität
➡ mangelnde Aussagekraft der Daten
➡ Ehrlichkeit der erhobenen Daten
➡ Geber- und Nehmerasymetrie (insbesondere bei Best Practices)

Prof. Dr. Dr. Wilfried von Eiff

Workshop Betriebsvergleich
Klinikum Wuppertal am 16. 07. 1997

Woran kann ein Betriebsvergleich scheitern?

➡ Bereitschaft der Krankenhäuser, Daten zur Verfügung zu stellen

➡ Vergleichbarkeit ist nur schwer herzustellen

➡ Problem medizinischer Standards; Messung des medizinischen Outcome

➡ Finanzierung

➡ Erhebungsaufwand

➡ schlechte Ausgangsdaten

➡ mangelnde Regelmäßigkeit

➡ Konzentration auf wirklich entscheidungsrelevante Daten

➡ Bereitschaft, mit den Daten objektiv umzugehen (»Alibi, Killer, Lamonto, ...«)

➡ falsche Schlußfolgerungen

Prof. Dr. Dr. Wilfried von Eiff

Betriebsvergleich

Anforderungen, Umsetzungshinweise, Bedenken

Durch Experten-Workshops mit ausgewählten Krankenhausleitungen und Interviews mit Vertretern aller Berufsgruppen wurden die Anforderungen an einen aussagefähigen und wirtschaftlichen Betriebsvergleich herausgearbeitet, Bedenken wurden adressiert, Umsetzungshinweise gegeben.

- Der Betriebsvergleich muß medizinische Leistungen und Qualitätsziele mit Wirtschaftlichkeitsaspekten verbinden.
- Ein Betriebsvergleich nur auf Basis von Resultatkennzahlen hat einen erheblich eingeschränkten Informationswert. Der Betriebsvergleich ist prozeßorientiert und muß Transparenz herstellen über die Frage: WAS wird unter welchen BEDINGUNGEN WIE zu welchem RESULTAT geführt?
- Der Betriebsvergleich muß international orientiert sein und eine begrenzte Zahl von Krankenhäusern umfassen, die sich dann auch zur Offenheit verpflichten.
- Von anderen Krankenhäusern interessieren alle Daten, durch die die Ertragssituation und die strategische Position erkennbar werden; von besonderem Interesse sind: Stärken und Schwächen, Fallkosten, bewährte Einsparkonzepte, patientenbezogene Serviceangebote.
- Die Bereitschaft zur Weitergabe eigener Daten endet bei Ertragsdaten und strategierelevanten Informationen.
- Best Practices sind das begehrteste Informationsobjekt; aber eigene Bestleistungen werden erst herausgegeben, wenn sie bereits umgesetzt und im eigenen Haus Wirkung gezeigt haben.
- Die Geber-/Nehmer-Symmetrie insbesondere bei Best Practices wird als nicht gewährleistet eingeschätzt.
- Ein »flächendeckender« Betriebsvergleich mit vielen Teilnehmern führt zu einem sinkenden Informationswert.
- Viele Häuser sehen die erforderliche Anonymität nicht gewährleistet.
- Der Betriebsvergleich darf nicht primär den Krankenkassen als Preissenkungsinstrument in Pflegesatzverhandlungen dienen.
- Ein Betriebsvergleich birgt die Gefahr eines zusätzlichen administrativen Aufwands, den die Häuser selbst zu finanzieren hätten.
- Kosten- und Leistungsdaten sind nicht ausreichend; wir benötigen insbesondere Informationen über unser Kerngeschäft: Die Erbringung medizinischer Leistungen.
- Wir brauchen Informationen über Rahmenbedingungen und erfolgreiche Praktiken der Leistungsprozesse; nur durch Ergebnisdaten lassen sich keine aussagefähigen Vergleiche aufstellen.
- Wir sollten über den deutschen Tellerrand hinausschauen und prüfen, was andere Länder im Gesundheitswesen und schwerpunktmäßig im Krankenhaussektor besser machen.
- Über andere Krankenhäuser – insbesondere mit denen wir in direkter Konkurrenz stehen – möchten wir am liebsten alles wissen.
- Informationen über unsere Ertragslage und unsere strategische Ausrichtung geben wir nicht an Dritte weiter.
- Best Practices legen wir erst offen, wenn wir diese bei uns im Haus erfolgreich umgesetzt und bereits einen Konkurrenzvorteil erarbeitet haben.
- Einige Häuser könnten versucht sein, nur Ideen über Bestleistungen von anderen aufzunehmen, aber eigene Konzepte nicht Preis zu geben.
- Wenn alle Häuser teilnehmen (müssen), werden weniger Daten herausgegeben und somit sind die Aussagen eines solchen Vergleichs schlechter.
- Bei einem flächendeckenden Vergleich glauben wir nicht an die Anonymität der Daten.
- Ein Betriebsvergleich, der letztendlich nur den Krankenkassen als Preissenkungsinstrument dient, ist mit uns nicht zu machen.
- Nach unseren bisherigen Erfahrungen mit gesetzlich kodifizierten Informationsanforderungen ist ein Betriebsvergleich mit einem hohen administrativen Aufwand verbunden. Wer zahlt uns aber bei de facto gedeckelten Budgets die Mehrkosten?

Centrum für Krankenhaus-Management, Universität Münster   Geschäftsführung: Prof. Dr. Dr. Wilfried von Eiff

Die Experten-Diskussion: Der Betriebsvergleich im Meinungsbild von Berufsgruppen und gesundheitspolitischen Entscheidungsträgern

Das Forum KHBV der Bertelsmann Stiftung fand am 28./29. 8. 1997 statt

Die Expertensicht

5 kleine und doch große Forderungen

➡ Strukturiert anfangen, ohne zu überfordern

➡ offene Kommunikation ist Voraussetzung

   ➡ Interessen transparent machen

   ➡ Lernen und Verstehen wollen

➡ Gezielt verbessern und umsetzen

➡ **Betriebsvergleich ist Lernen durch systematisches Tun**

3.3.1 Der Krankenhausbetriebsvergleich aus Sicht des Bundesministeriums für Gesundheit

Karl Heinz Tuschen

Bereits die Themen dieses Forums zeigen, daß es nicht einen, sondern verschiedene Vergleiche von Krankenhäusern geben wird, mit denen unterschiedliche Zielsetzungen verfolgt werden. Dabei ist zu unterscheiden zwischen krankenhausübergreifenden Zielen (z. B. Preisfindung und Qualitätssicherung) und krankenhausbezogenen Zielen (z. B. Patientenzufriedenheit und Verbesserung der Wirtschaftlichkeit – Benchmarking).

Gesetz- und Verordnungsgeber haben nur Vorgaben für Vergleiche mit krankenhausübergreifender Zielsetzung erlassen: Den Krankenhausvergleich nach § 5 Bundespflegesatzverordnung (BPflV) und die Qualitätssicherung nach § 137 SGB V. Andere Vergleiche liegen im Eigeninteresse der Krankenhäuser und bedürfen keiner staatlichen Regelung.

Der Krankenhausvergleich nach § 5 BPflV ist die wichtigste Grundlage für die Bemessung leistungsgerechter Budgets und tagesgleicher Pflegesätze. Er soll Informationen bereitstellen, die es ermöglichen, für vergleichbare Krankenhäuser vergleichbare Budgets zu vereinbaren. Mehr- oder Minderleistungen von Krankenhäusern sollen sich in höheren oder niedrigeren Budgets niederschlagen.

Es sind weitgehend vergleichbare Krankenhäuser (besser Abteilungen) zu ermitteln. Deren Schwerpunkte und Besonderheiten in der Leistungserbringung müssen sichtbar werden. Dabei sollten auch die Versorgungsfunktion in der Region, z. B. Breitenversorgung oder Spezialisierung, und der Bezug zum Versorgungsauftrag deutlich werden.

Der Krankenhausvergleich sollte insbesondere das Leistungsspektrum des Krankenhauses und seiner Abteilungen übersichtlich und auswertbar aufzeigen. Hierzu stehen die abteilungsbezogenen Diagnose- und Operationsstatistiken nach L 4 und L 5 der Leistungs- und Kalkulationsaufstellung (LKA, vgl. Anlage 3 der BPflV) sowie abteilungsbezogene Kennzahlen insbesondere zu Auslastungen, Fallzahlen, Berechnungs- und Belegungstagen zur Verfügung. L 4 und L 5 sind maschinenlesbar zu liefern. Vergleiche über die Kostenartenstruktur der Forderungen des Krankenhauses sind bereits seit vielen Jahren üblich; sie können anhand der Abschnitte K 1 bis K 8 durchgeführt werden.

§ 5 BPflV bestimmt, daß der für die Zwecke der Pflegesatzverhandlungen durchzuführende Krankenhausvergleich von einer Arbeitsgemeinschaft der Deutschen Krankenhausgesellschaft und der Spitzenverbände der

Krankenkassen zu erstellen ist. Eine entsprechende Vereinbarung über die Maßstäbe und Grundsätze für den Vergleich sowie die organisatorische Einrichtung ist bis zum 31. März 1998 zu schließen (5. ÄndV BPflV). Von der Arbeitsgemeinschaft können dabei auch Hinweise und Bewertungen abgegeben werden. Die Umsetzung in Verhandlungsergebnisse obliegt jedoch allein den Vertragsparteien der Pflegesatzvereinbarung.

Es ist zu hoffen, daß der in § 5 BPflV vorgegebene gemeinsame Krankenhausvergleich als gemeinsame Ausgangsbasis der Pflegesatzverhandlungen akzeptiert wird und nicht mehr darüber gestritten wird, wer die »richtigen« Zahlen hat. Dies schließt nicht aus, daß weiterhin über die zu ziehenden Schlußfolgerungen diskutiert wird. Konsequenzen für die Krankenhausplanung ergeben sich indirekt, wenn sich aufgrund der Ergebnisse der Pflegesatzverhandlungen Leistungsstrukturen verändern.

Thesen und Schlüsselargumente

»Ich möchte verhindern, daß wir den Krankenhausvergleich totmachen, indem wir die Meßlatte zu hoch legen.«

Karl Heinz Tuschen

❯❯ ❏ Wir haben das Problem, daß im Bereich des Restbudgets, mit dem wir noch einige Zeit leben müssen, im Grunde keine leistungsbezogene Vergütung vorliegt, jedenfalls nicht im Sinne einer einzelleistungsbezogenen Vergütung; deshalb ist eine Preisbildung mit Marktmechanismen relativ schlecht möglich. Der Krankenhausvergleich erfüllt deshalb in diesem ganzen System so eine Art Marktersatzfunktion, er schafft Transparenz über das Leistungsgeschehen in den Krankenhäusern, und da muß man aus meiner Sicht auch Besonderheiten und Schwerpunkte von Krankenhäusern deutlich machen. Eine wesentliche Zielsetzung müßte darin bestehen, daß gleiche Leistungen zu gleichen Budgets, und unterschiedliche Leistung eben zu unterschiedlichen Budgets führen. Das ist die Zielsetzung des Verordnungsgebers.

❏ In unserer Gesellschaft besteht die Neigung, bestimmte Ansätze deshalb infrage zu stellen und zu zerreden, weil irgendwo bei den letzten 5 oder 10 % das Ganze nicht funktioniert, statt in der positiven Sicht zu sehen, wenn 70 oder 80 % laufen würden, dann hätten wir mehr erreicht, als bisher vorstellbar ist. Ich persönlich wäre zufrieden, wenn ein Betriebsvergleich am Ende ein Ergebnis hätte, daß man zumindest grobe Verbesserungsaspekte und Handlungsschwerpunkte der Krankenhäuser erkennen würde. Wenn man dieses in Budgetänderungen umsetzt, bekommen wir sachlich fundierte Verbesserungsansätze, und das halte ich vor dem Gesichtspunkt der Beitragssatz-Stabilität für wichtig. Wir können nicht nur Zuwächse begrenzen, wir müssen auch eine Umverteilung im Krankenhausbereich, wo sie sachlich geboten ist, konsequent realisieren.

❏ Der Verordnungsgeber will Markt erzeugen, will im positiven Sinn Druck auf Krankenhäuser erzeugen; daher muß insbesondere der Vergleichsprozeß Aussagen dazu treffen, wie Krankenhäuser mit diesem

Druck fertig werden, wie sie den Druck über gute Ideen in besseres Wirtschaften umsetzen können.

❏ Wir haben heute, bezogen auf Leistung, mehr oder weniger zufällige Budgets, und es geht jetzt um die Diskussion, erstmals eine Angleichung hinzubekommen, die sich an tatsächlichen Leistungen orientiert.

❏ Ich würde einen Krankenhaus-Betriebsvergleich in der Anfangsphase nie auf ein zu niedriges Kennzahlen-Niveau fahren; denn was sagt die Kenzahl »Anzahl OP's pro Arzt« oder »OP-Minuten je Patient« aus? Will ich den Arzt bestrafen, der zu langsam näht, oder der zu langsam operiert. Das kann es doch nicht sein, denn dann würde der Schnellnäher oder der mit der schlechten Qualität am Ende vielleicht der bevorzugte Arzt sein. Ich glaube, so weit wollen wir, der Gesetzgeber und auch die Krankenkassen in das Geschehen der Krankenhäuser gar nicht eingreifen. Vor allem haben wir nicht so differenzierte Preise, wenn ich das auch einmal anmerken darf.

❏ Wenn man nicht über Leistung sprechen kann, wird es im Grunde zu einer Budgetfortschreibung in den nächsten Jahren kommen. Und Budgetfortschreibung in der Bundesrepublik bedeutet im Augenblick, daß die wirtschaftlicheren Krankenhäuser bestraft werden; sie haben in der Regel die niedrigen Budgets und werden fortgeschrieben, und die, die unwirtschaftlich waren und aufgrund des Selbstkostendeckungsprinzips die höheren Budgets hatten, werden ebenfalls fortgeschrieben. Meines Erachtens müssen sich hier auch die Krankenhausverbände und die DKG überlegen, ob man Betriebsvergleiche nicht schon deshalb braucht, um mehr Gerechtigkeit unter den eigenen Krankenhäusern zu bekommen, um nicht immer die zu benachteiligen, die eigentlich die besseren sind, und die eine Bevorzugung verdient hätten. **‹‹**

3.3.2 Der Krankenhausbetriebsvergleich: Möglichkeiten und Grenzen

Siegfried Eichhorn

1 Der Betriebsvergleich ist »kontrollastig«

Der Begriff »Krankenhausbetriebsvergleich« ist in der Krankenhauspraxis seit jeher durchgehend negativ belegt. Begründung: Seit den ersten Ansätzen im Jahre 1926 ist er von seiten der Krankenkassen nahezu ausschließlich im Rahmen der Pflegesatzverhandlungen zur Kontrolle des Krankenhauses im Hinblick auf die dem Pflegesatz zugrundeliegenden Kosten je Pflegetag eingesetzt worden; und dies weitgehend ohne Bezug zu den hinter den Kosten stehenden Leistungen des Krankenhauses. An dieser, sich aus der staatlichen Reglementierung der Krankenhausfinanzierung, insbesondere aus dem Kostenerstattungsprinzip und der Abrechnungseinheit »Pflegetag« ergebenden Situation hat sich im Grunde bis heute kaum etwas geändert, auch nicht nach der mit der BPflV 1995 mehr »deklamatorischen« Aufhebung des Selbstkostendeckungsprinzips.

2 Den Betriebsvergleichsdaten fehlt Objektivität und Validität

Es ist eine allgemeine, nicht nur für die Krankenhauswirtschaft zutreffende Erfahrung, daß staatlich oder halbstaatlich vorgegebene, primär der Kostenkontrolle dienende Betriebsvergleiche infolge der mangelnden Objektivität und Validität der von den Betrieben gelieferten Daten nur eine begrenzte Aussagefähigkeit haben. Selbst unter der Voraussetzung exakter Vorgaben für Dokumentation und formelle Ausgestaltung des Betriebsvergleichs kommt *van Aubel* bereits in den 50er Jahren aufgrund seiner ausgedehnten Vergleichspraxis im Bereich der Eisenhüttenindustrie und der öffentlichen Betriebe zu dem Ergebnis, »daß brauchbare Ergebnisse nur dann zu erwarten sind, wenn eine starke Zentralgewalt mit Vollmacht über Personen und Einrichtungen die Entstehung des Vergleichsstoffes bewachend beeinflußt. Ein Betriebsvergleich von Vergleichszahlen von Betrieben verschiedener Unternehmen könne nur dann gelingen, wenn die Möglichkeiten unparteiischer Nachprüfungen gegeben sei«. Anmerkung: Van Aubel war Mitte der 50er Jahre Vorstandsvorsitzer der WIBERA AG, Präsident des Deutschen Städtetages und Präsident der Deutschen Krankenhausgesellschaft. Unter seiner Anleitung ist das mit der BPflV 1954 korrespondierende Selbstkostenblatt entstanden, das Grundlage für den Krankenhausbetriebsvergleich der Krankenkassenverbände und der Krankenhausgesellschaften wurde.

Angemerkt sei, daß Objektivität und Validität der Datenlage auch bei den gegenwärtig implementierten überbetrieblichen Qualitätssicherungsprogrammen im Hinblick auf die damit möglicherweise verbundenen externen Kontrollmechanismen in Frage gestellt werden müssen.

3 Das Selbstkostendeckungsprinzip stand unternehmerischem Verhalten entgegen

Das in der Vergangenheit festzustellende relativ geringe Interesse der Krankenhäuser, über die die Selbstkosten betreffenden Betriebsvergleiche seitens der Krankenkassenverbände und der Krankenhausgesellschaften hinaus eigene Betriebsvergleiche mit Kennzahlen zur Steuerung ihres Leistungs- und Kostengeschehens aufzubauen, ist darauf zurückzuführen, daß infolge des Selbstkostendeckungsprinzips und der damit verbundenen Abschöpfung möglicher Überschüsse (»Kellertreppeneffekt«) kein allzu großes Interesse an der Ausschöpfung vorhandener Wirtschaftlichkeitsreserven bestand.

4 Ohne Anreize ist ein Betriebsvergleich nicht durchführbar

Vor dem Hintergrund der jüngsten Entwicklung (Fortfall des Selbstkostendeckungsprinzips, Begrenzung des Kostenanstiegs, verstärkter Wettbewerbsdruck infolge Reduzierung der Vorhaltungskapazitäten) müßte man davon ausgehen können, daß das Interesse der Krankenhäuser zunimmt, sich an krankenhausseitig oder auch von Unternehmensberatern organisierten und nicht der externen Kontrolle des Kosten- und Leistungsgeschehens dienenden Betriebsvergleichen zu beteiligen. Voraussetzung dafür sind:

1. Strengste Wahrnahme der Anonymität der Daten, die am ehesten bei Krankenhäusern mit einheitlicher Trägerschaft oder überhaupt bei Verbundlösungen gegeben ist;

2. Inhaltliche Ausrichtung des Betriebsvergleichs auf die Erfolgsfaktoren ›Leistung‹, ›Qualität‹, ›Kosten‹ und ›Zeit‹, auch unter Nutzung der Benchmarkingansätze zur Optimierung interner Prozesse;

3. Entscheidungs- und Handlungsautonomie des Krankenhausmanagements; Qualifizierung des Krankenhausmanagements nach Struktur und Funktion als Voraussetzung für die Nutzung der Ergebnisse des Betriebsvergleichs im Hinblick auf eine Stärkung der Erfolgsfaktoren des Krankenhauses und damit auch der Wettbewerbsposition.

4. Anreizorientierte Ausgestaltung der Krankenhausfinanzierung und Entgeltregelung.

Auch der Krankenhausbetriebsvergleich kann sich nicht im Vergleich der Kennziffern erschöpfen, sondern nur dann seinen Zweck in vollem Umfang erfüllen, wenn die Kausalbeziehung zwischen den erreichten ökonomischen Ergebnissen und den materiellen Bedingungen der Krankenhausaktivitäten und damit der Beitrag des Betriebsvergleichs zum Anstieg der Wertschöpfung des Krankenhauses nachgewiesen wird.

5 Der richtige Ansatz: Wettbewerbs-Benchmarking

Eine mögliche Weiterentwicklung des Betriebsvergleichs stellt das wettbewerbsorientierte Benchmarking dar, das Leistungen, Prozesse und Methoden auch mit direkten Konkurrenten vergleicht und analysiert. Wettbewerbs-Benchmarking basiert somit auf dem Austausch von Informationen, der eigentlich dem natürlichen Bestreben nach Geheimhaltung von Betriebsinterna gegenüber der Konkurrenz widerspricht und deshalb in der Praxis zunächst auf nicht unerhebliche Akzeptanzprobleme stoßen mag. Einzelne Beispiele aus der Industrie zeigen jedoch, daß Kooperation im Benchmarkingprozeß durchaus auch rational sein kann, wobei dies von den erreichbaren Vorteilen und dem Anfangsvertrauen in die Kooperationsbereitschaft der Partner abhängt. Insbesondere erweist sich, daß der Benchmarkingprozeß längerfristig und kontinuierlich angelegt sein muß, um stabile Vorteile für alle Partner versprechen zu können; ein Wechsel zwischen kooperativem und nichtkooperativem Verhalten kann sich bei einem Benchmarking ohne vorher definitiv festgelegten Zeithorizont negativ auswirken. Dabei kommt der ständigen Beobachtung von Reaktion und Gegenreaktion sowie von wachsendem oder schwindendem Vertrauen zwischen den Benchmarkingpartnern im Zeitablauf für die Effizienz des Wettbewerbsbenchmarking eine zentrale Rolle zu.

Alle diese Rahmenbedingungen müssen erfüllt sein, wenn Wettbewerbs-Benchmarking in der Krankenhauswirtschaft nicht als«modische Diskussion« einzustufen ist.

6 Ordnungspolitische Aufgaben des Betriebsvergleichs

Der in der BPflV 1995 vorgesehene, vor allem die Leistungen des Krankenhauses betreffende Betriebsvergleich könnte bei entsprechender Ausgestaltung durchaus auch eine ordnungspolitische Aufgabe erfüllen. In Verbindung mit dem inzwischen geänderten § 6 BPflV könnte er durchaus zur Orientierung und Fundierung der Verhandlungen zwischen Krankenhäusern und Krankenkassen über Veränderungen der medizinischen Leistungsstrukturen oder der Fallzahlen sein.

»Wer gibt schon Daten freiwillig ab, wenn man weiß, daß man hinterher aufgehängt wird.«

»Ich bin gar nicht vergleichsorientiert.«

Siegfried Eichhorn

❏ Von jeher hat der Betriebsvergleich im Krankenhaus immer nur der Kontrolle der Krankenhauskosten gedient, und zwar weitgehend ohne Leistungsbezug. Zwar wurde die Anzahl der Fachabteilungen dabei miteinander verglichen, ohne daß aber wirklich eine vergleichbare Leistung dahinterstand. Ich kann hingegen nur dann Kosten vergleichen, wenn ein Leistungsbezug da ist. Von daher ist der Betriebsvergleich im Krankenhaus auffallend negativ belegt, da er bisher ein reines Kontrollinstrument der Krankenkassen gegenüber den Krankenhäusern gewesen ist. Es ist typisch für Betriebsvergleiche überhaupt, daß der Betriebsvergleich dort, wo er staatlich oder halbstaatlich geregelt ist, nicht vernünftig funktioniert. Das ist nicht krankenhaustypisch, sondern das haben die Bereiche der öffentlichen Betriebe schon 1930 genau festgestellt, daß die Ergebnisse in der Regel einen geringen Aussagewert haben. Überall dort, wo ich dabei kontrolliert werde, muß ich natürlich die Objektivität, die Validität der Daten, die da reinfließen, anzweifeln.

❏ Überall da, wo staatlicher Druck dahinter steht, ist die Validität und Objektivität der Daten anzuzweifeln.

❏ Einen Betriebsvergleich, der staatlich angeordnet ist und der zu Kontrollzwecken genutzt wird, halte ich für relativ wertlos. Der andere Ansatz, den Sie vorhaben, den Betriebsvergleich für eigene Information zu nutzen, so daß dieser in eine Art geschlossener Gesellschaft bleibt, daß ein Krankenhausverbund oder irgendeine Trägergruppe diesen Vergleich durchführt, da wären Krankenhäuser vielleicht bereit, ihre Informationen tatsächlich offenzulegen. Denn wer gibt schon Daten freiwillig ab, wenn man weiß, daß man hinterher aufgehängt wird.

❏ Solange der Betriebsvergleich in der Form der externen Steuerung und Kontrolle dienen soll, wird er immer wieder mit Problemen behaftet sein.

❏ Die Frage ist, ob wir den Betriebsvergleich zur Steuerung überhaupt brauchen. Gibt es keine andere Möglichkeiten der Steuerung? Muß es bei der externen Steuerung überhaupt bleiben? Wenn wir das Fallpauschalensystem, so wie es angedacht war, sinnvollerweise fortführen würden, dann brauchen wir gar keinen Betriebsvergleich mehr. Dann brauchen Sie auch keine Einzelverhandlungen mit Gruppen, vor allem mit Krankenhäusern direkt zu führen, verstehen Sie? Die Frage ist, wie wir das Krankenhauswesen überhaupt steuern wollen. Wenn wir weiter extern bzw. regional steuern wollen, dann brauchen wir irgendeine Form von externem Betriebsvergleich, und mag er noch so schlecht sein. Wollen wir das nicht, machen wir rein wettbewerbliche Steuerung über Preise, so wie das Fallpauschalensystem angedacht worden ist, was sehr viele Leute vielleicht gar nicht realisiert haben, denn Fallpauschalen bedeuten im Endeffekt Einzelverhandlungen, auch Preisverhandlungen, mit dem Krankenhaus und der Krankenkasse. Dann brauche ich keinen Betriebsvergleich mehr.

❏ Warum mache ich mir die Mühe mit dem Betriebsvergleich, wenn ich den Pflegesatz hinterher doch wieder runtergedrückt kriege.

❏ Der Betriebsvergleich anderer Art wird erst dann Sinn haben, wenn wir dabei von der externen Steuerung weg kommen. Dann macht das auch für das ganze Krankenhaus Sinn. Und deswegen blüht diese Art von Betriebsvergleich in dem Wettbewerbsraum der Industrie und nicht im öffentlichen Bereich. Im öffentlichen Bereich macht es auch gar keinen Sinn.

❏ Wir machen eigentlich Inzucht, wenn wir über Krankenhausbetriebsvergleiche sprechen. Wenn Herr Rebscher wirklich in der Region den Gesundheitszustand und die Aufwendung beurteilen würde, müßte er eigentlich die Gesamtausgaben, die Gesamterträge, gemeinärztliche Versorgung, fachärztliche Versorgung, Krankenhaus, Hauspflege, Rehabilitation gemeinsam beurteilen. Das wäre ein völlig anderer Betriebsvergleich, mit völlig anderen Informationen. Aber es ist nun mal leider die Tragik unseres Gesundheitssystems, daß wir all diese Strukturtrennungen zwischen den verschiedenen Bereichen haben. Die größte Tragik, wo auch sicherlich die größten Rationalisierungsreserven liegen, bloß keiner ist ja bereit, keiner ist in der Lage, kein Politiker greift ja diese größte Schwachstelle des Gesundheitssystems an. Das wird immer so bleiben. Es kann bei uns Gott weiß was passieren, da rationalisieren wir eher die Leistungen, ehe wir anfangen, hier doch tatsächlich die Grenzen dabei aufzuweichen. Da würden Besitzstände angegriffen. Da ist die Macht viel zu groß. Kein Politiker traut sich da eigentlich ran.

3.3.3 Thesen und Schlüsselargumente von Michael Arnold

»Ich nehme an, daß ich das Versagen dieser ganzen Ansätze noch erleben werde.«

Michael Arnold

❏ Aus meiner Sicht werden die medizinischen Ergebnisse bei den bisher existierenden Vergleichsansätzen viel zu wenig berücksichtigt, aber ich will damit nicht die Sinnhaftigkeit eines solchen Vergleichs generell in Abrede stellen. Das wäre allein schon deshalb töricht, weil ich mich ja sehr viel mit Systemvergleichen beschäftigt habe, über die Grenzen hinaus, und gesehen habe, welche nützliche Information man so gewinnen kann.

❏ Ich glaube, daß ich deshalb darüber etwas sagen kann, weil ich insgesamt neun Versorgungssysteme studiert und miteinander verglichen habe, und es ist überhaupt keine Frage, daß ein solcher Vergleich zu außerordentlich interessanten Anregungen führt, daß man zu bestimmten Ansichten über die eigene Position kommen kann, aber natürlich haben diese Vergleiche nie irgendeine praktische Konsequenz gehabt. Man muß sagen, daß Betriebsvergleiche an der Validität der Daten kranken, und daß im Grunde genommen keine Vergleichbarkeit wirklich gegeben ist. Das ist etwas ganz Wesentliches: Es ist keine Vergleichbarkeit; es ist eine künstlich hergestellte Vergleichbarkeit; Sie haben etwas normiert, und dann vergleichen Sie das miteinander. Es ist aber keine Vergleichbarkeit da. Wir werden es ja sehen; ich weiß nicht, wie meine Lebenserwartung ist, aber ich nehme an, daß ich das Versagen dieser ganzen Ansätze noch erleben werde. Ich hoffe das jedenfalls.

❏ Die Leistungserbringung als solche ist gar nicht der Endzweck des Krankenhauses, sondern wir haben ganz andere Ziele, und das führt mich letztlich zu der Frage, woran Sie eigentlich die Wirtschaftlichkeit messen wollen? Ich meine, ein übergeordnetes Ziel besteht darin, daß wir die Versorgung, die Wirtschaftlichkeit der Versorgung wie auch immer verbessern wollen. Und jetzt ist nur die Frage, woran wir sie denn eigentlich messen? Das ist doch ein ganz wichtiger Punkt, der immer hinten vor bleibt. Der muß aber doch an irgendwelchen patientenseitigen Parametern gemessen werden, und nicht an irgendwelchen betriebswirtschaftlichen.

❑ Inwieweit wird durch den Krankenhausbetriebsvergleich nicht die Trennung zwischen den beiden Leistungssektoren nochmal verfestigt? Indem ich jetzt ganz stark auf diesen einen Leistungssektor schaue und im Grunde genommen natürlich die Integration, also entsprechend dem Prozeß der Patientenversorgung ebenso die ambulante Versorgung integrieren müßte. ... Wird nicht im Grunde genommen diese Schwachstelle unseres Systems durch einen Krankenhausbetriebsvergleich, durch dieses Konzentrieren auf diesen einen Sektor, nochmal verstärkt? ◄

3.3.4 Krankenhausbetriebsvergleich aus Sicht der Krankenhausärzte

Michael Betzler und *Peter Haun*

Krankenhäuser stehen im Wettbewerb um die knappen Ressourcen im Gesundheitswesen. Der vom Gesetzgeber seit mehreren Jahren in § 5 BPflV geforderte Krankenhausvergleich bietet für die Krankenhäuser die Möglichkeit, die eigene Position hinsichtlich Leistung und Kosten zu bestimmen und gegebenenfalls zu verbessern.

Interessanterweise fehlt die Qualität als wichtigste Dimension ärztlichen Denkens und Handelns völlig in dem gesetzlichen Auftrag zum Krankenhausvergleich. Es herrscht die Fiktion, das medizinische Handeln lasse sich ausreichend in den Globalzahlen der LKA (Leistungs- und Kalkulationsaufstellung) und der Krankenhausstatistik abbilden: Anzahl stationäre Fälle (gegliedert nach Fachabteilung, ICD und ICPM), Pflegetage, Verweildauern, Fallpauschalen, Sonderentgelte.

Zweck des Krankenhausvergleichs ist es, einen Orientierungsmaßstab zur Bemessung von Krankenhausbudgets zu gewinnen (§§ 3 und 5 BPflV). Das jeweilige Krankenhaus soll sich an dem statistischen Vergleichskrankenhaus messen bzw. gemessen werden mit unmittelbaren Konsequenzen für die Höhe seines Budgets.

Um zu vermeiden, daß die Krankenhäuser im Wettbewerb um ihre Budgets einseitig zur Vergrößerung des mengenmäßigen Outputs angehalten werden, wird man die medizinische Qualität unbedingt im Krankenhausvergleich berücksichtigen müssen. Effizienz kann auch im Gesundheitswesen nur bezogen auf ein definiertes Qualitätsniveau gemessen werden.

Dazu gehören sowohl das Ausmaß und die Nachhaltigkeit des erzielten Behandlungserfolges, als auch die Art und Weise, wie das Behandlungsergebnis erreicht wird (siehe Abbildung 3.3).

Könnten unsere Patienten wählen, würden sie für laparoskopische oder interventionelle Eingriffe sicher mehr bezahlen als für den konventionellen großen Bauchschnitt. In der heutigen Statistik zählen beide Fälle gleich.

Immerhin hat der Gesetzgeber neben Art und Anzahl der Leistungen in § 3 BPflV noch die »medizinischen Besonderheiten bei der Behandlung der Patienten« als Differenzierungsmerkmal zugelassen, so daß man die Behandlungsqualität zumindest teilweise hierunter subsumieren kann.

Der folgende Beitrag beschäftigt sich mit den Möglichkeiten und Grenzen, geeignete Informationen aus den LKA-Daten zu gewinnen. Er zeigt, welche zusätzlichen Sachverhalte und Daten erhoben werden müssen, um die medizinische und wirtschaftliche Leistung eines Krankenhauses

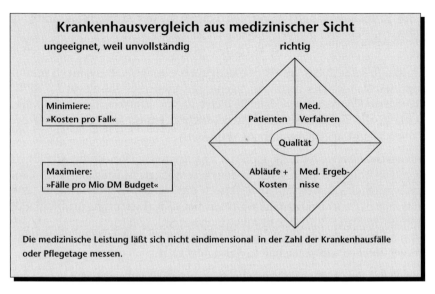

Abb. 3.3: Krankenhausvergleich aus medizinischer Sicht

zum Nutzen der Patienten einigermaßen vollständig abzubilden. Da es sich um ein Thema an der Grenze zwischen Medizin und Betriebswirtschaft handelt, ist er in Kooperation zwischen einem leitenden Arzt und einem in der Krankenhausleitung kaufmännisch Verantwortlichen entstanden.

Der Krankenhausvergleich dient neben der Überprüfung der eigenen Situation des Krankenhauses hinsichtlich Leistung, Qualität, Wirtschaftlichkeit und Patientenzufriedenheit auch als Basis für strukturelle Planungen. Folgende Parameter können als Vergleichsdaten herangezogen werden:

- Leistungszahlen/Outcome (siehe Abbildung 3.4),
- Leistungsspektrum,
- Ressourcen – Infrastruktur,
- Qualität der Behandlungen und medizinischen Resultate bzw. Qualitätsphilosophie des Krankenhauses,
- Patientenzufriedenheit.

Bei dem Vergleich der medizinischen Leistungs- und Erlösstruktur einer Fachabteilung (siehe Abbildung 3.5) ergeben sich aus ärztlicher Sicht mindestens folgende zusätzliche Differenzierungsnotwendigkeiten:

- Unterschiedliche medizinische Schwerpunkte (z. B. Viszeralchirurgie, Gefäßchirurgie, Knochenchirurgie, Unfallchirurgie) beispielsweise durch Auswertung der ICD- bzw. ICPM-Klassifikationen,

**Krankenhausvergleich aus medizinischer Sicht
Leistungszahlen/Outcome**

Anzahl Fälle, Fallpauschalen, Sonderentgelte, ambulante Operationen

Verweildauer (prae-op/prae-interventionell, post-op)

Dauer für therapie-relevante Diagnosestellungen

Kapazitätsausnutzung (Großgeräte, Funktionsdiagnostik, OP-Säle)

Komplikationsstatistik

Infektions-/Resistenzstatistik

Konsiliartätigkeit/interne Verlegung

Abb. 3.4: Krankenhausvergleich aus medizinischer Sicht –
Leistungszahlen/Outcome)

	Krankenhaus 1 Chirurgie		Krankenhaus 2 Chirurgie		Krankenhaus 3 Chirurgie	
	absolut	in %	absolut	in %	absolut	in %
Fälle gesamt	3.736	100%	3.236	100%	2.436	100%
Fälle mit Fallpauschalen	764	20%	508	16%	634	26%
Budgetpat. mit SE	812	22%	437	14%	202	8%
Budgetpat. ohne SE	2.050	55%	2.243	69%	1.450	60%
Amb. Operationen	110	3%	48	1%	150	6%

Besser als der Durchschnitt; Ziel: 50 % Budgetpatienten ohne FP oder SE	Wenig akzentuiertes Leistungsspektrum; wird ausreichend verschlüsselt?	Chirurgische Klinik mit einem orthopädischen Schwerpunkt

Abb.3.5: Vergleich der medizinischen Leistungsstruktur und Erlösstruktur einer
Fachabteilung

- Alter der Patienten (als ein sehr grober, aber leicht zu ermittelnder Stellvertreter für den Zustand der Patienten bei der Aufnahme ins Krankenhaus),
- Herkunft der Patienten (unmittelbares Einzugsgebiet des Krankenhauses, angrenzende Stadtteile/Nachbarorte bzw. überregional – als Indiz für den medizinischen Ruf der Abteilung).

Mit Blick auf die wirtschaftliche Dimension ärztlicher Tätigkeit zeigt ein exemplarischer Vergleich von drei kardiologischen Abteilungen, daß die

	Krankenhaus 1 Kardiologie		Krankenhaus 2 Kardiologie		Krankenhaus 3 Kardiologie	
	absolut	in %	absolut	in %	absolut	in %
Erlöse gesamt (TDM)	5.699	100%	14.795	100%	16.767	100%
Erlöse aus SE (TDM)	2.778	49%	8.747	59%	12.891	77%
Erl. Abt.-Pflegesatz (TDM)	2.921	51%	6.048	41%	3.876	23%
Fälle	975		3.134		4.900	
Erlös pro Fall (DM)	5.845	100%	4.721	81%	3.422	59%
Verweildauer	10,7		9,6		7,6	
Anzahl Budgettage	10.471		30.212		37.011	
Abteilungspflegesatz	309,72	100%	219,50	71%	115,24	37%

1. Die durchschnittlichen Erlöse (Kosten) pro Fall sinken durch Spezialisierung.
2. Der Abteilungspflegesatz Kardiologie sinkt überproportional durch hohe Einnahmen aus den SE.

Abb.3.6: Vergleich der medizinischen Leistungsstruktur und Erlösstruktur einer Fachabteilung

durchschnittlichen Kosten pro Fall durch Spezialisierung sinken. Da die Sonderentgelte bundesweit einheitlich vorgegeben sind, schlägt sich dies (solange im LKA noch die Erlösausgliederung gilt) in überproportional fallenden Abteilungspflegesätzen nieder (siehe Abbildung 3.6).

Neben den Verweildauern je Fachabteilung und je Fallgruppe – orientiert an der ICD- bzw. ICPM-Klassifikation – bieten sich folgende weitere globale Effizienzkriterien für einen Betriebsvergleich an:

- Anzahl Fälle pro Arzt (differenziert nach Fachabteilungen),
- belegte Betten je Pflegekraft (nach Fachabteilungen),
- Sachkosten des medizinischen Bedarfs pro Fall,
- Arzneimittelkosten pro Fall und pro Pflegetag.

Bei der Analyse der Verweildauer muß innerhalb der Kliniken und Disziplinen (operierend bzw. nichtoperierend) fallgruppenspezifisch verglichen werden (siehe Abbildung 3.7).

Die Aufteilung der gesamten Krankenhausverweildauer in die prä- und postoperative Phase gibt einen wertvollen Hinweis zur Lokalisierung von Verbesserungspotentialen. Sie ist aber in den meisten heutigen EDV-Systemen noch nicht realisiert.

Die Kennzahl »Fälle pro Arzt« gibt ebenfalls einen Einstieg in Überlegungen zur Steigerung der Wirtschaftlichkeit (siehe Abbildung 3.8).

Dabei müssen nicht nur Unterschiede zwischen den Disziplinen, sondern auch unterschiedliche Behandlungsschwerpunkte innerhalb einer Fach-

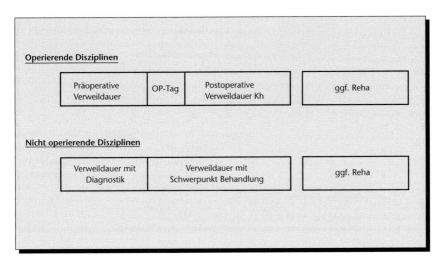

Abb.3.7: Differenzierte Analyse der Verweildauern

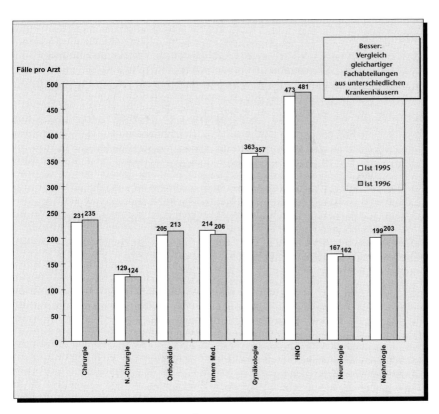

Abb.3.8: Anzahl Fälle pro Stelle im Ärztlichen Dienst

	Preis in DM	Person. -Punkte	Klinik A mit 4 Ärzten			Klinik B mit 5 Ärzten		
			Anzahl	Umsatz (TDM)	Personal Punkte (Tsd.)	Anzahl	Umsatz (TDM)	Personal Punkte (Tsd.)
17.06 Hüft-TEP Coxarthrose	18.933	9.450	164	3.105	1.550	204	3.862	1.928
17.09 Knie-TEP Gonarthrose	22.928	9.630	40	917	385	94	2.155	905
17.12 Hallux valgus	5.963	3.640	30	179	109	23	137	84
17.13 Kreuzbandplastik	10.136	6.150	62	628	381	4	41	25
17.14 Entf. Platten & Nägel	4.237	2.490	34	144	85	5	21	12
Zusammen			330	4.973	2.510	330	6.216	2.954
Leistungen pro Arzt			83	1.243	628	66	1.243	591
Vergleich Leistungen pro Arzt			100%	100%	100%	80%	100%	94%

1. Um das unterschiedliche Leistungsspektrum gleichnamig zu machen, können die Personal-Punkte der Bundespflegesatzverordnung herangezogen werden.
2. Noch ungelöst ist die Messung der Ergebnisqualität (z.B. Geschwindigkeit der Heilung, Ausmaß der Verbesserung des Zustands des Patienten, Nutzungsdauer von Endo-Prothesen, Komplikationen)

Abb.3.9: Leistungsvergleich anhand von Fallpauschalen und Sonderentgelten – Beispiel Orthopädie

richtung Berücksichtigung finden. Dieser Ansatz wurde bei dem in Abbildung 3.9 dargestellten Vergleich von zwei Orthopädischen Kliniken gewählt, wobei als Hilfsmittel zur Verbesserung der Vergleichbarkeit unterschiedlicher Leistungsspektren einmal der Fallpauschalenumsatz und zum anderen die Personalpunkte der BPflV herangezogen wurden: Beide Kliniken behandeln 330 Patienten, jedoch mit vier bzw. fünf Ärzten. Nimmt man die Preise der Fallpauschalen als Maßstab, ergibt sich der gleiche »Umsatz pro Arzt«. Ein realistischerer Maßstab für den ärztlichen Aufwand dürften die Personalanteile der Fallpauschalen sein. In diesem Fall erbringt die Klinik A die höhere Leistung pro Arzt.

Bei beiden Betrachtungsweisen bleibt jedoch immer noch die Ergebnisqualität (komplikationsloser Heilungsverlauf, Verbesserung der Lebensqualität des Patienten durch die Operation etc.) unberücksichtigt.

Ein wesentlicher und bisher recht wenig beachteter Aspekt an der Nahtstelle zwischen medizinischer und betriebswirtschaftlicher Beurteilung der Krankenhaustätigkeit liegt in dem Einsatz (= Verbrauch) innerbetrieblicher Leistungen im Rahmen der Behandlungen. Mit deren statistischer Erfassung rücken die typischen Funktionsbereiche eines Krankenhauses wie Röntgen, Labor, Endoskopie oder physikalische Therapie in den Blick.

Kennzahlen wie Anzahl Röntgenbilder, CT, NMR, EKG, Endoskopien oder Ultraschalluntersuchungen pro 100 Patienten geben Aufschluß über die Breite des in der jeweiligen Klinik gepflegten Behandlungsansatzes. Mit zunehmendem Einsatz derartiger Untersuchungen steigt tendentiell die Sicherheit der Diagnostik. Mit Sicherheit steigen aber auch die Kosten der

Krankenhausbehandlung, und zwar überproportional zur Verbesserung der medizinischen Ergebnisse. Dieses Beispiel zeigt noch einmal, wie wichtig eine differenzierte und an den medizinischen Ergebnissen orientierte Vorgehensweise für den Krankenhausvergleich ist. Nicht diejenigen Kliniken sind die effizientesten, die ihre Kosten durch Weglassen von Funktionsdiagnostik oder deren Verlagerung in den ambulanten Sektor letztlich zu Lasten der medizinischen Qualität minimiert haben. Viel wichtiger sind durchdachte und dokumentierte Strategien (z. B. in Form von Behandlungsleitlinien), die Funktionsdiagnostik dort zu konzentrieren, wo sie in bezug auf die Person des Patienten und seine speziellen Symptome den größten Beitrag zum Behandlungserfolg leistet.

Eine funktionierende innerbetriebliche Leistungsverrechnung unterstützt derartige Kosten-Nutzen-Überlegungen, indem sie die »Preise« der internen Leistungen den anfordernden Ärzten bekannt macht und den Verbrauch zeitnah statistisch nachweist.

Ein weiterer wichtiger Funktionsbereich sind die Operationssäle bzw. Operationsteams. Hier besteht häufig ein Potential zur Effizienzsteigerung ohne Abstriche an der Behandlungsqualität durch Verbesserungen der Ablauforganisation und der Logistik. Interessante Kenngrößen in diesem Zusammenhang sind:

1. OP-Verfügbarkeit
   Verfügbarkeit der Operationsteams in Stunden pro Monat, bezogen auf die Soll-Anwesenheitszeiten der OP-Teams laut Arbeitsvertrag.

2. OP-Nutzung
   OP-Belegungszeiten in Stunden pro Monat, bezogen auf die Verfügbarkeit der OP-Teams in Stunden pro Monat.

3. OP-Effizienz
   Durchschnittliche OP-Dauern je Fachabteilung oder Fallgruppe (ICPM).

In dem Krankenhausvergleich müssen schließlich auch fachliche Inhalte und Schwerpunkte der einzelnen Häuser berücksichtigt werden. Dabei spielt die Größe und gegebenenfalls Disziplinenvielfalt der Einrichtung eine orientierende Rolle. Sowohl unter dem Aspekt einer effizienten Patientenbetreuung wie auch unter Qualitätssicherungsgesichtspunkten sind folgende Merkmale für die Patienten von Bedeutung:

– Disziplinenspektrum und medizinische Schwerpunkte,
– patientenschonende Diagnose- und Therapieverfahren,
– interdisziplinäre Behandlungskonzepte,
– ambulante und teilstationäre Leistungen,
– Kooperationen mit anderen Krankenhäusern und niedergelassenen Praxen,
– Umsetzung medizinischer Innovationen,
– Spezialsprechstunden.

> **Struktur und Qualifikation des Personals**
> **Ausstattung mit modernen medizinischen Geräten**
> **Verfügbarkeit bzw. Zugang zu wichtigen diagnostischen Verfahren**
> **Diagnose- und Therapieleitlinien**
> **Organisationskonzept (insbesondere Ablauforganisation)**
> **EDV-gestützte Kommunikation (z.B. Befundübermittlung)**
> **Soziale Dienste, Rehaprogramme, Physiotherapie**
> **Ambiente und Patientenkomfort**

Abb.3.10: Krankenhausvergleich aus medizinischer Sicht – Ressourcen Infrastruktur

Die in Abbildung 3.10 aufgeführten infrastrukturellen Ressourcen bilden die Basis für eine derartige Qualität der kurzen Wege und stellen eine umfassende, ggf. interdisziplinäre Behandlung sicher. Dies ist vorteilhaft für die Patienten und durch Vermeidung von Sekundärbehandlungen bzw. Wiederholungseingriffen auch für die Gesamtkosten der Behandlung. Zur Strukturqualität gehören selbstverständlich auch krankenhausinterne Qualitätssicherungsprogramme unter Berücksichtigung einer kontinuierlichen Fort- und Weiterbildung der Mitarbeiter sowie berufsgruppenübergreifender Konferenzen.

Abbildung 3.11 faßt die Instrumente und Erhebungsformen zusammen, die nach unserer Meinung zwingend zu den rein betriebswirtschaftlichen Kenngrößen hinzutreten müssen. Erst die Kombination der medizinisch-pflegerischen Ergebnisse mit den dazu eingesetzten Ressourcen macht den vollständigen Beitrag sichtbar, den ein Krankenhaus zur Versorgung der Patienten und zur Effizienz unseres Gesundheitssystems leistet. In diesem umfassenden Sinne fühlen sich die Mitarbeiter des Alfred Krupp Krankenhauses der Qualität und der Effizienz des Gesundheitswesens verpflichtet.

> **Diagnose- und Therapiestatistiken (ICD; ICPM)**
> **Tracerdiagnosen (Qualitätssicherungsprojekte der Ärztekammer Nordrhein)**
> **Auswertung von Behandlungsleitlinien und Leistungskennziffern**
> **Studien zu Langzeitergebnissen**
> **Einbeziehung der internen Qualitätssicherung**
> **(incl. Fort- und Weiterbildung, berufsgruppenübergreifende Konferenzen)**
> **Patientenbefragungen**

Abb.3.11: Krankenhausvergleich aus medizinischer Sicht –
Mit welchen Instrumenten?

Thesen und Schlüsselargumente

»Wenn wir etwas bewegen wollen, dann muß das Konzept des Betriebsvergleichs im Sinne eines Organisationsbesserungskonzepts verstanden und von allen Beteiligten getragen werden.«

Micheal Betzler

❏ Der Bedarf nach Anregungen hört nie auf, er sollte auch nie aufhören. Der Betriebsvergleich als Best Practice-Vergleich kann als Lernmodell sehr hilfreich sein.

❏ Man muß transparent machen, daß am Ende durch einen Krankenhausvergleich, in dem Krankenhaus X mit Y verglichen wird, durchaus für das Krankenhaus X etwas rausspringen kann, und zwar nicht nur, was patientenseitige Faktoren betrifft, sondern natürlich auch organisatorische Strukturen für die Klinik selbst.

❏ Es scheint mir wichtig, wenn wir uns über Instrumente und über das Prinzip der Vergleichbarkeit unterhalten wollen, daß wir dann eine gemeinsame Sprache finden müssen.

3.3.5 Krankenhausbetriebsvergleich aus der Sicht des Pflegedienstes

Konrad Schumann

1 Zu welchem Zwecke wird verglichen?

– Qualitätskriterien als Basis für Forderungen von Geld – gegenüber Kostenträgern, oder gegenüber Förderbehörden,
– Selbstdarstellung gegenüber Kollegen, fachkundiger Öffentlichkeit,
– eigene Position im wissenschaftlichen Spektrum,
– Kosten-Leistungs-Vergleiche,
– Kosten-Nutzen-Vergleiche,
– Qualität als Konkurrenzvorteil,
– Lernen von den Besten.

2 Was daran interessiert Pflege als Berufsgruppe?

Bei *Forderungen gegenüber Kostenträgern und Förderbehörden* haben sich Pflegende bis 1992 fast ausschließlich auf den Nachweis der benötigten Personalmenge beschränkt. Durch die Einführung der Pflegepersonalregelung (PPR) als Teil des GSG kamen erste Hoffnungen auf, es könne nunmehr eine an der Notwendigkeit und Qualität gemessene Vergleichbarkeit entstehen. Prinzipiell ist dies auch der Fall, jedoch mit dem 2. NOG 1997 als Verordnung und damit Teil eines Gesetzes wieder gestrichen. Gleichzeitig wird darüber diskutiert, daß endlich diese »unselige Zusatzbelastung« der Krankenschwestern und Krankenpfleger abgebaut werden müsse, die darin besteht, daß das Pflegepersonal mehr schreibt (dokumentiert) als pflegt. Diese Diskussion wird leider nicht nur von Berufsfremden geführt, sondern zu einem Teil auch von unseren eigenen Berufskollegen. Es wird nicht erkannt, daß mit dem Instrument PPR viel mehr zu erkennen ist, als nur ein Bedarf an Personal (vgl. *Sperl, D.*, 1996).

Die *Selbstdarstellung gegenüber Kollegen und fachkundiger Öffentlichkeit* ist gegenüber dem, was andere Berufe hierbei können, bei der Berufsgruppe Pflege eher unterentwickelt. Häufig steht sie sich quasi selbst im Wege, da sie es nach wie vor nur ungenügend beherrscht, systematisch vorzugehen, vor allem, wenn es aus den eingeübten Ritualen auszubrechen gilt. Die systematische Vorgehensweise zu lernen und auszubauen, wird auch dazu beitragen, daß sich Pflegende über ihre *Position im wissenschaftlichen Spektrum* klar werden und dies auch weiter entwickeln. Einen wesentlichen Beitrag hierzu leisten die vielen Studiengänge, die im Bereich Pflegewissenschaft, Pflegemanagement und Pflegepädagogik an Universitäten und Fachhochschulen ausbilden. Die Vergleiche, die durch die wissenschaftliche Bearbeitung von Themen innerhalb und durch die Studiengänge durchgeführt und angeregt werden, werden die Position der Pflege in unserer Gesellschaft in naher Zukunft nachhaltig bestimmen. Dazu wird es zwingend nötig sein, daß die heute hauptsächlich Betriebswirtschaftlern zugeordneten *Kosten-Leistungs-Vergleiche* und mehr noch *Kosten-Nutzen-Vergleiche* von der leistungserbringenden Berufsgruppe selbst beherrscht und angewandt werden, weil sich nur so bereits im Prozeß der Leistungserbringung Steuerungsmechanismen zeitnah und sinnvoll rationell einsetzen lassen. Der Zwang zu diesen Formen von Vergleichen ist um so größer, je mehr Konkurrenz vorhanden ist, die als Herausforderung im positiven, oder Bedrohung der Existenz im negativen Blickwinkel gesehen wird. Dann nämlich spielt die *Qualität als Konkurrenzvorteil* eine außerordentlich wichtige Rolle bei den einweisenden Ärzten, den Patienten und deren Familien.

In vielen Einzelaktionen gibt es hervorragende Ansätze für die Übernahme von erfolgreichen Methoden und wirksamen Praktiken. So ist der Benchmarkingansatz: *Lernen von den Besten* die zur Zeit geläufigste Methode der tatsächlich angewandten Vergleiche. Dies wird teilweise über Fortbildungsangebote präsentiert, oder, wie im Zuge der deutschen Einheit hundertfach geübt, über Hospitationen bei denen, von denen man lernen will. Auf diese Art und Weise haben in den neuen Bundesländern die meisten Pflegedienstleitungen ihre Kontakte zu beruflichem Weiterkommen genutzt. Auch das Deutsche Netzwerk für Qualitätssicherung in der Pflege bemüht sich mit seinen Aktivitäten vor allem um das Zustandebringen von Kontakten zwischen denen, die sich mit einem vergleichbaren Thema beschäftigen (vgl. *Schiemann, D.; Eisbernd, A.;* 1996).

3 Wie ist dies heute ausgebaut?

Zweckrationale Handlungsmuster sind in der Pflege nur bedingt einsetzbar, sie werden zu sehr durch interaktiv-dialogisches Vorgehen, bildhaft-assoziiertes Denken und intuitiv-subjektive Wahrnehmung beeinflußt.

Bei *Eichhorn* und *Schär* werden die primären Krankenhausversorgungsleistungen beschrieben als »... gesteuerter, interaktiver und offener Prozeß mit komplexen Beziehungen und differenziertem Mitteleinsatz, in dessen Mittelpunkt der Patient mit seinen Bedürfnissen und Erwartungen steht. ... Die Leistungsqualität des Krankenhauses ist dann das Ergebnis der subjektiven Erfahrungen des Patienten aus dem Versorgungsprozeß« (vgl. *Eichhorn, S.; Schär, W.;* 1997).

Somit sind Vergleiche nie wirklich gleich und dies unterstützt die Akteure, die Mängel ihrer eigenen Arbeit hinter diesen, nicht vergleichbaren Teilprozessen verstecken wollen. Gleichzeitig unterstreicht dies aber die Wichtigkeit der Vergleiche von subjektiven Qualitätsparametern, die man beispielsweise aus Patientenbefragungen gewinnt. Hierbei wird überwiegend die Struktur- und Prozessqualität beurteilt.

Paeger schreibt in seinem Artikel: »Nur die Medizin macht das Wesen eines Krankenhauses aus, ohne sie wäre es ein Pflegeheim, ohne Pflege ein Hotel. Es gilt daher, in erster Linie die Ergebnisse der medizinischen Schlüsselprozesse der Diagnostik und Therapie (medical outcomes) zu messen« (vgl. *Paeger, A.*, 1996). Was aber sollte ein Hotel mit Ärzten? Jedenfalls bei solchen Patienten und Krankheitsbildern, bei denen heute unstrittig die Krankenhausbehandlung angezeigt ist? Im gleichen Artikel wird noch kurz gestreift, daß zumindest postoperativ eine gewisse Notwendigkeit von Pflege akzeptiert wird: »Berufsbild und Selbstbewußtsein der Pflege werden durch ... Case Management zum Nutzen der Ärzteschaft gestärkt.«

Hier ist der Schwachpunkt der Krankenhäuser.

Die interprofessionelle Kommunikation ist häufig auf der Strecke geblieben und auf dem Altar der Berufsegoismen geopfert worden. Dies wieder zu lernen, dazu sich mit anderen zu vergleichen wird erst wirklich interessant.

4   Was muß demzufolge in Krankenhausbetriebsvergleichen aus der Sicht von Pflege zukünftig unbedingt enthalten sein?

Auch wenn der größte Anteil der Krankenhauskosten durch Personalkosten verursacht wird und dabei wieder der größte Teil durch den hohen Anteil (ca. 50%) des Pflegedienstes am Gesamtpersonal eines Krankenhauses, ist es neben den zweifellos wichtigen und unbestrittenen Inhalten zur medizinisch-wissenschaftlichen Vergleichbarkeit sowie zu Kosten und Kosten-Nutzen-Vergleichen zur Vollständigkeit von Qualität auch erforderlich sich am subjektiven Bedarf der Patienten zu orientieren. Die Schwierigkeit dabei besteht in der häufig bestehenden Differenz zwischen Wunsch und versicherter Leistungsmenge. Während der Wunsch der Patienten einerseits Auslöser von Bedürfnissen ist (Kennzahl: Nachfrage), stellt doch die versicherte Leistungsmenge (Kennzahl: Angebot) die Realität der zu erbringenden Größen dar (vgl. *Kopp, W.*, 1996). In der Lösung dieses Konfliktes besteht ein wichtiger Teil der täglichen pflegerischen Arbeit.

Eine Vereinfachung und zugleich bessere Verdeutlichung der Mengen und Qualitäten pflegerischer Leistungen läßt sich durch kontinuierlichen Pflegeprozeß, begleitet durch eine konsequente Pflegedokumentation und unterstützt durch anerkannte Pflegestandards erreichen.

In Abhängigkeit von der Einstellung zum Beruf wird daraus deutlich, ob und wie die Pflegenden in der Lage sind, die notwendigen Pflegeleistungen zu definieren und die versicherte Leistungsmenge an den Patienten zu erbringen. Alle darüber hinausgehenden Wünsche und Vorstellungen müssen im Gespräch mit dem betreffenden Patienten aufgearbeitet werden.

Das, was an Pflegeleistung gewollt ist, ist in Qualitätskriterien umzusetzen und diese in Personal- und Materialeinheiten. Ob diese dann Pflegestufen, Pflegestandards, A-S-Gruppen oder sonst irgendwie heißen, ist dabei völlig unerheblich, nur muß die Zielsetzung mit der Handlungsfähigkeit, das heißt, mit der Realität der zur Verfügung gestellten Mittel übereinstimmen. Dabei bestimmt die Qualifikation der Handelnden wesentlich den Erfolg. Auch aus der Sicht derer, die die Patienten als Versicherte sehen und deren Interessen zu vertreten haben. Wie soll der notwendige Teilbereich Pflege sichergestellt werden, wenn es zur Mengen- und Qualitätsbestimmung keine geeigneten Instrumente gibt?

Deshalb ist nicht abschaffen der Pflegepersonalregelung die Devise, sondern anwenden, weiterentwickeln und ausnutzen, zum eigenen Vorteil und damit zum Vorteil der Patienten. Mit »Ausnutzen« meine ich damit nicht das Erschleichen von finanziellen Vorteilen, sondern die Möglichkeit, jedem Patienten die Menge an Pflegeleistung zukommen zu lassen, die er braucht. Auch hierbei geht es nicht um Maximalforderungen, sondern um das notwendige Maß, welches sich mit einer Skala dieser Art ohne größere Probleme definieren ließe. Arbeits- und Prozeßanalysen sind dann für eine interne und externe Vergleichbarkeit geeignete Methoden, um einen langfristigen und dauerhaften organisatorischen Wandel einzuleiten (vgl. *Amelung, V.; Horn, H.; Ritter, J.*, 1997). Auch für die Bürokraten in der Gesundheitsversorgung wäre noch ein Wandel denkbar, der auch mit einem solchen Instrumentarium vollzogen werden kann: Man könnte Krankenpflege einmal nicht mehr als Kostenfaktor, sondern als Erlösfaktor sehen und bewerten (vgl. *Gericke A.;* 1997). Es ist letztlich nicht wichtig, ob diese Regeln nun in einem Gesetz niedergeschrieben sein müssen, oder nicht, aber die Verpflichtung hierzu sollte schon festgehalten werden. Erste Ansätze dazu bieten ja die Diskussionen um die Formulierung des § 137 SGB V. Auch wenn es nirgendwo verankert ist, wird in der Zukunft eine vernünftige Kalkulation von Qualitäten und Mengen nur mit geeigneten Instrumenten möglich sein. Mit dem entsprechenden Zwang geht nur manches eben etwas schneller in diesem Lande, Erkenntnisprozesse dauern länger.

So, wie sich die Bevölkerungsstruktur weiterentwickeln wird, wie sich die Bedürfnisse, die Bereitschaft zur Verantwortung und die gesamte Medizin weiterentwickeln werden, wird es erforderlich sein, das Datenmaterial aus den Jahren 1993 bis 1996 aktuell weiter zu ergänzen und zu bewerten.

Dies sollte dann aber auch umfangreicher und vollständiger geschehen, als es bisher den Krankenhäusern zugänglich gemacht wurde. Bei den Krankenkassen ist das sehr wohl bekannt, denn dort wurden ja wesentlich mehr Auswertungen durchgeführt, als den Krankenhäusern zur Verfügung gestellt wurden. Schließlich wird über die Einstufung indirekt ein großer Teil der ärztlichen Tätigkeit mit bewertet, da der gesamte S-Bereich durch ärztliche Anordnungen und Maßnahmen verursacht wird. Hier ist sicher der erfolgreichste Ansatz einer berufsübergreifenden Diskussion für die Zukunft gegeben, denn es wird wieder einmal ganz deutlich, daß die Leistungen eines Krankenhauses nicht die Einzelleistungen berühmter Ärzte, schlauer Finanzjongleure und lieber Krankenschwestern sind, sondern immer ein Leistungspaket, das sich aus vielen professionellen Einzelteilen zu einem Gesamterfolg entwickelt. Das Patriarchat geht auf Dauer nicht gut, sondern kostet Geld oder/und Qualität.

Es ist vielmehr ein kollegiales Gruppendenken erforderlich, welches sich in seinem gesamten Prozeß auf das Ziel, welches auch gemeinsam gesteckt wurde, konzentriert.

Weiterführende Literaturhinweise:

Amelung, V.; Horn, H.; Ritter, J.: Arbeits- und Prozeßanalysen in Funktionsbereichen, in: führen & wirtschaften 14, 1997, Heft 2, S. 139 ff.;

Eichhorn, S.; Schär, W.: Kunden, Kosten, Qualität, in: Heilberufe 49, 1997, Heft 6, S. 14 ff.;

Gericke, A.: Kunde, Patient oder...? Gedanken zur Diskussion, in: Heilberufe 49, 1997, Heft 8, S. 49;

Kopp, W.: Pflegeleistungen – Angebot und Nachfrage sollen sich entsprechen, in: Pflegezeitschrift 49, 1996, S. 723 ff.;

Paeger, A.: Benchmarking sichert die Zukunft des Krankenhauses, in: Das Krankenhaus, 1996, S. 616 ff.;

Schiemann, D.; Eisbernd, A.: Deutsches Netzwerk für Qualitätssicherung in der Pflege, Katalog der Mitglieder, 1996, Fachhochschule Osnabrück;

Sperl, D.: Keine Träne für die PPR, in: Die Schwester/Der Pfleger, 1996, Heft 35, S. 433 f.

»Der Betriebsvergleich muß medizinische und wirtschaftliche Vergleichsdaten liefern.«

Konrad Schumann

❏ In Vergleichen werden oft Zahlen als Maßstab über das Ganze gezogen, wobei nicht berücksichtigt wird, daß im Gesamtbereich wesentlich größere Fehler gemacht werden können. Wenn einseitig bewertet wird, besteht die Gefahr, daß die Bausteine nicht zusammenpassen, wie sie eigentlich zusammengehören sollten. Es würde weder bei einem medizinischen noch bei einem wirtschaftlichen Vergleich etwas darüber ausgesagt, wie der zustande gekommen ist. Es gibt andere Vergleiche, die zwar ausgewertet, dann aber nicht zum Vergleich herangezogen werden; ein Beispiel wären die Auswertungen 1993 bis 1996 aus der PPR, die wir nie zu sehen bekommen haben.

❏ Wichtig ist, daß man sich aus verschiedenen Baukästen nicht ein Bild zusammenzimmert, das man gerade braucht, sondern ein Bild zusammensetzt, was wirklich einen Vergleich ergibt.

❏ Der Betriebsvergleich muß medizinische und wirtschaftliche Vergleichsdaten liefern und er muß klären, wie diese Daten zustande gekommen sind. Außerdem muß vor der verbindlichen Einführung eines Vergleichs geklärt sein, wie die Betriebsvergleichsergebnisse verwendet werden und welche Konsequenzen die Daten für die Krankenhäuser haben.

**Die wichtigsten Diskussionsschwerpunkte:
Ergebnisses, Erkenntnisse, Konsequenzen**

Die folgenden Ausführungen beinhalten die wesentlichen Ergebnisse der Diskussionen während des Konferenzverlaufs.

»Reputationsorientierte Leistungsvergleiche« entstehen nach dem Prinzip der Self-fullfilling-Prophecy

Rebscher:

Wie gehen Sie mit dem Problem um, daß bei der Expertenbefragung die niedergelassen Fachärzte den Erfahrungsschatz ihrer individuellen Biographie rekapitulieren? Es ist dann fast zwingend, daß Universitäten mit einem hohen »Output« an Fachärzten statistisch häufiger genannt werden. Nach der besten Orthopädie befragt, wird der Facharzt vermutlich die Uniklinik nennen, in welcher er die Strukturen, die Oberärzte usw. kennt, während der Spezialist in unmittelbarer Nähe in der Empfehlung nicht berücksichtigt wird, weil er in der persönlichen Biographie des Facharztes keine Rolle spielt, obwohl er objektiv ein hervorragender Mediziner auf seinem Fachgebiet ist.

Hildebrandt:

Diese Problematik der »inneren Bindung« von befragten Fachärzten an die Klinik ihrer Herkunft war uns bei der Auswertung der FOCUS-Studie selbstverständlich bewußt. Wir haben z.B. bei den 3000 Antworten ca. 250 alleine pro Medizinischen Hochschule in Hannover erhalten; dies war der absolute Renner bei den Empfehlungen. Aus diesem Grund haben wir Quartile gebildet, und für die medizinische Empfehlung wurden nur sehr wenig Punkte vergeben. Darüber hinaus ist die medizinische Qualität mit 25 % relativ niedrig gewichtet worden – obwohl es durchaus Argumente für eine Höhergewichtung dieses Kriterium gibt – weil wir um die Schwierigkeit der Beurteilung dieses Kriteriums wußten. Wir haben damals auch für uns eine problematische Gruppe befragt, die sog. 1000 besten Ärzte, die bereits zwei Jahre vor der Studie in einem – wie ich meine – recht fragwürdigen Verfahren zusammengesampled worden waren. Aus diesen Gründen waren wir sehr vorsichtig in der Gewichtung dieses Kriteriums.

Ein wesentliches Problem dieser Studie bestand darin, daß es absolute Pionierarbeit war, die dazu noch von dem Problem getragen war, daß ein Magazin natürlich darauf aufpassen muß, daß nicht das Konkurrenzmagazin vorher mit einer ähnlichen Studie am Markt ist. Daher war es natürlich für uns problematisch, daß wir nicht in größeren Expertenkreisen unsere Bewertungskriterien diskutieren konnten. Wir haben unter anderem mit einigen Krankenhausgesellschaften, so auch mit der DKG diskutiert, es war aber leider keine offene Diskussion, die wir gerne durchgeführt hätten.

Befragungen basieren zu oft auf »falschen« Fragen oder es werden Fehlschlüsse aus ihnen abgeleitet.

Spira:

Mir fiel auf, daß die Ergebnisse der Test-Studie den Allensbacher Ergebnissen diametral entgegenstehen, die ja über drei Jahrzehnte veröffentlicht worden sind. Ich möchte zwar nicht diesen Ergebnissen das Wort reden, aber wenn ich sehe, daß da 40 % Beschwerden sind und dergleichen, halte ich das für außergewöhnlich.

Kossow:

Ich habe Schwierigkeiten nachzuvollziehen, warum die Menschen zu über 70 % mit Pflegekräften und Ärzten zufrieden sind und mit der Krankenhausleistung insgesamt nicht. Da ist doch dann irgendein Sektor Krankenhausleistung, der darüber hinaus zumindest erwartet wird oder ist das eine Assoziation an die bedrohliche Lebenssituation, die man im Krankenhaus durchlebt, oder ist es eine Erwartung, im Krankenhaus wenigstens auf Hotelniveau untergebracht zu werden. Derartige Fragen sind in der Studie nicht aufgeklärt.

von Eiff:

Derartige Fragen sind in der Studie zwar nicht geklärt. Als ich im Nachgang dieser Studie die Reaktionen von Krankenhausdirektoren verfolgen konnte, ergab sich für mich eine Konsequenz: Wir befragen oder werten die falschen Dinge. Wenn wir beispielsweise fragen nach der medizinische Qualität, dann fragen wir faktisch danach, welche Methoden der Arzt nach dem neuesten Stand der medizinischen Wissenschaft anwendet. Tatsächlich ist diese Frage aber auch in einer völlig anderen Richtung interpretierbar: Wie informiert mich der Arzt über meine Krankheit: Offen, verständlich usw.? Hinzu kommt, ob er sich Zeit nimmt und mich als Persönlichkeit ernst nimmt. Auch die Art seines Auftretens ist wichtig: Schafft er eine angstfreie Atmosphäre, ist er nett und zugänglich?

Hier sind offenbar zwei Fragenkategorien miteinander vermischt worden, was dazu führt, daß die Patienten einerseits eine hohe Meinung vom medizinischen Leistungsniveau hatten, andererseits mit der Art des persönlichen Umgangs aber nicht zufrieden waren. Daher verweise ich nochmals auf die bereits genannten Erfolgsfaktoren. Die medizinische Qualität ist unbestrittener Erfolgsfaktor, hinzu kommt die Art und Weise, wie Arzt und Pflegekraft informatorisch mit den Patienten umgehen. Wenn ich lächelnd auf einen Patienten zugehe, habe ich zweifelsfrei bessere Beurteilungschancen als mit mißmutig herabhängenden Mundwinkeln.

Patintenzufriedenheitsbefragungen sind nur sinnvoll, wenn sie als Führungsinstrument genutzt werden und Grundlage für ein regelmäßiges Feedback sind.

Massaro:

Wir führen derartige Patientenzufriedenheitsbefragungen seit zwei Jahren alle drei Monate durch und geben die Ergebnisse weiter an unsere Abteilungsleiter in den administrativen Bereichen und Klinikchefs. Alle Abteilungsleiter und Klinikchefs sind verantwortlich dafür, die Ergebnisse zu kennen und zu verbessern. Übrigens setzen wir auch Leistungsziele, die auf Zufriedenheitsbefragungen von Patienten und Ärzten basieren, und in den letzten Monaten gaben wir Insentivs in der Form, daß 2 % des Jahreseinkommens abhängen vom Erreichen dieser Ergebnisvorgaben und Zahlen, die denen der hier vorgetragenen Konzepte sehr ähnlich sind. Wir haben ein zweistufiges Insentiv-System, das die Beschäftigten ermutigt, die Patientenzufriedenheit zu verbessern. Sie können nach unseren Erfahrungen die Kultur eines Hauses verändern. Mit derartigen Daten in Verbindung mit einer Orientierung an Insentivs, Preisen und finanziellen Anreizen können Sie etwas bewegen; diese Erfahrungen haben wir jedenfalls in den letzten zwei Jahren gemacht.

Liz Mohn:

Ich möchte noch einmal aufgreifen, was Herr Massaro hinsichtlich der finanziellen Anreizstrukturen in seinem Krankenhaus vorgetragen hat. Im Hause Bertelsmann gibt es bereits seit Jahrzehnten ein Prämiensystem bzw. eine Gewinnbeteiligung der Mitarbeiter. Die finanzielle Integration der Mitarbeiter in das Unternehmen geht sogar soweit, daß sich leitende Manager in einzelnen Geschäftsbereichen in Form von Kapitalbeteiligungen einbringen. Zum einen wachsen durch Gewinn- und Kapitalbeteiligungen Motivation und Eigenverantwortung; die Mitarbeiter identifizieren sich noch stärker mit dem Unternehmen. Zum anderen erscheint es doch nur zwingend, diejenigen am wirtschaftlichen Erfolg teilhaben zu lassen, die alle an diesem Erfolgt mitgewirkt haben.

Lohfert:

Das ist ein hervorragender Vorschlag. Leider ist er in der betrieblichen Praxis im Krankenhaus oftmals nur sehr schwer durchführbar. Bestandswahrung der Chefarztverträge, die stabilen Verhältnisse innerhalb der bestehenden Krankenhausstrukturen, Fragen der baulich-funktionalen Verhältnisse und vieles mehr; es gibt tausend Hemmfaktoren, die etwas Derartiges bremsen und zwar mit einer Bedeutung bzw. einem Schwierigkeitsgrad, den Sie nur sehr schwer wegräumen können. Prämiensysteme haben übrigens, wie man aus vielen anderen förderlichen Vergütungssystemen weiß, immer auch eine fehlsteuernde Wirkung. Man muß sich also sehr sorgfältig überlegen, welches Steuerungssystem man haben will und ich meine, daß man solche Steuerungssysteme zunächst einmal in Form von Modellversuchen ausprobieren muß.

Der Betriebsvergleich als Führungsinstrument soll Transparenz in das Verschwendungsverhalten bringen und Wege zum Sparen am Überflüssigen aufzeigen.

von Eiff:

Vorhin wurde von Herrn Lohfert ausgeführt, es gehe nicht darum zu rationieren, sondern es sei genügend Spielraum, am Überflüssigen zu sparen. Welche Meinung vertreten denn die anwesenden Ärzte? Sparen Sie als Ärzte zu wenig?

Homann:

Seit einigen Jahren sparen auch wir zunehmend in den Primärleistungsbereichen, aber z. B. auch im Labor oder bei EKG's. Wir versuchen sehr wohl, Labor- oder Fremdleistungen einzusparen – hier sind insbesondere Fremdleistungen zu nennen, wo durchaus noch Sparpotentiale liegen. Die bislang vorgetragenen Konzepte, in denen teilweise sehr große Unterschiede deutlich wurden, führen aus ärztlicher Sicht zu einer interessanten Schlußfolgerung: Fachabteilung zu Fachabteilung. Ich kann beispielsweise eine Augenabteilung nicht mit einer Kardiologie vergleichen. Dort liegen andere Patienten mit einem Schwerpunkt Herz, wodurch ich entsprechend mehr Untersuchungen, z. B. EKG's gebrauche.

Ditter:

Ich kann für unser Haus sagen, daß wir bereits seit Jahren eine effektive Kostenkontrolle durchführen mit monatlichen Betriebsergebnissen, die jedem Abteilungsleiter zugestellt werden. Was ich heute nachmittag erfahren habe, stimmt mich ein wenig hoffnungsvoll, weil die Pflegesatzverhandlungen in der Zukunft offenbar darauf hinauslaufen, daß man Abteilungen mit gleichem Leistungsspektrum miteinander vergleichen wird und nicht Krankenhäuser. Wenn ich das auf unser Haus beziehe, schneiden wir deshalb bisher schlecht ab, weil wir ein Krankenhaus der mittleren Größenordnung sind mit 430 Betten und sehr punktuelle Schwerpunkte haben, die weit entwickelt sind, z. B. im Bereich der Inneren Medizin mit 190 Betten mit Subspezialitäten und effektivem Leistungsspektrum. Wir können nach dem bisherigen System immer nur hintanstehen und schlechte Budgets abschließen. Wenn das jetzt herausgenommen wird und wir mit Abteilungen in Schwerpunktkrankenhäusern verglichen werden, wird das künftig sicherlich besser werden und das ist meine große Hoffnung.

Schlanke Medizin, aber fettes Controlling!
Sind unsere Methoden zu wissenschaftlich?

Massaro:

Die wahren Kosten eines Behandlungsprozesses zu erfassen, ist äußerst problematisch. Wir benutzen ein Formular, welches von den kaufmännischen Bereichen unserer Versicherung entwickelt wurde. Intern muß dann jedes Krankenhaus die Fallkosten ermitteln für alle Elemente der Behandlung. Es gibt natürlich Probleme, da z.B. die pharmazeutischen Kostenstrukturen und die Kosten des Pflegedienstes aufgrund der Overhead-Kosten in der Apotheke unterschiedlich zu beurteilen sind.

Schleibach:

Kann ich es dahingehend interpretieren, daß Sie nicht heruntergehen bis auf die wissenschaftliche Ebene wie beispielsweise das Activity-based Costing.

Massaro:

Das ist eine gute Frage. In dieser Studie gehen wir nicht auf das Niveau des Activity-based Costing. Aber wenn wir als Leistungserbringer wahre Benchmarks bekommen wollen, müssen wir herunterbrechen auf die Ebene der einzelnen Kostenelemente. Und der einzige Weg, um diese Individualebene zu erreichen, ist sicherlich die Durchführung eines Activity-based Costing. Wir haben leider keine ausreichend große Peergroup in den Staaten oder irgendwo sonst, die ein qualifiziertes Activity-based Costing durchführt. Wir haben damit in unserem Haus begonnen, für ausgewählte häufige und teure Prozesse die einzelnen Bestandteile hinsichtlich der Kosten und des dazugehörigen Nutzens zu messen. Erst wenn man die wahren Kosten- und Nutzenwerte kennt, kann man mit sinnvollen Veränderungen für den Patienten und das Unternehmen beginnen. Aber Activity-based Costing ist sicherlich eine große Investition.

Schleibach:

Herr Thiemeann veranlaßt mich zur Frage nach dem wissenschaftlichen Niveau des Kostenmanagements und insbesondere des Activity-based Costing, da er in seinem Vortrag die »Prozeßkostenrechnung« erwähnte, das deutsche Äquivalent zum Activity-based Costing. Dieses wissenschaftliche Niveau wird im Krankenhaus gar nicht gebraucht. Es genügen Instrumentarien, die sich dem tatsächlichen Kosten annähern. Ansonsten geben Sie viel Geld aus, schaffen sich eine große Komplexität und kaufen sich teure Kostenrechnungs-EDV, um am Ende des Tages Ergebnisse zu erhalten, deren realen Informationswert sie wesentlich einfacher hätten generieren können.

von Eiff:

Das Grundübel liegt in einem fehlgeleiteten Controlling-Verständnis, das die Denkweise zu vieler Betriebswirte in die falsche Richtung steuert: Controlling ist für zahlreiche Manager in erster Linie eine möglichst genaue Erfassung und Verrechnung von Kosten und Leistungen. Diese vom Rechnungswesen geprägte Kontrolling-Denke (mit »K« geschrieben) führt zu bürokratischen Rechtfertigungskulturen. Controlling mit »C« geschrieben hat die Aufgabe, primär die Leistungen auf Zweckmäßigkeit und Nutzen zu prüfen und erst dann die Frage anzuschließen, ob eine sinnvolle Leistung bei vorgegebenem Qualitätsniveau kostengünstiger erbracht werden kann. Der Controller als Steuermann braucht daher tiefe Kenntnis der Leistungsprozesse und nicht nur Daten des Rechnungswesens.

Leistungs- und Vergleichsgrößen dürfen aggregiert werden, wenn sie vorher erfaßt und mit geringstmöglichen Verlust an Informationswert komprimiert werden.

Hartwig:

Herr Beeson nannte als eine Referenzgröße die Komplikationsraten. Das waren sehr hoch aggregierte Daten, die aus den Krankenakten abgeleitet wurden. Wie funktioniert die Ableitung aus den Krankenakten in der Routine? Ergänzungsfrage: Wird nur der Moment der Entlassung erfaßt oder erfolgt auch eine Art follow-up, wobei der Zufriedenheitsgrad der Patienten nach längerer Zeit gemessen wird, wohin er entlassen wurde und wie ggf. der weitere Krankheitsverlauf war?

Beeson:

Die Berechnung der Komplikationsraten ist eine sehr komplexe Aufgabe. Um aussagefähiges Datenmaterial zu erhalten, muß vorab eine qualifizierte Codierung erfolgen. Je mehr Diagnosen ein Krankenhaus codiert, die Codes pro Patientendatensatz, je besser sind natürlich die Ergebnisse. In Amerika haben wir ca. 5 Codes pro Patientendatensatz, während es in Europa nur 2 bis 2,5 sind. Ausgangspunkt der Berechnung der Komplikationsraten ist eine große Datenbasis von einer Vielzahl von Krankenhäusern. Wir sprechen hier über eine sehr große Datenbank mit einigen Millionen Patientendaten. Wir klassifizieren Patienten in Gruppen, die auf den codierten Diagnosedaten basieren. Basierend auf der Klasse, in die ein Patient eingruppiert wird, berechnen wir die Wahrscheinlichkeit, daß Komplikationen eintreten. Man kann dann Anwendungen für jedes einzelne Krankenhaus fahren. Wir klassifizieren die Patienten des betreffenden Krankenhauses in die entsprechenden Gruppen und können Aussage treffen, welche Anzahl von Komplikationen in jeder Gruppe zu erwarten ist. Die Raten für die einzelnen Gruppen können dann aggregiert werden für das Gesamtkrankenhaus, sowohl die Komplikations- als auch die Mortalitätsraten. Derartige Auswertungen können natürlich auch für bestimmte Spezialitäten oder einzelne Ärzte durchgeführt werden.

Ich habe in meinem Vortrag nicht über das Follow-up gesprochen. Wir haben in den Staaten ein Produkt kreiert mit dem Namen »response«, welches auf Fragebögen basiert. Diese vordefinierten Fragen werden den Patienten eine bestimmte Zeit nach der Entlassung zugesandt. Dies können, je nach behandeltem Krankheitsbild, z. B. Fragen sein, ob jemand wieder Treppen steigen oder eigenständig essen kann. Sie haben Recht, daß die Ergebnisse am Entlassungstag können phantastisch aussehen, aber man muß auch die weitere Entwicklung überprüfen. So ist natürlich zu überprüfen, ob ein Krankenhaus eine niedrige Mortalitätsrate hat, weil es die Patienten kurz vor dem Tod in ein Lehrkrankenhaus überweist. Eine Bestandsaufnahme am Entlassungstag ist sicher unzureichend, um eine Gesamtbild vom Krankheitsprozeß zu erhalten. Sicherlich brauchen wir die Betrachtung und die entsprechenden Daten des gesamten Behandlungsprozesses über alle Prozeßstufen, ambulant, vorstationär, stationär usw. Aber man sollte die Ergebnisse vom Entlassungstag nicht deswegen verteufeln, weil die Daten noch nicht komplett sind, man muß vielmehr im Hinterkopf behalten, daß für das Gesamtbild weitere Daten erforderlich sind.

Kalman:

Zur Berechnung der Krankheitsschwere nutzen wir in Deutschland teilweise eine wissenschaftliche Methodik des »Disease staging«, da jede Krankheit unterschiedliche Stadien hat. Wir versuchen aus den Daten, Diagnosen und Prozeduren die Stadien einer Krankheit zu ermitteln und für jedes Stadium gibt es dann einen Schweregrad. Wir haben dazu noch einige proprietäre Aspekte zugepackt, so daß es möglich ist, mit den Daten, die Sie heute zur Verfügung haben, einen Schweregrad zu errechnen.

Daten müssen verfügbar sein, um Wirkung zu entfalten.

Hildebrandt:

Eine Frage an Herrn Massaro. Sind die Daten, die Sie verwenden, ausschließlich Daten aus Ihrer Benchmarking-Gruppe bzw. aus den angeschlossenen Vertragshäusern oder gibt es auch öffentlich zugängliche Datenbanken, wo Krankenhäuser verpflichtend Daten zuliefern und können Sie auch diese Daten in Vergleiche einbeziehen?

Massaro:

In den Vereinigten Staaten sind wir verpflichtet, sowohl auf der Bundesebene als auch auf Ebene der einzelnen Staaten diese Daten einzureichen und zwar die gleichen Daten, die wir auch für unsere freiwillige Studie verwenden. Nach der gesamten Datensammlung werden diese auch veröffentlicht. Der Grund, warum wir diese selbst noch einmal sammeln und auswerten, besteht darin, daß auf der Bundesebene die Auswertung zwei Jahre für eine komplette Datenbasis dauert. Wir möchten die Daten natürlich möglichst zeitnah haben, um diese an die Ärzte rückkoppeln zu können, insbesondere wenn wir sie überzeugen wollen, ihr Verhalten zu ändern und auch den Erfolg möglicher Veränderungen schnell messen zu können. Unser Ziel ist es, den Ärzten innerhalb von 15 Tagen nach der Entlassung ein Feed-back zu geben, welche Ergebnisse erreicht wurden, wie die Kosten aussehen, welche Medikamente z. B. benötigt wurden und inwiefern die Werte vom Standard abweichen

Beeson:

Die Daten, mit denen wir in Europa arbeiten, erhalten wir von den Häusern, mit denen wir entsprechende Verträge abgeschlossen haben. Öffentliche Datenbanken sind nicht verfügbar. In England ist zwar eine begrenzte Datenbank öffentlich zugänglich, die aber auch einige Jahre zur Datenaufbereitung braucht. Lassen Sie mich noch etwas zur Kostenproblematik sagen. Ich habe in England lange Zeit an Kostensystemen gearbeitet. Das Investment zur Einführung eines tatsächlichen Activity-based Costing ist beinahe unerschwinglich. Dies liegt in der Natur der Medizin begründet, da die einzelnen medizinischen Komponenten fast undefinierbar sind. Z. B. müssen Patienten mit derselben Krankheit teilweise anders behandelt werden, weil unterschiedliche Begleiterkrankungen vorliegen oder der allgemeine körperliche Zustand sehr unterschiedlich ist. Wir haben daher versucht, einen Kompromiß zu finden in einem Top down Costing. Wir haben die gesamten Krankenhauskosten genommen und diese unter Verwendung unterschiedlicher Methoden heruntergebrochen auf die Patientenebene. Interessant war, daß in einem bestimmten Krankenhaus, in welchem wir die von uns erhobenen und ausgewerteten Daten präsentierten, unsere Daten und Daten, die das Krankenhaus in einer neunmonatigen Studie unter Beteiligung von sechs Mitarbeitern der Verwaltung und einer Vielzahl von Klinikern im Rahmen eines Bottom-up Costing gewonnen hatte, in jedem einzelnen Fall lediglich Differenzen im Bereich von 5 bis 10% auftraten. Wir finden zwischen einzelnen Krankenhäusern z. T. Kostendifferenzen von 100 oder 200%, so daß Differenzen von 5 oder 10% in den Ergebnissen kaum ins Gewicht fallen, um die problematischen Bereich zu eruieren. Ich kenne zwei Lehrkrankenhäuser, die 100 km voneinander entfernt sind. In dem einen Haus kostet ein Kaiserschnitt das fünffache wie in dem anderen Haus. Es wäre also günstiger, die Patientinnen mit dem Hubschrauber in das günstigere Krankenhaus zu fliegen, dort zu operieren und wieder zurückzufliegen. Sie brauchen nicht eine zwölfmonatige Untersuchung mit Stoppuhr und Aufzeichnungsbuch, um herauszufinden, daß etwas falsch läuft. Machen Sie eine kurze Studie, auch wenn diese nur angenäherte Werte enthält und sie werden von den Ergebnissen schockiert sein. Ich habe oftmals Spezialabteilungen mit hohen Kosten und einer kurzen Verweildauer. Sie haben zwar einen insgesamt effizienten Behandlungsprozeß, die hohen Kosten resultieren aber aus einer schlechten OP-Organisation, in der ein komplettes OP-Team auf den Patienten warten muß.

Betriebsvergleich im Spannungsfeld der Interessen.

Niggemann:

Ich habe eine etwas provokative Frage. Sind Sie, Herr von Eiff, nicht auch der Meinung, daß sich an Befragungen und Erhebungen nur Krankenhäuser beteiligen, die von sich selber meinen, daß sie zumindest in einem bestimmten Rahmen leistungsfähig wären? Ich möchte das konkretisieren: Stellen Sie sich vor, Sie haben eine Fachabteilung im Krankenhaus mit 40 Planbetten, von denen durchschnittlich 30 belegt sind und einer mittleren Verweildauer von 16 Tagen, während der Durchschnitt bei 10 bis 11 Tagen liegt. Ich könnte das jetzt noch anreichern. Aber könnten Sie sich vorstellen, daß sich diese Fachabteilung überhaupt an einer Befragung beteiligt? Und wenn Sie dann daran denken, daß diese Daten noch an die »bösen« Kassen weitergegeben werden könnten, so halte ich es für fast unmöglich, daß der Wille vorhanden ist, sich an einer solchen Erhebung zu beteiligen.

von Eiff:

Lassen Sie mich versuchen, eine Wertung und Zusammenfassung vorzunehmen.

Wir haben festgestellt, daß es nicht einen Vergleich gibt, der mit seiner Systematik alle Anforderungen an entscheidungsrelevante Informationen erfüllt. Es gibt mindestens drei methodische Vergleichsrichtungen:

1. Der Betriebsvergleich als Informationspool, der das Lernen voneinander ermöglicht. Die Krankenhäuser treten untereinander in einen ganz offenen Erfahrungsaustausch, um von der besten Praxis zu lernen.

2. Ein zweiter Bereich betrifft den Betriebsvergleich in der Funktion als Marketinghilfe. Ziel ist es, Branchenfehler zu erkennen und diese nach Möglichkeit selbst zu vermeiden. Oder kritisch zu reflektieren, ob man selbst diese Fehler auch begeht und was man tun kann, damit diese Fehler in Zukunft vermieden werden.

3. Der kontrollorientierte Vergleich: Eine Kontrolle der Leistungs- und Kostenentwicklung der Krankenhäuser mit dem Ziel, die auftretenden Verbesserungen und Einsparungen in irgendeiner Form zwischen Krankenkasse und Krankenhaus zu verteilen.

Wir haben an den letzten beiden Tagen bereits eine polarisierte Diskussion erlebt. Es ist deutlich geworden, daß der lernorientierte Best Practice-Vergleich der Krankenhäuser untereinander die präferierte Form des Vergleichs aus Krankenhaussicht ist. Sehr begrenzte Akzeptanz findet der Vergleich dessen Informationen die Krankenkassen erhalten; die Krankenhäuser befürchten ganz einfach, sich durch entsprechende Datenmeldung selbst in eine Nachteilsposition bringen zu können.

Und hier sind wir an dem kritischen Punkt angelangt. Diese Einstellung der Krankenhäuser würde unterstellen, daß die Leistungsprozesse in der heutigen Strukturierung und mit der momentanen Vergütung »richtig« sind. Insbesondere die Vergütung würde als richtig unterstellt werden. Und das ist sicherlich in dieser Form nicht richtig. Der Gesetzgeber als Vertreter aller Bürger darf kein Interesse daran haben, die Kosten- und Leistungsstruktur unverändert bestehen zu lassen; ebensowenig wie die Krankenkassen in der notwendigen Rolle als Anwalt der Versicherten.

Es würde einen Vergleich sicherlich überfordern, sollte er alle drei genannten Bereiche qualifiziert abdecken.

Kösters:

Ich gebe Ihnen, Herr von Eiff, recht: Man tut der Sache wirklich keinen Dienst, einen Krankenhausvergleich auf den Weg zu bringen, der diese drei Aspekte miteinander vermischt. Die Sorgen bei den Krankenhäusern sind schon erheblich, daß wir der Marktgegenseite sensible Kosten- und Organisationsdaten frei Haus liefern, was kein Unternehmen dieser Republik sonst tut. Ich glaube nicht, daß die Firma Siemens oder das Haus Bertelsmann dem Markt gegenüber offenbart, wie die individuellen Kostenstrukturen sind. Das macht keiner. Warum sollen wir als Krankenhäuser das tun, wenn wir zunehmend in Marktbedingungen hineingeworfen werden? Deswegen müssen wir im Grunde diesen Bereich der externen Kontrolle über Leistungs- und Kostenstrukturen abkoppeln, sonst werden die Krankenhäuser sich nicht in dem Maße öffnen, wie das wünschenswert wäre. Ich glaube, daß alle Direktoren der Häuser, die für Qualität und Kosten verantwortlich sind, sich dringendst danach sehnen, Best Practice-Vergleiche fahren zu können. Sowohl das Lernen voneinander als natürlich auch die Marketinghilfe sind für Krankenhäuser sinnvoll. Aber vermischen Sie den Betriebsvergleich mit dem dritten Aspekt, der Kostenkontrolle, wird das nicht klappen. Ich sehe darin eine große Gefahr.

Herr Spira hat bereits auf einen weiteren ganz wichtigen Punkt hingewiesen. Unsere Ärzte und Pflegekräfte müssen heute unglaublich viel dokumentieren. Wenn Sie sich einmal, wieviel Zeit für diese Dinge aufgebracht werden muß, ist das schon erheblich. Wenn Sie über die Stationen im Krankenhaus gehen, beobachten Sie einmal, wieviel Mitarbeiter an den Dokumentationen sitzen. Unsere Mitarbeiter werden uns steinigen, wenn wir wieder mit neuen Verfahren kommen, für die wieder gesonderte Aufzeichnungen gemacht werden müssen, die offiziellen kommen vermutlich für den externen Qualitätsvergleich ohnehin noch, da wir derzeit noch auf das richtige Verfahren warten. Wenn wir jetzt den falschen Einstieg machen und müssen z.B. nach einem Jahr wieder zu einem neuen System wechseln, haben wir noch größere Motivationsprobleme.

Niggemann:

Bis vor einer Stunde war ich der Meinung, die Tagung könnte das Ziel erreichen, gemeinsam etwas auf den Weg zu bringen. Auf einmal nimmt die Tagung einen ganz anderen Verlauf, was insbesondere an der Wortmeldung von Herrn Dr. Kösters liegt. Es wird eine Linie aufgebaut, die Folge der Pflegesatzverhandlungen, Bedarfsplanung und möglicherweise – das will ich offen bekennen – auch Haltung der Kassen sein könnte. Gleichwohl sage ich an dieser Stelle, mir persönlich ist sehr viel an Gemeinsamkeit gelegen, gemeinsam Daten zu entwickeln und gemeinsame Lösungsansätze zu entwickeln. Nur die Rahmenbedingungen sind nicht dazu angetan, zu sagen, daß im Gesundheitswesen Wettbewerb und marktwirtschaftliche Mechanismen in dem Maße greifen wie in anderen Branchen, die Situation ist doch verschieden. Herr Dr. Kösters, in Ihre Richtung: Sie sagen, daß die Kassen von Ihnen keine Daten verlangen sollen, da wir von Ihnen Leistungen bekommen und dafür einen Preis bezahlen; Sie erwähnen ferner, daß die Krankenhäuser bereits in einem Wettbewerb leben. Das würde ich gerne entgegennehmen. Nur wie antworten die Krankenhäuser, wenn wir beispielsweise im Bereich Konstanz hergehen und herzchirurgische Leistungen 20 % billiger einkaufen als viele andere Krankenhäuser das in Deutschland bei gleicher Qualität und gleicher Leistung tun. Frau Mohn würde mir zustimmen, daß genau die gleichen Mechanismen und Bedingungen sind, unter denen wir in der freien Wirtschaft schon lange arbeiten. An der Stelle werfen Sie ein, daß man das nicht miteinander vergleichen kann und sprechen über die Daten, die wir jetzt gerne vergleichend erheben möchten. Ich will gar nicht alle Daten haben. Ich habe bereits gestern gesagt, daß Krankenhäuser Anreize bekommen und auch Gewinnmöglichkeiten erhalten müssen. Dann sagen Sie mir, daß Sie von Gewinnen weit entfernt sind, diese Diskussion wird ja nicht zum ersten Mal geführt. Aber Anreize für Krankenhäuser müssen bestehen, um zu mehr Wirtschaftlichkeit zu kommen. Warum kann man nicht gemeinsam solche Anreizmechanismen vereinbaren. Wenn ich durch die Einsparung einer Kraft im Krankenhaus meine Kosten um 100.000,– DM senke, warum sollen die Kassen dann nicht mit 50.000,– DM profitieren. Die übrigen 50.000,– DM belasse ich doch beim Krankenhaus. Warum können wir nicht gemeinsam Daten aufbauen, die zu einer Erhöhung der Wirtschaftlichkeit kommen. Allerdings findet es natürlich dort seine Grenzen, wo wir die Bedarfsplanung und die Pflegesatzverhandlungen nicht übereinander bringen. Wir wissen ja, daß wir ein Überangebot haben. Die Mechanismen, die sich in der freien Wirtschaft dann entwickeln würden, daß ein Überangebot an Dienstleistern sich durch den Markt bereinigt, diese Mechanismen haben wir im Gesundheitswesen nicht, das ist unser Problem. Ich bin für gemeinsame Erhebungen, für gemeinsame Vergleiche. Man muß sich sicherlich darüber verständigen, welche Daten an die Kassen weitergegeben werden. Ich habe durchaus dafür Verständnis, daß nicht alle Daten weitergegeben werden.

Schleibach:

Noch eine Anmerkung zu Herrn Dr. Kösters und zum Selbstverständnis von Benchmarking. Benchmarking ist kein Instrumentarium für das Management, um Statistiken zu vergleichen. Beim Benchmarking vergleichen Sie nicht eigentlich Ihr Zahlenmaterial, sondern nur die Differenz, die heraustritt. Wir haben gesehen, daß der Vergleich auf Prozeßebene erfolgen sollte, und es interessiert nicht das Endresultat, sondern die Differenz. Wo liegt die Abweichung?

Das, worüber Sie hier noch reden, gibt es schon lange in England. Dort hat das Pendant der Deutschen Krankenhausgesellschaft, die Federation of National Health Trust, immerhin 450 Häuser. Da gibt es von der Privatwirtschaft für die Krankenhäuser einen sogenannten Benchmarking-Dienst: Ein Konsortium entscheidet, welche Prozesse in einem Jahr untersucht werden sollen. Die Häuser bezahlen für den Benchmarking-Dienst. Mit den Ergebnissen des Dienstes kann sich dann jedes einzelne Haus positionieren.

Noch ein Letztes: In Deutschland ist viel zu oft die Einstellung anzutreffen, daß man zwar Leistungen ohne Gegenleistung erhält, aber niemals selbst Leistungen ohne Gegenleistungen abgibt. Aber:«nothing is free in the world«, nichts ist umsonst in der Welt. Wenn Sie Kosten sparen und Qualität steigern wollen, müssen Sie einen Preis bezahlen. Fragen Sie mal Herrn Massaro, der uns eben 16 Häuser genannt hat, mit denen er kooperiert, und fragen Sie ihn, wie weit der nächste Wettbewerber von ihm entfernt ist. Wenn Sie Benchmarking betreiben müssen bzw. wollen und Sie besser werden wollen, müssen Sie einen Preis bezahlen. Sie müssen eine»open book-mentality« entwickeln, Sie müssen sich offenlegen. Nur dann können Sie auch einen Nutzen erwarten.

Ist ein Betriebsvergleich für Krankenhäuser chancenlos?

Angelika Beyer-Rehfeld (Krankenhaus-Umschau)
im Fachgespräch mit
Wilfried von Eiff

»Wenn alle das gleiche machen,
hat keiner was davon.«
oder
»Wer in die Fußstapfen der Vorgänger tritt,
hinterläßt keine eigenen Spuren.«
(Wilfried von Eiff)

Das Fachgespräch

Ist ein Betriebsvergleich für Krankenhäuser chancenlos?

Der Gesetzgeber sieht im § 5 BPflV die regelmäßige Durchführung eines Krankenhausbetriebsvergleich vor. Was soll eigentlich durch wen und mit welcher rechtlichen Konsequenz verglichen werden. Nehmen die Krankenkassen den Vergleich vor – sie verfügen zumindest über jede Menge Daten? In den Krankenhäusern sieht man die Vergleichbarkeit ohnehin schon immer als strittig an.

Mit *Prof. Dr. Dr. Wilfried von Eiff*, Geschäftsführer des Centrums für Krankenhaus-Management CKM, sprach Angelika Beyer-Rehfeld (Krankenhaus-Umschau). *Von Eiff* gilt als Protagonist eines sog. »prozeßorientierten Betriebsvergleiches« in Verbindung mit einer »Best Practice-Informationsbörse«; mit Unterstützung der Bertelsmann Stiftung, die bereits in öffentlichen Betrieben (Behörden, Bibliotheken, Stadtverwaltungen etc.) mit Erfolg Betriebsvergleichskonzepte realisiert hat, führte das CKM im August 1997 ein in der Fachwelt viel beachtetes mit internationalen Experten besetztes Betriebsvergleich-Forum durch.

1.
Das Klinikmanagement ist mehrheitlich der Ansicht, Krankenhäuser seien generell nicht vergleichbar. Die Tatsache, daß es so kurz vor dem Start noch kein allgemein akzeptiertes Verfahren gibt, scheint dem Recht zu geben. Sie haben sich einen Überblick verschafft. Wohin läuft der Hase?

Die Behauptung, Leistungs-, Effizienz- und Wirtschaftlichkeitsvergleiche zwischen Krankenhäusern seien nicht möglich, ist eine sachlich unbegründete Killerphrase der ewig Gestrigen. Betriebsvergleiche, ob in der Form des Wettbewerbsvergleichs, des Prozeß-Benchmarking oder des Reverse Engineering sind aus den Entscheidungsprozessen von Industrie-Managern nicht mehr wegzudenken. Mit der Aufzählung dieser Verfahren wird deutlich: Es gibt nicht »den« Betriebsvergleich und damit auch nicht »die« Betriebsvergleichsmethode, sondern orientiert an den verschiedenen Zwecken und berechtigten Interessenlagen von Krankenhäusern, Kostenträgern, Regierung und Krankenhauskunden (niedergelassene Ärzte, Patienten, Angehörige) sind mindestens drei Betriebsvergleichsschwerpunkte unabhängig voneinander zu handhaben:

a) Der Betriebsvergleich als Best Practices-Börse zwischen Krankenhäusern (ohne Kassenbeteiligung), ohne Beteiligungsverpflichtung, ohne Realisierungsverpflichtung und ohne Sanktionierungsdrohung.

b) Der Betriebsvergleich als gemeinsames Instrument von Kassen und Krankenhäusern zur systematischen Preissenkung für Krankenhaus-

leistungen ohne Qualitätseinbußen mit transparenten Sanktionsmechanismen.

c) Der kundenorientierte Betriebsvergleich als Barometer für die Dienstleistungsqualität der ganzen Branche, auf Basis von überregionalen
Kundenbefragungen.

2.
Ein Teilnehmer Ihres Forums (Anm. d. Red.: Herr Dr. Lohfert) sagte:
»Der Betriebsvergleich von Krankenhäusern ist chancenlos!« Wie schät-
zen Sie diese Behauptung ein?

Es hat sich in der Praxis gezeigt, daß der auf Kennzahlen basierende Vergleich von Resultaten für den Manager nur geringen Informationswert
hat, wenn es darum geht, seine Entscheidungsprozesse qualifiziert zu unterstützen. Gerade das Argument der Nichtvergleichbarkeit ist eine Konsequenz von irreführenden Kennzahlen. Der Trend ist eindeutig: Der entscheidungsrelevante Betriebsvergleich bringt Resultate mit Prozeßdaten
und Best Practices in einen Aussagezusammenhang; nur dann ist der Betriebsvergleich nicht chancenlos.

3.
Gerade in der Wirtschaftspraxis gibt es aber Beispiele für gescheiterte
Betriebsvergleiche.

Für alles und jedes gibt es Positiv- und Negativbeispiele: Daß Betriebsvergleiche an anderer Stelle gescheitert sind, spricht nicht gegen das Verfahren, sondern weist eher auf einen unprofessionellen Umgang mit der
»Philosophie« dieses Instruments hin. Welche produktive Dynamik, welcher Paradigmenwechsel im Management-Verständnis einer ganzen
Branche durch einen Betriebsvergleich ausgelöst werden kann, das demonstriert die weltweite, vergleichende Studie der Automobilhersteller
durch das MIT.

Dieser Vergleich war nicht als oberflächlicher Resultatvergleich von aggregierten Kennzahlen ausgelegt, sondern legte die Prozeß-, Organisa-
tions- und Potentialstrukturen auf den Vergleichsprüfstand und brachte
damit eine ganze Branche global in Bewegung. Allerdings: Eine solche
Vergleichsstudie erfordert solide Recherchen, verlangt nach gründlichem
Verstehen der Wirkungszusammenhänge; solche Wissenschaftstugenden
scheinen in unserer Zeit der schnellen Patentrezeptempfehlungen, der telefonischen Blitzumfragen und der oberflächlichen Kompendiumliteratur weniger gefragt zu sein.

Ein Betriebsvergleich ist nur so aussagefähig, wie er Auskunft gibt über die organisatorischen, führungstechnischen und unternehmenskulturellen Hintergründe von überdurchschnittlichen Erfolgsresultaten.

> **4.**
> **Von Krankenhäusern wird schon jetzt eine Unmenge an Daten abgefordert. Braucht man eigentlich mehr? Gibt es nicht schon genügend Datenfriedhöfe? Könnten die Krankenkassen nicht mit dem, was sie bereits monatlich bekommen, Vergleiche anstellen?**

Natürlich lassen sich mit den LKA-Daten, insbesondere den Leistungsdaten und vereinzelten Kalkulationsdaten, sowie den sogenannten 301er-Daten erste Vergleiche durchführen. Diese Vergleiche eröffnen aber keinen Einblick in die organisatorischen und kulturellen Ursachen für Best- oder Schlechtleistungen: Ein Schnitt-Naht-Zeiten-Vergleich von Bypass-Operationen ist obsolet, wenn ACVB- und Mammaria-Bypässe ungewichtet in die Statistik eingehen oder das Alter der Patienten bzw. deren LVEF-Werte unberücksichtigt bleiben.

Hier liegt das Problem: Vergleiche auf Basis oberflächlicher Daten führen zu Fehlentscheidungen.

> **5.**
> **Die Krankenhausleitungen befürchten vor allem, daß die Kassen solche »Falschdaten« zur Drückung der Budgets nutzen werden. Sicher keine unberechtigte Angst. Welche Voraussetzungen müßten geschaffen werden, um hier eine beiderseitige Motivation für den Vergleich zu schaffen?**

Angst müssen grundsätzlich nur die unwirtschaftlich arbeitenden und keine Veränderung wollenden Häuser haben. Entscheidend aber wird sein, mit welcher Fairneß die Krankenkassen die Forderung nach Vergleichbarkeit ernst nehmen. Fair ist es z. B., den in einem Vergleich unterlegenen Häusern eine angemessene Übergangsfrist einzuräumen und sie auf dem Weg zur Verbesserung beraten zu lassen. Fair ist es auch, den Bestleistungskrankenhäusern nicht sofort die durch unternehmerisches Engagement entstandenen Einsparungen durch Budgetkürzungen wegzunehmen, sondern bewußt solchen Best-in-Class-Krankenhäusern Zukunftsinvestitionen und Modellversuche zu ermöglichen und die Bestleistungen kostensenkend schrittweise auf andere Krankenhäuser zu übertragen. Krankenhäuser, die sich gegen nachgewiesene Bestleistungen sperren, könnten mit Preisabschlägen »bestraft« werden. Das schlimmste was passieren kann, sind Fehlentscheidungen der Kassen, die zu Fehlsteuerungen in der Versorgung einer Region, zum sogenannten Cherry-Picking führen: Ein Krankenhaus spezialisiert sich auf eine bestimmte Eingriffsart und führt diese kostengünstig durch. Die Kassen übernehmen den daraus ableitbaren Zielpreis (= niedrigere Fallpauschale) auch für Krankenhäuser, die ein breites Leistungsspektrum anbieten; Patiententourismus und Leistungsabbau in den Krankenhäusern mit breitem Spektrum wären die absurde Folge.

> **6.**
> **Ein Vorwurf der Krankenhäuser an die Kassenseite ist allerdings schon heute immer wieder, daß diese sozusagen »Herrschaftswissen« anhäufen und die Gegenseite bei Pflegesatzverhandlungen oder in Strukturgesprächen damit konfrontieren, ohne daß diese auf gleichwertige Daten zurückgreifen und sich darauf vorbereiten können. Hier ist man beim Sinn eines Betriebsvergleichs. Geht es nur ums Geld?**

Nein! Der vom Gesetzgeber angestrebte Betriebsvergleich ist nicht auf den § 5 BPflV beschränkt. Das gesamte GSG ist auf »Lernen durch Vergleich« ausgerichtet: Während einer Übergangzeit von mindestens 6 Jahren sollen Krankenhäuser, Kassen und Interessenverbände sich schrittweise an realistische Maßstäbe von medizinischer Bedarfsgerechtigkeit und Wirtschaftlichkeit herantasten. Durch regelmäßige strukturierte Überprüfungen der Krankenhausleistungsprozesse auf Qualität und Wirtschaftlichkeit sollen beispielgebende Versorgungs- und Leistungsstrukturen ermittelt und zum akzeptierten Standard erhoben werden. Egal, ob in den §§ 70, 109, 112, 137 SGB V oder dem § 26 BPflV: Hohe medizinische Qualität so wirtschaftlich wie möglich, steht im Zielfeld dieser Regelungen.

> **7.**
> **Welche Anforderungen müßte ein allseits akzeptierter Vergleich erfüllen? Ihr CKM hat da ein eigenes Verfahren entwickelt. Wovon sind Sie z. B. ausgegangen?**

Die CKM-Vergleichssystematik ist dreistufig aufgebaut und umfaßt einen kennzahlenorientierten Betriebsergebnisvergleich, der auch Kundenzufriedenheitsmerkmale enthält, einen auf das Erkennen der Besten Praxis gerichteten Prozeßvergleich und eine auf das Erkennen der wichtigsten Qualitäts- und Wirtschaftlichkeitsförderer gezielte Diagnose der Unternehmenskultur.

Der CKM-Vergleich besteht aus Modulen, die auch einzeln, je nach Interessenlage und gewünschtem Zweck, isoliert benutzt werden können.

Der Vergleich von Resultaten gibt höchstens Hinweise für die Richtung, in der Bestleistungen vermutet werden können. Die kurze Verweildauer ist für sich keine wertschöpfende Information; erst in Verbindung mit den Patientenrisikodaten und der eingesetzten OP-Technik entsteht eine entscheidungsrelevante Vergleichsinformation.

Die Diagnose der Unternehmenskultur ist weniger ein Vergleichsinstrument, sondern eher eine Methodenhilfe, mit der Erfolge oder Mißerfolge erklärt werden können.

Im Mittelpunkt unseres Vergleichsansatzes stehen ausgewählte Leistungsprozesse aus Patientenversorgung und Logistik sowie Best Practices aus allen Bereichen.

8.
Wie hoch schätzen Sie die Bereitschaft der Krankenhäuser zum Datenaustausch ein?

In der gegenwärtigen Situation, in der weder Verbindlichkeitsgrad noch Sanktionsmechanismen transparent sind, ist diese Bereitschaft unterschiedlich einzuschätzen.

Aus einer Reihe von Interviews, die wir mit Betriebsleitungen verschiedener Krankenhäuser geführt haben, trafen wir einerseits auf großes Interesse an einem Best Practices-Austausch; aber auch Vorbehalte wurden deutlich, die klar erkennen lassen, daß die Krankenhäuser sich zunehmend im Wettbewerb befinden:

»Informationen über unsere strategischen Absichten, Kooperationsvorhaben usw. geben wir nicht heraus.«

»Besondere Kniffe geben wir nur preis, wenn sie nicht marktwirksam nutzbar sind.«

»Ein Krankenhaus, mit dem wir im Umkreis von 20 km im regionalen Wettbewerb stehen, bekommt von uns keinerlei wettbewerbsrelevante Daten; das mindestens 100 km entferntere Haus ist als Benchmarking-Partner willkommen.«

Daraus haben wir vom CKM den Schluß gezogen, den Betriebsvergleich als Best Practice-Vergleich und mit begrenzter Teilnehmerzahl international durchzuführen und neben Krankenhäusern auch Industrieunternehmen zu beteiligen.

9.
Vorschlag eines Teilnehmers Ihrer Expertenrunde: Eine gemeinsame Datenbank der Krankenhäuser und Krankenkassen und Extravergleiche durch private Institute. Was halten Sie davon?

Einverstanden, sofern die »Extravergleiche« nicht dazu benutzt werden, die Vergleichsschlußfolgerungen aus der gemeinsamen Datenbank zu überprüfen, richtig zu stellen oder zu relativieren. Wenn alternative Vergleichsansätze von Interessengruppen instrumentalisiert werden, hebelt sich der Betriebsvergleich schneller aus als er eingeführt worden ist.

10.
Krankenhäuser haben zahlreiche Schnittstellen nach außen, die sowohl für die Betreuung der Patienten als auch für die Kosten Bedeutung haben. Zum Krankenhaus als Gesundheitszentrum haben Sie selbst in der Krankenhaus-Umschau Stellung genommen. Muß nicht das Umfeld in den Vergleich einbezogen werden, wenn er aussagefähig sein soll?

Richtig! Einweiser beeinflussen mit ihrer diagnostischen Qualität die Leistungsmengen im Krankenhaus. Gleiches gilt für den Nachsorgebereich: Die Qualität der Akutnachsorge ist bestimmend für die Verweildauer im vollstationären Bereich.

11.
Vieles wird, ehe es allgemein angewandt werden kann, modellhaft erprobt. Was spricht beim Krankenhausbetriebsvergleich dagegen?

Ich kann mir vorstellen, daß Kassen und Trägervertreter gemeinsam 20 Krankenhäuser für einen Pilotvergleich benennen, die nicht in regionaler Konkurrenz stehen. Gemeinsam könnte man den Vergleichszweck vereinbaren, die Vergleichsmethodik testen und den Einfluß des Vergleichs auf die Art der Führung von Verhandlungen zwischen Kassen und Krankenhäusern ermitteln; auch Anreiz- und Sanktionsmechanismen könnten im Hinblick auf ihre verhaltenssteuernden Wirkungen erprobt werden.

12.
Der eine oder andere Krankenhausdirektor meint: Die Kassen bekommen das Geld ohne viel eigenes Zutun. Sie nehmen davon für ihren eigenen Apparat nach Gutdünken. Wie wirtschaften sie damit? Hier fällt dann das böse Wort von den Versicherungspalästen. Wer vergleicht, so die Frage, eigentlich die Kassen miteinander?

Selbstverständlich müssen sich auch die Kassen einem Betriebsvergleich unterwerfen. Sie nehmen mit ihrem Zusammenarbeitsverhalten Einfluß auf die Kostenstruktur des Krankenhauses: ich nenne z. B. die Befristung von Kostenzusagen, die zu bürokratischen Abläufen und vermeidbaren Arbeitsbelastungen für den Arzt führt. Weiterhin muß das Angebotsverhalten der Kassen auf den Vergleichsprüfstand, dies insbesondere solange es einen Risikostrukturausgleich gibt. Außerdem können sich die Kassen

Die Note der Kunden
Umfrage*: »Wie zufrieden sind Sie mit den Leistungen Ihrer Kasse insgesamt?«

Durchschnittswerte 1997

Techniker-Krankenkasse	2,20
Betriebskrankenkassen	2.23
Barmer Ersatzkasse	2,29
DAK	2,42
AOK	2,52

* Unter mindestens 400 Mitgliedern je Kasse; Quelle: Das Deutsche Kundenbarometer 1997

Abb. 3.12: zitiert nach CAPITAL 1/98

schon aus psychologischen Gründen nicht ernsthaft aus dem Geleitzug des Lernens von Sparsamkeit und Bedarfsgerechtigkeit ausklinken. Außerdem sind auch die Kassen zu einer kundenorientierten Betriebsführung verpflichtet: Als Anwalt des Patienten bzw. des Versicherten müssen sie qua Auftrag bedarfsgerechte und kostengünstige Strukturen nicht nur von anderen fordern, sondern selbst vorleben. Auch hier gibt es – wie in den Krankenhäuseren auch – Verbesserungspotentiale, wie z. B. die Kundenbarometer-Studie des Academic-Research Instituts über die Kundenfreundlichkeit von Krankenkassen zeigt. Zwischen den Kassen gibt es aus Versichertensicht offenbar erhebliche Schwankungen bei Preisen und insbesondere Dienstleistungsqualität, z. B. der Schnelligkeit der Bearbeitung von Anfragen und Aufträgen.

13.
In der aktuellen Diskussion zum Thema Krankenhaus-Betriebsvergleich scheinen in erster Linie immer wieder folgende Fragen auf:
a) Welcher Betriebsvergleichs-Ansatz, von welchem Berater/Verband angeboten, ist der »brauchbarste«?
b) Ist der Betriebsvergleich auf Basis von Kennzahlen wirklich »wertlos«?
c) Können Vergleiche, die Organisationsstrukturen, Best Practices oder sogar Kulturmerkmale in Relation bringen, überhaupt flächendeckend durchgeführt werden?

In allen drei Fragen klingen Unterstellungen mit, die einen zielführenden Dialog erschweren, deshalb sei folgende Klarstellungslogik als Leitfaden vorgeschlagen:

1. Ziel des Betriebsvergleichs ist es, die Planungs-, Informations- und Entscheidungsprozesse des Krankenhausmanagements durch entscheidungsrelevante Informationen qualifiziert zu unterstützen. Ziel ist es auch, den Betriebsvergleich als Lernprozeß und als Dialogaufforderung für die Entscheidungsträger im Gesundheitswesen zu nutzen. Der Betriebsvergleich ist der Einstieg in einen Prozeß des geplanten organisatorischen Wandels, orientiert an Best Practices.

2. Der Informationsbereitstellungsprozeß rund um den Betriebsvergleich muß selbst wirtschaftlich sein.

3. Der Aufwand der Beteiligung an einem Betriebsvergleich muß sich dadurch lohnen, daß man durch Teilnahme am Betriebsvergleich bessere Entscheidungen trifft.

Beim Betriebsvergleich geht es also nicht um Informationssammlung und Informationsverteilung, sondern um Informationswertschöpfung.

4. Ein Betriebsvergleich ohne Kennzahlen und ohne Kriterien, die eine vergleichende Beurteilung ermöglichen, ist im Sinne der vorangestellten Anforderungen wertlos. Ebenso hat ein reiner Kennzahlenvergleich eingeschränkten Informationswert. Eine Kennzahl (aus LKA, der Bilanz oder der GuV) zeigt nur an, in welchen Bereichen eine Best Practice, eine Normalsituation oder eine Verbesserungsnotwendigkeit vermutet werden kann. Die Kennzahl sagt nicht, warum es zu einem bestimmten Resultat gekommen ist, ebenso läßt die Kennzahl die Rahmenbedingungen ihres Zustandekommens unreflektiert.

Für einen Manager ist die Information über den erreichten Markterfolg eines Konkurrenten im Sinne eines Warnsignals von Interesse, aber nur das Wissen um das »wie« ermöglicht ihm eine sachgerechte Reflexion seiner eigenen Strategien.

5. Von daher muß der Betriebsvergleich methodisch zwingend kombiniert werden mit Kennzahlen, Prozeßpraktiken, Prozeßrahmenbedingungen und Best Practice-Aussagen; ansonsten ist der Informationswert zu eingeschränkt, als daß der Teilnahmeaufwand wirtschaftlich zu rechtfertigen wäre.

6. Wenn Organisations- und Kulturvergleiche flächendeckend nicht durchführbar sind, muß entweder versucht werden, das Instrumentarium entsprechend zu perfektionieren oder es muß auf einen flächendeckenden Vergleich verzichtet werden. Denn: Ein Betriebsvergleich auf Basis von Kennzahlen wird auch bei flächendeckender Verwendung nicht aussagefähiger.

7. Wenn der Betriebsvergleich zwingend auch Vergleichsdaten zu Organisation, Kultur und Best Practices enthalten soll, dies aber in einem flächendeckenden Vergleich nicht möglich ist, muß sich der Betriebs-

vergleich auf ausgewählte Krankenhäuser beschränken. Ziel ist es dann, Standardprozesse zu entwickeln, die als Vergleichsorientierung für andere Häuser herhalten können.

Der Betriebsvergleich darf nicht für Interessengruppen instrumentalisiert werden. Sollte hinter einem Betriebsvergleich die ausgesprochene Zielsetzung stehen, durch eine entsprechende methodische Ausgestaltung des Betriebsvergleichs die Verhandlungsposition der Krankenhäuser gegenüber den Kassen zu stärken, so ist eine solche Konfrontationssituation interessengeprägter Vergleichsansätze der Betriebsvergleichsidee des gegenseitigen Lernens doch eher abträglich. Gerade dieser Unterton, den Betriebsvergleich als Verhandlungswaffe zu benutzen, rüttelt erheblich an der Akzeptanz dieses Managementinstruments. Es besteht die begründete Gefahr, daß die Kassen ihren eigenen Vergleich aufbauen, der dann seitens der Krankenhäuser in Zweifel gezogen wird.

14.
Sie haben viele Jahre als Manager in der Industrie gearbeitet: Gibt es aus Ihrer Sicht im industriellen Bereich, also außerhalb des Gesundheitswesens, Vergleiche, die sich bewährt haben oder die – wie man so schön sagt – etwas bewegt haben?

Es gibt zwei Vergleichsstudien, die jede für sich eine Revolution im Managementverständnis und einen nachhaltigen Paradigmenwechsel im Managementverständnis ausgelöst haben.

a) Die Unternehmensvergleichsstudie von den beiden ehemaligen McKinsey-Consultants Peters und Waterman, erschienen unter dem Titel »In Search of Excellence« (Auf der Suche nach Spitzenleistungen) im Jahr 1982, war ursprünglich auf den Vergleich von finanzorientierten Kennzahlen als Exzellenz-Indikatoren ausgelegt; sehr schnell merkten die Analysten Peters/Waterman, daß das Zusammenspiel von »harten und weichen« Faktoren ausschlaggebend für den Unternehmenserfolg ist (7-S-Modell).

Die Studie von Peters/Waterman hat, wie kaum ein anderes Konzept, den Paradigmenwechsel im Managementdenken der 80er und 90er Jahre geprägt: Die Unternehmenskultur wurde als Führungstechnik entdeckt. Außerdem wurde die mangelhafte Aussagefähigkeit von Kennzahlenvergleichen auf der Basis von Daten des Rechnungswesens deutlich gemacht. Um zu bewerten, ob ein Unternehmen gut oder gar exzellent ist, hilft die Bilanz nicht weiter; man muß die Managementpotentiale, die Organisation, die Fähigkeit zu kundenorientierter Flexibilität, die Fähigkeit zum Kosten- und Innovationsmanagement sowie zum Transfermanagement kennen, um sich ein Leistungsbild zu machen.

215

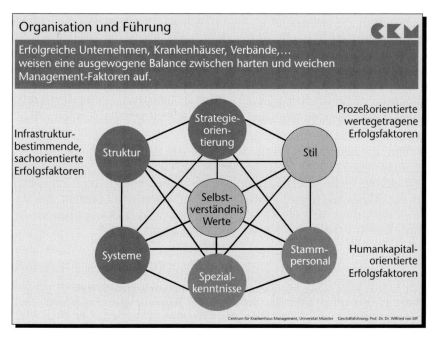

Abb. 3.13: Das 7-S-Modell der Führung

b) Die bereits angesprochene MIT-Studie aus dem Jahr 1990 war mehr als die »zweite Revolution in der Autoindustrie«; sie brachte nach der CIM-Phase in den 80er Jahren ein völlig neues unglaubliches Organisations- und Managementparadigma: Gegensätzliche Ziele waren miteinander in Einklang zu bringen; durch Einführung einer prozeßorientierten Organisation, konsequente Delegation von Entscheidungs- und Koordinationsbefugnissen und Vielseitigkeitsausbildung der Mitarbeiter. Allerdings: In keinem anderen Land sind die Mißverständnisse und Fehlschlüsse aus dem Konzept des Lean Management größer gewesen als in Deutschland. Eine Ursache für diese Fehlschlußsituation ist daher sicher darin auszumachen, daß zu sehr die Resultate (z. B. Reduktion der Fertigungstiefe) und weniger die faktischen Maßnahmen (nämlich: Reduktion der operativen Fertigungstiefe, nicht der dispositiven) reflektiert werden. So war Lean Management in Japan ein Konzept, das auch in Boom-Phasen Reagieren ebenso ermöglichte wie in Depressionsphasen. In Deutschland führt Lean Management zu einem neuen, zweifelhaften Exportschlager: Arbeitsplätze.

Der Betriebsvergleich:
Marktersatz und/oder Innovationsmotor

*Warum der Betriebsvergleich unter Beteiligung vieler Kranken-
häuser zu Fehlsteuerungen im Gesundheitswesen führt.*

Wilfried von Eiff

*»Der Krankenhaus-Betriebsvergleich muß durch Anreizsysteme
flankiert werden, die unternehmerisches Verhalten belohnen;
ansonsten kann der Betriebsvergleich weder seiner Marktersatzfunktion noch seiner Innovationsfunktion nachkommen.«*

> Es kann nicht darum gehen, den Betriebsvergleich zum Instrument von Interessenvertretungen zu mißbrauchen: Ein Betriebsvergleich ist nicht dazu da, dem Krankenhaus Argumente »gegen die Kassen« zu liefern; ebensowenig darf ein Betriebsvergleich ein Disziplinierungsmittel der Kassen gegen die Krankenhäuser sein.
>
> Ein Betriebsvergleich vermittelt anhand von Best Practices-Ideen für höhere Qualität und niedrigere Kosten in Zukunft.

1 Das Problem

Der Betriebsvergleich nach § 5 BPflV soll Transparenz (siehe Abbildung 3.14) in die Kosten- und Leistungsstrukturen der Krankenhäuser bringen, um refinanzierungsfähige Preise für medizinische Leistungen bestimmen zu können. In der freien Wirtschaft bilden sich Preise durch Angebot und Nachfrage über den Markt. Andererseits werden innovative Unternehmer dadurch belohnt, daß sie höhere Preise am Markt realisieren oder eine größere Menge absetzen können.

Der Markt hat also zwei Funktionen: Durch Preise die Ressourcen zur Stelle ihrer effizientesten Verwendung steuern und Innovationen durch Belohnung anzuregen, damit Wohlstand und Qualität steigen. Im Gesundheitswesen gibt es einen derartigen Marktmechanismus nicht: Die Konsumentensouveränität ist (entgegen allem unqualifizierten Gerede vom mündigen Patienten) eher nicht vorhanden; ebenso kann ein Krankenhaus im Normalfall seine Entscheidungen über Leistungsstrukturen und Leistungsmengen nicht autonom treffen, sondern ist von Landesplanung, Kostenträgern und Kassenärztlichen Vereinigungen (Stichwort: Ambulanz-Ermächtigung) abhängig.

Hat also der Betriebsvergleich nach § 5 BPflV eine Marktersatzfunktion und kann er gleichzeitig eine Innovationsfunktion gewährleisten?

2 Die Reflexion

Die Frage nach dem »richtigen« Betriebsvergleichsansatz wird nach wie vor von Kassenvertretern, Krankenhausmanagern, Regierungsstellen und Verbänden engagiert diskutiert.

Kernpunkt der Unsicherheit bilden die Zweifel an der Möglichkeit eines Betriebsvergleichs, zur effizienten und effektiven Ressourcensteuerung im Gesundheitswesen beizutragen. Auf der einen Seite soll der Betriebsvergleich in Ermangelung gesicherter Informationen über die Kosten-/Leistungsstrukturen von Krankenhäusern, insbesondere der Höhe realisie-

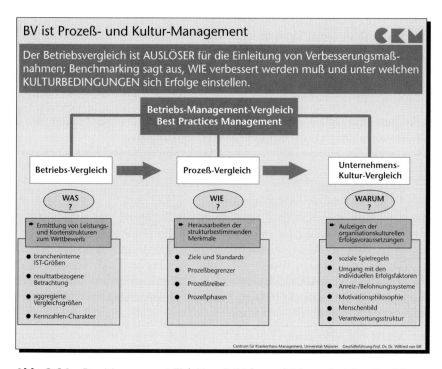

Abb. 3.14 : Das Management-Ziel: Vom Betriebsvergleich zur Best-Practice-Börse

rungsfähiger Kostensenkungspotentiale eine Marktersatzfunktion übernehmen: Durch Vergleich vergleichbarer Häuser wird beabsichtigt, Rationalisierungsfelder nachzuweisen. Der Betriebsvergleich würde damit eine marktinduzierte Target Costing-Situation simulieren und in den Krankenhäusern so etwas wie eine »Reverse Engineering« auslösen: Der am Markt gewünschte Preis für eine Leistung als Ausgangspunkt für Konzeption des »Produkts«.

Welches Krankenhaus gibt aber schon freiwillig Daten preis, die auf Organisations- und Führungsversäumnisse hinweisen und das eigene Management unter existenzgefährdenden Handlungsdruck setzen?

Andererseits birgt jeder Betriebsvergleich, insbesondere in der Form des prozeßorientierten Best-in-Class-(BIC)Vergleichs, die Möglichkeit, Innovationsideen aufzunehmen und für die eigene Organisation zielorientiert weiterzuentwickeln. Dies setzt aber die Bereitschaft in den Krankenhäusern voraus, über innovative Ideen und ebenso über Miß-Management-Varianten (Tops-and Flops) nachzudenken.

In einem Markt- und Wettbewerbsumfeld hat der Betriebsvergleich die Funktionen der

- Krankenhaus-Positionierung,
- Lückenprojektion,
- Innovationsanregung,
- Organisations-Entwicklung.

Die Suche nach der Besten Praxis wird auch in der Industrie angestrebt, aber man ist eher geneigt, »bei anderen zu finden« als anderen »etwas Verwertbares von sich selbst mitzuteilen«.

Im Krankenhausbereich hat der Betriebsvergleich nach dem Willen des Gesetzgebers und nach Einschätzung der Kostenträger ebenfalls drei Funktionen:

a) die Marktersatzfunktion und die

b) Innovationsfunktion mit den Zielen
   - Kundenorientierung,
   - Kostensenkung,
   - Qualitätssteigerung,
   - Mitarbeiterorientierung.

c) Lernanstoßfunktion und kontinuierliche Verbesserung.

Hierin liegt die Problematik des Vergleichs im Krankenhauswesen.

a) Die Marktersatzfunktion steht einem offenen Informationsaustausch entgegen. Der Markt für Gesundheitsleistungen ist kein freier Wettbewerbsmarkt, da die Krankenhäuser nicht unter den Bedingungen eines freien Marktes anbieten können (= Verpflichtung zu Hilfeleistung; sehr eingeschränkte Konsumentensouveränität der Kunden; Nichtwahrnehmung der Funktion eines Anwalts für den Versicherten durch die Krankenkassen; Nulltarifillusion und Moral-Hazard-Effekt bei den Versicherten; Anspruchssolidarität statt Hilfe-zur-Selbsthilfe-Solidarität). Daher herrscht in weiten Teilen dieses Marktes tendenziell immer noch de facto das Kostenerstattungsprinzip vor. Die Ursache dafür liegt in der mangelnden Kenntnis der wirklichen Kostenstrukturen und der Unsicherheit über einen »angemessenen« Gewinn, der mit der Erbringung von Gesundheitsleistungen verbunden sein darf.

Ein Betriebsvergleich als Instrument zur Herstellung von Leistungs-, Qualitäts- und Kostentransparenz benachteiligt das Krankenhaus mit einem innovativen, unternehmerischen, sparsamen Management. Denn, wer spart und nachweist, mit niedrigeren Kosten auskommen zu können, der läuft hochgradig Gefahr, seine durch Engagement erwirkte Kosteneinsparung in Form einer Budgetabsenkung abgeschöpft zu bekommen.

Konsequenz:

Der Betriebsvergleich wird als Kassenvergleich durchgeführt: Möglichst viele Krankenhäuser beteiligen sich am LKA-basierten Vergleich;

hervorragend geführte, durchschnittliche und weniger erfolgreiche. Je größer die Anzahl der weniger leistungsfähigen ist, desto niedriger sind die Leistungsdurchschnittswerte. Ein solcher Vergleich dient vorzugswürdig dazu, die Kassen glauben zu machen, hohe Budgetansätze seien gerechtfertigt. Der Betriebsvergleich degeneriert dann zu einem Ansatz, der Schlendrian mit Schlendrian vergleicht und damit die Minderleistung zur erlaubten Norm erhebt. Dieser Betriebsvergleich dient als »Nachweisinstrument« für höhere Kosten und höhere Fallgrenzen.

Umgekehrt ausgedrückt: Wenn der Betriebsvergleich als Instrument zum Argumentieren höherer Kosten verwendet werden soll, müssen möglichst viele Krankenhäuser teilnehmen, es dürfen möglichst keine Best-in-Class-Häuser teilnehmen, es sollten möglichst viele Häuser mit unterdurchschnittlicher Leistungs-/Kosten-Struktur teilnehmen und Best Practices darzustellen wäre nicht zielführend.

Daher:

Nimmt man die Marktersatzfunktion als Aufgabe des Betriebsvergleichs ernst, dürfen nur BIC-Häuser teilnehmen, weil ansonsten »Schlendrian mit Schlendrian« verglichen wird, eine Marktsteuerungsfunktion also von den »Schlechtleistern« ausgehen würde.

b) Die Innovationsfunktion kann von einem Betriebsvergleich nur geleistet werden, wenn über die Kennzahlendaten (Resultatdaten) hinaus, insbesondere Prozeßpraktiken und Best Practices (siehe Abbildung 3.14) im Sinne eines generischen Benchmarking zur Grundlage des Vergleichs gemacht werden (siehe Abbildung 3.15).

Dieser Ansatz stellt das branchenübergreifende Lernen in den Vordergrund (siehe Abbildung 3.16).

So wie United Airline die Bodenabfertigungszeiten ihrer Maschinen dramatisch reduzierte, indem man die Organisation des Boxenstops in der Formel 1 »kopierte«, kann ein Krankenhaus versuchen, aus fahrerlosen Transportsystemen der Autoindustrie etwas für die OP-Versorgung zu lernen oder den Ansatz des Category Managements aus dem Einzelhandel auf die krankenhauseigene Logistik zu übertragen. Dieses auf Innovation ausgelegte branchenübergreifende Benchmarking an Best Practices geht weit über einen branchenisolierten Kennzahlenvergleich hinaus. Wirklich innovative »Quantensprünge« sind auf Basis von Branchenkennzahlen nicht zu erreichen (siehe Abbildung 3.17).

Vergleichbarkeit von Leistungsprozessen in der Medizin setzt voraus, daß jeder in den Vergleich eingehende Leistungsprozeß mit dem Schweregrad des Patienten korreliert wird; darüber hinaus wäre es erforderlich, die medizinische Indikationsstellung offenzulegen und Abweichungen gegenüber einem existierenden Evidenzstandard transparent zu machen

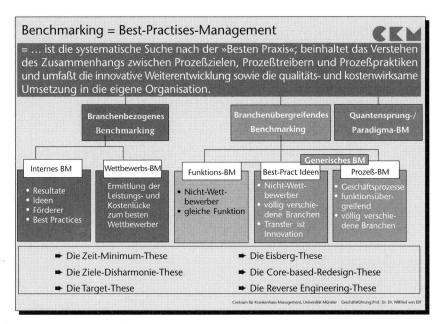

Abb. 3.15: Arten des Benchmarking

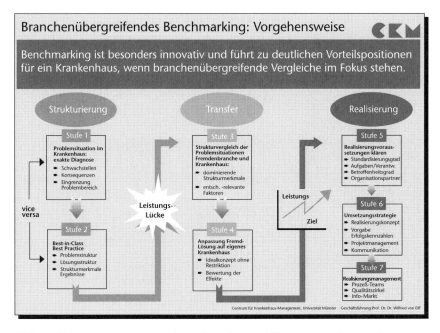

Abb. 3.16: Das Lernen von anderen Branchen verhilft zu Innovationen mit Wettbewerbsvorsprung

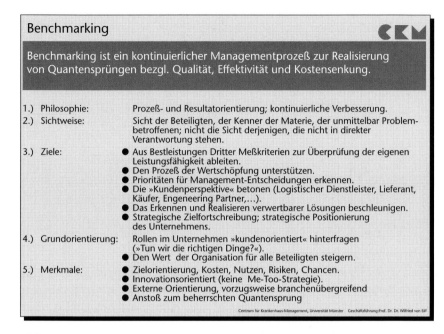

Abb. 3.17: Im Mittelpunkt des Vergleichs: Ziele und Kriterien

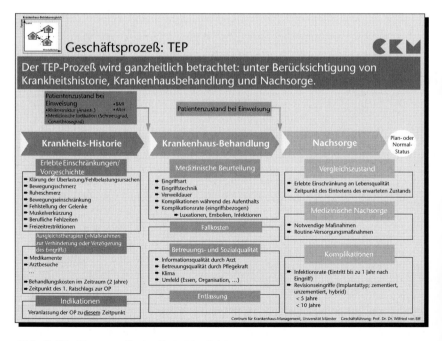

Abb. 3.18: Der prozeßorientierte Vergleich

(siehe Abbildung 3.18). Ohne dieses systematische Herstellen von Transparenz über Vergleichsrahmenbedingungen erstirbt jeder kennzahlenorientierte Vergleichsansatz im Lamento der Zweifler.

c) So wie der Betriebsvergleich aktuell von Kostenträgern und Krankenhäusern positioniert wird, nämlich als Verhandlungsinstrument zum Nachweis von Preissenkungs- und Rationalisierungspotentialen (Kassen) bzw. als Beweis nicht leistungsgerechter Entgelte (Krankenhäuser) schließen sich Innovationsfunktion und Marktersatzfunktion als gleichzeitige Zielsetzungen aus.

3 Der Lösungsansatz

Der Krankenhausbetriebsvergleich kann nur dann einer qualitätsverbessernden sowie kostensenkenden Innovationsfunktion und gleichzeitig seiner ressourcensteuernden Marktersatzfunktion effizient und effektiv nachkommen, wenn der Best Practice-Innovator, der Preisbrecher, für seine Innovation zumindest befristet durch höhere Renditen belohnt wird.

Beispiel: Krankenhaus A bietet eine FP-Leistung um 1.000,– DM billiger an als die vergleichbaren Krankenhäuser B und C. Krankenhaus A kann belohnt werden durch eine Ausdehnung des Versorgungsauftrags.

▶ **Beispiel:**

Krankenhaus X arbeitet nachweislich bei bestimmten Fällen mit niedrigeren Kosten als die Krankenhäuser Y und Z. Statt X mit Budgetabzug zu bestrafen, wäre es im Sinne der Innovations- und Marktersatzfunktion zielführender, offiziell die durch Krankenhaus X nachgewiesenen niedrigeren Kosten zur neuen Kalkulationsgrundlage für alle Krankenhäuser zu erklären mit einem Einsatzzeitpunkt nach 10 Monaten. Nur Krankenhaus X darf auf Basis des alten Kostenansatzes für 18 Monate abrechnen und hat dadurch einen befristeten Innovationsvorteil. Die Wahl des Übergangszeitraums hängt ab (= Entscheidungskriterium) von den »Kosten der Innovation« und vom »Grad der Übertragbarkeit« auf andere Häuser. Auf diese Weise ist es möglich, auch durch den Betriebsvergleich für unternehmerisches Verhalten (Kostensenkung, Innovation) Anreize zu bieten, ohne auf die gesamtwirtschaftlichen Effekte (= Kostensenkung für die Solidargemeinschaft) zu verzichten.

Allerdings ist auch in diesem Fall der »Massenvergleich« eher ungeeignet; der BIC-Vergleich ist in jedem Fall vorzuziehen, da die Innovationssprünge höher sind und die volkswirtschaftlichen Effekte ebenso die Marktstrukturauswirkungen deutlicher ausfallen und schneller

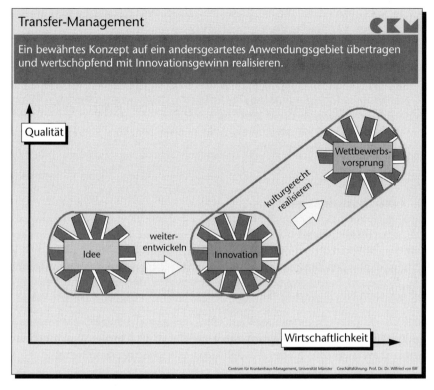

Abb. 3.19: Betriebsvergleich oder Benchmarking: Es geht um die Aufnahme von Ideen und deren gezielte Weiterentwicklung zugeschnitten auf die eigene Organisation

zu einer Bereinigung des Marktes von nicht effizienten Leistungsangebots-Strukturen führen.

Weiterhin können an einem wirklichen BIC-Vergleich nur Krankenhäuser teilnehmen, die nicht in regionaler Konkurrenz miteinander stehen. Da aber in zunehmenden Maß Krankenhaus-Konzerne entstehen, die Krankenhäuser in unterschiedlichen Regionen Deutschlands betreiben, ist auch hier mit einer abnehmenden Datenaustauschbereitschaft zu rechnen.

Bleibt der internationale Vergleich: Dieser kann auf wenige Beteiligte gestützt als echter BIC-Vergleich ausgelegt werden. Besonders effektiv gestaltet sich ein solcher Vergleich, wenn er durch ein generisches Benchmarking flankiert wird: Als Basis für ein kontinuierliches Transfermanagement zwischen Best Practice-Erfahrungen in Industrie, Handel und Dienstleistung einerseits sowie Krankenhausbereich andererseits.

4 Fazit

Wenn die Ziele der Marktersatzfunktion und der Innovationsfunktion durch den Betriebsvergleich verfolgt werden sollen, dann darf der Betriebsvergleich nicht primär zur Abstrafung von Krankenhäusern führen. Die Diskussion der Besten Praxis muß Renditechancen für den Innovator bieten, die erkannte »schlechte Praxis« ist als Lernchance und »Hausaufgabe« zu begreifen. Nur Krankenhäuser, die sich einer kontinuierlichen Verbesserung verweigern, sollten mit »Abstrafen« rechnen müssen.

Vielleicht wäre es hilfreich, wenn die Kassen ihre Rolle als Qualitäts- und Wirtschaftlichkeitsanwalt der Versicherten erweitern würden um die Beratung derjenigen Krankenhäuser, die eine Entwicklung vom Durchschnitt zum BIC-Partner anstreben.

Ein Betriebsvergleich muß vergleichbare Krankenhäuser im Hinblick auf ihre Leistungs-/Kosten-Strukturen miteinander vergleichen. Dazu gehört die Berücksichtigung der Fallstruktur (Patienten-Mix), bedarfsgerechte Spezialisierungen im Fachgebiet, durchschnittliche Schweregrade der behandelten Patienten, fallgerechte Ausstattungsstrukturen (z. B. Frührehaeinrichtungen für Akutversorgung von Schlaganfallpatienten) und Art des Versorgungsauftrages.

Manfred Gotthardt, Verwaltungsdirektor der Universitätskliniken in Münster, staunte nicht schlecht, als ihm während der Pflegesatzverhandlungen im September 1998 seitens der Krankenkassenvertreter eine verblüffende Rechnung aufgemacht wurde: Per »Betriebsvergleich« wurde ihm aufgegeben, seine Kostenstrukturen in der Abteilung für Gynäkologie und Geburtshilfe nachträglich an den wesentlich günstigeren Kalkulationsansätzen der Krankenhäuser in Püttlingen (9 Fachkliniken; 428 Betten, davon 50 Betten Gynäkologie/Geburtshilfe) – und Alfeld (7 Fachabteilungen; 260 Betten, davon 30 Betten Gynäkologie/Geburtshilfe) zu orientieren.

Der Betriebsvergleich sollte doch besser als konstruktiver Lernprozeß verstanden werden, in dessen Verlauf Bewährtes abgesichert und Mißerfolge beseitigt werden. Dies erfordert eine neue, auch für viele Kassenvertreter und Krankenhausmanager ungewohnte Lernkultur.

Von Best Practices zu lernen, heißt natürlich auch, sich zu Mißerfolgen zu bekennen, ja sogar bewußt – aber kalkuliert – das Risiko von Mißerfolgen einzugehen. In einer Best Practice-Kultur ist es kein Fehler, einen Fehler zu begehen; dieses Damoklesschwert würde jede kreative Initiative im Keim ersticken und uns mit Sicherheit vor jedem Fortschritt bewahren.

Die zentrale Frage: Wie wird mit Qualitätsverbesserungen und Kosten-senkungen verfahren?

- Abschöpfung und Budgetkürzung?

- Aufteilung des »Gewinns« zwischen Kasse und Krankenhaus?

- Befristete Gewinnmitnahme des innovativen Krankenhauses bei gleichzeitiger Budget-/Preisabsenkung für nichtinnovative Kran-kenhäuser?

- Belohnung durch Ausweitung des Versorgungsvertrags?

Nur ein faires Anreizsystem läßt unternehmerische Initiative ent-stehen!

4 Zum Informationswert unterschiedlicher Vergleichsansätze

»Kunden zu überraschen ist die beste Strategie zur Erreichung von Kundenbindung; außerdem können Überraschungen von der Konkurrenz nur schwer kopiert werden.«
(Wilfried von Eiff)

Struktur und Informationswert kundenorientierter Vergleichsansätze

4.1.1

Wilfried von Eiff

»Kundenfreundlichkeit liegt vor,
wenn der Kunde freundlich ist.«
(Charakterisierung der Einstellung von deutschen Verkäufern durch
Minoru Tominaga, dem Kundenorientierungs-Guru)

Im Mittelpunkt der kundenorientierten Vergleichsansätze stehen Kundenbefragungen (Niedergelassene Ärzte, Patienten, Angehörige). Ermittelt wird die Zufriedenheit dieser Zielgruppen mit den Service-, Kommunikations- und Organisationsleistungen eines Krankenhauses. Die Beurteilung des den Medizinbetrieb ergänzenden Dienstleistungsangebotes von Krankenhäusern ist insbesondere auch Nicht-Medizinern möglich. Die medizinische Qualitätseinschätzung wird von medizinischen Fachkollegen im niedergelassenen Bereich abgefragt.

Die *Focus-Studie* (1994) vergleicht die Leistungsfähigkeit konkreter Krankenhäuser auf der Basis von sechs Kriteriengruppen und führte zu einem Ranking der besten 250 Krankenhäuser in Deutschland (ohne Spezialkliniken). Von der Methodik her ist die *Focus-Studie* vergleichbar mit dem *U.S.-News TOP-100-Ranking*. Ebenso stellt die *test-Studie* Berlin (1997) konkrete Krankenhäuser in einen Direktvergleich.

Die *test-Studie* (1995) dagegen vergleicht nicht die Leistungsfähigkeit konkreter Krankenhäuser gegeneinander, sondern sie analysiert die Dienstleistungsqualität der Krankenhäuser als Branche. Die Ergebnisse dieser Studie, in der ausschließlich ehemalige Krankenhauspatienten befragt wurden, geben Hinweise auf tendenzielle Dienstleistungsschwächen aller Krankenhäuser. Außerdem stellt diese Studie einen grundlegenden Mangel in der Kommunikationsqualität des Krankenhauspersonals fest. Viele Patienten äußerten sich unzufrieden mit der Art und Weise, in der sie als Persönlichkeit behandelt wurden.

Kundenorientierte Vergleichsansätze sind nicht unumstritten: Auf der einen Seite wird bemängelt, daß sie zu einseitig den Marketingaspekt der Krankenhausaktivitäten herausstellen. Andererseits wird der Erkenntniswert von Kundenbefragungen in Zweifel gezogen. Die bisherigen Befragungsergebnisse haben eindeutig ergeben, wo die Dienstleistungslücken der meisten Krankenhäuser liegen:

- Aufnahme und Entlassung sind kritische Erlebnisbereiche für Patienten und Angehörige.
- Information, Zuwendung und Intimsphäre stellten sich als Hauptanforderungsbereiche heraus, in denen ein Krankenhaus Kundenorientierung beweisen kann.
- Der niedergelassene Bereich wird ebenso wie der Nachsorgebereich noch zu oft aus den Zufriedenheitsbefragungen ausgesperrt, obwohl gerade hier Grundlagen für Patientenbegeisterung gelegt werden können.

Die Frage: »Wer ist dein Kunde?« kann präzisiert werden: »Wer bezeugt, daß er dank Deiner Arbeit seine Aufgaben qualifizierter, kostengünstiger und bedarfsgerechter ausführen kann?«

Einerseits entwickelt sich Kundenorientierung zum Wettbewerbsfaktor für Krankenhäuser. Andererseits ist der Begriff der Kundenorientierung als Ausdruck eines besonderen, auf die Probleme und Wünsche eines Kunden ausgerichteten Dienstleistungsverhaltens, im Gesundheitswesen nicht unumstritten.

»Kundenorientierung und Qualität liegen vor, wenn der Kunde zurückkommt und nicht das Produkt«, lautet eine in der Industrie häufig anzutreffende, aber nicht ausreichend konkrete Kurzformel. Konkreter ist da schon folgende Handlungsorientierung: »Ein Unternehmen verhält sich kundenorientiert, wenn es diejenigen Produkte und Dienstleistungen anbietet, für die ein konkreter Kunde bereit ist zu bezahlen«. Dahinter steht die sicherlich nicht falsche Botschaft, das nichts wert ist, was nichts kostet. Für das Krankenhaus sind beide Orientierungen nicht verwendbar. Aber eine dritte »Erkenntnis« aus der Industrie korrespondiert mit den Besonderheiten im Gesundheitswesen.

Ein kundenorientiertes Krankenhaus stellt drei Fragen:

1. WER ist unser Kunde?...

   ...und kommt zu der Antwort, daß z.B. auch die Krankenkasse als Kunde zu betrachten ist, denn schließlich ist es die Kasse, die als Wahrer der qualitätsbezogenen und wirtschaftlichen Interessen des Patienten bedarfsgerechte und wirtschaftliche Leistungen erwartet.

2. WAS braucht unser Kunde wirklich?

3. WODURCH können wir den Kunden begeistern bzw. WIE stellen wir ihn zufrieden? (siehe Abbildung 4.1)

Der Kunde, so die wichtigste Erkenntnis aus der Industrie, will ganzheitlich behandelt werden und ein Problem gelöst bekommen.

Im Rahmen der Forum Corporation Studie (siehe Abbildung 4.2) wurde festgestellt, daß 70 % der Kunden**un**zufriedenheit aus Verhaltensgründen des Verkäufers resultiert: Damit wird deutlich, daß es für ein Krankenhaus drei wichtige Erfolgsfaktoren gibt:

1. Medizinische Qualität auf hohem Niveau;

2. individuelle Betreuung des Patienten, Information und Zuwendung durch Ärzte und Pflegekräfte sowie eine unaufdringliche, aber wirkungsvolle Verwaltung;

3. die reibungslose Koordination des Patienten insbesondere an den Schnittstellen der einzelnen Versorgungsbereiche Vorsorge, ambulante Versorgung, vollstationäre Versorgung, Nachsorge.

Kundenorientierung im Krankenhaus bedeutet, den Patienten und sein soziales Umfeld (also Angehörige, ihn besuchende Freunde, ggf. Kollegen am Arbeitsplatz) situationsgerecht ernst zu nehmen.

Die bis hier erzielten Erkenntnisse zum Thema »Kundenorientierung« lassen den Schluß zu, daß es gar nicht mehr erforderlich ist, aufwendige

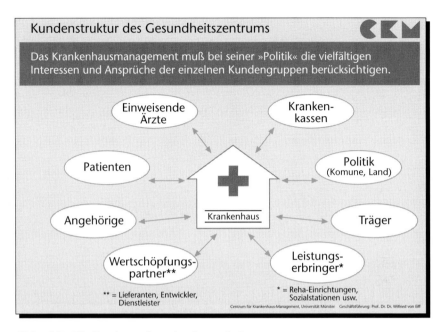

Abb. 4.1: Die Kundenstruktur des Gesundheitszentrums

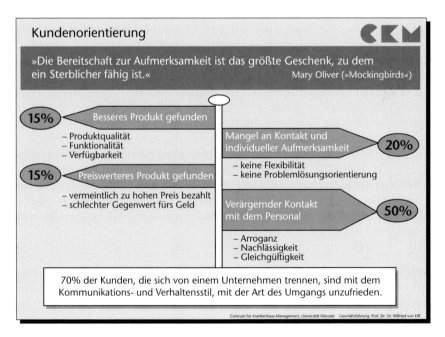

Abb. 4.2: Die »soziale Kompetenz« des Unternehmens ist der entscheidende Kundenbindungsfaktor

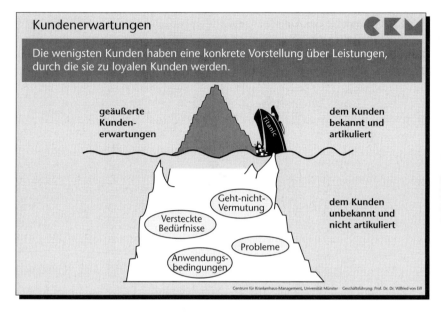

Abb. 4.3: Kunden wissen nicht, was sie wollen, sie wissen nur, was sie nicht wollen, daher sind Kunden als Innovationshilfe unbrauchbar

Patienten- oder Einweiserbefragungen durchzuführen. Denn was der Patient grundsätzlich will, ist bekannt. Aus der Industrie weiß man, daß Kundenbefragungen niemals innovative Ideen zu Tage fördern. Die meisten Kunden wissen selbst nicht, was sie in Zukunft wollen (siehe Abbildung 4.3); in der Regel wollen sie das gleiche Produkt um einige Funktionalitäten erweitert zu einem 30 % niedrigeren Preis. Wie in der Industrie kommt es auch im Krankenhaus, das sich »Gesundheitszentrum« nennt, darauf an, den Kunden (Patienten, Angehörige, Einweiser, Nachfolger, ...) mit besonderen Maßnahmen angenehm zu überraschen, ja zu begeistern, damit auf dieser Erfahrungsgrundlage eine vertrauensbasierte »Kundenbindung« entsteht. Natürlich soll der Patient nach Möglichkeit nicht in unser Krankenhaus zurückkommen. Aber ein begeisterter Patient spricht mit etwa vier Personen über seine Erfahrungen; der verärgerte Patient teilt seinen Frust ca. 20 Personen mit.

Kundenbefragungen werden viel zu oft unprofessionell von Stabsstellen oder Beratern mit freier Auftragskapazität durchgeführt. Befragungen bieten selten innovative Erkenntnisse; meistens zeigen sich Resultate, die ohnehin vermutet wurden, ja sogar bekannt waren.

Ein weiterer methodischer Aspekt ist bei Kundenbefragungen zu berücksichtigen: Der Patient durchläuft im Zusammenhang mit seinem Krankenhausaufenthalt drei Kommunikationsphasen (siehe Abbildung 4.4):

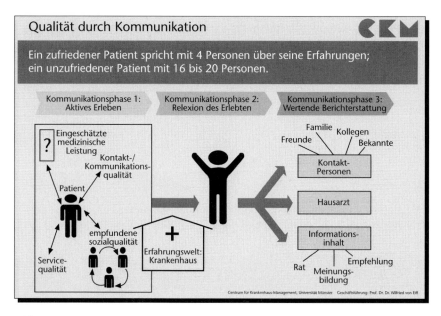

Abb. 4.4: Ein Patient durchlebt drei Kommunikationsphasen im Zusammenhang mit seinem Krankenhausaufenthalt

Die Phase des aktiven Erlebens während des Krankenhausaufenthaltes ist von der Phase der Reflexion des Erlebten (Entlassungstag bis ca. drei Wochen nach Entlassung) sowie von der Phase der wertenden Berichterstattung (Beginn etwa nach drei Wochen) zu unterscheiden.

In jeder dieser drei Phasen hat der Patient eine andere Präferenz- und Bewertungsstruktur (siehe Abbildung 4.5).

Zum Zeitpunkt der Aufnahme/Entlassung in das Krankenhaus dominieren die Ansprüche an medizinische und pflegerische Qualität. Noch im Verlauf des Krankenhausaufenthaltes nimmt die Bedeutung des Service zu, ebenso wie die Erwartungen an Kommunikation und Verhalten.

Zur Entlassung genießt die medizinische Qualität wieder den höchsten Stellenwert, allerdings geringer ausgeprägt als zum Zeitpunkt der Einweisung. Extrem wirkt sich die Einweisung nach ca. drei Wochen aus: Die Art der Information, der Umgang des Personals mit Patient und Angehörigen, die Respektierung als Realisierbarkeit wandelt sich zum dominanten Leistungskriterium. Die wenigsten Studien nehmen auf diese methodische Gefahr Rücksicht (siehe Abbildung 4.6).

Befragungen sind – sofern sie nicht kombiniert werden mit Ideen-Workshops mit Leading Customers und keine Selbstbild-Feindbild-Konfrontation beinhalten – eher Ausdruck eines innovationsarmen und ratlosen

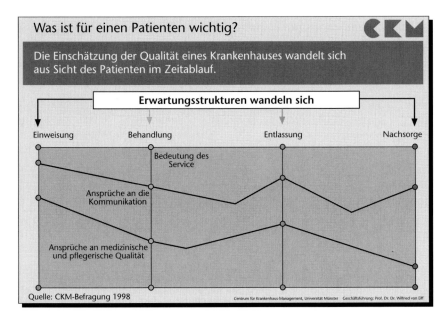

Abb. 4.5: Die Ansprüche des Patienten an Service, Kommunikation und medizinische Qualität wandeln sich im Zeitablauf

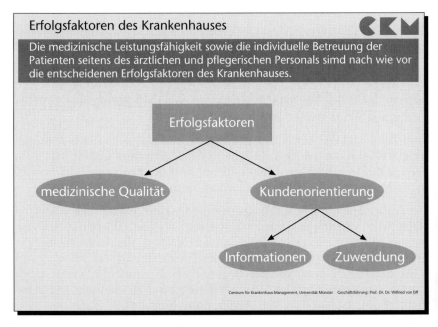

Abb. 4.6: Nach medizinischer Qualität sucht der Patient das Krankenhaus aus; die Kundenorientierung entscheidet über die Art der Kommunikation des Patienten über die Leistungsfähigkeit des Krankenhauses

Managements. Wenn ein Krankenhaus der Überzeugung ist, daß die Einweiser ein wichtiger Erfolgsfaktor sind, sollte das Krankenhausmanagement nicht Zeit, Energie und Geld für Befragungen nach Wünschen und Schwachstellen in der Zusammenarbeit verschwenden, sondern durch aktive, vom Krankenhaus initiierte Verbesserungen die Einweiser »überraschen«. Erst etwas zu tun und dann nach der Akzeptanz der Maßnahme zu fragen, ist der glaubwürdige Weg zur Begründung einer Partnerschaft. Die Durchführung von Patienten- und Einweiserbefragungen ist noch lange kein Beweis für gelebte Kundenorientierung.

Diesem Sachverhalt trägt die Erkenntnis von Kano Rechnung (siehe Abbildung 4.7): Kundenzufriedenheit und Kundenbindung sind die Handlungskonsequenz begeisterter, überraschter Kunden, nicht befragter Kunden, deren Wünsche man erfüllt oder deren vermeintliche Probleme man löst.

Kundenorientierung hängt im Krankenhaus eng mit Prozeßorientierung zusammen.»Schon bei der Aufnahme erkennen unsere Kranken, wie sehr uns ihr Wohl am Herzen liegt«, dieser Satz findet sich im Leitbild eines mir bekannten Krankenhauses. An welchen Stellen unserer Zusammenarbeit erlebt unser Kunde die »Momente der Wahrheit« (Moments of Truth)?

Bei der Aufnahme, bei der Entlassung, bei der OP-Vorbereitung, beim Warten vor dem Röntgen und anderen »Standard-Situationen« hat ein Kran-

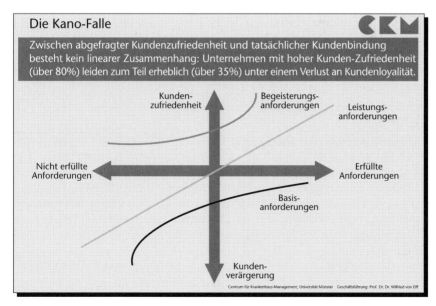

Die Kano-Falle

Zwischen abgefragter Kundenzufriedenheit und tatsächlicher Kundenbindung besteht kein linearer Zusammenhang: Unternehmen mit hoher Kunden-Zufriedenheit (über 80%) leiden zum Teil erheblich (über 35%) unter einem Verlust an Kundenloyalität.

Kundenzufriedenheit

Begeisterungsanforderungen

Leistungsanforderungen

Nicht erfüllte Anforderungen

Erfüllte Anforderungen

Basisanforderungen

Kundenverärgerung

Centrum für Krankenhaus-Management, Universität Münster   Geschäftsführung: Prof. Dr. Dr. Wilfried von Eiff

Abb. 4.7: Nur begeisternde Leistungen erzeugen Kundenbindung

Abb. 4.8: Die MOT-Fluß-Analyse zur Feststellung von Kundenorientierung

kenhaus Gelegenheit, sich von seiner kundenfreundlichen Seite zu zeigen. Aber nicht, indem es die Kunden nach Schwachstellen und Verbesserungsmöglichkeiten befragt (Anregungen sind natürlich immer willkommen); sondern indem man sich in die Lage des Kunden versetzt (»Walk in your customers' shoes«) und Kundenprobleme erkennt sowie löst, und darüber hinaus den Kunden durch innovative Maßnahmen positiv überrascht und begeistert (z. B. die Clown-Doktoren im Uni-Klinikum Münster).

▶ **Fazit:**

Insgesamt sollte weniger befragt und mehr aktiv kundenorientiert verändert werden. Die Durchführung einer Kundenbefragung ist für sich noch kein Beweis für Kundenorientierung, eher für Aktionismus. Viele Kunden wissen gar nicht, was sie lieber wollen; sie wissen in der Regel eher, was bei ihnen Unzufriedenheit auslöst. »Der Kunde ist ein Rückspiegel, kein Wegweiser in die Zukunft«, behauptet G. Colony von Forrester Research nicht ohne Logik. Deshalb kommt es darauf an, den Kunden mit ungewöhnlichen, innovativen Leistungen zu überraschen, um ihn zu begeistern und für uns einzunehmen, anstatt durch Befragungen herauszubekommen, welche Maßnahmen seine Verärgerung vermeiden. Die wirklich innovativen Ideen, die Märkte revolutionierten, Kundenprobleme lösten, das tägliche Leben angenehmer machten und ganz einfach begeisterten, entstanden nicht durch Kundenbefragungen. Zumindestens gilt das für Camrecorder, Posted-Heftzettel, Glühbirne, Herzschrittmacher, den Mont Blanc-Füllhalter Meisterstück 149, den New Beetle von VW oder… das St. Marien-Hospital in Marsberg, dessen Verwaltungsleiter Kies die Idee hatte, jeden Angehörigen eines Patienten 20 Minuten nach der Operation durch einen Arzt telephonisch zu unterrichten. Unter diesem Aspekt muten Befragungen tatsächlich an wie der Versuch, ein Auto durch ständiges Schauen in den Rückspiegel unfallfrei auf der Straße halten zu wollen. Kundenorientierung erfüllt sich erst im aktiven und innovativen Management der Moments of Truth, der Augenblicke der Wahrheit, in denen der Kunde (Patient, Angehörige,…) durch unerwartetes Verhalten positiv überrascht oder sogar begeistert wird.

Und: Es sind die Verhaltensweisen, durch die Kundenbindung oder Kundenverärgerung erzeugt werden.

Insofern wäre es z. B. zielführender, ein Lufthansa-Training für Mitarbeiter durchzuführen, als die Verhaltenskultur einer Station per Patientenbefragung auf den Prüfstand zu legen.

Und: Was »Überraschung« bedeutet, kann man als Deutscher mitunter in U.S.-Krankenhäusern erleben. Die Mc Donalds-Niederlassung im Krankenhaus ist keine Seltenheit – als Ausdruck eines kundenorientierten Erlebnis und Essensangebots (siehe Abbildung 4.9)

Abb.4.9: Was hat Mc Donalds mit einem Krankenhaus zu tun? Möglicherweise sehr viel!

Krankenhäuser im Qualitätsvergleich: Durch öffentliche Mediendarstellung von Krankenhausleistungen zu mehr Kundenorientierung und Qualität

Das FOCUS-Ranking der TOP-200-Krankenhäuser in Deutschland

Wilfried von Eiff
und
Helmut Hildebrandt

1 Anlaß der Focus-Studie

• Presse-Berichte über unterschiedliche Qualität von Krankenhäusern weisen darauf hin, daß in breiten Bevölkerungskreisen ein Informationsbedarf besteht, die zur Verfügung stehenden Informationsquellen aber nicht ausreichend differenziert und qualifiziert Auskunft geben können.

• Außerdem ist im deutschen Gesundheitswesen ein transparenter Qualitäts- und Leistungsvergleich unter Krankenhäusern nicht möglich. Krankenhäuser scheuen eher die Öffentlichkeit.

• Als Konsequenz des GSG sehen sich die Krankenhäuser verstärkt einem Wettbewerb um Patienten ausgesetzt.

• »Wie sollen die jährlich 14 Millionen Krankenhauspatienten eine gute Klinik finden«, war die Ausgangsfrage des *Focus Report 1994*, der sich damit auch als Kompaß für die Beurteilung von Krankenhausleistungen versteht.

2 Ziele der Studie

• Ausweis der 200 Top-Kliniken Deutschlands, die u.a. von Experten (Fachärzten, Pflegepersonal, Patienteninitiativen, Klinikdirektoren) entsprechend empfohlen wurden.

• Anstoßwirkung zur Optimierung der Qualität und des Qualitätsmanagements in deutschen Krankenhäusern

• Die *Focus*-Analyse hat einerseits den Charakter einer Branchenstudie: Es soll festgestellt werden, wie die Leistungsstruktur in deutschen Krankenhäusern zu charakterisieren ist. Andererseits identifiziert die Studie Krankenhäuser mit hohem Leistungsniveau und vergleicht die Krankenhäuser direkt.

• Eindeutiger Schwerpunkt der Studie ist ein »Ranking«, ein Festlegen der Qualifikationsreihenfolge konkreter Krankenhäuser mit der Absicht, die 200 leistungsfähigsten Krankenhäuser Deutschlands anhand von nachvollziehbaren Kriterien namhaft zu machen.

• *Focus* stellt einen Kriterienkatalog zur Beurteilung der Leistungsfähigkeit von Krankenhäusern zur Verfügung, und stellt damit gleichzeitig die Diskussion um die Vergleichbarkeit von Krankenhausleistungen insgesamt an.

• Die *Focus-Studie* vermittelt (unsystematisch) Hinweise auf die »Beste Praxis« im punktuellen Einzelfall, was für Krankenhäuser als Anregung zur Verbesserung des eigenen Leistungsangebots dient.

Abb. 4.10: Die Ankündigung des *Focus*-Betriebsvergleichs

- *Focus* stellt auch Ratschläge für Patienten zur Verfügung: Einfache Fragen, mit deren Hilfe die Qualität eines Krankenhauses zumindest als erste Orientierung durch den betroffenen Patienten selbst in Erfahrung gebracht werden kann.

- Leisten eines Beitrags zu mehr Transparenz im Gesundheitswesen sowie Sensibilisierung des Krankenhausmanagements für die zunehmende Öffentlichkeitswirksamkeit der Krankenhäuser.

3 Methodik

3.1 Erhebungssystematik

- In der ersten Erhebungsrunde wurden leitende Mitarbeiter von Kliniken in Städten mit über 60.000 Einwohnern befragt, um eine Orientierung über die positiven und negativen Treiberfaktoren der Krankenhausqualität zu erhalten. Daraus wurde ein Kriterienkatalog entwickelt, mit dessen Hilfe die Qualität und die Leistungsfähigkeit eines Krankenhauses beurteilbar werden.

Bewertet werden sollte, inwieweit ein Krankenhaus die Ziele der »Medizinischen Qualität«, der »Patientenfreundlichkeit«, der »Serviceorientierung«, der »Mitarbeitermotivierung«, des Einsatzes moderner Managementmethoden und der »Prävention« erreicht.

Ein gravierendes Meßproblem war darin zu sehen, daß die Qualität in einem Krankenhaus von Abteilung zu Abteilung variieren kann: Eine erstklassige Gefäßchirurgie und eine miserable Pflege in der Inneren Medizin können durchaus parallel unter einem Dach existieren.

Um dennoch valide Aussagen über die Leistungsfähigkeit eines gesamten Hauses ableiten zu können, wurde die Studie einerseits am

- Fachabteilungsrenommée festgemacht; andererseits kamen
- allgemeine Qualitätsindikatoren zur Berücksichtigung.

- Auf dieser Informations- und Konzeptionsbasis entstand ein Fragebogen mit 12 Seiten und 57 z.T. offenen Fragen (mit bis zu neun Unterfragen), der an insgesamt 600 Kliniken verschickt wurde. Gefragt wurde u. a. nach der Existenz von Komplikationsstatistiken, ob Patientenbefragungen durchgeführt worden sind, wie der Pflegedienst organisiert ist und inwieweit Projekte zur Qualitätssicherung Grundlage für patientenwirksame Reorganisationen sind, an deren Planung und Realisierung die Mitarbeiter aktiv beteiligt sind.

Es wurde aber auch nicht nur nach der reinen Existenz solcher Qualitätsförderer gefragt, sondern es wurde auch reflektiert, wie mit derartigen Informationen umgegangen wird und was an konkreten Maßnahmen weiter qualitätssichernd passiert.

So führten z. B. 81 % der befragten Kliniken eine Infektionsstatistik und 51 % sammelten Daten über Blutungen und durch Komplikationen zusätzlich entstandene Behandlungsmaßnahmen. Aber nur 7 % der Krankenhäuser gaben an, dieses Datenmaterial per EDV systematisch auszuwerten.

- Parallel zur Fragebogenaktion in den Krankenhäusern wurden Empfehlungen von Experten eingeholt:

- 3.066 Empfehlungen von führenden Fachärzten. Sie sollten die ihrer Meinung nach jeweils fünf besten Kliniken in ihrem Fachgebiet nennen.

- Zur Qualität der Pflege lieferten insgesamt 419 ambulante Pflegedienste Informationen. Sie betreuen oft ältere Patienten, Unfallgeschädigte und chronisch Kranke nach ihrem Klinikaufenthalt und wissen über die Pflegesituation in den Häusern ihrer Region bestens Bescheid.

- Ein wichtiger Indikator waren außerdem die Erfahrungen von 274 Patienteninitiativen und Selbsthilfegruppen vor Ort. Sie setzen sich tagtäglich mit den Problemen von Patienten auseinander. Sie wurden zur Patientenfreundlichkeit der Häuser befragt und dazu, wie gut die Zusammenarbeit mit den einzelnen Kliniken der Region funktioniert. Ergänzt wurden diese Angaben durch Recherchen bei ärztlichen und Pflegedienstdirektoren, durch Geschäfts- und Kongreßberichte oder Fachzeitschriften.

• Beim Vergleich der Krankenhäuser wurden die Größe und Struktur der Kliniken berücksichtigt, indem die Daten je nach Versorgungstyp gewichtet wurden. Man unterscheidet:
  - Häuser mit Grund- und Regelversorgung. Sie bieten Basisleistungen mit Chirurgie und Innerer Medizin plus einem dritten Fach wie beispielsweise Gynäkologie;
  - Kliniken mit mehr als drei Fachgebieten, die Schwerpunktversorgung leisten;
  - Uni- und Großkliniken, die mit einer Maximalversorgung alle Bereiche der Medizin abdecken.

• Ausgeschlossen waren Belegkliniken und Spezialkrankenhäuser.

• Eine vorgesehene Einbeziehung von Ergebnissen einer bundesweiten Patientenbefragung des Verbandes der Privaten Krankenversicherungen mußte zurückgestellt werden, da der Verband diese Daten nicht zur Verfügung stellte.

• Ebenfalls nicht mit einbezogen werden konnten die Ergebnisse der »Externen Qualitätsvergleiche, die durch die Landeskrankenhausgesellschaften oder die Ärztekammern durchgeführt werden. Unter dem Hinweis auf den »Datenschutz« für die betreffenden Kliniken weigerten sich diese Institutionen sogar, die Namen der Häuser bekanntzugeben, die sich pro Falldisziplin daran beteiligten.

3.2 Zielsystem, Kriterien und Bewertungssystematik

3.2.1 Die Ziele

Die Leistungsfähigkeit eines Krankenhauses kann festgestellt werden an den Ergebnissen der Ziele:

– Medizinische Qualität,
– Patientenfreundlichkeit,
– Serviceorientierung,
– Präventionsangebote/Angebote zur präventionsorientierten Lebensführung.

3.2.2 Die Kriterienstruktur

Die Beurteilungskriterien beziehen sich auf sechs Leistungsbereiche, durch die Qualität sichtbar gemacht werden kann:

3.2.2.1 Leistungsbereich: »Medizinische Qualität«

Dieser Leistungsbereich ging mit einer Gewichtung von 25 % in die Gesamtbeurteilung einer Klinik ein. Als Beurteilungskriterien wurden herangezogen:

– **3.066 Empfehlungen** von führenden Fachärzten. (Gefragt wurde: »Welche Kliniken empfehlen Sie in Ihrem Fachbereich?«)
– **Status Lehrkrankenhaus**
  Kliniken, die an eine Uni angeschlossen sind, behandeln nach dem neuesten Stand.
– **Führen einer Infektions-** und Komplikationsstatistik.

3.2.2.2 Leistungsbereich: »Organisation der Pflege«

Gewichtung: 25 %
– **419 Pflegeeinrichtungen**, die die ambulante Betreuung nach einem Klinikaufenthalt übernehmen, wurden nach ihren Erfahrungen mit »ihren« Kliniken befragt. Positiv bewertet wurden außerdem:
– **Bereichspflege**
  Hier versorgen mehrere Pflegekräfte kleine Gruppen von Patienten. Es wird ein direkter Zusammenhang zur Verbesserung der Patientenorientierung unterstellt.
– **Moderne Pflegekonzepte** mit alternativen Methoden, durch die der Patient aktiv eingebunden wird (aktivierende Pflege) und das Personal entlastet wird (Kinästhetik).
– **Kooperation** mit ambulanten Pflegeeinrichtungen
  Dadurch kann die Verweildauer gesenkt werden. Außerdem erhält der Patient Hilfestellung bei der reibungslosen Überleitung in die nächste Versorgungsstufe.

3.2.2.3 Leistungsbereich: »Patientenfreundlichkeit«

Gewichtung: 20%

- **274 Selbsthilfegruppen** und Patientenorganisationen brachten ihre Erfahrungen mit Kliniken in die Studie ein. Positiv bewertet wurden:
- **Informationsangebote** in der Klinik (Seminare, Broschüren) oder Ansprechpartner für Patientenfragen wurden bewertet.
- **Eingehen** auf Patientenbeschwerden, Umsetzen von Verbesserungsvorschlägen
- **Kooperation** mit Selbsthilfegruppen

3.2.2.4 Leistungsbereich: »Qualitätssicherung«

Gewichtung: 10%
Positiv bewertet wurden:

- **Anzahl und Umfang** von Qualitätssicherungsprojekten; beurteilt wurde die Konsequenz, mit der man sich dem Thema »Qualität« stellte.
- **Konkrete Instrumente** zur Qualitätssicherung (regelmäßige Besprechungen in sogenannten Qualitätszirkeln, Patientenbefragungen); hier insbesondere QALY-Befragungen bei Tumor- und Transplantationspatienten.
- **Finalisten** des Goldenen Helix Award (Auszeichnung für angewandtes Qualitätsmanagement im Gesundheitswesen; d.h. der Nachweis des angewandten Qualitätsmanagements und die Beurteilung durch externe Experten wurden beurteilt).

3.2.2.5 Leistungsbereich: »Service/Hotelqualität«

Gewichtung: 10%
Positiv bewertet wurden:

- **Verpflegung**
  Besondere Essensangebote (z.B. Produkte von Biobauern) und Wahlmöglichkeiten.
- **Serviceangebote**
  Pluspunkte brachten zum Beispiel: Bistro, Einkaufsmöglichkeiten, Bibliothek.
- **Weckzeit**
  Wecken nach sieben Uhr oder sogar Wecken nach Wunsch, werden besonders positiv beurteilt.

3.2.2.6 Leistungsbereich: »Gesundheitsförderung«

Gewichtung: 10%
Positiv bewertet wurden:

- **Angebote** zur Gesundheitsförderung sowie Kliniken mit z.B. Ernährungsberatung oder Fitneßcenter, Rückenschule, Präventivmaßnahmen.

- **Gesundheitsförderung** für Mitarbeiter (Streßbewältigungsseminare, Balintgruppen, Supervision).
- **Psychosomatische** Aspekte bei der Diagnose und der Therapie, psychosomatische Abteilungen in einer Klinik.

Die gesamte Kriterienstruktur ist in der Abbildung 4.11 dargestellt.

3.2.3 Die Bewertung

- Innerhalb der Bereiche »Medizinische Qualität« und »Organisation der Pflege« werden Pluspunkte von »sehr gut« (5 Punkte) bis »ausreichend« (1 Punkt) vergeben.

- In den Bereichen »Patientenfreundlichkeit«, »Qualitätssicherung«, »Service-/Hotelqualität« und »Gesundheitsförderung« können maximal 3 Pluspunkte vergeben werden.

3.3 Handlungsempfehlungen für (potentielle) Patienten

»Patienten müssen bei der Qualitätssicherung mitarbeiten«, so die Forderung von Prof. Selbmann, Vorsitzender der Gesellschaft für Qualitäts-Ma-

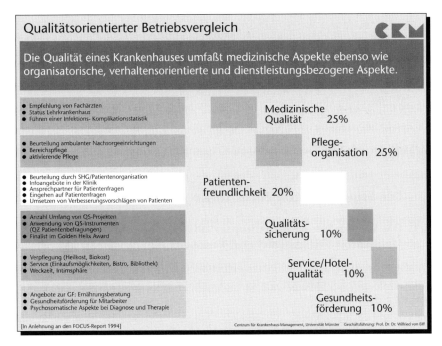

Abb. 4.11 Die Kriterienstruktur des *Focus*-Vergleichs im Überblick

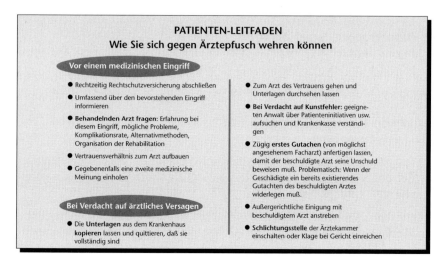

Abb. 4.12: Patientenleitfaden: Wie sich ein Patient gezielt informieren kann

nagement im Gesundheitswesen und Leiter des Instituts für Medizinische Informationsverarbeitung der Universität Thüringen.

Empfehlung: Fünf wichtige Fragen an ihren Arzt:

1. Wie oft wird der Eingriff in Ihrem Haus pro Jahr durchgeführt?

2. Ist bei der Operation ein Facharzt dabei?

3. Wie hoch ist in Ihrem Haus die Wahrscheinlichkeit einer Komplikation?

4. Welchen Kollegen an einer anderen Klinik können Sie mir für eine Zweitmeinung empfehlen?

5. Muß ich für ein Zweibettzimmer zuzahlen?

4 Die Ergebnisse der *Focus-Studie*

4.1 Die wenigsten Krankenhäuser wissen über ihren eigenen Qualitätsstand ausreichend Bescheid

Qualität kann sich nur in einem Klima der Offenheit und Transparenz entwickeln und genau an dieser Stelle deckte die *Focus-Studie* Nachholbedarf auf.

»Behandlungsfehler passieren überall«, bestätigte der Präsident der Berliner Ärztekammer, Ellis Huber. Es dürfe keine Hexenjagd nach Schuldigen geben, sondern eine Suche nach den systematischen Fehlern. Schädlich sei allerdings, meint Ellis Huber,»die kulturell gewachsene Ignoranz und Arroganz der Medizin, deren Chefarztstrukturen gebrochen werden müssen«.

Schon mit etwas mehr Kommunikation ließe sich das Schlimmste verhindern, meint die Hamburger Patientenschutzexpertin Kerstin Hagemann:»Die meisten Patienten werden erst mißtrauisch, wenn sie keine vernünftige Antwort bekommen oder mit unverständlichem Mediziner-Kauderwelsch abgespeist werden. Viele Ärzte haben einfach nie gelernt, einen Mißerfolg einzugestehen«.

4.2 Die Krankenhäuser sind besser als ihr Ruf (?)

Focus beauftragte das Sample-Instituts mit einer repräsentativen Umfrage bei 1.773 ehemaligen Krankenhauspatienten und erhielt überraschend positive Rückmeldungen im medizinischen Bereich.

4.2.1 Zufriedenheit im Krankenbett

Focus fragte ehemalige Patienten:»Wie zufrieden waren Sie bei Ihrem letzten Krankenhausaufenthalt mit der medizinischen Versorgung und mit der Pflege?« Bewertung nach Noten:

	Medizin	Pflege
Sehr gut	33%	28%
Gut	53%	50%
Befriedigend	9%	16%
Ausreichend	2%	3%
Ungenügend	1%	1%
Ohne Angabe	1%	1%

4.2.2 Komplikationen bei jedem Zehnten

Die *Focus*-Frage:»Wie oft kam es während Ihres Krankenhausaufenthalts zu folgenden Unregelmäßigkeiten?«:

Vermeidbare Komplikationen		Verschiebung einer OP	
einmal	8%	einmal	7%
mehrmals	3%	mehrmals	1%
nie	88%	nie	90%
ohne Angabe	1%	ohne Angabe	1%

4.2.3 Kostenbewußtsein der Patienten

Die *Focus*-Frage: »Wissen Sie, was Ihr letzter Klinikaufenthalt gekostet hat?«

Ja	11%	Nein	88%
fand ich zu teuer	46%	würde ich gern wissen	46%
angemessen	50%	ist mir egal	53%
ohne Angabe	4%	ohne Angabe	1%

Inwieweit spezielle Einzelmaßnahmen (wie z. B. Rechnungsstellung des Arztes immer an den Patienten, um Kostenbewußtsein zu erzeugen) dazu beitragen können, das Kostenbewußtsein zu schärfen, war nicht Analyse- bzw. Empfehlungsabsicht der *Focus-Studie*.

4.2.4 Das Krankenhaus-Ranking

Der Leistungsvergleich der Krankenhäuser erfolgte einerseits orientiert an den 10 Postleitzahlregionen und andererseits wurden die TOP 200-Krankenhäuser deutschlandweit einem Ranking unterworfen. Ein Ausschnitt aus der Bewertungssystematik zeigt Abbildung 4.13; dieser Ausschnitt enthält auch das TOP-1-Krankenhaus: Alfried-Krupp Krankenhaus in Essen.

4.2.5 Best Practice-Erkenntnisse

Der *Focus*-Vergleich deckte auch eine Reihe von Best Practices auf, und war von daher für die interessierten Krankenhausmanager eine Fundgrube für Verbesserungsideen, so z. B.:

- Einführung eines Credit Systems (Bogenhausen), das Ärzte zur ständigen Überprüfung ihrer Fachkenntnisse zwingt.
- Telemedizin als Instrument zur Nutzung verteilten Expertenwissens nach dem Vorbild der Mayo Clinic Rochester und dem De Te Berkom-Pilotprojekt in Berlin oder der Telemedizin in der Neurochirurgie Greifswald oder dem MEDKOM-Arbeitsplatz an der MHH Hannover.
- Besichtigungstermine des OP-Saals für Patienten, die vor der OP stehen.

5   Wertung/Informationswert

❑ Um die Leistungsfähigkeit der Krankenhäuser gegeneinander abzugrenzen, arbeitet die Studie mit einer Reihe von linearen Annahmen

Die Top-Kliniken in Postleitzahl-Region 4

Die 200 Krankenhäuser, die in der FOCUS-Studie verglichen werden, sind eine Auswahl der besten Kliniken aus den 2145 Allgemeinkrankenhäusern Deutschlands. Sie erhielten bei den vielschichtigen Auswahlverfahren am meisten Empfehlungen und sammelten bei den standardisierten Bewertungskriterien die meisten Punkte. * Frageborgen nicht beantwortet

Rangliste Region 4	Ort	Medizinische Qualität	Organisation der Pflege	Patienten ten freundlichkeit	Qualitäts- sicherung	Service/ Hotel- qualität	Gesund- heitsför- derung
1 Alfred Krupp Krankenh.	Essen	■■■■■	■■■■■	■■■	■■■	■■■	■■■
2 Marienhospital	Osnabrück	■■■■	■■■■■	■■	■■	■■	■■
3 BG-Kl. Bergmannsheil Universitätslinik	Bochum	■■■■	■■■	■■	■■■	■■	■■■
4 Med. Einr. Westf. Wilhelms-Univ. Münster*	Münster	■■■■■	■■■	■■	■■■	■■	■■
5 Krankenhausanstalten »Florence Nightingale«	Düsseldorf	■■■■	■■■■	■■	■■	■■	■■
6 Raphaelsklinik	Münster						
7 Universitätsklinikum	Essen	■■■■■	■	■■■	■■	■■	■■
8 Städtische Kliniken	Osnabrück	■■	■■■■	■■	■■	■■	■■■
9 Med. Einr. Heinrich-Heine-Univ. Düsseldorf*	Düsseldorf	■■■■■	■■■	■■	■■	■■	■■
10 St. Josephshospital Uerdingen	Krefeld						
11 Prosper Hospital	Recklinghs.	■■■	■■■■	■■■	■	■	■■
12 Augusta-Kranken-Anstalt GmbH	Bochum	■■	■■	■■■	■■	■■	■■
13 Krankenh. Gerresheim	Düsseldorf	■■■	■■	■■	■■	■■	■■■
14 Städt. Krankenanstalten	Krefeld	■■	■■	■■■	■■	■■	■■
15 Städt. Kliniken	Duisburg	■■	■■	■■■	■■	■■	■■
16 Evang. Bethesda-Krankenhaus GmbH	Essen						
17 Knappschafts-Krankenh.	Recklinghaus.	■	■■■■	■■■	■	■■	■■
18 Evang. Krankenhaus*	Mülheim	■■■■	■■	■■	■	■■	■■■
19 St. Johannes-Hospital	Duisburg	■■■■	■■■■	■	■	■	■
20 St. Elisabeth Hospital	Herten/Westf.						
21 Marienhospital	Gelsenkirchen						
22 Knappschaftskh. »Bergmannsheil-Buer«	Gelsenkirchen						
23 Marienhosp. Altenessen*	Essen						
24 Elisabeth-Krankenhaus	Essen	■	■■	■■■	■	■■■	■■
25 St. Marien-Hospital	Mülheim						
26 Städt. Kliniken	Dortmund	■■■	■■	■■	■	■■	■■
27 Ev. Kh Bethesda zu Duisburg GmbH	Duisburg	■■	■■■	■■	■■	■■	■■
28 Städt. Kh. Cäcilien-Hospital-Krefeld-Hüls	Krefeld						
29 Ev. Fachkrankenh. GmbH	Ratingen						
30 St. Josef-Hosp. Uniklinik*	Bochum	■■■	■	■	■■	■■	■■
31 Städt. Kliniken Neuss – Lukaskh. GmbH	Neuss	■■■	■	■■	■	■■	■■
32 St. Johannes-Hospital*	Dortmund						
33 Evang. Krankenhaus	Gelsenkirch.						
34 Knappschafts-Krankenh.	Essen-Steele						
35 Evang. und Joahnniter Krankenanstalten	Duisburg	■■	■■	■■	■■	■	■
36 Kath. Krankenh. St. Josef	Essen-Werden						
37 Marien-Hospital*	Düsseldorf						

Abb. 4.13: Top-Kliniken in Postleitzahl-Region 4

(= Basishypothesen) im Hinblick auf die qualitätswirksamen Effekte einzelner Maßnahmen oder Organisationsformen. Dabei zeigen sich einige typische Schwierigkeiten von freiwilligen Vergleichen, die auf die Bereitwilligkeit der Kooperation der Beteiligten angewiesen sind.

- So wird z. B. die Existenz von Patientenbefragungen und das Vorhandensein eines Konzepts und von Verantwortlichen für Patienten- und Selbsthilfefragen als grundsätzliche Qualitätsförderer angesehen. Inwieweit Patienten und Angehörige an der Gestaltung von Klinikabläufen aktiv beteiligt wurden und welche Maßnahmen zur Qualitätsverbesserung durch die Befragung angestoßen worden sind, ist nicht analytisch hinterfragt worden. Befragt wurde allerdings das Vorgehen bei Patientenbeschwerden und die Form der Kooperation mit Patienten- und Selbsthilfeeinrichtungen.

- Ebenso wird die Zahl der Qualitätsprojekte und das Maß der Durchdringung des gesamten Hauses als Qualitätsförderer betrachtet. Gleichwohl sagt diese Information nichts über die tatsächlich erreichten Qualitätsverbesserungen und die Art der Mitarbeiterbeteiligung aus. Dafür wird u. a. abgefragt, welche Instrumente eingesetzt werden und »auf welchen weiteren Wegen in den Häusern Qualitätsmängel analysiert, Verbesserungsvorschläge entwickelt und deren Umsetzung kontrolliert werden« sowie welche weiteren Maßnahmen zur Verbesserung der Qualität »nach Ansicht der Krankenhausleitung« dringend erforderlich« sind.

- Ähnlich verhält es sich mit der Komplikationsstatistik: So spielt z. B. die Zusammensetzung eines Komplikationsteams in der *Focus-Studie* (Hausarzt? Verwaltungsdirektor? Pflegekraft?) keine direkte Rolle für die weitere Beurteilung, was in Praxi aber wünschenswert wäre. Abgefragt wird, ob das betreffende Haus eine über Infektionen hinausgehende Komplikationsstatistik führt und »wie« diese Statistik aufbereitet und ausgewertet wird, sowie »welche Mitarbeiter bzw. Bereiche darin einbezogen« werden, darüber hinausgehende konkrete Resultate können verständlicherweise nicht abgefragt werden. Dies bliebe internen Vergleichen vorbehalten.

❏ Der *Focus*-Krankenhausvergleich war der erste für ganz Deutschland durchgeführte Qualitätsvergleich. Das Beratungsunternehmen »Hildebrandt GesundheitsConsult GmbH«, das für *Focus* das Konzept und die Durchführung der Befragung übernommen hatte, setzte primär auf die Anstoßwirkung eines öffentlichen Vergleiches als auf die Debatte um mehr Qualität und Qualitätsmanagement in deutschen Häusern. Insofern ist die *Focus-Studie* eher als eine Trendstudie zu verstehen, die dem Krankenhausmanagement Orientierung über Leistungskriterien und Leistungsschwerpunkte und damit Orientierungsimpulse und Maßstäbe zur Optimierung des eigenen Krankenhauses vermittelt.

❑ Die *Focus-Studie* erzeugt Sensibilität für die Wichtigkeit des Betriebs-vergleichs als Managementinstrument für Krankenhäuser, die im auf-kommenden Wettbewerb bestehen wollen.

❑ Der *Focus*-Krankenhausvergleich ist ein »Qualitätsvergleich« bezogen auf bestimmte Leistungsbereiche eines Krankenhauses und kein Wirt-schaftlichkeitsvergleich. Ökonomische Daten werden absolut ausge-klammert, ebenso werden keine resultatorientierten Kriterien wie Ver-weildauer und Auslastung verglichen. Hier liegt die Begrenzung öffentlicher Vergleiche, solange Länderministerien und Krankenkas-sen diese Daten nicht veröffentlichen.

❑ Die medizinische Ergebnisqualität wird nicht direkt gemessen, son-dern durch Expertenbefragungen abgeleitet.

❑ Der gesamte Vergleich ist primär bezogen auf sog. Quality Enablers; dies sind Qualitätsförderer, durch die tendenziell die Ergebnisqualität sowie die Zufriedenheit von Patienten und Mitarbeitern gesteigert wird. Qualitätsförderer stellen damit organisatorisch etablierte Rah-menbedingungen dar, in denen »automatisch« qualitätsverbessernde Effekte eintreten.

❑ Breiten Raum nimmt das Qualitätskriterium »Patientenorientierung« ein, wobei der »Angehörigenorientierung« nur sehr indirekt Stellen-wert beigemessen wird. Bedeutung hat die Einbindung des Patienten in die Qualitätsverbesserungsprogramme; allerdings zeigen die Ergeb-nisse, daß das Krankenhausmanagement – auch der fortschrittlichen Häuser – mit diesen Fragen noch recht wenig anzufangen wußte.

❑ Das Kriterium »Mitarbeiterorientierung« wurde aus dem Betriebsver-gleich, obwohl es mit mehreren Unterfragen abgefragt wurde, in der Bewertung letztendlich ausgeklammert. Problem: Ungenügende An-zahl von Antworten. Möglicherweise bezeichnend für den Stand der krankenhausinternen Befassung mit diesem Thema zum Zeitpunkt der Befragung (1993/1994). Im Hinblick auf die Motivations- und Füh-rungskomponente des Kriteriums »Mitarbeiterorientierung« erfolgt daher keine Reflexion. Indirekt wird durch Subkriterien wie »Angebo-te zur Gesundheitsförderung für Mitarbeiter« oder »Existenz von Qua-litätszirkeln« der Mitarbeiterorientierung Rechnung getragen.

Weiterführender Literaturhinweis:

Hildebrandt, Helmut; Bexfield, Hildegunt; Besser, Gabriele: »Krankenhäuser in Deutschland – Ein Vergleich«, Asgard-Verlag, St. Augustin, 1996.

Das Krankenhaus als Dienstleistungsunternehmen: Eine branchenbezogene Stärken-/Schwächen-Analyse aus der Sicht des Kunden*

*bearbeitet und kommentiert
von
Wilfried von Eiff*

* Hinweis:
Diese kundenorientierte Branchenanalyse der Krankenhäuser wurde im Jahr 1995 von der Zeitschrift test durchgeführt.
Die nachfolgenden Ausführungen sind in enger Anlehnung an den im test-Heft 11/95 publizierten Bericht »Eingeliefert – ausgeliefert?« zusammengestellt.
Methodik und Ergebnisse wurden in eigener Verantwortung von test festgelegt bzw. erarbeitet.

Die Beurteilung der test-Aktion (Informationswert) erfolgte durch das CKM.

1 Anlaß der Studie

Das GSG stellt die Krankenhäuser vor eine ungewohnte Situation: Durch sparsames Wirtschaften sollen einerseits Kosten gesenkt werden, andererseits erwarten Patienten und Angehörige eine bestmögliche medizinische Versorgung und einen akzeptablen Service (Unterbringung, Verpflegung, Betreuung). Diese gegensätzliche Zielekonstellation, nämlich Sparen und Leistungssteigerung zugleich, führt in der Konsequenz zu einem Konkurrenzkampf um Patienten.

2 Ziele der Studie

- Die *test-Studie* sollte Aufschluß darüber geben, inwieweit die Krankenhäuser für den Konkurrenzkampf um Patienten gerüstet sind und an welchen Stellen des Leistungsangebots eine mangelhafte Attraktivität signifikant feststellbar ist.

- Darüber steht die Überlegung, daß ein Krankenhaus, dem es gelingt, »branchentypische« Fehler schneller abzustellen wie die Konkurrenz, wirtschaftliche Vorteile erreichen könnte (die kurzfristigen Handlungseinschränkungen aufgrund der Budgetrestriktionen einmal außen vorgelassen).

- Die *test-Studie* kann auch einen Beitrag dazu leisten, daß der (potentielle) Patient sich als »mündiger Patient« fühlt und verhält. Die für eine solche Verhaltensposition notwendige Informationsbasis will *test* herstellen, indem Erfahrungen von Patienten mit Empfehlungen durch die Redaktion verbunden und dargestellt werden.

- Die *test-Studie* geht auch der Frage nach, inwieweit Qualität trotz Sparsamkeit erreicht werden kann. Dabei konzentriert sich *test* bei der Beurteilung des Zieles »Marktattraktivität des Krankenhauses« auf die Ziel-Kriterien

  - Kommunikationsqualität und
  - Servicequalität des Dienstleistungsbetriebes sowie
  - (eingeschränkt) medizinische Ergebnisqualität.

Der Faktor Wirtschaftlichkeit wird nicht explizit in die Beurteilungskriterien mit aufgenommen; es erfolgt nur der Hinweis, daß durch die Hinwendung zum preisorientierten Entgelt Qualität trotz Sparsamkeit als Managementherausforderung anzusehen ist.

- Die *test-Studie* trifft Aussagen zu möglichen Verhaltenssszenarien als Reaktion auf das neue preisorientierte Entgeltsystem; allerdings werden diese Verhaltensprognosen nicht unmittelbar aus den Befragungsergebnissen abgeleitet.

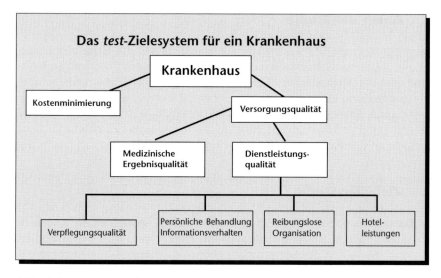

Abb. 4.14: Das *test*-Zielesystem für ein Krankenhaus

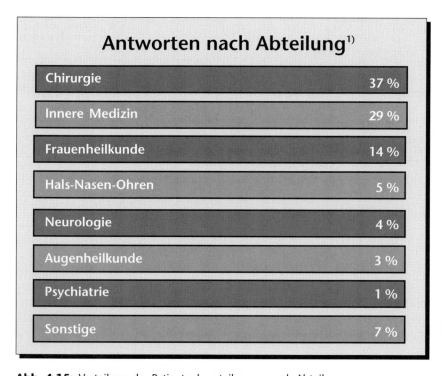

Abb. 4.15: Verteilung der Patientenbeurteilungen nach Abteilungen
1) Bei einzelnen Merkmalen kann die Bezugsgröße aufgrund fehlender Antworten reduziert sein

3 Methodik

Die Zeitschrift *test* führte im Jahr 1995 eine Leserumfrage zur »Nutzerfreundlichkeit von Krankenhäusern« durch. Im Heft 6/1995 erging eine Aufforderung an *test*-Leser, die in den letzten Jahren zur stationären Behandlung in einem Krankenhaus waren. Insgesamt beteiligten sich 1.339 Leser (keine repräsentative Bevölkerungsstichprobe). Die Erfahrungen der Leser wurden mit Hilfe eines (teils-)standardisierten Fragebogens erhoben und statistisch ausgewertet. Zusätzlich wurden die Antworten auf die offenen Fragen sowie die zahlreichen Begleitschreiben qualitativ und quantitativ ausgewertet. Als Bemessungsgrundlage der individuellen Bedeutung von Ausstattungs- und Dienstleistungsmerkmalen sowie der Zufriedenheit wurden ausschließlich die eindeutigen Antworten herangezogen.

Bei einzelnen Merkmalen kann die Bezugsgröße aufgrund von im Einzelfall nicht zutreffenden Merkmalen oder fehlenden Antworten reduziert sein.

- Von den 1.339 Befragungs-Teilnehmern sind zwei Drittel in chirurgischen und inneren Krankenhausabteilungen behandelt worden. Diese Patientenerfahrungsberichte stammten aus insgesamt 750 Kliniken (überwiegend aus den alten Bundesländern) (siehe Abbildungen 4.15 und 4.16).

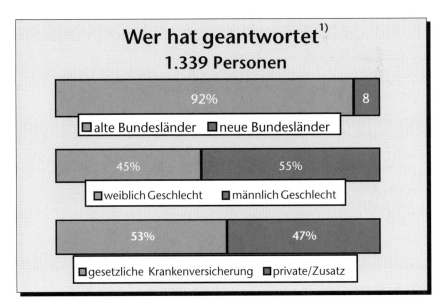

Abb. 4.16: Die befragten Personen
1) Private oder gesetzliche mit Zusatzversicherung

- Die Patienten sollten nur solche Sachverhalte beurteilen, die durch deren eigenes Erleben beurteilbar sind:

  - Qualität der Unterbringung,
  - Qualität der Betreuung,
  - Informationsverhalten und Auskunftsbereitschaft der Ärzte,
  - Art des täglichen Umgangs mit Patienten,
  - indirekt wurde die Ablauforganisation innerhalb des Krankenhauses beurteilt.

Die medizinische Qualität wurde nicht beurteilt, da dieses vom Normalpatienten (der nicht Mediziner ist) nicht sachlich zu leisten ist.

Auch die Wirtschaftlichkeit des Krankenhausbetriebs stand nicht auf dem Beurteilungsprüfstand durch die Patienten.

4 Die Ergebnisse der *test*-Studie

4.1 Zusammenfassung: Patientenerwartungen und Krankenhausrealität stimmen nicht überein.

Im Krankenhaus geht es um das Wichtigste des Menschen, nämlich seine Gesundheit. Seine Wehrlosigkeit durch Operationen, Bettlägerigkeit und

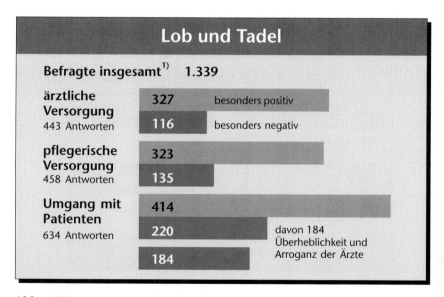

Abb. 4.17: Was Patienten besonders positiv und besonders negativ auffällt
1) In Begleitschreiben oder ausführlichen Antworten auf die Fragen, was am besten gefallen bzw. am meisten mißfallen habe, gaben Befragte obige Stellungnahmen ab

das Ausgeliefertsein an fremde Menschen verlangen das menschliche Miteinander als gleichwertige Partner in höchstem Maße. »Man wird wie eine Sache behandelt. Individuelle Bedürfnisse und Gefühle sind für die tägliche Routine hinderlich, aber gerade im Krankheitsfall ist man doch besonders sensibel. Die Krankheit wird in ein Schema gepreßt, der Mensch wird nur auf seine Krankheit reduziert. Die Persönlichkeit muß am Eingang abgegeben werden.«

Die Patienten, die sich im Krankenhaus Linderung ihrer Leiden und persönliche Zuwendung erhoffen, sind plötzlich mit einem undurchschaubaren und beängstigenden System konfrontiert: Mit Medizintechnik und Labormedizin, Zeit- und Arbeitsdruck von Ärzten, therapeutischer Vielfalt oder auch ärztlicher Ohnmacht, Personalmangel bei Krankenschwestern und Pflegern, häufig wechselnden Betreuern. Der einzelne Kranke geht dabei im Klinikalltag manchmal unter.

Einer der Gründe dafür: Die Hospitäler christlicher Prägung, die sich die wohltätige Pflege Armer und Alter zur Aufgabe gemacht hatten, haben sich mit den Fortschritten in der naturwissenschaftlichen Medizin verändert. Die Entwicklung von Narkose, keimfreien Behandlungsmethoden, die damit verbundene Möglichkeit größerer Operationen und die Beherrschung von Infektionskrankheiten eröffneten den Ärzten aktiveren Einfluß auf den Heilungsprozeß. Am Ende dieser Entwicklung steht die mo-

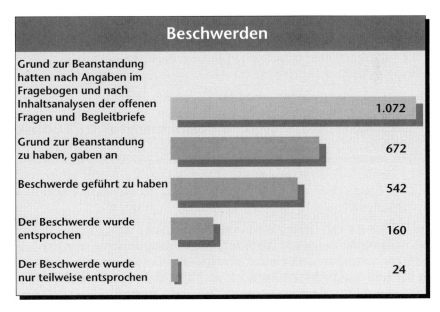

Abb. 4.18: Das Beschwerdeverhalten und die Beschwerdereaktion in dem Krankenhaus

derne Hochleistungsmedizin mit Kliniken, in denen die Kranken so schnell und effizient wie möglich wiederhergestellt werden sollen.

Die meisten Bereiche wurden mehr oder minder kritisch beurteilt: Größe und Ausstattung von Zimmern und Gemeinschaftseinrichtungen, die generelle Sauberkeit, die sanitären Anlagen, die Qualität der Verpflegung und die Essenszeiten. Zahlreiche Mängel stellten die Befragungsteilnehmer fest bei der Organisation des Personals, bei dessen Berufseinstellung sowie bei der Organisation der Abteilungen untereinander. Sehr viele Befragungsteilnehmer beklagen, auf den Patienten und seine Bedürfnisse, zum Beispiel nach einem Mindestmaß an Intim- und Privatsphäre im Mehrbettzimmer, werde überhaupt nicht oder nicht hinreichend eingegangen.

4.2 Die Ergebnisse im Detail

4.2.1 Mangel an Anteilnahme und Aufklärung im Behandlungsprozeß

Am meisten vermißten die Befragungsteilnehmer bei Krankenschwestern und Pflegern, Ärztinnen und Ärzten Mitgefühl und Anteilnahme (siehe Abbildung 4.19). Nur 35 % waren zufrieden mit der menschlichen Zuwendung, die man ihnen im Krankenhaus entgegenbrachte. Lange Wartezeiten auf Behandlung (manchmal im Flur), auf Schmerzlinderung oder aufs Waschen wurden häufig beklagt. Vor allem ältere, behinderte oder nach Operationen hilflose Patienten berichteten in den Fragebögen, daß sie sich sehr vernachlässigt fühlten.

Mit der Anerkennung als Gesprächspartner und der Auskunftsbereitschaft der Ärzte waren nur rund 40 % zufrieden. In Briefen oder ausführlichen Kommentaren bemängelten die Befragungsteilnehmer vor allem Überheblichkeit und Arroganz der Ärzte (siehe Zitate).

Dabei haben die meisten – rund 90 % – großes Interesse an sachlicher Aufklärung (siehe Abbildung 4.20). Sie wollen über den Behandlungsverlauf und über ihren Gesundheitszustand informiert werden. Doch mit der Aufklärung über Operationsrisiken, die sogar gesetzlich vorgeschrieben ist, waren nur gut die Hälfte der so behandelten Patienten zufrieden. Über Medikamente fühlte sich lediglich rund ein Viertel gut informiert. Mit der Erläuterung von Untersuchungen und der Aufklärung über ihre Krankheit waren nur etwa 40 % der Patienten zufrieden.

Wertung des CKM: Diese Patientenmeinung besagt nicht zwingend, daß die Aufklärung durch die Ärzte inhaltlich mangelhaft ist und den gesetzlichen Anforderungen nicht genügt. Offenbar ist die Art und Weise, in der eine Aufklärung erfolgt noch wichtiger als der zu vermittelnde Inhalt: Hier dürfte es insbesondere an Zeit und Verständlichkeit mangeln.

Die hohen Erwartungen an medizinische Informationen und persönliche Zuwendung wurde bei vielen der Befragungsteilnehmer enttäuscht. Ihre

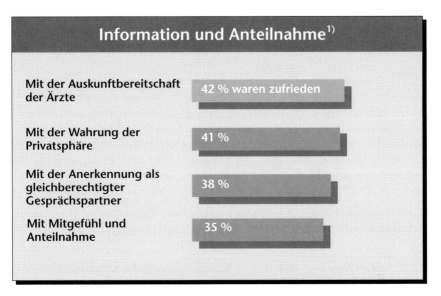

Abb. 4.19: Die wichtigsten Unzufriedenheitsfaktoren

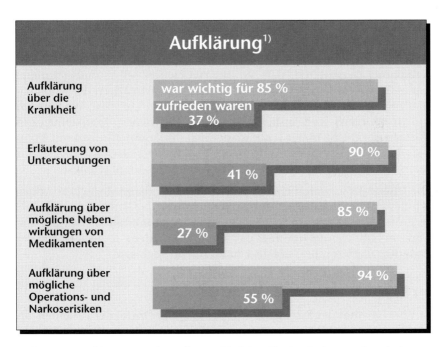

Abb. 4.20: Aufklärung rund um die Krankheit hat für den Patienten einen hohen Stellenwert
1) Bei einzelnen Merkmalen kann die Bezugsgröße aufgrund von im Einzelfall nicht zutreffenden Merkmalen oder fehlender Antworten reduziert sein.

Ansprüche an Unterbringung und Verpflegung schraubten sie dabei von vornherein zurück.

Zitat:

»Bei allen Wünschen nach Komfort und Bequemlichkeit darf man nicht vergessen, daß in einem Krankenbett in erster Linie eine Leistung zur Genesung erbracht wird. Nicht das Bett zählt bzw. wird bezahlt, sondern das, was darin passiert: die medizinische, technische und diagnostische Leistung. Es darf nicht der Sinn sein, ein Krankenhaus nach seinem Outfit bzw. Hotelcharakter und Bedienservice zu beurteilen.«

Für Extrawünsche wie Telefon, Fernseher oder Radio sind einige Patienten durchaus bereit, auch etwas tiefer ins Portemonnaie zu greifen.

4.2.2 Frühes Wecken und andere kundenfreundliche Organisationsabläufe

Das persönliche Wohlbefinden durch menschliche Zuwendung, das Eingehen auf individuelle Wünsche sowie die Rahmenbedingungen der medizinischen Leistungen haben jedoch zweifellos wesentlichen Einfluß auf den Gesundungsprozeß.

Ein Problem sind nach wie vor die Weckzeiten. Nur wenige Befragungsteilnehmer berichteten, daß sie die Weckzeiten selbst mitbestimmen konnten. In der Regel müssen sie sich den Erfordernissen der Krankenhausorganisation unterordnen. Das hieß aber im Einzelfall Wecken um 4 Uhr morgens und insbesondere in ostdeutschen Krankenhäusern Wecken vor 6 Uhr in der Früh; manchmal im Kasernenhofstil mit Kommandostimme: In einem Drittel der Ost-Krankenhäuser ist Wecken vor sechs Uhr die Regel, jedoch nur in 12 % der West-Krankenhäuser.

Die Essenszeiten waren ebenfalls eher an den organisatorischen Abläufen des Krankenhauses als an den Bedürfnissen der Patienten orientiert. In Einzelfällen gab es um sechs Uhr Frühstück, um halb elf Mittagessen und um halb vier nachmittags das Abendessen. Mehr als zwei Drittel der Patienten hatten schon vor 18 Uhr zu Abend gegessen.

4.2.3 Problembereich: Speisenqualität

Mit der Qualität des Essens war nur ein knappes Drittel der Patienten zufrieden (siehe Abbildung 4.21). Die ausführlichen Anmerkungen in den Fragebögen sprechen eine deutliche Sprache: »Meine Schonkost bestand schon mal aus Eintopf mit grünen Bohnen oder Weißkohlgemüse mit Speck oder Rettichsalat.« – »Es war für mich als Vegetarier schwierig: Ich hatte die ausgedruckten Karten der normalen Menüs zur Auswahl, wobei

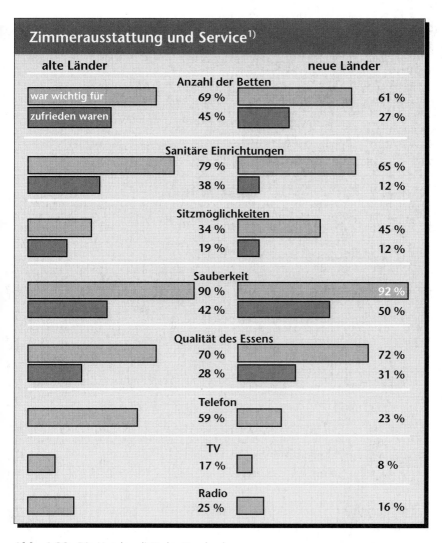

Abb. 4.21: Die Hotelqualität des Krankenhauses
1) Bei einzelnen Merkmalen kann die Bezugsgröße aufgrund fehlender Antworten reduziert sein.

das Fleisch weggelassen wurde. Als ich einem Arzt sagte, daß ich mich schlecht ernährt fühle, erfuhr ich erst, daß es eine Fachkraft in der Küche gebe, die mir jeden Wunsch erfüllen würde.«

Mißstände beim Krankenhausessen hat im übrigen die Deutsche Gesellschaft für Ernährungsmedizin bestätigt. Eine Studie an niedersächsischen Krankenhäusern ergab: Die Standardkost enthielt zu viel Fett und Eiweiß,

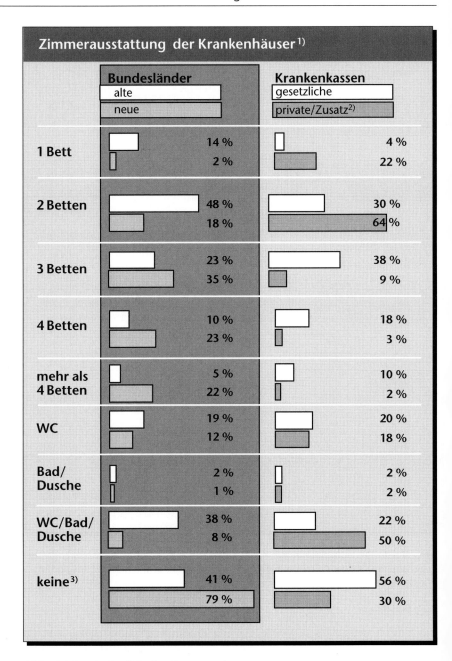

Abb. 4.22: Die Qualität der Zimmerausstattung
1) Bei einzelnen Merkmalen kann die Bezugsgröße aufgrund fehlender Antworten reduziert sein.
2) Private oder gesetzliche mit Zusatzversicherung
3) oder nur ein Waschbecken

zu wenig Kohlehydrate, Obst, Gemüse und Salat. Befragungsteilnehmer mußten nicht nur auf das Essen warten oder fühlten sich nicht ausreichend versorgt – gerade auch in der heißen Jahreszeit fehlten vielfach ausreichend Getränke. Positive Schilderungen, so etwa über eine abwechslungsreiche Menüfolge oder ein großzügiges Angebot an Tee und Mineralwasser, waren eher selten. Die Auswahl zwischen verschiedenen Menüs hatten immerhin zwei Drittel der Patienten, der Rest mußte sich mit einem Einheitsessen zufriedengeben. Das Menüwahlverfahren wurde zudem manchem Befragungsteilnehmer nicht richtig vermittelt. In den Ost-Krankenhäusern hatten 60 % überhaupt keine Wahlmöglichkeiten.

4.2.4 Nachholbedarf im Hotelbereich

Während in West-Krankenhäusern die meisten Patienten in Zwei- und Dreibettzimmern unterkommen, herrscht in den Krankenzimmern im Osten manchmal drangvolle Enge (siehe Abbildungen 4.21 und 4.22). Sogar von Zimmern, die mit 14 Patienten »belegt« werden, haben die Befragungsteilnehmer berichtet. Bemängelt wurden zu wenige oder nicht verschließbare Schränke, fehlende Klimaanlagen/Jalousien mit der Folge unerträglicher Hitze im Zimmer. Auch die Aufenthaltsräume (»Eine Nische im Flur«) wirkten vielfach wenig einladend oder waren als Patienten- oder Abstellzimmer zweckentfremdet – ein schwerer Mangel für Menschen, die in Mehrbettzimmern untergebracht sind. Durch das Fehlen von Raucherräumen fühlten sich Nichtraucher auf den Gängen oder Toiletten durch blauen Dunst erheblich gestört. In Krankenhäusern im Osten gibt es offenbar kaum Raucherräume und übrigens deutlich seltener ein Verkaufsangebot an Waren des täglichen Bedarfs.

Zitat:

»Es gab nur eine Waschstelle im Raum und zwei WC im Flur für fünf Räume. Männlein und Weiblein mußten morgens meist anstehen. Der Gestank war nicht zu ertragen.«

»… nur drei Toiletten am Ende eines langen Flures für ca. 50 Patienten. Dabei waren fast alle Patienten gehbehindert.«

»Es war ein sehr altes Gebäude. Keine Gardinen am Fenster, verschmutze Wände, Waschbecken im Flur, Zimmer und sanitäre Anlagen in schlechtem und ungepflegtem Zustand. Offene Mauerstellen; neben dem Bett ein defektes Fenster, durch das es heftig zog. Das Blut des Vorgängers klebte noch am Boden.«

Anlaß zur Kritik bieten vor allem – gleichermaßen in Ost und West – zu wenig Bäder und Toiletten sowie mangelnde Sauberkeit.

Zitat:

»Erstaunt bzw. schockiert war ich über die Sauberhaltung der Zimmer, Flure und Aufzüge. Es wurde nur alle zwei Tage geputzt und das auch noch oberflächlich. In den neun Tagen meines stationären Aufenthaltes wurden nur einmal die Nachtschränke abgewischt und nie die Nischen am Kopfende der Betten. Ich war in der Frauenklinik, in der viel Abfall durch Vorlagen anfällt. Die überfüllten Behälter wurden auch nur alle zwei Tage geleert.«

Beklagt wurde, daß es zu wenig Duschen und Toiletten auf den Stationen gab und deren mangelhafter hygienischer Zustand sowie die Benutzung der Toiletten durch Frauen und Männer, Patienten, Besucher und Personal gleichermaßen. Außerdem fehlten rollstuhlgerechte sanitäre Anlagen (siehe »Regeln für die Hygiene«).

Zitat:

»Der Aufenthalt war ein Horror-Trip. Ich wurde wie ein Kind behandelt, mit 60 Jahren. Die Stationsärztin mit ihren 28 Jahren betrachtete über 60jährige als Trottel und Aufsässige, wenn Fragen gestellt wurden.«

4.2.5 Besuchs- und TV-Streß

Während im Westen Besuchszeiten eher selten vorgeschrieben sind, besteht im Osten in der Mehrzahl der Fälle noch eine strikte Hausordnung – wie das vor vielen Jahren auch noch auf der anderen Seite der Elbe üblich war. Doch großzügig bemessene Besuchszeiten zerrten wiederum oft an den Nerven von in Mehrbettzimmern untergebrachten Patienten. Viele Besucher kamen für sie zu früh oder zu spät, waren zu laut und zu unruhig und/oder blieben zu lang. Es gab somit häufig viel zu wenig Rücksicht auf frisch Operierte.

»Offene« Privatsphäre

Ähnlich in ihrer Privatsphäre mißachtet fühlten sich viele Patienten, weil sie sich vor aller Augen waschen mußten (keine Trennwände oder Sichtblenden etc.), manchmal sogar am vorhanglosen Fenster. Oder die ärztliche Befragung fand ganz vernehmlich vor aller Ohren statt. Viele Befragte wünschen zwar Annehmlichkeiten wie Fernsehen, Radio und Telefon – steht im Westen in der Regel doppelt so häufig zur Verfügung –, doch Fernsehen im Mehrbettzimmer führt vielfach auch zu Spannungen und Kontroversen. Etliche Befragte beklagten sich zudem über überhöhte Gebühren – zum Beispiel für das Telefon eine einmalige Gebühr von 35 DM, eine tägliche Grundgebühr von 5 DM und von 0,50 DM pro Einheit – sowie über unübersichtliche Telefonabrechnungen. Für Fernseher wurden teilweise 1 DM pro Stunde, 7 DM pro Tag und 35 DM pro Woche abgerechnet.

Erstaunlich ist eigentlich, daß sich nur ein Teil der Patienten über Mängel oder Versäumnisse beschwert (siehe Abbildung 4.18). Offenbar fühlen sich die meisten Patienten der Klinikorganisation ausgeliefert und befürchten Benachteiligungen oder Schikanen. Zu spät für Beschwerden ist es aber nach der Entlassung aus dem Krankenhaus – obwohl viele Patienten gerade dann Grund und Gelegenheit zur Klage hätten.

Zitat:

»Jede Visite war für mich Streß. Ich hatte jedesmal Angst vor seelischer und körperlicher Zurschaustellung.«

»Eine eingehende Befragung sowie die Erstuntersuchung – auch rektal – fand in Gegenwart der drei anderen Patienten und ihrer zwei Begleiter statt, ohne Rücksichtnahme auf Privatsphäre oder Datenschutz.«

»Die abenteuerliche Visite wurde in Gegenwart von Besuchern durchgeführt: Keine Respektierung der Intimsphäre.«

4.2.6 Mangelhafte Information und umgehende Verhaltensempfehlungen

Zahlreiche Patienten fühlten sich insbesondere nur unzureichend auf die Zeit nach dem Klinikaufenthalt vorbereitet. Dies betrifft sowohl Hinweise auf das alltägliche Leben als auch therapeutische Hilfen. Ein Termin für ein Entlassungsgespräch mußte übrigens manchmal mit sturer Beharrlichkeit geradezu erkämpft werden. Eine Stimme als Beispiel für viele: » Es gab keine Hinweise über das Verhalten nach den Eingriffen, auch in bezug auf Essen, Trinken. Was darf ich? Und was darf ich nicht? Ich bin heute noch total verunsichert.«

Zitat:

»Eine jüngere Schwester legte mir für die Nacht den Tropf am linken Arm an, auf Fragen wofür, fuhr sie mir barsch über den Mund.«

»Nach Vorsorgeuntersuchungen wie Röntgen, Labor, EKG, gab es keinerlei Informationen über die Befunde. Dies trotz Nachfrage.«

4.3 Von zufriedenen Patienten lernen, was die »Beste Praxis« ist

Es meldeten sich auch zufriedene Patienten: »Einige Tage vor der Operation hatten wir ein Gespräch mit dem operierenden Professor. Dieser ließ

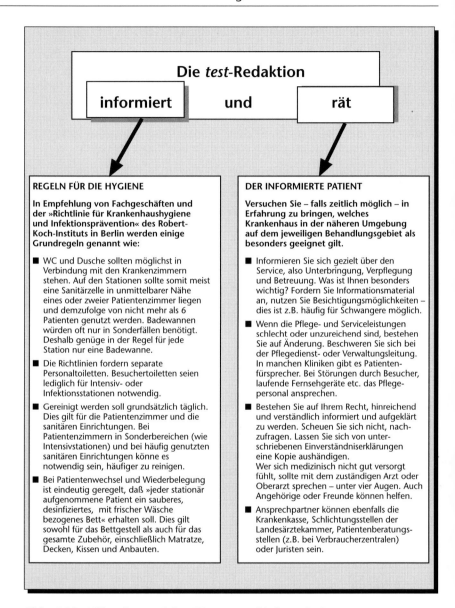

Die *test*-Redaktion

informiert **und** **rät**

REGELN FÜR DIE HYGIENE

In Empfehlung von Fachgeschäften und der »Richtlinie für Krankenhaushygiene und Infektionsprävention« des Robert-Koch-Instituts in Berlin werden einige Grundregeln genannt wie:

- ■ WC und Dusche sollten möglichst in Verbindung mit den Krankenzimmern stehen. Auf den Stationen sollte somit meist eine Sanitärzelle in unmittelbarer Nähe eines oder zweier Patientenzimmer liegen und demzufolge von nicht mehr als 6 Patienten genutzt werden. Badewannen würden oft nur in Sonderfällen benötigt. Deshalb genüge in der Regel für jede Station nur eine Badewanne.

- ■ Die Richtlinien fordern separate Personaltoiletten. Besuchertoiletten seien lediglich für Intensiv- oder Infektionsstationen notwendig.

- ■ Gereinigt werden soll grundsätzlich täglich. Dies gilt für die Patientenzimmer und die sanitären Einrichtungen. Bei Patientenzimmern in Sonderbereichen (wie Intensivstationen) und bei häufig genutzten sanitären Einrichtungen könne es notwendig sein, häufiger zu reinigen.

- ■ Bei Patientenwechsel und Wiederbelegung ist eindeutig geregelt, daß »jeder stationär aufgenommene Patient ein sauberes, desinfiziertes, mit frischer Wäsche bezogenes Bett« erhalten soll. Dies gilt sowohl für das Bettgestell als auch für das gesamte Zubehör, einschließlich Matratze, Decken, Kissen und Anbauten.

DER INFORMIERTE PATIENT

Versuchen Sie – falls zeitlich möglich – in Erfahrung zu bringen, welches Krankenhaus in der näheren Umgebung auf dem jeweiligen Behandlungsgebiet als besonders geeignet gilt.

- ■ Informieren Sie sich gezielt über den Service, also Unterbringung, Verpflegung und Betreuung. Was ist Ihnen besonders wichtig? Fordern Sie Informationsmaterial an, nutzen Sie Besichtigungsmöglichkeiten – dies ist z.B. häufig für Schwangere möglich.

- ■ Wenn die Pflege- und Serviceleistungen schlecht oder unzureichend sind, bestehen Sie auf Änderung. Beschweren Sie sich bei der Pflegedienst- oder Verwaltungsleitung. In manchen Kliniken gibt es Patientenfürsprecher. Bei Störungen durch Besucher, laufende Fernsehgeräte etc. das Pflegepersonal ansprechen.

- ■ Bestehen Sie auf Ihrem Recht, hinreichend und verständlich informiert und aufgeklärt zu werden. Scheuen Sie sich nicht, nachzufragen. Lassen Sie sich von unterschriebenen Einverständniserklärungen eine Kopie aushändigen. Wer sich medizinisch nicht gut versorgt fühlt, sollte mit dem zuständigen Arzt oder Oberarzt sprechen – unter vier Augen. Auch Angehörige oder Freunde können helfen.

- ■ Ansprechpartner können ebenfalls die Krankenkasse, Schlichtungsstellen der Landesärztekammer, Patientenberatungsstellen (z.B. bei Verbraucherzentralen) oder Juristen sein.

Abb. 4.23: Hilfestellung auf dem Weg zum zufriedenen Patienten

sich sehr viel Zeit für uns und ging auch auf alle unsere Fragen ein. An verschiedenen Modellen zeigte er uns haarklein, wie die Operation ablaufen wird. Jeder Schnitt wurde erklärt. Beinahe hätte man meinen können, er habe uns anlernen wollen. Auf jeden Fall hatten wir nach dem Gespräch ein gutes Gefühl.«

5 Wertung und Informationswert für die Krankenhäuser

- Die *test-Studie* geht richtigerweise davon aus, daß sich die Krankenhäuser in zunehmenden Maß einem Verdrängungswettbewerb ausgesetzt sehen, dies insbesondere in mit Betten und Ärzten überversorgten Ballungsgebieten.

- Die *test-Studie* basiert weiterhin auf der implizierten Überlegung, daß Patienten (auch vertreten durch Patientenfürsprecher-Institutionen) sich im Wesentlichen selbst ein Krankenhaus aussuchen und den Ruf eines Krankenhauses beeinflussen, indem sie nach ihrem Krankenhausaufenthalt ihre Erfahrungen an Angehörige, Freunde und Verwandte weitererzählen. In der Kommunikationstheorie geht man davon aus, daß negative Erfahrungen etwa an 16 bis 20 Adressaten weitergegeben werden, während positive Erlebnisse nur an etwa fünf Personen kommuniziert werden.

- Die These dieser »dominanten Patientenauswahlentscheidung« ist zumindest kritisch zu hinterfragen. Denn die überwiegende Zahl von Patienten vertraut der Überweisungsempfehlung des sie betreuenden niedergelassenen Hausarztes (siehe die Emnid-Studie 1996 zur Akzeptanz des niedergelassenen Arztes).

- Der These der »Rufbegründung durch Kommunikation aus negativer/ positiver Erfahrung« ist zuzustimmen, wenngleich bisher nicht stichhaltig evaluiert ist, wie der Schweregrad der Erkrankung des Patienten mit der Zufriedenheit korreliert: Ein schwerstkranker Patient legt primären Wert auf wirksame Hilfe und Heilung; Hotelkomfort ist für ihn nachrangig. Der zum Check-up einbestellte Manager bewertet Wartezeiten, Serviceleistungen und die Verfügbarkeit eines Faxgeräts eher als wichtigen Leistungsbestandteil.

- In der *test-Studie* wurden diejenigen Sachverhalte im Leistungsspektrum eines Krankenhauses aus Patientensicht einer Beurteilung unterzogen, die in der Beurteilungsfähigkeit des »normalen« Patienten stehen:
  - Qualität der Unterbringung und Betreuung;
  - der tägliche Umgang mit den Patienten.

- Die *test-Studie* fragt nicht die medizinische Qualität ab, da diese vom Normalpatienten (der nicht Mediziner ist) auch nicht beurteilbar ist.

- Die Erkenntnisse und Empfehlungen aus der *test-Studie* konzentrieren sich daher auf
  - das Verhalten des Personals gegenüber Patienten und Angehörigen und
  - die Organisation rund um den Patienten und dessen Angehörige.

- Die Ergebnisse der *test-Studie* bieten dem aufmerksamen Krankenhaus-Manager eine Fülle von Anregungen zur initiativen Durchführung eigener Qualitätsförderungsprogramme, so z. B. mit den Themen:
  - Wie kann die Intimsphäre unserer Patienten besser gewahrt werden?
  - Wie vermeiden wir Wartezeiten in Fluren?
  - Wie kann die Qualität des Essens gesteigert werden?
  - Wie erreichen wir es, den Patienten vor Störungen zu schützen?
  - Der informierte und sich verhaltenssicher fühlende Patient: Was wir tun und unterlassen, damit wir dieses Ziel erreichen.
  - Durch welches Info-Material können wir unseren Patienten optimal informieren?

- Die *test-Studie* zeigt auch, daß im Bereich der Serviceorganisation eines Krankenhauses keine groß angelegten Befragungen mehr notwendig sind. Es sind die nicht eingehaltenen »Selbstverständlichkeiten« im Umgang miteinander, die Unsicherheit und Verärgerung hervorrufen.

- Die *test-Studie* beinhaltet auch eine Reihe von Handlungs- und Verhaltensempfehlungen für Patienten, die den Patienten
  - zur Eigeninitiative auffordern (...»fordern Sie Informationsmaterial an...«; ...»informieren Sie sich gezielt über...«; ...»nutzen Sie Besichtigungsmöglichkeiten...«),
  - ihm Mut abverlagen (was gerade in einer Situation des »Ausgeliefertseins« nicht trivial ist; z. B...»Beschweren Sie sich bei Pflegedienst oder Verwaltungsleitung...«).
  Die Empfehlungen klingen teilweise in ihrer Diktion wie ein juristisch motivierter Forderungskatalog (...»bestehen Sie auf Ihrem Recht...«). Mitunter wird sich der Betroffene von Empfehlungen überfordert fühlen: ...»stellen Sie fest, welches Krankenhaus... als besonders geeignet gilt.«

- Die *test-Studie* weist eine Lücke auf: Das Zusammenspiel zwischen Patient, niedergelassenem Hausarzt und Krankenhaus bleibt unreflektiert. Denn das für die Auswahl eines Krankenhauses entscheidende Kriterium der medizinischen Qualität läßt sich nur unter Mitwirkung des niedergelassenen Hausarztes wirksam in die Wahlentscheidung einbringen.

- Ergänzt man die *test-Studien-Ergebnisse* um die Resultate, die die IMAS-Befragung hervorbrachte, so wird deutlich, daß Meinungsanalysen im Zeitablauf starken Schwankungen unterliegen. Man kann sich sogar des Eindrucks nicht erwehren, daß Befragungen mit dem Ziel, herauszubekommen, was der Patient wirklich will, nicht zu schlüssigen und sicheren Handlungsempfehlungen führen. Offenbar wissen Befragte eher, was sie stört und was sie zu bemängeln haben. Die konstruktive Leistung einer konkreten und dauerhaft gültigen »Das-Will-Ich-Aussage« überfordert in den meisten Fällen die Befragten.

- Die IMAS-Ergebnisse zeigen, daß es nach wie vor dem emotionalen Fingerspitzengefühl, dem Einfühlungsvermögen des Arztes überlassen bleibt, ob ein Patient sich ausreichend informiert fühlt oder nicht. Denn die Aufklärung über die Krankheit war nach IMAS nur für 64 % der Befragten wichtig; nach *test* belief sich diese Zahl aber auf dominante 85 % (Aufklärung über die Krankheit) bis 94 % (Aufklärung über OP-Risiken).

- Daß Freundlichkeit im Umgang miteinander noch nie geschadet hat, ebenso wie eine reibungslose (z. B. keine Wartezeiten) und unaufdringliche Organisation (z. B. keine Kasernenhofstreß- und Weckzeiten) dazu angetan ist, Unzufriedenheit zu vermeiden, ist eine bekannte Tatsache: Um dies zu erkennen, benötigt man keine Befragung, sondern konkretes Handeln. Aber offenbar sind es die »Selbstverständlichkeiten«, die von Zeit zu Zeit wieder angesprochen und eingefordert werden müssen, weil sie im Tagesgeschäft die Tendenz haben, unterzugehen.

- Die *test-Studie* könnte die Krankenhäuser auf eine falsche strategische Fährte setzen. Denn es wird der Eindruck erweckt, daß
  - der Patient selbst entscheidet, in welches Krankenhaus er geht
  - und es wird unterstellt, daß die Auswahlentscheidung

- von Serviceleistungen abhängt, die der Patient selbst zu beurteilen in der Lage ist.

- Andere Untersuchungen zeigen, daß
  - der Niedergelassene für die Einweisungsentscheidung dominant ist und daß
  - die Serviceleistungen eher zu den sogenannten Null-Stärken und Null-Schwächen zählen.

> *Patienten fühlen sich oft nicht hinreichend umsorgt und schlecht informiert.*

Die *test-Studie* trifft Qualitätsaussagen bezogen auf die Kriterienbereiche

- Servicequalität (Unterbringung und Hotelleistungen, Verpflegung, Betreuung)
- Verhaltensqualität (Informationsverhalten)
- Organisationsqualität (Wartezeiten, Ablauforganisation, ...)

Die *test*-Leserumfrage ist nicht als Krankenhausbetriebsvergleich angelegt, sondern hat den Charakter einer branchenbezogenen Stärken-/Schwächen-Analyse. Rückkoppelungen an einzelne Krankenhäuser werden nicht durchgeführt; auch ist den Krankenhäusern nicht bekannt, inwieweit ihre Patienten befragt worden sind.

Die Kriterienbereiche

- medizinische Qualität
- Wirtschaftlichkeit

sind nicht Gegenstand dieser Branchenstudie.

Herausgearbeitet wurde nur rudimentär, was Patienten an positiven Erfahrungen erlebt hatten.

▶ **Fazit:**

Die *test-Studie* ist eine kundenorientierte, branchenbezogene Stärken-/ Schwächen-Analyse bezogen auf Leistungsmerkmale, die der Kunde »Patient« aus eigenem Erleben selbst beurteilen kann.

Der Kunde »Patient«:
Ansätze zur Erreichung von Kundenzufriedenheit 4.1.4

Peter Jungblut-Wischmann

1 Was ist der Juwi Report ?

Der Juwi Report ermöglicht Krankenhäusern Vergleiche im Hinblick auf

- Patientenbefragungen,
- Zuweiserbefragungen,
- Mitarbeiterbefragungen,
- Wettbewerbsstrategien.

Vergleichsebenen sind zum einen der direkte Vergleich zweier Krankenhäuser hinsichtlich detaillierter Fragestellungen oder eines Gesamtüberblickes, zum anderen der direkte Vergleich eines Krankenhauses mit Durchschnittswerten im Rahmen eines Panelvergleichs.

Bei der Bewertung der eigenen Wettbewerbsstrategie dient ebenfalls ein Panel als Vergleichsmaßstab.

Für den direkten Vergleich stehen eigene anonymisierte Analysen von Krankenhäusern unterschiedlicher Versorgungsstufen und Größenklassen zur Verfügung.

Datenbasis der Panels sind zwei bundesweite Untersuchungen, die wir 1996 zusammen mit der Ärzte-Zeitung durchgeführt haben:

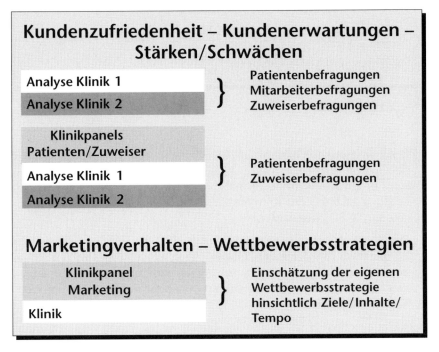

Abb. 4.24: Juwi Report – Vergleichsebenen

Datenbasis eines Vergleichs

ZUWEISER

Panel

bundesweite Befragung von 600 Zuweisenden Ärzten (1965/96), per Fragebogen als Beilage in einer Fachzeitung

direkter Vergleich zweier vergleichbarer Kliniken
Interviews von Zuweisern auf Basis eines spezifischen Fragebogens

PATIENTEN

Panel
Durchschnittswerte aus 2.000 Interviews mit Patienten

direkter Vergleich zweier vergleichbarer Kliniken
Interviews von Zuweisern auf Basis eines spezifischen Fragebogens

WETTBEWERBSSTRATEGIEN

Entscheidungsträger (1995/96) per Fragebogen in Fachzeitschrift

200 auswertbare Fragebögen

Abb. 4.25: Datenbasis eines Vergleichs

- Das Zuweiserpanel basiert auf einer Befragung von 600 niedergelassenen Ärzten hinsichtlich ihrer Entscheidungskriterien bei der Einweisung in ein Krankenhaus, ihrer Zufriedenheit mit unterschiedlichen Leistungsfacetten der Krankenhäuser und ihrer künftigen Erwartungen an die Krankenhäuser.

- Das Klinikmarketingpanel basiert auf einer Untersuchung (ebenfalls in Kooperation mit der Ärzte-Zeitung 1996), an der 200 Kliniken teilgenommen haben. Hinterfragt wurden die Einschätzung des künftigen Wettbewerbs und die Strategien, mit denen die Kliniken auf den Wettbewerb reagieren wollen.

Dem Patientenpanel liegen die Ergebnisse aus ca. 2.000 Patienteninterviews aus Kliniken unterschiedlicher Größenklassen und Versorgungsstufen zugrunde.

Im folgenden soll weniger auf die Ergebnisse dieser Panels eingegangen werden, vielmehr werden die strategische Komponente von Kundenzufriedenheitsanalysen und deren praktischer Aufbau beleuchtet.

2 Strategische Überlegungen

2.1 Zielgruppen und deren Bedeutung

Die Kundenverhältnisse werden für die Kliniken zunehmend komplexer, da einerseits die Patienten selbst immer stärker als Kunden auftreten und sich bewußt das Krankenhaus auswählen, von dem sie sich den größten Nutzen versprechen. Andererseits spielen auch die Kooperationspartner des Krankenhauses, – die Krankenkassen, wie die zuweisenden Ärzte – eine veränderte Rolle. Sie stehen selbst untereinander im Wettbewerb. Wer seine Versicherten/Patienten binden will, muß sich auch bei der Zusammenarbeit mit einem Krankenhaus darauf verlassen, daß die Erwartungen der Patienten an die Qualität der medizinischen und menschlichen Behandlung erfüllt werden.

Diese veränderten Rahmenbedingungen führen dazu, daß sich die Meinungsbildung eines niedergelassenen Arztes über ein Krankenhaus – und damit in einem oligopolistischen Marktsegment auch seine Einweisungsentscheidung – nicht mehr allein aus den direkten Marktsignalen

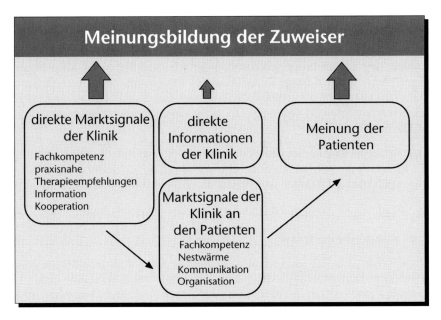

Abb. 4.26: Einflüsse auf die Einweisungsentscheidung

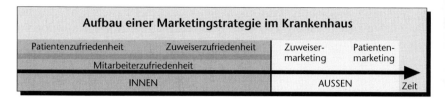

Abb. 4.27: Aufbau einer Marketingstrategie im Krankenhaus

der Kliniken ableitet, sondern die Meinung der Patienten eine zunehmende Rolle spielt.

Erstaunlich ist, daß viele Krankenhäuser das »Bild«, das der zuweisende Arzt oder die Öffentlichkeit hat, in nur geringem Maße durch aktive Maßnahmen beeinflussen.

Daraus ergibt sich die Grobkonzeption eines Marketingkonzeptes:

Die Schaffung von Patientenzufriedenheit wird zum Schlüssel und zur Voraussetzung für erfolgreiches Marketing, und damit werden Maßnahmen zur Steigerung der Patientenzufriedenheit selbst zu Marketinginstrumenten. Mit der Schaffung von mehr Patientenzufriedenheit wird gleichzeitig auch ein Stück Zuweiserzufriedenheit erreicht. Über die gemeinsamen Aspekte hinausgehende Maßnahmen zur Steigerung der Zuweiserzufriedenheit schließen sich im nächsten Schritt an.

Die gleichzeitige Schaffung von mehr Mitarbeiterzufriedenheit ist dabei kein Widerspruch. In vielen Fällen fördern Maßnahmen für mehr Patientenzufriedenheit auch die Mitarbeiterzufriedenheit, etwa im Umbau von unsinnigen Organisationsabläufen. Insofern sind auch die Mitarbeiter einer Klinik eine wichtige Zielgruppe des Marketing. Nicht nur, daß sie durch ihr Verhalten gegenüber den Patienten Image schaffen, sie sind auch als Privatpersonen wissentlich oder unwissentlich wichtige Imagemultiplikatoren.

Erst wenn im Innern der Klinik die Voraussetzungen für Marktattraktivität geschaffen sind, können zielgruppenspezifische Instrumente Aktionen in Richtung Zuweiser und Patienten eingesetzt werden und ihre Wirkung zeigen.

2.2 Kundenbedürfnisse

Diese Erwartung des Marktes an die Qualität der Leistung führt zu dem Begriff der Kundenorientierung. Kundenorientierung heißt, die Leistungen des Krankenhaus in einer Art und Weise auszuführen, wie es den Bedürfnissen des Kunden entspricht. Dies herauszufinden, ist Aufgabe der Marktforschung.

Da nicht alle Kundenbedürfnisse gleichzeitig erfüllt werden können, ist es entscheidend, beim Aufbau eines Kundenzufriedenheitsmanagements Prioritäten zu setzen. Bei der Analyse der Kundenerwartungen reicht es daher nicht aus, die Zufriedenheit mit einem Leistungsmerkmal zu hinterfragen, sondern auch deren Bedeutung bzw. Wichtigkeit zu erfassen. Ein Kunde kann durchaus mit einem Merkmal A unzufrieden sein, sich aber trotzdem für die Klinik entscheiden, weil er mit Merkmal B zufrieden ist und ihm dieses wichtiger ist als Merkmal A.

Die Ergebnisse werden in eine Wichtigkeits-/Zufriedenheitsmatrix übertragen, aus der die Veränderungsprioritäten ablesbar sind.

Aus den Ergebnissen aller unserer Zuweiser- und Patientenbefragungen hinsichtlich der Wichtigkeit von Merkmalen haben wir eine Prioritätenliste erstellt, und in den beiden nachfolgenden Bedürfnispyramiden zusammengefaßt.

Die **Vertragsärzte** erwarten selbstverständlich eine ausreichende fachliche Qualität der Leistung, d. h. daß die medizinische und pflegerische Qualität, sowie die technische Ausstattung, die den Erwartungen an die

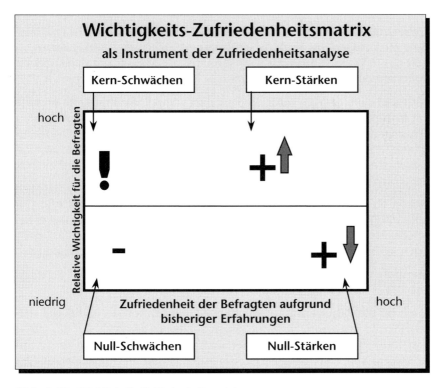

Abb. 4.28: Wichtigkeits-Zufriedenheitsmatrix

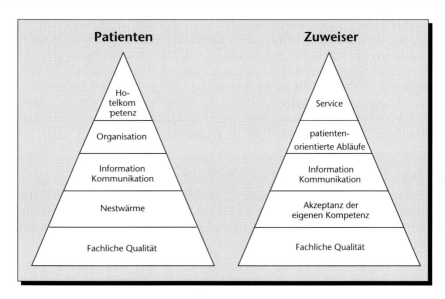

Abb. 4.29: Bedürfnispyramide der Klinikkunden

Zielsetzung des Krankenhausaufenthaltes (nämlich Heilung oder Linderung etc.) entspricht. Nach diesen Kriterien suchen die Vertragsärzte primär das in Frage kommende Krankenhaus aus. Maßstab ist dabei jedoch nicht unbedingt die maximal mögliche technische Ausstattung.

Weit mehr als Technik zählt die Frage, in wieweit die Krankenhausärzte die Kompetenz des Vertragsarztes achten. Mit »Akzeptanz der eigenen Kompetenz« sind nicht nur die Ärgernisse *Doppeluntersuchungen, Nichtbeachtung seiner Befunde* oder gar *Kritisierung seiner Arbeit gegenüber dem Patienten gemeint,* sondern auch die Frage, inwieweit der Krankenhausarzt in Konkurrenz zu dem Vertragsarzt tritt.

Neben diesen beiden Hauptkriterien, beeinflussen die Qualität und Geschwindigkeit der Informationen durch die Klinikärzte und patientenorientierte Abläufe Einweisungsentscheidung des Vertragsarztes mehr noch als Serviceleistungen – wie z. B. die Fortbildungsveranstaltungen.

Komponenten wie die Qualität der Unterbringung sind für die Vertragsärzte eher unwichtige Faktoren.

Auch für die **Patienten** ist die fachliche Qualifikation der Klinik das entscheidende Kriterium. Sie verlassen sich dabei in der Regel auf das Urteil des Hausarztes. Oft bilden sie aber auch ihre eigene Meinung aus Erfahrungsberichten ihrer Umgebung (Ruf einer Klinik). In den seltensten Fällen steht ihnen Informationsmaterial der Klinik zur Meinungsbildung zur Verfügung.

Ab der zweiten Stufe der Bedürfnispyramide unterscheiden sich jedoch die Erwartungen von Patienten und Vertragsärzten. Der zweitwichtigste Aspekt für die Patienten ist Nestwärme, d. h. das Gefühl der Geborgenheit, Sicherheit, Akzeptanz und Partnerschaft, erst an dritter Stelle steht die hinreichende Information über seine Erkrankung und deren Verlauf, gefolgt von den Erwartungen an eine Organisation seines Tagesablaufs, die ihn in den Mittelpunkt stellt. Erst danach sind ihm Komponenten der Qualität der Unterbringung, wie Zimmerausstattung, Essen oder Freizeitmöglichkeiten wichtig.

Diese Rangfolge ist der Extrakt unterschiedlicher Marktforschungsprojekte und kann natürlich für jede Klinik individuell anders ausfallen. Entscheidend ist, je stärker die Konkurrenzsituation ist oder zukünftig erwartet wird, um so mehr Stufen in der Pyramide werden die einzelnen Kliniken optimieren.

3 Sinn und Nutzen von Kundenbefragungen

Im Grunde kennt jedes Krankenhaus mehr oder weniger detailliert seine Qualität auf den einzelnen Pyramidenstufen. Damit ist die Frage nach Sinn und Nutzen einer spezifischen Analyse durchaus gerechtfertigt.

Im Vordergrund steht daher aus unserer Sicht weniger die Frage nach quantitativen Merkmalen (ist die Zufriedenheit mit einem Merkmal nun 2,1 oder 1,8), sondern die akquisitorische Komponente. Dies gilt insbesondere für Zuweiserbefragungen – vorausgesetzt, sie werden nicht schriftlich, sondern durch persönliche Interviews durchgeführt. Der Interviewer übernimmt praktisch die Funktion eines Außendienstmitarbeiters, ist Zuhörer für angestaute Ärgernisse und gleicht oft eklatante Informationsdefizite über das Leistungsspektrum der Klinik aus. Mit einer Befragung signalisiert die Klinik ihrem Kunden, daß sie ihn und seine Wünsche ernst nimmt; damit sind Kundenzufriedenheitsanalysen in erster Linie ein Marketinginstrument und der erste Schritt zu mehr Kundenzufriedenheit.

Ein weiterer wichtiger Aspekt einer Kundenzufriedenheitsanalyse ist die Signalwirkung im Innenverhältnis der Klinik. Eine Klinik, die sich zu einer Kundenzufriedenheitsanalyse entschließt, ruft damit möglicherweise Geister herbei (insbesondere bei einer Zuweiserbefragung), die sie später nicht mehr los wird. D. h. mit einer Befragung werden gewisse Erwartungen implementiert, die erfüllt werden müssen. Ist die Befragung innerhalb der Klinik gut vorbereitet und mit den Mitarbeitern abgesprochen, können die Ergebnisse eine Initialzündung für einen neuen kundenorientierten Geist sein und durchaus einen gesunden Wettbewerb zwischen einzelnen Abteilungen einer Klinik fördern.

Auch wenn die Grundbedürfnisse der Kunden feststehen, bzw. die Grundschwächen einer Klinik bekannt sind, können doch die Ergebnisse einer Befragung eine wertvolle Informations- und Entscheidungsbasis für Veränderungsmaßnahmen sein. Zum einen beleuchten die Ergebnisse einer Befragung Details, die in der eigenen Betriebsblindheit bisher untergegangen sind, zum anderen erhält man eine Informationsbasis über die eigene Kundenstruktur und deren Erwartungen. Die wiederum ist entscheidend für den Aufbau eines Marketingkonzeptes. Nur durch eine Kundenanalyse kann man herausfinden, bei welcher Zielgruppe mit welchen Instrumenten die größte Hebelwirkung zu erzielen ist.

4 Aufbau von Zufriedenheitsanalysen

4.1 Patienten

Im Hinblick auf die Zielsetzung einer Befragung bieten sich unterschiedliche Strategien an. Sie kann als Momentaufnahme einer Klinik oder deren Teilbereiche ausgerichtet sein, oder die Prozesse der Klinik permanent beleuchten und Veränderungen begleiten.

Im Hinblick auf die »politische« Funktion einer Befragung – nämlich den Veränderungsdruck innerhalb der Klinik aufrechtzuerhalten – ist es sinnvoll, solche Analysen kontinuierlich durchzuführen. Unabhängig davon müßte jede lernende Organisation, die sich als solche ernst nimmt, ein Interesse an permanenten Qualitätskontrollen durch ihre Kunden haben.

Einstieg

neutrale Interviewer am Patientenbett

umfassende Befragung - bezogen auf einzelne Organisationseinheiten

quantitative und qualitative Merkmale

zweidimensional (Wichtigkeit und Zufriedenheit)

Follow up

permante Befragungen (StippVisitenkarte)

Stichprobeninterviews in auffälligen Einheiten

Abb. 4.30: Befragungsstrategien – Patienten

Unsere bevorzugte Strategie startet mit einer umfassenden Analyse der gesamten Klinik oder eines definierten Problembereiches. Will man neben der Schaffung einer Datenbasis als Entscheidungsgrundlage auch das akquisitorische Potential einer Befragung nutzen, führt kein Weg an persönlichen Interviews möglichst durch neutrale Interviewer vorbei. Zum einen erfährt ein Interviewer viel mehr als ein schriftlicher Fragebogen wiederzugeben vermag, zum anderen erreicht man eine breitere Zielgruppe, insbesondere auch die sonst schweigende Mehrheit.

Der Fragebogen beleuchtet sowohl die Prozesse einer Klinik aus Sicht des Patienten, als auch die unterschiedlichen Kompetenzbereiche einer Klinik (siehe Pyramide).

Die Frage, in welchen Abständen man eine Befragung wiederholen sollte, um den Erfolg eines Veränderungsprozesses zu messen, haben wir beispielsweise in den Städtischen Kliniken Kassel folgendermaßen beantwortet:

Auch hier startet der Veränderungsprozeß mit detaillierten Befragungen. Ein Ergebnis der Kundenzufriedenheitsanalyse war die Verbesserung der Informationspolitik gegenüber Patienten und zuweisenden Ärzten in Form einer neu entwickelten Klinikzeitung StippVisite (der sich mittlerweile 8 deutsche Krankenhäuser angeschlossen haben).

Ein Kernstück der StippVisite in den Städtischen Kliniken Kassel ist die darin enthaltene StippVisitenkarte. Jeder neue Patient erhält sein persönliches Exemplar bei der Aufnahme. Die StippVisitenkarte löst die wenig gelesene Patientenbroschüre ab und enthält alle wichtigen Informationen auf einen Blick. Ebenso beinhaltet sie eine perforierte Postkarte »Ihre Meinung ist uns wichtig«. Sie ist in zwei Minuten ausfüllbar und hat sich als permanentes Befragungsinstrument gut bewährt.

Die Ergebnisse können einzelnen Organisationseinheiten zugeordnet werden und zeigen sehr gut Veränderungstendenzen in den einzelnen Einheiten auf. Zu den bewerteten Ergebnissen gehört auch die Anzahl der pro Zeiteinheit von den Patienten einer Station abgegebenen Karten. Aus dem Mix aller Daten wird ein Index gebildet, mit dem die Stationen bewertet werden. Auf Basis dieser Bewertung finden dann Stichprobeninterviews mit Patienten der Stationen statt, die dabei besonders auffallen.

4.2 Zuweiser

Bei der Entscheidung für eine Befragung der zuweisenden Ärzte steht noch stärker der akquisitorische Aspekt im Vordergrund. Im Hinblick darauf ziehen wir grundsätzlich das persönliche Gespräch dem schriftlichen Fragebogen vor.

Die Konzeption des Interviewleitfadens muß das knappe Zeitbudget eines niedergelassenen Arztes berücksichtigen, schnell zum Punkt kommen

Konzept – Methodik

Einstieg

Pretest – Akzeptanz der Befragung

Gruppendiskussion – Definition der Problemfelder

telefonische Befragung

qualitative/quantitative Kriterien/Wichtigkeit und Zufriedenheit

Follow up

regelmäßiges Zuweiserpanel

Klinikzeitung – aus der Klinik für die Praxis

permanenter Beraterkreis

Abb. 4.31: Befragungsstrategien – Zuweiser

und sich auf wenige Problembereiche beschränken. Das Zuweisermarketing zählt zu einem der sensibelsten Bereiche überhaupt, in dem sich taktische Fehler leicht rächen.

Daher beginnt unser Konzept zunächst mit einem telefonischen Pretest, in dessen Rahmen wir ein Gefühl für die Marktsituation einer Klinik bekommen. Gleichzeitig wird beim Pretest zu einer Gruppendiskussion eingeladen, in deren Rahmen die Stärken und Schwächen einer Klinik mit den zuweisenden Ärzten diskutiert werden. Aus den Erfahrungen beider Vorstufen wird ein Fragebogen entwickelt, der der spezifischen Marktsituation einer Klinik und ihrer individuellen Zielsetzung in diesem Markt gerecht wird.

Der Aufbau des Interviewleitfadens erfüllt die gleichen Anforderungen wie der Patientenfragebogen im Hinblick auf den Mix von qualitativen und quantitativen Fragen sowie Wichtigkeit und Zufriedenheit mit Merkmalen.

Als Follow up-Konzept empfiehlt sich die regelmäßige Befragung einer kleinen Gruppe von ca. 20 Zuweisern aus unterschiedlichen Einweisungshäufigkeitsklassen (siehe unten). Empfehlenswert ist darüber hinaus der Aufbau eines permanenten Beraterkreises, der sich regelmäßig trifft und nicht nur Stärken und Schwächen beleuchtet, sondern das »Ohr« der Klinik am Markt ist.

Darüber hinaus bieten wir eine spezielle Zuweiserzeitung für Kliniken an, die den Dialog zwischen Klinik und Praxis verstärkt.

5   Ziele eines Vergleiches

Einen Schritt weiter als die isolierte Kundenzufriedenheitsanalyse geht der Vergleich mit anderen Kliniken. Die wichtigsten Argumente, die eigene Position mit der anderer zu vergleichen, gibt die nachfolgende Abbildung wieder.

➡ relative Bewertung der eigenen Position

➡ Maßstab zur Einordnung von Erkenntnissen

➡ leichtere Festlegung von Prioritäten

➡ gezielter Einsatz von Ressourcen

➡ Innovations- und Ideentransfer

➡ Motivation des Personals

Abb. 4.32: Ziele eines Vergleichs mit anderen Kliniken

6   Einige Ergebnisse

Aussagefähig werden die Ergebnisse von Analysen vor allem im Kontrast zweier Kliniken. Die folgenden Beispiele beschränken sich auf die Analyse marketingstrategischer Fragestellungen.

Beide Kliniken sind Schwerpunktkrankenhäuser. Während Klinik 1 in einer oligopolistischen Struktur bestehen muß, d. h. sie befindet sich in einem Ballungszentrum und konkurriert mit Kliniken gleicher, höherer und geringerer Versorgungsstufe, agiert Klinik 2 in einem eher monopolistischen Marktsegment. D. h. es gibt zwar weitere Kliniken im Einzugsbereich, die allerdings nur in Teilsegmenten konkurrieren können, da sie über ein schmaleres medizinisches Leistungsspektrum verfügen.

Hinsichtlich der Kundenzufriedenheit ergab die Patientenbefragung bei Klinik 1 wesentlich bessere Werte insbesondere bei den Merkmalen Nestwärme, Kommunikation / Information und Organisation. Bei den Hotelleistungen schnitt hingegen Klinik 2 etwas besser ab als Klinik 1.

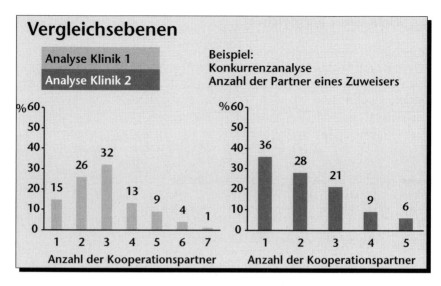

Abb. 4.33: Vergleichsebene – Zuweiser

▶ **Beispiel 1: Zuweiserstrukturen**

Grundlage jeder Markt- und Marketingstrategien ist der Aufbau von Zielgruppendateien. Dazu ist die Frage von Interesse, mit wieviel Kliniken die einweisenden Ärzte zusammenarbeiten. Hier werden die unterschiedlichen Marktstrukturen von Klinik 1 und 2 deutlich.

Das relative Monopol von Klinik 2 zeigt sich zum einen darin, daß die befragten Ärzte mit durchschnittlich weniger Kliniken zusammenarbeiten, als im Marktsegment der Klinik 1, zum anderen in dem hohen Wert von 36 % der Befragten (Klinik 2), die mit nur einer Klinik regelmäßig zusammenarbeiten.

Entsprechend unterschiedlich ist auch die Einweisungsstruktur beider Krankenhäuser.

Im Rahmen der Befragung haben wir die zuweisenden Ärzte in sogenannte Einweisungshäufigkeitsklassen unterteilt. Dabei differenzieren wir 5 Größenklassen; die Ärzte der Klasse 1 überweisen bis zu 20 % ihrer Patienten, die der Klasse 2 zwischen 21 und 40 % usw. bis zur Klasse 5, deren Ärzte mehr als 80 % ihrer Patienten in ein Krankenhaus überweisen.

Obwohl Klinik 2 stärker in einer monopolistischen Struktur agiert, hat Klinik 1 mehr »Stammkunden«, d. h. mehr Zuweiser der Klassen 2–4, die intensiver mit der Klinik zusammenarbeiten. Die Ursache liegt in der positiveren Einstellung der Patienten, aber auch in der größeren Zufriedenheit der zuweisenden Ärzte selbst (Ergebnisse der Zuweiserbefragung).

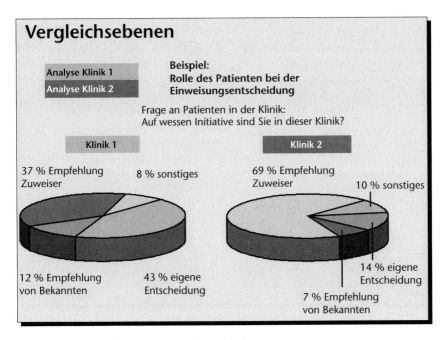

Abb. 4.34: Vergleichsebenen – Patientenbindung

Die Einteilung der Ärzte in Einweisungshäufigkeitsklassen entsteht aus den subjektiven Angaben der Ärzte und kann objektiv sehr stark von der Realität abweichen. Dennoch zeigt sie in der Tendenz, bei welcher Zielgruppe stärker akquiriert werden – und wo man eher Kundenpflege betreiben muß. Die reine Einweisungsstatistik kann dazu nur begrenzte Aussagen machen, da die absolute Anzahl der Einweisungen eines Arztes nichts über die Ausschöpfung des Potentials aussagt.

▶ **Beispiel 2: Patientenbindung**

Die Grundeinstellung der Patienten erklärt die typische Verteilung des Kuchens: je besser die Kundenorientierung einer Klinik, um so mehr Patienten geben an, aufgrund einer eigenen Entscheidung in der Klinik zu sein.

▶ **Beispiel 3: Einfluß der Patienten auf die Einweisungsentscheidung**

Um die Konsequenzen daraus näher zu beleuchten, wurden die Zuweiser neben der Einstellung ihrer Patienten (unterer Balken – 0 = äußerst negativ; 6 = äußerst positiv) nach dem Einfluß des Patientenwunsches bei der Einweisungsentscheidung befragt (0 = äußerst gering, 6 = äußerst hoch).

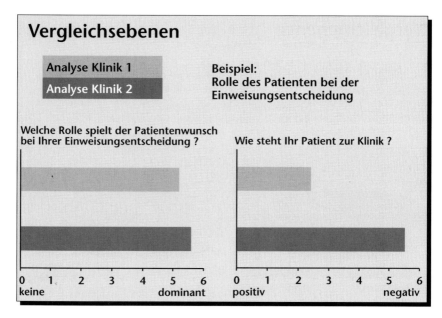

Abb. 4.35: Vergleichsebene – Patienteneinfluß bei Einweisungsentscheidung

In beiden Kliniken spielt in der Kooperation mit den Zuweisern der Patientenwunsch eine dominante Rolle. Bei den Zuweisern von Klinik 2 richtet sich der Wunsch, aufgrund der relativen Unzufriedenheit der Patienten mit den Komponenten Nestwärme, Kommunikation/Information (Ergebnis der Patientenbefragung), jedoch gegen die Klinik, so daß die Zuweiser bei ihrer Einweisungsentscheidung häufig gegen den Patientenwunsch argumentieren müssen. Dies geht für Klinik 2 solange gut, solange die Wunschklinik der Patienten nicht die für den Einzelfall erforderlichen medizinischen Standards aufweisen kann, bzw. so lange keine anderen Alternativen verfügbar sind.

Daraus ergibt sich für Klinik 2 eine zu hohe Abhängigkeit von ihren Zuweisern, während Klinik 1 ein gesundes Mix zwischen Patientenwunsch und Zuweiserbindung erreicht hat.

Der GfR-Qualitätsindex zur Bewertung von Krankenhausleistungen der Gesellschaft für Rationalisierung GmbH

Regionales Krankenhausbenchmarking aus Sicht von niedergelassenen Ärzten

Peter Borges
und
Bernd Schnabel

Kaum ein Thema wird im Krankenhauswesen zur Zeit so stark diskutiert wie das Qualitätsmanagement. Eine Ursache hierfür besteht in der vielfach geäußerten Sorge, daß sich die gesetzlichen Reformen der letzten Jahre, insbesondere die pauschalierten Entgelte, negativ auf die Qualität der medizinischen und pflegerischen Leistungen auswirken könnten.

Gleichzeitig führt die verstärkte Konkurrenzsituation im »Markt für Krankenhausleistungen« dazu, daß die Anbieter stationärer und ambulanter Gesundheitsleistungen sich gegenüber ihren Wettbewerbern profilieren müssen. Hierfür ist eine hohe und konstante Qualität der eigenen Leistungen unabdingbare Voraussetzung.

Welche Qualitätsmerkmale im Krankenhaus sind jedoch letztendlich entscheidend, und wie kann man sie objektiv und vergleichbar messen?

- Eines der Hauptziele industrieller Qualitätskonzepte ist es, durch Formalisierung und Dokumentation der internen Abläufe standardisierte Geschäftsprozesse zu gewährleisten. Im Krankenhausbereich ist »Qualität« jedoch sehr viel enger mit »Individualität« verbunden. Kein Patient wird sich selbst als »Standardfall« verstehen, sondern vielmehr die empfundene Zufriedenheit als Maßstab für die Qualität heranziehen.

- Eine hohe Qualität der Krankenhausleistungen ist erst dann erreicht, wenn auch andere Anspruchsgruppen (z. B. Kostenträger, niedergelassene Ärzte, Mitarbeiter, Besucher) mit den Leistungen zufrieden sind und sie positiv bewerten. Der Begriff Qualität kann im Krankenhaus nicht losgelöst von den jeweiligen Anspruchsgruppen betrachtet werden. Ein niedergelassener Arzt hat andere Kriterien für die Qualität als Patienten. Für Mitarbeiter des ärztlichen oder pflegerischen Dienstes eines Krankenhauses gilt das in gleicher Weise.

Qualitätsmanagement im Krankenhaus ohne genaue Kenntnis der Bedürfnisse und Erwartungen aller Anspruchsgruppen birgt deshalb die Gefahr in sich, die angestrebten Qualitätsziele zu verfehlen.

Die in letzter Zeit veröffentlichten Ergebnisse von Zufriedenheitsuntersuchungen in Krankenhäusern basieren überwiegend auf Patientenbefragungen und zeigen folgende Tendenzen:

- Während des Krankenhausaufenthaltes sind die Patienten bezüglich der medizinischen Kernleistungen (medizinische Versorgung, Verhältnis zu Ärzten und Pflegepersonal usw.) eher unkritisch und bewerten die abgefragten Kriterien wenig differenziert mit meist sehr guten bis guten Noten. Differenzierter werden die Urteile der Patienten, wenn sie die Service- und Dienstleistungsqualität (Atmosphäre, Service, Organisation, Gebäude, Einrichtung usw.) bewerten.

- Aus den meist geringen Unterschieden in der Beurteilung verschiedener Krankenhäuser oder Abteilungen lassen sich keine konkreten Maßnahmen ableiten. Die Zufriedenheit wird selten anhand der Bedeutung des zu beurteilenden Kriteriums für den Patienten gewichtet.

- Nach der Entlassung äußern sich die Patienten den behandelnden niedergelassenen Ärzten gegenüber deutlich kritischer. Ob und wie weit das Einweisungsverhalten der niedergelassenen Ärzte davon beeinflußt wird, ist den Krankenhäusern in der Regel nicht bekannt.

- Nach einer in Bremen durchgeführten Untersuchung folgt etwa die Hälfte der Krankenhauspatienten direkt der Empfehlung des einweisenden Arztes und nur etwa ein Viertel trifft die Entscheidung für das Krankenhaus selbst (vgl. *Jungblut-Wischmann, P.*).

- Auch die in einigen ausländischen Staaten (z. B. GB, USA) seit längerer Zeit üblichen überregionalen Krankenhausvergleiche in Form von Kennzahlen oder Rangreihen basieren überwiegend auf Patientenbefragungen.

Für die Wettbewerbsfähigkeit von Krankenhäusern ist jedoch auch das Einweisungsverhalten der niedergelassenen Ärzte und deren Zusammenarbeit mit den Krankenhausärzten entscheidend.

Die Ergebnisse von Ärztebefragungen sind deshalb für regionale und überregionale Krankenhausvergleiche eine wesentliche Informationsquelle im Hinblick auf die qualitative Bewertung von Krankenhäusern.

Das zeigte sich auch im Rahmen eines 1996 in der Region Aachen durchgeführten Großprojektes. Dabei wurden 1.750 Patienten, 340 niedergelassene Ärzte, 1.260 Krankenhausmitarbeiter, 850 Patientenbesucher, 230 Medizinstudenten und 300 Einwohner anonym nach ihren Bewertungen zu 42 Kliniken befragt. Die Fragebögen umfaßten insgesamt 222 Zufriedenheitskriterien. Sie wurden im Rahmen umfangreicher Vorexplorationen bei allen Anspruchsgruppen in Zusammenarbeit mit Ärzten, Verwaltungs- und Pflegepersonal erarbeitet und getestet.

Die Untersuchungsergebnisse, dürfen hier nur in allgemeiner Form, anonymisiert und auszugsweise wiedergegeben werden. Sie zeigten interessante und deutliche Unterschiede zwischen der Meinung der niedergelassenen Ärzte und der Krankenhauspatienten auf, wobei die Ergebnisse der Ärztebefragung bei den Auftraggebern mit Abstand die größte Resonanz und Betroffenheit hervorriefen.

Im folgenden wird deshalb anhand dieser Ergebnisse gezeigt, wie sich daraus ein Qualitätsindex ermitteln läßt. Das Verfahren ist prinzipiell auch auf andere Anspruchsgruppen übertragbar.

- Für die Patienten war beispielsweise die Qualität der medizinischen Versorgung ein wichtiges Kriterium für die Zufriedenheit mit dem Krankenhaus. Sie waren damit insgesamt in den untersuchten Einhei-

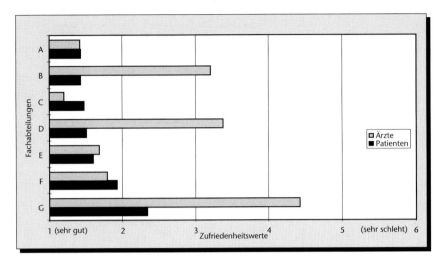

Abb. 4.36: Beurteilung der medizinischen Kompetenz durch niedergelassene Ärzte, Beurteilung der medizinischen Versorgung durch Patienten

ten auch sehr zufrieden und beurteilten auf einer Notenskala von 1 bis 6 (wie Schulnoten) die medizinische Versorgung mit Mittelwerten von 1,3 bis 2,3. Das entspricht der oben erwähnten positiven Antworttendenz, die auch in anderen Untersuchungen zutage trat.

- Die niedergelassenen Ärzte beurteilten die medizinische Kompetenz derselben Untersuchungseinheiten mit Werten von 1,2 bis 4,4 weitaus differenzierter, zurückhaltender und kritischer (siehe Abbildung 4.36).

Aufschlußreich waren auch die Antworten der niedergelassenen Ärzte auf zwei Fragen (siehe Abbildung 4.37).

- Ein wichtiges Kriterium für die Zusammenarbeit mit Krankenhäusern ist bei den niedergelassenen Ärzten danach neben der medizinischen Kompetenz die Kommunikation und Kooperation mit den Krankenhausärzten. Die von den Ärzten vergebenen Zufriedenheitswerte für dieses Kriterium lagen im Untersuchungsbereich zwischen 1,8 und 4,6. Zum Teil wurden Kommunikation und Kooperation deutlich schlechter beurteilt als die medizinische Kompetenz (siehe Abbildung 4.38).

Die Fachabteilungen B und C werden in beiden Kriterien durch die niedergelassenen Ärzte positiv beurteilt. Hier besteht im Vergleich zu den anderen Fachabteilungen wohl kein dringender Handlungsbedarf. Die der Fachabteilung A attestierte hohe medizinische Kompetenz wird durch eine deutlich schlechtere Beurteilung des Kommunikationsverhaltens relativiert.

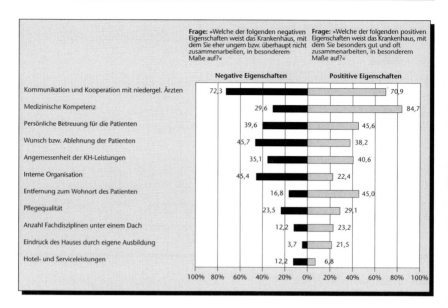

Abb. 4.37: Positive und negative Eigenschaften von Krankenhäusern aus Sicht der niedergelassenen Ärzte – Mehrfachantworten zulässig

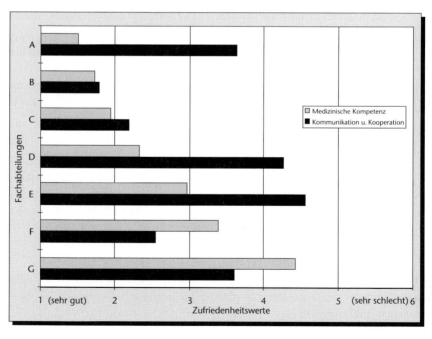

Abb. 4.38: Bewertung der medizinischen Kompetenz und der Kommunikation der Krankenhausärzte mit den niedergelassenen Ärzten für verschiedene Fachabteilungen

Läßt sich die medizinische Kompetenz – die von den einweisenden Ärzten am höchsten bewertete positive Eigenschaft eines Krankenhauses (siehe Abbildung 4.37) – kurzfristig und ohne große Investitionen verbessern?

Oder ist Handlungsbedarf eher im Bereich der Kommunikation und Kooperation geboten, wenn einzelne Untersuchungseinheiten hier deutlich schlechter abschneiden als andere, und genau dieses Kriterium das Einweisungsverhalten der niedergelassenen Ärzte positiv und negativ erheblich beeinflußt?

Diese Fragen verdeutlichen das Dilemma, in dem sich die Kosten- und Qualitätsverantwortlichen der Krankenhäuser befinden. Die Antwort ist ohne eine Kosten-/Nutzen-Abschätzung nicht sinnvoll zu finden, wenn man aus personellen und finanziellen Gründen Prioritäten setzen muß. Ausgabewirksame Maßnahmen zur Steigerung der Qualität und der Wettbewerbsfähigkeit müssen sich in solchen Fällen am erzielbaren Nutzen orientieren. Die Abschätzung und Quantifizierung des Nutzens ist aber, wie das Beispiel zeigt, ein multifaktorielles Problem, das ohne Gewichtung der Kriterien nicht lösbar ist. Dazu sind Kennzahlen erforderlich, die u. a. aus internen oder externen Vergleichen der wirklich wichtigen und die Zufriedenheit mit der Qualität eines Krankenhauses prägenden Kriterien ermittelt werden müssen.

Solche Kennzahlen müssen vergleichbar sein und zu einem normierten Krankenhaus-Qualitätsindex verdichtet werden können.

Konsequent, umfassend und periodisch ermittelt gestatten solche Kennzahlen letztlich die vergleichende Bewertung von Krankenhäusern in ähnlicher Form wie es in anderen Dienstleistungsbereichen (z. B. Hotels, Gaststätten) längst üblich ist.

Die Ergebnisse der Ärztebefragung lassen sich dazu heranziehen.

In einer weiterführenden Studie der GfR (Gesellschaft für Rationalisierung mbH) wurde ein Qualitätsindex entwickelt, der auf den von niedergelassenen Ärzten zur Beurteilung der Qualität von Krankenhausleistungen herangezogenen Kriterien basiert.

In einem ersten Schritt wurden diejenigen Bewertungskriterien ermittelt, die sich bei der erwähnten Aachener Studie als wesentlich herausgestellt hatten (für die interessierten Fachleute: Bestimmtheitsmaß der multiplen linearen Regression > 0,65 bzw. Faktorladung > 0,75). Von ursprünglich 37 Kriterien reduzierte sich hierdurch die Zahl auf 27.

Die Bewertungssystematik und die Methode zur Indexermittlung wurde inzwischen in mehr als 100 Krankenhausabteilungen in Deutschland getestet. Sowohl faktoren- als auch regressionsanalytisch konnte in fast 80 % der Fälle nachgewiesen werden, daß der errechnete Qualitätsindex (im folgenden GfR-Index) die tatsächlich wesentlichen Qualitätskriterien valide abbildet. 25 Fachabteilungen wurden aufgrund zu geringer Antwortquoten nicht in die weiteren Analysen einbezogen.

Je nach Bedarf oder Anspruch kann der GfR-Index in einem dreistufigen Verfahren entweder als normiertes Gesamt-Qualitätsurteil für eine Fachabteilung, als Qualitätskennzahl auf der Ebene sogenannter Oberkriterien (insgesamt 8) und auch als Detailbewertung für diejenigen Unterkriterien ermittelt werden, die ein Oberkriterium im einzelnen beschreiben (insgesamt 19). In Abbildung 4.39 ist dieses Drei-Ebenen-Konzept beispielhaft für das Oberkriterium »Medizinische Kompetenz« und die zugehörigen 4 Unterkriterien dargestellt.

Nach den bisherigen Untersuchungsergebnissen kann aus Sicht der einweisenden Ärzte von einer gleichmäßig hohen Qualität der Krankenhausleistungen in Deutschland nicht die Rede sein. Abbildung 4.40 zeigt die besten und schlechtesten Ergebnisse für die bewerteten 8 Oberkriterien der 84 berücksichtigten Abteilungen.

Bezüglich des Gesamt-Qualitätsindexes, also der Verdichtung der 8 Oberkriterien zu einem Wert je Fachabteilung, schwanken die Werte zwischen 38 % und 89 %!

Die bisher vorgebrachten Einwände gegen solche Vergleichskennzahlen werden sich nicht halten lassen. Häufig wird argumentiert, daß medizinische Laien (Patienten) die Qualität von Krankenhausleistungen nicht beurteilen können. Die hier vorgestellten Ergebnisse resultieren aus der anonymen Befragung niedergelassener Ärzte im Einzugsbereich der untersuchten Fachabteilungen. Oder es wird kritisiert, daß es sich um mathematisch-statistisch fragwürdige Methoden bei der Kennzahlenermittlung handelt. Letzteres ist leider bei einigen in jüngster Zeit publizierten Vergleichsstudien ein tatsächlicher Angriffspunkt. Die hier verwendeten

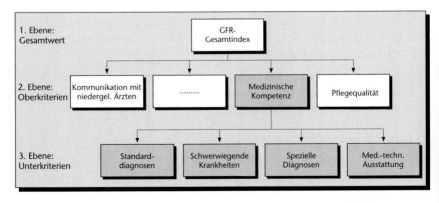

Abb. 4.39: Drei-Ebenen-Konzept des GfR-Qualitätsindexes für Krankenhäuser

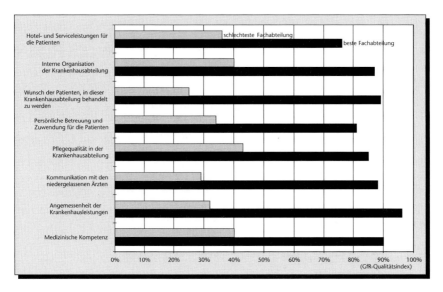

Abb. 4.40: GfR-Qualitätsindex für 8 Oberkriterien; Basis: Ca. 45.000 Bewertungen durch 575 niedergelassene Ärzte für 84 Fachabteilungen

mathematisch-statistischen Methoden sind wissenschaftlich anerkannt (Regressionsanalyse, Faktorenanalyse) und nachprüfbar.

Trotz aller Widerstände und Vorbehalte werden sich die Krankenhäuser aus Wettbewerbsgründen solchen Vergleichen stellen müssen.

Dazu ein Beispiel aus einer deutschen Großstadt:

Im Rahmen eines Wettbewerbervergleichs von vier Krankenhäusern dieser Stadt für die ausgewählten Fachabteilungen Gynäkologie, Innere Medizin und Chirurgie gaben 164 niedergelassene Ärzte insgesamt 11.800 Beurteilungen ab. Die Auswertung der Daten zeigte, daß die Wichtigkeit der einzelnen Beurteilungskriterien in Abhängigkeit von der Fachrichtung der niedergelassenen Ärzte unterschiedlich gesehen wurde. Zu den gynäkologischen Fachabteilungen äußerten sich z. B. mit einer Ausnahme nur Fachärzte für Gynäkologie, während zu den internistischen Fachabteilungen überwiegend Allgemeinmediziner und Internisten antworteten. Diesen Sachverhalten trägt der GfR-Qualitätsindex Rechnung, indem die Gewichtung der einzelnen Beurteilungskriterien exakt auf der Basis des antwortenden Kollektives und dessen fachrichtungsindivudueller Zusammensetzung erfolgt. Die Beurteilungskriterien für die gynäkologischen Fachabteilungen wurden also in dem o. a. Fall mit dem Anspruchsniveau von 46 antwortenden Fachärzten für Gynäkologie und eines Internisten gewichtet. Dann wurde der gewichtete Quotient aus der tatsächlichen Bewertung und der theoretisch bestmöglichen Bewertung gebildet. Dieser

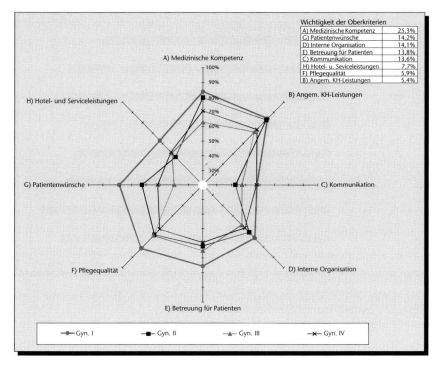

Wichtigkeit der Oberkriterien	
A) Medizinische Kompetenz	25,3%
G) Patientenwünsche	14,2%
D) Interne Organisation	14,1%
E) Betreuung für Patienten	13,8%
C) Kommunikation	13,6%
H) Hotel- u. Seviceleistungen	7,7%
F) Pflegequalität	5,9%
B) Angem. KH-Leistungen	5,4%

Abb. 4.41: Qualitätsprofil von vier gynäkologischen Fachabteilungen

Quotient ist der GfR-Qualitätsindex. Er gibt also an, zu welchem Prozentsatz die optimale Bewertung in dem jeweiligen Beurteilungskriterium von der betreffenden Fachabteilung erfüllt wird. Da ein Wert von 0 % (bzw. 100 %) nur dann erreicht werden kann, wenn **alle** sich zu der entsprechenden Fachabteilung äußernden niedergelassenen Ärzte die schlechteste (bzw. beste) Bewertung für das jeweilige Beurteilungskriterium abgeben, werden solche Extremwerte praktisch nicht erzielt.

Abbildung 4.41 stellt z. B. die GfR-Qualitätsindexwerte für die o. a. gynäkologischen Wettbewerbsabteilungen dar (Skalierung der Polygonachsen). Die eingeblendete Tabelle zeigt, welche Wichtigkeit diesen Kriterien von den antwortenden Ärzten im einzelnen beigemessen wurde.

Wie man sieht, ist die medizinische Kompetenz mit 25,3 % das wichtigste Kriterium. Hier liegt die Gynäkologie I mit einem Indexwert von 83 % deutlich über der Gynäkologie III, die nur 62 % erreicht. Bei dem zweitwichtigsten Kriterium (Wunsch der Patienten in dieser Abteilung behandelt zu werden) sind die Unterschiede am krassesten: Gynäkologie III erreicht hier lediglich einen Indexwert von 40 %, während Gynäkologie I mit 79 % sich deutlich von den Wettbewerbern abhebt.

▶ Zusammenfassung

- Die Qualität von Krankenhausleistungen ist meßbar und läßt sich in Form von Indexzahlen verdichtet darstellen.

- Der hier vorgestellte GfR-Qualitätsindex basiert auf den Urteilen medizinischer Experten (niedergelassene Ärzte im Einzugsbereich der bewerteten Krankenhäuser).

- Das Verfahren ist wissenschaftlich fundiert und in mehr als 100 Krankenhausfachabteilungen erprobt.

- Die Bewertungskriterien sind standardisiert und gelten für Krankenhäuser aller Versorgungsstufen.

- Die Vergleichskriterien werden nicht willkürlich, sondern entsprechend ihrer tatsächlichen Bedeutung gewichtet.

- Der GfR-Qualitätsindex liefert damit einen objektiven Vergleichsmaßstab (intern und extern).

- Eine dreistufige Systematik bei der Kennzahlenermittlung führt zu detaillierten Hinweisen auf notwendige Maßnahmen zur Steigerung der Qualität.

- Das Verfahren zur Indexermittlung ist auf andere Anspruchsgruppen (Patienten, Krankenhauspersonal usw.) übertragbar.

5 Thesen zum Qualitätsmanagement im Krankenhaus

1   Als Basis eines marktorientierten Qualitätsmanagements im Krankenhaus sind vergleichende Zufriedenheitsuntersuchungen bei Patienten eine unverzichtbare Informationsquelle. Für aussagekräftige interne oder externe Vergleiche müssen jedoch zusätzlich objektive Kriterien über medizinische Fallzahlen, organisatorische und technische Randbedingungen, Patientenstrukturen usw. berücksichtigt werden.

2   Die alleinige Messung der Patientenzufriedenheit liefert nur bedingt Ansatzpunkte, um gezielt Schwachstellen zu beseitigen, weil dabei die Gefahr besteht, sich mit nebensächlichen Details zu befassen.

3   Alle am Genesungsprozeß Beteiligten müssen mit der Qualität einer Krankenhausleistung zufrieden sein. Außer dem Patienten selbst sind das insbesondere die einweisenden Ärzte und die Krankenhausmitarbeiter im ärztlichen Dienst und Pflegedienst. Will man deren Zufriedenheit gezielt beeinflussen, muß man wissen, welche Kriterien die Zufriedenheit dieser Anspruchsgruppen in erster Linie prägen und welchen Beitrag sie für die Gesamtzufriedenheit leisten.

4 Erst wenn die maßgebenden Beurteilungskriterien für die verschiedenen Anspruchsgruppen bekannt sind und gewichtet werden können, lassen sich aus Zufriedenheitsmessungen zweckmäßige Schlüsse für das Qualitätsmanagement ziehen und Kosten-/Nutzen-Aspekte gegeneinander abwägen. Nur so können im Rahmen knapper personeller und finanzieller Ressourcen eindeutige Prioritäten für nach innen oder außen gerichteten Maßnahmen gesetzt werden.

5 Qualität im Krankenhaus muß meßbar sein!

Weiterführender Literaturhinweis:

Jungblut-Wischmann, Peter: Kunden im weißen Kittel..., in: Krankenhaus-Umschau 9/96, S. 676 ff.

Der Blick des Kunden:
Vorteile vergleichender Patientenbefragungen

Ergebnisse und Erfahrungen aus der Befragung von Mitgliedern der Deutschen Angestellten-Krankenkasse über die Qualität Hamburger Krankenhäuser aus Patientensicht

Helmut Hildebrandt
und
Alf Trojan

1 Anlaß der DAK-Studie

• Krankenkassen haben vom Gesetzgeber her den Auftrag eines anwaltschaftlichen Eintretens für die eigenen Versicherten, insbesondere auch in der Frage der Qualität der erfahrenen Dienstleistungen.

• Presseberichte über unterschiedliche Qualität von Krankenhäusern, Fehlbehandlungen (diverse Skandalmeldungen etwa bezüglich der Radiologie des UKE) und mangelhafte Servicequalität führten die DAK dazu zu fragen, wie ihre eigenen Versicherten die Behandlung in den Hamburger Krankenhäusern beurteilten.

• Mit den § 301-Daten erhalten die Krankenkassen demnächst zwar umfangreiche Datensätze über die Leistungen der Häuser, nicht aber transparente Qualitätsbeurteilungen. Fast alle bisherigen Qualitätssicherungsbemühungen der Krankenhausgesellschaften (außer z. B. in Schleswig-Holstein) lassen die subjektive Seite des Patienten vermissen.

2 Ziele der Studie

• Erprobung eines externen Vergleichs von Krankenhäusern mit anderen Krankenhäusern gleicher Versorgungsstufe aus Patientensicht. Dies auf zwei Ebenen: Auf der Ebene des gesamten Krankenhauses wie auch auf Fachabteilungsebene;

• Anstoßwirkung zur Optimierung der Qualität und des Qualitätsmanagements in den Hamburger Krankenhäusern, Angebot der Zurverfügungstellung der Daten z. B. für interne Auswertungen und Vergleiche der Abteilungen eines Krankenhauses untereinander;

• Positionierung der DAK insbesondere im regionalen Umfeld Hamburgs (durch den Pilotcharakter aber auch bundesweit) als Krankenkasse, die sich um ihre Mitglieder »kümmert« und das Thema Qualität und Patientenzufriedenheit im Krankenhaus besetzt. In diesem Zusammenhang: Erprobung eines alternativen Zugangs zur Intensivierung der eigenen Kundenbindung und zum Marketing der Krankenkasse;

• Entwicklung von Argumenten und Anstößen für eventuelle zukünftige eigenständige Vertragsverhandlungen. In diesem Zusammenhang: Erprobung des Instruments »öffentliche Ergebnisauswertung einer Patientenbefragung« bezüglich seiner steuernden Wirkung auf Patientenströme

3 Methodik

3.1 Erhebungssystematik

- Vorab wurden sämtliche Hamburger Krankenhäuser sowie vier Fachkrankenhäuser aus dem Umland (insgesamt 43 Krankenhäuser) über die Befragung informiert und befragt, um besondere Rahmenbedingungen, wie z. B. bauliche Maßnahmen, bei der Auswertung berücksichtigen zu können.

- Von der DAK wurden 22.745 Versicherte angeschrieben, die 1995 mindestens einen Tag in einem der in die Studie einbezogenen Krankenhäuser stationär behandelt wurden (siehe Abbildung 4.42); Doppelbefragungen von Personen wurden ausgeschlossen, ebenso die Befragung von Mitarbeitern der DAK.

3.2 Der Fragebogen

- Bezüglich des eingesetzten standardisierten Fragebogens des mit der Befragung und ihrer Auswertung beauftragten Beratungsunternehmens und bezüglich wesentlicher methodischer Entscheidungen konnte durch die Unterstützung des Instituts für Medizinsoziologie der Universität Hamburg, an Erfahrungen und Auswertungen aus anderen Untersuchungen angeknüpft werden. Die verwendeten Aussagedimensionen wurden durch umfangreiche Kontrollverfahren innerhalb dieser Studie erneut bestätigt.

- Zu beantworten waren insgesamt *77 Fragen*, von denen *45 standardisierte Einzelfragen mit fünfstufigen Antwortkategorien* acht inhaltlichen Dimensionen zuzuordnen sind.

- Im Einzelnen waren dies:

  1. Aufklärung über die Abläufe,
  2. Medizinisch ärztliche Versorgung,
  3. Pflegerische Versorgung,
  4. Organisation und Wartezeiten,
  5. Ausstattung und Service,
  6. Hilfe im Umgang mit der Krankheit,
  7. Informationen zur Nachbetreuung,
  8. Subjektiver Behandlungserfolg.

- Zu den Fragen im Einzelnen vergleiche Abschnitt 4, in dem einige Fragen wiedergegeben sind. Die nicht in die Dimensionen aufgenommenen Fragen sind u. a. spezielle Fragen, die für die DAK zur eigenen internen Qualitätsbeurteilung der Kundenbetreuung aufgenommen worden waren, Fragen bezüglich Repräsentativität (Alter, Geschlecht u. dgl.), Beurteilungen der Wichtigkeit der Dimensionen etc.

Daten zur Befragung

• Auswahlgesamtheit:	22.745	DAK-Versicherte
• Gesamtrücklauf: (bis 9.4.1996)	12.288	DAK-Versicherte
• Rücklaufquote	54,02%	
• Stichprobe:	11.409	DAK-Versicherte
• Auswertbare Fragebögen	50,2%	
• Zeitraum:	20.2. – 13.3.1996	

Abb. 4.42: Daten zur Befragung

3.3 Stichprobe

- Die hohe Rücklaufquote von 54 % ist zum einen auf die kontinuierliche Zusammenarbeit mit einem Rundfunksender und einer Tageszeitung über den gesamten Verlauf der Befragung zurückzuführen. Zum anderen zeigt sie den hohen Stellenwert, den die Qualität von Krankenhausleistungen für Versicherte hat. Für die Auswertung konnte eine Stichprobe von 11.409 Fragebögen berücksichtigt werden. Dies entspricht einer Ausschöpfungsquote von 50,2 %. Parallel zur Befragung wurde bei der DAK eine telefonische Hotline eingerichtet, mithilfe derer 1.500 Nachfragen von Versicherten bearbeitet wurden. Die Meinungsäußerungen der Versicherten waren durchweg positiv.

- Die Informationen zu Alter, Geschlecht, Versichertenstatus, Versorgungsstufe des jeweiligen Krankenhauses, Hauptdiagnosen, Aufenthaltsdauer etc. lassen es plausibel erscheinen, daß die DAK-Versichertenbefragung einen großen, breit gefächerten Ausschnitt aus der Gesamtpopulation angesprochen hat. Dies gilt sowohl für die demographischen als auch klinischen Merkmale der befragten Patienten. Im Gegensatz zu vielen anderen Studien zur »Patientenzufriedenheit« wurde in der DAK-Versichertenbefragung (abgesehen von der Kassenzugehörigkeit) keine willkürliche oder bewußte Auswahl von Teilnehmern getroffen, also z.B. Minderjährige, Patienten ohne deutsche Staatsangehörigkeit oder »typische Risikogruppen« von der Erhebung ausgeschlossen.

3.4 Repräsentativität

- Um zu überprüfen, ob die Befragung in ihrer Aussagekräftigkeit durch systematische Verzerrungen beeinflußt worden ist, wurde die Verteilung in der realisierten Stichprobe mit den amtlichen Fallzahlen verglichen, die laut Krankenhausbericht 1993 für die einzelnen Abteilungen verfügbar waren.

- Bei allen untersuchten Abteilungen zeigen sich zwar Unterschiede zwischen der amtlichen Statistik und unserer Stichprobe. Für die Innere Medizin und Kardiologie, Orthopädie sowie Mund-Kiefer-Gesichtschirurgie ist die Stichprobe anteilsmäßig leicht (ca. 5 %) »überrepräsentiert« während dieser Effekt in der Allgemeinen Chirurgie und der Gynäkologie sich umdreht. Aber: Die Unterschiede sind im Großen und Ganzen nicht dramatisch.

- Dieser Befund bestätigt sich in einer anderen Hinsicht, nämlich der Verteilung für drei Merkmale (Versichertenstatus, Alter, Geschlecht) zwischen den Teilnehmern und den angeschriebenen Nichtteilnehmern der DAK-Befragung. Für diesen Vergleich konnten Kontingenztabellen und der Chi-Quadrat-basierte Kennwert V gebildet werden. Hinsichtlich Alter und Versichertenstatus ist damit eine hochsignifikante ($p < 0,01$), jedoch eher schwache Beziehung zum Teilnahmeverhalten festzustellen (Cramér's V = 0,22 bzw. 0,17). Inhaltlich kann dieser Effekt im Vergleich der Häufigkeiten und Prozentsatzdifferenzen so interpretiert werden, daß die Bereitschaft bzw. Relevanz einer Patientenbefragung mit dem Alter tendenziell steigt, ehe Begleitumstände im hohen Alter über 80 Jahre die Wahrscheinlichkeit der Nichtteilnahme erhöhen (z. B. Morbidität).

- Hinsichtlich des Versichertenstatus haben vor allem Familienangehörige etwas weniger an der Befragung teilgenommen, doch kann dieser Effekt nicht hinreichend interpretiert werden. Möglicherweise handelt es sich hier ebenfalls um einen (indirekten) Alterseffekt.

3.5 Statistische Methoden der Auswertung

- Für die Analyse der Daten wurden je nach Fragestellung unterschiedliche Methoden der Auswertung verwendet. Für die *Makroebene* wurden die Beziehungen zwischen einzelnen Dimensionen und Kontrollvariablen (z. B. Alter, Geschlecht, Trägerschaft) überprüft. In diesem Zusammenhang war es nötig, anstelle der Einzelfragen die oben beschriebenen Skalenkonstruktionen zu verwenden, da diese zu verläßlicheren Informationen führten als die Untersuchung von Einzelfragen.

- Einige Fragen, die im Fragebogen absichtlich »gedreht« gestellt wurden, wurden für die Auswertung wieder so gedreht, daß ein niedriger Wert einer hohen positiven Beurteilung entspricht. Die Kennwerte beziehen sich in der Regel auf die gültigen Fälle, d. h. Antworten wie »weiß nicht«, »nicht nötig« oder gar keinen Angaben gehen nicht in die Prozentwerte ein bzw. sind aus statistischen Gründen für die Analysen weggefallen. Sämtliche Berechnungen erfolgten mit dem Programmpaket SPSS 6.1 für den Macintosh bei der Hildebrandt GesundheitsConsult GmbH, Hamburg. Die Signifikanz wurde für die Untersuchung auf dem 5 %-Niveau festgelegt.

- Einfaktorielle Varianzanalysen überprüften die Frage, ob sich mindestens zwei Einzelkrankenhäuser je Dimension statistisch signifikant unterscheiden. Ergebnis der Berechnung ist das Effektmaß Eta-Quadrat, das den Anteil der Gesamtvariation angibt, der auf die Mittelwertunterschiede zwischen den Gruppen und nicht auf die Fehlervariation innerhalb einer Gruppe zurückzuführen ist. Die Interpretation erfolgte mit Hilfe des multiplen Range-Tests von DUNCAN, der ex post alle möglichen Einzelvergleiche »family wise« prüft.

- Auf der Basis dieses Verfahrens wurden Rankings der Einzelkrankenhäuser gebildet, die nicht auf den absoluten Betrag von Mittelwertdifferenzen, sondern auf deren Überzufälligkeit oder Signifikanz abstellten. Wegen der besseren Darstellbarkeit sind in den veröffentlichten Ergebnissen jedoch nur absolute Mittelwert-Rangfolgen aufgeführt, die tendenziell ähnliche Ergebnisse zur Folge hatten. Um für die Einzelvergleiche stabile Mittelwerte bzw. Differenzen von Mittelwerten bei ungleich großen Gruppen zu ermöglichen, wurden alle Krankenhäuser, für die weniger als 30 gültige Meßwerte je Dimension vorliegen, aus allen Varianzanalysen und Rankings ausgeschlossen. Für den Gesamtvergleich waren das insgesamt acht Krankenhäuser; für die anderen Vergleiche wurde analog vorgegangen.

- Eine Detailanalyse der Frage, ob ein Muster in der Beurteilung einzelner Dimensionen erkennbar ist, das auf der Klassifizierung von Patienten nach Kontroll- bzw. Moderatorvariablen beruht, wurde mit Hilfe von Diskriminanzanalysen berechnet.

- Für die Analyse der Beziehung zwischen intervallskalierten Variablen ist eine Berechnung bivariater Korrelationen mit spezifischen Interpretationsproblemen (z. B. »Scheinkorrelation«) behaftet. Deshalb wurden zusätzlich multiple Korrelationen und Regressionsgleichungen berechnet.

3.6 Umgang mit den Ergebnissen

- Die Ergebnisse der Studie wurde im April 1996 zunächst den Krankenhausleitungen und dann im Rahmen einer Pressekonferenz der Hamburger regionalen und der überregionalen Öffentlichkeit vorgestellt.

- Parallel zur Befragung hatte die DAK eine Medien-Partnerschaft mit einem Radiosender und einer Tageszeitung begründet. Diese begleiteten die Befragung bereits durch Diskussions- und Meinungsäußerungssendungen bzw. Presseforen. Mit Veröffentlichung der Ergebnisse wurden diese in einer Hörfunkserie ausgewertet und über mehrere Wochen in der Tageszeitung abgedruckt. Für beides wurde an Litfaßsäulen umfangreich geworben.

- Im Sinne eines brancheninternen Benchmarking erhielten die beteiligten 45 Krankenhäuser im Laufe des Sommers 1996 zusätzlich zu ihren Daten anonymisierte Vergleichszahlen zur Weitergabe an die einzelnen Abteilungen und Nutzung im Haus. Zum direkten Vergleich standen den Häusern damit je Dimension der Durchschnittswert und der Bestwert ihrer Versorgungsstufe sowie der Bestwert aller Krankenhäuser zur Verfügung. Vergleichen konnten sich die Krankenhäuser sowohl auf der Ebene der Gesamtorganisation als auch auf Fachabteilungsebene. Jeder einzelnen Klinik wurde damit ein Instrument zur Abschätzung von Optimierungspotentialen zur Verfügung gestellt.

- Weitere Detailauswertungen sowie Strategie-Indizes, die aus den Ergebnissen und Bewertungen der Patienten entwickelt werden konnten, wurden im Einverständnis mit der DAK seitens des beauftragten Beratungsunternehmens entwickelt und können Häusern gegen Entgelt zugestellt werden.

Eine eigenständig durch die DAK durchgeführte Befragung der Krankenhausleitungen zur jeweiligen Leistungsfähigkeit, zu den Kompetenzschwerpunkten, den Serviceangeboten und den internen Qualitätsverbesserungsmaßnahmen wurde zusammen mit einer Auswertung der Ergebnisse auf Abteilungsebene in einer Broschüre zusammengefaßt und allen interessierten Hamburger DAK-Mitgliedern über die Geschäftsstellen angeboten.

3.7 Das Ranking der Krankenhäuser

- Neben den Auswertungen der Einzelfragen und Dimensionen wurden im Rahmen der Studie die Krankenhäuser auch – geordnet nach Versorgungsstufen – sowohl bezüglich der Gesamtergebnisse der Häuser wie auch der Ergebnisse einzelner Abteilungen dargestellt.

- Dabei wurden die Ergebnisse der Häuser bzw. Abteilungen jeweils auf der Ebene der Dimensionen in Form absoluter Mittelwert-Rangfolgen dargestellt. Im Rahmen des Rankings wurden die Dimensionen als gleichwichtig gewertet. Die »Gesamtnote« wurde aus dem Mittelwert der Dimensionsergebnisse gebildet.

- Um keiner Überinterpretierung der Daten Vorschub zu leisten, wurden die Ergebnisse auf eine Stelle nach dem Komma gerundet, Krankenhäuser mit der gleichen Gesamtnote wurden alphabetisch aufgeführt. In Abschnitt 4 ist eine derartige Darstellung für die Krankenhäuser der

Schwerpunktversorgung – allerdings ohne Angabe des Krankenhausnamens – wiedergegeben. (Die durch die DAK erfolgte Benachrichtigung der Presse erfolgte mit Angabe der Krankenhäuser).

4 Ausgewählte Ergebnisse

4.1 Differenzierte Beurteilungen für die Krankenhäuser

- Das Gesamtergebnis der Umfrage zeichnet zunächst ein positiv interpretierbares Bild der Hamburger Krankenhauslandschaft, bei näherer Betrachtung lassen sich aber dennoch erhebliche Optimierungspotentiale beschreiben. In einer Bewertungsskala, die von 1 (= sehr gut) bis 5 (= mangelhaft) reicht, lagen die meisten Urteile der DAK-Versicherten auf der Ebene der Dimensionen zwischen 1,6 – 2,4.

- Zu den einzelnen Fragen gab es jedoch eine stärkere Spreizung der Werte. Am schlechtesten bewertet wurde die Frage »Wurde Ihnen im Krankenhaus Mut gemacht und Zuversicht für die Zeit nach der Entlassung vermittelt?«. Hier stellten die Patienten einzelnen Häusern Noten bis zur 3,5 aus.

- Da eine deutlich positive Antworttendenz bei Patientenbefragungen ein bekanntes Phänomen in den Sozialwissenschaften ist, gilt es, schon kleinere Abweichungen mit negativer Antworttendenz besonders zu beachten.

Abb. 4.43: DAK-Versichertenbefragung

- In der Darstellung der Ergebnisse wurde deshalb auch immer auf den Vergleich mit den Bestwerten aller Krankenhäuser, die von den DAK-Versicherten beurteilt wurden, bzw. den Vergleich mit den Werten des bestbeurteilten Hauses der gleichen Versorgungsstufe geachtet.

- In dem folgenden Schaubild findet sich eine solche Darstellungsform über alle Abteilungen hinweg.

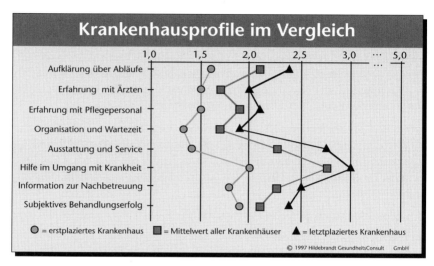

Abb. 4.44: Krankenhausprofile im Vergleich

Dargestellt sind Optimierungspotentiale durch Klinikvergleiche auf acht Dimensionen der Krankenhausqualität (N = 11.409 Patienten aus 45 Krankenhäusern). Der Durchschnittsnote der Krankenhäuser wird je Dimension der Mittelwert des erstplazierten und des letztplazierten Hauses gegenübergestellt.

- Erfreulich ist, daß die Arbeit der Ärzte und des Pflegepersonals sehr positiv von den Versicherten beurteilt wird. Insgesamt über alle Krankenhäuser betrachtet führt die »Erfahrung mit den Ärzten« die Rangreihe an, gleichauf mit der Beurteilung von »Organisation und Wartezeiten« im Krankenhaus. An zweiter Stelle steht bei den Versicherten die »Erfahrung mit dem Pflegepersonal«.

- Schlußlichter (siehe Abbildung 4.43) sind neben dem Bereich »Ausstattung und Service« zwei Dimensionen, die den Übergang zwischen stationärer und ambulanter Versorgung betreffen: »Hilfe im Umgang mit der Krankheit« und »Entlassung und Nachbetreuung«. Diese beiden Dimensionen sowie die im Mittelbereich der Ergebnisse liegende Dimension der Aufklärung und Information der Patienten werden im folgenden näher beleuchtet.

4.2 Aufklärung und Information der Patienten zu den Abläufen im Krankenhaus: Verbesserungsfähig

- Umfassende Informationen zu den Abläufen während des stationären Aufenthalts gibt dem Patienten ein Stück seiner Sicherheit zurück, so daß er zunehmend seine Selbstbestimmungsrechte wiedererlangt und aktiver am Behandlungsprozeß partizipieren kann (vgl. *Hildebrandt; Bexfieldt; Besser,* 1996).

- Im folgenden werden einzelne Ergebnisse zu Fragen dieser Dimension dargestellt. Die Form der Darstellung hat gleichzeitig einen Benchmarking-Aspekt einbezogen, indem neben dem Durchschnittswert aller Häuser auch die Daten des Spitzenreiter-Hauses in dieser Frage dargestellt werden. Damit wird zum einen die Spreizung der Werte angedeutet, zum anderen die Optimierbarkeit der Ergebnisse betont.

Frage: Wußten Sie, wer Ihr Ansprechpartner bei den *Ärzten* war? (C.3)

Werte/Antworten	Gültige Antworten	Anteil in Prozent	Verteilung beim Spitzenreiter	Mittelwert über alle KH
immer	11.282	62,3 %	97,7 %	1,79
oft		14,1 %	0 %	
manchmal		11,3 %	2,1 %	
selten		6,0 %	0 %	
nie		6,2 %	0 %	

Abb. 4.45: Wissen um den ärztlichen Ansprechpartner

- Über 60% der Patienten wußten »immer«, wer ihr Ansprechpartner unter den Ärzten war. Bei weiteren 14% war dies »oft« der Fall. Dagegen gaben 12% an, »nie« oder »selten« gewußt zu haben, welcher Arzt oder welche Ärztin für sie zuständig war. Dies und insbesondere die entsprechenden Ergebnisse beim Spitzenreiter (0% war dort »nie« oder »selten« der ärztlichen Ansprechpartner bekannt) zeigen, daß die Ansprechbarkeit der Ärzte deutlich optimiert werden kann.

Frage: Wußten Sie, wer Ihr Ansprechpartner beim *Pflegepersonal* war?

Werte/Antworten	Gültige Antworten	Anteil in Prozent	Verteilung beim Spitzenreiter	Mittelwert über alle KH
immer	11.162	56,2 %	78,6 %	1,79
oft		20,0 %	16,1 %	
manchmal		11,8 %	3,6 %	
selten		5,8 %	0 %	
nie		6,1 %	1,8 %	

Abb. 4.46: Wissen um den pflegerischen Ansprechpartner

- Die Pflegekräfte scheinen für Patienten geringfügig schlechter zuzuordnen zu sein: Dieser Unterschied könnte damit zusammenhängen, daß mehr Pflegekräfte auf einer Station in schichtweisem Wechsel oder Teilzeit arbeiten, und somit auch mehr Pfleger und Schwestern in direkten Kontakt zu Patienten treten als auf ärztlicher Seite. Die Anzahl der einen Patienten betreuenden Pflegekräfte ist auch von der praktizierten Pflegekonzeption abhängig. So betreuen bei der herkömmlichen Funktionspflege mehr Pflegekräfte einen Patienten, als bei der Gruppen- oder Bereichspflege. Auch hier zeigen die deutlich positiveren Ergebnisse beim Spitzenreiter, daß bei den anderen Kliniken in dieser Frage Entwicklungspotential vermutet werden kann.

Frage: Wie gut waren diese Ansprechpartner für Sie erreichbar?

Werte/Antworten	Gültige Antworten	Anteil in Prozent	Verteilung beim Spitzen- reiter	Mittelwert über alle KH
sehr gut	11.150	24,0 %	43,0 %	2,08
gut		52,7 %	47,9 %	
mittelmäßig		17,0 %	7,4 %	
schlecht		4,4 %	0,8 %	
sehr schlecht		1,9 %	0,8 %	

Abb. 4.47: Erreichbarkeit der Ansprechpartner

- Ob die jeweils gesuchten Ansprechpartner (Ärzte oder Pflegekräfte) auch tatsächlich zur Verfügung standen, wurde deutlich schlechter beurteilt. Als »sehr gut« wurde die Erreichbarkeit in nur knapp 1/4 der Fälle beschrieben, »gut« gaben etwas mehr als die Hälfte der Befragen an. Immerhin ein Viertel kreuzten »mittelmäßig« bis »sehr schlecht« an.

Frage: Wie gut wurden Sie (bzw. Ihre Angehörigen) über Ihren allgemeinen Tagesablauf (z. B. Arztvisiten, Besuchszeiten etc.) informiert?

Werte/Antworten	Gültige Antworten	Anteil in Prozent	Verteilung beim Spitzen- reiter	Mittelwert über alle KH
sehr gut	11.223	24,5 %	56,2 %	2,46
gut		43,0 %	33,1 %	
mittelmäßig		12,2 %	4,1 %	
schlecht		3,1 %	0,0 %	
gar nicht		17,3 %	6,6 %	

Abb. 4.48: Wissen um den Tagesablauf

- Die Frage kann auf Defizite in der Organisation hinweisen. Zu überprüfen wäre beispielsweise, ob es im Tagesablauf definierte Sprechzeiten gibt. Dieses betrifft auch die generelle Kommunikation mit dem bzw. Information des Patienten (z. B. Terminabsprache für Gespräche, Einhaltung von vereinbarten Terminen, Wartezeiten usw.). Letzteres wird sehr deutlich mit der Beantwortung der Frage nach der Information zum allgemeinen Tagesablauf:»Sehr gut« wurde diese nur von knapp ein Viertel der Patienten genannt, weniger als die Hälfte stuften sie als »gut« ein. Über 20 % gaben hingegen an, schlecht oder gar nicht über den Tagesablauf informiert worden zu sein (mangelhafte Organisation und Information}.

- Hier zeigen sich große Verbesserungsmöglichkeiten, die Patienten über die Stationsabläufe (z. B. durch Patienteninformationsmaterial) zu informieren.

4.3 Kritische Schnittstelle zwischen stationärer und nachstationärer Versorgung

- Die gut aufeinander abgestimmte Versorgung und die verantwortliche Einbeziehung des Patienten sind Voraussetzungen für eine effektive und effiziente Behandlung. Die vom Gesetzgeber geforderte stärkere Verzahnung des ambulanten und stationären Sektors stellt die Krankenhäuser angesichts der in Deutschland üblichen sektoralen Aufgliederung vor neue Aufgaben. Konkreten Veränderungsbedarf hierzu zeigen ausgewählte Ergebnisse der Versichertenbefragung.

- Die Verwendung mitgebrachter Informationen (in Form von Arztbriefen, Angaben zur Medikation, Röntgenbilder etc.) berührt die wirtschaftlichen Interessen der Klinik, aber insbesondere auch die der Krankenkassen. Immerhin ca. 23 % der Befragten hatten den Eindruck, daß Informationen des einweisenden Arztes nicht genutzt wurden, ebenso viele konnten hierzu keine Angaben machen.

- Hier wird ein eklatanter Kommunikationsmangel deutlich. Dies bestätigt auch aus Patientensicht das Kommunikationsdefizit zwischen Klinik und einweisenden Ärzten, wie es die Ärztebefragung von Jungblut-Wischmann zu Einweisungskriterien gezeigt hat (1996, S. 678).

- Unzufriedenheit bei den Patienten herrscht bei der Anleitung im Krankenhaus zum Umgang mit ihrer Erkrankung. Gut die Hälfte aller Befragten erachtete solche Hilfestellung für sich als notwendig. Mehr als ein Drittel dieser Patienten (37 %) beurteilten die praktische Anleitung als »mittelmäßig«, »schlecht« oder gar »sehr schlecht«.

- Auch in anderer Hinsicht fühlte sich ein erheblicher Teil der Hamburger Patienten nicht optimal auf die Zeit nach dem Krankenhaus vorbereitet: 40 % der Antworter beurteilten die Informationen des Krankenhauses darüber, wo sie nach ihrer Entlassung krankheitsbezogene Unterstützung und Hilfen bekommen können, als »mittelmäßig«, »schlecht« oder »sehr schlecht« (siehe Abbildung 4.49). Ähnlich sieht es aus bei weiteren Fragen bezüglich des Übergangs in die nachstationäre Behandlung:

Werte/Antworten	Gültige Antworten	Anteil in Prozent	Verteilung beim Spitzenreiter	Mittelwert über alle KH
sehr gut	5.747	19,3 %	47,8 %	2,54
gut		40,8 %	38,9 %	
mittelmäßig		17,9 %	8,9 %	
schlecht		10,3 %	2,2 %	
sehr schlecht		11,7 %	2,2 %	

Abb. 4.49: Informationen über Unterstützung und Hilfen nach der Entlassung

Frage: Wie gut sind Sie über folgende Punkte unterrichtet worden, die nach der Entlassung zu beachten waren?
… über wichtige Anzeichen zur Beobachtung Ihrer Krankheit?

Werte/Antworten	Gültige Antworten	Anteil in Prozent	Verteilung beim Spitzenreiter	Mittelwert über alle KH
sehr gut	9.771	22,7 %	36,7 %	2,31
gut		46,3 %	49,0 %	
mittelmäßig		16,1 %	12,2 %	
schlecht		7,5 %	2,0 %	
sehr schlecht		7,5 %	0,0 %	

Abb. 4.50: Informationen über wichtige Krankheitssymptome

Frage: Wie gut sind Sie über folgende Punkte unterrichtet worden, die nach der Entlassung zu beachten waren?
… über Medikamente und deren Einnahme?

Werte/Antworten	Gültige Antworten	Anteil in Prozent	Verteilung beim Spitzenreiter	Mittelwert über alle KH
sehr gut	8.952	25,2 %	53,3 %	2,23
gut		50,0 %	35,0 %	
mittelmäßig		14,0 %	8,3 %	
schlecht		5,1 %	1,7 %	
sehr schlecht		5,7 %	1,7 %	

Abb. 4.51: Informationen über Medikamente und deren Einnahme

Frage: Wie gut sind Sie über folgende Punkte unterrichtet worden, die nach der Entlassung zu beachten waren?
... über körperliche Belastbarkeit bzw. gesundheitsschädigendes Verhalten?

Werte/Antworten	Gültige Antworten	Anteil in Prozent	Verteilung beim Spitzen- reiter	Mittelwert über alle KH
sehr gut	9.637	24,2 %	45,8 %	2,29
gut		44,8 %	41,7 %	
mittelmäßig		16,1 %	8,3 %	
schlecht		7,5 %	4,2 %	
sehr schlecht		7,3 %	0,0 %	

Abb. 4.52: Informationen über körperliche Belastbarkeit

Frage: Wurde Ihnen im Krankenhaus Mut gemacht und Zuversicht vermittelt für die Zeit nach Ihrer Entlassung?

Werte/Antworten	Gültige Antworten	Anteil in Prozent	Verteilung beim Spitzen- reiter	Mittelwert über alle KH
sehr viel	10.044	13,6 %	25,2 %	3,06
viel		21,4 %	40,0 %	
ausreichend		31,7 %	17,4 %	
wenig		11,3 %	5,2 %	
sehr wenig		21,9 %	12,2 %	

Abb. 4.53: Mut und Zuversicht

• Die letztgenannte Frage bekam die schlechteste »Gesamtzensur« des Fragebogens. Mit einem Mittelwert von 3,1 (bei einzelnen Krankenhäusern 3,5) weicht sie deutlich von den Ergebnissen der anderen Fragen ab. Mehr als ein Drittel der Patienten gaben an, daß ihnen im Krankenhaus »wenig« oder sogar »sehr wenig« Mut gemacht worden sei beziehungsweise Zuversicht für die Zeit nach ihrer Entlassung vermittelt sei.

• Die Frage bezieht den unbewußten Teil der Krankheitsverarbeitung des Patienten mit ein. Die Vermittlung von Mut oder Zuversicht erfordert Zusprache und emotionales Engagement des betreuenden Personals, d. h. es spiegelt auch den Umgang und die Zusammenarbeit des Personals mit dem Patienten wieder. Die schlechte Bewertung dieser Frage ist insofern auch von Bedeutung, daß die Genesung in nicht unwesentlichem Maß vom subjektiven Glauben an die Wahrscheinlichkeit der eigenen Genesung abhängt. Mut und Zuversicht nehmen eine zentrale Rolle im Heilungsprozeß ein. Gesundheitswissenschaftliche Studien mit salutogenetischem Ansatz sprechen von »sense of mastery« und »sense of coherence« nach Antonovsky (vgl. z. B.: *Antonovsky*, 1981), d. h. von individuellen Bewältigungsstrategien, die Welt zu verstehen, sie zu kontrollieren und die Sinnhaftigkeit des eigenen Handelns zu erleben.

- Diese Aufklärungsdefizite können folgenschwer für die Genesung sein, vor allem erschweren sie, daß Patienten eigenverantwortlich mit ihrer Gesundheit umgehen.

4.4 Das Krankenhaus-Ranking

- Die öffentliche Darstellung der Ergebnisse folgte der Aufteilung der Krankenhäuser nach ihrer Versorgungsstufe. Dies hinderte allerdings einzelne Medien nicht daran, dennoch Gesamtrankings zusammenzustellen (siehe Abschnitt 5). Im folgenden ist als Beispiel die Darstellung der Ergebnisse auf Dimensionsebene für die Krankenhäuser der Schwerpunktversorgung wiedergegeben:

Kranken-haus	Auf-klärung über Abläufe	Medizi-nische Versor-gung	Pflege-rische Versor-gung	Organi-sation und Warte-zeiten	Aus-stattung und Service	Hilfe im Umgang mit Krank-heit	Informa-tionen zur Nachbe-treuung	Subjek-tiver Behand-lungs-erfolg	Gesamt-note
A	2,0	1,6	1,7	1,6	2,1	2,4	2,0	1,9	*1,9*
B	1,9	1,6	1,8	1,6	2,1	2,5	2,2	2,0	*2,0*
C	2,0	1,7	2,0	1,7	2,4	2,6	2,3	2,3	*2,1*
D	2,2	1,8	2,0	1,7	2,2	2,6	2,3	2,2	*2,1*
E	2,2	1,9	2,1	1,8	2,3	2,8	2,4	2,4	*2,2*
F	2,3	1,8	2,0	1,8	2,6	2,9	2,4	2,2	*2,3*
G	2,2	1,9	2,1	1,8	2,5	3,0	2,5	2,3	*2,3*
H	2,3	1,9	2,1	1,8	2,8	2,9	2,2	2,2	*2,3*

Die gepunkteten Linien weisen daraufhin, daß diese Häuser sich von den nachfolgenden in der Gesamtnote nicht unterscheiden und insofern nur nach dem Alphabet vorne an stehen.

Abb. 4.54: Krankenhäuser der Schwerpunktversorgung (ohne Kinderkrankenhäuser) im Gesamtranking/Ergebnisse auf Dimensionsebene

- Generell schnitten die Fachkrankenhäuser in der Bewertung durch die Patienten besser ab als die Grund- und Regelhäuser, diese wiederum besser als die Schwerpunktversorgungshäuser und diese besser als die Zentral- und Maximalhäuser. Allerdings gab es auch einzelne Ausreißer.

4.5 Einige Zusatzauswertungen (Trägerschaft, Fachrichtung, Verweildauer etc.)

- Die Diskriminanzanalyse konnte einen Einfluß der Trägerschaft auf die Patientenzufriedenheit bestätigen. So haben die öffentlichen Krankenhäuser in Hamburg tendenziell einen Mehranteil unzufriedener Patienten als freigemeinnützige und privat geführte Kliniken. Diese Unterschiede betreffen mehr als die Hälfte der Qualitätsdimensionen, sie sind jedoch im betriebs- und verwaltungstechnischen Funktionsbereich »Ausstattung und Service«, sowie der »pflegerischen Versorgung« besonders ausgeprägt.

- Eine Auswertung der Ergebnisse in Abhängigkeit von der Fachrichtung zeigt, daß die Hamburger DAK-Patienten in chirurgischen und konservativen Fächern relativ hohe Zufriedenheitswerte angeben, gefolgt von der Gynäkologie (inkl. Geburtshilfe), sowie der Psychiatrie und Kinderheilkunde. Gleichwohl sind diese Unterschiede vergleichsweise gering und betreffen vor allem die Qualitätsdimensionen »Ausstattung und Service«, »Medizinische Versorgung«, sowie »Aufklärung über Abläufe«. In dieser Hinsicht sind kleinere Verzerrungen bei Krankenhausvergleichen möglich, da nicht alle Häuser die gleichen Fachabteilungen haben.

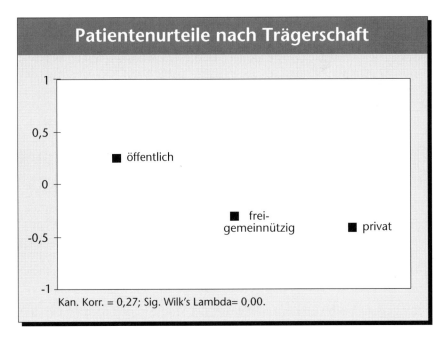

Abb. 4.55: Beziehung zwischen Krankenhausträger und Patientenzufriedenheit (Mittelwerte der Gruppen für den 1. Diskriminanzfaktor)

5 Einige ausgewählte Folgen der Veröffentlichung der Studie

5.1 Öffentliche Diskussion

- Die Hamburger Medienöffentlichkeit zeigt ein relativ großes Interesse an der Situation in den Krankenhäusern. Dies ist wohl in erster Linie auf die Häufung von Krankenhausskandalen und Aktivitäten von Patienteninitiativen und Rechtsanwälten zurückzuführen (Barmbek, UKE u. a.). Insofern war es nicht verwunderlich, daß die DAK-Studie über mehrere Wochen nach der Veröffentlichung hinweg ein großes positives Echo nach sich zog (aufgrund der besonderen Medienpartnerschaft primär in den Partner-Medien). Neben der regionalen Öffentlichkeit erfuhr die Studie aber auch als bundesweit erste veröffentlichte Vergleichsstudie ein erhebliches Interesse durch die bundesdeutsche Öffentlichkeit und die Fachwelt.

- Sowohl aus der Ärzteschaft wie auch aus dem Krankenhausbereich wird berichtet, daß Patienten sich auch über 1,5 Jahre nach Erscheinen der Studie noch auf die Ergebnisse vergleichend beziehen.

- Eine Abschlußarbeit für den Postgraduiertenstudiengang Bevölkerungsmedizin und Gesundheitswesen (Public Health) an der Medizinischen Hochschule Hannover untersuchte anhand der DAK-Studie und über eine eigene Befragung der Krankenhäuser, ob sich Patientenbefragungen (bzw. Versichertenbefragungen) als Instrument der externen Qualitätssicherung eignen. In diesem Zusammenhang wurden die beurteilten Krankenhäuser auch nach ihrer Beurteilung des Medienechos befragt. Ergebnis: Neun positiven Äußerungen stehen sechzehn eindeutig negative Urteile gegenüber. Hinzu kommen fünf Anmerkungen, die nicht eindeutig negativen Charakter hatten, jedoch ebenfalls kritisch sind.

- Die positiven Wertungen reichten von offensichtlich erstauntem »sachlich!« (mit Ausrufezeichen), über »sehr gute, objektive Darstellung«, »gut«, »angemessen, eher positiv« bis hin zu einschränkender Zustimmung (»sonst gut, »sonst ziemlich o. k.«, die zweimal ausdrücklich eine Hamburger Boulevardzeitung (Medienpartner der DAK) ausnahm. Einmal wurde festgestellt, die Patienten und das Personal hätten durch die Mediendarstellung die Möglichkeit gehabt, relativ objektive Meinungen zu erfahren. Außerdem wurde die Darstellung als nützlich für Marketingzwecke eingeschätzt.

- Insgesamt blieb von der Darstellung der Studie in den Medien bei den meisten Krankenhäusern jedoch ein negativer Eindruck haften. Am häufigsten (5 x) wurde die undifferenzierte, unqualifizierte, oberflächliche Darstellung der Ergebnisse kritisiert. Dadurch (und durch die

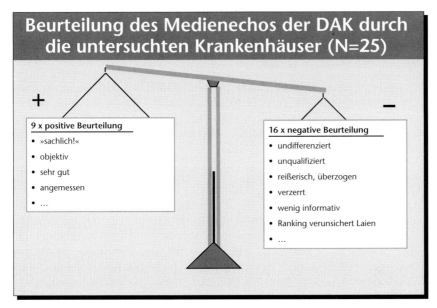

Abb. 4.56: Beurteilung des Medienechos der DAK durch die untersuchten Krankenhäuser (N = 25)

Rangfolge) seien die Patienten verunsichert worden. Die gesamte Darstellung sei zu wenig verständlich (differenziert) für den Bürger. Fünfmal wurde auf die erwähnte Boulevardzeitung gezielt eingegangen: Die Darstellung sei zu reißerisch, undifferenziert und unqualifiziert gewesen. Mit einem sogenannten »Hubschraubereffekt« wurde die Gesamtwirkung über die Zeit beschrieben: Kurzfristig wurde viel Staub aufgewirbelt, der teilweise vernebelte und sich längst wieder gelegt habe. (Ausführlicher vgl. *Sturm; Trojan; Hildebrandt*, 1998)

5.2 Anstoßwirkung auf Qualitätsverbesserungen in den Häusern

- Die schon erwähnte Abschlußarbeit untersuchte über eine eigene Befragung der Krankenhausleitungen auch, welche internen Wirkungen die Veröffentlichung der DAK-Studie gezeigt habe. Einige Ergebnisse zeigen eine nicht unerhebliche Anstoßwirkung auf interne Maßnahmen:

- In der überwiegenden Mehrheit der Häuser wurde über die Befragung informiert, wobei allerdings nur in etwas mehr als 50% die gesamte Belegschaft einbezogen wurde.

- Als erste Reaktionen wurden neunmal hausinterne, durch die Befragungsergebnisse induzierte Aktionen beschrieben, die sechsmal konkrete Verbesserungsprojekte zum Ziel haben. Dabei kann davon ausgegangen werden, daß auch die bloße Kontaktaufnahme zur DAK (nur eine Angabe) zumindest bedeutet, daß eine weitere Analyse der Ergebnisse angedacht wurde.

- 65 % der Krankenhäuser gaben an, daß in Reaktion auf die Ergebnisse bereits Maßnahmen ergriffen worden seien. Von zwei Kliniken wurde dabei einschränkend angemerkt, daß die hier angegebenen Maßnahmen nicht nur durch die DAK-Befragungsergebnisse induziert wurden.

- Am häufigsten (7 mal plus 2 Angaben aus Frage 17) wurden Verbesserungsstrategien, die den direkten Patientenkontakt betreffen, angeführt. Dabei wurden die Erarbeitung von Standards für Aufklärungsgespräche (3 x) und Entlassungsgespräche (2 x), allgemeine Verhaltensrichtlinien für Patientenkontakte (1 x) und außerdem die innerbetriebliche Fortbildung (2 x) genannt. Darüber hinaus wurde die pauschale Verbesserung des Service bzw. der Kundenorientierung (4 x) angestrebt. Spezielle Projekte, die ebenfalls in diesen Themenbereich fallen, sind die Erstellung einer Informationsschrift bzw. eines Wegweisers für Patienten. Viermal insgesamt betrafen die Verbesserungsmaßnahmen vornehmlich die Ablauforganisation wie etwa den Krankentransport. Als bauliche Maßnahmen wurden allgemeine Sanierungsmaßnahmen wie die Ausstattung der Flure und Zimmer, bzw. die Sanierung eines ganzen Bettenhauses angekündigt (6 x), desweiteren die Verschönerung einer Patientencafeteria und die Verbes-

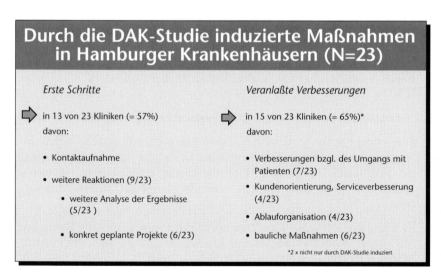

Abb. 4.57: Durch die DAK-Studie induzierte Maßnahmen in Hamburger Krankenhäusern (N = 23)

serung von Telefon und Fernsehen in Patientenzimmern. Bezüglich ausführlicherer Informationen siehe *Sturm; Trojan; Hildebrandt* 1998.

- Von insgesamt 7 Häusern wurden darüber hinaus eigene Patientenbefragungen, z. T. in Kooperation mit anderen Krankenkassen, z. T. allein, durchgeführt. Ein Vergleich dieser Ergebnisse mit denen der DAK-Studie wäre reizvoll.

5.3 Auswirkungen auf die DAK-Positionierung in Hamburg

- Stichproben ergaben positive Image-Veränderungen, eine Erhöhung des Bekanntheitsgrads und eine erfolgreiche Positionierung als Krankenkasse, die sich mit dem Thema Qualität und Patientenzufriedenheit beschäftigt. Weitergehende, detailliertere Analysen sind in Überlegung.

- Über die Veränderung der Mitgliedszahlen der DAK in der Region Hamburg im Unterschied zu Rest-Deutschland und ihren Bezug zu der Studie kann im Rahmen dieser Veröffentlichung nicht berichtet werden.

5.4 Patientenstromsteuernde Wirkung der Veröffentlichung

- Unmittelbar nach Veröffentlichung der Ergebnisse berichteten Krankenhäuser, die besonders gut abgeschnitten haben, von einem dermaßen erheblichen Extrazulauf an Patienten, daß ihre Zielauslastung übertroffen wurde und sie Warteschlangen einrichten mußten. Problem: Budget und Leistungszielvereinbarungen.

- Dies wurde auch aus einzelnen Abteilungen, etwa im Bereich der Urologie, der HNO, der Geburtshilfe und der Orthopädie, noch Monate nach der Veröffentlichung berichtet.

- Eine genauere Analyse der Veränderungen im Bereich der Patientenströme wird im Rahmen einer Längsschnittuntersuchung überlegt.

6 Wertung/Informationswert

6.1 Zielerreichung

- Bezüglich des ersten Ziels der eingangs beschriebenen vier Ziele der Studie läßt sich feststellen, daß mit der Studie gezeigt werden konnte, daß ein wissenschaftlich anspruchsvoller Vergleich von Krankenhäusern aus Patientensicht möglich ist. Der verwendete Fragebogen, der inzwischen in revidierter Form vorliegt, kann als Standardinstrument für derartige Befragungen angesehen werden. (Das Copyright für den Fragebogen liegt bei Hildebrandt GesundheitsConsult GmbH. Aufgrund der Erfahrungen bei der DAK-Studie ist er noch einmal leicht revidiert worden und kann jetzt als Standardinstrument eingesetzt werden.) Die DAK-Studie zur Krankenhausqualität aus Patientensicht war die erste vergleichende große publizierte Studie in Deutschland.

- Bezüglich des zweiten Ziels, einer Anstoßwirkung auf qualitätsverbessernde Maßnahmen in Hamburger Krankenhäusern, konnte ebenfalls ein positiver Effekt der Studie gezeigt werden (siehe Abschnitt 5.2). Eine abschließende Wertung dieses Ergebnisses ist allerdings nicht möglich, da die Befragung der Krankenhäuser sehr kurz nach der Patientenbefragung lag (ca. 6 Monate) und weil die Angaben der Krankenhäuser möglicherweise etwas »beschönigt« sind. Aus den Ergebnissen der dazu eigens durchgeführten Befragung der Krankenhausleitungen können allerdings eine Reihe weitergehende Schlüsse gezogen werden, wie zukünftige Befragungen durch Krankenkassen in noch direkterer Form derartige Anstoßwirkungen entfalten könnten. Von entscheidender Bedeutung ist dabei die parallele Begleitung der Häuser während einer Befragung, die Form der Veröffentlichung, die Medienpartner und das anschließende Marketing der Ergebnisse.

- Die Positionierung der DAK, das dritte Ziel, kann aktuell noch nicht abschließend bewertet werden, dazu muß eine weitere Auswertung erst noch abgewartet werden. Die ersten Indizien sprechen aber für einen außerordentlich günstigen Kosten-Nutzen-Effekt im Vergleich zu herkömmlichen Formen der Öffentlichkeitsarbeit und des Marketing.

- Das vierte Ziel, der Erprobung eines Instruments mit Einfluß auf die Patientenstromlenkung, ist aufgrund der bisherigen Regelungen der Bundespflegesatzverordnung und der Budgetierung nur begrenzt evaluierbar. Erste positive Indizien liegen vor, eine Fundierung dieser Erfahrungen kann durch eine Längsschnittbetrachtung erfolgen.

6.2 Interessenkonflikte

- Patientenbefragungen spiegeln in der Form ihrer Durchführung, in den Fragen und Dimensionen sowie insbesondere in der Form ihrer internen und/oder öffentlichen Auswertung die Interessen der jeweiligen Auftraggeber. Nur in Teilen lassen sich die Interessen der Krankenkassen mit denen der Krankenhäuser in Übereinstimmung bringen. Dieser Interessenkonflikt wurde auch im Rahmen der DAK-Studie und ihrer öffentlichen Vorstellung deutlich, insbesondere in der Reaktion derjenigen Häuser, die seitens der DAK-Versicherten ungünstiger bewertet wurden.

- Neben der Infragestellung bestimmter Aspekte der Methodik, der Vergleichbarkeit etc., d. h. berechtigter Skepsis und kritischer Diskussion, wurde dabei auch deutlich, für wie unbedeutend nach wie vor manch ein Vertreter der klinischen Medizin die subjektiven Empfindungen und Wertungen seiner Patienten hält.

- Zunehmend gehen aber Krankenhäuser aus der Defensive in die Offensive über und führen selber Befragungen zu der von ihren Patienten wahrgenommenen Qualität der Versorgung durch. (Die Verfasser haben seitens der DAK die Erlaubnis, die vorhandene Datenbank für derartige vergleichende Auswertungen zu nutzen. Ein Angebot für die Durchführung von standardisierten Patientenbefragungen incl. Benchmarkvergleiche für Krankenhäuser bzw. Krankenhausgruppen/ -verbände mit entsprechenden Vergleichsgruppen kann bei den Verfassern nachgefragt werden. Informationen hierzu finden Sie auch im Internet unter www.gesundheitsconsult.de).

6.3 Was können Patientenbefragungen, was können sie nicht?

- Was können vergleichende Patientenbefragungen Krankenhäusern geben?

  - Sie können Krankenhäuser (und einzelne Abteilungen) auf Schwachstellen und/oder Stärken hinweisen.
  - Sie können Argumentationshilfe leisten für interne Optimierungen.
  - Sie können für Krankenhausleitungen ein zusätzliches Instrument darstellen, ihre Abteilungen zu analysieren.
  - Sie können ein zusätzliches Beurteilungskriterium in einem Planungsprozeß darstellen (in welchen Bereichen erweitern, wo abbauen, wo investieren…).
  - Sie können Mitarbeiter mit Stolz über die eigene Leistung erfüllen.
  - Sie lassen sich im positiven Fall als Marketing-Instrument einsetzen.

- Was können vergleichende Patientenbefragungen Krankenkassen geben?

  - siehe die obigen Ausführungen unter 6.1.

- Was können Patientenbefragungen nicht?

  - Patientenbefragungen der hier vorgestellten Art können keine valide Auskunft bezüglich aller Aspekte der Qualität von Krankenhäusern geben. Die medizinische Ergebnisqualität kann mit diesem Instrument nur unzureichend, d. h. in Teilen und nur indirekt, gemessen werden. Die medizinische Qualitätssicherung sowie epidemiologische Ansätze zur Outcome-Evaluierung würden hier eine sinnvolle Komplettierung darstellen.

- Patientenbefragungen können Patienten, einweisenden Ärzten und Krankenkassen nicht die Entscheidung über das medizinisch sinnvollste Krankenhaus für eine anstehende Behandlung abnehmen. Sie können ihnen allerdings Entscheidungshilfen geben, insbesondere bei Erkrankungen, die mit längerem Aufenthalt und mit höheren Anforderungen an die Mitarbeit des Patienten einhergehen.

- Sie können nicht die Ist-Situation geschweige denn die Zukunft, sondern immer nur die Beurteilung eines Hauses in der Vergangenheit darstellen.

- Die durch Vergleiche gewonnenen Daten sind nur so gut, wie die Vergleichbarkeit gewährleistet ist. Mithilfe der Bildung von Gruppen (im Fall der DAK-Studie nach Versorgungsstufen) kann zwar eine gewisse, aber keine vollkommene Vergleichbarkeit gewährleistet werden. Die Schwere der Erkrankung, der anschließende Gesundheitszustand der Patienten bzw. der wahrgenommene Erfolg, das Fallspektrum der Abteilung, der Kurzliegeranteil, die Altersstruktur der Patienten, der Auslastungsgrad etc. variiert. Diese Unterschiede rechtfertigen allerdings nicht, auf vergleichende Patientenbefragungen als eine Auskunftsquelle über die Sicht der Patienten auf das Haus gänzlich zu verzichten.

- Sie geben keine »objektiven« Bilder der tatsächlichen Zufriedenheit mit dem Haus, sondern meist eher positiv verzerrte: Patienten verschweigen kritische Erfahrungen, ältere Menschen urteilen wahrscheinlich positiver und sind überrepräsentiert, Nichtantworter urteilen kritischer. Folgerung: Auch geringfügig kritische Werte können bereits begründeter Anlaß zur Optimierung sein.

- Patienten sind nur ein Teil der »Kunden« eines Krankenhauses, wenn auch ein recht entscheidender. Für die Messung der Kundenzufriedenheit aller Kundengruppen müßten insofern weitere Instrumente genutzt werden, z. B. eigene Leistungsanalysen, Befragungen der einweisenden Ärzte, der Krankenkassen, der Angehörigen.

6.4 Bewertung von Rankings

- Offenbar entsprechen einfache Ranking-Darstellungen in hohem Maße unseren gängigen Konsum-, Markt- und Mediengewohnheiten. Deshalb hat jede anspruchsvolle vergleichende Darstellung mit dem Medieninteresse an einfachen Vergleichen im Sinne einer Rangliste zu kämpfen. In dem Hamburger Fall ging das so weit, daß trotz anderer vertraglicher Absprachen im Rahmen der Medienpartnerschaft ein Boulevardmedium eine – zusätzlich auch noch falsch – selbst zusammengestellte vereinfachte Reihenfolge der Krankenhäuser anhand der »Gesamtnote« erstellt hat.

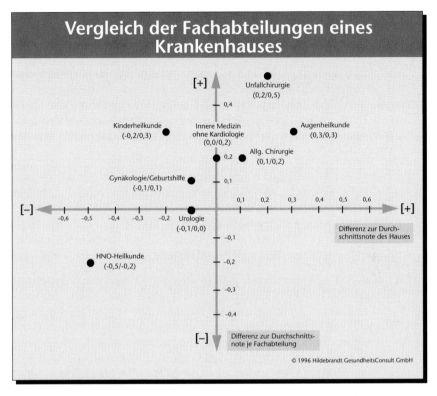

Vergleich der Fachabteilungen eines Krankenhauses

Abb. 4.58: Die einzelnen Fachabteilungen eines Krankenhauses werden verglichen mit der Durchschnittsnote des gesamten Hauses (alle Fachabteilungen) sowie mit dem Durchschnitt aller jeweiligen Fachabteilungen der untersuchten Krankenhäuser. Die abgetragenen Einheiten sind die tatsächlichen Differenzen zu den jeweiligen Mittelwerten

- Die Gesamtnote und die Abstände zwischen den Häusern werden von Laien meist unangemessen vereinfacht interpretiert.
- Statt einer Ranking-Darstellung sollte Benchmarkingverfahren der Vorrang gegeben werden.
- Falls Rankings angestrebt werden, sollten sie es sich zur Aufgabe machen, alters- und/oder morbiditätsstandardisierte Zufriedenheitsnoten zu verwenden.

6.5 Zusätzliche Empfehlungen für zukünftige Patientenbefragungen

- Insbesondere die Darstellung der Ergebnisse für die hausinterne Diskussion bedarf dabei einer weitergehenden Aufbereitung. So können die Ergebnisse der DAK-Versichertenbefragung für ein Krankenhaus z. B. in Portfoliodarstellungen als visueller Fachabteilungsvergleich umgesetzt werden (vgl. Abb. 4.58).

- Im Nachgang zu der DAK-Studie wollte ein Krankenhaus wissen, wie sich seine insgesamt sehr guten Ergebnisse auf die Fachabteilungen des Hauses verteilen. Die Abbildung 4.58 zeigt, wie die einzelnen Abteilungen bezogen auf das eigene Haus abgeschnitten haben und wie sie im Vergleich zu allen jeweiligen Hamburger Fachabteilungen liegen.

- Beispielsweise schneidet die Unfallchirurgie im oben dargestellten Krankenhaus in den Augen der Patienten sehr gut ab. Sie wurde besser beurteilt, als das Krankenhaus insgesamt und hat erheblich besser abgeschnitten als der Durchschnitt der Hamburger Unfallchirurgien. Andere Abteilungen dagegen liegen im Vergleich zum eigenen Haus und zu den vergleichbaren Fachabteilungen unter dem Durchschnitt. In diesem Beispiel ist das die HNO-Abteilung.

- Weiter wollte die betreffende Klinik wissen, welches die Kernschwächen und -stärken ihrer einzelnen Abteilungen sind. Auch hier wurden interessante Differenzierungen sichtbar. Die folgende Abbildung 4.59 zeigt, wie die Patienten einer Fachabteilung dieses Hauses diese Abteilung im Hinblick auf die acht Themenkomplexe der Befragung beurteilten. Sichtbar wird z. B., daß Fragen zu »Ausstattung und Service« eher positiv im Vergleich zu anderen Hamburger gleichen Fachabteilungen beurteilt werden und dem Durchschnitt des eigenen Hauses entsprechen. Schlechter im Vergleich zu diesen Fachabteilungen und zum eigenen Haus schneidet dagegen die Dimension »Hilfe im Umgang mit der Krankheit« ab.

- Wichtig für die Interpretation dieser Unterschiede ist, sich zu vergegenwärtigen, daß bei den Vergleichen relevante Einflußfaktoren auf die Beurteilung (z. B. Alter, Gesundheitszustand bzw. wahrgenommener Erfolg und Fallspektrum, Auslastungsgrad) nicht kontrolliert wurden. Geeignet sind sie jedoch als sichtbares Suchraster nach Bereichen für Qualitätsverbesserungen.

- Ein besonderes Thema: Kinderkrankenhäuser und Psychiatrie. Die Kinderkrankenhäuser in Hamburg erhielten z. B. besonders ungünstige Bewertungen durch die für die Kinder antwortenden Eltern. Die Interpretation ist nicht einfach. Für zukünftige Befragungen erscheint es sinnvoll, nebeneinander Kinder und Eltern zu befragen, wobei aufeinander abgestimmte zielgruppengerechte Erhebungsinstrumente genutzt werden sollten (Eine derartige nebeneinander erfolgende Befragung von Kindern und Eltern ist seitens der Verfasser bereits für eine Studie von mehreren Kinderkrankenhäusern zusammen mit einem Kostenträger vorbereitet, aber bisher noch nicht zum Einsatz gebracht

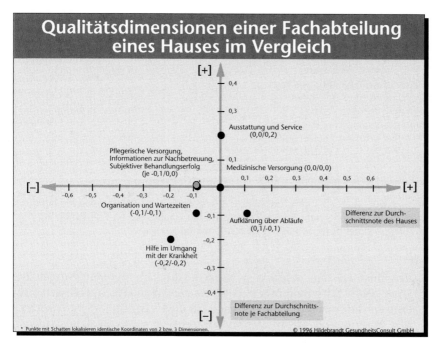

Abb. 4.59: Die Mittelwerte der acht Qualitätsdimensionen einer bestimmten Fachabteilung eines Krankenhauses werden verglichen mit dem jeweiligen Mittelwert des gesamten Hauses (alle Fachabteilungen) sowie mit den dimensionsbezogenen Durchschnittswerten aller gleichartigen Fachabteilungen der Studie

worden). Analog gilt es, eigenständige Erhebungsverfahren für den Bereich der Psychiatrie zu entwickeln; hier kann an Arbeiten u. a. von Bonato angeknüpft werden, der Kontakt ist über den Verfasser möglich.

• Zukünftige Studien sollten zusätzliche Meta-Analysen von vornherein vorsehen. Denkbar ist z. B. einen »Strategie-Index« über die Gesamtheit aller Häuser auch auf das einzelne Haus herunterzubrechen. Dieser Index berücksichtigt den kombinierten Effekt aus der Häufigkeit und Dringlichkeit der Probleme. Während sich die Problemhäufigkeit aus den Durchschnittsnoten der Qualitätsskalen ergibt, wurde die Wichtigkeit mit Hilfe der Regressionsanalyse bezüglich der Absicht der Wiederwahl/Empfehlung einer Klinik ermittelt. Der Index basiert auf der Umwandlung der standardisierten Regressionskoeffizienten (»Beta«) und der Problemhäufigkeiten in einen Bereich von 0 bis 100. Je größer der Koeffizient und/oder je größer das Problem, desto höher fällt der Index aus, d. h. der Handlungsbedarf für ein gegebenes Problem.

• Die nachfolgende Tabelle, die für ein Hamburger Krankenhaus (Altbau mit Pavillon-Bauweise) aus den DAK-Befragungsdaten entwickelt wur-

Skala	Beta-Gewicht*)	Problem-häufigkeit	Strategie-Index
Ausstattung und Service	21	33 %	27
Medizinische Versorgung	23	19 %	17
Subjektiver Behandlungserfolg	15	28 %	17
Aufklärung über die Abläufe	11	28 %	12
Pflegerische Versorgung	12	24 %	11
Information zur Nachbetreuung	7	32 %	9
Hilfe im Umgang mit der Krankheit	3	42 %	5
Organisation und Wartezeiten	2	17 %	1
*) $R^2 = 0,57$; Sig. F = 0,00.			

Abb. 4.60: Strategie-Index, ermittelt aus dem Einfluß der Patientenurteile auf die beabsichtigte Wiederwahl/Empfehlung sowie der Häufigkeit von Problemen auf der jeweiligen Dimension: Ein Profil über alle Krankenhäuser

de, illustriert den möglichen Nutzen von Patientenbefragungen für strategische Entscheidungen. Die Beta-Gewichte zeigen, welchen Stellenwert die einzelnen Dimensionen für die Gesamtheit der antwortenden Patienten besitzt. In diesem Fall steht die gute »medizinische Versorgung« an der Spitze, dicht gefolgt durch »Ausstattung und Service«. Die Problemhäufigkeit zeigt demgegenüber an, in welchem Ausmaß die Befragten bezogen auf die jeweiligen Dimensionen ungünstige Noten verteilen. In diesem Beispiel zeigen sich Probleme insbesondere in dem Bereich der Kontinuität der Versorgung, d. h. in der Dimension »Hilfen im Umgang mit der Erkrankung« als auch »Information zur Nachbetreuung«, sowie auch hier »Ausstattung und Service«.

• Verknüpft man beide Größen im Sinne eines Indexes, dann zeigt sich, daß es sich für dieses Haus besonders lohnend erweisen dürfte, Verbesserungsmaßnahmen zunächst im Bereich der Dimension »Unterbringung und Service« anzusetzen: Die Verringerung ihrer Problemhäufigkeit verspricht einen viel stärkeren Imagegewinn für das betroffene Krankenhaus als die Korrektur anderer Probleme. Interessant an diesem Beispiel: Trotz der relativen Zufriedenheit der Patienten mit der medizinischen Versorgung in diesem Haus ist aufgrund der hohen Bedeutung, die der Medizin gegeben wird, diese Dimension der zweite Bereich, um die sich Verbesserungsmaßnahmen bemühen sollten. Weitergehende Überlegungen für den Einsatz dieses Instruments sind in Vorbereitung.

Weitere Literatur bei den Verfassern

Krankenhausabteilungs- und prozeßbezogene Vergleichsansätze

Medizinisches Benchmarking mit Echolot

Wolfgang Kaufmann
und
Elvira Wolf

1 Entwicklung von Echolot®

Als 1993 das GSG mit dem Ziel in Kraft gesetzt wurde, den Kostenanstieg im Krankenhaussektor stärker zu kontrollieren und rund 10 % der Akutbetten abzubauen, hat dies das Umfeld, in dem sich bundesdeutsche Krankenhäuser bewegen, drastisch verändert. Alle Krankenhäuser stehen heute unter einem starken Wettbewerbs- und Kostendruck. Hinzu kommt, daß aufgrund des gestiegenen Kundenbewußtseins Patienten und Einweiser die medizinische Qualität und hier insbesondere die Servicequalität des Krankenhauses deutlich kritischer hinterfragen und beurteilen als noch vor einigen Jahren.

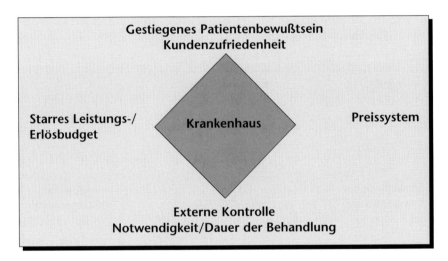

Abb. 4.61: Prägende Umfeldfaktoren

Die DKI (Deutsches Krankenhaus-Institut) GmbH Deutsches Krankenhausmanagement Beratung und Forschung hat vor diesem Hintergrund 1993/94 gemeinsam mit fünf Krankenhäusern einen Diskussionsprozeß begonnen, um den sich durch diese geänderten Rahmenbedingungen stark veränderten Informationsbedarf des Krankenhausmanagements zu formulieren. Als strategischer Erfolgsfaktor wurde in einem solchen Szenario mit gestiegenem Kosten- und Wettbewerbsdruck beurteilt, ob das einzelne Krankenhaus in der Lage ist, seine eigene Position im Vergleich mit Konkurrenten bestimmen zu können; darüber hinaus aus den Erkenntnissen eines solchen Benchmarkingprozesses mit dem Ziel zu lernen, Schwachstellen zu erkennen und die eigene Position zu verbessern.

Benchmarking ist in erster Linie ein Informationsproblem. Der Zugang zu relevanten Informationen aus anderen Krankenhäusern, um Benchmarks zu bilden und beste Praktiken zu identifizieren, kann sich als relativ schwierig bis unmöglich und aufwendig gestalten.

Die DKI GmbH hat deshalb die Datenbank Echolot® zu Benckmarkingzwecken aufgebaut. Dabei wurde das Informationsprofil von Echolot® sowie ihre Anwendungsmöglichkeiten an den durch die fünf Krankenhäuser formulierten Informationsbedürfnissen orientiert.

2 Ziele von Echolot®

Kern von Echolot® ist, daß Informationen zum medizinisch-pflegerischen Leistungsprofil einzelner Krankheitsbilder DV-gestützt, anonymisiert und fallbezogen zusammengeführt werden. Darüber hinaus werden diese Informationen auch abteilungsbezogen aufbereitet.

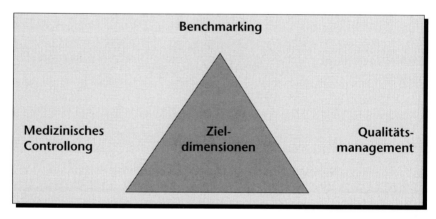

Abb. 4.62: Ziele von Echolot®

Die Ziele von Echolot® sind:

Benchmarking zu betreiben, um damit

- zum einen die eigene Wettbewerbsposition im Vergleich mit Konkurrenten feststellen und beurteilen zu können und
- zum anderen die eigenen Prozesse analysieren zu können, durch den Vergleich mit anderen Anregungen zur Optimierung der eigenen Prozesse zu bekommen und so die eigene Performance zu verbessern.

Medizinisches Controlling

Ein weiteres Ziel von Echolot® ist es, ein Instrument für das medizinisch-pflegerische Controlling zur Verfügung zu stellen.

Medizinisch-pflegerische Leistungsdaten des Behandlungsprozesses werden fallbezogen zusammengeführt und je Krankheitsbild dargestellt. Damit wird

- das Leistungsprofil des Behandlungsprozesses für einzelne Krankheitsbilder erstmals transparent gemacht und
- bildet die Grundlage für eine Leistungssteuerung, aber auch eine Abweichungs- und Einzelfallanalyse.

Qualitätsmanagement

Ein drittes Anwendungsfeld von Echolot® sehen wir im Qualitätsmanagement, insbesondere bei der Definition und Evaluation von hausinternen Behandlungsleitlinien. Dadurch, daß das Leistungsprofil des Behandlungsprozesses fallbezogen transparent wird,

- kann der eigene, faktische Behandlungsstandard kritisch hinterfragt werden und
- können Behandlungsleitlinien auf dieser Basis mit deutlich weniger Aufwand definiert und dokumentiert werden.
- Darüber hinaus werden unterschiedliche Behandlungsstandards in einzelnen Abteilungen offengelegt und sind somit einer hausinternen Harmonisierung zugänglich.
- Schließlich kann der hausinterne Standard im Vergleich mit dem aktuellen Stand medizinisch-pflegerischen Wissens – z. B. im Vergleich von im Rahmen von Konsenskonferenzen formulierten Behandlungsleitlinien – evaluiert werden.

Die Rolle und Bedeutung, die Benchmarking im Rahmen eines Qualitätsmanagements zukommen, wird auch dadurch unterstrichen, daß im Rahmen des europäischen Qualitätspreises (wie auch des US-amerikanischen Malcolm Balridge Awards) bewertet wird, inwieweit die Durchführung und Nutzung von Benchmarkinginformationen regelmäßiger Bestandteil des Managementprozesses ist und dazu verwendet wird, um Ziele für betriebliche Verbesserungen festzulegen.

3 Spin-off-Effekte

Über diese primären Ziele hinausgehend, nutzen die Anwender Echolot® deutlich breiter als ursprünglich angedacht. Die wichtigsten Spin-off-Effekte von Echolot® sind insbesondere:

Verbesserung der Datenvalidität und der Codierungsqualität

Wenn die Leistungserbringer in Medizin und Pflege oder das Controlling die von Echolot® zur Verfügung gestellten Daten zum Leistungsprofil der einzelnen Krankheitsbilder analysieren, bei auffällig unplausiblen Werten ihre Gültigkeit hinterfragen und Daten korrigieren, steigt die Datenvalidität deutlich. Dies zeigt auch die Erfahrung, die bisher bei jedem neuen Echolot®-Teilnehmer gemacht wurde. Dieser Effekt ist in seiner Wertigkeit kaum hoch genug einzuschätzen, denn Managemententscheidungen können nur so gut sein wie die Daten, auf denen sie basieren.

Durch die umfangreichen Prüfroutinen von Echolot® fallen darüber hinaus formale Inkonsistenzen auf und werden entsprechend ausgewiesen. Dazu gehört z. b. eine PPR-Einstufung nach Entlassung des Patienten. Darüber hinaus werden bei jeder Datenlieferung an die Echolot®-Datenbank auch inhaltliche Inkonsistenzen, wie beispielsweise eine abgerechnete Fallpauschale, die nicht zur codierten Diagnose bzw. Operation paßt, an die Echolot®-Teilnehmer zurückgemeldet.

Abrechnungsprüfung und Erlösoptimierung

Darüber hinaus wird Echolot® auch zur Erlösoptimierung und Abrechnungsprüfung eingesetzt, da die gesamte Patientenkarriere auf Einzelfallebene analysiert werden kann. Bei extremen Ausreißerfällen kann so z. B. geprüft werden, ob die Abrechnung einer Fallpauschale tatsächlich noch zwingend war oder statt dessen Abteilungs- und Basispflegesätze sowie ein Sonderentgelt hätten abgerechnet werden können.

4   Einsatz von Echolot®

Der Benchmarkingprozeß wird üblicherweise in vier Phasen aufgeteilt.

In Phase I werden die gegenwärtige Praxis eines Unternehmens in bezug auf einen definierten Prozeß dokumentiert und die entsprechenden internen Daten hierzu zusammengestellt. Echolot® unterstützt diese Phase des Benchmarkingprozesses, indem das Leistungsprofil des Behandlungsprozesses fallbezogen für einzelne Krankheitsbilder transparent wird.

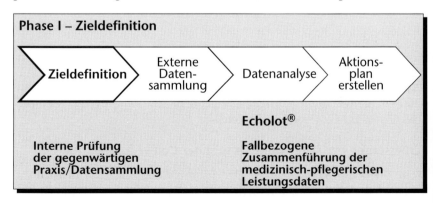

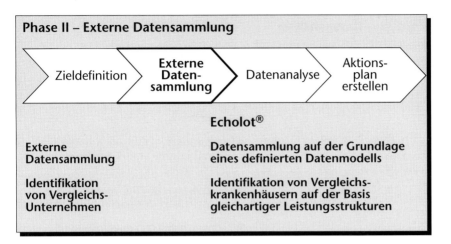

In Phase II des Benchmarkingprozesses werden die relevanten Informationen zum definierten Benchmarkingobjekt aus anderen Unternehmen gesammelt und geeignete Vergleichsunternehmen identifiziert.

In Echolot® werden in dreimonatigem Rhythmus die Daten der Echolot®-Teilnehmer auf der Basis eines definierten Datenmodells sowie eines krankenhausindividuell definierten Informationsprofils DV-gestützt übernommen. Die bearbeiteten Eigenwerte des Krankenhauses sowie die entsprechenden Vergleichs- oder Referenzwerte werden nach kurzer Verarbeitungszeit zurückgemeldet. Vergleichskrankenhäuser werden bei Abteilungsvergleichen auf der Basis einer vergleichbaren Leistungsstruktur (Diagnosen, Operation) identifiziert.

In Phase III erfolgt die Datenanalyse zur Identifikation der besten Praktiken. Echolot® stellt den Krankenhäusern nicht nur Vergleichswerte zur Verfügung, sondern bildet die Bandbreite und Homogenität der Daten über zur Verfügung gestellte Minimum- und Maximumwerte sowie die Standardabweichung ab. Auffälligkeiten im Leistungsprofil des Behandlungsprozesses eines Krankheitsbildes können auf einen Blick erfaßt und über die Information zur Fallstruktur daraufhin überprüft werden, ob sie auf eine besondere Patientenstruktur zurückgeführt werden können. Darüber hinaus können die Eigenwerte bis auf die Ebene einzelner Fälle analysiert werden. Der faktische Behandlungsstandard einer Abteilung wird so einer Evaluierung zugänglich.

In Phase IV des Benchmarkingprozesses wird ein Maßnahmenplan erstellt, um die in Phase III identifizierten Verbesserungspotentiale zu bearbeiten. Der faktische Behandlungsstandard kann so verbessert und differenziert auf die medizinischen Notwendigkeiten einzelner Patientengruppen abgestellt werden. Über die regelmäßige dreimonatige Daten-

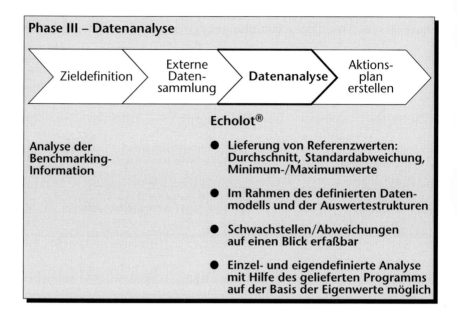

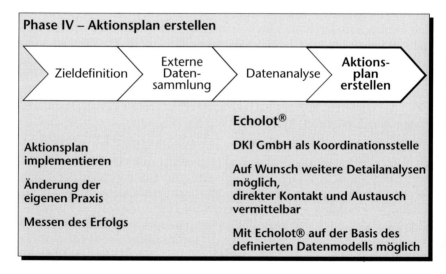

übernahme und Rückmeldung an die Leistungserbringer von Medizin und Pflege wird der Erfolg von Veränderungsmaßnahmen im direkten Feedback zurückgemeldet und somit eine kontinuierliche Evaluation und Leistungssteuerung ermöglicht.

Im folgenden wird das Informationsprofil von Echolot® detaillierter dargestellt.

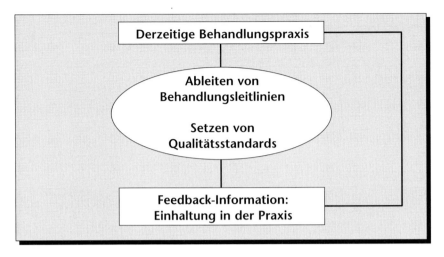

Derzeitige Behandlungspraxis

**Ableiten von
Behandlungsleitlinien**

**Setzen von
Qualitätsstandards**

**Feedback-Information:
Einhaltung in der Praxis**

Abb. 4.63: Feedbackprozeß

5 Benchmarks mit Echolot®

Primäres Ziel von Echolot® ist es, ein fallbezogenes Benchmarking zu ermöglichen und den Leistungserbringern in den Bereichen Medizin und Pflege, aber auch im Controlling steuerungsrelevante Informationen zum Leistungsprofil der Behandlungsprozesse zur Verfügung zu stellen. Entscheidend für die Definition des Informationsprofils von Echolot® war der hausinterne Informationsbedarf.

Mit Blick auf den Krankenhausbetriebsvergleich werden abteilungsbezogene Vergleiche gefahren. Motto ist hier,»bessere« Vergleichswerte in den Verhandlungen mit den Krankenkassen zur Verfügung zu stellen. »Besser« in dem Sinne, als hier die Vergleichsgruppen tatsächlich vergleichbar und in sich homogen sind. Kriterium zur Abgrenzung einer Vergleichsgruppe werden deshalb insbesondere die Leistungsstruktur und die Leistungsschwerpunkte der einzelnen Abteilungen sein, wie sie sich in der Diagnose- und ICPM-Struktur darstellen, und nicht der Versorgungsauftrag oder die Abteilungsstruktur eines Hauses.

5.1 Fallbezogenes Benchmarking

Echolot® nutzt für das fallbezogene Benchmarking bereits definierte Fallklassifikationssysteme. Hier ist zunächst zu nennen der Entgeltkatalog der Fallpauschalen und Sonderentgelte, der die einzelnen Fallkategorien auf der Basis von ICD- und ICPM-Kombinationen definiert. Analog dieser Definitionslogik hat die DKI GmbH weitere Fallkategorien, insbesondere für die konservativen Bereiche, abgegrenzt. Diese Fallklassifikations-

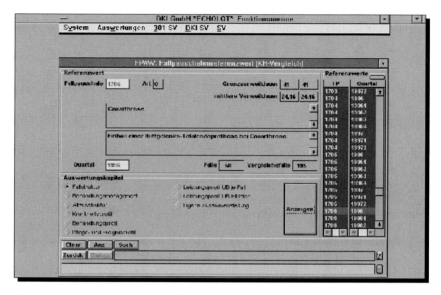

Abb. 4.64: Informationsprofil fallbezogener Vergleich

systematik kann beliebig erweitert werden. Darüber hinaus kann jedes übliche Klassifikationssystem, also auch DRGs usw., verarbeitet werden, solange hausintern eine Zuordnung zu einzelnen Fallgruppen vorgenommen wird.

Das Informationsprofil der fallbezogenen Vergleiche sieht in der Grobstruktur wie abgebildet aus.

- Informationen zur **Fallstruktur** sind beispielsweise, wie viele Fälle bei dieser Fallpauschalkategorie eine Grenzverweildauerüberschreitung aufweisen, bei wie vielen Fällen ein zusätzliches Sonderentgelt abgerechnet wurde, wie viele Selbstzahler es gibt usw.
- **Informationen zum Behandlungsmanagement** umfassen Angaben zur Kombination der Behandlungsformen vor-, voll- und nachstationär, zur präoperativen Verweildauer und zum Intensivaufenthalt.
- Unter **Patientenstruktur** ist im wesentlichen die Altersstruktur der behandelten Patienten erfaßt.
- Unter dem **Krankheitsprofil** werden die ICD- und ICPM-Codierungen sowie die behandelnden Fachabteilungen ausgewiesen.
- Unter dem Titel **Behandlungsprofil** sind Informationen zu operativen Therapien, d. h. Dauer der Schnitt-Naht-Zeit, der Anästhesiezeit, der Rüstzeiten, des Personaleinsatzes, der Anzahl der Eingriffe usw. zu finden.
- Das **Pflegeintensitätsprofil**, d. h. die PPR-Kategorien, werden abgebildet über die Dauer der Behandlung.

- Unter den **Leistungsprofilen** wird der gesamte Untersuchungs- und Behandlungsbereich in unterschiedlichen Verdichtungsformen dargestellt (von der Gruppe – z. B. Labor – bis hinunter zu den Einzelleistungen).

Darüber hinaus haben die Teilnehmer von Echolot® die Möglichkeit, sich **eigene Informationsprofile** zusammenzustellen, z. B. für jede Fallpauschal- und Sonderentgeltkategorie die fünf bis zehn wichtigsten Schlüsselinformationen in einem eigenen Kapitel zu definieren, so daß sie auch bei der Analyse der Benchmarking-Informationen nach dem ABC-Prinzip vorgehen können.

Als weiteren – wie wir meinen – wichtigen Service bietet Echolot® die Möglichkeit, die eigenen Werte über **Filterfunktionen** weiter zu selektionieren und weitere, nach definierten Merkmalen homogenisierte Subkategorien zu bilden; also z. B. können nur Fälle betrachtet werden, die keine Grenzverweildauerüberschreitung aufweisen, für die keine weitere Leistung in Form eines Sonderentgeltes oder einer weiteren Operation erbracht worden sind, die hinsichtlich der Altersstruktur homogen sind oder die Komplikationen aufweisen.

Ziel ist es hier, den jeweiligen individuellen Informationsbedarf eines Hauses oder einer Abteilung auch individuell zu befriedigen, so daß Echolot® ein möglichst flexibles Instrument ist, um vom jeweiligen Haus entsprechend seiner Prioritäten und seines Problemfokusses eingesetzt werden zu können.

5.2 Abteilungsbezogener Vergleich

Neben dem fallbezogenen Benchmarking wird ein abteilungsbezogener Vergleich gefahren. Hier werden zum Teil ähnliche Informationen zur Verfügung gestellt wie bereits im fallbezogenen Vergleich. Allerdings werden Abteilungskennzahlen ausgewiesen, z. B. die Anzahl der Laborleistungen je Fall und Abteilung mit oder ohne Fallpauschalleistungen. Es besteht die Möglichkeit zu selektieren, ob nur der Patientenaufenthalt in einer Abteilung oder die Gesamtpatientenkarriere mit einbezogen werden sollen. Darüber hinaus werden Informationen zum Abteilungsmanagement aufbereitet, z. B. die Verteilung der Aufnahme- und Entlassungstage. Oder es werden mit Blick auf die Kontrollen, die zukünftig die Kassen im Rahmen des DV-gestützten Datenaustausches nach § 301 SGB V fahren können, die Anteile der nicht-spezifizierten Diagnosen (Symptome), bei denen noch dazu eine Operation ausgewiesen ist, dargestellt.

Das eigentlich Spannende bei diesem Abteilungsvergleich ist natürlich die Definition der Vergleichsgruppen. Wie bereits erwähnt, steht der Abteilungsvergleich unter dem Motto: Die besseren Vergleichsdaten liefern. Aus diesem Grunde sollte der Vergleich auf Abteilungen mit ähnlichen

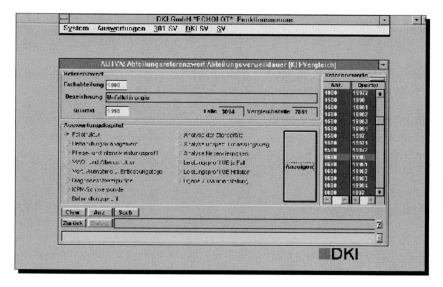

Abb: 4.65: Informationsprofil abteilungsbezogener Vergleich

Leistungsstrukturen basieren, die anhand der Diagnosen- bzw. anhand der ICPM-Verteilung der Untergruppen oder Einzeldiagnosen dargestellt werden. Da die Diagnosestruktur noch nichts aussagt über dahinterstehende Therapieverfahren – und über Therapieverfahren, die im wesentlichen im operativen Bereich sowie im Bereich der Geburtshilfe und der diagnostischen invasiven kardiologischen Verfahren angewandt werden –, ist zunächst geplant, weitere Klassifizierungskriterien heranzuziehen. Hier werden die Versorgungsstufe des Hauses, die Fachabteilungsstruktur sowie Schwerpunktbezeichnungen von Fachabteilungen heranzuziehen sein. Es ist geplant, das Klassifikationssystem anhand von empirischen Tests weiterzuentwickeln und endgültige Klassifikationskriterien festzulegen.

6 Zusammenfassung

Zum Schluß zusammenfassend die Kerngedanken des Produktkonzepts Echolot®:

- Es sollen routinemäßig Vergleichswerte zur Verfügung gestellt werden, auch mit dem Ziel, die Ergebnisse von Optimierungsbemühungen im direkten Feedback aufzeigen zu können. Die mit Hilfe von Echolot® geschaffene Transparenz zum Behandlungsmanagement, zum Leistungsprofil der einzelnen Behandlungen oder zur eigenen Position im Vergleich mit anderen, sollte insbesondere auch von den ärztlichen

und pflegerischen Mitarbeitern genutzt werden können und Echolot®
somit ein originär internes Steuerungsinstrument für den medizinischen Leistungsprozeß werden.

- Echolot® hat das Ziel, über den DV-gestützten Datenaustausch insbesondere das Problem der Informationsgewinnung im Zusammenhang
mit einem Benchmarkingprozeß zu lösen und so den kontinuierlichen
Verbesserungsprozeß, den die Häuser auch zunehmend aufgrund des
externen Drucks einzuleiten gezwungen sind, weiter zu unterstützen.
Deshalb erfolgt der Datenaustausch nur DV-gestützt und zusätzlicher
manueller Erfassungsaufwand entfällt.

- Echolot® beschränkt sich auf die Leistungsseite, da wir die Probleme
zum Vergleichbarmachen einzelner Kostendaten für zu aufwendig halten, um sie in einen solchen DV-gestützten Datenaustausch einzubinden.

- Es werden nur fallbezogene Informationen verarbeitet.

- Es gilt die Spielregel: Nur wer Daten liefert, erhält Referenzwerte.

- Den Häusern wird Anonymität zugesichert; die Referenzwerte bieten
keine Ansatzpunkte, einzelne Häuser zu identifizieren.

- Trotzdem können die Häuser auf Wunsch in direkten Kontakt treten.
Die DKI GmbH dient dabei als Vermittlungsstelle, um einen direkten
Erfahrungsaustausch oder die Organisation von vertiefenden Bench-
markingstudien zu ermöglichen.

Weiterführende Literaturhinweise:

Bendell, Tony; Boulter, Louise; Kelly, John: Benchmarking for Competitive
Advantage, London 1993;

American Productivity & Quality Center; The Benchmarking management guide, Portland 1993.

Der leistungsbezogene Krankenhausbetriebsvergleich des WidO

Martin Litsch

1 Ausgangssituation

Das WidO bewertet seit langem mit der Hilfe von Betriebsvergleichen die Wirtschaftlichkeit von Krankenhäusern. Bis 1994 wurden dazu auf der Basis von Kosten- und Leistungsnachweisen (KLN) einzelne Krankenhäuser systematisch mit den Kostenstrukturen anderer Häuser verglichen. Seit mit der Einführung der BPfLV 1995 das Selbstkostendeckungsprinzip abgeschafft ist, ist es für den Krankenhausbetriebsvergleich erforderlich, nicht mehr eine an den *Strukturen* des Krankenhauses orientierte Wirtschaftlichkeitsbetrachtung widerzuspiegeln. Vielmehr muß die in den Abteilungen eines Krankenhauses erbrachte *Leistung* Grundlage der Wirtschaftlichkeitsvergleiche sein. Der Beitrag zeigt, mit welchem Konzept das WidO den leistungsorientierten Krankenhausbetriebsvergleich umsetzen will.

Drei Prämissen müssen vorweg als Voraussetzungen für einen leistungsorientierten Krankenhausbetriebsvergleich konstatiert werden:

> ➜ **Der externe Krankenhausbetriebsvergleich unterstützt die AOK bei Pflegesatzverhandlungen.**
>
> ➜ **Die Leistungen der Krankenhäuser sind grundsätzlich vergleichbar.**
>
> ➜ **Betriebsvergleiche genügen den Kostenträgern, wenn Behandlungsergebnisse (Outcome) und Wirtschaftlichkeit gemessen werden.**

Abb. 4.66: Glaubensbekenntnis

1. Die AOK *will* einen externen Betriebsvergleich. Er soll den Kassen bei Pflegesatz- und/oder Preisverhandlungen Argumente zur Preisbildung liefern.

2. Krankenhäuser *sind* grundsätzlich vergleichbar. Wir sind gewohnt Autotests zu lesen oder die Empfehlungen der Stiftung Warentest bei Kaufentscheidungen zu berücksichtigen. Unternehmen fahren aufwendige Vergleichsinstallationen bei teuren EDV-Entscheidungen. Die Pharmaindustrie muß sich mit Bewertungen hinsichtlich Qualität und Preis ihrer Produkte auseinandersetzen. Krankenhäuser als Dienstleister und Produzenten von »Gesundheit« sind trotz der komplexen Zusammenhänge genauso vergleichbar wie z. B. Krankenversicherungen. Die Vergleichbarkeit von Krankenhäusern wird auch im § 5 der BPflV gesetzlich festgestellt.

3. Die Erbringung von stationären Gesundheitsdienstleistungen ist ein hochkomplexer Vorgang. (Das gilt für viele Produktionsprozesse wie z.B. Autos allerdings auch). Die Krankenkassen können in die Behandlungs*prozesse* nicht qualifiziert eingreifen, da sie kein medizinisches Wissen haben. Die Ergebnisse der Behandlung (Outcome) sowie Wirtschaftlichkeitskennzahlen sind jedoch zur Beurteilung der Produktivität wichtig und unverzichtbar. Entsprechend ist der Vergleich resultatorientiert (Outcome), d.h. er hat nicht den Anspruch, Erklärungen für bestimmte Ergebnisse zu liefern (keine Prozeßorientierung)

2 Maßzahlen der Wirtschaftlichkeit

Die Aufgabe besteht also zunächst darin, die Wirtschaftlichkeitsparameter im Rahmen eines Krankenhausbetriebsvergleiches abzubilden. Auf Qualitätsindikatoren müssen wir einstweilen (leider) weitgehend verzichten, weil es hierzu derzeit keine adäquate Datenbasis gibt, die sinnvolle Qualitätsvergleiche ermöglicht. Dies soll uns aber nicht davon abhalten, die Wirtschaftlichkeitsindikatoren bereits heute darzustellen.

Der Betriebsvergleich muß die *gesamte* Krankenhauslandschaft abbilden – schließlich müssen die Krankenkassen Preisverhandlungen mit allen Häusern führen. Beschränkungen auf einzelne Modellhäuser sind insofern inakzeptabel. Dazu bedarf es einer ausreichend breiten Datenbasis. Diese Datenbasis wird durch die Leistungs- und Kalkulations-Aufstellung (LKA) sichergestellt, ein Formular mit vielen Leistungs- und Vergütungsdaten, das die Krankenhäuser den Kassen im Vorfeld der Pflegesatzverhandlungen ausfüllen müssen.

Für die Pflegesatzverhandler ist die Komplexität der Verhandlung durch die neuen Entgeltformen der BPflV 1995 allerdings immens gestiegen. In Zeiten des Kostendeckungsprinzips reichte es in der Regel, einen tagesgleichen Pflegesatz für das gesamte Krankenhaus zu verhandeln. Diesen multipliziert mit den behandelten Fällen ergab bereits unmittelbar das Budget des Hauses. Die Verhandler konnten also schnell überblicken, welchen Einfluß der gerade aktuelle Verhandlungsstand auf die Beitragssätze seiner Kasse hatte.

Heute sind jedoch gleichzeitig mehrere Ebenen zu überblicken: Es müssen nicht nur tagesgleiche Abteilungspflegesätze, sondern gleichzeitig hausbezogene Basispflegesätze sowie fallbezogene Fallpauschalen und Sonderentgelte verhandelt werden. Zu welchem Gesamtergebnis diese Einzelvereinbarungen führen, ist nicht unmittelbar zu durchschauen. Gleichzeitig pochen die Krankenhäuser heute (zu Recht) auf leistungsgerechte Preise, d.h. der Bezug zu den behandelten Krankheitsarten muß jeweils hergestellt werden. Wie dieses Räderwerk ineinandergreift, ist für die Beteiligten nicht mehr unmittelbar transparent.

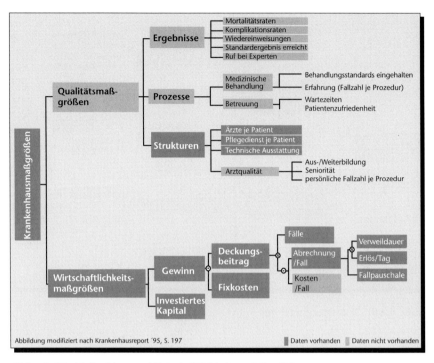

Abbildung modifiziert nach Krankenhausreport '95, S. 197   ▌ Daten vorhanden ▌ Daten nicht vorhanden

Abb. 4.67: Maßzahlen zur Wirtschaftlichkeit und Qualität

Mit den LKA-Daten stehen die wesentlichen, relevanten Maßzahlen zur Wirtschaftlichkeit (Vereinbarungen, Leistungsmengen) auf den verschiedenen Aggregatebenen Gesamthaus, Abteilung und Fall zur Verfügung. Die Abbildung 4.67 zeigt, welche Krankenhausmaßzahlen der aktuelle Betriebsvergleich nutzt.

Die dunkelgrau hinterlegten Felder der Abbildung zeigen die Indikatoren, die mit Hilfe der LKA Daten direkt oder indirekt messen können. Die hellgrau hinterlegten Felder zeigen Indikatoren, die (derzeit) wegen fehlender Daten bei der vergleichenden Darstellung nicht berücksichtigt werden können. Die Abbildung macht deutlich, daß die Wirtschaftlichkeitsindikatoren differenziert gebildet werden können. Die Qualitätsindikatoren dagegen bleiben mit Ausnahme einiger Strukturmerkmale deutlich unterrepräsentiert. Bezogen auf die Prozeßindikatoren wäre dies kein Mangel, da der Behandlungsprozeß nicht Gegenstand des Betriebsvergleiches ist. Die Qualitätsindikatoren, die für Behandlungsergebnisse (Outcomes) stehen, sollten allerdings schnellstmöglich in den Betriebsvergleich integriert werden. Hierzu bedürfte es heute allerdings der freiwilligen Mithilfe der Krankenhäuser. Auch wenn das Thema Qualität in der öffentlichen Diskussion und der Selbstdarstellung der Krankenhäu-

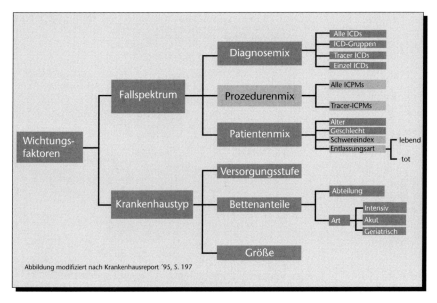

Abbildung modifiziert nach Krankenhausreport '95, S. 197

Abb. 4.68: Gewichtungsfaktoren

ser eine große Rolle spielt, sind greifbare Ergebnisse bestenfalls auf vereinzelte Projekte begrenzt. Ein Benchmarking, bei dem auch die schlechteren Häuser unter Erklärungszwang kommen, ist nicht in Sicht.

Damit die Wirtschaftlichkeitsindikatoren eines Krankenhauses mit den Maßzahlen anderer Krankenhäuser verglichen werden können, müssen Strukturmerkmale des jeweiligen Krankenhauses berücksichtigt werden. Man kann diese Merkmale auch als Gewichtungsfaktoren verstehen, da sie die Bedeutung einzelner Parameter repräsentieren.

Danach stehen uns im Betriebsvergleich sowohl krankenhausbezogene Merkmale (Größe, Versorgungsstufe, Abteilungsstruktur) als auch fallbezogenen Merkmale (Diagnosemix, Patientenmix) zur Verfügung. Lediglich die Prozeduren (ICPMs) bleiben derzeit noch unberücksichtigt.

Die Verknüpfung dieser beiden Merkmalsarten, der Maßzahlen und der Wichtungsfaktoren, ermöglicht erst den gültigen Vergleich zwischen einem einzelnen Haus und Gruppen von ähnlichen Häusern.

3 Verfahren zur Gruppenbildung

Die methodisch anspruchvollste Aufgabe war es zunächst, die Krankenhäuser in leistungshomogenen Gruppen zusammenzufassen. In der Vergangenheit wurde im WIdO das Konzept der Krankenhausstrukturgruppen angewandt. Das zur Gruppenbildung wesentliche Merkmal ist dabei die Abteilungsstruktur der Häuser. So wurden beispielsweise Krankenhäuser mit einer chirurgischen, einer Inneren, einer gynäkologischen und einer weiteren Belegabteilung in einer Strukturgruppe zusammengefaßt. Dahinter steckt die plausible Vermutung, daß in den Abteilungen jeweils ähnliche Krankheiten zu behandeln sind. Zwar hat der Ansatz auch heute noch einiges an Plausibilität bewahrt, es sprechen aber eine Reihe von Gründen für eine Überarbeitung dieses Konzeptes:

1. Zwischen einzelnen Häusern einer Strukturgruppe können durchaus große Unterschiede bestehen, weil sich einzelne Abteilungen der Häuser auf besondere Krankheitsarten spezialisiert haben, die das Leistungsspektrum des Hauses insgesamt maßgeblich determinieren.

2. Der Strukturgruppenansatz ist darüber hinaus ein auf das gesamt Krankenhaus bezogener Ansatz. Nach der BPflV sind allerdings nur noch der Basispflegesatz für das gesamte Haus zu verhandeln, die leistungsbezogene Vergütung erfolgt abteilungsbezogen. Es ist nicht einsehbar, wieso man eine Innere Abteilung nicht auch mit Inneren Abteilungen anderer Häuser vergleichen darf, auch wenn das gesamte Vergleichskrankenhaus eine andere Abteilungsstruktur hat.

3. Der Strukturgruppenansatz ist schließlich durch die immer weitere und feinere Differenzierung der Abteilungsbezeichnungen quasi unterlaufen worden. Die Möglichkeiten der Kombinatorik bei über 50 Fachabteilungsnamen sind einfach zu groß, so daß keine ausreichend großen Fallzahlen in den Vergleichsgruppen zustande kommen. Jedes Krankenhaus wird damit letztlich wieder zur unvergleichbaren Entität, da genau diese Kombination an Differenzierung keine Nachahmer hat.

Da heute abteilungsbezogene Pflegesätze leistungsbezogen verhandelt und festgelegt werden, muß die Abteilung – und nicht das gesamte Haus – die maßgebliche Untersuchungseinheit sein. Ein Krankenhaus ist damit per Definition die Summe seiner Abteilungen und kaum mehr. Andere Argumentationen der Krankenhäuser selbst zeigen letztlich nur, daß die Kostenrechnung in den Unternehmen (noch) nicht befriedigend umgesetzt ist. Im WIdO-Betriebsvergleich werden deshalb konsequenterweise Abteilungen miteinander verglichen. Innerhalb der Abteilungen werden Fälle mit entsprechenden Krankheitsbildern behandelt. Für unsere Klassifikation stehen die ICD9 Kodierungen aller Fälle zur Verfügung. Die behandelten Krankheitsarten in den einzelnen Abteilungen werden systematisch miteinander verglichen. Das folgende Beispiel verdeutlicht das Prinzip des Verfahrens.

In der Abbildung 4.69 sind in fett die Anteile der behandelten Fälle aufgetragen. Die kursiven Zahlen zeigen die absoluten Differenzen zwischen

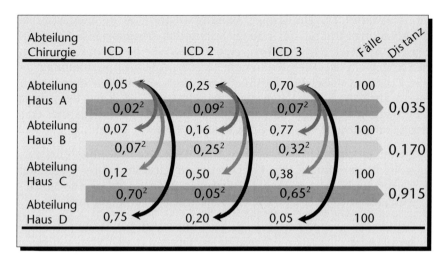

Abteilung Chirurgie	ICD 1	ICD 2	ICD 3	Fälle	Distanz
Abteilung Haus A	0,05	0,25	0,70	100	
	$0,02^2$	$0,09^2$	$0,07^2$		0,035
Abteilung Haus B	0,07	0,16	0,77	100	
	$0,07^2$	$0,25^2$	$0,32^2$		0,170
Abteilung Haus C	0,12	0,50	0,38	100	
	$0,70^2$	$0,05^2$	$0,65^2$		0,915
Abteilung Haus D	0,75	0,20	0,05	100	

Abb. 4.69: Das Finden leistungsähnlicher Abteilungen

der Menge der behandelten Fälle in den drei Diagnosegruppen des Krankenhauses A mit dem Krankenhaus B an. So behandelt beispielsweise Haus A 2% weniger Fälle in der Krankheitsart ICD1, 9% mehr Diagnosen nach ICD2 und 7% weniger Krankheiten entsprechend ICD3. Diese Differenzen werden über alle drei Diagnosen aufsummiert. Um große Unterschiede zwischen den einzelnen Diagnosemengen in den Abteilungen stärker zu berücksichtigen, werden diese absoluten Differenzen quadriert. Daraus ergibt sich zwischen Haus A und Haus B eine Abweichungssumme von 0,035. Vergleicht man als nächstes Haus A mit Haus C, so ergibt sich daraus die Abweichungssumme von 0,170. Offensichtlich ist also Haus C zu Haus A im Krankheitsartenmix unähnlicher als Haus B, ein Ergebnis, das in diesem übersichtlichen Beispiel aus den Daten selbst direkt erfaßbar ist. Der Vergleich von Abteilung A mit Abteilung D ergibt schließlich eine noch sehr viel höhere Abweichungssumme von 0,915, d. h. A und D sind sich am unähnlichsten.

Diese Paardifferenzen werden für alle möglichen Paarkonstellationen berechnet, also auch für BC, BD und CD. Die Abteilungen werden dann so in Gruppen zusammengefaßt, daß die Summe der Differenzen minimal ist.

Die Graphik verdeutlicht nochmals das rechnerische Ergebnis. Liegen Abteilung A und B nahezu deckungsgleich im Raum, unterscheidet sich die hochspezialisierte Abteilung D auch graphisch deutlich in ihrem Behandlungsprofil. Abteilung C ist offensichtlich nicht so eindeutig einer diesen beiden »Gruppen« zuzuordnen, obwohl sie augenscheinlich den Abteilungen A und B sehr viel ähnlicher ist als der Abteilung D.

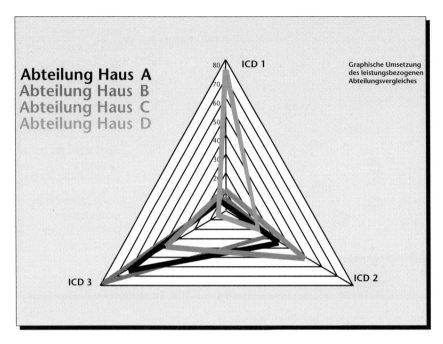

Abb. 4.70: Graphische Veranschaulichung leistungshomogener Krankenhäuser

Die so ermittelten Ähnlichkeiten zwischen einzelnen Abteilungen müssen nunmehr in Gruppen zusammengefaßt werden. Dazu reicht ein visuelles Verfahren, wie es in diesem Beispiel anschaulich wird, für die große Zahl von Abteilungen und Diagnosen nicht aus. Diese Aufgabe übernimmt das statistische Verfahren der Clusteranalyse. Die folgende Abbildung soll helfen, das Prinzip nachzuvollziehen. Wiederum an einem reduzierten Beispiel sind hier nur zwei Diagnosen dargestellt, die zu jeweils unterschiedlichen Anteilen durchgeführt werden. So spielen bei Abteilung B die beiden Krankheitsarten nur eine relativ kleine Rolle, während in der Abteilung E dieselben Diagnosen die Leistungsstruktur der Abteilung maßgeblich bestimmen. Die Clusteranalyse vergleicht nun die Ähnlichkeiten einer Abteilung zu jeder anderen Abteilung im Merkmalsraum. Die beiden Abteilungen, die den geringsten Zwischenraum haben (die kleinste Entfernung) werden in einer Gruppe zusammengefaßt, die zunächst nur aus zwei Gruppenmitgliedern besteht. Im nächsten Schritt werden wieder alle Entfernungen gemessen und verglichen, so daß vielleicht ein neues Pärchen gefunden wird oder aber eine Abteilung zu einer bereits bestehenden Gruppe zusammengefaßt wird. Maßgeblich ist dabei immer der minimale Anstieg Fehlerquadratsumme. Je kleiner die ausummierten Entfernungen sind, desto ähnlicher sind die zusammengefaßten Abteilungen in der Gruppe. Auf diese Weise lassen sich die mei-

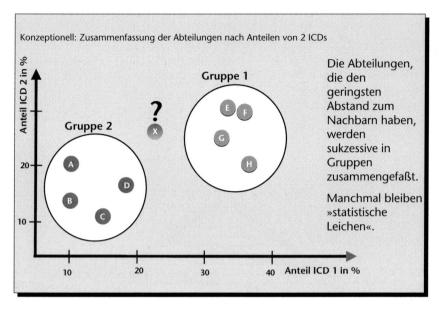

Abb. 4.71: Verfahren der Gruppenbildung

sten Abteilungen eindeutig homogenen Clustern zuordnen, ohne das dadurch die Gruppe eine andere Leistungscharakteristik bekommt. Allerdings können auch Konstellationen vorkommen (wie z. B. Abteilung X), bei denen die Zuordnung zu einer Gruppe die Homogenität dieser Gruppe ungünstig beeinflussen würde. Eine solche Abteilung sollte deshalb in einer Restgruppe separat geführt werden.

4 Überprüfung an Echtdaten

An zwei konkreten Beispielen kann hier diese Methodik mit realen Daten veranschaulicht werden. In der Augenheilkunde werden die weitaus meisten stationären Aufenthalte durch wenige Diagnosen begründet[1] (80 % aller Fälle werden durch nur 14 ICDs abgedeckt). Entsprechend eindeutig bildet die Clusteranalyse nur zwei leistungshomogene Gruppen. Eine dieser Gruppen, die zusammen 224 Abteilungen repräsentiert, behandelt nahezu ausschließlich den Katarakt, andere Diagnosen spielen

---

1 Die Daten beziehen sich auf Auswertungen der PPR-Daten 1995. Die PPR-Daten wurden im Rahmen der Pflegepersonalregelung in den Krankenhäusern erfaßt. Erfaßt wurden alle behandelten Krankenhausfälle ohne Psychiatriefälle. Die Daten enthalten u.a. Angaben über Diagnosen, Abteilung, Alter und kategorisierte Einstufungen der Pflegestufe.

	Gruppe	Anzahl der Häuser	Top 5 ICDs in % der Fälle	Beschreibung
Augen	1	93	75 %	neben Kantarrakt auch Glaukom, Netzhautablösungen und -affektionen, Strabismus
	2	224	94 %	spezialisierte Kataraktklinik
	99	63	39 %	Restgruppe, sehr inhomogen
Chirugie	1	138	27 %	innere Kniegelenkschädigung häufig
	2	243	18 %	keine Schwerpunkte
	3	182	24 %	Leistenbruch u. Cholelithiasis
	4	114	32 %	Varizen und Arteriosklerose
	5	597	23 %	Commotio Cerebri u. Appendizitis
	99	227	26 %	Restgruppe

Abb. 4.72: Beispiele für leistungshomogene Gruppen in Augen und Chirurgie

nahezu keine Rolle. In der zweiten Gruppe (n = 93 Abteilungen) dagegen spielen neben Katarakt auch Glaukom, Netzhautablösungen und -affektionen und Strabismus eine relevante Rolle. Eine Restgruppe von 63 Augenabteilungen schließlich läßt sich nicht so ohne weiteres einer einzigen homogenen Gruppe zuordnen.

In der Chirurgie sieht das Leistungsartenspektrum nicht ganz so eng konzentriert aus. Hier werden 80 % der Fälle in einem Krankheitsartenmix von 45 Diagnosen behandelt. Grundsätzlich behandeln alle chirurgischen Abteilungen ein breites Krankheitsartenmix. Die Unterschiede liegen in der Konzentration auf einzelne spezielle Operationen: Gruppe 1 hat einen deutlichen Schwerpunkt bei inneren Kniegelenksschädigungen, Gruppe 4 beispielsweise zeichnet sich durch das überdurchschnittliche Auftreten von Varizen und Arteriosklerose als Diagnosen aus.

Diese Methodik läßt sich auf alle Abteilungen anwenden und führt jeweils zu leistungsartenhomogenen Gruppen, die die Grundlage für den Betriebsvergleich darstellen. Die eingangs beschriebenen Wichtungsfaktoren sind damit zu einem wesentlichen Teil in den Krankenhausvergleich integriert. Es fehlen nach wie vor die Prozeduren und Angaben zur Schwere der behandelten Fälle. Die Prozeduren werden in naher Zukunft im Rahmen der L5-Statistik des LKA grundsätzlich zur Verfügung stehen. Es liegt sicherlich im Interesse der Krankenhäuser, diese Prozedurenstatistik möglichst schnell zu liefern, da auch die Leistungserbringerseite ein hohes Interesse an weiter verfeinerten, leistungsgerechten Vergleichen haben muß.

5   Einblick in die Betriebvergleich-Werkstatt

Nach diesen methodischen, inzwischen abgeschlossenen Vorarbeiten kann der eigentliche Betriebsvergleich durchgeführt werden. Die Wichtungsfaktoren dienen lediglich dazu, die Unterschiede in der Zusammensetzung der Krankheiten und Patienten zu korrigieren. Das eigentliche Ziel ist es ja, die Wirtschaftlichkeitsindikatoren darzustellen. Das WIdO hat dazu ein Software Tool (WidO KLIP) entwickelt, das von der AOK zur Vorbereitung der Pflegesatzverhandlungen genutzt werden kann.

Abbildung 4.73 zeigt die Auswertungsmaske des Programms. Für jedes Krankenhaus können alle Informationen der LKA dargestellt werden. Dabei kommt insbesondere der Vergleichsgruppenauswahl eine besondere Bedeutung zu. So können Gruppen auf der Ebene ganzer Häuser (für Krankenhausübersichten) wie etwa Größenklassen oder Strukturgruppen gebildet werden. Gleichzeitig sind jedoch auf Abteilungsebene auch leistungsbezogene Gruppenbildungen auf der Ebene der behandelten Diagnosen darstellbar. Bezüglich der Kennzahlen (Lageparameter) oder der

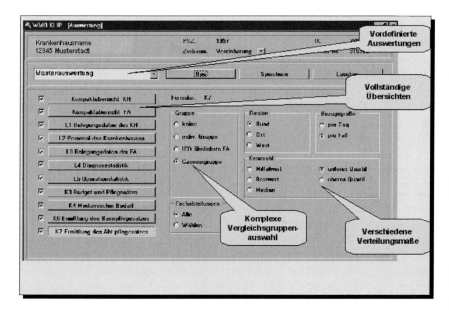

Abb. 4.73: Auswertungsmaske von WidO-KLIP

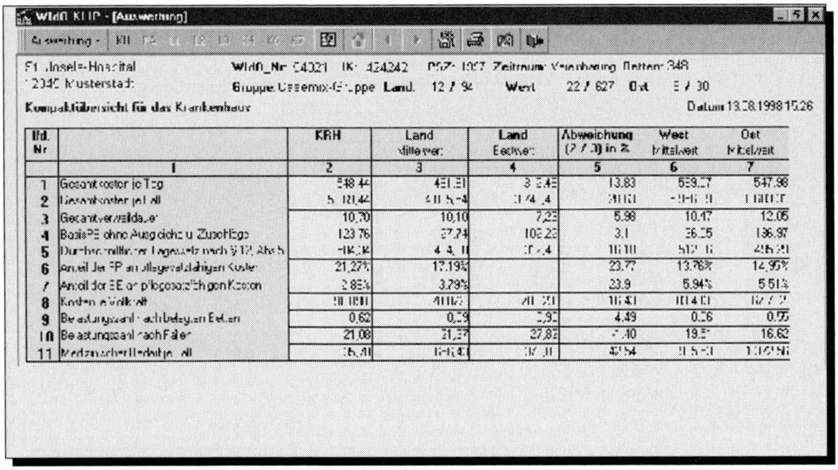

Abb. 4.74: Auswertungslayout

Vergleichsregionen (West, Ost, Bund) ist eine große Flexibilität gewährleistet.

Das Ergebnis des Vergleiches ist in der Abbildung 4.74 beispielhaft in einer Übersichtsauswertung dargestellt.

In dieser Übersicht sind die wesentlichen Kennzahlen wie Fallkosten, Tageskosten, durchschnittliche Verweildauer, Anteil der Fallpauschalen und verschiedene Belastungszahlen dargestellt. In der Spalte 2 stehen die Zahlen des jeweiligen Hauses, die verglichen werden mit den Werten des Landes und der Abteilungen aus ganzen Vergleichsregionen (meist West oder Ost). Für die Vergleichswerte können unterschiedliche Lageparameter gewählt werden: Neben dem Mittelwert spielen Bestwerte oder das untere Quartil eine entscheidende Bedeutung für die Frage, welche andere Krankenhäuser die offensichtlich vergleichbare Leistung wirtschaftlicher erbringen.

Das gleiche Strukturprinzip der Darstellung zieht sich durch alle Originalformulare, so daß sehr differenzierte Vergleichsdaten zur Verfügung gestellt werden.

6 Behandlung ungruppierter Häuser

Lassen sich auf diese Art und Weise die meisten Abteilungen bzw. Krankenhäuser »leistungsgerecht« in leistungshomogene Gruppen nach ICD darstellen und vergleichen, so bleiben doch einzelne Abteilungen außerhalb dieser klar beschreibbaren Gruppen mit eindeutigem Leistungsmix.

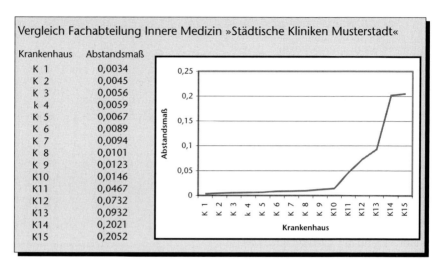

Abb. 4.75: Liste ähnlicher Abteilungen

Für diesen Fall wurde ein Verfahren entwickelt, mit dem sich sehr schnell die nach Case-Mix ähnlichsten Häuser aus der Gesamtheit aller Krankenhäuser bzw. aller Abteilungen herausfischen lassen. Bei sehr spezialisierten Krankenhäusern müssen dazu möglicherweise andere Krankenhäuser aus anderen Ländern verglichen werden, da »exotische« Behandlungsspezialitäten nur selten zu finden sind. Beim obigen Beispiel der Augenabteilungen sind zwar 317 Abteilungen eindeutig leistungshomogenen Gruppen zuzurechnen, 63 Abteilungen sind jedoch so heterogen, daß sie besonders untersucht werden müssen. Da es aber nur in den seltensten Fällen tatsächlich unvergleichbare Einzelfälle sind, können wir mit dem Konzept der ähnlichsten Abteilungen auch vermeindliche Singularitäten leistungsgerecht vergleichen.

Das Ergebnis einer solchen »Ähnlichenliste« zeigt die Abbildung 4.75. Für das Vergleichshaus werden hier die fünfzehn nach Krankheitsartmix ähnlichsten Häuser aufgelistet. Die Angabe des Abstandsmaßes läßt eine genaue Kontrolle über die tatsächliche Ähnlichkeit der aufgelistetn Abteilungen zu. Im dargestellten Beispiel sind die Inneren Abteilungen der ersten zehn Krankenhäuser tatsächlich vergleichbar. Das Abstandsmaß ist sehr klein und es wächst nur langsam. Beim elften Haus dagegen steigt das Abstandsmaß sprunghaft an, ein Zeichen dafür, daß ab hier die Herterogenität doch spürbar zunimmt. Konsequenterweise würde man in diesem Beispiel die ersten zehn Häuser zu einer Vergleichsgruppe zusammenfassen. Damit wäre auch diese zunächst nicht zuordnenbare Abteilung einer speziellen Vergleichsgruppe zugänglich gemacht, d. h. ein Betriebsvergleich möglich. Ist erst einmal eine Vergleichsgruppe gebildet, kann die o. g. Darstellung der Kennzahlen erfolgen.

Das Abstandsmaß der dargestellten 15 Abteilungen steigt zunächst leicht an. Bis zur Abteilung 10 ändert sich daran wenig. Daraus würde man den Schluß ziehen, daß in diesen 10 Abteilungen ein vergleichbares Leistungsmix erbracht wird wie im fiktiven Vergleichshaus und insofern die Wirtschaftlichkeitskennzahlen tatsächlich vergleichbar sind. In der Liniengraphik wird dann sehr deutlich, daß ab der 11. Abteilung die Abstände sprunghaft ansteigen, ein Vergleich damit wenig sachgerecht erscheint.

▶ Fazit

Der leistungsbezogene Krankenhausbetriebsvergleich ist machbar und bundesweit auf der Basis von LKA-Daten kassenartenübergreifend umzusetzen. Die Wirtschaftlichkeitskennzahlen sind in ausreichender Treffsicherheit darstellbar. Obwohl das Verfahren den Strukturgruppenvergleichen der Vergangenheit deutlich überlegen ist, müssen weiter Anstrengungen unternommen werden, die etwa die Fallschwere oder die Komorbidität meßbar zu machen. Zur besseren, d. h. genaueren und damit »gerechteren« leistungshomogenen Gruppen stehen heute jedoch keine nutzbaren Daten zur Verfügung. Möglich erscheint derzeit lediglich, die Prozedurenstatistik L5 in die Vergleichsgruppenbildung zu integrieren. Voraussetzung für den heute möglichen Betriebsvergleich ist in Zukunft allerdings mindestens, daß der Gesetzgeber ein einheitliches Datenformular, wie es im LKA vorliegt, weiterhin verbindlich vorschreibt.

Weiterführender Literaturhinweis:

Gerste, Bettina: Bildung von Krankenhausgruppen auf Fallmix-Basis, in Krankenhaus-Report, 1996: hrsg. Arnold, Michael und Paffrath, Dieter, Gustav Fischer Verlag, Stuttgart, S. 115 ff.

Krankenhausbetriebsvergleich der Landeskrankenhausgesellschaften

Thomas Kolb

1   Einleitung

Der Bereich des Gesundheitswesens – insbesondere des Krankenhausbereichs – ist seit einigen Jahren geprägt durch eine sinkende Halbwertzeit der Gesetze und Verordnungen. Beginnend mit dem GSG 1993, der BPflV 1995 inklusive ihrer 1. bis 5. Änderungsverordnung, der Einführung und dem Wegfall der Pflegepersonalregelung (1993–1996), der Einführung der Psychiatriepersonalverordnung, wurde die Reformgesetzgebung letztendlich immer hektischer. Der vergleichsweise lange Zeitraum der Deckelung (1993 bis 1995/1996) wurde abgelöst durch eine noch stringentere Ausgabenbegrenzung durch das Stabilisierungsgesetz 1996, das Beitragsentlastungsgesetz 1997 und schließlich das 1. und 2. GKV-Neuordnungsgesetz 1997. Am Tor zum nächsten Jahrtausend steht nun eine neue viel gravierendere Reform bevor. Sämtliche Regelungen im Gesundheitswesen sollen im vorliegenden Referentenentwurf verschärft werden. Schlagworte wie Globalbudget, Beitragssatzstabilität und sektorale Budgets kennzeichnen die derzeitige Atmosphäre.

Nicht zuletzt durch die Einführung eines Globalbudgets zeigt sich eine starke Tendenz zu einer steigenden Verantwortung aller Beteiligten im Gesundheitswesen mit immer kürzeren Entscheidungszyklen aufgrund immer knapper werdender Ressourcen. Die medizinisch-technische Entwicklung und eine stärkere Wettbewerbsorientierung fordern Managementinstrumente, die eher eine Führung des Unternehmens Krankenhaus statt der traditionellen Verwaltung in den Vordergrund bringen. Der gestiegene Wettbewerb und das gestiegene Selbstbewußtsein zwischen den einzelnen Leistungserbringern potenziert die Notwendigkeit sachgerechter, zielorientierter und objektivierbarer Entscheidungen.

Vor dem Hintergrund einer leistungsgerechten Budgetermittlung nach § 3 Abs. 1 Satz 3 BPflV gewinnt die Erstellung externer Betriebsvergleiche zunehmend an Bedeutung. Insbesondere die Formulierung des § 17 Abs. 1 Satz 3 KHG »... die Pflegesätze und Leistungen vergleichbarer Krankenhäuser ...« unterstreicht dies. Seit einigen Jahren ist es das erklärte Ziel aller Krankenhausverbände, den Mitgliedskrankenhäusern valides Zahlenmaterial in Form der Auswertung der Selbstkostendeckungsblätter (bis 1984), der Kosten- und Leistungsnachweise (bis 1995) und der Leistungs- und Kalkulationsaufstellungen (ab 1996) an die Hand zu geben. Grundbedingung für einen solchen Vergleich ist die möglichst hohe Akzeptanz der Krankenhäuser, die die hierfür erforderlichen Daten rechtzeitig übermitteln müssen. Die steigende Bedeutung von Vergleichswerten, wie sie immer wieder von allen Beteiligten gefordert wird, drückt sich hierbei in einer zunehmenden Beteiligungsquote der datenliefernden Krankenhäuser aus.

Auf Basis konsolidierter Auswertungsergebnisse in Form umfangreicher Dokumentationsbroschüren stellen sich insbesondere die Krankenhausgesellschaften dieser Aufgabe. Die hohe Akzeptanz unterstreicht die Bedeutung der Vergleichserhebungen, die die Krankenhausgesellschaften in den folgenden Jahren weiter ausbauen und verfeinern werden.

2 Bisherige Verfahren

Mit Einführung der BPflV 1995 implementierte der Verordnungsgeber mit dem Krankenhausvergleich nach § 5 BPflV ein Instrument, daß – im Gegensatz zum traditionellen Selbstkostendeckungsprinzip – die Vereinbarung eines medizinisch leistungsgerechten Krankenhausbudgets erleichtern sollte. Unter Zuhilfenahme vergleichbarer Krankenhäuser sollte nun die Kalkulation des Budgets eines einzelnen Krankenhauses über das Werkzeug eines Vergleichs erleichtert werden. Sehr schnell mußten die Vertragspartner auf Bundes-, Landes- und Ortsebene erkennen, daß ein Vergleich inhomogener Einheiten nicht zielführend sein kann. Definierte doch jede Seite die Gruppierungskritierien zur Strukturierung der einzelnen Krankenhäuser anders. Anfängliche Probleme veranlaßten den Verordnungsgeber schließlich, die Umsetzung des Krankenhausvergleiches auf den 1. Januar 1998 zu verschieben.

3 Merkmale des Krankenhausvergleichs

Ausgehend von § 5 der BPflV lassen sich die globalen Vorgaben wie folgt strukturieren:

Der Zweck des Krankenhausvergleiches besteht darin, die Vertragsparteien bei der Ermittlung vergleichbarer Krankenhäuser und der Bemessung medizinisch leistungsgerechter Budgets und tagesgleicher Pflegesätze zu unterstützen. Hierbei ist es die Aufgabe der Deutschen Krankenhausgesellschaft e. V. oder der Bundesverbände der Krankenhausträger gemeinsam und der Spitzenverbände der Krankenkassen, eine Arbeitsgemeinschaft zu bilden, die – nach geschlossener Vereinbarung auf Bundesebene (siehe S. 388ff.) – die weitergehenden Prozeduren und Methoden regelt. Wenn diese Vereinbarung zunächst den Eindruck entstehen läßt, daß die Krankenhäuser über die Bildung eines Bundesdatenbestandes verglichen werden sollen, so ist der Krankenhausvergleich dennoch länderbezogen ausgerichtet. Die Vertragsparteien sollen ihn gemeinsam durchführen. Das einzelne Krankenhaus ist verpflichtet, seine Daten bis zum 30. April des Jahres an die genannte Arbeitsgemeinschaft zu übermitteln. Bereits an dieser Stelle sei auf das Problem der zeitlichen Harmonisierung hingewiesen. Die erhobenen Kosten- und Leistungsdaten entstammen einer anderen als der eigentlichen Planungsperiode des Krankenhauses. Während das Krankenhaus die Planung für den Budgetzeitraum (n) aufstellt, werden die Vergleichsdaten auf Basis der letztjährigen Vereinbarung (n-1) ausgewertet. Bei der Dokumentation der Diagnosen (L4-Statistik) und Prozeduren (L5-Statistik) werden sogar Daten des abgelaufenen Kalenderjahres (n-2), also vor der letzten Vereinbarung, dargestellt. Wenn auch versucht wird, die Mängel bisheriger Vergleiche zu vermeiden, indem nun Kosten und Leistungen gleichermaßen erhoben und verglichen werden, so fehlt eine Komponente zur Erfassung der Qualität einer Leistung noch immer vollständig.

4   Ergänzende Merkmale

Zur Strukturierung der immer stärker ansteigenden Datenströme fordert § 5 BPflV ergänzend einen maschinellen Datenträgeraustausch der LKA-Daten, die zu Zwecken des Vergleichs vor ihrer Herausgabe zu anonymisieren sind. Die in der Verordnung genannte Beschränkung des Vergleichs auf das notwendige Maß und die mögliche Prüfung, ob die Stichprobe auf eine sachgerechte Auswahl von Krankenhäusern begrenzt werden kann, stellen eher eine praxisfremde Betrachtung dar. Vor dem Hintergrund der bereits weiter oben erwähnten steigenden Beteiligungsquoten sollte eine Vollerhebung das Ziel sein.

5   Gründe

Der Vergleichende sucht einen Orientierungsmaßstab, um ein Instrument zur Messung und Beurteilung der Wirtschaftlichkeit zu erhalten. Moderne dynamische Märkte fordern diese Transparenz. Das Krankenhausmanagement wird in die Lage versetzt, u. a. über die Bildung von Kennzahlen, angemessen auf die aktuelle Wettbewerbssituation mit ihrem momentanen administrierten Preissystem im Krankenhauswesen zu reagieren.

6   Nutzer

Die potentiellen Nutzer des Vergleichs, können in vier Gruppen eingeteilt werden:

Die Krankenhäuser

In den letzten Jahren hat der Krankenhausbereich seine steigende Eigenverantwortung für den Mitteleinsatz und die hieraus resultierenden Kosten erkannt und erhofft sich durch die Verwendung von Krankenhausvergleichen eine langfristige Unternehmenssicherung durch Bestimmung der Position im Markt. Als internes Führungsinstrument stellt er eine wesentliche Grundlage für das strategische Management dar. Besonderes

Gewicht erlangen die Vergleichswerte für die Budgetverhandlungen, in denen sie zu einer Versachlichung der Diskussion beitragen können.

Die Sozialleistungsträger

Auch aus der Sicht der Sozialleistungsträger könnte die Nutzung von Vergleichen zu einer Versachlichung der Diskussion beitragen. Aus der täglichen Praxis ist jedoch deutlich zu erkennen, daß dies nicht das primäre Ziel der Sozialleistungsträger ist. Krankenhausvergleiche werden als probates Mittel zur Senkung der Krankenhausbudgets eingestuft. Eine sachgerechter Einsatz ist nur schwer erkennbar.

Die Verbände und die Politik

Die Verbände und die Politik streben die Findung von Anhaltswerten für Verhandlungen auf der Landes- und Bundesebene an, um der Forderung nach mehr Transparenz gerecht zu werden. Auch hier soll eine Versachlichung der Diskussion erreicht werden.

Die PatientInnen und Ärzte

Die Gruppe der PatientInnen und Ärzte erhofft sich eine Unterstützung der Entscheidung über Krankenhauswahl und -einweisung und ebenfalls eine höhere Transparenz des Marktes.

7 Grundlegende Thesen

Bei der Vorbereitung des obigen Vereinbarungsentwurfs nach § 5 BPflV stieß man sehr bald an die Grenzen der recht globalen Formulierungen der Verordnung. Zur Vermeidung aussageschwacher Datenfriedhöfe wurden grundlegende Thesen formuliert (vgl. Arbeitsgemeinschaft der Süddeutschen Krankenhausgesellschaften):

- *Das Krankenhaus als Ganzes ist nur sehr schwer mit einem anderen vergleichbar.*

  Diese These trägt dem Argument Rechnung, daß ein Krankenhaus als komplexes Wirtschaftsunternehmen individuelle Wertschöpfungsbereiche besitzt, die – teilweise erst durch nähere Betrachtung – nicht in einem zweiten Krankenhaus zu finden sind.

- *Die Fachabteilung ist eine geeignete Aggregationsebene für Vergleiche.*

  Da erwiesenermaßen kein Krankenhaus mit einem anderen vergleichbar ist, akzeptieren alle Beteiligten die Fachabteilung als geeignetes Kriterium.

- *Ein Krankenhaus stellt mehr dar als die Summe seiner Fachabteilungen.*

  Auch wenn die fachabteilungsbezogene Ausrichtung des Vergleiches allgemein anerkannt ist, darf nicht negiert werden, daß gerade das Zusammenspiel der unterschiedlichsten Fachabteilungen eines Krankenhauses seine Besonderheit ausmacht.

- *Ein isolierter Krankenhausvergleich der Krankenhaus- bzw. der Sozialleistungsträgerseite birgt die Gefahr unterschiedlicher methodischer Ansätze.*

Diese Gefahr sehen insbesondere die Beteiligten auf der Krankenhausseite. Um mitgestalten zu können, müssen gemeinsame sachgerechte Konzepte entwickelt werden. Eine strikt ablehnende Haltung würde eher zu einer isolierten Vorgehensweise führen.

- *Zur Ausschöpfung konzeptioneller Gestaltungsmöglichkeiten sollte der Vergleich gemeinsam durchgeführt werden.*

Diese These schließt direkt an die vorgehende an.

- *Der Krankenhausvergleich kann auch eine Schutzfunktion für die Krankenhäuser besitzen.*

Im Gegensatz zu einem einseitigen Vorgehen, bringt die Strukturierung des Verfahrens nach den obigen Merkmalen unter sachgerechter Betrachtung eine Schutzfunktion für die Krankenhäuser.

8 Wesentliche Nebenbedingungen

Wenn die Vorgaben der BPflV auch recht konkret gefaßt sind, so sind sich mittlerweile alle Beteiligten über weitere wesentliche Nebenbedingungen einig.

1. Vor der immensen Fülle an Daten, die sowohl auf der Mikroebene beim einzelnen Krankenhaus (hohe Anzahl einzelner Daten, mehrere Fachabteilungen, mehrere Berichtsperioden), als auch auf der Makroebene bei den Institutionen, die die Vergleiche letztendlich durchführen, bestehen, kann eine unkomplizierte Datenerhebung nur zielführend sein. Eine EDV-technische Abwicklung ist hierbei unumgänglich.

2. Um die Akzeptanz der erstellten Vergleiche nicht zu schmälern, sollte ein Schwerpunkt auf eine zeitnahe Auswertung mit kurzen Berichtsintervallen gelegt werden.

3. Die moderne Informationsgesellschaft lebt von der Aktualität und Dynamik der erfaßten und präsentierten Daten. Daher muß auch ein Krankenhausvergleich hinreichend flexibel und dynamisch ausgelegt sein.

4. Bei der Gestaltung der eigentlichen Information müssen besondere Schwerpunkte auf die zu erfassenden Daten gelegt werden. Kosten entstehen durch Leistungen. Leistungen induzieren Kosten. Zur Bildung

eines Gesamteindruckes müssen beide Bereiche adäquat darstellt werden.

5. Die reine Erfassung betriebswirtschaftlicher Kosten- und Leistungsdaten darf jedoch nicht zu dem Trugschluß führen, daß hierdurch die Besonderheiten eines Krankenhauses adäquat abgebildet werden können. Zielführend kann hier die Erfassung ergänzender Kriterien wie beispielsweise Bausubstanz, Alter oder Bauweise des Krankenhauses sein. Dieser Sachverhalt wird in Abschnitt 12 näher erläutert.

6. Zur Aufbereitung aussagefähigen Zahlenmaterials ist im Vorfeld eine klare Festlegung der Strukturgruppen und der Referenzeinheit sicherzustellen. Hierdurch werden unterschiedlichste Ziele realisiert, zu denen die Möglichkeit der Ableitung von Zeitreihen ebenso gehören, wie die Rechtssicherheit über die Ausgestaltung der Formulare.

9 Mögliche Referenzeinheiten

Betrachtet man die Komplexität des Krankenhausbetriebes, so erscheinen die traditionellen Ansätze zur Findung einer Referenzeinheit nicht sachgerecht. Die Anzahl der Betten eines Krankenhauses, die Versorgungsstufe, die Abteilungsstruktur, die Budgetsumme oder die Trägerschaft spiegeln das Leistungsgeschehen im Krankenhaus nur mangelhaft wider. So besteht beispielsweise kein wissenschaftlich überprüfbarer Zusammenhang zwischen der Höhe des Krankenhausbudgets und seiner Leistung. Vergleicht man den Output zweier Krankenhäuser, so kann nicht von der Annahme gleicher Leistung bei gleich hohem Budget ausgegangen werden.

10 Anforderungen an eine Referenzeinheit

Um die Problematik der bisherigen Lösungsansätze einer sachgerechten Referenzeinheit wissend, wurden von der Arbeitsgemeinschaft der Süddeutschen Krankenhausgesellschaften (hierzu zählen die Landeskrankenhausgesellschaften Baden-Württemberg, Bayern, Hessen, Rheinland-Pfalz und des Saarlandes) folgende Anforderungen an eine Referenzeinheit definiert.

1. Es muß eine Referenzeinheit gefunden werden, die möglichst genau Kosten und Leistungen des Krankenhauses repräsentiert.

2. Die entstehenden Kosten und die erbrachten Leistungen müssen homogen dargestellt werden.

3. Eine reine Input-Betrachtung (Kosten) ist nicht zielführend. Das Augenmerk muß vielmehr auf den Output (Leistungen) gerichtet werden.

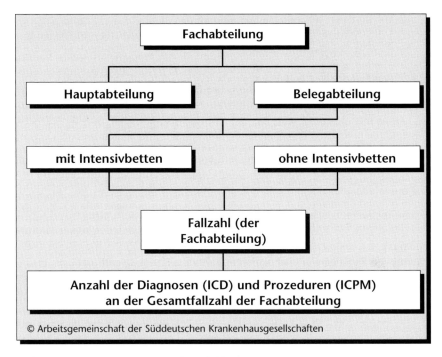

Abb. 4.76: Stufenkonzept mit Clusterbildung

4. Unter diesen Prämissen scheinen bisherige Einteilungen der Grundgesamtheit nach Fachabteilungsgruppen nicht geeignet, da nicht unterstellt werden kann, daß beispielsweise ein Krankenhaus mit drei Fachabteilungen die gleichen (Kosten und) Leistungen produziert wie ein anderes Krankenhaus mit ebenfalls drei Fachabteilungen.

Hierauf aufbauend erarbeitete die Arbeitsgemeinschaft der Süddeutschen Krankenhausgesellschaften ein Stufenkonzept für die Clusterbildung im Krankenhausvergleich.

11 Stufenkonzept

Aufbauend auf den Schwächen historischer Ansätze der Clusterbildung wurde versucht, die Elemente der Grundgesamtheit über zusammengesetzte Filter darzustellen. Die Gefahr eines Vergleichs inhomogener Einheiten soll so mittels eines hierarchisch gegliederten Stufenkonzeptes reduziert werden.

1. Ausgehend von der These eines fachabteilungsbezogenen Vergleichs wird vermieden, Krankenhäuser als solche zu vergleichen.

2. Allein die unterschiedliche Besetzung des ärztlichen Dienstes ermöglicht die Teilung, der unter 1. gebildeten Fachabteilungsgruppe in Anstalts- und Belegabteilungen.

3. Auch die Ausgestaltung der intensivmedizinischen Versorgung verzerrt den Vergleich, so daß hierüber ebenfalls eine Trennung in Krankenhäuser mit einer interdisziplinären Intensivabteilung und Krankenhäuser mit einer eigenen Fachabteilung Intensivmedizin möglich sein muß.

4. Unterschiedlich hohe Fallzahlen implizieren abweichende Auslastungen einer Fachabteilung und somit divergierende Ressourcenverbräuche.

5. Die bisherigen Stufen berücksichtigten lediglich rein strukturelle und kostenmäßige Elemente. Zur Umsetzung eines leistungsorientierten Krankenhausbetriebsvergleichs sind an dieser Stelle die Diagnosen und die Prozeduren einzubringen, welche eine Doppelfunktion erfüllen. Sie dienen zum einen der Einteilung der Fachabteilungen an sich, zum anderen der Output-Betrachtung einer Fachabteilung, welche Leistung die jeweilige Fachabteilung erbringt. An dieser Stelle muß sinnvollerweise das Element der Qualitätssicherung ansetzen. Eine alleinige Betrachtung der Diagnosenschlüssel oder der Prozedurenschlüssel ohne Berücksichtigung der qualitativen Komponenten würde die Aussagekraft stark verzerren.

12 Ergänzende Daten

Versucht man die Krankenhäuser in der oben beschriebenen Art und Weise zu gliedern, gelangt man sehr schnell zu der Erkenntnis, daß auch Strukturierungsmerkmale existieren, die nicht über Filterfunktionen abgebildet werden können. So ist es für die Struktur der Kosten und Leistungen von Bedeutung, ob ein Krankenhaus eine eigene Ausbildungsstätte betreibt oder nicht. Man könnte sich daher vorstellen, ergänzende Daten (siehe Abbildung 4.77), die zunächst nicht Bestandteil des Stufenkonzeptes sind, einzuführen, die das individuelle Abbild eines Krankenhaus besser repräsentieren. Es stellt sich allerdings die Frage, wie diese Kriterien erfaßt und quantifiziert werden sollen?

13 Das Vergleichsverfahren der Hessischen Krankenhausgesellschaft

Bereits lange vor dem Inkrafttreten der BPflV 1995 mit ihrem § 5, beschäftigten sich die Deutsche Krankenhausgesellschaft und die Landeskrankenhausgesellschaften mit dem Thema »Krankenhausbetriebsver-

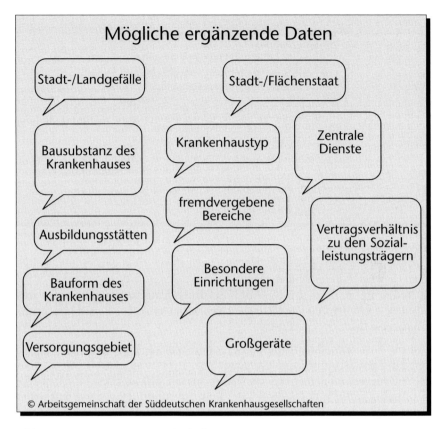

Abb. 4.77: Ergänzungen zum Stufenkonzept

gleich«. Die Idee des Verordnungsgebers stellt daher keinen neuen Tatbestand dar. Im Folgenden soll näher auf die Entwicklungsschritte und die praktisch angewandten Verfahren der Hessischen Krankenhausgesellschaft e. V. eingegangen werden.

13.1 Vergleichsverfahren bis einschließlich 1995

Bereits im Jahre 1979 entwickelte die Deutsche Krankenhausgesellschaft e. V. (DKG) ein Konzept zur Strukturierung und Durchführung von Krankenhausvergleichen. Wesentliche Merkmale dieses Konzeptes können bis zum heutigen Tage als allgemeingültig bezeichnet werden.

Das Konzept der Landeskrankenhausgesellschaften ging von der Grundannahme aus, daß Krankenhäuser, die in einer Vergleichsgruppe zusammengefaßt werden, auch vergleichbar sind. Es stellte auf reine Strukturmerkmale ab. Die Leistung des einzelnen Krankenhauses stand nur

Bezeichnung	Inhalt
Gruppe 1.1	Universitätskliniken
Gruppe 1.2	Krankenhäuser mit mindestens 12 Fachabteilungen
Gruppe 2	Krankenhäuser mit 9 bis 11 Fachabteilungen
Gruppe 3	Krankenhäuser mit 7 und 8 Fachabteilungen
Gruppe 4	Krankenhäuser mit 5 und 6 Fachabteilungen
Gruppe 5	Krankenhäuser mit 4 Fachabteilungen
Gruppe 6	Krankenhäuser mit 3 Fachabteilungen
Gruppe 7	Krankenhäuser mit 2 Fachabteilungen
Gruppe 8	Sonstige Krankenhäuser mit angestellten Ärzten (Krankenhäuser ohne abgegrenzte Fachabteilungen und Fachkrankenhäuser) [i.d.R. unterteilt]
Gruppe 9	Belegkrankenhäuser [i.d.R. unterteilt]

Abb. 4.78: Strukturgruppen

mittelbar in der Betrachtung. Auf Basis dieser Strukturgruppen (siehe Abbildung 4.78) wurden die Daten der vereinbarten Kosten- und Leistungsnachweise (KLN) verglichen.

Nur im Ausnahmefall wurde von einer einmal zugewiesenen Zugehörigkeit zu einer Strukturgruppe abgewichen. Dies beispielsweise wenn einzelne Gruppen zu gering besetzt waren, so daß sich für diese eine isolierte Gruppenbildung nicht anbot. Eine Leistungsorientierung war zunächst nicht vorgesehen. Der Vergleich wurde anonymisiert erstellt und nur das Krankenhaus, welches auch selbst Daten lieferte, konnte an den Auswertungsergebnissen partizipieren. Die Auswertungen wurden als Gesamtauswertung und als Einzelwertliste erstellt. Der ohnehin sehr hohe Informationsgehalt dieser Darstellung wurde durch bereits standardmäßig hinterlegte Kennzahlen ergänzt. Wenn auch eine edv-technische Datenübermittlung der KLN-Daten möglich und vorgesehen war, so wählten die Krankenhäuser oft eine papiergebundene Übermittlung an die Landeskrankenhausgesellschaften, was dem Zeitverlust und der Gefahr an Übertragungsfehlern Vorschub leistete, allerdings die Möglichkeit einer Fehlerkorrektur durch die erfassende Landeskrankenhausgesellschaft bot.

13.2 Krankenhauskurzvergleich 1996

Um im Erhebungszeitraum 1996 ein möglichst kurzes und unkompliziertes Auswertungsverfahren realisieren zu können, wurde das Erhebungs- und Auswertungsverfahren in Hessen einmalig in die Form eines Krankenhauskurzvergleiches modifiziert. Die Datenerfassung erfolgte auf Grundlage einer einfachen Datenbank-Applikation mit entsprechender

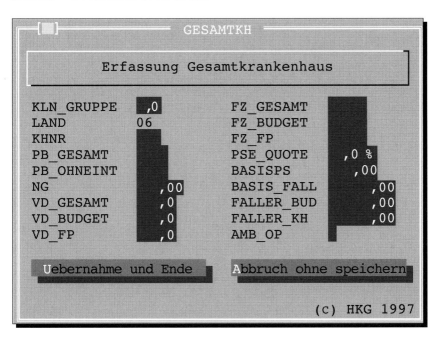

Abb. 4.79: Vereinbarungsdaten auf Krankenhausebene

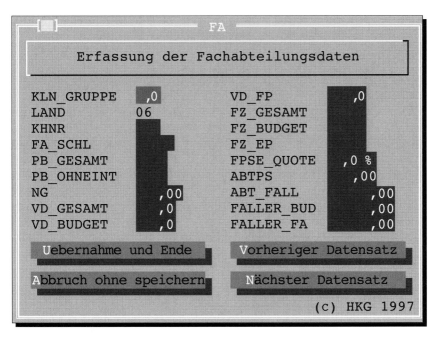

Abb. 4.80: Vereinbarungsdaten auf Fachabteilungsebene

Eingabemaske. Auch dieser Krankenhauskurzvergleich unterschied die Vereinbarungsdaten des Erhebungszeitraumes auf der Krankenhaus- und der Fachabteilungsebene

Die vereinfachte Durchführung des Vergleichs im Jahre 1996 lag u. a. darin begründet, daß die mittlerweile hard- und softwaremäßig realisierte Plattform zum damaligen Zeitpunkt noch nicht verfügbar war. Im Einzelnen wurden folgende Werte erhoben:

Datenkranz »Gesamtkrankenhaus«

- Anzahl Planbetten,
- Nutzungsgrad,
- Verweildauer (getrennt nach Belegungs- und Budgetbereich),
- Fallzahl (getrennt nach Belegungs- und Budgetbereich),
- Quote der Fallpauschalen und Sonderentgelte am Gesamtbudget,
- Höhe des Basispflegesatzes,
- Ergänzende Kennzahlen.

Datenkranz »Fachabteilung«

- Fachabteilungsschlüssel nach § 301 SGB V,
- Anzahl Planbetten,
- Nutzungsgrad,
- Verweildauer (getrennt nach Belegungs- und Budgetbereich),
- Fallzahl (getrennt nach Belegungs- und Budgetbereich),
- Quote der Fallpauschalen und Sonderentgelte am Gesamtbudget,
- Höhe der Abteilungspflegesätze,
- Ergänzende Kennzahlen.

Die Grundgesamtheit der Krankenhäuser wurde, ähnlich wie bereits bei der Auswertung der Kosten- und Leistungsnachweise, nach Maßgabe einer der DKG-Systematik entlehnten Methodik strukturiert. Sofern Gruppen zu eng besetzt waren, wurden sie mit ähnlichen Gruppen zusammengeführt. Der Vergleich erfolgte anonymisiert. Das relativ einfach strukturierte Verfahren zeichnete sich insbesondere durch eine hohe Akzeptanz der Teilnehmer sowie schnell verfügbare, aussagekräftige Daten aus. Die Beteiligung lag bei ca. 55 %. Diese vergleichsweise niedrige Beteiligungsquote hatte ihre Begründung nicht im mangelnden Interesse der Krankhäuser, sondern vielmehr in der extrem schleppenden Ausgestaltung des Pflegesatzverfahrens 1996 (mit ein Grund hierfür war die Umsetzung des Stabilitätsgesetzes 1996).

13.3 Vergleichsverfahren ab 1997

Beginnend mit dem Vergleichszeitraum 1997 wurde das edv-gestützte Auswertungsverfahren der Deutschen Krankenhausgesellschaft e. V. auch in Hessen implementiert. Die mit dem Programm zur Erstellung der

Bezeichnung	Inhalt
Gruppe A	Universitätskliniken und Krankenhäuser mit mindestens 12 Fachabteilungen
Gruppe B	Krankenhäuser mit mindestens 7 Fachabteilungen und maximal 11 Fachabteilungen
Gruppe C	Krankenhäuser mit mindestens 4 Fachabteilungen und maximal 6 Fachabteilungen (davon auch mindestens 2 Belegabteilungen)
Gruppe D	Krankenhäuser mit mindestens 2 Fachabteilungen und maximal 3 Fachabteilungen (davon auch mindestens 2 Belegabteilungen)
Gruppe E	Fachkrankenhäuser oder Krankenhäuser mit mindestens 1 Fachabteilung und mindestens 2 Belegabteilungen

Abb. 4.81: Provisorische Auswertungsgruppen

Leistungs- und Kalkulationsaufstellung (LKA) der Deutschen Krankenhausgesellschaft e.V. – Version 2.2 – erfaßten Daten wurden über eine Oracle-Datenbank-Anwendung ausgewertet. Aufgrund der nicht mehr sachgerecht erscheinenden Strukturierung nach den bekannten DKG-Gruppen, wurden fünf provisorische Auswertungsgruppen gebildet. Das originäre Strukturierungsverfahren der Landeskrankenhausgesellschaften sieht eine programmierte Clusterung nach Maßgabe des Stufenkonzeptes – siehe Abschnitt 11 – vor (siehe Abbildung 4.81).

Unterhalb dieser wurden die Auswertungsergebnisse den teilnehmenden Krankenhäusern in Form dreier Listenarten präsentiert.

Hierbei wurde in einem ersten Schritt die anonymisierte Grundgesamtheit der Krankenhäuser nach der Größe gruppiert. Im nachfolgenden zweiten Schritt erfolgte die Strukturierung dieser Gruppen nach Fachabteilungen. Sämtlichen Auswertungen ist die Darstellung der Auswertungsergebnisse in Tabellenform gemeinsam, wobei Kosten- und Erlösgrößen sowohl absolut (DM bzw. TDM), als auch relativ (v. H.-Satz) dargestellt werden. Darauf aufbauend werden Kennzahlen (DM je Tag, DM je Fall, DM je Vollkraft, etc.) ermittelt. Fachabteilungsbezogene Formulare werden nur dann ausgewertet, wenn mehr als eine entsprechende Fachabteilung ausgewertet werden kann. Krankenhausinterne Fachabteilungen werden nicht ausgewertet.

Die Betrachtung erfolgt anhand dreier Listenarten:

- **Einzelwertliste**

  Die Einzelwertliste stellt die einzelnen Fachabteilungswerte pro Krankenhaus dar, so daß ein Vergleich einzelner Krankenhäuser möglich ist. Eine beispielhafte Darstellung dieser Listenart stellt Abbildung 4.82 dar.

Ausgangswerte LKA in TDM	K7	6008 HE	6011 HE	6017 HE	6019 HE	6021 HE	6023 HE	6024 HE	6025 HE	6032 HE	6033 HE
Ärztlicher Dienst (Direkte Kosten)	1	1 291,59	405,27	1 760,00	1 463,57	279,94	1 893,67	1 822,95	863,76	1 081,13	471,03
Pflegedienst (Direkte Kosten)	2	2 457,99	1 673,40	3 675,00	2 636,61	1 521,49	3 042,07	3 547,23	1 509,34	2 543,40	3 331,33
Technischer Dienst (Direkte Kosten)	3	54,35	7,47	0,00	90,79	0,00	51,31	20,38	0,00	10,00	0,00
Medizin. Bedarf (Direkte Kosten)	4	659,09	722,57	1 209,00	629,16	500,05	636,24	738,17	256,93	920,00	947,69
Instandhaltung (Direkte Kosten)	5	2,23	13,56	7,00	81,82	1,05	51,44	1,18	3,20	15,00	85,95
Gebrauchsgüter (Direkte Kosten)	6	0,22	11,27	0,00	0,00	0,84	4,42	0,49	0,00	5,00	18,15
Intensiv (IL)	7	1 539,86	786,34	142,26	0,00	49,90	0,00	77,70	0,00	1 128,28	970,06
OP (IL)	8	3 997,19	1 884,15	2 603,88	2 621,15	1 963,20	2 020,66	4 266,54	1 073,45	2 109,27	4 266,36
Med. Inst. (IL)	9	1 850,01	695,56	1 126,68	1 047,08	513,55	927,51	2 123,38	682,47	1 084,06	1 757,30
In Psychiatrie: Sonstiges (IL)	10	0,00	0,00	0,00	0,00	0,00	0,00	0,00	0,00	0,00	0,00
Ausbildungsstätten	11	-89,54	-33,23	67,73	-13,82	33,65	-20,53	87,06	32,08	-12,07	66,43
Kosten Gesamt	12	11 762,98	6 166,35	10 591,55	8 556,36	4 863,67	8 606,80	12 685,08	4 421,21	8 884,07	11 914,29
./. vor- und nachstat. Behandlung	13	18,62	2,98	0,00	0,59	0,00	1,88	27,30	0,00	10,34	0,00
./. nicht abgest. Großgeräte	14	0,00	0,00	0,00	0,00	0,00	0,00	0,00	0,00	0,00	0,00
./. belegärztliche Leistungen	15	0,00	0,00	0,00	0,00	0,00	0,00	0,00	0,00	0,00	0,00
./. wahlärztliche Leistungen	16	224,31	32,01	55,93	32,94	15,98	68,18	79,76	50,85	92,25	91,14
./. sonstige ärztliche Leistungen	17	0,00	0,00	0,00	0,00	0,00	0,00	0,00	0,00	0,00	0,00
pflegesatzfähige Kosten	18	11 520,06	6 131,36	10 535,62	8 522,83	4 847,68	8 536,74	12 578,02	4 370,36	8 781,48	11 823,15
./. Fallpauschalen	19	3 065,00	2 152,01	3 967,45	5 187,05	1 625,68	2 074,41	3 341,85	2 363,10	1 568,05	3 048,95
./. Sonderentgelte	20	358,13	408,68	1 019,14	197,37	339,30	730,98	1 486,84	1 170,07	520,96	1 498,77
verbleib. pflegesatzfähige Kosten	21	8 096,85	3 570,67	5 549,03	3 138,41	2 882,71	5 731,35	7 749,33	837,19	6 692,48	7 275,43
anteilige Ausgl. und Zuschl. v. K 5	22	-1 030,71	-10,86	478,24	-164,99	716,45	190,57	1 129,89	15,08	251,04	552,93
./. Erlöse teilstat. AbteilungsPS	23	0,00	0,00	0,00	0,00	0,00	0,00	0,00	0,00	0,00	0,00
Budgetanteil vollstat. Abteil.PS	24	7 066,14	3 559,81	6 027,27	2 986,79	3 599,16	5 947,12	8 879,23	852,28	6 943,52	7 828,36
: vollstat. gewicht. Berechnungstage	25	18 322,00	7 352,00	21 280,00	14 803,00	8 229,00	11 408,00	22 620,00	6 539,00	12 854,00	19 983,00
= vollstationärer AbteilungsPS	26	385,66	484,20	283,24	201,77	437,38	521,31	392,54	130,34	540,18	391,75
Zu-/Abschlag nach § 21 Abs. 2		441,92	485,67	260,76	212,91	350,31	504,61	342,59	128,03	520,65	364,08
Nr. 18 : Nr. 12		0,00	0,00	0,00	0,00	0,00	0,00	0,00	0,00	0,00	0,00
Nr. 21 : Nr 12		97,93	99,43	99,47	99,61	99,67	99,19	99,16	98,85	98,85	99,24
Nr. 24 : Nr 12		68,83	57,91	52,39	36,68	59,27	66,59	61,09	18,94	75,33	61,06
Nr. 19 : Nr 18		60,07	57,73	56,91	34,91	74,00	69,10	70,00	19,28	78,16	65,71
Nr. 20 : Nr 18		26,61	35,10	37,66	60,86	33,54	24,30	26,57	54,07	17,86	25,79
pflegesatzfähige Kosten / Fall		3,11	6,67	9,67	2,32	7,00	8,56	11,82	26,77	5,93	12,68
		4 768,24	4 002,19	3 351,02	2 661,72	3 435,64	3 711,62	3 800,01	2 364,92	5 165,58	4 436,46

Abb. 4.82: Ermittlung des Abteilungspflegesatzes mit Einzelwertliste

K7	Ausgangswerte LKA in TDM	Anzahl	Mittelwert	Std.-Abw.	Var.-Ko.	25%-Perz.	Median	75%-Perz.	Min	Max
1	Ärztlicher Dienst (Direkte Kosten)	24	1 278,78	512,87	40,11	1 081,13	1 351,25	1 748,59	279,94	1 912,86
2	Pflegedienst (Direkte Kosten)	24	2 761,84	964,02	34,91	2 078,28	2 624,77	3 547,23	1 051,85	5 025,15
3	Technischer Dienst (Direkte Kosten)	14	31,64	27,91	88,22	8,88	22,26	51,31	0,49	90,79
4	Medizin. Bedarf (Direkte Kosten)	24	745,25	281,36	37,75	564,31	708,47	904,64	256,93	1 529,02
5	Instandhaltung (Direkte Kosten)	21	50,80	93,28	183,62	3,58	13,56	43,98	1,05	377,99
6	Gebrauchsgüter (Direkte Kosten)	16	6,79	6,34	93,47	2,36	4,77	10,13	0,22	22,56
7	Intensiv (IL)	16	647,28	465,35	71,89	142,26	659,84	970,06	49,90	1 539,86
8	OP (IL)	24	2 474,73	1 190,75	48,12	1 791,68	2 064,97	3 056,56	792,57	5 901,91
9	Med. Inst. (IL)	24	1 296,82	623,36	48,07	827,99	1 105,37	1 757,30	494,98	2 455,64
10	In Psychiatrie: Sonstiges (IL)	0								
11	Ausbildungsstätten	24	28,31	63,15	223,09	-12,31	11,75	66,43	-89,54	190,96
12	Kosten Gesamt	24	9 084,68	3 228,59	35,54	6 766,77	8 745,43	10 984,97	3 862,63	17 144,68
13	./. vor- und nachstat. Behandlung	15	12,11	8,45	69,78	2,98	10,34	19,44	0,59	27,30
14	./. nicht abgest. Großgeräte	0								
15	./. belegärztliche Leistungen	1	19,30	0,00	0,00	19,30	19,30	19,30	19,30	19,30
16	./. wahlärztliche Leistungen	24	63,00	46,56	73,91	29,27	53,50	90,69	4,25	224,31
17	./. sonstige ärztliche Leistungen	1	1,19	0,00	0,00	1,19	1,19	1,19	1,19	1,19
18	pflegesatzfähige Kosten	24	9 013,26	3 203,40	35,54	6 762,52	8 659,11	10 894,28	3 832,75	17 021,91
19	./. Fallpauschalen	24	3 267,87	1 868,87	57,19	2 152,01	2 616,97	3 964,39	875,31	8 858,21
20	./. Sonderentgelte	24	662,91	408,52	61,63	351,29	546,66	949,47	195,64	1 498,77
21	verbleib. pflegesatzfähige Kosten	24	5 082,48	2 034,71	40,03	3 647,50	5 074,05	6 292,20	837,19	9 005,48
22	anteilige Ausgl. und Zuschl. v. K 5	24	108,80	421,30	387,23	-153,10	11,86	251,04	-1 030,71	1 129,89
23	./. Erlöse teilstat. AbteilungsPS	0								
24	Budgetanteil vollstat. AbteilungsPS	24	5 193,92	2 104,20	40,51	3 711,50	5 188,80	6 118,47	852,28	8 879,23
25	: vollstat. gewicht. Berechnungstage	24	14 024,83	4 845,24	34,55	11 037,00	13 786,50	18 322,00	4 586,00	22 620,00
26	= vollstationärer AbteilungsPS	24	375,41	105,39	28,07	294,60	389,80	437,38	130,34	540,18
	Pflegesatz o. Ausgl. und Zuschl.	0	368,61	105,60	28,65	311,93	374,73	441,92	128,03	529,31
	Zu-/Abschlag nach § 21 Abs. 2									
	Nr. 18 : Nr. 12	24	99,22	0,46	0,46	99,14	99,23	99,47	97,93	99,94
	Nr. 21 : Nr. 12	24	56,19	13,95	24,83	52,53	59,29	62,58	18,94	79,44
	Nr. 24 : Nr. 12	24	57,46	14,81	25,77	55,70	60,18	65,45	19,28	80,63
	Nr. 19 : Nr. 18	24	35,75	12,88	36,03	27,91	33,96	37,66	11,74	65,57
	Nr. 20 : Nr. 18	24	7,60	4,96	65,24	4,97	6,79	8,02	2,32	26,77
	pflegesatzfähige Kosten/Fall	24	3 966,50	820,26	20,68	3 457,32	3 680,87	4 768,24	2 364,92	5 441,79

Abb. 4.83: Ermittlung des Abteilungspflegesatzes mit Parameterliste

TDM bezogen auf Mw = 100	K7	HE	HE	HE	HE	HE	HE	HE	HE	HE	HE
Ärztlicher Dienst (Direkte Kosten)	1	101,00	31,69	137,63	114,45	21,89	148,08	142,55	67,55	84,54	36,83
Pflegedienst (Direkte Kosten)	2	89,00	60,59	133,06	95,47	55,09	110,15	128,44	54,65	92,09	120,62
Technischer Dienst (Direkte Kosten)	3	171,78	23,61	0,00	286,96	0,00	162,18	64,40	0,00	31,61	0,00
Medizin. Bedarf (Direkte Kosten)	4	88,44	96,96	162,23	84,42	67,10	85,37	99,05	34,47	123,45	127,16
Instandhaltung (Direkte Kosten)	5	4,39	26,69	13,78	161,06	2,06	101,25	2,32	6,29	29,53	169,18
Gebrauchsgüter (Direkte Kosten)	6	3,18	166,02	0,00	0,00	12,30	65,15	7,23	0,00	73,67	267,42
Intensiv (IL)	7	237,90	121,48	21,98	0,00	7,71	0,00	12,00	0,00	174,31	149,87
OP (IL)	8	161,52	76,14	105,22	105,92	79,33	81,65	172,40	43,38	85,23	172,40
Med. Inst. (IL)	9	142,66	53,64	86,88	80,74	39,60	71,52	163,74	52,63	83,59	135,51
In Psychiatrie: Sonstiges (IL)	10	0,00	0,00	0,00	0,00	0,00	0,00	0,00	0,00	0,00	0,00
Ausbildungsstätten	11	-316,32	-117,40	239,25	-48,83	118,88	-72,52	307,56	113,32	-42,63	234,69
Kosten Gesamt	12	129,48	67,88	116,59	94,18	53,54	94,74	139,63	48,67	97,79	131,15
./. vor- und nachstat. Behandlung	13	153,72	24,60	0,00	4,83	0,00	15,51	225,46	0,00	85,39	0,00
./. nicht abgest. Großgeräte	14	0,00	0,00	0,00	0,00	0,00	0,00	0,00	0,00	0,00	0,00
./. belegärztliche Leistungen	15	0,00	0,00	0,00	0,00	0,00	0,00	0,00	0,00	0,00	0,00
./. wahlärztliche Leistungen	16	356,07	50,81	88,78	52,29	25,37	108,23	126,61	80,72	146,44	144,68
./. sonstige ärztliche Leistungen	17	0,00	0,00	0,00	0,00	0,00	0,00	0,00	0,00	0,00	0,00
pflegesatzfähige Kosten	18	127,81	68,03	116,89	94,56	53,78	94,71	139,55	48,49	97,43	131,18
./. Fallpauschalen	19	93,79	65,85	121,41	158,73	49,75	63,48	102,26	72,31	47,98	93,30
./. Sonderentgelte	20	54,02	61,65	153,74	29,77	51,18	110,27	224,29	176,50	78,59	226,09
verbleib. pflegesatzfähige Kosten	21	159,31	70,25	109,18	61,75	56,72	112,77	152,47	16,47	131,68	143,15
anteilige Ausgl. und Zuschl. v. K 5	22	-947,36	-9,99	439,57	-151,65	658,52	175,16	1038,52	13,86	230,74	508,22
./. Erlöse teilstat. AbteilungsPS	23	0,00	0,00	0,00	0,00	0,00	0,00	0,00	0,00	0,00	0,00
Budgetanteil vollstat. Abteil.PS	24	136,05	68,54	116,04	57,51	69,30	114,50	170,95	16,41	133,69	150,72
: vollstat. gewicht. Berechnungstage	25	130,64	52,42	151,73	105,55	58,67	81,34	161,29	46,62	91,65	142,48
= vollstationärer AbteilungsPS	26	102,73	128,98	75,45	53,75	116,51	138,86	104,56	34,72	143,89	104,35
Pflegesatz o. Ausgl. und Zuschl.		119,89	131,76	70,74	57,76	95,04	136,90	92,94	34,73	141,25	98,77
Zu-/Abschlag nach § 21 Abs. 2		0,00	0,00	0,00	0,00	0,00	0,00	0,00	0,00	0,00	0,00
Nr. 18 : Nr. 12		98,71	100,21	100,25	100,39	100,46	99,97	99,94	99,63	99,62	100,02
Nr. 21 : Nr 12		122,50	103,05	93,24	65,28	105,48	118,51	108,72	33,70	134,06	108,67
Nr. 24 : Nr 12		104,54	100,46	99,03	60,75	128,78	120,25	121,81	33,55	136,01	114,34
Nr. 19 : Nr 18		74,43	98,19	105,34	170,25	93,81	67,98	74,33	151,26	49,95	72,14
Nr. 20 : Nr 18		40,90	87,70	127,27	30,47	92,09	112,66	155,53	352,25	78,05	166,78
pflegesatzfähige Kosten/Fall		120,21	100,90	84,48	67,11	86,62	93,57	95,80	59,62	130,23	111,85

Abb. 4.84: Ermittlung des Abteilungspflegesatzes mit Maßzahlenliste

- **Parameterliste**

  Die Parameterliste erlaubt einen statistischen Überblick über die strukturierte Grundgesamtheit. Als Kennzahlen werden ermittelt:

  - Minimum,
  - Maximum,
  - Mittelwert,
  - Median,
  - Standardabweichung,
  - Varianz-Koeffizient,
  - Interquartilbereich (Streubereich der mittleren 50% aller Werte) begrenzt durch 25%-Perzentil und 75%-Perzentil.

  Eine beispielhafte Darstellung dieser Listenart stellt Abbildung 4.83 dar.

- **Maßzahlenliste**

  Über die Maßzahlenliste werden die Werte der Formulare als Prozentsatz vom jeweiligen Durchschnittswert dargestellt. Das heißt: Ein Krankenhaus mit einem Prozentsatz von 109,53 liegt 9,53% über dem Durchschnitt. Eine beispielhafte Darstellung dieser Listenart stellt Abbildung 4.84 dar.

14 Ausblick

Ein kosten- und leistungsorientierter Krankenhausvergleich nach dem skizzierten Muster stellt eine Weiterentwicklung der traditionellen Kostenvergleiche dar. Es gilt jedoch, diese Zwischenstufe weiter zu optimieren, hin zu einem aussagefähigen Benchmarkingsystem. Zwar sind die Verfahren der Vergleichsdurchführung zum Teil noch strittig, es besteht aber Einigkeit darüber, daß das Instrument des Krankenhausvergleichs zweifelsohne seine fundierte Berechtigung besitzt.

Weiterführende Literaturhinweise:

Hildebrandt, Helmut; Litsch, Martin: Krankenhausbetriebsvergleiche als Instrument zur Überwachung der Wirtschaftlichkeit im Krankenhaus, in: Krankenhausreport 1993; Hrsg. Arnold/Paffrath;

Kehr, Rainer: Leistungsorientierter Krankenhausbetriebsvergleich, Beratungsergebnisse der Arbeitsgemeinschaft der Süddeutschen Krankenhausgesellschaften (Baden-Württemberg, Bayern, Hessen, Rheinland-Pfalz und Saarland), Hampp Verlag;

Kolb, Thomas: Krankenhausvergleich, in: Datenflut und Kostenmanagement in der Chirurgie; Hrsg. Schröder .

Vereinbarung nach § 5 BPflV zum Krankenhausvergleich

zwischen

dem AOK-Bundesverband, Bonn

dem BKK-Bundesverband, Essen

dem IKK-Bundesverband, Bergisch Gladbach

dem Bundesverband der landwirtschaftlichen Krankenkassen, Kassel

der Bundesknappschaft, Bochum

der See-Krankenkasse, Hamburg

dem Verband der Angestellten-Krankenkassen e.V., Siegburg

dem AEV – Arbeiter-Ersatzkassen-Verband e.V., Siegburg

– im folgenden »Spitzenverbände der Krankenkassen« genannt –

und

der Deutschen Krankenhausgesellschaft, Düsseldorf

Präambel

Die Spitzenverbände der Krankenkassen und die Deutsche Krankenhausgesellschaft vereinbaren die gemeinsame Erstellung eines Krankenhausvergleichs und die Bildung einer Arbeitsgemeinschaft zur Durchführung des Krankenhausvergleichs gemäß § 5 BPflV.

§ 1 Zielsetzung der Vereinbarung

Der Krankenhausvergleich soll die Vertragsparteien der Pflegesatzvereinbarung bei der Ermittlung vergleichbarer Krankenhäuser und bei der Bemessung von medizinisch leistungsgerechten Budgets und tagesgleichen Pflegesätzen unterstützen. Er dient dazu, Orientierungsmaßstäbe zur Verfügung zu stellen, die von den Vertragsparteien der Pflegesatzvereinbarung angemessen zu berücksichtigen sind.

§ 2 Gegenstand des Krankenhausvergleichs

Der Krankenhausvergleich stellt nach den Grundsätzen dieser Vereinbarung statistische Daten zur Verfügung, mit denen ein Vergleich eines bestimmten Krankenhauses mit diesen Daten vorwiegend auf Abteilungsebene ermöglicht werden soll.

Als Daten für den Vergleich werden insbesondere die Leistungen, die der letzten Budgetvereinbarung zugrunde liegenden Beträge und die Pflegesätze einbezogen. Im einzelnen ergeben sich die Daten für den Vergleich aus Anhang 1.

§ 3 Grundsätze für den Vergleich

Die Spitzenverbände der Krankenkassen und die Deutsche Krankenhausgesellschaft sind sich darin einig, daß der Vergleich nach folgenden Grundsätzen gemeinsam entwickelt und durchgeführt wird:

1. Der Vergleich dient der Unterstützung der Pflegesatzparteien für die Pflegesatzverhandlung.
2. Der Vergleich muß unter Wahrung der Anonymisierung den Pflegesatzparteien in seiner Methodik und Durchführung so offengelegt sein, daß ihnen eine eigenständige Beurteilung der Aussagekraft und Bedeutung des Vergleichs und einzelner Ergebnisse möglich ist.
3. Die Daten des Vergleichs müssen sachlich und rechnerisch richtig sein, sie dürfen nach Übermittlung durch die Krankenhäuser nur mit deren Zustimmung abgeändert werden.
4. Der Vergleich wird in seiner Methodik und Durchführung einer gemeinsamen Bewertung durch die Arbeitsgemeinschaft unterzogen. Die Ergebnisse werden den Pflegesatzparteien ohne inhaltliche Bewertung bekanntgegeben, sie bilden die Grundlage für die Weiterentwicklung des Vergleichs.

§ 4 Maßstäbe für den Vergleich

Der Vergleich soll anhand der Daten für den Vergleich mit anerkannten statistischen Methoden und Auswahlverfahren zur Bildung von Vergleichsgruppen und für diese zu Vergleichsmaßstäben führen, die eine sachgerechte Einordnung und Beurteilung eines Krankenhauses unter Berücksichtigung von strukturellen und leistungsbezogenen Merkmalen entsprechend Anhang 1 ermöglichen.

Als Vergleichsmaßstäbe werden insbesondere die für diejeweilige Vergleichsgruppe ermittelten lagetypischen Verteilungsmaße herangezogen. Die Einzelheiten sind in Anhang 2 geregelt

§ 5 Arbeitsgemeinschaft

Zur Durchführung des Vergleichs bilden die Spitzenverbände der Krankenkassen und die Deutsche Krankenhausgesellschaft eine Arbeitsgemeinschaft gemäß § 5 BPflV.

Die Arbeitsgemeinschaft besteht aus je 8 Vertretern der Spitzenverbände der Krankenkassen und der Deutschen Krankenhausgesellschaft für jeden Vertreter wird ein

Steilvertreter benannt, der ohne Stimmrecht an den Sitzungen teilnehmen kann. Die Benennung der Vertreter sowie der Stellvertreter erfolgt durch die entsendenden Verbände schriftlich gegenüber dem Vorsitzenden der Arbeitsgemeinschaft

Die Arbeitsgemeinschaft beschließt in Grundsatzfragen des Vergleichs und seiner Weiterentwicklung. Die Arbeitsgemeinschaft ist beschlußfähig, wenn jeweils mindestens 4 Vertreter der Spitzenverbände der Krankenkassen und der Deutschen Krankenhausgesellschaft anwesend sind; eine Übertragung von Stimmrechten ist zulässig. Die Arbeitsgemeinschaft entscheidet mit einer Mehrheit von mehr als zwei Dritteln der 16 Stimmrechte.

Den Vorsitz der Arbeitsgemeinschaft führt abwechselnd ein Vertreter der Spitzenverbände der Krankenkassen oder ein Vertreter der Deutschen Krankenhausgesellschaft Ein Wechsel erfolgt alle zwei 2 Jahre am Jahresende. Bis zum 31. 12. 2000 hat die Deutsche Krankenhausgesellschaft den Vorsitz. Mit dem Vorsitz ist die Geschäftsführung der Arbeitsgemeinschaft verbunden. Der Vorsitzende beruft die Arbeitsgemeinschaft unter Mitteilung von Ort, Tag und Stunde ein.

§ 6 Datenstelle

Die Arbeitsgemeinschaft beauftragt mit der technischen Durchführung des Vergleichs eine dazu qualifizierte externe Institution. Die technische Durchführung umfaßt die Organisation der Datenannahme, die Durchführung des Prüf- und Korrekturverfahrens, die gemeinsame Auswertung, die zeitgleiche Bereitstellung des geprüften Datenbestandes an die Spitzenverbände der Krankenkassen und an die Deutsche Krankenhausgesellschaft und die Bereitstellung und Verteilung der Auswertungsergebnisse.

§ 7 Datenübermittlung

Die Daten für den Vergleich sind von allen Krankenhäusern bis spätestens zum 30. April jeden Jahres entsprechend Anhang 3 zur Verfügung zu stellen. Das Krankenhaus kann dazu Dritte, z.B. die Landeskrankenhausgesellschaft, einbinden; in diesem Fall ist die Datenstelle in geeigneter Weise darüber zu informieren. Eine Begrenzung auf eine sachgerechte Auswahl von Krankenhäusern und eine Beschränkung der bereitzustellenden Daten wird vorgenommen, wenn und soweit sich dies aus den gemeinsamen Bewertungen der Vergleichsergebnisse als hinreichend herausstellt

Die Übermittlung der Daten für den Vergleich erfolgt an die Datenstelle der Arbeitsgemeinschaft. Die Übermittlung muß mit Software erfolgen, die von der Arbeitsgemeinschaft zertifiziert ist

Die Daten für den Vergleich werden einem einheitlichen Fehler- und Korrekturverfahren entsprechend Anhang 5 unterzogen.

Die Vereinbarungsdaten für den Pflegesatzzeitraum 1998 sind unabhängig von der in Satz 1 geregelten Frist im ersten Quartal 1999 zu übermitteln.

§ 8 Durchführung des Vergleichs

Der Vergleich wird grundsätzlich länderbezogen durchgeführt. Soweit dadurch keine aussagefähige Vergleichsgruppe ermittelt werden kann, wird ein länderübergreifender Vergleich vorgenommen, dessen Einzelheiten die Arbeitsgemeinschaft beschließt.

Der Vergleich wird ausschließlich mit dem Datenbestand der Arbeitsgemeinschaft durchgeführt, der für die Auswertung freigegeben wurde.

Dem Vergleich ist eine Erläuterung zur Durchführung und Methodik voranzustellen.

§ 9 Anonymisierung

Alle Daten, aus denen eine direkte Identifikation des Krankenhauses und Verknüpfung zu dessen Daten vorgenommen werden kann, sind vor Zugriff oder Kenntnisnahme von Dritten zu sichern.

§ 10 Herausgabe

Den Vertragsparteien des Pflegesatzverfahrens und den Beteiligten nach § 18 Abs. 1 Satz 2 KHG werden die Ergebnisse des Vergleichs am 15. Juli jeden Jahres zur Verfügung gestellt.

Die Ergebnisse des Vergleichs werden in geeigneten Dateien mit von der Arbeitsgemeinschaft festgelegten Formaten herausgegeben.

§ 11 Finanzierung

Kosten der Arbeitsgemeinschaft, die jeweils bei den Partnern dieser Vereinbarung anfallen, werden von diesen selbst getragen. Das gilt auch für die Kosten der Geschäftsführung bei dem jeweiligen Verband.

Die Finanzierung der Durchführung des Vergleichs (§ 6) tragen die Spitzenverbände der Krankenkassen und die Deutsche Krankenhausgesellschaft je zur Hälfte.

§ 12 Geltung der Vereinbarung

Die Vereinbarung tritt am Tag der Unterzeichnung in Kraft und kann frühestens zum 31. 12. 2002 durch eingeschriebenen Brief gekündigt werden. Eine Kündigung durch die Spitzenverbände der Krankenkassen ist nur wirksam, wenn sie von allen Spitzenverbänden gemeinsam erklärt wird.

Die Vereinbarung verlängert sich um jeweils ein Kalenderjahr, wenn nicht bis spätestens 30. 6. eine wirksame Kündigung zum Jahresende erklärt ist.

Die Anhänge sind Bestandteil dieser Vereinbarung. Sie werden bei Bedarf ohne das Erfordernis einer Kündigung fortgeschrieben.

Anhänge

Anhang 1   Daten für den Vergleich

Anhang 2   Auswahlverfahren, Maßstäbe und Formeln

Bonn, Essen, Bergisch Gladbach, Kassel, Bochum, Hamburg, Siegburg und Düsseldorf,

den, _____

AOK-Bundesverband

BKK-Bundesverband

IKK-Bundesverband

Bundesverband der landwirtschaftlichen Krankenkassen

Bundesknappschaft

See-Krankenkasse

Verband der Angestellten-Krankenkassen e.V.

AEV – Arbeiter-Ersatzkassen-Verband e.V.

Deutsche Krankenhausgesellschaft

Anhang 1: Daten für den Vergleich

Teil A: Stammdaten

Identifikation

Institutionskennzeichen des Krankenhauses/Trägers
Institutionskennzeichen der Betriebsstätte

Strukturdaten

In Krankenhausplan aufgenommen, nach KHG gefördert
In Krankenhausplan aufgenommen, nicht nach KHG gefördert
In Krankenhausplan aufgenommen, teilweise KHG gefördert
Versorgungsvertrag nach § 108 Nr. 3 SGB V
Versorgungsstufe
Ausbildungsplätze, Art und Anzahl
Dialyseplätze, Art und Anzahl
Besonderer Schwerpunkt (z. B. geriatrischer Schwerpunkt, onkologischer
Schwerpunkt)
Anstaltshebammen (ja/nein)
Beleghebammen (ja/nein)
Art/Umfang der intensivmedizinischen Versorgung

Anschrift des Krankenhauses

Verfahrenstechnischer Ansprechpartner

Teil B: Vereinbarungsdaten der LKA

V1	Budget und tagesgleiche Pflegesätze
V2	Sonderentgelte für die Fachabteilung
V3	Fallpauschalen für die Fachabteilung
L1	Belegungsdaten des Krankenhauses
L2	Personal des Krankenhauses
L3	Belegungsdaten der Fachabteilung
L4	Diagnosestatistik für die Fachabteilung
L5	Operationsstatistik für die Fachabteilung
K3	Vereinbarung für den Pflegesatzzeitraum
K4	Medizinischer Bedarf
K5	Budget für den Pflegesatzzeitraum
K6	Ermittlung des Basispflegesatzes nach § 13 Abs. 3
K7	Ermittlung des Abteilungspflegesatzes nach § 13 Abs. 2
K8	Kostenausgliederung nach § 12 Abs. 2 und 3
Z1 bis Z5	Ergänzende Kalkulationsaufstellung für nicht oder teilweise geförderte Krankenhäuser

Jeweils Vereinbarungsdaten/Spalte »Vereinbarung« entsprechend Fußnote 2 zur LKA

Anhang 2: Auswahlverfahren, Maßstäbe und Formeln

Das Auswahlverfahren für den Vergleich ermittelt aus den L4- und L5-Statistiken auf der Basis von ICD-/OPS-Schlüsseln vergleichbare Abteilungen und Krankenhäuser anhand von Ähnlichkeitsmaßen (Distanzmaßen).

Für die Psychiatrie wird ein ergänzender Datenkranz und ein darauf aufbauendes Auswertungsverfahren bis spätestens Ende 1999 in der Arbeitsgemeinschaft vereinbart.

1. Vergleich von Abteilungen

Der Vergleich von Abteilungen bezieht sich auf die abteilungsbezogenen Vergleichsdaten. Für jede Abteilung eines Krankenhauses erfolgt die separate Bildung einer landesbezogenen oder ggf. bundesbezogenen Vergleichsgruppe anhand der Ähnlichkeitsmaße anderer Abteilungen des Vergleichsdatenbestandes in Bezug auf die Abteilung, für die der Vergleich durchgeführt wird. Die Ähnlichkeitsmaße werden aus den Daten der L4-Statistik nach folgendem Verfahren ermittelt:

1. Abteilungsvorauswahl
   Die Abteilungsvorauswahl dient dazu, bezogen auf die Abteilung, für die der Vergleich durchgeführt wird, diejenigen Abteilungen unter Berücksichtigung struktureller Merkmale festzulegen, aus denen im weiteren Verlauf vergleichbare Abteilungen ermittelt werden sollen.

2. Ermittlung der Prozentanteile je ICD-Schlüssel je Abteilung
   Die Prozentanteile werden für die Anzahlwerte der L4-Statistik (Patienten insgesamt und Patienten nach Altersgruppen) ermittelt.

3. ICD-Auswahl der in die Distanzmaß-Berechnung einzubeziehenden ICD-Schlüssel
   Als Kriterium wird die Zugehörigkeit des ICD-Schlüssels zu dem frei wählbaren auf Abteilungsebene kumulierten Häufigkeitsanteil herangezogen (z. B. alle ICD-Schlüssel, die in die kumulierte Häufigkeit von 80 % fallen).

4. Berechnung des Distanzmaßes
   Das Distanzmaß wird zwischen jeweils zwei Abteilungen als Summe der halbierten absoluten Differenzen der Prozentanteile der ICD-Schlüssel berechnet.

Anhand der Auflistung der Distanzmaße in einer Evidenzliste kann durch Festlegung eines geeigneten Distanzmaßintervalls eine Abteilungsauswahl vorgenommen werden, die einen Vergleich mit Abteilungen ähnlicher/vergleichbarer ICD-Struktur ermöglicht. Bei gleicher Häufigkeitsverteilung der ICD-Schlüssel (gleichem Diagnosenspektrum) hat das Distanzmaß zwischen zwei Abteilungen den Wert 0, bei vollständig abweichender Häufigkeitsverteilung der ICD-Schlüssel (abweichendem Diagnosenspektrum) hat das Distanzmaß den Wert 1. Es gilt, dasjenige Distanzmaßintervall (z. B. 0 bis 0,5) zu bestimmen, bei dem eine Vergleichbarkeit vertreten werden kann. Das (frei wählbare) Distanzmaßintervall wird anhand einer Evidenzliste festgelegt, in der für die Abteilung, für die der Vergleich durchgeführt wird. in aufsteigender Reihenfolge (abnehmende Ähnlichkeit/Vergleichbarkeit) die Distanzmaße der anderen Abteilungen ausgewiesen sind.

Das Auswahlverfahren wird in seiner Qualität durch die Abteilungsvorauswahl, die ICD-Auswahl und das gewählte Distanzmaßintervall bestimmt. Das hierzu geeignete Vorgehen ist in der Arbeitsgemeinschaft abzustimmen. Das Auswahlverfahren ist insbesondere in derAnlaufphase einer Evaluation zu unterziehen und bei Bedarf weiter zu verfeinern. Im Rahmen der Evaluation soll geprüft werden, ob und unter welchen Bedingungen eine Verdichtung der ICD- und/oder OPS-Schlüssel (z. B. ICD 4-stellig auf

ICD 3-stellig), ob und welche kumulierten Häufigkeitsanteile und welche Distanzmaß-
intervalle vertretbar sind.

Für die operativen Abteilungen wird der Vorgang analog für die OPS-Statistik (L5)
durchgeführt Die Evidenzlisten werden entsprechend zusammengeführt Hier werden
die Abteilungen als vergleichbar angesehen. bei denen die jeweiligen Distanzmaße in
beiden Fallen innerhalb eines definierten Intervalls (z. B. 0 bis 0.5) liegen.

2. Vergleich von Krankenhäusern

Der Vergleich von Krankenhäusern bezieht sich auf die krankenhausbezogenen Vergleichsdaten. Er wird anhand einer Aggregation der ICD- und OPS-Statstiken aller Abteilungen eines Krankenhauses zu einer fiktiven ICD- und OPS-Statistik des Krankenhauses durchgeführt. Entsprechend dem Vergleich von Abteilungen werden für
dasjenige Krankenhaus, für das der Vergleich durchgeführt wird, anhand der auf Krankenhausebene ermittelten Distanzmaße und Evidenzliste diejenigen Krankenhäuser
bestimmt, die als vergleichbar herangezogen können. Für die Vergleichsauswahl soll
ergänzend die Größe des Krankenhauses (z. B. Bettenzahl, Fallzahl) herangezogen werden.

3. Vergleichslisten

Für die über das Auswahlverfahren ermittelten Abteilungen/Krankenhäuser werden
Vergleichslisten anhand der Daten für den Vergleich erstellt. Die Vergleichslisten enthalten

- die aus den Daten berechneten statistischen Verteilungsmaße (Mittelwerte, Standardabweichung, Extremwerte, Perzentile),
- die Daten der Abteilung/des Krankenhauses. für die/das der Vergleich durchgeführt
  wird, und ein Abweichungsmaß dieser Werte von den jeweiligen Mittelwerten,
- bei Vergleichslisten für Abteilungen eine Auflistung der Abteilungen mit Abtei-
  lungsschlüssel (und Krankenhäuser), deren Daten in die Vergleichsliste eingeflossen sind,
- eine Strukturübersicht über die einbezogenen Krankenhäuser mit anonymisierten
  Einzelgaben zu Strukturmerkmalen (z. B. Anzahl und Größe der Abteilungen, Fallzahl, Schwerpunkte).

Die Verteilungsmaße sind auf der Grundlage der jeweils merkmalsbezogen vorhandenen Daten zu ermitteln, Nullwerte sind nicht zu berücksichtigen.

3.1 Vergleichslisten für Abteilungen

Vergleichslisten zu Formular K7

Spalte 1	Bezeichnungen entsprechend K7 Spalte 1
Spalte 2	Daten der Abteilung
Spalte 3	Abweichungsmaß (Spalte 2 zu Spalte 4)
Spalte 4	Mittelwert aller in den Vergleich einbezogenen Abteilungen
Spalte 5	Standardabweichung
Spalte 6	Anzahl der in den Mittelwert einbezogenen Abteilungswerte
Spalte 7	Minimumwert
Spalte 8	Maximumwert
Spalte 9	unteres Quartil (25 %-Wert)
Spalte 10	oberes Quartil (75 %-Wert)
Hinweis:	Die Vergleichslisten sind in zwei Varianten zu erstellen. Variante A: DM je Be-rechnungstag im Budgetbereich und Variante B: je Fall im Budgetbereich.

Vergleichslisten zu Formular L4

Spalte 1 ICD-Code nach Häufigkeit in Spalte 2 absteigend sortiert
Spalte 2 ICD-Häufigkeit für Patienten insgesamt der Abteilung in v. H.
Spalte 3 Abweichungsmaß (Spalte 2 zu Spalte 4)
Spalte 4 Mittelwert (ICD-Häufigkeitsprofil) aller in den Vergleich einbezogenen Abteilungen
Spalte 5 ICD-Verweildauer für Patienten insgesamt der Abteilung
Spalte 6 Abweichungsmaß (Spalte 5 zu Spalte 7)
Spalte 7 Mittelwert (ICD-Verweildauer) aller in den Vergleich einbezogenen Abteilungen
Hinweis: Die Vergleichsliste ist anhand einer ABC-Analyse für die ICD-Codes im A-Teil zu erstellen. Die Vergleichsliste ist in gleicher Gliederung auch für die Altersgruppen entsprechend L4 (Spalte 3 bis Spalte 9) zu erstellen.

Vergleichslisten zu Formular L5

Spalte 1 OPS-Code nach Häufigkeit in Spalte 2 absteigend sortiert
Spalte 2 OPS-Häufigkeit für Patienten insgesamt der Abteilung in v. H.
Spalte 3 Abweichungsmaß (Spalte 2 zu Spalte 4)
Spalte 4 Mittelwert (OPS-Häufigkeitsprofil) aller in den Vergleich einbezogenen Abteilungen
Hinweis: Die Vergleichsliste ist anhand einer ABC-Analyse für die OPS-Codes im A-Teil zu erstellen. Die Vergleichsliste ist in gleicher Gliederung auch für die Altersgruppen entsprechend L5 (Spalte 4 bis Spalte 10) zu erstellen.

Vergleichslisten zu Formular K8

Spalte 1 Entgeltart entsprechend K8 Spalte 2
Spalte 2 Daten der Abteilung
Spalte 3 Abweichungsmaß (Spalte 2 zu Spalte 4)
Spalte 4 Mittelwert aller in den Vergleich einbezogenen Abteilungen
Spalte 5 Standardabweichung
Spalte 6 Anzahl der in den Mittelwert einbezogenen Abteilungswerte
Spalte 7 Minimumwert
Spalte 8 Maximumwert
Spalte 9 unteres Quartil (25 %-Wert)
Spalte 10 oberes Quartil (75 %-Wert)
Hinweis: Als Daten werden jeweils in eigener Liste herangezogen:
Kosten für Anteil Abteilungspflegesatz je Entgelt (Summe K8 Sp. 5 bis 16),
Kosten für Anteil Basispflegesatz je Entgelt (K8 Sp. 17) / K8 Sp. 3),
Gesamtkosten je Entgelt (K8 Sp. 18 / K8 Sp. 3).

3.2 Vergleichslisten für Krankenhäuser

Vergleichslisten zu Formular L2

Spalte 1 Personalgruppen entsprechend L2 Spalte 1
Spalte 2 Daten des Krankenhauses
Spalte 3 Abweichungsmaß (Spalte 2 zu Spalte 4)
Spalte 4 Mittelwert aller in den Vergleich einbezogenen Krankenhauser
Spalte 5 Standardabweichung
Spalte 6 Anzahl der in den Mittelwert einbezogenen Krankenhauswerte

Spalte 7 Minimumwert
Spalte 8 Maximumwert
Spalte 9 unteres Quartil (25%-Wert)
Spalte 10 oberes Quartil (75%-Wert)
Hinweis: Die Vergleichslisten sind in zwei Varianten zu erstellen. Variante A: je durch-
schnittlich beschäftigte Vollkraft (L2 Spalte 4) und Variante B: je durch-
schnittlich vereinbarte Kosten je Vollkraft (K3 Summe(Spalte 2 bis 5) / L2
Spalte 4).

Vergleichslisten zu Formular K3

Spalte 1 Kostenarten entsprechend K3 Spalte 1
Spalte 2 Daten des Krankenhauses
Spalte 3 Abweichungsmaß (Spalte 2 zu Spalte 4)
Spalte 4 Mittelwert aller in den Vergleich einbezogenen Krankenhauser
Spalte 5 Standardabweichung
Spalte 6 Anzahl der in den Mittelwert einbezogenen Krankenhauswerte
Spalte 7 Minimumwert
Spalte 8 Maximumwert
Spalte 9 unteres Quartil (25%-Wert)
Spalte 10 oberes Quartil (75%-Wert)
Hinweis: Die Vergleichslisten sind in zwei Varianten zu erstellen. Variante A: DM je-
Tag und Variante B: DM je Fall.

Vergleichslisten zu Formular K4

Spalte 1 Kostenarten entsprechend K4 Spalte 1
Spalte 2 Daten des Krankenhauses
Spalte 3 Abweichungsmaß (Spalte 2 zu Spalte 4)
Spalte 4 Mittelwert aller in den Vergleich einbezogenen Krankenhäuser
Spalte 5 Standardabweichung
Spalte 6 Anzahl der in den Mittelwert einbezogenen Krankenhauswerte
Spalte 7 Minimumwert
Spalte 8 Maximumwert
Spalte 9 unteres Quartil (25%-Wert)
Spalte 10 oberes Quartil (75%-Wert)
Hinweis: Die Vergleichslisten sind in zwei Varianten zu erstellen. Variante A: DM je
Tag und Variante B: DM je Fall.

Vergleichslisten zu Formular K5

Spalte 1 Bezeichnungen entsprechend K5 Spalte 1
Spalte 2 Daten des Krankenhauses
Spalte 3 Abweichungsmaß (Spalte 2 zu Spalte 4)
Spalte 4 Mittelwert aller in den Vergleich einbezogenen Krankenhäuser
Spalte 5 Standardabweichung
Spalte 6 Anzahl der in den Mittelwert einbezogenen Krankenhauswerte
Spalte 7 Minimumwert
Spalte 8 Maximumwert
Spalte 9 unteres Quartil (25%-Wert)
Spalte 10 oberes Quartil (75%-Wert)
Hinweis: Die Vergleichslisten sind in zwei Varianten zu erstellen. Variante A: DM je Be-
rechnungstag im Budgetbereich und Variante B: DM je Fall im Budgetbe-
reich.

Vergleichslisten zu Formular K6

Spalte 1 Bezeichnungen entsprechend K6 Spalte 1
Spalte 2 Daten des Krankenhauses
Spalte 3 Abweichungsmaß (Spalte 2 zu Spalte 4)
Spalte 4 Mittelwert aller in den Vergleich einbezogenen Krankenhäuser
Spalte 5 Standardabweichung
Spalte 6 Anzahl der in den Mittelwert einbezogenen Krankenhauswerte
Spalte 7 Minimumwert
Spalte 8 Maximumwert
Spalte 9 unteres Quartil (25 %-Wert)
Spalte 10 oberes Quartil (75 %-Wert)
Hinweis: Die Vergleichslisten sind in zwei Varianten zu erstellen. Variante A: DM je
          Berechnungstag im Budgetbereich und Variante B: DM je Fall im Budget-
          bereich.

Vergleichslisten zu Formular Z1 bis Z5

Spalte 1 Zeile 1: Z1 Spalte 7 (insgesamt)
          Zeile 2: Z2 Spalte 4 (insgesamt)
          Zeile 3: Z3 Spalte 8 (insgesamt)
          Zeile 4: Z4 Spalte 6 (insgesamt)
          Zeile 5: Z5 Spalte 4 Nr. 1
          Zeile 6: Z5 Spalte 4 Nr. 2
          Zeile 7: Z5 Spalte 4 Nr. 3
          Zeile 8: Z5 Spalte 4 Nr. 4
          Zeile 9: Z5 Spalte 4 Nr. 5
          Zeile 10: Z5 Spalte 4 Nr. 6
          Zeile 11: Z5 Spalte 4 Nr. 7
          Zeile 12: Z5 Spalte 4 Nr. 8
          Zeile 13: Z5 Spalte 4 Nr. 9
          Zeile 14: Z5 Spalte 4 Nr. 10
Spalte 2 Daten des Krankenhauses
Spalte 3 Abweichungsmaß (Spalte 2 zu Spalte 4)
Spalte 4 Mittelwert aller in den Vergleich einbezogenen Krankenhäuser
Spalte 5 Standardabweichung
Spalte 6 Anzahl der in den Mittelwert einbezogenen Krankenhauswerte
Spalte 7 Minimurnwert
Spalte 8 Maximumwert
Spalte 9 unteres Quartil (25 %-Wert)
Spalte 10 oberes Quartil (75 %-Wert)
Hinweis: Die Vergleichslisten sind in zwei Varianten zu erstellen. Variante A: DM je
          Berechnungstag im Budgetbereich und Variante B: DM je Fall im Budget-
          bereich.

»Die zielorientierte Gestaltung von Qualitätsförderern ist wichtiger als das Messen von Zuständen.«
(Wilfried von Eiff)

Struktur und Informationswert qualitätsorientierter Vergleichsansätze

Wilfried von Eiff

Die regelmäßige Durchführung von medizinischen Qualitätsvergleichen ist in Deutschland zwar gesetzlich (§ 137 SGB V) vorgeschrieben, aber diese Vergleiche sind anonym und lassen keinen Rückschluß auf ein konkretes Krankenhaus oder gar einen bestimmten Arzt zu.

Qualitätsvergleiche, die über die medizinischen Aspekte hinausgehend auch Wirtschaftlichkeit, Patientenzufriedenheit, Organisationseffizienz und Mitarbeiterorientierung als Beurteilungskriterium beinhalten, werden in Deutschland bisher nur vereinzelt durchgeführt und unterliegen keiner rechtlichen Verpflichtung.

In zunehmendem Maße führen deutsche Krankenhäuser Qualitätsverbesserungsprogramme durch, die auf die Kriterien des European Quality Award EQA zurückgreifen. Der Golden Helix Award hat deutlich zur Verbreitung dieser Qualitäts-Management-Philosophie beigetragen. Das Bundesministerium für Gesundheit unterstützt derzeit Qualitätsprojekte, die an der Methode des EQA orientiert sind (siehe Abbildung 4.85).

Dieser Qualitätsansatz macht deutlich, daß es nicht nur auf das Messen von Ergebnissen ankommt, sondern die frühzeitige Beeinflussung von Qualitätsförderern (Enabler) quasi »automatisch« Resultatqualität erzeugt. Die Orientierung am EQA hat insbesondere in der Industrie bereits eine deutliche Umkehr von den primär auf Qualitätsmessung ausgelegten An-

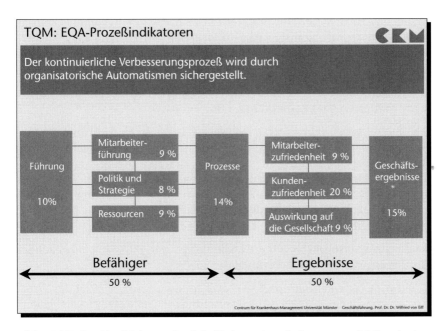

Abb. 4.85: Der Vergleich von Qualitätsförderern ist mindestens so wichtig wie der Vergleich von Resultaten

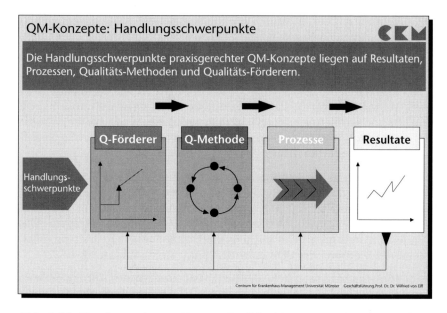

Abb. 4.86: Handlungsschwerpunkte von Qualitäts-Management-Konzepten mit deren Hilfe Vergleiche durchgeführt werden können

sätzen hin zu den förderer-orientierten Konzepten eingeleitet: Qualität kann nicht erprüft, sondern nur durch jeden einzelnen Mitarbeiter arbeitstäglich realisiert werden.

Die Handlungsschwerpunkte praxisgerechter QM-Konzepte liegen auf Resultaten, Prozessen, zielführenden Methoden (wie *Kaizen* und *PDCA*) sowie Förderern (siehe Abbildung 4.86).

Die Qualitätsanstrengungen zielen einerseits darauf ab, Leistungen zu erbringen, durch die ein Kunde einen Nutzen erhält und beabsichtigen andererseits, Verschwendung zu vermeiden, also Sparsamkeit am Überflüssigen zu betreiben, damit heute das Geld gespart werden kann, das morgen Investitionen ermöglicht, die übermorgen zu höherer medizinischer Qualität, größerer Patientenzufriedenheit und spürbarer Entlastung von Mitarbeitern führt (siehe Abbildung 4.87).

Qualität zielt also immer auf die kostengünstigste Erfüllung eines zur Erfüllung angestrebten Kundennutzens.

Qualität im Krankenhaus darf sich aber an dem formalen Ziel der Erfüllung vorgegebener Ansprüche nicht erschöpfen: Qualität hilft auch, durch eigene Innovationen die Kundenerwartungen zu übertreffen, um auf dieser Basis einen neuen, höheren Leistungsstandard zu entwickeln (siehe Abbildung 4.88).

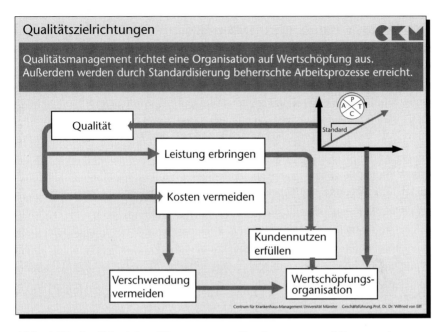

Abb. 4.87: Qualität zielt auf Erzeugung von Kundennutzen und Kostensenkung

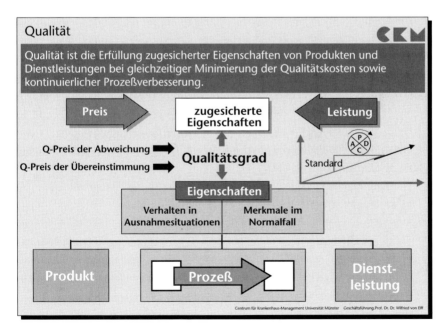

Abb. 4.88: Qualität ist mindestens die Fähigkeit, zugesicherte Eigenschaften zu erfüllen

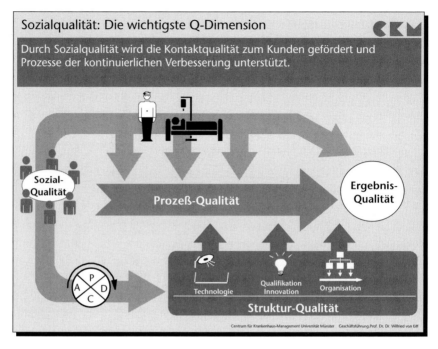

Abb. 4.89: Sozialqualität ist der wichtigste Förderer für die klassischen Qualitätsdimensionen

In Zukunft wird es darauf ankommen, nicht nur über Struktur-, Prozeß- und Ergebnisqualität zu sprechen, sondern den wichtigsten Qualitätsförderer zu aktivieren: Die Sozialqualität (siehe Abbildung 4.89).

Es läßt sich feststellen, daß die überwiegenden Qualitätsvergleiche resultatorientiert sind; das Hinterfragen der »Intelligenz« eines Krankenhauses, qualitätsbildende Automatismen zu schaffen, geschieht noch viel zu wenig (siehe Abbildung 4.90).

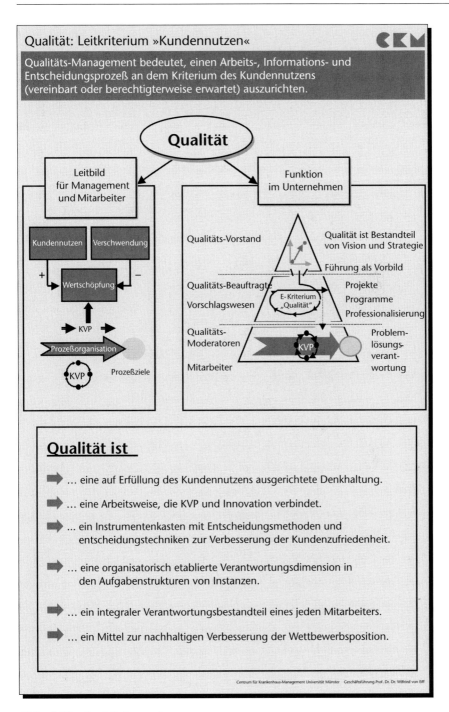

Abb. 4.90: Qualität ist »mehr«

Möglichkeiten und Grenzen
von Qualitätsvergleichen im Krankenhaus

Hans-Konrad Selbmann

»Wegen einer Budgetpunktlandung kommt kein Patient ins Krankenhaus; im Mittelpunkt steht der ärztliche und pflegerische Prozeß.«

1 Einleitung

Es ist schon erstaunlich, wie wenig die Qualität der Krankenversorgung und ihre am Patienten abzulesenden Ergebnisse in der Zeit der Kostensenkungsdiskussionen im Krankenhaus interessieren. Munter werden »vermeintliche« Einsparpotentiale realisiert, obwohl dies eigentlich nur dann der Fall sein kann, wenn man die Qualität der Versorgung genau im Auge hat. Auch Betriebsvergleiche klammern gerne und oft die tatsächliche Qualität der Versorgung aus. Eigentlich läßt sich dieser fahrlässige Umgang mit der Qualität nur durch den weit verbreiteten Glauben erklären, daß Prozeß- und Ergebnisqualität von alleine gleich bleiben, wenn man nur die Strukturqualität hoch- und die Budgetziele einhält.

Der eigentliche Grund für das mangelnde Interesse an der Qualität liegt tiefer: Die Qualität eines Krankenhauses ist nur schwer aussagekräftig, zuverlässig, valide und mit akzeptablem Aufwand zu messen. Ein einziges Maß für die Qualität eines Krankenhauses gibt es ohnehin nicht; man muß sich mit Qualitätsscheibchen begnügen. Die gedankliche Unterscheidung in Struktur-, Prozeß- und Ergebnisqualität nach *Avedis Donabedian* (1966) ist weithin bekannt. Viele Betriebsvergleiche laufen über die Strukturqualität: Die personelle, räumliche und technische Ausstattung des Krankenhauses, den Krankenhaus-In- und -Output. Zur Messung der Prozeßqualität bedarf es Richtlinien, ärztlicher und pflegerischer Leitlinien oder verwaltungstechnischer und organisatorischer Handlungsanweisungen, deren Einhaltung für gute Qualität steht. Und nach *Berwick et al.* (1997) zählen neben den klinischen und funktionalen Indikatoren und den Zufriedenheitsmaßen mittlerweile sogar die entstandenen Kosten zur Ergebnisqualität.

Die Entwicklung geeigneter und konsensfähiger Qualitätsindikatoren, die zudem Vergleiche zwischen Krankenhäusern oder mit Referenzbereichen erlauben, ist in Deutschland in der Breite nach wie vor rückständig, wohl weil es in der Vergangenheit immer ausgereicht hatte, gute Qualität zu erbringen. Heute werden aber die Krankenhäuser in zunehmendem Maße und von verschiedenen Seiten aufgefordert, die Güte ihrer Versorgungsqualität auch transparent zu machen:

- Die Finanziers der Krankenhäuser – die Krankenversicherungen für die laufenden Kosten und die Bundesländer für die größeren Investitionen – wollen ihren Anspruch auf Nachweis eines effektiven und effizienten Einsatzes der von ihnen zur Verfügung gestellten Ressourcen realisiert sehen. Effektivität und Effizienz schließen die ärztliche und pflegerische Qualität mit ein.

- Haftpflichtversicherer beginnen sich für die Qualität, das Qualitäts- und das Risikomanagement eines Krankenhauses zu interessieren, um u. a. davon die Höhe der Prämien abhängig zu machen.

- Verbraucherorganisationen und Bürger sind zunehmend daran interessiert, die Qualität der Krankenhäuser ihrer Region kennen zu lernen. Hitlisten von Krankenhäusern sind in den USA schon lange üblich.

- Patienten wollen sich immer häufiger über die ärztliche Qualität des von ihnen gewählten Krankenhauses informieren. Wenn z. B. ein Patient über unerwünschte Wirkungen einer bei ihm vorzunehmenden Operation aufgeklärt werden möchte, muß ihm das Krankenhaus seine eigenen Komplikationsraten nennen. Allgemeine Angaben – etwa aus der Literatur – reichen nicht aus.

Hinzu kommt das Interesse der Leistungserbringer selbst, sei es zur eigenen Standortbestimmung, für Wettbewerbszwecke oder im Rahmen des Umfassenden Qualitätsmanagements (UQM) u. a. zur

- Setzung und Priorisierung neuer Qualitätsziele,
- Evaluierung qualitätsverbessernder Maßnahmen,
- Motivation der Mitarbeiter für die kontinuierliche Qualitätsverbesserung,
- Steigerung des Qualitätsbewußtseins und zur
- Schaffung einer über die Qualität begründeten Corporate Identity.

Krankenhausvergleiche sind also sowohl bezüglich der Qualität der ärztlichen und pflegerischen Prozesse und der Ergebnisqualität als auch bezüglich des Qualitätsmanagements und der Beförderung und Weiterentwicklung der Qualität im Unternehmen Krankenhaus gefragt.

2 Qualitätsvergleiche von Krankenhäusern auf der Ebene ärztlicher und pflegerischer Leistungen

Seit 1989 gibt es im 5. Sozialgesetzbuch (SGB V), zuständig für die gesetzliche Krankenversicherung, den § 137, in dem vergleichende Prüfungen zwischen Krankenhäusern gefordert werden, die sowohl die Behandlungsabläufe als auch die Ergebnisse der Behandlungen umfassen sollen. Pate für diesen Paragraphen könnten die ersten erfolgreichen Anfänge der Qualitätssicherung in der Geburtshilfe in 1975 und der Chirurgie in 1977 gestanden haben. Basis dieser Maßnahmen war damals der freiwillige Zusammenschluß von Fachabteilungen/Krankenhäusern, um sich durch anonymen Vergleich der eigenen Ergebnisse mit denen anderer einen Überblick über die Qualität der eigenen Leistungen zu verschaffen, gegebenenfalls seine eigenen Schwachstellen aufzudecken oder die Existenz von Spitzenfachabteilungen/-krankenhäusern (Beste-Praxis-Krankenhäuser) zu erkennen.

Diese Maßnahmen liefen und laufen auch heute noch in folgenden Schritten ab:

- Systematisches und standardisiertes Erheben von qualitätsrelevanten Informationen mittels Dokumentationsbogen. Inzwischen verfügen viele Fachabteilungen/Krankenhäuser über eigene Computer, die die Vollständigkeitskontrolle und die Plausibilitätsprüfungen übernehmen. Noch besser ist es, wenn die für die Vergleiche notwendigen Daten aus der ohne hin notwendigen ärztlichen und pflegerischen Routinedokumentation extrahiert werden können.

- Sammeln der Datenträger, zunächst in der Fachabteilung/dem Krankenhaus und dann in einer Organisationszentrale. Hierfür bietet sich in Zukunft vermehrt die Telekommunikation an.

- Abschließende Datenkontrolle in der Organisationszentrale; die erste Datenkontrolle findet in der Regel bereits in der dokumentierenden Fachabteilung/dem Krankenhaus statt.

- Berechnen der statistischen Indikatoren für die Prozeß- und Ergebnisqualität in der Organisationszentrale.

- Darstellung von Vergleichen zwischen den beteiligten Fachabteilungen/Krankenhäusern oder mit vordefinierten Referenzbereichen.

- Rückmeldung der Qualitätsindikatoren und der Vergleichsergebnisse zur Selbstprüfung an die Fachabteilungen/Krankenhäuser.

- Eventuell anonyme Fremdbegutachtung in der Organisationszentrale. Diese Fremdbegutachtung (Kommentierung des Überschreitens von Referenzbereichen oder anderer Besonderheiten) kann zum Teil vom Computer unterstützt werden.

Typischerweise wird den Fachabteilungen/Krankenhäusern jährlich folgende Informationspyramide zur Verfügung gestellt:

1. Gesamtstatistik: Sie enthält alle Qualitätsindikatoren und andere qualitätsrelevante Informationen, berechnet aus den Daten aller (gut) dokumentierender Fachabteilungen/Krankenhäuser zusammen. Der Vergleich der eigenen Ergebnissen mit denen aller Teilnehmer zusammen erlaubt eine erste Orientierung.

2. Klinikspezifische Statistik: Sie gleicht der Gesamtstatistik, enthält aber nur die Daten der eigenen Fachabteilung/dem eigenen Krankenhaus. Durch den Vergleich mit früheren Perioden lassen sich Veränderungen und Trends der eigenen Versorgungsqualität erkennen.

3. Profil: Diese Profile bieten den Teilnehmern auf einen Blick eine graphische (und numerische) Positionsbestimmung in der Verteilung der Ergebnisse aller Teilnehmer.

Abbildung 4.91 zeigt exemplarisch einen Ausschnitt aus dem Profil »Leistenhernie« der Qualitätssicherungsmaßnahme Chirurgie Baden-Würt-

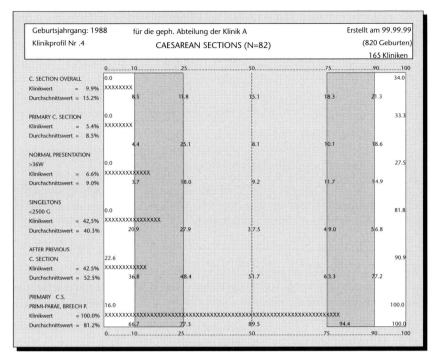

Abb. 4.91: Ausschnitt aus dem Klinikprofil »Leistenhernie« der Baden-Württembergischen Qualitätssicherung Chirurgie 1988

temberg aus dem Jahre 1988 (vgl. auch *Pietsch-Breitfeld et al.*, 1992). Die Form hat sich bis 1996 kaum verändert. Die Ergebnisse von 118 chirurgisch tätigen Einrichtungen sind in den Profilrahmen eingeflossen. Am Beispiel des Indikators »Gesamtkomplikationen« sieht man, daß die Spannweite der Raten von 0% (Minimum) bis 33% (Maximum) reicht. Die mediane Gesamtkomplikationsrate liegt bei 10,7%. Der schwarze Balken markiert graphisch die Position derjenigen Einrichtung, für die dieses Profil erstellt wurde. Der graue Balken stellt den Referenzbereich »0% bis 10%« dar, d.h., Gesamtkomplikationen in diesem Bereich würden noch als tolerable Qualität bezeichnet werden, was nicht heißt, daß sich Fachabteilungen/Krankenhäuser mit Raten aus dem Referenzbereich nicht auch verbessern können. Die im Beispiel gezeigte Einrichtung mit ihrer Gesamtkomplikationsrate von 15,4% sollte allerdings darüber nachdenken, welche Gründe bei ihr für diese hohe Rate verantwortlich sein könnten.

Eine etwas andere Profiltechnik wurde in der Studie zur »Qualitätssicherung in der operativen Gynäkologie« eingesetzt (vgl. *Geraedts* und *Lüdtke*, 1997). Ausgangspunkt dieser Qualitätsvergleiche war eine aufwendige

Entwicklung von 20 Prozeß- und Ergebnisqualitätsindikatoren und die Erhebung entsprechender Daten in 44 operativ tätigen gynäkologischen Abteilungen über ein Jahr. Die Indikatoren umfassen dabei allgemeine Indikatoren wie z. B. die Obduktionsrate, die relative Häufigkeit der Organverletzungen bei laparoskopischen Eingriffen und die Harnwegsinfektionsrate und eingriffsspezifische Indikatoren wie z. B. die relative Häufigkeit der adnexerhaltend operierten Patientinnen unter 40 Jahren mit der histologischen Diagnose Dermoid, der Hormonrezeptoranalysen bei Mamma-Karzinomen oder der Bluttransfusionen bei Hysterektomien. Die 20 Indikatoren wurden bewußt sehr spezifisch formuliert, um den Ärzten ohne weitere Analysen Möglichkeiten zur Qualitätsverbesserung aufzuzeigen. Da für Betriebsvergleiche oft allgemeiner gefaßte Qualitätsindikatoren ausreichen, ließen sich aufgrund inhaltlicher und faktorenanalytischer Zusammenfassungen die 20 Qualitätsindikatoren auf 13 reduzieren. Einer davon, der Anteil Patientinnen mit infektiösen postoperativen Komplikationen, ist in Abbildung 4.92 als Vergleichsprofil dargestellt. In der Vertikalen aufgetragen sind die gynäkologischen Abteilungen, geordnet nach der Zahl ihrer Eingriffe. In der Horizontalen sind die Infektionsraten jeder Klinik als Pfeile wiedergegeben. 25 % der Kliniken wiesen eine Infektionsrate unter einem 1 % auf. Die Klinik mit der höchsten Infektionsrate lag bei ca. 12 %. Das Verfahren wird inzwischen u. a. in Hessen flächendeckend durchgeführt.

Andere Profilformen wurden u. a. für Kataraktoperationen (vgl. *Dannheim et al.*, 1997) oder herzchirurgische Eingriffe (vgl. *Struck*, 1992) entwickelt und eingeführt.

Grundsätzlich sind solche Qualitätsvergleiche für alle Patienten einer Fachabteilung bzw. einen Leistungserbringer oder für bestimmte Tracer-Situationen denkbar. Unter Tracer-Situationen versteht man Situationen (bestimmte Behandlungen, bestimmte Krankheitsbilder oder -symptome etc.), die häufig vorkommen, ein hohes Risiko für den Patienten beinhalten, eine große Variation zwischen Leistungserbringern zeigen und repräsentativ für größere Versorgungsbereiche sind.

Modelle für eine Totalerhebung aller Behandlungsfälle einer Fachabteilung gibt es u. a. für die Anästhesiologie, Diabetologie, Herzchirurgie, Neonatologie und Perinatologie. In der Allgemeinchirurgie, Gastroenterologie, Kardiologie, Neurochirurgie, Ophthalmologie, Orthopädie, Urologie und anderen Fachgebieten werden nur Tracer-Situationen ausführlich dokumentiert und analysiert.

Während die Teilnahme an Qualitätsvergleichen in der Vergangenheit auf freiwilliger Basis erfolgte, sind auf der Grundlage der Rahmenempfehlung der Spitzenverbände der gesetzlichen Krankenversicherungen und der Deutschen Krankenhausgesellschaft von 1995 Krankenhäuser verpflichtet, für derzeit 78 Fallpauschalen und Sonderentgelte 29 ver-

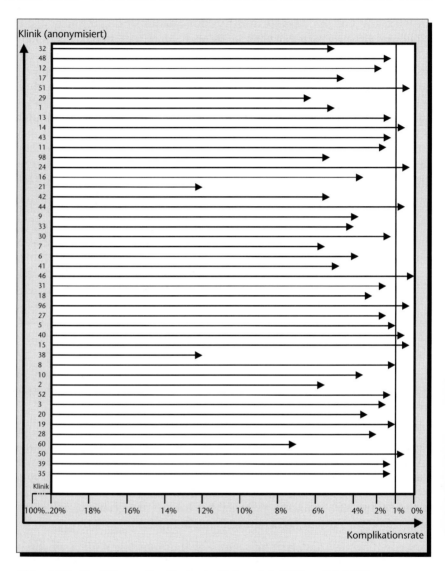

Abb. 4.92: Qualitätsmonitor für den Indikator »Anteil Fälle mit infektiösen postoperativen Komplikationen« in der Studie »Qualitätssicherung in der operativen Gynäkologie« (vgl. Geraedts und Lüdtke 1997)

schiedene Qualitätsdokumentationen auszufüllen und per Diskette oder Telekommunikation an zentrale Organisations-/Projektgeschäftsstellen auf Länderebene zu versenden. Die Umsetzung dieser Bundesrahmenempfehlung erfolgte allerdings in den einzelnen Bundesländern recht unterschiedlich.

Die Qualitätsdokumentationen und vergleichenden Prüfungen sollen die Qualität der Versorgung nach der Einführung von ca. 260 Fallpauschalen und Sonderentgelten in 1996 sicherstellen. Die Krankenhäuser erhalten für die Dokumentation und den Versand eine Vergütung, die allerdings nicht kostendeckend ist. Nach einer Änderung des 5. Sozialgesetzbuches im Juni 1997 liegt es nunmehr bei der Bundesärztekammer, konkrete Vorschläge für die vergleichenden Prüfungen ärztlichen Handelns zu machen. Diese sind dann nach Abstimmung auf Bundesebene nach § 112 SGB V von den Landesverbänden der gesetzlichen Krankenversicherungen und den Landeskrankenhausgesellschaften umzusetzen.

Durch die Abkehr von der freiwilligen Teilnahme und vor dem Hintergrund möglicher Sanktionen werden an die Qualitätsvergleiche sehr viel höhere Anforderungen gestellt. Als Probleme sind u. a. zu nennen, daß

- die Vergleiche methodisch inadäquat sind, wenn keine Vergleichbarkeit der Patientenklientele der Fachabteilungen (z. B. wegen unterschiedlicher Alters-, Schweregrad-, Komorbiditätsverteilung etc.) gegeben ist. Diese Vergleichbarkeit kann entweder durch die Auswahl vergleichbarer Fachabteilungen, durch die Auswahl homogener Patientengruppen innerhalb der Fachabteilungen oder durch Fallmix-Anpassung mittels indirekter Standardisierung oder logistischer Regression erfolgen (vgl. *Selbmann et al.*, 1982);

- das Verfahren nicht ganz billig und sehr arbeitsaufwendig ist, insbesondere weil dadurch zusätzliche Dokumentationsaufgaben auf die Fachabteilungen zukommen. Streng genommen müßte noch auf Stichprobenbasis die Datenqualität in den Fachabteilungen kontrolliert werden, was zusätzliche Kosten und Frustrationen verursachen würde;

- zu viele Fehlalarme erfolgen bzw. berechtigte Alarme unterbleiben, wenn die Referenzbereiche nicht richtig gewählt wurden. Bei der Wahl der Länge der Referenzbereiche spielt auch die Fallzahl pro Fachabteilung eine Rolle;

- die Vergleiche zur Suche nach den negativen Ausreißern anstatt nach den Beste-Praxis-Krankenhäusern verwendet werden sollen und dadurch der qualitätssichernde Effekt und die Akzeptanz gefährdet sind;

- die Vergleichsergebnisse oft zu spät kommen und nichts nützen, wenn sie nicht in das interne Qualitätsmanagement der Fachabteilungen integriert werden.

Bis alle diese Probleme beseitigt sind, wird noch einige Zeit vergehen. Solange ist ein zurückhaltender Umgang mit den Vergleichsergebnissen angesagt. Ganz ohne Zweifel bilden allerdings Qualitätsvergleiche auf der Basis ärztlicher und pflegerischer Leistungen eine wichtige Komponente des Qualitätsmanagements von Krankenhäusern.

3 Qualitätsvergleiche von Krankenhäusern auf der Ebene des Qualitätsmanagements

Qualitätsvergleiche auf der Ebene ärztlicher oder pflegerischer Leistungen lassen viele Aspekte der Qualität eines Krankenhauses unberücksichtigt. Zudem können sie, wenn sie zu detailliert angelegt sind, auch zu Mehrarbeit, zur Verwirrung und zur Überreglementierung führen. Ihr größter Nachteil besteht jedoch darin, daß mit ihnen die Vergangenheit beurteilt wird und die in die Zukunft wirkenden Maßnahmen der Qualitätsverbesserung oder -förderung außer Acht bleiben. Anstelle der leistungsbezogenen Qualitätsvergleiche oder ergänzend dazu wären daher Vergleiche der Qualität des Qualitätsmanagements von Krankenhäusern denkbar; vorausgesetzt, man verfügt über geeignete Bewertungsinstrumente.

Nach der DIN EN ISO-Norm 8402 versteht man unter dem Qualitätsmanagement eines Unternehmens sinngemäß alle Tätigkeiten (Planungs-, Lenkungs-, Sicherungs- und Verbesserungsmaßnahmen) des Gesamtmanagements, die dazu beitragen können, daß die aus der unternehmenseigenen Qualitätsphilosophie abgeleiteten Qualitätsziele erreicht werden. Ein solches Management der Qualität muß per definitionem umfassend angelegt sein, d. h. es soll alle Berufsgruppen und Hierarchien einschließen und alle Qualitätsaspekte der Kunden, der Leistungserbringer und des Managements miteinbeziehen.

Die Norm ISO 9004-Teil 2 beschreibt recht ausführlich, wie ein erfolgreiches Qualitätsmanagement eines Dienstleistungsunternehmens aussehen sollte. Allerdings existiert davon keine Übertragung auf den Bereich der Medizin, die von der Selbstverwaltung des Gesundheitswesen akzeptiert würde. Stattdessen wird von verschiedenen Unternehmensberatern eine Zertifizierung von Krankenhäusern nach der Norm ISO 9001 propagiert. Ca. 10–15 Krankenhäuser, auch eine Reihe von Krankenhausapotheken und klinisch-chemischen Labors haben sich inzwischen von akkreditierten Zertifizierungsunternehmen ein ISO-Zertifikat erteilen lassen. Allerdings scheint die Zertifizierungsepidemie inzwischen gebrochen zu sein.

Ein Blick auf die 20 Qualitätselemente der Norm ISO 9001 (siehe Abbildung 4.93) zeigt, warum sich die Spitzenverbände der Gesetzlichen Krankenversicherungen, die Deutsche Krankenhausgesellschaft und die Bundesärztekammer gemeinsam Anfang 1996 gegen eine Verwendung dieser Norm als Bewertungsmaßstab für die Qualität eines Krankenhauses ausgesprochen haben. Eine Zertifizierung des Qualitätsmanagementsystems nach der ISO-Norm läßt u. a. die Qualität der Versorgung, die Mitarbeiterorientierung und die gesellschaftlichen Funktionen eines Krankenhauses außer Acht und beschränkt sich stattdessen auf den Ist-Zustand des Qualitätsmanagementsystems, wobei sie die Qualitätsprüfungsaspekte besonders betont. Weitere Nachteile dieser Zertifizierung sind die Beschränkung auf die Existenz formaler Verfahren des Qualitätsmanage-

• Verantwortung der Leitung	• Prüfmittelüberwachung
• Qualitätsmanagementsystem	• Prüfstatus
• Vertragsprüfung[2]	• Lenkung fehlerhafter Produkte
• Designlenkung[1, 2]	• Korrektur- und Vorbeugungsmaßnahmen[2]
• Lenkung der Dokumente und Daten	• Handhabung, Lagerung, Verpackung, Konservierung und Versand
• Beschaffung[2]	• Lenkung von Qualitätsaufzeichnungen
• Lenkung der vom Kunden bereitgestellten Produkte[2]	• Interne Qualitätsaudits[2]
• Kennzeichnung und Rückverfolgbarkeit	• Schulung
• Prozeßlenkung[2]	• Kundendienst / Wartung[1, 2]
• Prüfungen	• Statistische Methoden

Abb. 4.93: Die 20 Qualitätselemente der Norm ISO 9001
([1] nicht in ISO 9002, [2] nicht in ISO 9003 enthalten)

ments, die verhältnismäßig hohen Vorbereitungskosten und die zu erwartende Zertifizierungsspirale bei zunehmender Durchsättigung des Krankenhausmarktes mit Zertifikaten. Als Vorteile sind zu nennen, daß dieses Verfahren bisher das einzige weitverbreitete Zertifizierungssystem für Qualitätsmanagementsysteme in Deutschland ist und ohne Zweifel im Bereich der Arbeits- und Behandlungsabläufe viel Ordnung schafft.

Während eine ISO-Zertifizierung der Prüfung auf Übereinstimmung eines Qualitätsmanagementsystems mit der ISO-Norm entspricht, bewerten die Qualitätspreis-Modelle das umfassende Qualitätsmanagement mit Hilfe von Kriterien und Punkten. Das Ergebnis einer Bewertung sind keine ja/nein Entscheidungen wie bei den Zertifizierungen sondern Punktwerte pro Kriterium. Die herausragende Bedeutung dieser Qualitätspreis-Modelle kommt nicht aus der Preisverleihung selbst sondern aus den Bewertungskriterien, denen man sich in einer Art Simulation einer Preisbewerbung stellen kann. Der *Deming Prize* von 1951 und der *Malcolm Baldrige National Quality Award* von 1987 waren das Vorbild für den *Europäischen Qualitätspreis (EQA)* von 1992 der European Federation for Quality Management, dessen Preiskriterien und maximale Punktwerte in Abbildung 4.94 wiedergegeben sind. Bemerkenswert ist dabei, daß die Kunden (Ergebnisse und Zufriedenheit) und die Mitarbeiter (Orientierung und Zufriedenheit) auch bei der Bewertung mit den höchsten Punktwerten bedacht werden. Wenn das EQA-Bewertungssystem einmal in den Medizinbereich übertragen, standardisiert und weiter verbreitet ist, lassen sich sowohl Selbst- und Fremdbewertungen (Vorher-Nachher-Vergleiche) als auch

A. Qualitätsfördernde Faktoren	Maximale Punktezahl	B. Ergebnisse des Qualitätsmanagements	Maximale Punktezahl
Prozesse und innerbetriebliche Abläufe	140	Kundenzufriedenheit / Outcome	200
Leitung und Führung des Unternehmens	100	Geschäftsergebnisse	150
Mitarbeiterorientierung	90	Mitarbeiterzufriedenheit	90
Managen von Ressourcen	90	Gesellschaftliche Verantwortung / Image	60
Qualitätspolitik des Unternehmens	80		
A zusammen	500	B zusammen	500

Abb. 4.94: Beurteilungskriterien des Europäischen Qualitätspreises für Unternehmen (EFQM 1995)

Vergleiche zwischen Krankenhäusern vornehmen. Während andere Länder wie etwa Schweden oder die Niederlande schon eigene Qualitätspreise für das Gesundheitswesen auf der Basis der EQA-Kriterien etabliert bzw. längere Erfahrungen mit den EQA-Kriterien gemacht haben, lassen sich in Deutschland zur Zeit EFQM-Assesoren – man würde sie wohl besser EFQM-Berater nennen – ausbilden bzw. beginnen erste Krankenhäuser sich selbst nach den EQA-Kriterien zu bewerten.

4 Ausblick

Wagt man einmal einen Ausblick in die Zukunft, dann werden Hitlisten von Krankenhäusern wie sie aus den USA oder aus deutschen Wochen- und Testjournalen bekannt sind, weiterhin für Patienten von Interesse sein, auch wenn diese Hitlisten, wie neue Befragungen ergeben haben, wohl nie die erste und ausschließliche Quelle für die Wahl eines Krankenhauses darstellen werden. Nimmt man z. B. die Hitliste der US News (1996), dann ist offensichtlich, daß einige wenige Kriterien wie Reputationscore, Mortalitätsrate, Anzahl Ärzte, Pflegekräfte und Prozeduren pro Bett und ein Technologiescore kein vollständiges Bild von der Qualität eines Krankenhauses ergeben, das zudem noch über einen zusammenfassenden Score eine Reihung der Krankenhäuser erlauben soll. Die nichtwertende Wiedergabe detaillierterer Patientenbefragungsergebnisse helfen Krankenhäusern und zukünftigen Patienten da schon eher weiter (Stiftung Warentest 1997).

Wie gezeigt, haben Qualitätsvergleiche sowohl auf der Ebene der ärztlichen und pflegerischen Leistungen als auch des Qualitätsmanagements ihre Berechtigung. Sie ergänzen sich sogar in den EQA-Kriterien Managen von Ressourcen, Prozesse, Kundenzufriedenheit und Geschäftsergebnisse ausgezeichnet. Deshalb liegt es nahe, daß zukünftige Qualitätsvergleiche von Krankenhäusern auf der Basis der EQA-Kriterien die Ergebnisse leistungsbezogener Qualitätsvergleiche mitberücksichtigen (vgl. z. B. *Geraedts et al.*, 1997). Es bleibt zu hoffen, daß ein solches Bewertungssystem, getragen von allen Partnern der Selbstverwaltung im Gesundheitswesen, bald entsteht, bevor eine zu große Vielfalt an Systemen wieder zu einer Unübersichtlichkeit führt.

Weiterführende Literaturhinweise:

Berwick D. M.; Nelson E.C.; Plume S.K.: Putting scientific evidence to work: Accelerating clinical improvement. Seminar auf dem 2. European Forum on Quality Improvement in Health Care, Paris 26. 4. 1997;

Dannheim R.; Pietsch-Breitfeld B.; Allhoff P.G.; Selbmann, H. K.: Kap. IV-2.2.8: Qualitätssicherung in der Ophthalmologie am Beispiel der Kataraktoperation. In: Scheibe O. (Hrsg.): Qualitätsmanagement in der Medizin – Handbuch für Klinik und Praxis. Ecomed-Verlag, Landsberg 1997;

Donabedian A.: Evaluating the quality of medical care. Milbank Memorial Fund 44, 1966 S. 166–203;

EFQM: Bestimmung der Qualität von Unternehmensleistungen. Fragebogen-Methode. Gower Publishing Ltd., Hampshire 1995;

Geraedts M.; Berg D.; Koester H.; Rauskolb R.; Scheidel P.; Selbmann H. K.: Qualitätssicherung in der operativen Gynäkologie – Abschlußbericht eines durch das BMG geförderten Projektes, Tübingen 1997;

Geraedts M.; Lüdtke R.: Benchmarks für die operative Gynäkologie: Ergebnisse der Qualitätssicherungsstudie der DGGG. Zentralblatt für Gynäkologie 119, 1997, S. 417–422;

Pietsch-Breitfeld, B.; Selbmann, H. K.: Qualitätssicherung am Beispiel der Perinatologie und Chirurgie. Z. Orthop. 130, 1992, S. 352–356;

Selbmann H. K.; Warncke W.; Eißner H. J.: Comparisons of hospitals supporting quality assurance. Meth. Inform. Med. 21, 1982, S. 75–80;

Struck E.: Qualitätssicherung in der Herzchirurgie. Thorac. Cardiovasc. Surgeon 40, 1992, S. 313-318;

Stiftung Warentest: Gute Besserung – Krankenhäuser Berlin. Test 11, 1997, S. 97–105;

US News and World Report: America's Best Hospitals. John Wiley & Sons, New York 1996.

Behandlungsleitlinien als Voraussetzung für klinisches Benchmarking

Holger Thiemann
und
Hans Werner Voss

1 Die Qualität des Ergebnisses

Das Gesundheitssystem in Deutschland befindet sich seit geraumer Zeit in einer Krise. Bedingt durch eine rasche Folge an Innovationen, die allesamt zu einer Kostenausweitung geführt haben und noch führen, wird

Die Qualität des Ergebnisses interessiert – nichts anderes! Krankenhausbetriebsvergleiche dürfen aber nicht beim Benchmarking der Betriebswirtschaft stehen bleiben!

nichtrationierte Gesundheitsversorgung zunehmend schlechter finanzierbar. Vor allem die Kostenträger beklagen, daß es derzeit keine Dokumentation der Qualität der finanzierten Gesundheitsdienstleistungen gäbe. Maßnahmen wie Budgetierung, Deckelung u. ä. stellen im Wesentlichen den Versuch der Ausgabenbegrenzung dar. Zunehmend mehrt sich jedoch die Anzahl derer, die nach der Qualität der geleisteten Gesundheitsdienstleistung fragen. Aus Kundensicht interessiert hier lediglich die Beschaffenheit der Ergebnisqualität aufgeschlüsselt in Qualität von Medizin, Pflege, Service und Verwaltung. Die oft diskutierte Qualität von Strukturen und Prozessen mag für Dienstleister erheblich sein, um Ansatzpunkte für ihre Neugestaltung zu gewinnen, für den Patienten-Kunden ist sie von sekundärer Bedeutung.

Um Krankenhäuser vergleichen zu können, wird derzeit an der Systematik von Krankenhausbetriebsvergleichen gearbeitet. Die bisherigen Ansätze haben jedoch noch keinen Weg gefunden, medizinische Qualität vergleichbar zu machen.

2 Clinical Pathways

Medizinische Ergebnisse der Patientenversorgung müssen aber immer im Kontext des Aufwandes gesehen werden, der dafür eingesetzt wurde. Es geht also letztlich um einen Qualitäts-

Clinical Pathways schaffen die Voraussetzungen für Krankenhausvergleiche auf der Basis von medizinischen Ergebnissen der Patientenversorgung (Outcomes)

vergleich. Den Ausführungen dieses Artikels liegen folgende Überlegungen zugrunde: Die **Qualität der Patientenversorgung** wird gekennzeichnet durch Ergebnis (als Maßstab für die **Effektivität** der Versorgung) und Aufwand (als Maßstab für die **Effizienz** der Versorgung)

- das Ergebnis der Behandlung für den Patienten (»outcome«) wird dokumentiert durch objektive und subjektive Befunde von Arzt und Patient,
- der Aufwand wird dokumentiert durch Zeit, die Patienten und Leistungserbringer für Kommunikation, Koordination und Durchführung der einzelnen Diagnose- und Behandlungsschritte aufbringen müssen, sowie durch finanziell bewertete Mengen an materiellen Ressourcen (Medikamente, medizinisches Gerät, Räumlichkeiten, etc.)

Die Qualität der Patientenversorgung ist nur verbesserbar (und vergleichbar im Rahmen eines Krankenhausbetriebsvergleichs), wenn sie meßbar ist. Meßbar wird sie aber nur, wenn

- Anamnese, Befund und Diagnose sorgfältig und zutreffend mit den relevanten Merkmalen dokumentiert werden,
- Behandlungsziele patientenspezifisch nach Inhalt und Zeit qualifiziert und quantifiziert werden,
- die einzelnen Behandlungsmaßnahmen von allen Leistungserbringern unmittelbar bzw. zeitnah mit dem Aufwand an Zeit und materiellen Ressourcen dokumentiert werden und
- das Ergebnis evaluiert und mit den Behandlungszielen verglichen wird.

Der Vergleich von Behandlungsergebnis mit Anamnese, Befund, Diagnose und Behandlungszielen zeigt auf, in welchen Bereichen die Patientenversorgung effektiv und effizient war und gibt Anhaltspunkte für ihre Verbesserung. Erfahrungen, die in solchen Prozessen gesammelt wurden, lassen sich in Behandlungsleitlinien dokumentieren und evaluieren unter der Überschrift: »Welche Maßnahme hat am besten geholfen« (»Guideline« mit »best grade of evidence«) und für vergleichbare Fälle als Summe aller ergriffenen Maßnahmen als Diagnose- und Therapieplan (»Clinical Pathway«) festhalten. Entsprechend dem individuellen Krankheitsbild eines Patienten sind verschiedene Behandlungsleitlinien zu einem patientenorientierten Behandlungsplan zu kombinieren und gegebenenfalls patientenspezifisch vom Arzt zu ergänzen.

Bei der konkreten Arbeit sollten die folgenden Fragen beantwortet werden:

- Was ist zu tun? (Benennung der spezifischen Interventionen mit Ergebnisbezug).
- Wie wird es getan? (Benennen des Procedere mit Ergebnisrelevanz).
- Wer wird es tun? (Exakte Zuweisung einer Tätigkeit zu einem Mitarbeiter/Funktion).
- Wann ist es zu tun? (Herstellen des exakten Zeitbezuges, z. B. 4 Stunden nach Aufnahme).

Hieran schließt sich die Definition der Systemelemente an.

In einer *exakten Zielgruppendefinition* wird festgelegt, für wen der Pathway Geltung erlangen soll (Kriterien: z. B. Einweisungsdiagnose, Art der Intervention, Neugeborene etc.). Durch eine klare *Definition der Zeitmatrix* wird der ideale Interventionszeitpunkt zur Erzielung eines qualitativ maximalen Ergebnisses bei ökonomisch idealen Resultaten reproduzierbar. Durch eine formalisierte Zuordnung von *Aktivitäten zu Kategorien* wird eine Konfusion der Zuständigkeiten bei stationärer, prä- oder poststationärer Phase verhindert Eine wichtige Bedeutung hat die exakte Herausarbeitung von klinischen »outcomes«. Diese sollten das klinisch-medizinische Ergebnis beinhalten, die gesundheitsbezogene Lebensqualität jedoch ebenso erfassen wie die subjektive Patientenzufriedenheit. In die integrative Betrachtung sollen zudem die wirtschaftlichen Ergebnisse mit einbezogen werden. Eine besondere Bedeutung kommt der Form der Dokumentation zu, wobei darauf zu achten ist, daß der Pathway DV-technisch in die bestehenden Dokumente eingewoben wird.

3 Ergebnisse am Ende eines Prozesses

Auch wenn die Prozeßqualität für den Patienten (Kunden) an Bedeutung weit hinter der Ergebnisqualität zurücksteht, so ist sie für den Leistungserbringer von großer Bedeutung. Steht doch das optimale Ergebnis am Ende eines optimalen Prozesses. Die Tatsache, daß Ärzte mit ihren Entscheidungen während des klinischen Behandlungsprozesses den größten Teil des Ressourcenverbrauches lenken, macht ihre Bedeutung als Zielgruppe für notwendige Verhaltensänderungen deutlich. Bei der derzeitigen Form der Entscheidungsfindung in der Patientenbehandlung erwecken viele Entscheidungen den Eindruck von »ad-hoc-Entscheidungen«. In der Klinik werden die meisten Anordnungen von einem Arzt allein getroffen. Bemerkenswert ist, daß die quantitativ größte Anzahl der Entscheidungen von den jüngsten (unerfahrensten) Ärzten getroffen wird. Die erfahrenen Ärzte korrigieren oder bestätigen die Entscheidungen im Nachhinein. So lernt der Assistent mit der Zeit die Abweichungen des eigenen Vorgehens von der Vorgehensweise der Erfahrenen zu minimieren. Dann verläßt er jedoch meist seinen Platz und macht nachrückenden (unerfahrenen) Kollegen Platz. Diese aufgrund fehlender Dokumentation entstehenden Abstimmungsdefizite sind an Bereichsgrenzen (ambulant/stationär oder an Abteilungsgrenzen) erfahrungsgemäß noch deutlich größer als innerhalb einer Abteilungsebene. Verständlich wird so, daß bei derart unkoordinierten Prozessen die Ergebnisse in ihrer Qualität schwanken.

4 Abgestimmter Einsatz von Ressourcen in der medizinischen Versorgung

Unter der Vorstellung eines optimalen Ressourceneinsatzes in der Gesundheitsversorgung muß daher die Forderung nach einer besseren Abstimmung in den Behandlungskonzepten gestellt werden. Qualitätsmanagement beginnt aber nicht erst in der Klinik und hört auch dort nicht auf. Entscheidend für den langfristigen Erfolg (»outcome«) sowohl im Hinblick auf Lebensqualität als auch auf den betriebenen Aufwand ist daher eine zielgerichtete Koordination aller Leistungserbringer innerhalb

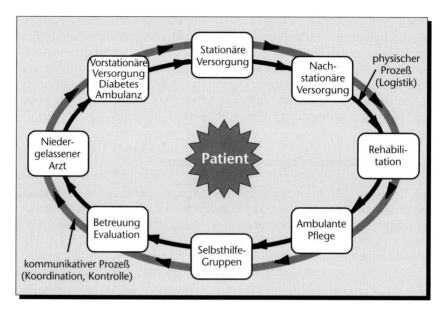

Abb. 4.95: Clinical Pathway

und außerhalb der Klinik, die in die Versorgung des Falles einbezogen sind. Einer patientenorientierten (krankheitsbildbezogenen) Vorgehensweise sollte hierbei unbedingt vor einer berufsgruppenorientierten Intention der Vorzug gegeben werden (siehe Abbildung 4.95).

Dabei ist der »Clinical Pathway« eines der effektivsten Instrumente in der Restrukturierung klinischer Abläufe. Ein »Clinical Pathway« ist ein Behandlungsplan zu einem entsprechenden Krankheitsbild mit einem umfassenden Katalog von Behandlungsleitlinien (»guidelines«). Diese umfassen Befundung, Differentialdiagnostik und Therapie als klinischen Teil eines Gesamtbehandlungsplanes, der alle Beteiligten und Phasen entsprechend der Abbildung 4.95 einschließt. Neben Manualen für die ärztlichen und pflegerischen Tätigkeiten sind darüber hinaus auch Patienteninformationen eingearbeitet.

Seinen Ursprung hat das Pathway-Management im industriellen Projektmanagement der 50er Jahre. Hier stellte es eine integrative Beschreibung zur Koordination einer Vielzahl paralleler Aktivitäten bei engem Zeitrahmen dar. In den 80er Jahren im Gesundheitswesen eingeführt, ist es in den USA mittlerweile unter Synonymen wie »Critical Pathways«, »Clinical Pathways«, »Practise Guidelines« oder »Case Management« oftmals Grundlage der Abrechnungsverträge zwischen Leistungserbringern und Health Maintenance Oragnisation's (HMO's). Allen gemeinsam ist der Grundgedanke, aus einer interdisziplinären, ganzheitlichen Perspektive heraus Anforderungen an eine adäquate Patientenversorgung zu definieren. In einem Feed-back-Prozeß werden diese Behandlungspläne ständig mit den erzielten Ergebnissen verglichen und entsprechend angepaßt (Evidence based medicin). Auf diese Weise entsteht ein Qualitätsregelkreis, der optimale Behandlungsergebnisse (Effektivität) mit minimalen Kosten (Effizienz) anstrebt.

5 Voraussetzungen für einen erfolgreichen Einsatz der »Clinical Pathways« im Krankenhaus

Wie bei jeder Prozeßoptimierung ist auch eine Restrukturierung von Behandlungsabläufen in der praktischen Umsetzung an eine Fülle von Voraussetzungen gebunden, die für einen erfolgreichen Verlauf entscheidend sind.

❏ **Unterstützung durch die Klinikleitung**

Nur mit uneingeschränkter Befürwortung des Vorgehens durch die Geschäftsleitung kann der angestrebte Veränderungsprozeß erfolgreich vollzogen werden. Dies erklärt sich mit den teilweise »revolutionären« Veränderungen, die sich in den Prozeßabläufen ergeben. Gerade in den Interaktionen zu den außerhalb der Klinik angesiedelten Partnern ergeben sich zum Teil gravierende Modifikationen, die einer aktiven Unterstützung durch die Führungsebene bedürfen. Bei halbherzigem Engagement der Führung ist die Gefahr groß, daß der Veränderungsprozeß aufgrund der »Trägheit des Systems« zum Erliegen kommt. Daher gilt es, Vorbehalte in der Geschäftsleitung und den Führungsebenen offen zu diskutieren und vor Beginn von entsprechenden Projekten abzubauen. Entscheidendes Erfolgskriterium ist hierbei der Umgang mit verdeckten oder unbewußten Vorbehalten.

❏ **Enge Einbindung aller am Behandlungsprozeß Beteiligten**

Die Philosophie eines abgestimmten Behandlungskonzeptes, das den Patienten im Mittelpunkt der Aktivitäten sieht, stellt auch bereits während der Entwicklung besondere Anforderungen. Je eher und je intensiver alle Beteiligten an der Entwicklung des Behandlungsplanes mitarbeiten, desto größer ist Akzeptanz und Identifikation mit dem Projekt und desto selbstverständlicher wird die Orientierung an den erarbeiteten Leitpfaden in der Umsetzung. Das gilt insbesondere für die Ärzteschaft. Während in den anderen Berufsgruppen eine Kooperation oftmals schnell erreicht wird, gehört es erfahrungsgemäß zu den schwierigsten Aufgaben, die beteiligten Mediziner zu einer vorbehaltlosen Unterstützung zu bewegen. Neben generellen Berührungsängsten zu industriellen Methodiken (»Wir gehen mit Kranken um, nicht mit Werkstücken«), bestehen starke Vorbehalte gegen eine Standardisierung von diagnostischen und therapeutischen Vorgehensweisen. Neben der Berufung auf die ärztliche Therapiefreiheit wird ein standardisiertes Handeln häufig als »Kochbuchmedizin« abgewertet. Es muß immer deutlich bleiben, daß ein patientenspezifisches Vorgehen im Vordergrund steht, Abweichungen vom entwickelten Behandlungsplan also jederzeit möglich sind – allerdings erfordert eine Abweichung auch eine spezifische Begründung, die bei der Evaluation des Behandlungsergebnisses und des damit verbundenen Aufwandes verantwortet werden muß.

❏ Kommunikation und Koordination

Die Konzeption der »Clinical Pathways« baut bei komplexen Behandlungsabläufen auf einer gut verzahnten Abstimmung in mit einer Vielzahl von Beteiligten auf. Um diesen Anforderungen genügen zu können, entwickelt sich konsequent eine vernetzte Organisationsstruktur. Die optimale Koordination der am Behandlungsprozeß Beteiligten ist nur mit einem umfassenden Krankenhausinformations- und -kommunikationssystem erreichbar, das mit einem den Arbeitsablauf steuernden System (Workflowmanagement) gekoppelt ist (siehe Q-NET).

❏ Gutes Datenmanagement

Monitoring der Entwicklung des Patienten während des Behandlungsablaufs und Evaluation des Behandlungsergebnisses ist ohne qualifiziertes Datenmanagement nicht leistbar. Neben medizinischen und pflegerischen Daten sowie zeitorientierten Koordinationsinformationen (Patienten-Leitsystem) wird gleichzeitig eine große Anzahl administrativer Daten während der Behandlung eines Patienten generiert. Im Rahmen eines optimierten Behandlungskonzeptes mit »Clinical Pathways« wird die Kombination dieser Daten zur Qualitätssicherung verwandt. Eine manuelle Erfassung und Auswertung dieser Daten wäre allein aufgrund der damit verbundenen zusätzlichen erheblichen Mitarbeiterbelastung unrealistisch. Entsprechende EDV-Unterstützung ist hier zwingend erforderlich.

❏ Angemessener Zeitrahmen

Bei der Arbeit mit »Clinical Pathways« wird der Behandlungsprozeß in der Regel völlig neu geordnet. Die bereits oben angedeuteten notwendigen umfassenden organisatorischen Veränderungen sowie nicht selten strukturelle Modifikationen bis hin zu Baumaßnahmen sind nicht von heute auf morgen zu realisieren. Hinzukommen Einstellungs- und Verhaltensänderungen der am Behandlungsprozeß Beteiligten. Dies macht deutlich, daß die Entwicklung und Implementierung von Behandlungsplänen und -leitlinien nicht nebenbei zu erledigen ist. Dieser Prozeß dauert in der Regel zwei bis drei Jahre.

6 Auswahlkriterien für den erfolgreichen Einsatz von »Clinical Pathways«

Gerade zu Beginn des Einsatzes eines neuen Tools ist die Auswahl des geeigneten Einsatzortes von besonderer Bedeutung. Das Pilotprojekt sollte dort stattfinden, wo es allen Beteiligten den größten Nutzen bringt. Dabei ist zu bedenken, daß die einzelnen Berufsgruppen unterschiedliche Erwartungen an die Prozeßoptimierung mittels der Pathways haben. Aus Sicht der Administration wird der optimale Einsatzort dort liegen, wo ein aktueller »Fallkostenverlust« behoben/minimiert werden kann. Eine Erhöhung der Patienten- und/oder Mitarbeiterzufriedenheit und die Lokalisation des Pilotprojektes in einem Behandlungsschwerpunkt der Klinik verbessern die Akzeptanz des Projektes in der Administration.

Aus Sicht der Kliniker sollte das Pilotprojekt dort gestartet werden, wo bei hohen Behandlungszahlen die derzeitige Behandlungsmethode umstritten ist, mehrere Behandlungskonzepte parallel existieren oder aber größere Pflegeprobleme existent sind. Sind diese Kriterien erfüllt, ist aus klinischer Sicht eine Prozeßoptimierung erwünscht und die Akzeptanz der Beteiligten am größten.

6.1 Betriebs- oder Systemvergleich?

Für den Patienten ist die Ergebnisqualität am Ende eines Behandlungsprozesses entscheidend. Auch bei der Diskussion über »Clinical Pathways« als Instrument zur medizinischen Qualitätsgewinnung wurde auf ein organisationsübergreifendes Verfahren hingewiesen. Sicherlich lassen sich die einzelnen Organisationen einer Behandlungskette (z. B. Niedergelassener, Klinik, REHA, Niedergelassener) unabhängig voneinander in ihrer Qualität überprüfen und vergleichen. Entscheidend ist für den Patienten jedoch das Ergebnis des gesamten Prozesses (die endgültige Ergebnisqualität). Auch der Kostenträger muß ein Interesse an einer ganzheitlichen Prozeßbetrachtung haben.

6.2 Systematik eines Betriebs/Systemvergleiches

Bestimmung der Outcomes

Zunächst muß zwischen medizinischen Leistungsparametern, Service und Aufwand unterschieden werden.

- Medizinische Leistungsparameter
  (Komplikationsrate, Verlegungsrate, Revisionsrate, Liegezeit, spezifisch bei einzelnen Erkrankungen: HbA1c, diast./syst. Blutdruck, Perfusionsraten ...),
- Service
  (Warten auf Untersuchung, Mitgabe der Befundberichte, Erfüllen von Wünschen, Hotellerie),

- Aufwand
  (Fallgruppenbezogene Kosten, Profitabilität, Kapital pro Bett, Umsatz
  je Mitarbeiter).

6.3 Klassifizierung der Patienten nach Schweregrad

Bei Vergleichen innerhalb diagnosebezogener Gruppen (DRG = diagnosis
related group) besteht die Gefahr, stark im Schweregrad der Erkrankung
abweichende Klientel zu korrelieren. Daher wurden verfeinerte Systeme
(APR-DRG's) etabliert, die in jeweils vier Subklassen

- Komplexität der Erkrankung und
- Mortalitätsrisiko

bewerten. Im Rahmen des Q-NET (siehe Anhang) wurden hierfür »Fallgruppen« gebildet. Hierdurch gelingt es tatsächlich »Äpfel mit Äpfeln« zu
vergleichen. Zudem werden »Rosinenpicker« unter den Kliniken besser
erfaßt, wobei dieser Einschätzung dann eine nachvollziehbare Auswertung zugrunde liegt.

6.4 Wem hilft ein Betriebs/Systemvergleich?

Diese Frage stellt sich insbesondere angesichts des großen Aufwandes derartiger Vergleiche. Derzeit wird die Thematik insbesondere vom Gesetzgeber unter der Vorstellung eines optimierten Ressourceneinsatzes vor-
angetrieben.

6.5 Etablierung eines Betriebs/Systemvergleiches

Bei der Etablierung kann sich an das Klinische Benchmarking Programm
der MediQual Systems Inc, das 1992 etabliert wurde, angelehnt werden.
Dieses unterscheidet fünf Phasen in der Durchführung

1. Auswahl der Teilnehmer:
   Es wurde bei der Auswahl der Teilnehmer vor allem auf ein gutes medizinisches Ergebnis, insbesondere auf die Mortalitätsrate geachtet.

2. Outcomes-Analyse und Vergleich
   Ein erster inhaltlicher Vergleich unterschied in den Parametern Mortalität, Liegezeit, Verlegungen und Komplikationen). Wichtig ist hierbei der Einsatz von risikoadaptierten Vergleichsdaten (s. o.).

3. Dokumentation der Prozesse
   Unter der Vorstellung, daß Qualität nur vergleichbar ist, wenn sie
   meßbar ist und nur meßbar ist, wenn sie dokumentiert ist, werden die
   Prozesse dokumentiert (»Clinical Pathways«). Jetzt können anhand der
   Vergleiche im Outcome die Prozesse auf Varianzen untersucht werden.

	Träger und Aufsichtsgremien	Krankenhausleitung	Ärztlicher Dienst	Pflegedienst	Wirtschafts- und Verwaltungsbereiche	Niedergelassene Ärzte	Patienten	Krankenkassen	Politik	nachgelagerte Leistungsanbieter (REHA/Pflegedienste)
	intern					extern				
Kommt das Haus der Aufgabe, gute Medizin effizient anbieten zu können nach?	X	X								
Wie effektiv werden einzelne Leistungen erbracht?		X	X	X		X				
Wie effizient wird gearbeitet?		X	X	X	X					
Wo stehen wir im Vergleich zu anderen Kliniken?		X	X	X	X					
Wo gibt es signifikante Abweichungen?		X	X	X	X	X		X		X
Wie gut sind die medizinischen Ergebnisse im Vergleich mit anderen Kliniken?			X							
Welchen Ressourceneinsatz haben wir im Vergleich?		X	X	X		X		X		X
Sind die Abteilungen leistungshomogen?			X							
Wie gut ist unser Service?				X	X	X	X			X
Schnittstellenqualität (Einweisung, Arztbrief, Patienteninformation)?			X	X		X	X	X		X

Abb. 4.96: Bedeutung des Systemvergleichs für einzelne Gruppen

4. Benchmark-Prozeß-Vergleich
   Dies führt über die Fragen »Was machen wir in Schlüsselprozessen anders?«, »Gibt es systematische Abweichungen?« zu einer Erarbeitung von »Best Practices«.

5. Planung, Implementierung und Messung von Prozeßveränderungen
   Einmal erkannte Prozeßverbesserungen müssen jetzt adaptiert, implementiert und ihr Effekt evaluiert werden.

6.6 System/Betriebsvergleich als Klinisches Benchmarking im TQM-Prozeß

Richtig angewandt stellt der System/Betriebsvergleich ein hervorragendes Instrument zur Verbesserung der Qualität von Gesundheitsdienstleistungen dar. Dies setzt jedoch eine »saubere« Methodik und valide Datenerhebung voraus. Gerade der letzte Punkt dürfte dann leiden, wenn Negativsanktionen aufgrund der Ergebnisse zu befürchten sind. Die größten Erfolge wird das Instrument dann haben, wenn es von Unternehmen eingesetzt wird, die sich einem »kontinuierlichen Verbesserungsprozeß« verschrieben haben. Sie erhoffen sich davon einen Vergleich mit den Besten und sind bereit ihre Prozesse an das erfolgreichste Verfahren anzupassen. Der Zugewinn an Ergebnisqualität wird ihnen Recht geben!

7 Anhang

Praxisbeispiel Q-NET

Q-NET versteht sich als eine Konzeption des Qualitätsmanagements in der Klinik, die Behandlungspläne und -leitlinien für alle beteiligten Leistungserbringer innerhalb und außerhalb der Klinik vernetzt mit der Steuerung der Kommunikation und Koordination von Diagnose- und Behandlungsabläufen und der nahtlosen Dokumentation und Evaluation medizinischer und pflegerischer Leistungen, die daraus in der Rückkopplung Behandlungspläne und -leitlinien (Clinical Pathways und Guidelines) ständig verbessert, um die Versorgungsergebnisse (»outcomes«) in Effektivität und Effizienz zu optimieren.

Beispiel Diabetes im Klinikum Wuppertal GmbH, Medizinische Klinik Elberfeld (Direktor Prof. Dr. J. Köbberling)

Im stationären Bereich sind die Behandlungsstandards, die für Diabetes in der St.Vincent-Deklaration weltweit verabschiedet sind und von der Deutschen Diabetes Gesellschaft zu detaillierten Qualitätsrichtlinien gestaltet wurden, in Behandlungspläne und -leitlinien umgesetzt und in ein Lotus-Notes basiertes Workflow-Management Software Programm integriert.

Die sehr komplexe Indikation Diabetes wurde in diesem Zusammenhang in Fallgruppen gegliedert, die im klinischen Bereich ähnliche Diagnose und Behandlungsabläufe erfordern.

Fallgruppe I
Unkontrollierter Typ 1 – Diabetes mellitus ohne Folgeschäden,
(insulinabhängiger Diabetes mellitus, IDDM)
einschließlich: Schwangerschaftsdiabetes
schwangere Diabetikerin (typunabhängig)
Erstdiagnose, Ersteinstellung (incl. sich entwickelnder Remissionsphase)
Insulinpumpentherapie

Fallgruppe II
Unkontrollierter Typ 2 – Diabetes mellitus ohne Folgeschäden,
(nicht insulinabhängiger Diabetes mellitus, NIDDM)
einschließlich: Sulfonylharnstoffsekundärversagen
»Latent autoimmune diabetes in adults«, LADA

Fallgruppe III
Unkontrollierter Typ 1/Typ 2 – Diabetes mellitus mit beginnenden Folgeschäden
einschließlich: Z. n. schwerer Hypoglykämie

Fallgruppe IV
Unkontrollierter Typ 1/Typ 2 – Diabetes mellitus mit fortgeschrittenen Folgeschäden
und/oder Folgeschäden im Endstadium,
einschließlich: proliferative Retinopathie, (incl. Komplikationen wie Netzhautablösung,
Glaskörperblutung, Sekundärglaukom),
Maculopathie, schwere Makroproteinurie > 3g/die oder nephrotisches Syndrom,
präterminale Niereninsuffizienz,
schwere Polyneuropathie, z. B.
– Gangstörungen,
– schwere nächtliche Beinschmerzen,
– Magenentleerungsstörungen,
fehlende Hypoglykämiewahrnehmung,
Makroangiopathie (KHK, pAVK, CVI),
schwangere Diabetikerin mit EPH-Gestose
ausschließlich: Dialysetherapie, Blindheit

Fallgruppe V
Multimorbide Diabetiker mit multiplen Folgeschäden im Endstadium
einschließlich: Dialysetherapie, Blindheit
evtl. initial schwere Ketoazidose oder Coma Diabeticum
Hier: keine Fallpauschale, separate Abrechnung der Dialysetherapie

Fallgruppe VI
Diabetisches Fußsyndrom (neuropathisch und/oder angiopathisch)

Fallgruppe VII
Schwere diabetische Ketoazidose, hyperosmolares Präcoma/Coma Diabeticum,
gemischtes Coma Diabeticum, Laktatazidose,
schwere Hypoglykämie mit cerebraler Schädigung

Fallgruppe VIII
Diabetes mellitus bei Kindern bis 18 Jahren
einschließlich: Erstmanifestation bei Kindern < 6 Jahren (Schulung mit Eltern)
Erstmanifestation bei Kindern > 6 Jahren (Schulung mit Eltern)
Neueinstellung

Übersicht über Pathway Diabetes

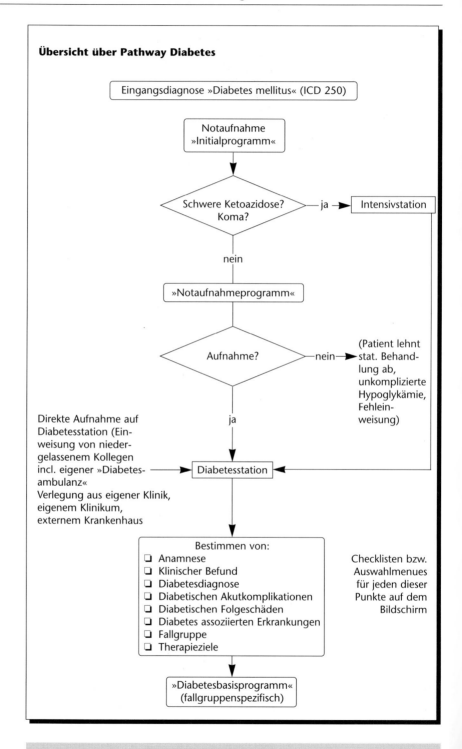

Die fallgruppenspezifischen Diagnose- und Behandlungsabläufe bilden die »Kernprozesse«, die die beteiligten Bereiche innerhalb der Klinik koordiniert und mit außerklinischen Leistungsanbietern im Rahmen abgestimmter Behandlungsleitlinien vernetzt.

Die DV-Seite von Q-Net ist eine Konzeption des Informations-, Kommunikations- und Koordinationsmanagements mit der erforderlichen Hard-, Software und Netzwerkarchitektur sowie einer umfassenden Konzeption zur Gewährleistung des Datenschutzes. Für die Dokumentation medizinischer und pflegerischer Leistungen sowie der Kostenerfassung von Material und anderen Ressourcen können verschiedene bewährte Klinik-Dokumentations- und Informations-System-Programme mit einer zukunftssicheren Architektur eingesetzt werden, die sich bereits seit Jahren im Klinikalltag bewährt haben und von Ärzten und Pflegepersonal in hohem Maße als entlastende Hilfsmittel akzeptiert werden.

Das Klinik-Dokumentations- und Informations-System wird verknüpft mit einer Software zur Steuerung der Kommunikation und Koordination von Diagnose- und Behandlungsabläufen (Workflowmanagement) auf der Basis von Groupware in Webtechnologie. Die Workflow-Software ist dabei die Brücke zwischen Station und Funktionsbereichen innerhalb der Klinik sowie zwischen Klinik und Niedergelassenen Ärzten, die in einem Intra-/Extranet zielgerichtet die Kommunikation und Koordination der relevanten Leistungserbringer ermöglicht. Sie kann den stationären Bereich mit dem ambulanten Bereich über das dort eingesetzte Qualitäts-Managementprogramm mediNET verbinden. Damit ist der gesamte Kreis geschlossen (siehe Abbildung 4.97).

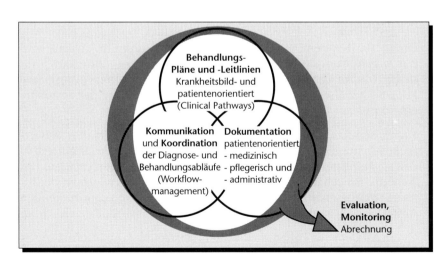

Abb. 4.97: Kommunikation und Koordination von Diagnose- und Behandlungsabläufen

Das folgende Bild gibt einen groben »topographischen« Überblick über die Funktionalität der eingesetzten Software und ihrer Verknüpfung mit Clinical Pathways.

Die Kombination mit mediNET schließt dann den Kreis der Versorgung für den Patienten wie folgt:

Konzeption zur Gewährleistung von Datenschutz und Datensicherheit

Je mehr Personen an der Versorgung eines Patienten beteiligt sind und je stärker sie DV-technisch vernetzt sind, desto kritischer wird die Gewährleistung von Datenschutz und Datensicherheit.

Verstöße gegen die berufliche Schweigepflicht werden nach § 203 StGB unter Strafe gestellt. Auch nach dem Bundesdatenschutzgesetz (BDSG) sind Ärzte zu Vorkehrungen für die Gewährleistung der Sicherheit von Daten verpflichtet, die » Einzelangaben über persönliche oder sachliche Verhältnisse einer bestimmten oder bestimmbaren natürlichen Person« beinhalten. Das bedeutet, daß für Aufzeichnungen auf elektronischen Datenträgern besondere Sicherungs- und Schutzmaßnahmen zu treffen sind, um deren Veränderung, vorzeitige Vernichtung oder unrechtmäßige Verwendung zu verhindern. Dazu gehören Zugangs- und Zugriffskontrolle, Datensicherung, Fälschungssicherheit und eine geschützte Systemverwaltung und Wartung.

Das Q-NET Sicherheitskonzept besteht aus

- Einer Patientenkarte, die jeweils mit einer personenspezifischen PIN die Freigabe zur Einsicht und/oder Veränderung der Daten im Rahmen bestimmter Berechtigungen zuläßt,

- einem Card-System mit Ident- und Chiffrierfunktion. (Dabei wird durch berührungslose User-Identifikation mit Transponderkarte, Authentifikation durch Paßworteingabe, umfassende Verwaltung und Prüfung der User-Rechte sowie online-Verschlüsselung der Festplatte ein komplexer Zugriffsschutz gewährleistet).

- einem Schutzspektrensender für die Abstrahlsicherheit (Ein Schutzspektrum maskiert die informationstragenden Signale des Rechners, so daß sie keine auswertbaren Abbildungen mehr erzeugen können. Der Sicherheitsmechanismus bietet Schutz gegen alle drei Formen der Informationsbeschaffung durch Mißbrauch der kompromittierenden Abstrahlung.) sowie

- einem Modem zur chiffrierten Datenübertragung (Die Informationen werden beim Absender vor der Übertragung nach dem XY-Prinzip verschlüsselt und beim Empfänger entschlüsselt zur Weiterverarbeitung aufbereitet).

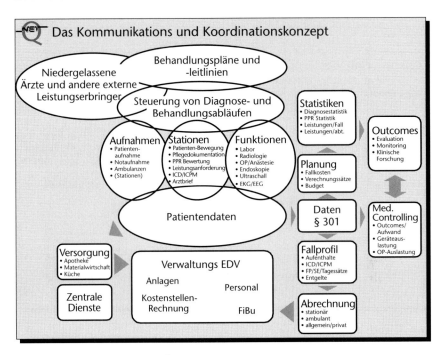

Abb. 4.98: Topographischer Überblick

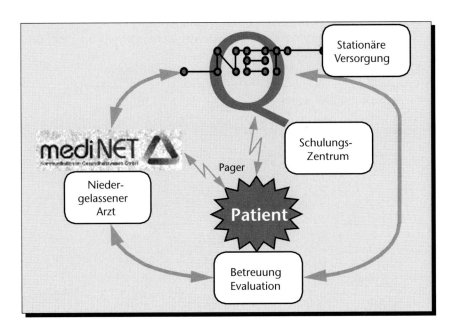

Abb. 4.99: mediNet

439

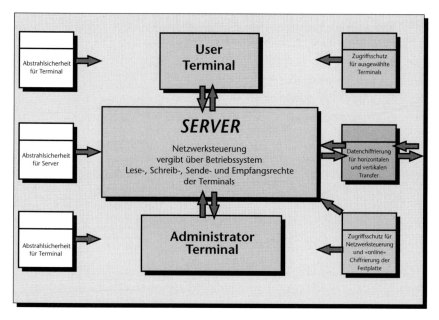

Abb. 4.100: Das Systemschema

Damit werden folgende Sicherheiten gewährleistet:

1. Schutz vor unberechtigtem Zugang und Zugriff,
2. Schutz vor unerlaubtem Daten- sowie Programmimport und -export,
3. Schutz vor Bedienungsfehlern,
4. Schutz vor unerwünschten Konfigurationsänderungen,
5. Revisionsfähigkeit,
6. Sichere Datenübertragung.

Benchmarking auf der Basis einer Krankenhausbewertung nach EFQM und Joint Commission am Beispiel der Asklepios Kliniken

Axel Paeger

1 Die Methodik der Krankenhausbewertung

Ein integriertes und umfassendes Qualitätsmanagement, das eine kontinuierliche Qualitätsverbesserung im Sinne des Plan-Do-Check-Act-Zyklus (PDCA-Zyklus) ermöglicht, erfordert im Sinne des »Plan« eine systematische Qualitätsoptimierung, aber im Sinne des »Check« auch eine systematische Qualitätsbewertung. Hinzu kommen in einem integrierten System als »tools« die Dokumentation von Prozessen und Standards sowie Werkzeuge zur Erfassung der Ergebnisqualität. Im Geiste dieser Erkenntnis wurde bei den 46 Asklepios Kliniken das sogenannte Asklepios-Modell für Integriertes Qualitätsmanagement (AMIQ) entwickelt, das die genannten vier Bausteine integriert, um sie sukzessive umzusetzen (siehe Abbildung 4.101). Im folgenden wird vor allem auf den zentralen Baustein »Bewertung« eingegangen, der die Basis für ein Benchmarking ist und zusammen mit dem Baustein »Optimierung« das Herzstück des kontinuierlichen Verbesserungszyklus darstellt.

Wo immer möglich, nehmen die Asklepios Kliniken an der externen Qualitätssicherung der Projektgeschäftsstellen auf Landesebene teil. Doch medizinische Ergebnisqualität, wie hier in diesen Beispielen gemessen, läßt sich nicht so ohne weiteres vergleichen zwischen verschiedenen Krankenhäusern. Denn unterschiedliche Krankenhäuser haben unterschiedliche Risikopotentiale. Man kann nun entweder versuchen, diese Risikostreuung mit Hilfe von komplizierten biometrischen Formeln zu berücksichtigen. Das hat man vielfach in den USA versucht, dabei aber bis heute kein befriedigendes Ergebnis erzielt. Die zweite Möglichkeit ist,

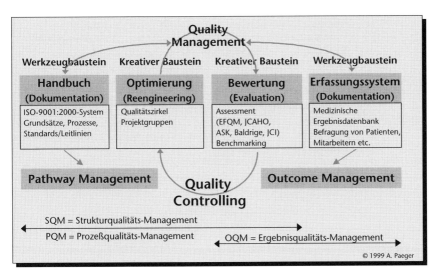

Abb. 4.101: Asklepios-Modell für Integriertes Qualitätsmanagement (AMIQ)

man vergleicht immer Aufnahmewert mit Entlassungswert und bildet dann das Δ, die Differenz, d. h. man erhält zunächst nur hausinterne Vergleichswerte, die dann gegebenenfalls noch mit den Ergebnissen anderer Häuser vergleichend diskutiert werden können. Absolute Vergleichbarkeit wird aus unserer Erfahrung nie herzustellen sein, aber in der Praxis reicht häufig schon die bewertende Diskussion in Fachkreisen. Damit nicht der Konkurrenzgedanke überwiegt, sondern der Gedanke des gegenseitigen Lernens und Verbesserns im Benchmarkingsinne, sollten die sich vergleichenden Krankenhäuser dies aus eigenen Stücken tun und sich in ausreichender örtlicher Entfernung voneinander befinden.

Bei allen Benchmarkingansätzen dient das bei der jeweiligen Indikation bzw. Einzelleistung beste Krankenhaus als Orientierungswert für das anschließende Prozeß-Reengineering. Ebenso wie aus Sicht des Integrierten Qualitätsmanagementansatzes das Benchmarking im Baustein »Bewertung« angesiedelt ist, zu dem auch das EFQM-Assessment gehört, ist der Baustein »Optimierung« auf der Ebene der Prozeßqualität die Steuerungsebene, auf der Qualität, vor allem auch in den medizinischen Bereichen, verbessert werden kann. Prozeßoptimierung geschieht ganz wesentlich in Qualitätszirkeln und Projektgruppen. In der Praxis ist zu beobachten, daß Qualitätszirkel häufig zwar interessante, aber oft nicht die dringlichen oder strategisch entscheidenden Aufgabenstellungen bearbeiten. Eine Kopplung der Prozeßoptimierung an die EFQM-Qualitätsbewertung mit u. a. der Hilfe des Benchmarking hilft dies vermeiden. Ein Klinikhandbuch, das Verantwortungen, Prozesse und Standards festlegt, unterstützt

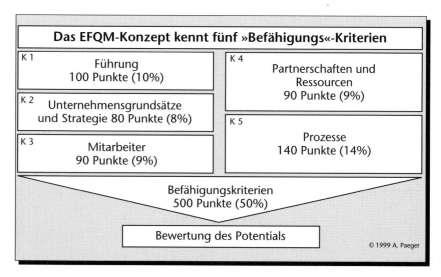

Abb. 4.102: Die fünf Befähigungskriterien nach EFQM in ihrer seit 1999 gültigen Fassung

den kontinuierlichen Verbesserungsprozeß im Integrierten Qualitätsmanagement auf der Prozeßseite.

Die Qualitätsbewertung ist eine der schwierigsten Aufgaben des Qualitätsmanagements im Krankenhaus, obwohl sie die Voraussetzung für ein
aussagekräftiges Benchmarking von Krankenhausleistungen ist. Audit-
Verfahren, die zu einer Konformitätsbescheinigung führen, sind vorhanden und werden angewandt (vgl. *Paeger, A.* 1997a). Die European Foun-
dation for Quality Management (EFQM), eine europäische Stiftung mit
über 800 namhaften Mitgliedsunternehmen, hat seit ihrer Gründung 1988
schrittweise die EFQM-Bewertungskriterien (siehe Abbildungen 4.102 und
4.103), die dazugehörigen Bewertungsverfahren und kompetente Benchmarking Services entwickelt. Im Unterschied zu den Total-Quality-Ma-
nagement-Modellen aus Japan (Deming Application Prize: 1951 in Osaka
erstmalig verliehen) und aus den USA (Malcom Baldrige National Quality
Award: 1988 in Washington D.C. erstmalig verliehen) ist das EFQM-Verfahren europäisch geprägt.

Seit 1992 verleiht die EFQM jährlich zusammen mit der European Organization for Quality (EOQ) und der EU-Kommission den Europäischen
Qualitätspreis. Für eine Bewerbung um den European Quality Award
(EQA) müssen Organisationen anhand eines Qualitätsberichtes (sogenannte Selbstbewertung) auf Basis des EFQM-Kriterien-Modells nachweisen, daß ihr Vorgehen für einen kontinuierlichen Verbesserungsprozeß
über eine Reihe von Jahren einen beträchtlichen Beitrag zur Erfüllung der
Erwartungen von Kunden, Mitarbeitern und anderen geleistet hat. Im

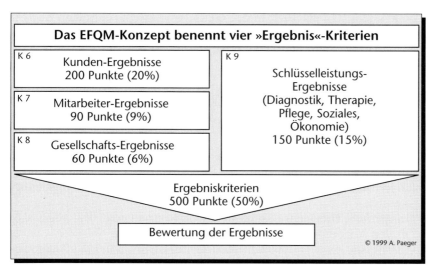

Abb. 4.103: Die vier Ergebniskriterien nach EFQM in ihrer seit 1999 gültigen
Fassung

Vorfeld der Preisverleihung werden jährlich mehrere Unternehmen für ihre Spitzenleistung von der EFQM nominiert. Das beste Unternehmen wird mit dem European Quality Award ausgezeichnet (der EQA wurde 1992 erstmals an Rank Xerox vergeben). Seit 1995 wird auch ein Preis für den öffentlichen Sektor verliehen.

Grundsätzlich stehen für Qualitätsbewertungen im Gesundheitswesen verschiedene alternative Bewertungsmodelle und -verfahren zur Verfügung. Zu nennen sind vor allem die Assessment-Methoden

- nach den Kriterien des bereits erwähnten **Baldrige** Award aus den USA,
- nach **EFQM** sowie
- nach den Akkreditierungsverfahren der Joint Commission on Accreditation of Healthcare Organizations (**JCAHO**) aus den USA und
- ihres internationalen Astes Joint Commission International (**JCI**).

Die amerikanischen Krankenhäuser der Asklepios Gruppe haben reichliche Erfahrungen mit JCAHO-Akkreditierungen (vgl. *Catton, C.,* 1999). In Deutschland beschäftigen sich seit 1997 oder früher mehrere wissenschaftliche Fachgesellschaften mit der Anwendung des EFQM Excellence Model bei Qualitätsbewertungen im Gesundheitswesen. Das Institut für Qualitätsmanagement in medizinischen Laboratorien e.V. (INQUAM), die Deutsche Gesellschaft der Ärzteschaft im Qualitätsmanagement e.V. (DGÄQ) und die Gesellschaft für Europäisches Qualitätsmanagement im Gesundheitswesen e.V. (EQM Gesundheitswesen e.V., Sekretariat: Dr. A. Naumann, c/o Die Weissenau – Zentrum für Psychiatrie (ZfP), Weingartshofer Str. 2, 88214 Ravensburg) haben wichtige Ergänzungsarbeit für die Umsetzung in der Laboratoriumsmedizin, aus ärztlicher Sicht bzw. aus Krankenhaussicht geleistet. In den deutschen Asklepios Kliniken wurden in den letzten Jahren alle vier genannnten Assessment-Methoden angewandt sowie natürlich auch Zertifizierungen nach DIN EN ISO 9001 durchgeführt.

Die ersten (vgl. *Ziegler, M.,* 1998) Komplettanwendungen (mit Qualitätsbericht und Fremdassessment) des EFQM-Bewertungsmodells im Krankenhaus fanden in folgenden Krankenhäusern und Rehabilitationskliniken statt:

- in der Asklepios Klinik in Triberg,
- im Deutschen Herzzentrum München (DHM) des Freistaates Bayern,
- in der Asklepios Südpfalzklinik in Kandel (ehemals Kreiskrankenhaus Kandel),
- in der AOK Hirschpark Klinik in Alsbach-Hähnlein,
- in den Asklepios Burgseekliniken in Bad Salzungen,
- in der Asklepios Südpfalzklinik in Germersheim (ehemals Kreiskrankenhaus Germersheim),
- im Kreiskrankenhaus Sangerhausen (Krankenhaus am Rosarium GmbH);
- in den Asklepios Kliniken Schildautal in Seesen,

- in der Asklepios Klinik Bad Schwartau,
- in der Asklepios Schloßberg-Klinik in Bad König,
- in den Asklepios Burgseekliniken in Bad Salzungen,
- im Kreiskrankenhaus Eggenfelden,
- im Kreiskrankenhaus Pfarrkirchen und
- im Kreiskrankenhaus Simbach des Landkreises Rottal/Inn.

Auf der Basis dieser Erfahrungen haben sich das DHM und die Asklepios Schloßberg-Klinik 1999 um den Ludwig-Erhard-Preis beworben. Das deutsche Herzzentrum München zählte als einzige öffentliche Einrichtung im Wettbewerb mit der Industrie zu den Favoriten. In mehreren Asklepios Kliniken wurden JCAHO- bzw. JCI-Standards integriert. In den Asklepios Fachkliniken München-Gauting kam ein ähnliches Bewertungsverfahren zur Anwendung, das von der Asklepios-Abteilung für Qualitätsmanagement & Benchmarking aus einer Kombination der Baldrige-Kriterien mit den JCAHO-Standards entwickelt wurde.

Die genannten Bewertungsverfahren versuchen, die gegebene Subjektivität durch drei sehr fein ausgearbeitete Strategien zu vermindern:

- Die professionelle Ausbildung von Gutachtern (z. B. EFQM-Assessoren, surveyors bei der JCAHO).
- Ausgeklügeltes Konsensusverfahren, in dem z. B. bei EFQM jeder Assessor seinen individuellen »Bewertungshorizont« anhand der ausgetauschten und diskutierten Stärken und Verbesserungspotentiale erweitert, bevor er erneut eine individuelle Bewertung abgibt (Revision des Urteils).
- Einheitliche Bewertungssystematiken (z. B. bei EFQM die »RADAR Card«) mit klaren »Schallmauern« zwischen unterschiedlichen Bewertungsbereichen.

Im folgenden wird, soweit nicht anders spezifiziert, auf die EFQM-Bewertungsmethode abgestellt und dabei auf gemeinschaftliche Erfahrungen der genannten Kliniken zurückgegriffen. In der Auswahl aus verschiedenen, von der EFQM vorgeschlagenen Bewertungsverfahren bediente man sich der Erarbeitung eines Qualitätsberichtes (»self-assessment«) mit einer Bewertung (»external assessment«) durch Konsensusverfahren. Es handelt sich um das Verfahren der Simulation einer Bewerbung um den Europäischen Qualitätspreis EQA. Dies ist von allen vorgeschlagenen Verfahren das aufwendigste und vollständigste.

Im Rahmen der Pilotprojekte in obigen Häusern erarbeitete jeweils ein Qualitätsbeauftragter (QB) im Team mit Kriterienverantwortlichen (KVen) (siehe Abbildung 4.104) den erforderlichen internen Qualitätsbericht. Die Kriterienverantwortlichen führten Interviews in verschiedenen Abteilungen und bildeten ihrerseits Subteams mit Mitarbeitern, die repräsentativ aus dem Gesamthaus zusammengesetzt waren, z. B. im Fall des Deutschen Herzzentrums aus allen sechs Kliniken bzw. Instituten. Jeder

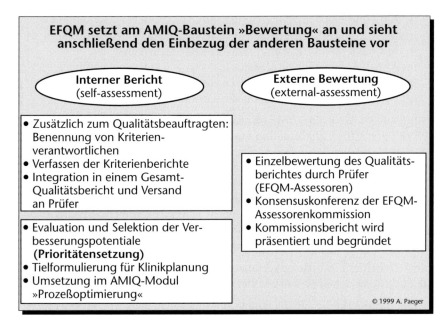

Abb. 4.104: Bewertungsverfahren (vgl. Braun, G. E. 1999)

Kriterienverantwortliche beschrieb sein Haus bezüglich der ihm zuge-ordneten thematischen Bereiche. Aufgabe des QB war es, die so entstandenen Beschreibungen in einem Gesamtbericht zu integrieren, der dann an sechs EFQM-Assessoren zu versenden war.

Die eigentliche Bewertung ist sodann die Bewertung der internen Qua-litätsberichte durch die Kommission der EFQM-Assessoren. Nachdem zunächst jeder EFQM-Assessor für sich eine individuelle Bewertung ab-gegeben hatte, stellte man in einer zweitägigen Kommissionssitzung (Konsensuskonferenz) einen Bewertungskonsens her und fertigte für das jeweilige Krankenhaus einen Assessment-Report mit Begründungen an. In allen Konsensuskonferenzen wurde zwischen den EFQM-Assessoren nicht primär um Punkte verhandelt, vor allem wurden auf inhaltlicher Basis Stärken und Verbesserungspotentiale formuliert, die in den Kom-missionsbericht einflossen. Für Befähigungs- und Ergebniskriterien gibt es Bewertungshilfen, Abbildung 4.105 zeigt die sogenannte RADAR Card. Mit ihr werden die folgenden Aspekte bewertet: R = Results (Ergebnisse), A = Approach (Vorgehen), D = Deployment (Umsetzung), A = Assessment (Bewertung), R = Review (Überprüfung)

In der Konsensuskonferenz wurde jeweils so vorgegangen, daß zunächst derjenige EFQM-Assessor sprach, der den geringsten Wert vergeben hatte, dann derjenige, der den höchsten Wert vergeben hatte. Daraus ergab sich meist schon eine sehr interessante Diskussion. Zum Konsens kam es

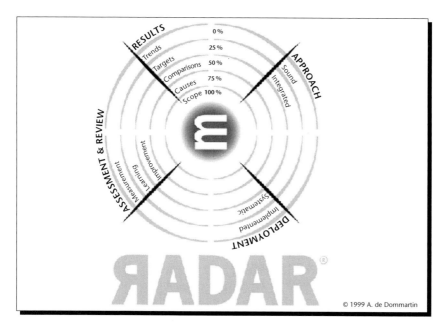

Abb. 4.105: RADAR Card

manchmal in ähnlicher Weise wie bei der Papstwahl: Es wurde so lange gearbeitet, bis weißer Rauch erschien. Das ist in der Praxis nicht so schwierig, wenn die Kommissionsmitglieder, d. h. die EFQM-Assessoren, auf der Basis der identifizierten Stärken und Verbesserungspotentiale diskutieren und nicht um den Punktwert feilschen. Dann entsteht ein förderlicher Argumenteaustausch und eine sachliche Diskussion. Jeder EFQM-Assessor kann die Argumente des anderen in seine eigenen Überlegungen mit einbeziehen. Auf diese Weise wird sein eigener Bewertungshorizont erweitert und zügig ein Bewertungskonsens erzielt.

Zurück zu Abbildung 4.104: Der Bewertungsreport der Konsensuskonferenz (Assessment-Report) wurde mit einer mündlichen Begründung präsentiert. Anschließend ging das interne Verfahren in den Kliniken selbst weiter. Zu den identifizierten Verbesserungspotentialen findet eine Zielformulierung und eine Prioritätensetzung unter Berücksichtigung strategischer Aspekte statt (vgl. *Paeger, A., 1997b*).

Die entwickelten Ziele gingen in die Klinikzielplanung ein und wurden Schritt für Schritt umgesetzt.»Prioritätensetzung« heißt nicht, sich in denjenigen Bereichen, in denen man schon gut ist, nicht weiter verbessern zu können oder in anderen Bereichen, in denen man schwach ist, sich unbedingt sofort verbessern zu müssen. Es gibt strategische Überlegungen, die dazu führen, in einem schon guten Bereich noch besser zu werden. Andererseits muß ein erkanntes großes Verbesserungspotential nicht zwangsläufig zum höchsten Ziel erklärt werden.

Nach der Prioritätensetzung und der Verbesserungsplanung wendet man sich wieder der reinen Prozeßseite, d. h. der Optimierungsarbeit, zu (siehe Abbildung 4.101). Anhand konkreter Ziele erarbeiten Qualitätszirkel (vgl. Bundesärztekammer, 1997) Lösungsvorschläge und setzen sie um. Es schließt sich also der Regelkreis, der Bewertung und Optimierung integriert. Die Werkzeuge der Prozeßdokumentation und der Ergebnisdokumentation können im Rahmen der jährlichen Verbesserungszyklen (vgl. Bundesministerium für Gesundheit, 1998) systematisch ausgebaut werden.

Bei der Anwendung des EFQM-Bewertungsmodells im Krankenhaus war zunächst festzustellen, daß die EFQM-Kriterien wie auch die ISO-Normen der Serie 9000 ff. und im Gegensatz zu den JCAHO- und JCI-Standards aus der Industrie stammen. Es fiel aber beim EFQM-Verfahren vergleichsweise leicht, die Kriterien in die Sprache des Krankenhauses zu übersetzen. Das Baldrige-Bewertungsmodell für das Gesundheitswesen eignet sich dabei als Vorbild für die notwendigen Interpretationen. Besonders bei den Kriterien 5 (Prozesse) und 9 (u. a. klinische Ergebnisqualität) war erhebliche Ergänzungsarbeit auf der Ebene der Ansatzpunkte (dritte Ebene, s. u.) für die Bewertung zu leisten.

Im folgenden werden zur Veranschaulichung zwei Beispiele aus dem Qualitätsbericht der Asklepios Klinik in Triberg mit den dazugehörigen Bewertungen aus dem Assessment-Report vorgestellt. Es sind dies zu Demonstrationszwecken zwei kritische Beispiele, die eine weniger gute Bewertung erkennen lassen. Das erste Beispiel betrifft das Unterkriterium 4a: »Wie eine kontinuierliche Verbesserung der Geschäftätigkeit durch das Management von finanziellen Ressourcen erzielt wird«. Dazu schrieb der zuständige Kriterienverantwortliche:»Als Kontrollinstrumente verwandte der Verwaltungsleiter die Tagesmeldung, den Liquiditätsplan und die Gewinn- und Verlustrechnung. Einmal wöchentlich erhält der Verwaltungsleiter eine Wochenumsatzmeldung. Sie beinhaltet Geldeingang, Geldausgang, Geldbestand, Festgeldbestand und tägliche Erlöse. Monatlich erhält der Verwaltungsleiter die Gewinn- und Verlustrechnung für den betreffenden Monat, aber auch kumuliert für die letzten zwölf Monate.«

Die Assessment-Kommission schrieb dazu:»Da zwar die Integration hervorragend eingesetzter Kontrollinstrumente in die übliche Geschäftätigkeit aufgezeigt, aber kein Beispiel benannt wird, wie daraus Konsequenzen, z. B. durch Gespräche mit den Abteilungsleitern, gezogen werden, legt die Kommission die Bewertung auf die Grenze zwischen sporadischem und gutem Nachweis, sprich 35 Punkte.«

Die Kommission wollte hier nicht nur alle möglichen Kontrollinstrumente aufgezählt sehen, sondern sie wollte ganz konkret erfahren, wie das Beschriebene in die Praxis umgesetzt wird und wie es wirklich dann im Tagesgeschäft des Managements zur Steuerung, gegebenenfalls zur Gegensteuerung, kommt. Das Geschriebene hat der Kommission nicht ausgereicht. Zu dem Merkmal »Steuerung der Ressourcen« fehlte im Qualitätsbericht die entsprechende Ausprägung.

Im zweiten Beispiel geht es um das Unterkriterium 5a:»Wie die für den Erfolg wesentlichen Prozesse identifiziert werden«. Der Kriterienverantwortliche erwähnte hier, daß »im medizinischen Bereich [...] 126 Mikrostandards sowohl im Pflegebereich als auch im diagnostischen Bereich und dem ärztlich-therapeutischen Bereich (existieren), die überwiegend von Oberärzten und der Pflegedienstleitung erstellt werden«. Die Assessment-Kommission schrieb dazu:»Jede Darstellungsform, z. B. Flow-Chart, fehlt. Es hätte viel stärker auf den medizinischen Bereich eingegangen werden müssen. Die Kommission einigt sich auf den niedrigsten sporadischen Wert, 15 Punkte.«

Auch hier war das Geforderte in der Realität vorhanden. Nur war der Qualitätsbericht wieder nicht ausführlich und vor allem nicht konkret genug. Natürlich haben die Kriterienverantwortlichen und der QB das für den nächsten Qualitätsbericht berücksichtigt: Es ist ein Nachweis zu erbringen, oder das Geschriebene muß an Hand von Beispielen zumindest nachvollziehbar sein. In dem geschilderten Beispiel aus einem alten Qualitätsbericht des Jahres 1997 konnte nur der niedrigste sporadische Wert, 15 Punkte, vergeben werden.

Ein Benchmarking auf der Basis des EFQM-Bewertungsmodells ist auf drei Ebenen möglich. Das neugefaßte, seit 21. April 1999 gültige EFQM Excellence Model kennt in der ersten und obersten Ebene neun Hauptkriterien. Sie lassen sich wie folgt in einem Satz in Beziehung zueinander setzen: Voraussetzung für eine kontinuierliche Verbesserung der klinischen und ökonomischen Ergebnisqualität (Kriterium 9), der Zufriedenheit von Leistungsempfängern (Kriterium 6) und Mitarbeitern (Kriterium 7) sowie der Wahrnehmung der gesellschaftlichen Verantwortung (Kriterium 8) einer Klinik ist eine nachhaltige und überzeugende Krankenhausführung (Kriterium 1) mit spezifischen Unternehmensgrundsätzen und Strategien (Kriterium 2). Unter Einbeziehung aller Mitarbeiter (Kriterium 3) erreicht die Unternehmensleitung eine qualitätsgerechte Ressourcennutzung und geeignete Partnerschaften (Kriterium 4) sowie eine gute Prozeßgestaltung (Kriterium 5; vgl. Braun, G. E. 1999).

Zur ersten Ebene, den neun Hauptkriterien zählen also fünf Befähigungskriterien (siehe Abbildung 4.102) und vier Ergebniskriterien (siehe Abbildung 4.103). Die Befähigungskriterien (Kriterien 1 bis 5) beschreiben die Potentiale des Krankenhauses. Sie konzentrieren sich auf die Frage, wie Qualität erzielt wird – vergleichbar der Struktur- und Prozeßqualität nach Donabedian. Innerhalb der Prozeßqualität (Kriterium 5) nehmen diagnostische und therapeutische Maßnahmen einen wichtigen Raum ein, der Qualitätsbericht integriert hier sinnvollerweise die International Organization for Standardization (ISO)-Normen 9000 ff. aus dem AMIQ-Werkzeugbaustein »Prozeßdokumentation«.

Anhand der Ergebniskriterien (Kriterien 6 bis 9) wird bewertet, welche Qualität (Ergebnisqualität nach Donabedian) erzielt wird. Im Rahmen der »Kundenergebnisse« (EFQM-Original für Kriterium 6) wurden bei den Asklepios-Anwendungen Leistungsempfänger wie Patienten, Angehörige, Kostenträger, einweisende Ärzte usw. betrachtet. Kriterium 7 behandelt die Zufriedenheit der Mitarbeiter. Kriterium 9 ist für das Krankenhaus ein ganz wichtiger Aspekt; denn dort gehört nach Meinung wissenschaftlicher Fachgesellschaften aus dem Gesundheitswesen auch die medizinische Ergebnisqualität hinein. Deshalb haben wir Kriterium 9 bereits bei den ersten Anwendungen im Krankenhaus – noch auf der Basis des alten, bis 1998 gültigen EFQM-Modells – auch als »medizinische, pflegerische, soziale etc. bzw. ökonomische Resultate« (vgl. *Wettlauffer, I. et al.*, 1999) bezeichnet.

Insgesamt sind laut EFQM-Konzept 1.000 Punkte zu vergeben, davon entfallen die ersten 500 Punkte auf die Befähigungskriterien, das sind 50 % der Gesamtbewertung. Weitere 500 Punkte, also die zweiten 50 % der Gesamtbewertung, entfallen auf die Ergebniskriterien. Ein Benchmarking auf der ersten Ebene vergleicht deshalb die in den neun Hauptkriterien erreichten Punktzahlen. Ein solcher Vergleich ist nach unserer Erfahrung aus zwei Gründen wenig zielführend. Erstens ist eine echte Vergleichbarkeit in aller Regel nicht gegeben, weil häufig unterschiedliche Merkmale (Befähigungskriterien) und Meßgrößen (Ergebniskriterien) innerhalb der Kriterien verwandt werden. Darüber hinaus – und dies ist der zweite Grund – ist ein Benchmarking auf der Ebene der Hauptkriterien wenig aussagekräftig, weil es der Idee des Prozeßbenchmarking fern ist und sich bei dem hohen Aggregationsgrad der ersten Ebene nur schlecht Konsequenzen ableiten lassen.

Voraussetzung für eine Vergleichbarkeit wäre eine Standardisierung und Vereinheitlichung dieser Merkmale und Kenngrößen. Innerhalb der Gruppe der Asklepios Kliniken ist dies freilich kein Problem, umso mehr aber bei trägerübergreifenden Vergleichen. Bedauerlicherweise wird in der deutschen Rehalandschaft bereits jetzt mit EFQM-Gesamtpunktwerten (Summe aus den neun Einzelwerten der Hauptkriterien) – also quasi auf der nullten Ebene – vordergründiges Marketing betrieben, ohne daß klar ist, auf welcher Basis diese Punktwerte ermittelt wurden. Die Joint Commission entwickelte aus ihrer Assessment-Methode ein Akkreditierungsverfahren, indem sie den Merkmalen und Meßgrößen ihre bekannten Standards zugrunde legte. Nur so ist eine faire und sinnvolle Vergleichsmöglichkeit gegeben. Dagegen sehen weder EFQM noch Baldrige Akkreditierungsverfahren vor. Ihre Bewertungsmodelle sind bewußt offen gehalten und sollen primär dem internen Qualitätsmanagement dienen.

In der Umsetzung bei den Asklepios Kliniken spielt die Gewichtung der neun Hauptkriterien ehedem nur eine untergeordnete Rolle. Die im Rahmen eines Krankenhaus-Assessments identifizierten Verbesserungspotentiale werden in einer gemeinsamen Sitzung der Leitung und des Qualitätsbeauftragten und seines Teams priorisiert. Die hier vorgenommene Gewichtung ist ausschlaggebend für die Arbeit von Qualitätszirkeln und Projektgruppen im Rahmen des AMIQ-Bausteins »Optimierung«.

Die zweite Ebene im EFQM-Bewertungsmodell ist die Ebene der Unterkriterien. Jedes Befähigungskriterium (Hauptkriterien 1 bis 5) enthält mehrere Unterkriterien, jedes Ergebniskriterium (Hauptkriterien 6 bis 9) zwei Unterkriterien. Unterkriterium 9 a bezieht sich in der neuen Fassung des Excellence-Modells z. B. auf Ergebnisse aus den Schlüsselprozessen und Unterkriterium 9 b auf Indikatoren hierfür. Ein Krankenhausvergleich auf der zweiten Ebene ist bereits deutlich aussagekräftiger, die oben genannten Argumente sprechen jedoch noch stärker für ein Benchmarking auf der dritten Ebene.

Für jedes Unterkriterium benennt die EFQM wiederum eine Reihe von Ansatzpunkten (»areas to address«). Diese dritte Ebene mußten wir für das Gesundheitswesen zu großen Teilen völlig neu formulieren und erheblich ergänzen und spezifizieren. Bei Asklepios haben wir in Abweichung von der EFQM für die dritte Ebene für die Befähigungskriterien den Terminus »Merkmale« und für die Ergebniskriterien die Bezeichnungen »Meßgrößen« und »Kennzahlen« gewählt. Im nächsten Kapitel werden für alle neun Hauptkriterien ausgewählte Merkmale, Meßgrößen und Kennzahlen genannt. Um dem Leser ein genaueres Verständnis zu ermöglichen, wird dabei beispielhaft für die Befähigungskriterien näher auf das Unterkriterium 1 b und beispielhaft für die Ergebniskriterien näher auf das Hauptkriterium 9 eingegangen.

2 Merkmale und Meßgrößen für ein Benchmarking

Das Benchmarking (vgl. *Paeger, A.*; 1996 b), d. h. der orientierende Vergleich von Krankenhäusern, baut bei den Asklepios Kliniken auf dem Assessment des jeweiligen Krankenhauses auf. Danach soll jedes Haus von einem anderen lernen, das bezüglich eines bestimmten Bewertungsaspektes das beste ist. Wie bereits ausgeführt, wäre gefährlich und nicht zielführend, einfach nur die Punktwerte zu vergleichen, die in einer Bewertung, z. B. nach EFQM, erzielt werden. Denn die bei Asklepios erarbeiteten Merkmale und Meßgrößen sowie die von den genannten Gesellschaften für EFQM spezifizierten »areas to address« stellen keinen für alle Bewertungen verbindlichen Standard dar. Solange hier keine Einheitlichkeit gewährleistet ist, vergleicht man Äpfel mit Birnen, wenn die Punktzahlen verschiedener bewerteter Krankenhäuser einander gegenübergestellt würden. Ein reiner Punktevergleich wäre aber auch nicht im Geiste eines Benchmarkingansatzes, der ja gerade auch die Unterschiede auf Prozeßebene aufzeigen soll und so unterstützend beim AMIQ-Baustein »Optimierung« wirkt (siehe Abbildung 4.101).

Das Benchmarking wird generell in zwei Dimensionen durchgeführt:

– Krankenhausintern: Im jährlichen EFQM-Zyklus und bei Abänderung der klinischen Prozesse und Standards/ärztliche Leitlinien (Pathways) sind die Qualitäts- und Kostenergebnisse zu vergleichen. Dies geschieht im Regelfall für die Gesamtheit der Patienten bzw. für die Patienten einer Indikationsgruppe.

– Krankenhausextern: Zeitgleich werden die Qualitäts- und Kostenergebnisse verschiedener Krankenhäuser verglichen und die eigenen Ergebnisse an dem je nach Indikation oder Teilbereich besten Ergebnis ausgerichtet. Dies praktizieren die Asklepios Kliniken gruppenintern (bei den EFQM-Kriterien sechs und sieben befinden sich auch externe Kliniken im Pool) und in Fachverbänden (z. B. Arbeitsgemeinschaft der Diabetes-Kliniken, kontinuierlich). Wo immer möglich, engagieren sich die Asklepios Kliniken bei den Landesprojektgeschäftsstellen »Qualitätssicherung« und nehmen an den externen Qualitätssicherungsprogrammen teil. Zu kritisieren war lange Zeit die niedrige Effizienz dieser Programme. An die Projektgeschäftsstellen bei den Krankenhausgesellschaften und Ärztekammern sowie an die Kostenträger sei in diesem Zusammenhang der Appell gerichtet, in eigenem Interesse die externe Qualitätssicherung zu einem »Benchmarking Tool« des internen Qualitätsmanagements der teilnehmenden Krankenhäuser werden zu lassen. So würde auch die Motivation der Kliniken zur Teilnahme merklich steigen. Einige Projektgeschäftsstellen haben sich erfreulicherweise mittlerweile diese Philosophie zu eigen gemacht.

2.1 Das Hauptkriterium 1:
Führung

Das Kriterium für die Krankenhausführung konzentriert sich auf das Verhalten und die Vorbildfunktion (vgl. Braun, G. E. 1999) aller Führungskräfte im Hinblick auf eine kontinuierliche und umfassende Qualitätsverbesserung. Dazu gehört auch die Anerkennung und Würdigung von Mitarbeitern sowie die Bereitstellung der notwendigen Ressourcen, um den ständigen Verbesserungsprozeß im Unternehmen zu unterstützen. Die oberste Leitung bringt ihre Vorbildfunktion z. B. durch persönliche Anwesenheit bei Qualitätszirkeln zum Ausdruck. Darüber hinaus müssen die Grundwerte des Krankenhauses über alle Hierarchieebenen hinweg kommuniziert werden, um die Akzeptanz von Qualitätsmanagement bei allen Mitarbeitern zu erhöhen.

Bewertet werden: Führungsstil, Offenheit der Führung, Fortbildungspolitik, Initiative und Unterstützung für Prozeßoptimierung, Engagement in wissenschaftlichen Organisationen und Verbänden sowie Teilnahme an wissenschaftlichen Studien zur Ergebnisqualität. So wurde z. b. bei der Bewertung des DHM die Pionierleistung der kardiochirurgischen Klinik an der inzwischen bundesweit durchgeführten externen Qualitätssicherung gewürdigt. Mögliche Medien zur Feststellung sowie Verbesserung der internen Kommunikation können auch in die Bewertung einbezogen werden. Beispiele dafür sind:

- Durchführung von regelmäßigen Betriebsversammlungen, auf denen die Klinikleitung den Mitarbeitern die Bedeutung der Qualitätsarbeit erläutert.
- Teilnahme der Leitung an externen Konferenzen über Qualitätsmanagement.
- Mitarbeit der Führungskräfte in wissenschaftlichen Fachgesellschaften (z. B. EQM Gesundheitswesen e. V.), um den aktuellen Bezug zum Qualitätsmanagement zu gewährleisten.
- Herausgabe einer internen Broschüre zur Qualitätszielplanung, um die Ziele der Unternehmensleitung für die Mitarbeiter transparent zu machen.

Im Unterkriterium 1 b ging es im alten, bis 1998 gültigen Bewertungsmodell darum, wie Führungskräfte den Verbesserungsprozeß und die Mitwirkung daran fördern, indem sie geeignete Ressourcen zur Verfügung stellen und Unterstützung gewähren. Abbildung 4.106 zeigt einen Merkmalskatalog, der u. a. bei diesem Unterkriterium Anwendung fand. Die mit »LD« und »GO« bezeichneten Merkmale lehnen sich an die in gleicher Weise bezeichneten Standards der JCAHO an.

2.2 Das Hauptkriterium 2: Unternehmensgrundsätze und Strategie

Das englischsprachige Original lautet »Policies and Strategy«, das in der deutschen Literatur nicht selten fehlerhaft als »Politik und Strategie« übersetzt wird. Die langfristige Planung und Entwicklung einer Strategie ist eine notwendige Voraussetzung zur Sicherung der Wettbewerbsfähigkeit einer Klinik. Mittels des Kriteriums 2 werden das Wertesystem, das Leitbild und der Einfluß der Unternehmensstrategien auf den langfristigen Unternehmenserfolg sowie die Art und Weise der Verwirklichung dieser zentralen Aspekte der Krankenhausführung beurteilt. Die Asklepios Kliniken haben zum Beispiel das Leitbild »Mensch – Medizin – Mitver-

EFQM 1b **Wie Führungskräfte den Verbesserungsprozeß und die Mitwirkung daran fördern, indem sie geeignete Ressourcen zur Verfügung stellen und Unterstützung gewähren.**

- ASK 1.2.1 Führungskräfte erstellen Maßnahmepläne für Verbesserungsaktivitäten und setzen Prioritäten.

- ASK 1.2.2 Führungskräfte beziehen die Mitarbeiter in die Prioritätensetzung für Verbesserungsaktivitäten mit ein.

- ASK 1.2.3 Führungskräfte nehmen die Verbesserungsvorschläge der Mitarbeiter auf und akzeptieren diese.

- ASK 1.2.4 Das Engagement der Mitarbeiter für Verbesserungsaktivitäten hat Einfluß auf deren Beurteilung und Weiterentwicklung. (Beispiele).

- ASK 1.2.5 Führungskräfte geben den Mitarbeitern, die Verbesserungsvorschläge einbringen, ein Feedback.

- ASK 1.2.6 Führungskräfte erstellen transparente und nachvollziehbare Kriterien für die Prioritätensetzung von Verbesserungspotentialen und die Ressourcenverteilung. (vgl. LD 4.4).

- ASK 1.2.7 Die Kriterien für die Prioritätensetzung orientieren sich an den Strategien und der Politik des Krankenhauses.

- ASK 1.2.8 Führungskräfte motivieren das Personal zur Mitwirkung an Verbesserungsaktivitäten.

- LD 4.1 Die Krankenhausleitung versteht die Ansätze und Methoden zur Leistungsverbesserung und ist darüber informiert.

- LD 4.4 Die Krankenhausleitung verteilt die entsprechenden Ressourcen zur Messung, Bewertung und Verbesserung der Leistungen des Krankenhauses.

- LD 4.4.1 Die Krankenhausleitung weist das Personal über die Notwendigkeit an, an den Verbesserungsaktivitäten teilzunehmen.

- LD 4.4.2 Die Krankenhausleitung stellt dem Personal angemessene Zeit zur Verfügung, um an den Aktionen zur Leistungsverbesserung teilzunehmen.

- LD 4.4 Die Krankenhausleitung sorgt für die Weiterbildung des Personals in den grundlegenden Ansätzen und Methoden der Leistungsverbesserung.

- LD 4.5 Die Krankenhausleitung mißt und bewertet die Effektivität ihres Beitrages zur Leistungsverbesserung.

- GO 2 Die für die Führung verantwortlichen Personen legen Grundsätze fest, fördern die Leistungsverbesserung und sorgen für die organisatorische Steuerung und Planung.

Merkmale für die Bewertung innerhalb des EFQM-Unterkriteriums 1b (gem. bis 1999 gültiger Fassung): Die mit »LD« bzw. »GO« bezeichneten Merkmale lehnen sich an die entsprechenden Standards der JCAHO an.

Abb. 4.106: Merkmalskatalog für das Unterkriterium 1b (Fassung bis 1998)

antwortung«. Bei der Bewertung des Qualitätsberichtes muß einfließen, wie Grundsätze und Strategie

- auf dem Modell des AMIQ beruhen,
- aufgrund von relevanten und umfassenden Informationen festgelegt werden,
- entwickelt, realisiert, regelmäßig aktualisiert und verbessert werden (Optimierung auf Struktur- und Prozeßebene zur Ergebnisverbesserung im Sinn eines integrierten Qualitätsmanagement) und
- stufenweise auf allen Ebenen des Krankenhauses bekanntgemacht werden (z. B. hausinterne Broschüre).

2.3 Das Hauptkriterium 3: Mitarbeiter

Die optimale Qualifikation der Mitarbeiter ist eine wesentliche Voraussetzung für gute Leistung; denn der langfristige Unternehmenserfolg beruht auf der Qualität und Motivation der Mitarbeiter. Mittels dieses Kriteriums werden der Personaleinsatz (zum Beispiel Umsetzung der Pflegepersonalregelung [PPR]), die optimale Personalauswahl, der gezielte Einsatz der Mitarbeiter sowie deren Weiterentwicklung, das Führungskonzept und der Führungsstil sowie unterstützende Führungsinstrumente (regelmäßige Führungs- und Mitarbeitergespräche, Mitarbeitermotivation durch geeignetes Aus- und Weiterbildungsangebot) bewertet.

2.4 Das Hauptkriterium 4: Ressourcen und Partnerschaften

Bei dem Kriterium der Ressourcen und Partnerschaften bedarf es einer Anpassung an die Besonderheiten von Krankenhäusern, d. h. es sollte der »klassische« Bereich der Strukturqualität nach Donabedian zugrunde gelegt werden. In den Qualitätsbericht fließen die finanzielle, räumliche und apparative Ausstattung sowie die medizinische, pflegerische und administrative Infrastruktur ein. In den Pilotkliniken wurden im besonderen das Management der finanziellen Ressourcen, die Handhabung der Informationsressourcen, der Umgang mit Lieferanten, Material, Gebäuden und Ausrüstungsgütern sowie die Anwendung von Technologien herangezogen.

Im Falle der Asklepios Klinik in Kandel konnte darüber hinaus auf die wirksame Budgetierung einzelner Bereiche eingegangen werden. Der Kriterienverantwortliche schrieb hierzu:

Zitat

»Weitere Ansatzpunkte für ein gesteigertes Kostenbewußtsein sind die Vergabe von Budgets und deren Verantwortung. Der Pflegedienst verfügt über ein eigenes Per-

sonalbudget, welches pro Abteilung den Stationsleitungen monatlich bekannt gegeben wird. Das Pflegepersonal entscheidet selbst, wieviel Geld aus dem Personalbudget für Fortbildung ausgegeben wird. Ebenso wird den Fachabteilungsleitern (Chefärzte, Küchenleitung, Wirtschaftsdienst, Instandhaltungsdienst etc.) jeweils ein eigenes Sachkostenbudget zur Verfügung gestellt. Um eine effiziente und effektive Ressourcen-Struktur zu sichern, werden im Bereich des Sachkostenbudgets an die einzelnen Fachabteilungen sowie dem Träger monatliche Kostenaufstellungen zum Zwecke eines Soll-Ist-Vergleiches übergeben. Die Abteilungsleiter können im Rahmen ihres Budgets begrenzt eigenverantwortlich tätig werden, um die gesteckten und vereinbarten Ziele zu erreichen.« (vgl. Hallmann, W. 1999)

Am 21. April 1999 wurde das Kriterium 4 mit der Bekanntgabe des erneuerten EFQM-Modells um Aspekte von Partnerschaften mit anderen Organisationen ergänzt.

2.5 Das Hauptkriterium 5:
Prozesse

Das Kriterium »Prozesse« konzentriert sich auf die Bewertung der Schlüsselprozesse im Krankenhaus, z. B. mit Hilfe der Flußdiagramm-Technik für die Beschreibung des Patientendurchlaufs. Während es für die ISO 9000 ff. ausreichend ist, Prozesse zu dokumentieren und mittels Audit die Einhaltung von Prozeßbeschreibungen und Standards zu überprüfen, bewertet das EFQM-Verfahren die zyklische Prozeßoptimierung. Es wird zunächst danach gefragt, wie Prozesse systematisch ermittelt und verbessert werden. Die Bewertung der Prozesse bezieht sich in erster Linie auf die wertschöpfenden Tätigkeiten im Krankenhaus, worunter zum Beispiel die Förderung von organisatorischer Innovation, von abteilungsübergreifender Kooperation sowie die Optimierung von zentralen Prozessen (»klassische« medizinische und pflegerische Dienstleistungen) fallen.

2.6 Das Hauptkriterium 6:
Kundenergebnisse

Neben der Prozeßorientierung ist die Kundenorientierung ein wichtiger Grundpfeiler für jede Form von Qualitätsmanagement. Das Kriterium 6 kann im Krankenhauswesen in direkte Leistungsempfänger (Patienten und ihre Angehörigen sowie die Kostenträger) und indirekte Leistungsempfänger (niedergelassene Ärzte) differenziert werden. Im Bereich der Ergebnisqualität ist hohe Kundenzufriedenheit eine zentrale Zielgröße. Für die genannten Kundengruppen werden Fragebögen entwickelt und ausgewertet. Der wichtigste Kunde im Krankenhaus ist – nebst Kostenträgern, niedergelassenen Ärzten, Mitarbeitern u. a. – der Patient. Es ist daher unabdingbar, eine (subjektive) Beurteilung aus Sicht des Patienten in das Gesamtbild der Qualität einzubeziehen. Mittels eines validierten Fragebogens bewertet der Patient alle bedeutenden Aspekte seines stationären Aufenthaltes und kommentiert gegebenenfalls mit Worten. Die Rücklaufquote sollte mindestens 70 % betragen. Die Ergebnisse zu einer jeden Frage aus dem Patientenfragebogen werden gegen die Ergebnisse von ca. 70 vergleichbaren Krankenhäusern gebenchmarkt, wobei auch Nicht-Asklepios-Häuser am Benchmarking-Pool beteiligt sind. So werden die Antworten zu vielen Fragen erst aussagekräftig und interpretierbar, weil Patienten typischerweise auf bestimmte Fragen, z. B. die nach dem Essen, mit schlechteren, auf andere mit besseren Beurteilungen antworten. Erst der Vergleich ermöglicht eine valide Aussage, wo man wirklich steht.

Die Befragung von Kostenträgern und Einweisern funktioniert analog. Wichtige Parameter für die Zufriedenheit der Kostenträger mit den Krankenhausleistungen werden auch durch jährliche Gespräche oder durch die Mängelweiterleitung zum Beispiel aus Erhebungen von Kostenträgern bzw. durch das Ausbleiben solcher Beschwerden gewonnen.

2.7 Das Hauptkriterium 7: Mitarbeiterergebnisse

Dieses Kriterium beinhaltet wie das Kriterium 6 direkte (Befragung) und indirekte (zusätzliche) Meßgrößen, um die Leistungen des Krankenhauses im Hinblick auf die Zufriedenheit der Mitarbeiter zu beurteilen. Die Zufriedenheit der Mitarbeiter mit ihrem Arbeitsplatz wird durch eine Vielzahl von exogenen Einflußfaktoren determiniert wie z. B. Leistungserfolge, berufliche Anerkennung, Personal- und Projektverantwortung, Entlohnung und soziale Kontakte. Ferner wird die Zufriedenheit des Mitarbeiters durch seine subjektive Wahrnehmung beeinflußt. Die Asklepios Kliniken führen regelmäßig für die Beurteilung der Mitarbeiterzufriedenheit eine Mitarbeiterbefragung durch, in der unter anderem die allgemeine Arbeitsplatzzufriedenheit, die Zufriedenheit mit der Führung, den Beschäftigungsbedingungen und der Entlohnung bewertet werden. Auch hier ist eine möglichst hohe Rücklaufquote anzustreben. Den Rekord halten dabei die Krankenhäuser in Eggenfelden, Pfarrkirchen und Simbach des Landkreises Rottal/Inn mit 85 %. Bei der Mitarbeiterbefragung, die in ihrer jetzigen Form erst 1998 in zwei Asklepios Kliniken entwickelt und anschließend validiert wurde, ist der Benchmarking-Pool Asklepios-extern noch relativ klein.

2.8 Das Hauptkriterium 8: Gesellschaftsergebnisse

Neben den internen und externen Kunden hat auch die Öffentlichkeit Erwartungen an das einzelne Krankenhaus. Das Kriterium 8 beurteilt das Unternehmen in bezug auf Lebensqualität, Sozialverantwortung und Umweltbewußtsein. Es wird dargestellt, wie die Region die Auswirkungen der jeweiligen Klinik auf das örtliche Beschäftigungsniveau, die lokale Wirtschaft, die Zusammenarbeit mit umliegenden Anbietern von Gesundheitsdienstleistungen, das Engagement bei wohltätigen Zwecken usw. wahrnimmt. Ferner muß das Unternehmen darlegen können, welche Einschätzung die Öffentlichkeit von der Leistung des Unternehmens hinsichtlich Umweltschutzaktivitäten hat. Hierzu kann das Unternehmen versuchen, eine direkte Befragung der Bevölkerung stichprobenmäßig durchzuführen oder stellvertretend für die Gesamtbevölkerung Selbsthilfegruppen zu befragen.

2.9 Das Hauptkriterium 9: Schlüsselleistungsergebnisse

Das EFQM-Original wurde spezifiziert durch die Formulierung »Medizinische, pflegerische, soziale und ökonomische Ergebnisqualität«, um das gesamte Spektrum der Outcome-Qualität im Gesundheitswesen abzudecken. Die ökonomischen Resultate werden bei Asklepios im neuen Unterkriterium 9 b auch anhand von Kennzahlen aus dem prozeßbezogenen Betriebsvergleich (wie Personalkosten pro Bett, Sachkosten pro Eingriff, Pflegesatzumsätze, Belegung, Gesamthöhe der Investitionen usw.) bewertet. Darüber hinaus wurde teilweise die langfristige Entwicklung der Fort- und Weiterbildungsbudgets nach Berufsgruppen beurteilt.

Die medizinischen und pflegerischen Resultate – im Rehabilitationsbereich kommen soziale Resultate hinzu – lassen sich in drei Typen von Ergebnisindikatoren differenzieren (vgl. *Haake, D. et al.*, 1998):

– Unspezifische Ergebnisindikatoren aus der Epidemiologie des Krankheitsverlaufs, die Resultate beschreiben, welche sich überwiegend aus Begleitumständen des originären Krankenhausaufenthalts ergeben (z. B. Komplikationsrate, Mortalitätsrate, Infektionsrate etc.), die also aus der Epidemiologie des Krankheitsverlaufs stammen. Ziel ist hier eine Minimierung.

– Spezifische Ergebnisindikatoren aus der diagnostischen Medizin (z. B. Normalisierungsgrad bei pathologischen Laborwerten wie dem HbA-1c in der Diabetologie). Ziel ist hier, einem Idealwert möglichst nahe zu kommen bzw. innerhalb eines vorgegebenen Korridors zu landen.

– Spezifische Ergebnisindikatoren aus der klinischen Medizin und Pflege (z. B. Skalen und Indices wie das Functional Independence Measure (FIM) oder der Barthel-Index).

Gleichzeitig ist klar, daß Patientenzufriedenheit allein nicht zur Beurteilung ärztlicher und pflegerischer Leistungen ausreicht. Daher ist die Erfassung des »Medical Outcome« im Krankenhaus mindestens gleich wichtig. In der zu diesem Zweck implementierten elektronischen Datenbank werden – bezogen auf die Medizin, in deren Bereich die zentralen Ziele einer Krankenhausbehandlung liegen müssen – in der jeweiligen Fachdisziplin genau festgelegte Behandlungsergebnisse dokumentiert. Auf der Grundlage herkömmlicher EDV stehen ebenfalls wesentliche Kostenparameter zur Verfügung.

Die Entscheidung, welche medizinischen Ergebnisindikatoren erhoben werden sollen, muß unbedingt vor dem Start der Dokumentation getroffen werden. Die leider allzu häufig praktizierte Philosophie nach dem Motto »erst einmal alle Daten sichern, dann sehen wir weiter« ist nicht nur mit einem unverhältnismäßig hohen Aufwand verbunden, sie enthält aus biometrischer Sicht auch einen schwerwiegenden systematischen Fehler. Zur objektiven Ergebnisdokumentation stehen die drei genannten Klassen von Ergebnisindikatoren zur Verfügung (vgl. Braun, G. E. 1999):

Ergebnisindikatoren aus der Verlaufsepidemiologie von Krankheiten

Dazu gehören Meßgrößen wie Mortalität, Komplikationsrate (vor, während, nach einem Eingriff), Reinterventionsrate, Rezidive u. a. Ihnen gemein ist, daß sie überwiegend in den operativen und konservativ-invasiven Disziplinen zur Anwendung kommen und daß sie unspezifisch sind, d. h. ihre Definition nimmt keinen Bezug auf Besonderheiten der jeweiligen Erkrankung; diese kommt lediglich in der Größe des Indikators zum Ausdruck. Ein Beispiel ist die Erhebung bei Hernien- und Gallenoperationen in der Asklepios Paulinen Klinik, Wiesbaden. Die genannten Ergebnisindikatoren lassen sich gut benchmarken. Zu beachten ist jedoch, daß in unterschiedlichen Einrichtungen häufig auch unterschiedliche Schweregrade und Patientenrisiken behandelt werden. Auch sagen sie per se zu wenig über den eigentlichen Behandlungserfolg aus, weswegen spezifische Ergebnisindikatoren unerläßlich sind.

Ergebnisindikatoren aus der diagnostischen Medizin

Sie entstammen vor allem der radiologischen Diagnostik und der Labordiagnostik. Solche Meßgrößen eignen sich dann als Ergebnisindikatoren, wenn ihr Aussagewert im Hinblick auf eine Erkrankung und ihren Behandlungserfolg sehr hoch und umfassend ist. Ein Beispiel aus der Diabetologie ist die Messung des HbA 1c. Diese wird in der Asklepios Diabetes Klinik, Birkenwerder/Berlin, regelmäßig durch- und einem Benchmarking der Arbeitsgemeinschaft der Diabetes Kliniken (ADDK) zugeführt. Ergebnisindikatoren aus der diagnostischen Medizin sind eine elegante Möglichkeit, medizinische Ergebnisqualität zu messen und zu benchmarken. So einfach ist es leider in vielen Disziplinen der Medizin, wie z. B. der Neurologie, nicht. Dort müssen wir uns auf klinische Ergebnisindikatoren stützen.

Ergebnisindikatoren aus der klinischen Medizin und Pflege

Sie sind – ebenso wie die diagnostischen – spezifische Indikatoren, da sie in ihrer Definition auf die entsprechende Indikation Bezug nehmen. Sie kommen insbesondere dann zur Anwendung, wenn keine diagnostischen Meßgrößen zur Verfügung stehen, die das klinische Bild umfassend genug wiedergeben können. Man verwendet deshalb teilweise soziale Kriterien wie z. B. Belastbarkeit, Beweglichkeit, Schmerzfreiheit. Am besten bedient man sich sogenannter Skalen, die eine Summe verschiedenartiger Parameter bewerten und in ihrer Gesamtheit ein möglichst genaues Abbild der klinischen Situation darstellen. Es gelingt damit, ein qualitatives klinisches Bild quantitativ zu fassen.

Das folgende Beispiel zur dritten Klassifikation, zu den Ergebnisindikatoren aus der klinischen Medizin, stammt aus der Neurologie der Asklepios Schloßberg-Klinik, Bad König (Ärztliche Leitung: Dr. Erika Ortega-Suhrkamp), einer Einrichtung für die neurologische Frührehabilitation von durch ein Akutereignis schwerst hirngeschädigten, häufig apallischen Patienten. Das Lebensschicksal jedes einzelnen Patienten hängt dadurch ganz entscheidend vom Erfolg der Behandlung (Medical Outcome) ab. Nichts darf dem Zufall überlassen bleiben; deshalb ist die systematische Steuerung der Ergebnisqualität (**Outcome Management**, siehe Abbildung 4.101) in der Asklepios Schloßberg-Klinik ein ethischer Imperativ.

Um den Fortschritt des Patienten in verschiedenen Stadien exakt und objektiv messen zu können, wurde in der Asklepios Schloßberg-Klinik unter chefärztlicher Leitung im Rahmen eines im Jahre 1990 gestarteten Projektes ein sogenanntes OQM-Dokumentationssystem (OQM = Outcome Quality Management; siehe Baustein »Erfassungssystem« in Abbildung 4.101) installiert. Das OQM-System besteht aus einer elektronisch geführten, medizinischen Ergebnisdatenbank mit einer eigens auf der Basis von Microsoft Access™ entwickelten Datenbankanwendung. Seither führt das Krankenhaus (gemäß Handbuch, Prozeßbeschreibung 10.01: 4.4.1) neben der üblichen Krankendokumentation eine Erhebung nachfolgender international anerkannter Skalen als klinische Ergebnisindikatoren (vgl. *Paeger, A.*, 1996a) durch:

1. *Koma-Remissions-Skala (KRS):*
    Die KRS ist eine Erweiterung der Glasgow Coma Scale. Mit ihr werden geprüft:
1.1 Erweckbarkeit/Aufmerksamkeit,
1.2 Motorische Antwort,
1.3 Reaktion auf akustischen Reiz,
1.4 Reaktion auf visuellen Reiz,
1.5 Reaktion auf taktile Reize,
1.6 Sprechmotorische Antwort.

2. *Functional Independence Measure (FIM):*
   FIM bewertet die funktionelle Unabhängigkeit und wird anhand folgender Kriterien erhoben:
2.1 Selbstversorgung,
2.2 Kontinenz,
2.3 Transfers,
2.4 Fortbewegung,
2.5 Kommunikation,
2.6 Sozialkognitive Fähigkeiten.

3. *Disability Rating Scale (DRS):*
   Die DRS mißt über die
3.1 Glasgow Coma Scale hinaus:
3.2 die kognitive Fähigkeit für Selbsthilfetätigkeiten,
3.3 die Abhängigkeit von anderen und
3.4 die psychosoziale Integrationsfähigkeit/Arbeitsfähigkeit
und legt damit den Grad der Behinderung insgesamt fest.

4. *Rancho Los Amigos Cognitive Functioning Scale (LCFS):*
   Die LCFS stellt eine Graduierung der kognitiven Funktionen dar.

Die Erhebung und Auswertung der beschriebenen medizinisch-ärztlichen Ergebnisparameter wird durch weitere Skalen in der Pflege, der Ergotherapie und der Krankengymnastik ergänzt. Hierzu zählen vor allem der Frühreha-Barthel-Index, Spastikskalen und das Sensorische Stimulationsprofil (SSP). Alle vier oben gelisteten Skalen sind international anerkannt und werden in Fachgesellschaften diskutiert und verwandt (vgl. Braun, G. E. 1999).

Diese vier skalierbaren Meßgrößen werden kontinuierlich bei den neurologischen Patienten der Asklepios Schloßberg-Klinik im OQM-Dokumentationssystem festgehalten. Mit ihm läßt sich der Grad der Zielerreichung bei der Patientenbehandlung messen. Mangels vergleichbarer technischer Voraussetzungen bei potentiellen externen Benchmarkingpartnern ist bezüglich der klinischen Ergebnisindikatoren bislang nur ein intrainstitutionelles, periodisches Benchmarking umgesetzt. Dabei fließen allerdings mögliche Veränderungen auf der Prozeßebene (Therapie) mit in den Vergleich ein.

Abbildung 4.107 zeigt eine Maske eines PC-Bildschirms, an dem links die Patientenstammdaten eingetragen werden, auf der rechten Seite in entsprechenden Abständen die verschiedenen Skalenwerte. Im wesentlichen erfüllt das OQM-Dokumentationssystem drei Anforderungen:

1. Wir können den individuellen Patientenverlauf anzeigen. Abbildung 4.108 zeigt den Verlauf der einzelnen Skalen bei einem ausgewählten Patienten über die Zeit. Die meisten Skalen in der Abbildung bewegen sich nach oben, das ist positiv. Zwei Skalen – die Disability Rating Scale

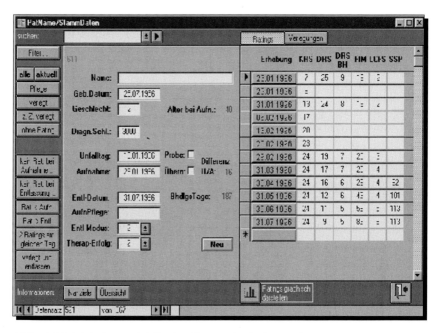

Abb. 4.107: Maske am PC für den Eintrag der Patientendaten

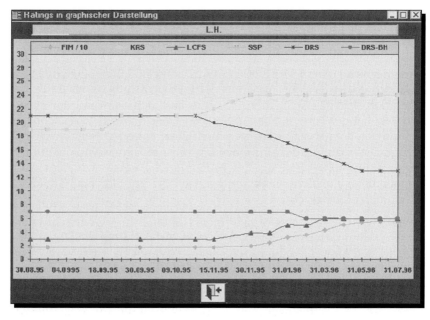

Abb. 4.108: Skalenverläufe klinischer Ergebnisindikatoren bei einem einzelnen Patienten

(DRS) sowie der DRS-Behinderungsgrad – gehen nach unten, aber auch das ist positiv. Es handelt sich nämlich hier um sogenannte inverse Skalen: Je niedriger der Wert, desto besser. Aufgrund der kontinuierlichen Erhebung bei allen Patienten ermöglicht das OQM-Dokumentationssystem die präzise Überwachung und Beurteilung des individuellen Krankheitsverlaufs sowie eine Überprüfung der individuellen Behandlungsstufen auf der Ebene der Prozeßqualität. So wird eine Optimierung der Behandlung des einzelnen Patienten ermöglicht (**Outcome Management**, siehe Abbildung 4.101). Auch zur Information von Angehörigen und Kostenträgern etc. können jederzeit aktuelle Informationen über jeden einzelnen Patienten am Schreibtisch des Arztes abgerufen werden. Gegebenenfalls kann die Auswirkung einer Änderung in der Behandlung überprüft werden. Bei Entlassung des Patienten erfolgt systematisch eine Gesamtbeurteilung des Heilungsverlaufs mit Hilfe der erfolgten OQM-Dokumentation.

2. Es lassen sich diagnosebezogene, sprich patientengruppenbezogene, Aussagen machen. Zum Beispiel läßt sich zu verschiedenen Diagnosen die Entwicklung der durchschnittlichen Indikatorwerte bei Aufnahme und Entlassung aus Ebene 1 errechnen und graphisch darstellen. Zur Steuerung und ständigen Weiterentwicklung der Behandlungsprogramme auf kollektiver Basis (siehe Bausteine »Bewertung« und »Optimierung«, Abbildung 4.101) ist diese Auswertung von zentraler Bedeutung. Mittels eines Filters gestattet das OQM-System »auf Knopfdruck« die dezidierte Anzeige (oder Ausdruck) der Ergebnisqualität verschiedener Patientengruppen anhand der skalierten Indikatoren. Abbildung 4.109 zeigt eine andere Auswertungsmöglichkeit: die Grafik, die vom System auf Knopfdruck erstellt wird, trägt auf der rechten Seite Diagnosen im Bereich der spontanen intracerebralen Blutung (ICB) auf. Auf einer weiteren Achse finden wir den Entlassungsmodus und nach oben aufgetragen in der dritten Dimension die Anzahl der Patienten. Am häufigsten sind also Patienten mit Entlassungsmodus »1«, der auch angestrebt wird. Analoge Grafiken lassen sich für alle anderen Diagnosegruppen erstellen.

3. Die dritte Ebene, auf der wir mit Hilfe eines solchen Outcome-Quality-Management-Systems Aussagen machen können, ist die der Gesamtpatientenpopulation. Beispielsweise läßt sich eine ähnliche Grafik wie auf Ebene 2 erstellen: Auch wieder nach rechts aufgetragen die verschiedenen Diagnoseschlüssel, nach links aufgetragen der Entlassungsmodus und auch hier wieder nach oben in der dritten Dimension die Anzahl der Patienten. Wiederum gilt, Entlassungsmodus »1« ist angestrebt, und da sind glücklicherweise auch die meisten Patienten (vgl. Braun, G. E. 1999). Als weiteres Beispiel diene eine Grafik (siehe Abbildung 4.110), die aus dem OQM-System per Knopfdruck für die Jahresstatistik erstellt werden kann: Aus den Differenzen der klinischen Ergebnisindikatoren wurde hier ein indikationsübergreifender Therapieerfolg auf einer Skala von null bis drei ermittelt.

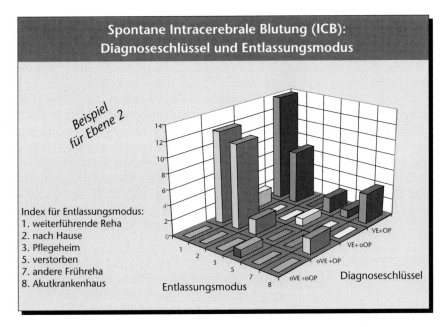

Abb. 4.109: Skalenwerte klinischer Ergebnisindikatoren am Beispiel der Intracerebralen Blutung (ICB)

Für die Gesamtgruppe der entlassenen Patienten werden zur Bewertung für das Kriterium 9 zusätzlich folgende patientenbezogene Parameter erfaßt:

- Anzahl der insgesamt entlassenen Patienten,
- Häufigkeitsverteilung nach Geschlechtern,
- Häufigkeitsberechnung der Diagnoseschlüsselverteilung,
- Mittelwertbestimmung der Differenz zwischen »Akutereignis und Aufnahme in der Asklepios Schloßberg-Klinik« in Tagen,
- Durchschnittliche Behandlungsdauer in Tagen,
- Häufigkeitsverteilung der Entlassungsmodi,
- Bestimmung der Patientenanzahl nach Altersklassen,
- Häufigkeitsverteilung des Therapieerfolges,
- Korrelationsberechnung zwischen »Diagnoseschlüssel«, »Differenz zwischen Akutereignis und Aufnahme« und »Alter« der Patienten,
- Korrelationsberechnung zwischen »Therapieerfolg«, »Differenz zwischen Akutereignis und Aufnahme« sowie »Alter« der Patienten,
- Verlaufsuntersuchungen der erhobenen Ratingwerte (Mittelwertberechnungen bei Aufnahme und Entlassung).

Diese allgemeinen patientenbezogenen Daten wertet das Datenbanksystem zunächst aus, Gesamtdaten für einen bestimmten Zeitraum, z. B. das Vorjahr, werden erstellt. Unter Einbeziehung der erhobenen klini-

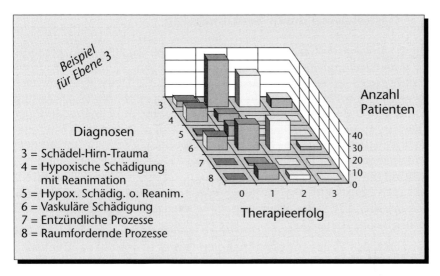

Abb. 4.110: Gesamtstatistik Neurologie für den Zeitraum 1.1. – 30.11.1997 hier einfügen (vgl. Braun, G. E. 1999)

schen Ergebnisindikatoren kann eine fast unerschöpfliche Anzahl von Aspekten der Ergebnisqualität dargestellt und gebenchmarkt werden.

Die Durchschnittsergebnisse bei verschiedenen Patienten und bei der Gesamtheit aller Patienten sind die Basis für die Optimierung der Behandlungsstandards im Sinn des AMIQ (siehe Abbildung 4.101). Zur Steuerung und ständigen Weiterentwicklung der Behandlungsprogramme auf kollektiver Basis ist die Auswertung der verschiedenen Diagnosegruppen von zentraler Bedeutung. Mittels eines Filters gestattet das Dokumentationssystem »auf Knopfdruck« die dezidierte Anzeige (oder einen Ausdruck) der Ergebnisqualität verschiedener Patientengruppen im Sinn einer deskriptiv-statistischen Auswertung.

Auf der individuellen Ebene läßt sich vor allem die Therapie des betreffenden Patienten in ihrem Erfolg optimieren und den Erfordernissen anpassen. Von besonderer Bedeutung für die systematische und kontinuierliche Qualitätsverbesserung ist die zweite Ebene, die sich auf Diagnosen/Indikationen bezieht. In einem wiederholten Wechselspiel von *Optimierung/Dokumentation* des Behandlungsstandards (vgl. Haake, D. et al. 1998) und erneuter *Ergebniserfassung/-bewertung* (siehe Abbildung 4.101) wird das Ergebnis Schritt für Schritt in einem integrierten Feedback-System optimiert (sog. pathway-related outcome management = prozeßorientierte Ergebnissteuerung). Die dritte Ebene ist vor allem von Interesse für Statistik und gesundheitsplanerische Überlegungen. So konnte z. B. der indikationsübergreifende Trend aufgezeigt werden, daß der Behandlungserfolg zunimmt, je früher der Patient Frührehabilitation erhielt.

3   Optimierung durch Benchmarking

Die Praxis eines systematischen und integrierten Qualitätsmanagements ist Voraussetzung für erfolgreiche Optimierungen. Wenig gewinnbringend ist es, wenn sich Qualitätsmanagement auf einzelne Krankenhausbereiche beschränkt oder sich in Einzelprojekten erschöpft. Die Erfassung von Abläufen auf Prozeßebene – und nicht auf Abteilungsebene – ermöglicht das Aufdecken von Schnittstellenproblemen. Die Optimierung dieser Schnittstellenprobleme bewirkt die Steigerung der Ergebnisqualität in voneinander abhängigen Bereichen. Ein motivierter Mitarbeiter wirkt positiv auf die Zufriedenheit eines Patienten und den medizinischen Erfolg wie auch umgekehrt. Die Handbucherstellung (AMIQ-Baustein »Prozeßdokumentation«; siehe Abbildung 4.101) ist dabei nur ein Werkzeug.

Grundsätzlich können bei der Nutzung von Verbesserungspotentialen drei Formen von Optimierungsmaßnahmen indiziert sein (siehe Abbildung 4.111): Sind die Abläufe fachlich und konzeptionell richtig, klappt die Durchführung aber trotzdem nicht, so liegt die Ursache in der Regel in unzureichenden Kenntnissen der beteiligten Mitarbeiter. Die geeignete Maßnahme ist dann eine Schulung. Liegt die Organisation im Argen oder klappt die Abstimmung zwischen verschiedenen Abteilungen nicht, so ist ein Qualitätszirkel zur Problemlösung geeignet. An ihm nehmen am besten Mitarbeiter von der Basis teil, die die fraglichen Tätigkeiten in der Routine durchführen. Die Experten sind also an der Basis zu suchen. Liegt das Verbesserungspotential jedoch bereits in der Konzeption von geeigneten Vorgehensweisen, so ist eine Projektgruppe indiziert. Die Experten, die hier gefragt sind, sind Fachleute, gegebenenfalls auch externe, und

Abb. 4.111: Indikationsstellung für einen Qualitätszirkel versus für eine Projektgruppe versus eine Schulung

stammen zumeist aus der mittleren oder oberen Hierarchieebene. In der Praxis überlappt sich diese akademische Unterscheidung häufig. Wichtig ist sie nur in bezug auf die Besetzung der erforderlichen Arbeitsgruppe mit Teilnehmern.

In der Qualitätszirkel- (organisatorische Fragestellungen) und Projektgruppenarbeit (fachliche und konzeptionelle Aspekte) des **AMIQ-Bausteins »Optimierung«** werden verbesserungsbedürftige Prozesse aufgearbeitet. Optimierungsbedürftig ist ein Prozeß entweder dann, wenn er sich als solcher schon klar auf der Prozeßebene erweist oder das Benchmarking auf der Grundlage des Assessment (Asklepios-Merkmale, EFQM- oder Baldrige-Kriterien, JCAHO- oder JCI-Standards) zu dieser Erkenntnis geführt hat (AMIQ-Baustein »Bewertung«). Eine Prioritätensetzung unter den ermittelten Verbesserungspotentialen muß stattfinden, bevor beteiligte Mitarbeiter in Qualitätszirkeln und Projektgruppen abteilungsübergreifend zusammenarbeiten. Dort formulieren sie neue Ablaufplanungen, die geeigneter erscheinen, das Ziel eines Prozesses (z. B. Genesung eines spastischen Patienten) zu erreichen. Abbildung 4.112 zeigt beispielhaft das Vorgehen bei der Qualitätszirkelarbeit innerhalb des AMIQ-Bausteins Optimierung.

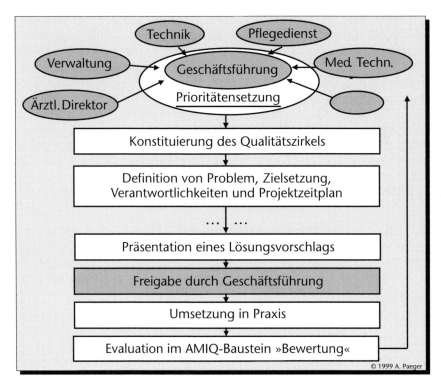

Abb. 4.112: Qualitätszirkelarbeit im Baustein Optimierung

So einigen sich z. B. Ärzte und Pflegekräfte auf feste Medikamentations-schemata nach Operationen, um die Therapie zu verbessern und Anordnungs- und Kommunikationsmißverständnisse auszuschließen. Ein erarbeiteter Lösungsvorschlag wird der Klinikleitung unterbreitet, die ihn schließlich freigibt. Ab diesem Zeitpunkt gilt die neue Prozeßbeschreibung, der neue Standard (s. u.) oder als schematische Kombination aus beiden der Pathway für alle diejenigen Fälle als automatische ärztliche Anordnung, in denen keine abweichende mündliche und schriftliche Anordnung des Arztes erfolgt (**Pathway Management**; siehe Abbildung 4.101).

Mitarbeiter, die sich in Qualitätszirkeln oder Projektgruppen engagiert haben, haben einen Anspruch auf Bescheidung durch die Leitungsebene innerhalb einer angemessenen Frist. Obwohl im Regelfall eine Zustimmung, manchmal mit kleineren Abänderungen, erfolgt, ist am wichtigsten, daß überhaupt eine Antwort gegeben wird. Ansonsten sind Bemühungen, die Mitarbeiterschaft später für eine weitere Runde der Qualitätszirkel- oder Projektarbeit zu gewinnen, zum Scheitern verurteilt.

Das folgende Optimierungsbeispiel war ein Fall für einen Qualitätszirkel. Es stammt aus der Asklepios Paulinen Klinik, einem der drei Krankenhäuser für die akute Regelversorgung in Wiesbaden. Einen typischen Problemprozeß stellte in diesem Krankenhaus wie in vielen anderen die OP-Ablauforganisation dar. Denn der Operationssaal eines Akutkrankenhauses stellt in aller Regel den Flaschenhals der operativen Patientenversorgung dar. In der Asklepios Paulinen Klinik wird der Zentral-OP von den Abteilungen der Allgemein- und Unfallchirurgie, der Gynäkologie und Geburtshilfe, der onkologischen Chirurgie sowie der HNO genutzt. Patientenorientierte Abläufe sind daher auf eine optimale Kooperation der operativen Fächer, der Anästhesie, der Anästhesie-Pflege sowie der OP-Pflege angewiesen. Zudem sollten die dem OP zuliefernden Prozesse (z. B. auf den Stationen und in den Funktionsabteilungen wie Labor und Radiologie) von Schnittstellenproblemen frei sein.

Mit Hilfe eines Handbuches (**AMIQ-Baustein »Prozeßdokumentation«**) förderten die an den OP-Abläufen beteiligten Mitarbeiter mittels Bewertung von Ablaufmerkmalen und periodischem Benchmarking folgende Verbesserungspotentiale für die Umsetzung in der Phase der Optimierung (Prozeß-Reengineering) zu Tage:

– Zu starre, fachbereichsbezogene Saalzuordnung bewirkte eine schlechte Saalauslastung,
– fehlende Koordination führte zu langen Wechselzeiten,
– verspätete OP-Anfangszeiten führten zu Überstunden oder OP-Absetzung,
– mangelnder Informationsfluß,

- hektisches Betriebsklima erzeugte unzufriedene Mitarbeiter und Patienten,
- hohe Fluktuation und Krankheitsrate bei den Mitarbeitern.

Unterstützt wurden diese Ausführungen durch eine empirische Datenerhebung auf EDV-Basis. Hier wurden teilweise extern gebenchmarkte Meßgrößen wie Schnitt-Naht-Zeiten, Wartezeiten, Personalmehrkosten durch Überstunden und Zuschläge, Fluktuation von Mitarbeitern oder die Krankheitsrate erfaßt. Aus mehreren Gesprächen mit einzelnen Mitarbeitern erarbeitete ein aus Betroffenen zusammengesetzter Qualitätszirkel einen später von allen Beteiligten unterschriebenen Lösungsvorschlag zu einer verbesserten OP-Ablauforganisation. Die Kernpunkte des durchgeführten Reengineering lauteten wie folgt:

- Installation eines interdisziplinären OP-Management mit Gesamtverantwortung beim Chefarzt der Anästhesie,
- Kompetenzübergabe bei OP-Planung, Änderungen und Koordination,
- Mischsystem aus planender und flexibler Saalverteilung,
- gleicher Informations- und Kenntnisstand durch Protokollierung und Veröffentlichung der Projektgruppengespräche am runden Tisch,
- zusätzliches technisches Equipment,
- flexibles Einbinden von Notfällen,
- regelmäßige Follow-up-Gespräche zur Überprüfung der implementierten Reengineering-Maßnahmen.

Das OP-Reengineering führte zu folgenden quantifizierbaren Ergebnissen:

- Reduzierung der Personalkosten,
- Rückgang der Krankheitsrate,
- Senkung der Fluktuation im OP-Bereich auf Null,
- Erhöhung der durchgeführten Operationen durch kürzere Wechselzeiten,
- besserer Informationsfluß,
- gesteigerte Disziplin in der Einhaltung der OP-Zeiten,
- Steigerung der Mitarbeiterzufriedenheit.

Aus dem dargestellten Beispiel wird die unterstützende Funktion der Prozeßdokumentation bei den Aufgaben der Bewertung, des Benchmarking und der Optimierung deutlich (siehe Abbildung 4.101). Die Prozeßdokumentation (vgl. einschlägigen AMIQ-Baustein, Abbildung 4.101) wird bei Asklepios in Form von Klinikhandbüchern in Anlehnung an die internationale Industrienorm DIN EN ISO 9001 (DIN EN = Deutsches Institut für Normung e.V. – Europäische Norm) erstellt, die in der Praxis durch Anpassung dem Krankenhaus dienlich gemacht werden mußte. Bessere Handbuchsystematiken sind für das deutsche Krankenhauswesen denkbar. Wegweisend für Dienstleistungsunternehmen wie das Krankenhaus ist die Reform der DIN EN ISO 9001 des Jahres 2000, die zu einer zentralen Stellung der klinischen Schlüsselprozesse führt.

Das Klinikhandbuch, wie Asklepios es aus der zitierten Norm für das Krankenhaus weiterentwickelt hat, besteht aus drei Abschnitten (siehe Abbildung 4.113). In Teil I sind die **Qualitätsgrundsätze (QG)** niedergelegt. Nach der Norm handelt es sich um das »Qualitätsmanagement-Handbuch« im engeren Sinn. Bei Asklepios finden sich die Grundsätze unter den Leitbegriffen »Mensch – Medizin – Mitverantwortung«. Teil II enthält am Patienten orientierte **Prozeßbeschreibungen (PB)**, überwiegend in Flußdiagrammen (Flow-Chart Technique oder Process Mapping) dargelegt (siehe Abbildung 4.114). Diese Prozeßbeschreibungen (laut Norm »Verfahrensanleitungen«) ermöglichen dem Betrachter ein schnelles Erfassen der organisatorischen Gesamtabläufe aus Sicht der Krankenhausleitung und Abteilungsleiter. In Teil III befinden sich systematisch geordnet die inhaltlich-fachlich fokussierten Richt- und Leitlinien der Ärzte sowie **Standards (ST)** aus Pflege und Verwaltung (laut Norm »Arbeitsanweisungen«). Je ein Beispiel für eine Prozeßbeschreibung und einen Standard findet sich in Abbildung 4.114 bzw. Abbildung 4.115 (vgl. Haake, D. et al. 1998).

Die DIN EN ISO 9001 sieht für die drei Ebenen Qualitätsgrundsätze, Prozeßbeschreibungen und Standards 20 Elemente vor, die im Handbuch abgehandelt werden. In den Asklepios Kliniken wurden meist einige Kapitel der Norm miteinander kombiniert, mehrere Elemente krankenhausspezifisch umbenannt und zwei Kapitel (Ökologie, Krisenmanagement) neu hinzugefügt (siehe Abbildung 4.116).

Eine solche Basisdokumentation ist auch hilfreich bei der Einarbeitung neuer Mitarbeiter. Diese können sich schnell und umfassend über das jeweilige Tätigkeitsfeld, die Abläufe und die Schnittstellen zu anderen

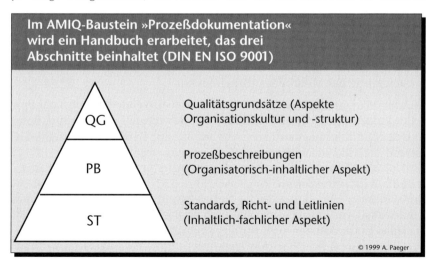

Abb. 4.113: Die drei Ebenen des Klinikhandbuches

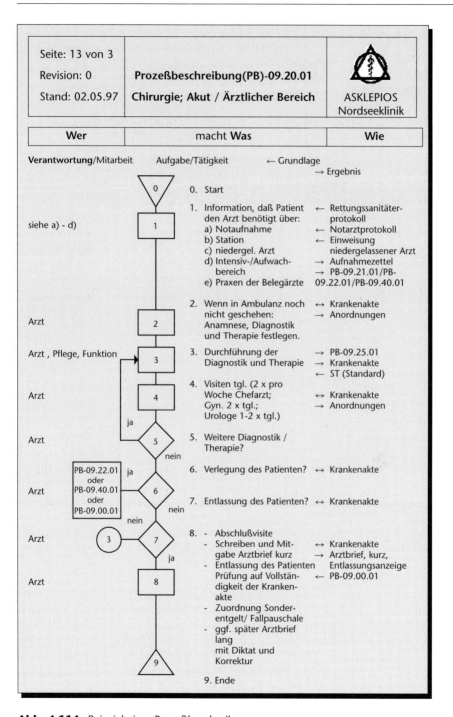

Abb. 4.114: Beispiel einer Prozeßbeschreibung

ASKLEPIOS Paulinen Klinik	Standard ST-09.16.00.09 Rahmenstandard Patientenvorbereitung für Röntgen- und Ultraschalluntersuchungen	Seite 2 von 3 Revision 0 Stand: 03.08.99
Ersteller Datum R. Grosch 22.05.1996	Geprüft Datum M. Bothe 22.05.1996	Freigegeben Chefarzt Radiologie, Geschäftsführung Datum 22.05.1996

Untersuchung	Nüchtern	Abführen	Ent-blähende Mittel	Sonstiges
Sono-Abdomen	X	X	X	
Magen-Darm-Passage	X			
Dünndarm n. Sellink	X			lange Duodenalsonde legen
Colon	X	X		Vorbereitung bei Coloskopie; bei Zustand nach Biopsie erst ab 11. Tag
Phlebographie	X			Kreatininwert
Inf.-Urogramm	X	X	X	Kreatininwert
Inf.-Galle	X	X	X	Bilirubinwert
PTCD	X			Gerinnungsstatus
Angiographie	X			Gerinnungsstatus und Kreatininwert

Abb. 4.115: Beispiel für einen Standard: Eine Checkliste der Abteilung Radiologie definiert die Vorbereitung von Patienten auf Station für bestimmte Untersuchungen

Abteilungen und Stationen informieren. Die Einführung einer solch umfangreichen Dokumentation ruft aber auch Skepsis gegenüber der zunächst entstehenden Mehrarbeit hervor. Darüber hinaus ist eine Optimierung der Prozesse in vielen Köpfen gleichbedeutend mit Wegrationalisierung von Arbeitsplätzen. Umso wichtiger ist es, den Mitarbeitern verständlich zu machen, daß mit der Erfassung einzelner Prozesse Probleme erkannt und verbessert werden sollen. Es geht z. B. darum, überflüssige Mehrarbeit im Alltag – besonders auch der Stationsärzte – zu reduzieren. Durch z. B. die Einführung bestimmter, gegebenenfalls gebenchmarkter Standards ist

	Element nach DIN EN ISO 9001	Qualitätsgrundsätze / Prozeßbeschreibung / Standards bei Asklepios
0		Ein Krankenhaus stellt sich vor
1	Verantwortung der Leitung	Verantwortung der Geschäftsleitung
2	Qualitätsmanagement	Managementsystem für die Prozeßqualität
3	Vertragsprüfung	Versorgungsvertrag / Vertragsprüfung
4	Designlenkung	Neu- und Weiterentwicklung von Geschäftsfeldern
5	Lenkung der Dokumente und Daten	Umgang mit Dokumenten
6	Beschaffung	Materialbeschaffung
7	Lenkung der vom Kunden beigestellten Produkten	Patienteneigentum
8	Identifikation und Rückverfolgbarkeit von Produkten	Identifikation und Rückverfolgbarkeit
9	Prozeßlenkung	Leistungserbringung am Patienten
10	Prüfungen	Überprüfung der Ergebnisqualität aus Sicht der Patienten
11	Prüfmittelüberwachung	Diagnostische Geräte
12	Prüfstatus	Prüfstatus
13	Lenkung fehlerhafter Produkte	Verfahren bei fehlerhaften externen Leistungen und Produkten
14	Korrektur- und Vorbeugungsmaßnahmen	Korrektur- und Optimierungsmaßnahmen
15	Handhabung, Lagerung, Verpackung, Schutz und Versand	Handhabung, Lagerung, Verpackung und Versand von Arbeits- und Versorgungsmaterial
16	Lenkung von Qualitätsaufzeichnungen	Überprüfung der Ergebnisqualität aus medizinischer Sicht
17	Interne Qualitätsaudits	Qualitätsaudits
18	Schulung	Schulungen
19	Wartung (Kundendienst)	Vorbereitung des Patienten auf die nachstationäre Phase
20	Statistische Methoden	Auswertungsmethoden für die Ergebnisqualität
21		Ökologie / Umwelt
22		Anleitung für das Verhalten bei Notfällen

© 1999 A. Paeger

Abb. 4.116: Die 22 Kapitel des Klinikhandbuches

es möglich, Routineabläufe im täglichen Umgang miteinander kurz und verständlich weiter zu geben. Somit hat man mehr Zeit, sich den Besonderheiten zu widmen, z. B. von Patienten, die vorher nicht diese Beachtung bekommen konnten.

Mehr Zeit für das wesentliche und eine höhere Zufriedenheit der Mitarbeiter kommen letztendlich dem Patienten durch verbesserte Behandlungs- und Betreuungsqualitäten zugute; denn es besteht die Möglichkeit, ihm mehr Aufmerksamkeit zu widmen. Die Mitarbeitermotivation steigt, indem man den Mitarbeitern die Möglichkeit gibt, sich mit Eigeninitiative und Verbesserungsvorschlägen bezüglich ihres eigenen Arbeitsplatzes zu beteiligen und das Qualitätsmanagement aktiv mitzugestalten. So wird auch die Kommunikation spürbar verbessert. Sind die Mitarbeiter in die Einführung eines Qualitätsmanagements aktiv eingebunden, entwickelt sich eine Eigendynamik im Hinblick auf eine kontinuierliche Verbesserung der Qualität.

Die relevanten klinischen (Effektivität) und ökonomischen (Effizienz) Ergebnisse eines überarbeiteten Klinikhandbuches werden im nachfolgenden Qualitätsberichts- und Bewertungszyklus mit dem »Bisher« und dem »Soll« gebenchmarkt, um den Grad der Optimierung zu beurteilen. Gegebenenfalls muß mit neuen Erkenntnissen nachgebessert werden. Auf diese Weise gelingt es, Schritt für Schritt die Qualität im Sinn einer medizinischen und ökonomischen Ergebnissteuerung (Outcome Management) zu steigern. Gleiches gilt analog für das Kostenmanagement, damit im EFQM-Kriterium 9 nicht nur die Effektivität, sondern auch die Effizienz beurteilt werden kann. Zu diesen Zwecken sowie zur Optimierung der Mitarbeiter- (EFQM-Kriterium 7) und Patientenzufriedenheit (EFQM-Kriterium 6) ist eine Steuerung der Prozesse und Leitlinien für Standardfälle (Pathway Management, siehe Abbildung 4.101) sinnvoll. Zugleich vermindert das Pathway Management die zufällige Varianz bei Diagnostik und Therapie und schafft so erst die Voraussetzung für ein aussagekräftiges Benchmarking. Bewußt gewollte Varianz vermindert das Pathway Management allerdings nicht – und soll es auch nicht verhindern; denn die individualisierte ärztliche Entscheidungsmöglichkeit muß gewahrt bleiben.

Hier schließt sich das Beispiel für eine Projektgruppe an. Bei der Installation eines Pathway Managements sind primär konzeptionelle Klärungen und Veränderungen von Nöten. Das Pathway Management sollte für Standardfälle, in denen es zur Anwendung kommt, die Umsetzung von ärztlichen Vorgaben sichern, die als Prozeßbeschreibungen oder Standards in einem Handbuch nach DIN EN ISO 9001 dokumentiert sind. In den einzelnen Pathways waren schematisch Ablaufschritte aus Prozeßbeschreibungen oder Standards festzulegen, die im pflegerischen Bereich individualisiert im Care Management (= Case Management) abgearbeitet und umgesetzt werden (siehe Abbildung 4.117). Im Ergebnis stärkte es aus den unten genannten Gründen das Berufsbild und das Selbstbewußtsein

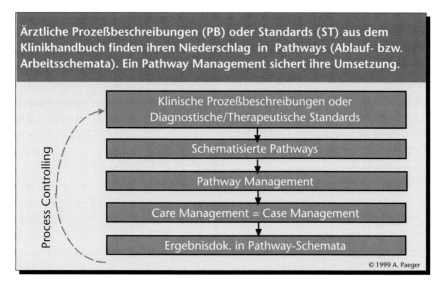

Abb. 4.117: Das Pathway Management der Ärzte wird im pflegerischen Care Management (= Case Management) umgesetzt

der Pflege. Vor allem in den USA hat die Pflege so ein neues, zukunftsweisendes Aufgabenfeld, das Care Management (= Case Management), mit großen Herausforderungen entdeckt. Auch die Ärzteschaft reagierte sehr positiv auf die damit verbundene Veränderung des Pflegeselbstverständnisses (s. u.). Der ärztliche Dienst ist fortan fachlich die maßgebliche Instanz, die Pflege ist organisatorisch Herr der Dinge.

Aus ärztlicher Sicht entfällt ein hohes Maß an Dokumentationsaufwand in der Patientenakte und unliebsames Nachhaken bei den Schwestern und Pflegern. Die pflegerische Compliance ist deutlich höher, weil Eigenverantwortung und Motivation der Pflegekräfte gestiegen sind. Der Arzt/die Ärztin kann sich besser auf seine/ihre Aufgaben konzentrieren. Diese bestehen dann vor allem in der Behandlung solcher Patienten, bei denen begründete Abweichungen von den gültigen Standards nötig sind sowie der Patienten, die sich im Rahmen der Diagnostik nicht einmal im Ansatz standardisieren lassen und daher einer besonderen Betreuung bedürfen.

Mit Hilfe des Benchmarking konnte u. a. gezeigt werden, daß für die mittels Pathway Management der Herzinsuffizienz erhöhte Outcome-Qualität in unseren Projekten folgende Merkmale – fast ausschließlich innerhalb des EFQM-Kriteriums fünf angesiedelt – ausschlaggebend waren:

1. Frühe Verfügbarkeit der alten Patientenakte,
2. schnelle Resultate der Aufnahmeuntersuchungen (Röntgen Thorax, EKG, Labor),

3. zutreffende und genaue Gewichtsmessungen,
4. zutreffende und genaue Aufzeichnungen des Herzrhythmus,
5. geregelte Kommunikation zwischen Pflege und Ärzten,
6. akkurate Verlaufsbeobachtungen,
7. frühzeitige und kontinuierliche Entlassungsplanung.

Die wesentlichen Gründe, warum sowohl Ärzte wie Pflege das Pathway Management bzw. Care Management überwiegend positiv beurteilen, lassen sich wie folgt zusammenfassen:

1. Ärzte haben weniger Dokumentations- und Kommunikationsaufwand.
2. Ärzte konstatieren höhere Compliance des Pflegedienstes bei vom Standard abweichenden Anordnungen.
3. Ärzte beschreiben den Pflegedienst als interessierter und motivierter.
4. Die Schwester/der Pfleger managt den Patienten gesamtverantwortlich (Zeit- und Terminmanagement).
5. Die Pflege sieht im Care Management eine realistische Aufstiegsmöglichkeit (Weiterbildung).

Das Pathway Management endet nicht am Entlassungstag oder an der Tür des eigenen Krankenhauses, sondern setzt sich institutionsübergreifend als **Disease Management** fort. Unter Disease Management wird daher ein hausübergreifendes Pathway Management verstanden. Damit es erfolgreich ist, sind feste Partnerschaften in einem Netzwerk nötig, welches in Zusammenarbeit mit Kostenträgern eine regionale Gesundheitsplanung für maßgebliche Indikationen vornimmt. In diesem Qualitätsnetz kooperieren sich komplementär ergänzende Leistungserbringer mit einem oder mehreren Kostenträgern. In dieses Netz bringt jede beteiligte Institution ihre Spitzenleistungen ein. Das Benchmarking liefert die Erkenntnisse, welche Krankheitsbilder oder Behandlungsabschnitte innerhalb des Verbundes am besten durch welche Institution zu erbringen sind, d. h. welche eine Stärke oder Kernleistung des jeweiligen Hauses darstellen. Damit bewirkt Disease Management nicht nur eine Bereinigung von Schnittstellenproblemen, sondern auch eine Selektion der beteiligten Leistungserbringer.

4 Strategischer Ausblick: Krankenhausakkreditierungen durch Kostenträger ab dem Jahr 2002

Viele Krankenhäuser in Deutschland, die bislang einen großen Bogen um Themen wie Qualitätsmanagement und Benchmarking gemacht haben oder sich nur zögerlich an dieses Thema heranwagen, begründen ihre Zurückhaltung mit der Tatsache, daß es eine Vielzahl von Modellen für das Qualitätsmanagement gibt, ohne daß Politik und Verbände ein klare Richtung weisen.

Bei näherem Hinsehen sind die Unterschiede jedoch nicht so groß, vielmehr werden unterschiedliche Angriffspunkte und damit verbunden auch abweichende Schwerpunkte gewählt. Deshalb ist eine Einengung der Qualitätsarbeit auf eines der konventionellen Modelle auch wenig geeignet, um ein integriertes Qualitätsmanagement zu praktizieren.

Die ISO-Norm der Serie 9000 ff. regelt in erster Linie die Dokumentation der Prozeßqualität (AMIQ-Baustein »Prozeßdokumentation«, siehe Abbildung 4.101) und schlägt mit dem Element zu »Korrektur- und Vorbeugungsmaßnahmen« eine Brücke zur Optimierung und mit den Elementen »Prüfungen« und »Qualitätsaufzeichnungen« eine Brücke zur Ergebnisqualität. Dementsprechend heißt der Qualitätsgrundsatz (QG) 10 in den Handbüchern der Asklepios-Häuser auch »Überprüfung der Ergebnisqualität aus Sicht des Patienten«, der QG 14 »Korrektur- und Optimierungsmaßnahmen« und der QG 16 »Überprüfung der Ergebnisqualität aus medizinischer Sicht« (siehe Abbildung 4.116). Allerdings stellt die Norm kein Handwerkszeug zur Verfügung, um ein Management der Ergebnisqualität umzusetzen. Sie behält ganz klar ihren Ansatzpunkt und damit auch ihren Schwerpunkt in der Dokumentation der Prozeßqualität.

Das EFQM-Konzept geht dagegen von der Bewertung der (Potential-, Struktur-, Prozeß- und Ergebnis-) Qualität aus, es ist schwerpunktmäßig ein Bewertungsmodell. Aufbauend auf den identifizierten Verbesserungspotentialen kann man zu ausgewählten Themen Qualitätszirkel einrichten (AMIQ-Baustein »Optimierung«) und die erzielten Verbesserungen in einem Handbuch für die Prozeßqualität dokumentieren. Hinzu kommt der Aufbau einer Ergebnisdokumentation. Das Erreichte wird u. a. im nächsten Bewertungszyklus reflektiert: So wird das Handbuch nach ISO 9000 in den Kriterien 1, 2 und insbesondere 5, die Ergebnisdokumentation in den Kriterien 6 bis 9 nach EFQM bewertet.

EFQM und ISO 9000 ff. sind komplementäre Ansätze, die sich in einem kontinuierlichen Qualitätsverbesserungszyklus integrieren lassen. Lediglich in bezug auf einen möglichen Qualitätsnachweis, eine Zertifizierung oder Akkreditierung treten die beiden Konzepte in Konkurrenz. Unumstritten ist das bislang einzige Zertifizierungsverfahren mit verbindlichen Rechtsregeln das Audit nach DIN EN ISO 9000 ff., auch wenn eine gesetzliche Grundlage dafür fehlt. Zertifizierungen nach ISO 9001, 9002 oder 9003 werden von privatrechtlichen Unternehmungen durchgeführt, die bei der Trägergemeinschaft für Akkreditierung (TGA) in Frankfurt akkreditiert sind. Der Begriff Audit besagt, daß im wesentlichen eine Konformität zwischen dem Handbuch für die Prozeßqualität und der Realität geprüft und, falls vorhanden, bescheinigt wird. Ein Zertifikat nach ISO 9000 ff. besagt also – vereinfacht ausgedrückt –, daß ein Krankenhaus auch wirklich das tut, was im Handbuch nebst Anlagen steht.

Die Kostenträger möchten jedoch wissen, welche Qualität ein Krankenhaus erbringt, das sie finanzieren. Dazu reicht eine Konformitätsbescheinigung nicht. Was sie wünschen, ist mehr: Eine Akkreditierung von Krankenhäusern, die sowohl Qualität bewertet (Assessment) als auch die Einhaltung von Qualitätsvorgaben überprüft (Audit). Es wird deshalb verständlich, warum die überwältigende Mehrheit der Krankenkassen überhaupt nicht begeistert war, als sich 1996 die ersten Krankenhäuser nach ISO 9001 bzw. 9002 zertifizieren ließen. Obwohl sich die Kostenträger sehr für die acht Asklepios-Häuser interessierten, die diesen Schritt vollzogen, hielten sie ihre Kritik nicht hinterm Berg. In der Ablehnung der ISO-Zertifizierung war man sich sogar mit der Deutschen Krankenhausgesellschaft (DKG) und der Bundesärztekammer einig und brachte dies in einer gemeinsamen Presseerklärung vom Frühjahr 1996 zum Ausdruck.

Erst seit September 1999 arbeiten die DKG, die Bundesärztekammer und der für die stationäre Qualitätssicherung federführende Ersatzkassenverband vdak/AEV unter dem Namen »Kooperation für Transparenz und Qualität im Krankenhaus (KTQ)« gemeinsam an einem Akkreditierungsverfahren, das Elemente aus verschiedenen Bewertungsmodellen wie EFQM, seiner amerikanischen Schwester, dem Baldrige-Modell, den Bewertungsstandards der JCAHO/JCI und der ISO-Normen berücksichtigen soll (vgl. Hellmann, W. 1999).

Zusammenfassend bleibt festzuhalten, daß Assessment-Verfahren und Krankenhausvergleiche erheblich an Bedeutung gewinnen werden. Denn sie setzen dort an, wo die Krankenkassen ihr Hauptinteresse haben: Bei der Qualitätsbewertung und beim Leistungsvergleich. An die Stelle der Auditoren setzen diese Bewertungsverfahren sogenannte Assessoren (die JCAHO sogenannte Surveyors); denn es wird nicht eine Konformität abgeprüft (»Audit«), sondern Qualität bewertet (»Assessment«).

Um die Frage vieler Krankenhäuser zu beantworten, wie man bei der Einführung von Qualitätsmanagement und Benchmarking vorgehen soll, wird unter Berücksichtigung der aktuellen Entwicklungen folgendes empfohlen (siehe »Zukünftiger Weg« in Abbildung 4.118): Die Durchführung eines Bewertungsverfahrens (AMIQ-Baustein »Bewertung«) liefert eine Bestandsaufnahme, auf deren Basis Qualitätszirkel und Projektgruppen systematisch an Verbesserungsvorschlägen arbeiten können (AMIQ-Baustein »Optimierung«). Die Dokumentationswerkzeuge für Prozeß- und Ergebnisqualität werden im Rahmen der Verbesserungszyklen aufgebaut. Dagegen beginnt der »Gegenwärtige Weg« mit der Prozeßdokumentation in einem Handbuch (mit gegebenenfalls ISO-Zertifizierung). Nur selten wurde in diesen Fällen der Weg konsequent bis zur Ergebnisdokumentation und zur Bewertung weitergegangen.

Ein aus Sicht der Krankenhausleitung nicht zu vernachlässigendes Entscheidungskriterium liegt darin, daß der »Zukünftige Weg« bei den Mit-

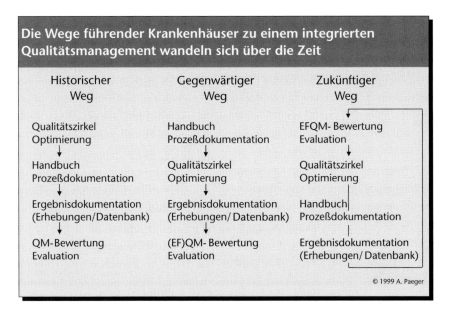

Die Wege führender Krankenhäuser zu einem integrierten Qualitätsmanagement wandeln sich über die Zeit

Historischer Weg	Gegenwärtiger Weg	Zukünftiger Weg
Qualitätszirkel Optimierung	Handbuch Prozeßdokumentation	EFQM- Bewertung Evaluation
↓	↓	↓
Handbuch Prozeßdokumentation	Qualitätszirkel Optimierung	Qualitätszirkel Optimierung
↓	↓	
Ergebnisdokumentation (Erhebungen/Datenbank)	Ergebnisdokumentation (Erhebungen/ Datenbank)	Handbuch Prozeßdokumentation
↓	↓	
QM-Bewertung Evaluation	(EF)QM- Bewertung Evaluation	Ergebnisdokumentation (Erhebungen/ Datenbank)

© 1999 A. Paeger

Abb. 4.118: Die Wege zum Qualitätsmanagement im Krankenhaus wandeln sich (vgl. Haake, D. et al. 1998)

arbeitern im Krankenhaus auf weitaus mehr Beliebtheit stößt, während der Aufbau eines Handbuches besonders am Anfang den Mitarbeitern schwer zu vermitteln ist und damit externe Beratung geradezu unumgänglich wird. Die Frage, welchen Weg kommerzielle Zertifizierungsfirmen und Beratungsgesellschaften propagieren, erübrigt sich.

Die Zukunft liegt aber nicht in einer Zertifizierung, sondern in einer Akkreditierung von Krankenhäusern. Nach international üblichem Sprachgebrauch ist das Kernstück einer Zertifizierung stets ein Audit, d. h. eine Konformitätsprüfung. Bekanntestes Beispiel ist das beschriebene Auditverfahren nach DIN EN ISO 9001 (bzw. 9002 oder 9003), welches die Übereinstimmung einer selbst erstellten Prozeßdokumentation mit der Realität abprüft. Kritische Abweichungen verhindern das Bestehen des Audits, ansonsten empfehlen die Auditoren der zuständigen Kommission ihres Institutes die Zertifizierung.

Im Gegensatz dazu beinhaltet eine Akkreditierung sowohl ein Audit- als auch ein Assessmentverfahren (siehe Abbildung 4.119). Im Audit kann ein erarbeiteter Qualitätsbericht auf seine Realitätstreue überprüft werden, mit dem Assessment erfolgt die eigentliche Qualitätsbewertung. Bestes Praxisbeispiel ist das Akkreditierungsverfahren für Krankenhäuser der amerikanischen Joint Commission on Accreditation of Healthcare Organizations (JCAHO). Die Joint Commission (»gemeinsame Kommission«), in der die unterschiedlichen Beteiligten und Berufsgruppen im Gesund-

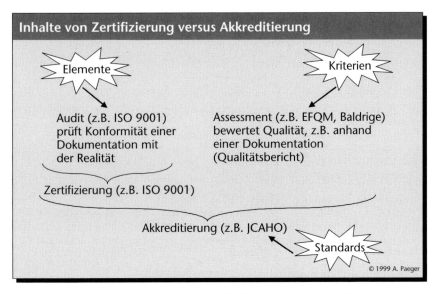

Abb. 4.119: Inhalte von Zertifizierung und Akkreditierung (vgl. Hellmann, W. 1999)

heitswesen vertreten sind, entsendet Gutachter (»surveyors«) zu Auditierungs- und Assessmentzwecken. Für die Bewertung hat die JCAHO detaillierte Standards für Krankenhäuser entwickelt, die in der Regel Minimalanforderungen darstellen, also erreicht oder übertroffen werden müssen. Diese Standards gliedern sich in die drei Bereiche personenbezogene, organisationsbezogene und funktionsorientierte Standards. Als bislang einziges Krankenhaus in Deutschland haben sich die Asklepios Fachkliniken München-Gauting (ehemals LVA-Fachkrankenhaus für Lungenheilkunde) nach den Standards der JCAHO bewerten lassen.

Reine Assessmentverfahren wie z. B. nach dem Kriterienmodell der EFQM oder nach dem Kriterienmodell, das bei der Auswahl für den Malcom Baldrige National Quality Award (MBNQA) angewandt wird, reichen für eine Akkreditierung nicht aus. Dazu sind die Bewertungsverfahren nach EFQM und Baldrige nicht genügend objektivierbar. Folglich ist auch eine Vergleichbarkeit auf der Ebene der Hauptkriterien nicht unmittelbar gegeben (siehe Kapitel 1). Die Kriterien der EFQM bzw. nach Baldrige sind bewußt allgemein und anpassungsfähig gehalten, um der sich bewertenden Organisation den höchstmöglichen Nutzen für die interne Qualitätsverbesserung zukommen zu lassen.

Eine Qualitätsbewertung ist grundsätzlich nur schwer objektivierbar. Um jedoch annähernd einen Krankenhausvergleich zu ermöglichen, müßten innerhalb der Bewertungskriterien die sogenannten »areas to address«, wie sie die EFQM nennt, standardisiert, d. h. detaillierte Mindeststandards formuliert werden. Bei der Frage ›erfüllt oder nicht erfüllt‹ sollte dann möglichst wenig Interpretationsspielraum verbleiben. Diesen Weg haben JCAHO und JCI beschritten, und auch das Projekt »Kooperation für Transparenz und Qualität im Krankenhaus (KTQ)« von Bundesärztekammer und Ersatzkassenverbänden beschreitet diesen Weg. Daher verwundert es nicht, daß ein erheblicher Teil des zur Zeit noch vertraulichen KTQ-Fragenkataloges mit den JCAHO-Standards identisch oder ihnen inhaltlich sehr ähnlich ist.

Es ist klar, daß mit zunehmender Konkretisierung und Einengung auch die für ein einzelnes Krankenhaus nicht zutreffenden oder sinnlosen Fragen bzw. Standards zunehmen. Heftige Kritik am geplanten Akkreditierungsverfahren von Bundesärztekammer und Ersatzkassen ist deshalb zu erwarten. Die Deutsche Krankenhausgesellschaft (DKG) hat ihre Bereitschaft zur Mitarbeit am KTQ-Projekt bereits 1998 erklärt, im September 1999 wurden die entsprechenden Verträge unterzeichnet (vgl. Hellmann, W. 1999). Mit der breiten Einführung der KTQ-Akkreditierung ist für das Jahr 2002 zu rechnen.

Obwohl das KTQ-Verfahren eine Bewertung beinhaltet, sprechen Bundesärztekammer und Ersatzkassenverbände mißverständlicherweise bislang von Zertifizierung statt von Akkreditierung. Bei der Durchführung des von Bundesärztekammer und Ersatzkassenverbänden geplanten Akkreditierungsverfahrens bieten sich zwei mögliche Modellvarianten: Im ersten Fall führt eine übergeordnete Organisation direkt die für die Akkreditie-

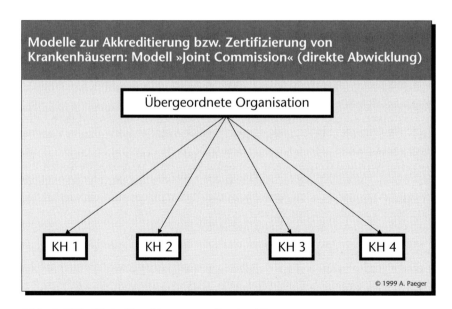

Abb. 4.120: Direktakkreditierung von Krankenhäusern

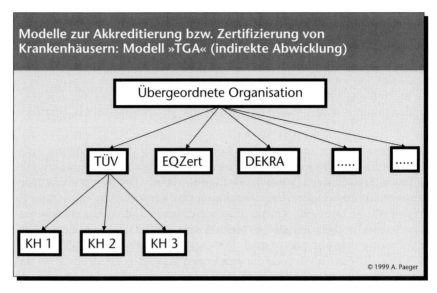

Abb. 4.121: Delegierte Akkreditierung von Krankenhäusern

rung notwendigen Audits und Assessments durch, indem sie selbst sogenannte Visitoren benennt, die die Funktion von Auditoren und Assessoren vereinen (siehe Abbildung 4.120). Das Vorbild hierfür wäre die Joint Commission on Accreditation of Healthcare Organizations (JCAHO) der USA.

Bei der zweiten Variante vergibt die übergeordnete Organisation Lizenzen an privatwirtschaftlich organisierte Institute, die dann mit Hilfe von Visitoren, die eine entsprechende Ausbildung durchlaufen haben, die Akkreditierung vornehmen (siehe Abbildung 4.121). Vorbild für letztere Möglichkeit wäre die Trägergemeinschaft Akkreditierung (TGA) mit Sitz in Frankfurt, deren Anerkennung derzeit Gesellschaften erwerben, die nach DIN EN ISO 9001 zertifizieren. Das Vorbild stimmt insofern nicht ganz genau, als es sich bei der TGA letztendlich um eine Selbstorganisation der Zertifizierungsfirmen handelt. Aus dem TGA-Modell resultiert aber ein in Deutschland weitverbreitetes Mißverständnis, bei der Akkreditierung handle es sich quasi um die Rezertifizierung von Zertifizierungsgesellschaften (zum tatsächlichen Unterschied zwischen Akkreditierung und Zertifizierung siehe Abbildung 4.119).

Durch die geplante Akkreditierung wird aus dem internen Zwecken dienenden Benchmarking ein den Krankenkassen dienender Vergleich. Es muß nicht eigens betont werden, daß in einigen Jahren die Existenz eines Krankenhauses eng mit dem Erwerb der Akkreditierung (bzw. des »Zertifikates«) verbunden ist, auch wenn die Kostenträger derzeit noch vorsichtig sind, dies offen auszusprechen. Damit kommt der Krankenhausbewertung und dem Benchmarking eine erhebliche strategische Bedeutung zu, weil dies ein geeigneter interner Weg ist, um sich zielorientiert auf die externe Akkreditierung (»Zertifizierung«) vorzubereiten.

Mit dem externen Qualitätsnachweis werden die Krankenkassen auch Informationen über die Möglichkeit und Eignung einzelner Krankenhäuser zur Teilnahme an regionalen Versorgungssystemen gewinnen. Solche Informationen sind im Lichte der Gesundheitsstrukturreform 2000, im besonderen der Regelungen zur integrierten Versorgung, zu sehen. In Netzwerkverbünden können unter Einflußnahme der Krankenkassen für volkswirtschaftlich und volksgesundheitlich relevante Indikationen (z. B. Herzinfarkt, Apoplex, maligne Tumoren, Diabetes) indikationsbezogene Versorgungsketten und -ströme so geplant werden, daß alle wesentlichen Stationen einer optimierten Gesundheitsversorgung (z. B. Facharzt, Krankenhäuser, Rehabilitation, ambulante Nachsorge) in ihrer Abfolge und mit ihren Schnittstellen fest vereinbart sind. Hierin liegen die Kernelemente eines Disease Management.

Über eine Integration der (zeitlich zusammenhängenden) Leistungserbringung führt Disease Management darüber hinaus zu Effizienzsteigerungen in einem Entgeltsystem, das sich Fallkomplexpauschalen oder Kopfpauschalen zunutze macht. Denn Disease Management betrachtet im Sinne eines integrierten Qualitätsmanagements die Gesamtqualität über alle Behandlungsphasen und die Systemkosten einer Erkrankung über alle Bereiche einer Versorgungskette hinweg und vermeidet ein mögliches cost shifting seitens einzelner Leistungserbringer in einem pflegesatz- oder fallpauschalisierten Entgeltsystem, da hier nur die Kosten im jeweiligen Behandlungsabschnitt und -teilbereich Berücksichtigung finden, um mit dem dafür vorgegebenen Erlös auskommen zu können.

Weiterführende Literaturhinweise:

Braun, G. E.: Handbuch Krankenhausmanagement – Bausteine für eine moderne Krankenhausführung. Unter Mitwirkung zahlreicher Persönlichkeiten aus Wissenschaft und Praxis, Stuttgart 1999;

Bundesärztekammer: Leitfaden: Qualitätsmanagement im deutschen Krankenhaus – unter Mitarbeit von F.-W. Kolkmann, I. Seyfarth-Metzger, F. Stobrawa, München et al. 1997;

Bundesministerium für Gesundheit: Wegweiser Qualitätsmanagement im Krankenhaus – von G. Viethen, Stuttgart 1998, S. 42 ff.;

Catton, C.: USA Experience with Joint Commission Surveys, in: Strukturreform im Gesundheitswesen und zukunftsweisendes Qualitätsmanagement: Wege in die Zukunft, Rüstzeug für den Wandel, hrsg.

von Paeger, A., Königstein 1999. (Zu beziehen über M. Baier, Debusweg 4, 61462 Falkenstein);

Haake, D. et al.: Der leitende Arzt in der Krankenhausorganisation, Düsseldorf 1998, Kap. 4/5.2.1, S. 22 ff.;

Hellmann, W.: Der Arzt mit Managementkompetenz – Ideenbörse zur Übernahme von Leistungsaufgaben im Krankenhaus, Stuttgart 1999, S. 174 ff.;

Paeger, A. (1996a): Integriertes Qualitätsmanagement an den Asklepios-Kliniken, in: Management & Krankenhaus, 11/1996, S. 1 und 10;

Paeger, A. (1996b): Benchmarking sichert die Zukunft des Krankenhauses, in: Das Krankenhaus, 88. Jg., 12/1996, S. 616–620;

Paeger, A. (1997a): Quality Improvement in Germany, in: The Joint Commission Journal on Quality Improvement, Vol. 23, 1/1997, S. 39–46;

Paeger, A. (1997b): Ärzteschaft und Controlling: auf dem Weg zur Profit-Center-Idee, in: Gesundheitsökonomie und Qualitätsmanagement, 2. Jg., 2/1997, S. A 44–A 47;

Vogt, W. et al.: Premiere in Deutschland: Akutkrankenhaus und Rehaklinik setzen Europäisches Qualitätsmanagement um, in: Das Krankenhaus, 89. Jg., 12/1997, S. 734–738;

Wettlauffer, I. et al.: Krankenhaus Management für Qualität und Umwelt, Taunusstein 1999;

Ziegler, M.: Qualitätsmanagement im Gesundheitswesen: Aus Erfahrung lernen, Bonn 1998, S. 211 ff.

America's Best Hospitals im Leistungsvergleich

Sachstand und Perspektiven des U.S.-News-Kriteriensystems

Wilfried von Eiff

»In den amerikanischen Vergleichsansätzen, insbesondere dem U.S.-News-Vergleich, rückt die patientenorientierte Ethik, die persönliche Anteilnahme, als Leistungskriterium deutlich in den Vordergrund.«

1   Ziel, Historie und Entwicklung des U.S.-News-Ranking

Mit dem Ziel, eine nachvollziehbare Orientierung und qualifizierte Entscheidungshilfe für Bürger zu bieten, die wegen ihres Krankheitsbildes (oder aufgrund des Wunsches nach wirkungsvoller medizinischer Vorsorge) der bestmöglichen Diagnose- bzw. Behandlungsmöglichkeit bedürfen, startete im Jahr 1990 U.S.-News mit dem Leistungsvergleich der besten 100 Krankenhäuser der USA (siehe Abbildung 4.122). Durch national vereinbarte Qualitätsstandards sollten die 6.400 US-Krankenhäuser im Hinblick auf ihre medizinische Leistungsfähigkeit vergleichbar gemacht werden.

Dieser erste Vergleich basierte ausschließlich auf dem Kriterium »Reputation« und bezog zwölf medizinische Fachgebiete in den Leistungsvergleich ein.

Mittlerweile wird der U.S.-News-Vergleich zum achten Mal durchgeführt: Betrachtet werden 16 bzw. 17 medizinische Fachgebiete und das Kriterium »Reputation« ist nur noch zu einem Drittel bestimmend für die Plazierung eines Krankenhauses. Denn im Jahr 1993 wurden unter Mitwirkung des National Opinion Research Center (University of Chicago) ein Bewertungsmodell von Craig Hill entwickelt, daß zwei zusätzliche Bewertungsschwerpunkte mit je einem Drittel Gewichtung in das Ranking-System eingebracht hat:

- die Mortalitätsstatistik sowie
- eine Gruppe von Meßkriterien, die nach Meinung von Ärzten und Sozialwissenschaftlern in besonderer Weise den Anspruch an medizinische Qualität repräsentieren. Diese Meßkriterien können je nach

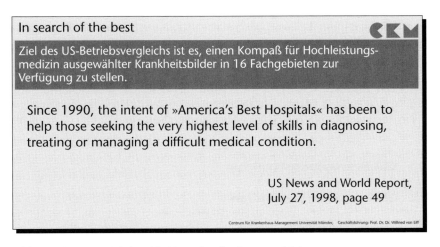

Abb. 4.122: Das Ziel des U.S.-News-Krankenhausvergleichs

medizinischem Fachgebiet mit unterschiedlicher Gewichtung zum Ansatz kommen. »For now, however, the U.S.-News rankings remain the sole source of relevant, rigorously conceived information.« D. h., die verwendeten Beurteilungskriterien sind kerngeschäftsbezogen (»relevant«) und stehen in direktem Bezug zur Patientenversorgung; außerdem steht hinter der jährlich veröffentlichten Vergleichsreihenfolge (ranking) ein mathematisches Modell, das ständig angepaßt wird, um den Informationswert des Ranking zu erhöhen (»rigorously conceived«).

So wurde nicht nur die Zahl der evaluierten Fachgebiete (specialties) schrittweise auf mittlerweile 17 (Stand 1997) erhöht bzw. im Jahr 1998 auf 16 konsolidiert. Es wurde auch berücksichtigt, daß sich bestimmte Eingriffe zur »qualifizierten Routine« entwickeln: Damit werden medizinische Behandlungsformen, die vor wenigen Jahren noch ein Zeichen hoher medizinischer Kompetenz (»leading edge«) waren, mittlerweile zum Basisversorgungsstandard, so daß ein Krankenhaus mit dieser Leistungsstruktur zwar eine hohe Qualität für die Basisversorgung leistet, aber im U.S.-Ranking damit keinen herausragenden Platz erreichen kann. So wurde von 1996 auf 1997 den Hernienoperationen als Leistungsmerkmal kein Gewicht eingeräumt (national mortality rate 0,01 %); dagegen wurde die Behandlung bestimmter Lebererkrankungen oder Pankreaserkrankungen wegen einer Mortalitätsrate von 10,3 % in den Vergleich als »area to address« aufgenommen.

Auch die verwendeten Beurteilungskennzahlen unterliegen einer ständigen Überprüfung auf Informationswert: So wurde von 1995 zu 1996 die Kennzahl »board-certified physicans to beds« aufgegeben. Das U.S.-News-Ranking wird regionenorientiert durchgeführt: Nordost, West, Mittlerer Westen und Süd.

Der U.S.-News Top 100-Vergleich hat mittlerweile einen hohen Stellenwert in der Öffentlichkeit. Krankenhäuser, die auf der »Honor Roll« erscheinen (siehe Abbildung 4.123), nutzen diese Auszeichnung zum Teil auch ganz gezielt als Marketing-Maßnahme (siehe Abbildung 4.124). So sieht das Children's Hospital in Boston das neunmalige Erscheinen auf der Honor Roll als klaren Qualitätsbeweis an und deklariert diesen Auszeichnungserfolg öffentlich als »A Reason to Believe«.

2 Die Beurteilungsstruktur

2.1 Die Beurteilungsphilosophie

Der U.S.-News-Vergleich konzentriert sich auf Aussagen über die medizinische Leistungsfähigkeit eines Krankenhauses; Fragen der wirtschaftlichen Betriebsführung eines Krankenhauses bzw. vergleichende Analysen der Krankenhauskostenstrukturen sind erklärtermaßen nicht Gegenstand des Ranking.

Diese Ausrichtung ist einerseits erklärbar aus dem Gesundheitssicherungssystem, das auf Konsumentensouveränität bei den Nachfragen (Pa-

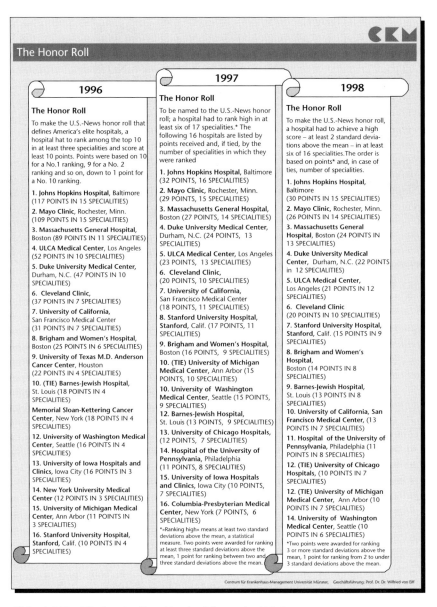

The Honor Roll

1996

The Honor Roll

To make the U.S.-News honor roll that defines America's elite hospitals, a hospital hat to rank among the top 10 in at least three specialities and score at least 10 points. Points were based on 10 for a No.1 ranking, 9 for a No. 2 ranking and so on, down to 1 point for a No. 10 ranking.

1. **Johns Hopkins Hospital**, Baltimore (117 POINTS IN 15 SPECIALITIES)
2. **Mayo Clinic**, Rochester, Minn. (109 POINTS IN 15 SPECIALITIES)
3. **Massachusetts General Hospital**, Boston (89 POINTS IN 11 SPECIALITIES)
4. **ULCA Medical Center**, Los Angeles (52 POINTS IN 10 SPECIALITIES)
5. **Duke University Medical Center,** Durham, N.C. (47 POINTS IN 10 SPECIALITIES)
6. **Cleveland Clinic,** (37 POINTS IN 7 SPECIALITIES)
7. **University of California,** San Francisco Medical Center (31 POINTS IN 7 SPECIALITIES)
8. **Brigham and Women's Hospital,** Boston (25 POINTS IN 6 SPECIALITIES)
9. **University of Texas M.D. Anderson Cancer Center,** Houston (22 POINTS IN 4 SPECIALITIES)
10. (TIE) **Barnes-Jewish Hospital,** St. Louis (18 POINTS IN 4 SPECIALITIES)
Memorial Sloan-Kettering Cancer Center, New York (18 POINTS IN 4 SPECIALITIES)
12. **University of Washington Medical Center,** Seattle (16 POINTS IN 4 SPECIALITIES)
13. **University of Iowa Hospitals and Clinics,** Iowa City (16 POINTS IN 3 SPECIALITIES)
14. **New York University Medical Center** (12 POINTS IN 3 SPECIALITIES)
15. **University of Michigan Medical Center,** Ann Arbor (11 POINTS IN 3 SPECIALITIES)
16. **Stanford University Hospital,** Stanford, Calif. (10 POINTS IN 4 SPECIALITIES)

1997

The Honor Roll

To be named to the U.S.-News honor roll; a hospital had to rank high in at least six of 17 specialities.* The following 16 hospitals are listed by points received and, if tied, by the number of specialities in which they were ranked

1. **Johns Hopkins Hospital**, Baltimore (32 POINTS, 16 SPECIALITIES)
2. **Mayo Clinic**, Rochester, Minn. (29 POINTS, 15 SPECIALITIES)
3. **Massachusetts General Hospital,** Boston (27 POINTS, 14 SPECIALITIES)
4. **Duke University Medical Center,** Durham, N.C. (24 POINTS, 13 SPECIALITIES)
5. **ULCA Medical Center,** Los Angeles (23 POINTS, 13 SPECIALITIES)
6. **Cleveland Clinic,** (20 POINTS, 10 SPECIALITIES)
7. **University of California,** San Francisco Medical Center (18 POINTS, 11 SPECIALITIES)
8. **Stanford University Hospital,** Stanford, Calif. (17 POINTS, 11 SPECIALITIES)
9. **Brigham and Women's Hospital,** Boston (16 POINTS, 9 SPECIALITIES)
10. (TIE) **University of Michigan Medical Center,** Ann Arbor (15 POINTS, 10 SPECIALITIES)
10. **University of Washington Medical Center,** Seattle (15 POINTS, 9 SPECIALITIES)
12. **Barnes-Jewish Hospital,** St. Louis (13 POINTS, 9 SPECIALITIES)
13. **University of Chicago Hospitals,** (12 POINTS, 7 SPECIALITIES)
14. **Hospital of the University of Pennsylvania,** Philadelphia (11 POINTS, 8 SPECIALITIES)
15. **University of Iowa Hospitals and Clinics,** Iowa City (10 POINTS, 7 SPECIALITIES)
16. **Columbia-Presbyterian Medical Center,** New York (7 POINTS, 6 SPECIALITIES)

*»Ranking high« means at least two standard deviations above the mean, a statistical measure. Two points were awarded for ranking at least three standard deviations above the mean, 1 point for ranking between two and three standard deviations above the mean.

1998

The Honor Roll

To make the U.S.-News honor roll, a hospital had to achieve a high score – at least 2 standard deviations above the mean – in at least six of 16 specialities. The order is based on points* and, in case of ties, number of specialities.

1. **Johns Hopkins Hospital,** Baltimore (30 POINTS IN 15 SPECIALITIES)
2. **Mayo Clinic,** Rochester, Minn. (26 POINTS IN 14 SPECIALITIES)
3. **Massachusetts General Hospital,** Boston (24 POINTS IN 13 SPECIALITIES)
4. **Duke University Medical Center,** Durham, N.C. (22 POINTS in 12 SPECIALITIES)
5. **ULCA Medical Center,** Los Angeles (21 POINTS IN 12 SPECIALITIES)
6. **Cleveland Clinic** (20 POINTS IN 10 SPECIALITIES)
7. **Stanford University Hospital,** Stanford, Calif. (15 POINTS IN 9 SPECIALITIES)
8. **Brigham and Women's Hospital,** Boston (14 POINTS IN 8 SPECIALITIES)
9. **Barnes-Jewish Hospital,** St. Louis (13 POINTS IN 8 SPECIALITIES)
10. **University of California, San Francisco Medical Center,** (13 POINTS IN 7 SPECIALITIES)
11. **Hospital of the University of Pennsylvania,** Philadelphia (11 POINTS IN 8 SPECIALITIES)
12. (TIE) **University of Chicago Hospitals,** (10 POINTS IN 7 SPECIALITIES)
12. (TIE) **University of Michigan Medical Center,** Ann Arbor (10 POINTS IN 7 SPECIALITIES)
14. **University of Washington Medical Center,** Seattle (10 POINTS IN 6 SPECIALITIES)

*Two points were awarded for ranking 3 or more standard deviations above the mean, 1 point for ranking from 2 to under 3 standard deviations above the mean.

Centrum für Krankenhaus-Management Universität Münster,   Geschäftsführung: Prof. Dr. Dr. Wilfried von Eiff

Abb. 4.123: Die Best-in-Class-Krankenhäuser der U.S.A.

Abb. 4.124: Betriebsvergleich und Krankenhausmarketing

tienten, HMOs, ...) setzt: Der Patient entscheidet sich für das Krankenhaus seiner Wahl nach seiner »persönlichen« Kriterienstruktur, in die auch die persönliche wirtschaftliche Lage, sein Versicherungsumfang, etc. eingehen oder der Versicherte entscheidet sich für ein bestimmtes Versicherungsunternehmen (HMO) und kauft damit automatisch ein bestimmtes Versorgungspaket, das von bestimmten Leistungsanbietern vertragsgemäß erbracht wird.

Auf der anderen Seite tauchen mittlerweile vereinzelt Kostenaussagen in den Rankings auf: So ist z. B. erstmals im Jahr 1996 im Beurteilungsbereich »Technologie« (= Faktor der Strukturqualität) auch ein kostenbewußtes Investitionsverhalten belohnt worden.

Die Existenz eines Magnet-Resonanz-Geräts wurde z. B. bis 1995 mit einem Punkt belohnt, wenn das Gerät im Krankenhaus verfügbar war; aber 1996 wurde auch die durch eine Kooperationsvereinbarung fundierte Möglichkeit des Zugriffs auf ein MR-Gerät außer Haus mit einem halben Punkt belohnt. »The scoring system for technology has been modified to acknowledge a cost-saving climate that encourages the sharing of expensive resources.«

Aber auch von Patientenseite werden vermehrt Anforderungen artikuliert, wonach exzellente medizinische Qualität zu erschwinglichen Preisen angemahnt wird. »Most patients facing heart surgery are more worried about whether it [gemeint ist der Einsatz minimalinvasiver Verfahren] will work than what it will cost.« Mehrere Studien haben die amerikanische Öffentlichkeit »in Bewegung« gebracht: Danach ist eine minimalinvasive Herzoperation (beating-heart surgery) etwa 20 bis 40 % kostengünstiger wie eine konventionelle HLM-gestützte Operation, die etwa 46.500 US-Dollar (Bypass) kostet. Die Krankenhäuser sind aber derzeit nicht bereit, die Kostensenkungsmöglichkeiten an die Patienten in Form von niedrigeren Preisen weiterzugeben. Dies könnte sich in Zukunft ändern, wenn auch die »Preiswürdigkeit« als Kriterium in den U.S.-News-Vergleich Eingang fände.

Um überhaupt in das Ranking-Verfahren aufgenommen zu werden, muß ein Krankenhaus mindestens eines von drei »initial requirements for consideration« erfüllen:

- Mitglied in der Vereinigung der teaching hospitals (COTH-Membership);
- Kooperation mit einer medical school;
- mindestens neun von siebzehn Schlüsseltechnologien vorhalten (technische Strukturqualität), wobei die Ausstattung von 136 verschiedenen Krankenhäusern die Grundlage für diese »Liste der verfügbaren Technologie« bildet.

In 1997 erfüllten genau 1.800 Krankenhäuser mindestens eine dieser »K.-o.-Kriterien«. Im Jahr 1998 schafften 1.985 Hospitäler diese Voraussetzungen; 132 Krankenhäuser wurden schließlich im finalen Ranking öffentlich präsentiert.

In 1996 wiesen 77 % der 1.961 in den Vergleich einbezogenen Krankenhäuser eine Mitgliedschaft im Council of Teaching Hospitals auf.

2.2 Die Kriterien

Der U.S.-News-Index (= overall measure of quality of care) besteht aus drei Komponenten, wobei das in einem Fachgebiet beste Hospital den Beurteilungswert 100 erhält:

- Reputation bei Fachärzten, die bei ihrer Fachgesellschaft zertifiziert sind (board-certified specialists);
- Mortalitätsrate (predicted mortality);
- Einzelkriterien, die in besonderer Weise Qualitätsvoraussetzungen technischer und organisatorischer darstellen und von Fachgebiet zu Fachgebiet unterschiedlich sind.

2.2.1 Reputation und Ansehen (reputational score)

Ausgeweitet wird der durchschnittliche Prozentsatz von Fachärzten im jeweiligen Fachgebiet, die in den letzten drei Jahren befragt wurden und das Krankenhaus als besonders leistungsfähig in diesem Fachgebiet bezeichneten:»Welches sind die fünf besten Krankenhäuser bezogen auf ihre Disziplin, ohne Berücksichtigung von regionaler Erreichbarkeit und Standort sowie ohne Rücksicht auf Kosten?«

In jeder der 17 Fachrichtungen werden 150 zertifizierte Ärzte befragt (2.550 in Summe).

Die Fachgebiete Ophtalmology, Pädiatrie, Psychiatrie und Rehabilitation werden ausschließlich auf Basis des»reputational score« beurteilt, »because mortality is irrelevant, since deaths rarely are a consequence of care in these special ties; and other reliable medical indicators simply do not exist.«

2.2.2 Mortalitätsrate

Hierbei handelt es sich um eine hochdifferenzierte Kennzahl, die aus einer Vielzahl von Unterkriterien besteht. Analyse und Auswertung der Mortalitätsinformation erfolgen über die All Patient Refined Diagnosis Related Group Software von 3M Health Information Systems.

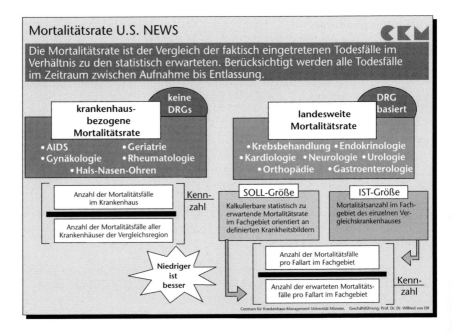

Abb. 4.125: Die Betrachtung der Mortalitätsrate erfolgt differenziert nach medizinischen Fachgebieten

Die Mortalitätsrate ist der Vergleich der faktisch eingetretenen Todesfälle im Verhältnis zu den statistisch erwarteten.

Berücksichtigt werden alle Todesfälle im Zeitraum zwischen Aufnahme bis Entlassung. Methodisch (siehe Abbildung 4.125) wird unterschieden zwischen der

- krankenhausbezogenen Mortalitätsrate, die für die Fachgebiete Aids, Geriatrie, Gynäkologie, HNO und Rheumatologie ermittelt wird
und der
- landesweiten Mortalitätsrate; diese wird für die Bereiche Krebs, Kardiologie, Endokrinologie, Gastroenterologie, Neurologie, Orthopädie, Urologie und Atemwegserkrankungen festgestellt. Im Gegensatz zur krankenhausbezogenen Mortalitätsrate ist die landesweite Kennzahl prozeßorientiert fundiert (Diagnose-Related-Groups-Basis – DRG-Basis).

Es wird insbesondere der Zustand des Patienten bzw. der Schweregrad seiner Krankheit bei Einlieferung ins Krankenhaus berücksichtigt. D. h. eine Beurteilung der Mortalitätsrate findet unter Berücksichtigung des im Patienten liegenden Risikos statt (siehe Abbildung 4.126).

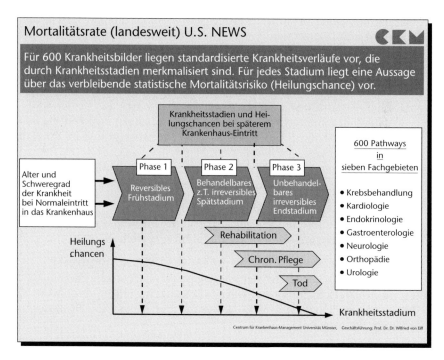

Abb. 4.126: Die Mortalitätsrate wird prozeßorientiert gewichtet nach den Aspekten Patientenzustand und Patienenrisiko

2.2.3 Ausgewählte Leistungsmerkmale des Patientenversorgungsprozesses

Die patientennahen Leistungsprozesse werden durch eine begrenzte Zahl von Oberkriterien beurteilt; hier spielen Aspekte wie Verfügbarkeit von neuester Diagnosetechnik oder Angebot von Spezialdiensten für besondere Patientengruppen eine Rolle.

- »Technology score«
  Die medizinisch-technische Ausstattung spielt eine wichtige Rolle bei der Beurteilung der Strukturqualität und hat Auswirkungen auf die Prozeß- und Ergebnisqualität.
  Je nach Krankheitsbild variiert die benötigte technische Ausstattung. Aus dieser Variation resultiert die unterschiedlich differenzierte Skala. So ist z. B. die Existenz einer kardiologischen Intensivstation entscheidend und erfolgskritisch für die Behandlung von Herz-Kreislauf-Erkrankungen auf hohem Niveau, aber für Leistungsfähigkeit der Orthopädie im gleichen Krankenhaus ist diese Ausstattung irrelevant. Auch die Gewichtung, mit der die Technologieausstattung in die Qualitätsbeurteilung eines Faches eingeht, ist unterschiedlich: Im Bereich pulmonary desease werden zwischen eins und vier Punkte vergeben, im Bereich Aids eins bis neun Punkte.
  Wie bereits oben erwähnt, werden seit 1996 Gerätepartnerschaften »belohnt«: Ein Punkt wird vergeben für Technologie, die auf dem Gelände vorhanden ist, ein halber Punkt für Technologie, die in Kooperation mit einem anderen Leistungsanbieter betrieben wird, aber außerhalb des Geländes steht.

- »Discharge planning« = *Sozialaspekte*
  Verfügbarkeit einer Organisation von Sozialarbeitern und von Anlaufstellen für Patienten; Koordination von Netzwerkleistungen (Sozialstation, Tagespflege, …)
  Als besondere Patientengruppen mit entsprechenden Versorgungsansprüchen gelten Aids-Patienten und geriatrische Patienten.

- »R.N.'s to beds« = *Anzahl der Pflegekräfte*
  Anzahl der diplomierten Vollzeit-Pflegekräfte im Verhältnis zur Bettenzahl. Diese Zahl muß auf die drei Schichten verteilt werden.

- »Procedures to beds« = **Eingriffszahlen** (ab 1997: »Discharges«)
  Anzahl der (spezifischen) Behandlungsprozeduren (chirurgisch und nicht-chirurgisch) im Verhältnis zur Bettenzahl. Ein höherer Wert ist besser, da die Qualität üblicherweise mit der Anzahl der Prozeduren ansteigt.

- »Interns and residents to beds« = *Ausbildungsintensität/engagement*
  Anzahl der Ärzte im Ausbildungsstatus im Verhältnis zur Bettenzahl. Ein höherer Wert ist besser, denn es dokumentiert das Interesse an

Abb. 4.127: Die Kriterienstruktur des U.S.-NEWS-Ranking

Lehre und Forschung und damit am Transfer neuer Erkenntnisse in die Praxis. Diese Kennzahl wird ab 1997 nicht mehr verwendet.

- »Service mix« = *Serviceangebote*
  Organisation und Koordination von Serviceangeboten im oder außerhalb des Krankenhauses wie Aids-Beratung, Suchthilfeprogramme, Familienberatung/genetische Beratung, Pflegeservice, Schwangerschaftsberatung. Ein Krankenhaus muß mindestens 10 solcher Services dauerhaft selbst oder in Kooperation mit Dritten anbieten.

- »Geriatric services« = *Angebote für Ältere Menschen*
  Beratung zum »Umgang mit dem Alter«, Alzheimer-Diagnose-Service, Akut-Betreuung, Altersforschung, Altenheime, Tagespflege für Erwachsene, Notfallhilfe für Nicht-Patienten, Senioren-Vereine, Patientenvertretungsservice.

2.2.4 Beurteilungshintergrund für die einzelnen Fachgebiete

Auch für die einzelnen Fachgebiete (17 specialties) besteht ein spezieller Bewertungshintergrund (beispielhaft dargestellt an den Bewertungsbereichen Aids und Geriatrie).

2.2.4.1 Bewertungsbereich: Aids

Es wird bewertet (siehe Abbildung 4.128), inwieweit an einem Krankenhaus Therapie und Forschung im Hinblick auf die klinische Versorgung integriert sind. Auch systematische Tests neuer Medikamenten-Wirkstoff-kombinationen schlagen positiv zu Buche.

Weiterhin zählen

- nachweisbare Erfolge in der Bekämpfung zentraler Aids-Symptome wie z. B.
  - Infektionen des Respirationstrakts,
  - Toxoplasmose,
  - Leber- und Lungeninfektionen,
- ganzheitliche ambulante Versorgungsprogramme,
- Verfügbarkeit spezieller Kinder-Intensivversorgungseinheiten,
- Hilfe von Sozialarbeitern und Patientenvertretungen (SHG) bei Formularausfüllung, Familienproblemen, häuslicher Versorgung von Pflege bis Verpflegung.

2.2.4.2 Bewertungsbereich: Geriatrie (Geriatrics)

Ziel der geriatrischen Versorgung ist es (siehe Abbildung 4.129), älteren Menschen die körperliche Mobilität so lange wie möglich zu erhalten und sie zu ertüchtigen und zu ermutigen, ihr tägliches Leben soweit als möglich selbständig zu bewältigen. Die durch das Krankenhaus zu leistende Unterstützung bezieht sich auf alle Aspekte der Altenversorgung. Dies erfordert ein multidisziplinäres Team, bestehend aus Ärzten, nurse practicioniers, Sozialarbeitern und anderen auf die spezielle Betreuung von alten Menschen gerichteten Berufsgruppen (Krankengymnast, Logopäden, Lesehelfern, …). Die neueste Forschung richtet sich auf das Erkennen der besonderen Gefährdungspotentiale alter Menschen, durch die diese dauerhaft behindert werden.

Erforderlich sind gut ausgebildete Ärzte, die eine Dementia von einer medikamentenverursachten Desorientierung unterscheiden können.

Zu Buche schlagen auch Koordinationsleistungen bei alterskorrelierten Gebrechen: Von der Arteriosklerose bis zur Osteoporose. Hospiz-Leistungen, psychologische Therapie (»Erziehung«) und Tagespflege runden das Leistungsspektrum der TOP-beurteilten Fachbereiche ab.

Best Hospitals 1997

AIDS

AIDS patients are finally getting a modicum of hope. Early, aggressive therapy that combines three drugs, including powerful protease inhibitors, is extending many patients' lives. And new techniques to measure to »viral load,« or how much virus is in the blood, let doctors alter and adjust dosages for maximum effect. Major AIDS centers are involved in pioneering clinical trials. One, for example, has shown that thalidomide can help to control AIDS-related mouth ulcers.

REGION KEY: ■ Northeast ■ South ■ West ▨ Midwest

Rank	Hospital	U.S. NEWS INDEX	Reputational score	Hospitalwide mortality rate	COTH member	Technology score (of 9)	R.N.'s to beds	Trauma center	Discharge planning (of 3)
1	San Francisco General-Hospital Medical Center	100.0	58.5%	0.94	No	6.0	1.67	Yes	2
2	Johns Hopkins Hospital, Baltimore	76.4	39.2%	0.86	Yes	9.0	1.32	Yes	3
3	Massachusetts General Hospital, Boston	51.4	22.4%	0.95	Yes	9.0	1.66	Yes	3
4	University of California, San Francisco Medical Center	48.8	20.6%	0.75	Yes	9.0	1.40	No	3
5	UCLA Medical Center, Los Angeles	41.5	15.5%	0.85	Yes	9.0	1.25	Yes	3
6	University of Miami, Jackson Memorial Hospital	34.7	13.0%	0.98	Yes	6.5	1.16	Yes	3
7	Memorial Slean-Kettering Cancer Center, New York	30.1	9.9%	0.93	Yes	8.0	1.52	No	2
8	Northwestern Memorial Hospital, Chicago	29.1	7.6%	0.63	Yes	7.5	0.80	Yes	3
9	University of Alabama Hospital at Birmingham	25.9	6.9%	0.99	Yes	6.0	1.56	Yes	3
10	Mayo Clinic, Rochester, Minn.	25.9	4.3%	0.65	Yes	8.0	1.52	Yes	3
11	Beth Israel Hospital, Boston	25.8	6.3%	0.90	Yes	7.0	1.41	Yes	2
12	Rush-Presbyterian-St. Luke's Medical Center, Chicago	25.7	6.1%	0.75	Yes	9.0	1.06	No	1
13	New York University Medical Center	25.0	6.9%	1.05	Yes	8.5	1.13	No	3
14	New England Deaconess Hospital, Boston	24.7	5.8%	0.72	Yes	7.0	0.97	No	3
15	Brigham and Woman's Hospital, Boston	24.7	4.4%	0.83	Yes	8.0	1.28	Yes	3
16	University of Washington Medical Center, Seattle	24.5	4.7%	0.67	Yes	8.0	2.00	No	2
17	Columbia-Presbyterian Medical Center, New York	24.5	7.4%	1.31	Yes	9.0	1.30	No	2
18	Duke University Medical Center, Durham, N.C.	23.5	3.8%	0.83	Yes	9.0	1.60	No	3
19	Stanford University Hospital, Stanford, Calif.	23.2	4.0%	0.82	Yes	7.0	1.09	Yes	3
20	Los Angeles County-USC Medical Center	22.9	3.0%	0.63	Yes	7.5	1.13	Yes	3
21	UCSO Medical Center, San Diego	22.7	3.1%	0.83	Yes	7.0	1.73	Yes	3
22	Cook County Hospital, Chicago	22.4	2.4%	0.77	Yes	7.0	1.98	Yes	3
23	Harborview Medical Center, Seattle	22.3	4.7%	1.13	Yes	6.5	2.18	Yes	3
24	University of Iowa Hospitals and Clinics, Iowa City	21.5	1.2%	0.76	Yes	9.0	1.26	Yes	3
25	Parkland Memorial Hospital, Dallas	21.4	1.9%	0.85	Yes	8.0	1.85	Yes	3
26	University of Cincinnati Hospital	20.8	0.7%	0.73	Yes	8.0	1.61	Yes	3
■	Hospital of the University of Pennsylvania, Philadelphia	20.7	2.2%	0.89	Yes	7.0	1.66	Yes	3

28	University of Michigan Medical Center, Ann Arbor	20.5	1.5%	0.92	Yes	9.0	1.43	Yes	3
29	Cadars-Sinai Medical Center, Los Angeles	20.4	2.5%	0.95	Yes	8.0	1.05	Yes	3
30	Cleveland Clinic	20.4	1.7%	0.76	Yes	9.0	1.06	No	3
31	University of Wisconsin Hospital and Clinics, Madison	20.1	0.7%	0.79	Yes	9.0	1.10	Yes	3
32	University of Chicago Hospitals	20.0	0.3%	0.73	Yes	8.0	1.51	Yes	3
33	University of California, Davis Med. Ctr., Sacramento	19.8	1.1%	0.78	Yes	7.0	2.20	Yes	2
34	Yala-New Haven Hospital, New Haven, Conn.	19.5	2.3%	1.01	Yes	8.5	0.87	Yes	3
35	Baylor University Medical Center, Dallas	19.5	0.8%	0.77	Yes	8.0	1.52	Yes	1
36	University Hospital, Denver	19.5	0.9%	0.79	Yes	7.0	1.46	Yes	3
37	Mount Sinai Medical Center, New York	19.5	3.1%	1.14	Yes	8.5	1.57	No	3
38	Barnes-Jewish Hospital, St. Louis	19.3	2.6%	0.89	Yes	8.5	0.77	No	3
39	University of Maryland Medical System Baltimore	19.1	1.0%	0.89	Yes	7.0	2.21	Yes	3
40	University Hospital, Portland, Ore.	19.1	0.0%	0.71	Yes	7.0	1.91	Yes	3
41	St. Joseph's Hospital and Medical Center, Phoenix	18.8	0.0%	0.83	Yes	9.0	1.22	Yes	3
42	University of North Carolina Hospital, Chapel Hill	18.8	0.9%	0.92	Yes	8.0	1.42	Yes	3

Abb. 4.128: Das Best Hospital Ranking im Fachgebiet Aids

Best Hospitals 1997

Geriatrics

Geriatrics is becoming a mainstay of hospital medicine. Outpatient care is replacing inpatient care except for serious and complicadet conditions – with defines many geriatric cases, like a patient with arthrits or diabets who might then develop Alzheimer's disease. Geriatrics departments can coordinate a variety of types of care. But recent research shows that something as simple as moderate exercise can help elderly individuals live independently and longer.

REGION KEY: ■ Northeast ■ South ■ West ▨ Midwest

Rank	Hospital	U.S. NEWS INDEX	Reputational score	Hospitalwide mortality rate	COTH member	Technology score (of 8)	R.N.'s to beds	Discharge planning (of 3)	Service nix (of 3)	Geriatic Services (of 7)
1	UCLA Medical Center, Los Angeles	100.0	28.4%	0.85	Yes	8.0	1.25	3	6	4
2	Massachusetts General Hospital, Boston	81.9	22.1%	0.95	Yes	8.0	1.66	3	8	4
3	Mayo Clinic, Rochester, Minn	75.4	18.4%	0.65	Yes	7.0	1.52	3	10	5
4	Johns Hopkins Hospital, Baltimore	73.9	19.4%	0.86	Yes	8.0	1.32	3	7	3
5	Mount Sinai Medical Center, New York	71.5	19.5%	1.14	Yes	7.5	1.57	3	9	3
6	Duke University Medical Center, Durham, N.C.	66.3	16.6%	0.83	Yes	8.0	1.60	3	6	3
7	Beth Israel Hospital, Boston	45.6	10.1%	0.90	Yes	7.0	1.41	2	8	3

8	Cleverland Clinic	39.1	6.0%	0.76	Yes	8.0	1.06	3	10	4
9	University of Michigan Medical Center, Ann Arbor	37.0	6.3%	0.92	Yes	8.0	1.43	3	8	4
10	Brigham and Women's Hospital, Boston	36.0	6.1%	0.83	Yes	7.5	1.28	3	7	3
11	University of Washington Medical Center, Seattle	35.9	6.3%	0.67	Yes	8.0	2.00	2	6	2
12	University of Chicago Hosp.	34.9	5.0%	0.73	Yes	8.0	1.51	3	6	4
13	Stanford University Hospital, Stanford, Calif.	33.0	5.2%	0.82	Yes	7.0	1.09	3	8	3
14	University of California, San Francisco Medical Center	32.7	3.6%	0.75	Yes	8.0	1.40	3	8	5
15	Barnes-Jewish Hosp., St. Louis	31.8	3.8%	0.89	Yes	8.0	0.77	3	10	6
16	Columbia-Presbyterian Medical Center, New York	30.0	6.5%	1.31	Yes	8.0	1.30	2	5	3
17	St. Louis University Hospital	29.9	5.0%	0.85	Yes	8.0	1.36	1	5	3
18	University of Wisconsin Hospital and Clinics, Madison	27.7	2.5%	0.79	Yes	8.0	1.10	3	8	4
19	University of Iowa Hospitals and Clinics, Iowa City	26.1	1.7%	0.76	Yes	8.0	1.26	3	8	4
20	University of Alabama Hospital at Birmingham	25.4	3.0%	0.99	Yes	6.0	1.56	3	8	4
21	Rush-Presbyterian-St. Luke's Medical Center, Chicago	24.9	1.4%	0.75	Yes	8.0	1.06	1	10	5
22	North Carolina Baptist Hospital, Winston-Salem	24.9	2.3%	0.82	Yes	8.0	1.42	3	7	2
23	University Hospital, Portland, Ore.	24.6	1.8%	0.71	Yes	6.0	1.91	3	9	3
24	Hospital of the University of Pennsylvania, Philadelphia	24.4	2.2%	0.89	Yes	8.0	1.66	3	7	3
25	Northwestern Memorial Hospital, Chicago	23.5	1.5%	0.63	Yes	6.0	0.80	3	9	4
26	University Hosp. of Cleveland	23.1	1.9%	0.94	Yes	8.0	1.83	2	8	4
27	Yale-New Haven Hospital, New Haven, Conn.	22.9	3.1%	1.01	Yes	7.5	0.87	3	7	2
28	St. Joseph's Hospital and Medical Center, Phoenix	22.4	0.6%	0.83	Yes	8.0	1.22	3	9	4
29	Evanston Hosp., Evanston, Ill.	22.0	0.9%	0.82	Yes	7.0	1.00	3	9	4
30	Mount Sinai Medical Center, Cleveland	21.9	1.3%	0.76	Yes	6.0	0.77	3	9	3
31	New York University Medical Center	21.8	2.4%	1.05	Yes	7.5	1.13	3	7	3
32	Long Island Jewish Medical Center, New Hyde Park	21.6	2.0%	1.10	Yes	6.0	1.00	3	8	6
33	Univers. of Minnesota Hosp. and Clinic, Minneapolis	21.5	1.3%	0.70	Yes	7.0	0.62	3	7	3
34	Cedars-Sinai Medical Center, Los Angeles	21.0	0.9%	0.95	Yes	7.0	1.05	3	9	5
35	New England Deaconess Hospital, Boston	20.3	1.0%	0.72	Yes	7.0	0.97	3	5	3
36	University Hospital, Denver	20.1	0.8%	0.79	Yes	6.0	1.46	3	7	3
37	University of Cincinnati Hosp.	19.6	0.0%	0.73	Yes	6.5	1.61	3	7	4
38	F.G. McGaw Hosp. at Loyola University, Maywood, Ill.	19.5	0.8%	0.91	Yes	7.0	1.55	3	9	2
39	Jewish Hospital of Cincinnati	19.5	0.0%	0.80	No	8.0	0.39	3	10	6
40	University of North Carolina Hospital, Chapel Hill	19.4	1.0%	0.92	Yes	7.0	1.42	3	7	3
41	Lehigh Valley Hospital, Allentown, Pa.	19.2	0.0%	0.96	Yes	7.5	1.38	3	9	5
42	Allegheny General Hospital, Pittsburgh	19.2	0.7%	0.86	Yes	7.0	1.68	2	8	3

Abb. 4.129: Das Best Hospital Ranking im Fachgebiet Geriatrie

---

Exkurs

Erkenntnisse aus der ganzheitlichen Betreuung alter Menschen – oder: Die Kraft des persönlichen Engagements

Die Sozialpsychologin Ellen Langer beginnt ihr Buch »Mindfullness« mit einer Geschichte über Altenheimbewohner, die in Eigenverantwortung Zimmerpflanzen pflegten und auch über andere geringfügige Aspekte ihres Tagesablaufs entscheiden durften. »Eineinhalb Jahre später«, schreibt sie, »waren die pflanzenversorgenden Altenheimbewohner nicht nur fröhlicher, aktiver und wacher als eine ähnliche Gruppe im Heim, der man diese Verantwortung und Entscheidungsmöglichkeiten nicht gegeben hatte, es waren auch noch viel mehr von ihnen am leben. Tatsächlich waren von den Bewohnern, die Pflanzen pflegten und die Entscheidungen trafen, weniger als halb so viele gestorben wie in der anderen Gruppe.«

Tom Peters benutzt dieses Zitat und knüpft daran die Frage: »Was haben Altenheimbewohner mit Geschäftserfolg zu tun?« Seine Antwort: »Alles!« Die Beobachtung von Langer untermauert auf drastische Weise die Kraft des persönlichen Engagements. Es tat den Pflanzen gut; und noch mehr profitierten die Menschen, die sich ihrer annahmen. Im übertragenen Sinn gilt: Die Kontaktpflege hat generell zwei gute Seiten; eine für den Gepflegten und eine für den Pflegenden. Der Anruf, die kleine Höflichkeit, das herzliche Wort, sie alle sind Gesten des Engagements, die den Kunden ein gutes Gefühl vermitteln. Man kurbelt sein Geschäft an und fühlt sich selbst viel besser; und das ist wohl auch, genau gesehen, nicht die schlechteste Therapie zur Verlängerung der Lebenserwartung.

(Zitiert nach *Tom Peters*, 1995)

Die anderen Bewertungsbereiche sind nachfolgend aus dem Original U.S.-News-Ranking 1996 und 1997 entnommen.

2.2.4.3 America's Best Hospitals describing the specialities

Orthopedics

One of the more common procedures in orthopedics, the branch of surgery that deals with bones, joints and muscles, is hip replacement in patients with arthritis or other debilitating diseases. Recent studies have shown that artificial hips can work well for more than 20 years. In addition, the age range of patients who can benefit from hip replacement appears to be wider than previously thought. The 10 highest-rank orthopedics hospitals this year also topped last year's list, albeit in a different order.

With baby boomers moving into middle age, orthopedics, the speciality that works with joints, bones, and muscles, is focusing much of is energy on alleviating the ailments like degenerating joints and fractured hips. Injectable calcium phosphate bone mineral cement is proving useful in anchoring artificial joints to brittle older bones. And technology soon should allow doctors to transplant new cartilage cells into worn-out joints, which are a common cause of osteoarthritis.

Cancer

For reasons that are not totally clear, cancer diagnoses and deaths continue to climb in the United States. There is some encouraging news, though. Death rates have dropped dramatically for relatively uncommon malignancies, such as childhood leukemia, Hodgkin's disease and testicular cancer. And the quality of life has improved for many cancer patients, thanks to less disfiguring surgery, drugs to minimize chemotherapy's side effects and better pain control. This year's top nine cancer hospitals are the same as last year's.

Cancer is many diseases. It creates malignant tumors in major organs or develops in the blood or lymphatic system. A network of Comprehensive Cancer Centers, as well as second-opinion clinics where complex treatments can be discussed by many specialists, have been designated by the National Institutes of Health. Breakthroughs to treat cancer through genetic manipulation await discovery. Today's cancer patients still must be treated by surgery, radiologys, and chemotherapy.

Neurology

Stroke is one of the major disorders treated by neurologists, and recent research suggests that tissue plasminogen activator, or t-PA, can minimize disability when given within a few hours of the stroke. Leading neurology hospitals are equipped with the imaging tools needed to diagnose stroke and other ailments of the brain and nervous system, such as multiple sclerosis and dementia. This year's five leading neurology hospitals also topped last year's rankings, although in a slightly different order.

Neurological research is rapidly improving the ability to detect or treat disorders from stroke to Alzheimer's disease. There is increase evidence, for example, that age and family history are factors in Alzheimer's, and that people with less linguistic ability are more apt to suffer cognitive declines later in life. In the past year, however, the use of tissue-plasminogen activator (t-PA), a clot-dissolving agent, has proved less promising than had been hoped for treating strokes.

Gynecology

The top hospitals in gynecology, almost always linked with obstetrics, manage problems ranging from cancers of the female reproductive tract to uterine fibroids to premature labor. These institutions can help women conceive and, if necessary, ensure that they carry their pregnancies to term. Some of the more exciting work is in the area of infertility, where specialists are achieving pregnancies by injecting just a single sperm into an egg in the laboratorys. In this year's rankings, the top five hospitals are holdovers from last year.

Obstetricians and gynecologists at top centers manage problems from infertility to ovarian cancer. They also offer the latest reproductive techniques, such as obtaining donor eggs for women unable to produce their own. New accomplishments include lower rates of infant HIV infection by treating HIV-positive pregnant women with antiviral drugs. Using umbilical cord blood to treat leukemia and other blood disorders has prompted the creation of placental blood banks.

Gastroenterology

In gastroenterology, doctors diagnose and treat diseases that are as varied as the digestive tract itself, from heatburn to colorectal cancer. Gastroenterology, a subspecialty of internal medicine, is so broad that many doctors specialize in diseases of particular parts of the digestive system, such as the liver and gallbladder. That's one reason why top hospitals with large gastroenterology staffs are best prepared to handle puzzling digestive problems. This year's top 10 are the same as 1995's but are in slightly different positions.

Gastroenterologists treat digestive-tract disorders, from ulcers to colon cancer. Researchers have found that antibiotics knock out the bacteria that cause peptic ulcers and reduce recurrence. And the American Cancer Society and other groups now recommend that people 50 and older – even those with no family history of disease – be routinely screened for colorectal cancer with endoscopes, instruments that allow the physican to examine the digestive tract visually.

Endocrinology

Endocrinology, a subspeciality of internal medicine, involves diagnosing and treating various disorders of the endocrine glands, such as diabetes, infertility, osteoporosis, thyroid disorders, high cholesterol and hormone-producing tumors. At large medical centers, endocrinolgists often are »hidden specialists« who consult with doctors from other specialities. this year's top five endocrinology hospitals are the same as last year's, except that Massachusetts General Hospital and the Mayo Clinic have switched places.

Endocrinologists treat the hormone-producing glands that regulate growth, temperature, metabolism, and sexual development. Disorders of these glands can lead to high cholesterol, diabetes, thyroid disease, and infertility. Recent strides in the field include the use of alendronate sodium to reduce the incidence and severity of vertebral fractures in older people, and doses of sodium fluoride to increase bone density in postmenopausal women, helping them to stave off osteoporosis.

Cardiology

Many hospitalizations are due to congestive heart failure, in which the heart cannot adequately pump blood. An increasing number of people are living with this condition, thanks to improved survival of patients with coronary artery disease – which can set the stage for heart failure – and to better treatment of heart failure itself. Top cardiology hospitals perform transplants in heart-failure patients who do not respond to drug and diet therapy. The same centers made the top 10 as last year, in a slightly different order.

Bypass surgery is among the cardiac procedures formerly done only at major research centers and now performed competently in community hospitals. But major cardiology centers lead the way with innovations such as surgery done through small incisions. As with medicine generally, a track record matters. The outcome of procedures ranging from balloon angioplasty to heart transplant improves with the experience of the surgeon and the operating team.

3   Wichtige Aspekte der Beurteilung der Ranking-Ergebnisse

Die für den U.S.-News-Vergleich Verantwortlichen stellen deutlich heraus, daß das TOP 100-Ranking auf keinen Fall die mangelhafte Leistungsfähigkeit der »community hospitals« (also der Akutkrankenhäuser, die die breite Basisversorgung sicherstellen) impliziert. Durch die Innovationsfunktion der »cutting edge«-Krankenhäuser werden neue Verfahren in der medizinischen Versorgung entwickelt und relativ schnell von den »community hospitals« als »Standard« übernommen, so daß die Qualität der medizinischen Versorgung für die gesamte Bevölkerung kontinuierlich steigt.

Insofern ist der TOP-100-Atlas keine »Kampfansage« der First Class-Häuser an die »community hospitals«; im Gegenteil: Der hohe Standard der Akutkrankenhäuser wird hervorgehoben und es wird dargestellt, daß der Know-how-Transfer in den USA sehr zufriedenstellend funktioniert. Und: Der TOP-100-Vergleich soll dem »Kunden« eine klare Orientierung bieten, wenn er im Zweifel ist. »But sometimes illness is baffling or rare, and treatment hovers on the blurred border between science and miracle. In such cases, patients should think about consulting this list to seek care at one of the nation's top hospitals, magnets for the best and the brightest researchers and clinicians.«

4   Ausblick und Wertung

Die Betriebsvergleichsaktivitäten in den USA zeigen sehr deutlich, daß mit dem Leistungsvergleich ein organischer Entscheidungsprozeß im

Krankenhaus einhergeht und auch eine Weiterentwicklung als Folge der »Vergleichsöffentlichkeit« feststellbar ist.

Insbesondere die Vergleichsbereiche und die Vergleichsphilosophie sind einem Wandel unterworfen. Während in der Anfangsphase die medizinische Reputation der »Ärzte durch Ärzte« im Mittelpunkt stand, wandelte sich der U.S.-News-Vergleich zu einem differenzierten Beurteilungsinstrument, in dessen Beurteilungsform z. B. im Jahr 1996 die medizinisch-diagnostische sowie die medizinisch-therapeutische Leistungsfähigkeit enthalten sind, die mit organisatorischen Serviceleistungen koordiniert wurde. Auch die Verzahnungsleistung ambulant/stationär und ein Bekenntnis für einfache Präsentationen begleitete die High-Tech-Ausrichtung des Vergleichs.

Im Jahr 1997 machte sich ein Wandel in zweifacher Hinsicht bemerkbar:

- Wirtschaftlichkeitsfragen wurden aufgeworfen, aber noch nicht konsequent bewertet;

- ethisches Verhalten rückte in das Zentrum der Kommentierung medizinischer und pflegerischer Leistungsfähigkeit. In besonderer Weise wird der ethische Umgang mit AIDS- und Krebspatienten zur Diskussion gestellt und auch die Frage nach den Grenzen einer menschenwürdigen Medizin werden deutlich gestellt. »Taking charge: Slowly, patients have won the right to dictate terms – to refuse treatment, to be pain free. Hospitals are still digesting what this means,« eröffnete U.S.-News seinen Best Hospital Report 1997.

Von daher ist davon auszugehen, daß diese beiden Fragenkreise in Zukunft den Betriebsvergleich »beleben« werden. Auch für die Strukturierung von Betriebsvergleichen in Deutschland könnte diese Entwicklung in den USA richtungsweisende Anregung vermitteln. Denn in jedem Fall wird deutlich, daß die kennzahlenorientierte Vergleichsphilosophie längst ihre Grenzen erreicht hat.

Interessant ist auch, daß das »Kümmern um den Patienten«, die »Hilfestellung, um sich in der ungewohnten, angsteinflößenden Krankenhausumgebung zurechtzufinden«, die »Information rund um das, was mit dem Patienten medizinisch, pflegerisch und organisatorisch passiert«, kurz: Das »Ernstnehmen des Patienten und seiner Angehörigen« zum wichtigen Ranking-Merkmal avanciert. Entsprechend sind auch die Betreuungsangebote in den Best Hospitals überdurchschnittlich professionell (siehe die Beispiele aus dem Stanford University Hospital).

Der U.S.-News-Vergleich des Jahres 1998 brachte einen weiteren Vergleichsaspekt in die Diskussion:

So wurde erstmals in sehr massiver Form die Versorgungsphilosophie »ambulant vor stationär« in Frage gestellt, insbesondere in ihrer extre-

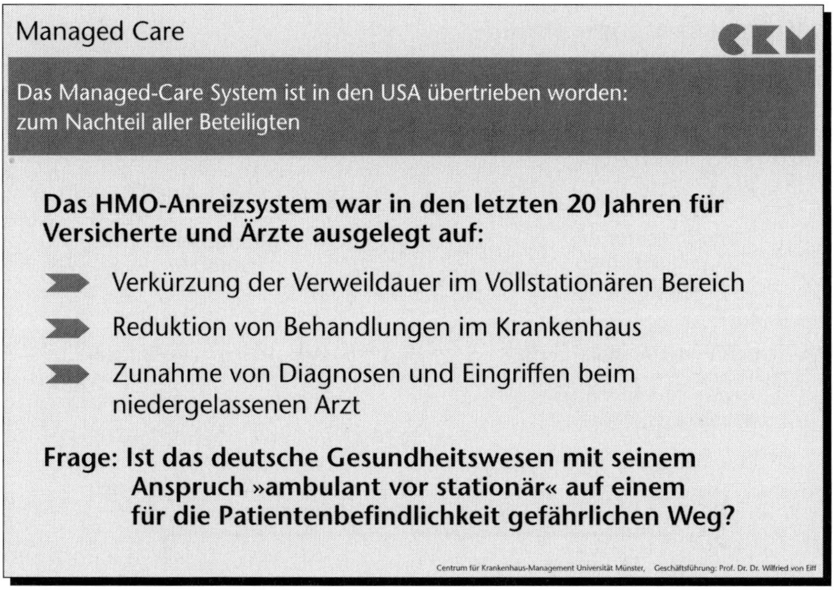

Managed Care	**CKM**

Das Managed-Care System ist in den USA übertrieben worden:
zum Nachteil aller Beteiligten

**Das HMO-Anreizsystem war in den letzten 20 Jahren für
Versicherte und Ärzte ausgelegt auf:**

➤ Verkürzung der Verweildauer im Vollstationären Bereich

➤ Reduktion von Behandlungen im Krankenhaus

➤ Zunahme von Diagnosen und Eingriffen beim
niedergelassenen Arzt

**Frage: Ist das deutsche Gesundheitswesen mit seinem
Anspruch »ambulant vor stationär« auf einem
für die Patientenbefindlichkeit gefährlichen Weg?**

Centrum für Krankenhaus-Management Universität Münster,   Geschäftsführung: Prof. Dr. Dr. Wilfried von Eiff

Abb. 4.130: Das Managed Care System ist in den USA unter Druck geraten

men Ausprägung der Durchführung tageschirurgischer Eingriffe bei Operationen mit hohem medizinischen Nachsorgebedarf (z. B. Amputation der weiblichen Brust); in diesem Zusammenhang geriet auch der ständige, durch Kostengesichtspunkte verursachte Druck zur Verweildauerverkürzung für US-Verhältnisse extrem in Kritik: »Because insurers have shifted payment incentives from inpatient care to outpatient care in the past 20 years, more patients are showing up in their doctors's offices sicker, and fewer are getting hospitalized« (siehe Abbildung 4.130).

Das Gesundheitssystem, also die Art der Anreizsysteme und die Art der Versorgungsorganisation, steht als Folge der Vergleichsaktivitäten auf dem Prüfstand der Kundengerechtigkeit, der Ethik und der Ausschöpfung der bestmöglichen medizinischen Behandlungsformen.

Festgestellt wurde auch, daß sich die Betreuungsquote (und damit auch die Betreuungsqualität) von family doctors gegenüber ihren Patienten, die sich gerade im Krankenhaus befinden, in den letzten 20 Jahren dramatisch verschlechtert hat (von ca. zwölf betreuten Patienten je Tag auf ca. zwei Patienten je Tag); siehe Abbildung 4.131.

Dadurch daß, die Patienten immer kürzer im Krankenhaus verweilen, steigt der Nachsorgeaufwand für den primary-care doctor erheblich; entsprechend gering ist die zeitliche Möglichkeit zur Betreuung der Patienten im Krankenhaus. Diese Fehlentwicklung hat in einzelnen Kranken-

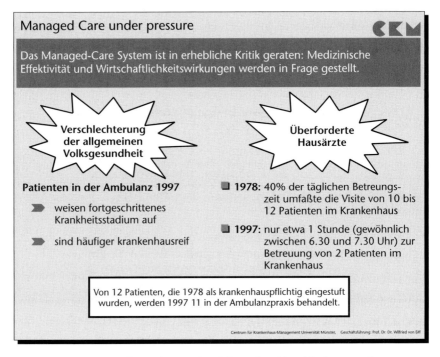

Abb. 4.131: Managed Care hat tendenziell zu einer Verschlechterung der allgemeinen Volksgesundheit geführt

häusern zu einer Best Practice im Bereich der Patientensteuerung (ähnlich der Qualitätsanforderungen des § 112 SGB V in Deutschland) geführt, die auch von U.S.-News als »a news you can use« herausgestellt wurde: »The hospitalist, a specialist who oversees the care of people while they are in the hospital. He is also helping to keep costs down.«

Das Versorgungssystem unter Einsatz eines »Hospitalist« entlastet den Primärarzt von Patientenbesuchen im Krankenhaus (zur Funktion des Primärarztes siehe Abbildung 4.132).

Der Hospitalist übernimmt die Betreuung des Patienten während dessen gesamten Krankenhausaufenthalts; er ist (ähnlich dem Primary Nursing) für eine reibungslose und fallgerechte 24-Stunden-Betreuungsorganisation rund um den Patienten verantwortlich (siehe Abbildung 4.133).

Der Hospitalist verfügt über weitreichende Kompetenzen: Er ist berechtigt, wenn es medizinisch vertretbar ist,

- den Patienten um 2 Uhr morgens zu entlassen (dadurch entfällt ein kompletter Berechnungstag, den die HMO refinanzieren müßte,
- eine Röntgenaufnahme für 8 Uhr früh anzuordnen,

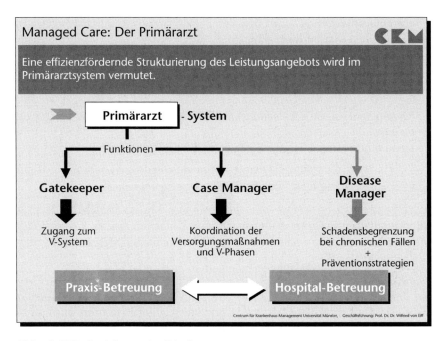

Abb. 4.132: Funktionen des Primärarztes

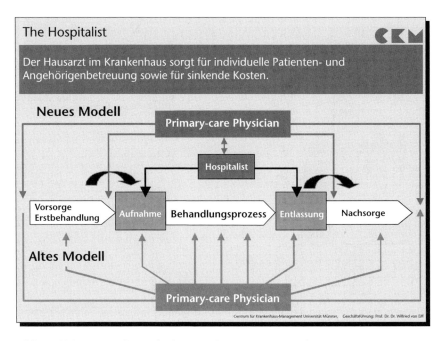

Abb. 4.133: Hospitalist und Primärarzt im Zusammenspiel

- ein Diagnosegespräch mit den beteiligten Ärzten und Schwestern um 16.00 Uhr einzuberufen oder
- einen Patienten zum Mittagessen nach Hause oder über das Wochenende nach Hause zu entlassen.

Der Hospitalist als Angestellter der HMO hat somit ein doppeltes Interesse:

- Kosten senken, durch Vermeidung unnötiger Krankenhausverweilzeiten und
- kundengerechtes Verhalten gegenüber dem Patienten.

Denn: Die meisten Patienten sind daran interessiert, möglichst schnell wieder in ihre gewohnte soziale Umgebung zurückzukehren.

Andererseits: Jede unnötige Verlängerung des Krankenhausaufenthaltes setzt den Patienten krankenhaustypischen Gefahren aus, so z. B. nosokomiale Kontaminationen/Infektionen, Irrtümer in der Medikamentenzuleitung, etc.

Der Hospitalist schließt eine Versorgungslücke (siehe Abbildung 4.134), die der Primärarzt (family doctor) aufgrund seiner begrenzten Kapazität zwangsläufig hinterläßt: Der Primärarzt kann seine Patienten nur zu bestimmten Zeiten und nur sehr kurz im Krankenhaus besuchen, da er

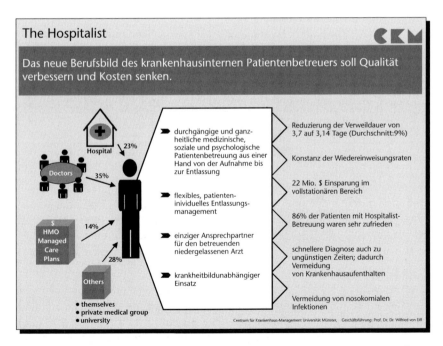

Abb. 4.134: Der Hospitalist kann von unterschiedlichen Institutionen aufgestellt und beauftragt sein

selbst häufig in seiner Praxis überlastet ist (siehe die Diskussion oben): »In reality the primary-care doctor hasn't shown up consistently at the bedside for a long time. In the old system the primary-care physician wasn't there in the afternoon. Not at night. Not on weekends or holidays. So was it truly the primary-care physician taking care of them?«

Das System der Patientenbetreuung wird im Rahmen diverser Pilotprojekte flankiert durch sogenannte nurse practitioners: »primary-care without doctors«, fragen zum Teil ungläubig die Versicherten; ein weiterer Schritt in die Billigmedizin-Politik der HMOs, so wird befürchtet. So werden primary-care-Leistungen im Rahmen eines Modellversuchs in New York von einer Gruppe von nurse practitioners (NPs) angeboten: Diagnose, Behandlung, Medikamentenverschreibung, Krankenhauseinweisung und Rechnungsstellung erfolgen fast genauso wie bei Behandlung durch den niedergelassenen Arzt. Unterstützt wird dieser Modellversuch von Medicare sowie acht private health plans (Krankenhausversicherungsunternehmen). Über 250 New Yorker Bürger nahmen von Beginn an dem Pilotprojekt als Versicherte teil und täglich kommen sechs bis sieben neue Versicherte dazu. Die NPs wurden ausgebildet und sind organisiert in der CAPNA (= Columbia Advanced Practice Nurse Associates). Von den niedergelassenen Ärzten werden die NPs einerseits als Konkurrenz betrachtet; andererseits befürchten die Niedergelassenen Qualitätsverluste: »The four years in medical School and three years in residency training and many hours of continuing education that physicians receive are very different from the 500 to 700 hours of training that most nurse-practitioner programs call for«, stellte Nancy Dickey, Präsidentin der American Medical Association klar.

In den USA gibt es derzeit 140.000 examinierte Schwestern, die zusätzliche arztähnliche Qualifikationen aufweisen: Master Degrees mit ergänzenden zwei Jahren theoretischer und klinischer Ausbildung. Außerdem verfügen die NPs über langjährige klinische Berufserfahrung als Schwester, eine Reihe von ihnen haben im Fach Public Health promoviert.

Im Behandlungsverhalten zwischen niedergelassenen Medizinern (family doctors) und NPs kristallisieren sich mittlerweile Unterschiede heraus: Die NPs verbringen im Durchschnitt 25 Minuten mit einem Patienten, Hausärzte ca. 17 Minuten je Konsultationstermin. Keine Unterschiede sind im Hinblick auf das Verschreibungsverhalten von Medikamenten feststellbar.

Demgegenüber ist erkennbar, daß die NPs ihre Patienten zur Gesundheitserziehung anhalten und Anti-Streß-Programme anwenden. Außerdem: NPs überweisen Patienten im Zweifelsfall eher an den Spezialisten weiter als der Hausarzt, der häufig glaubt, selbst weiter behandeln zu können; dadurch verteuern sich die Krankheitskosten insgesamt. Denn die NPs sollen die typischen Hausarztkrankheiten (Gripppe, kleine Sportverletzungen, Haushaltsunfälle, etc.) schnell und kostengünstig behandeln. Auch für die Versorgung bestimmter innerstädtischer Bereiche, in denen ältere Menschen eher anonym wohnen, sowie in ländlichen Gegenden wird das NP-Modell als sinnvoll beurteilt.

Fest steht: Amerikas Hausärzte bekommen Konkurrenz. Inwieweit solche NP-Services zu Doppeldiagnosen, Doppelarbeit oder wirklich zu individueller Versorgung mit niedrigeren Kosten führen, bleibt abzuwarten.

Derartige Formen der Arbeitsteilung zwischen Arzt und Pflegekraft finden sich auch in England, wo Darmspiegelungen z. B. von speziell ausgebildeten Pflegekräften durchgeführt werden (siehe Abbildung 4.135).

Als Modell für Deutschland wäre eine Kombinationslösung vorstellbar: Die NP arbeitet in Praxisgemeinschaft mit zwei oder drei (Innere Medizin, Neurologie, Orthopädie) Spezialisten unter einem Dach in einem »Unternehmen« zusammen.

Während also die Best Practice-Diskussion im Vergleichsjahr 1997 sich schwerpunktmäßig mit der Fähigkeit zu medizinischen Extremeingriffen beschäftigte (z. B. Minimalinvasive Herzchirurgie), verlagerte sich das Best Practice-Forum im Jahr 1998 hin zu organisatorischen Konzepten zur Verbesserung des Patient Outcome durch begleitende Betreuung.

Arbeitsteilung in der Medizin CKM

Im Leicester Royal Infirmary Hospital werden ca. 80% der Darmspiegelungen nicht von Ärzten, sondern von speziell ausgebildeten Pflegekräften durchgeführt.

- Höherqualifikation der Pflegekräfte
- Entlastung der Ärzte
- Qualitätssicherung durch second opinion-Verfahren in Zweifelsfällen
- Arbeitsvoraussetzung: 50 unter ärztlicher Aufsicht durchgeführte Darmspiegelungen sowie theoretisches Wissen
- Regelmäßige Diagnosebesprechungen

Centrum für Krankenhaus-Management Universität Münster, Geschäftsführung: Prof. Dr. Wilfried von Eiff

Abb. 4.135: Zwecks Entlastung der Ärzte und mit dem Ziel der faktischen und nicht vordergründig akademischen Aufqualifikation des Pflegepersonals werden in England Pflegekräfte mit bisher ärztlich dominierten Tätigkeiten beauftragt

Wertung: Auch wenn das amerikanische System des »niedergelassenen Belegarztes« mit der Versorgungsstruktur in Deutschland nicht direkt vergleichbar ist, so wird doch deutlich, welche Konsequenzen mit einer ständigen Verweildauerreduktion sowie einer parallelen Forcierung des ambulanten Operierens verbunden ist.

Abb. 4.136: Betriebsvergleich im Wandel

Und: Neue Formen der Betreuungsorganisation gewinnen an Stellenwert im Rahmen von Vergleichen zwischen Krankenhäusern: Der Kennzahlenvergleich weicht gegenüber dem Best Practice-Vergleich weiter zurück.

Der Vergleich des Jahres 1998 bringt einen neuen, an Best Practices orientierten Vergleichsbereich: Die Organisation der Patientenbetreuung. Außerdem gerät die Versorgungsphilosophie des »ambulant vor stationär« unter erhebliche Kritik.

Und ein weiterer bemerkenswerter Trend ist erkennbar: Es werden in zunehmendem Maß Versorgungsprogramme und Best Practices für die Versorgung von älteren Bürgern aufgesetzt. Darüber hinaus gilt insbesondere die Verfügbarkeit von Hospizeinrichtungen als Qualitätsmerkmal für ein Krankenhaus.

Auch die Rechte der Patienten im Hinblick auf eine Versorgung, bei der individuelles Qualitätsempfinden und Selbstbestimmung vor Kosten geht, wurden gestärkt.

5 Im U.S.-News-Vergleich des Jahres 1999 fallen insbesondere folgende Sachverhalte in der Berichterstattung auf

a) Es wird verdeutlicht, daß ein an Kennzahlen orientierter Vergleichsansatz ohne Hintergrundinformationen das Ziel der Patienteninformation bzw. der Markttransparenz nicht erfüllen kann.

Das Beispiel des Wiederherstellungschirurgen Milton Waner, vom Arkansas Childrens Hospital in Little Rock, zeigt, daß es möglich ist, exzellente medizinische Leistungen vorzuhalten, ohne im Ranking des US-News-Vergleichs erfaßt zu werden. »Dr. Waner has pioneered the use of military laser on vascular birthmarks, published a textbook, and taught his procedures to other doctors around the world«, wird in U.S.-News vom 19. Juli 1999 ausgeführt. Eine Erklärung, warum die Leistungen Dr. Waners sich nicht im U.S.-News-Ranking niederschlagen, ist möglicherweise darin zu sehen, daß diese Leistungen erst in den letzten Monaten überregional und international bekannt geworden sind.

b) Interessant ist weiterhin, daß in zunehmendem Maß Leistungsvergleiche zwischen Krankenhäusern durch sogenannte Patient's-Support-Groups wahrgenommen werden. Über diese PSGs werden Erfahrungen von Patienten krankheitsbildbezogen und krankenhaus- bzw. arztbezogen über das Internet verfügbar gemacht. Diese Art von Vergleich ist konkret krankheitsbildbezogen und von daher ausgesprochen hilfreich für die Betroffenen.

In USA geht man davon aus, daß derartige erfahrungsgestützte Vergleichsansätze in Zukunft eine höhere Markttransparenz bzw. einen deutlich gesteigerten Informationswert für Patienten aufweisen werden als kennzahlenorientierte und damit hochverdichtete Betriebsvergleiche wie z. B. der von US-News.

Diese Entwicklung dürfte auch für Deutschland von Interesse sein.

c) Der bisherige kennzahlenorientierte Betriebsvergleich geht zunehmend über zu einem Informationsbrokering-Ansatz: Hintergrund dieses Trends ist, daß es sehr gute Medizin auch in denjenigen Hospitälern gibt, die nicht auf der U.S.-News-Ranking-Liste stehen. So stellen die U.S.-News Top 100 Verantwortlichen auch unzögerlich fest, das mit Kennzahlen keine wirklichen Zufriedenheitsfaktoren ausdrückbar sind. Deshalb empfiehlt U.S.-News bei einer bevorstehenden Auswahlentscheidung für ein Krankenhaus weniger den eigenen Ranking-Überblick, sondern stellt den Nutzen von Informationsbrokern im Internet heraus.

Der Patient sucht sich in der Regel kein Krankenhaus für seine Behandlung aus, sondern den Arzt seines Vertrauens. Aber bevor diese Auswahlentscheidung ansteht, möchte der mündige Patient verstehen welches Problem er wirklich hat und welche verschiedenen Behandlungsmöglichkeiten es gibt: Er möchte zuerst seine Krankheit verstehen, um nicht im weiteren Behandlungsprozeß uninformiert »ausgeliefert« zu sein. Das Internet bietet hier fallspezifische Informationen auf der Grundlage von Patientenerfahrungen.

So können Ratschläge und Unterstützung für Hysterektomie-Patientinnen direkt aus dem Web entnommen werden (»hystersisters«).

Die Zahl der Erwachsenen, die Gesundheitsinformationen aus dem Internet abrufen wächst rapide (siehe Abbildung 4.137) und die Infoangebote vermehren sich explosionsartig.

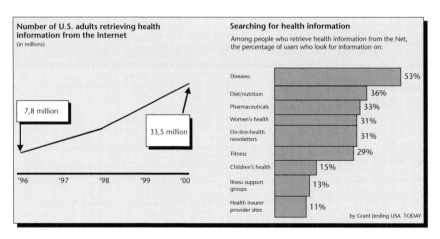

Abb. 4.137: Das Internet wird zur Drehscheibe für Qualitätsinformationen

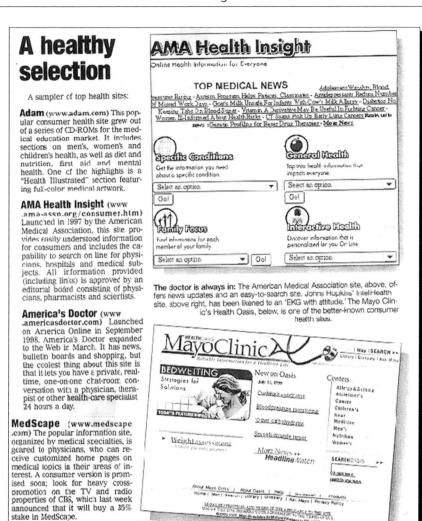

Abb. 4.138: Ausschnitt aus dem Internet-Informationsangebot medizinischer Informations-Broker (U.S.A. TODAY, 14. Juli 1999)

Es ist davon auszugehen, daß die Internet Patient's Support Groups in Zukunft einen höheren Einfluß auf die Marktstrukturen im Gesundheitswesen nehmen als jeder formale auf Kennzahlen basierende Vergleich.

Über diese Berichtsschwerpunkte hinaus weist der U.S.-News-Vergleich wieder auf eine Reihe von einzelnen Best Practices hin (hier in Verbindung mit dem 580-Millionen-Dollar Neubau des Northwestern Memorial's new medical Centre in Chicago):

Abb. 4.139: Der US-News-Vergleich 1999 zeigt auf, daß über Patient's Support Groups im Internet die effektivsten Vergleichsinformationen aus der Sicht von Betroffenen abgezogen werden können

- Dezentrale Patientenaufnahme auf Station über Laptops,
- Gewährung der Privatsphäre durch Einzelzimmer,
- Vermeidung von ...- Infektionen durch Schwesternwaschtisch in jedem Patientenzimmer,
- Klinik-in-der-Klinik-Organisation: Rö, Labor, Apotheke werden dezentralisiert auf Stockwerksebene eingerichtet und nicht wie in Deutschland der Trend ist, »outgesourct«.

Anhang:

Managed Care und Health Maintenance Organization (HMO)

Erläuterungen: Merkmale einzelner HMO-Varianten

Staff Model = angestellte Ärzte mit festem Gehalt

Group Model = HMO schließt Versorgungsverträge mit Ärztegruppen (meist: Capitation-Vereinbarungen)

Independent Practice Associations = HMO schließt Einzelverträge mit Ärzten; eigene Gebührenordnung oder Capitation

Preferred Provider Organizations = Versorgungs- und Vergütungsvorträge mit ausgewählten Leistungserbringern; höhere Selbstbeteiligung bei Nicht-Vertragsärzten

Disease Management = bei chronisch Kranken = Integration von Leistungen bezüglich Prävention und Patientenschulung; hoher Anteil ambulanter Leistungen

Managed Care-Ansätze in Deutschland:

• Berufsgenossenschaften bieten Versicherung und Leistungserbringung in BG-Krankenhäusern

• Gatekeeper-Funktion von D-Ärzten

• Integration von Reha- und Pflegeleistungen im Rahmen von Kompaktfallpauschalen

• Einschränkung der freien Wahl von Rehakliniken durch den Patienten aufgrund von Verträgen zwischen BfA (Krankenkasse) und bestimmten Rehakliniken

• Hausarzt-Abo der AOK (Gatekeeper-Funktion des Hausarztes)

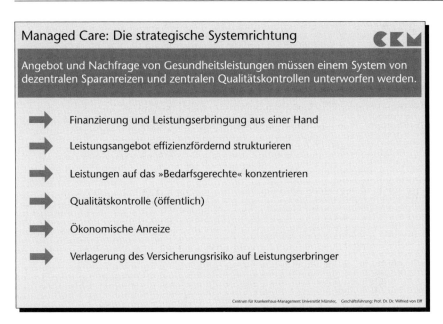

Abb. 4.140: Die strategische Systemrichtung des Managed Care Ansatzes

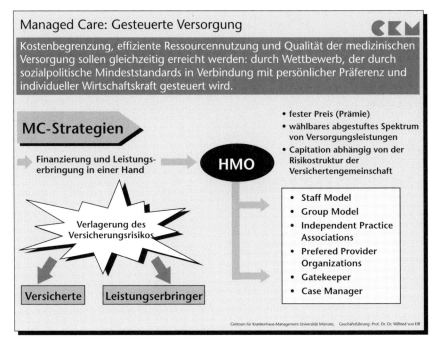

Abb. 4.141: Der Managed Care Ansatz bedeutet gesteuerte Versorgung

Benchmarking: Instrument der Leistungssteuerung im englischen Gesundheitswesen

Der NHS-Betriebsvergleich auf Basis von Patient's Charter und Reengineering-Projekten

Wilfried von Eiff
und
Wilhelm Schleibach

»*Eine solidare Refinanzierung des Gesundheitssystems hat ihre Grenzen dann erreicht, wenn der Grundgedanke der Hilfe-zur-Selbsthilfe-Solidarität faktisch durch das Prinzip der Anspruchssolidarität pervertiert wird.*«
(Wilfried von Eiff)

»*Zunehmend rückt nicht mehr Krankheit, sondern das Fehlen von Gesundheit in den Mittelpunkt des medizinischen Leistungsgeschehens: damit ist die Unbezahlbarkeit des Gesundheitssystems vorprogrammiert.*«
(Wilhelm Schleibach)

1 Gesundheitssystem in England: Einführende Reflexion der Rahmenbedingungen

Im **englischen Gesundheitssystem** sieht der Staat seine Aufgabe darin, als Standardgeber für berechtigte und bezahlbare medizinische Leistungen zu fungieren. Der Prozeß der Festlegung von Leistungsstandards ist öffentlich transparent und bezieht den Patienten sowie die Anbieter medizinischer Leistungen mit ein.

In Weiterführung der Citizens' Charter, durch die der Staat seiner Rechnungslegungspflicht über die Verwendung von Steuergeldern nachkommen soll, wurde 1987 die Patients' Charter verabschiedet. In dieser ist richtungsweisend (nicht detailliert) festgelegt, mit welchen Qualitätsmerkmalen der »Käufer« einer medizinischen Leistung rechnen darf. Damit ist die Patients' Charter einerseits darauf gerichtet, ein »Käuferbewußtsein« bei Patienten und Angehörigen zu entwickeln; andererseits ist die Charter ein qualitätsorientierter Verpflichtungskatalog für Krankenhäuser und sonstige Leistungsanbieter.

Das englische Krankenversicherungssystem ist ein steuerfinanziertes »Vollversorgungssystem«, d. h. garantierte Leistungen werden garantiert erbracht. Allerdings ist der Garantieumfang politischen Setzungen unterworfen. Wenn der Garantieumfang die Grenzen der Finanzierbarkeit übersteigt, werden Leistungen gekürzt oder – wie im Fall der Erstdialyse bei über 65jährigen – vollständig aus dem solidar aus Steuermitteln zu finanzierenden Garantiekatalog gestrichen (= Rationierung von Leistungen).

Wie jedes System, das nach dem Solidarprinzip anonym finanziert wird, leidet auch das englische Versorgungssystem an dem Problem einer zunehmenden übersteigerten Erwartungshaltung der Versicherten, durch die alle Finanzierungsgrenzen gesprengt werden.

Den Krankheitsfall nach dem Solidarprinzip zu versichern, ist sicherlich wirtschaftlich die kostengünstigste Lösung und ist ethisch ein gesellschaftspolitisch tragfähiger Ansatz. Wenn aber Krankheit als »Fehlen von Gesundheit« interpretiert wird, und dazu auch persönliche Einschätzungen als Notwendigkeitsmaßstab dienen, dann ist die Unbezahlbarkeit auf Basis der Solidarität schnell erreicht, die Solidaritätsbereitschaft bald erschöpft.

In dieser Situation befindet sich das englische Gesundheitswesen: Für eine zunehmende Zahl von Bürgern ist nicht mehr begreiflich, daß das Entfernen von Tätowierungen die Solidargemeinschaft bezahlen muß, während für die Alterserstdialyse kein Geld da ist.

In einem »planwirtschaftlichen Vollversorgungssystem« ist der Betriebsvergleich auf Basis vorgegebener Qualitätskennzahlen (siehe Abbildung

The Patient's Charter

Die Patient's Charter schreibt den Servicestandard englischer Krankenhäuser fest, der vom National Health Service (NHS) garantiert wird. Die Qualitätsbeurteilung erfolgt anhand von am Versorgungsprozeß des Patienten orientierten Kriterien und wird aufgrund von Statistiken und nicht aufgrund von Befragungen ermittelt.

Garantie des NHS:
- Behandlung innerhalb von 2 Jahren nach Anmeldung
- Information über den Service des NHS
- Jede Beschwerde wird untersucht und so schnell wie möglich beantwortet

Qualitätskriterien:
- ◆ Prozent der Patienten, die innerhalb einer halben Stunde nach vereinbartem Termin mit dem Arzt gesprochen haben
- ◆ Prozent der Unfall- und Notfallpatienten, die innerhalb von 5 min. nach Ankunft im Hospital versorgt wurden
- ◆ Anzahl der Patienten, die nicht innerhalb von 1 Monat aufgenommen wurden, nachdem ihre Operation 2 x verschoben wurde
- ◆ Anzahl der Patienten, die ambulant operiert werden konnten und nicht über Nacht im Krankenhaus bleiben mußten (krankheitsspezifisch)

Centrum für Krankenhaus-Management, Universität Münster,   Geschäftsführung: Prof. Dr. Dr. Wilfried von Eiff

Abb. 4.142: Die Qualitätskriterien des NHS sind Benchmark für die Leistungsfähigkeit der Krankenhäuser

4.142) ein Hilfsmittel, um Versorgungsengpässe zu erkennen und Ressourcen umzudirigieren. Der Betriebsvergleich macht transparent, daß eine »Wahlentscheidung« getroffen werden muß: Z. B. ist politisch zu entscheiden, ob die Einhaltung der NHS-Qualitätskriterien oder ein Programm zur Verhinderung von Teenager-Schwangerschaften finanziert werden soll (siehe Daily Telegraph vom 11.08.1997).

Die Diskussion um die Grenzen des Solidarprinzips wird in England offen geführt; auch das »laute Nachdenken« über Modelle zur Belohnung von Hausärzten, die ihre Gatekeeper-Funktion qualifiziert wahrnehmen und nicht jeden Patienten sofort ins Krankenhaus überweisen, ist nicht tabuisiert: General Practioner Fundholder als Gegenpart zum NHS-Trust? Die Transparenz, mit der in England diskutiert wird, ist für das deutsche Gesundheitswesen schon fast eine »Best Practice«.

Obwohl die Regierung Blair Ende 1997 das englische Gesundheitswesen mit einer zusätzlichen Finanzierungshilfe in Höhe von 500 Millionen Pfund unterstützte, stiegen die Wartezeiten an: Die Zahl der Patientenzeiten, die über zwölf Monate auf ihre Behandlung warten mußten, stieg von 10.700 auf 68.300 im Jahr 1998; über tausend Patienten warten sogar mehr als achtzehn Monate.

The Daily Telegraph

Girl talk

Labour thinks it has come up with a cunning wheeze for solving the problem of single teenage mothers. To show that it is a caring government – unlike the Tories, who »stigmatised an scapegoated« oneparent families – it wants to locate the »supply« of potential gymslip mothers and re-educate them so that they don't fall pregnant. That way, ministers say, the demand for benefit payments will fall.

There are now more than 36.000 unmarried teenage mothers, and research has shown that many were academic failures in the classroom. So Frank Field, the social security minister, and Stephen Byers, the education minister, want to identify these »vulnerable« schoolgirls and »broaden their horizons«, explaining the benefits of passing exams. Older teenage mothers could talk to the girls and warn them that, far from being a grown-up adventure, getting pregnant while at school means that they will no longer be able to go clubbing because they will have to look after their screaming babies. Labour's new mentoring system could also be utilised to give girls role models who will discuss careers and relationships with them.

This is all in line with Labour's inclination to take over responsibilities that would naturally fall to parents. It sounds very commendable, but the two ministers involved have overlooked several critical factors.

First, as even the best teachers will tell you, these young girls are notoriously difficult to reach. You can lead them to knowledge but you can't expect them to lap it up. These are often the ones who want to be the first to smoke behind the bike shed, wear short skirts and earrings, and go out with boys. Getting pregnant, or at least not taking precautions, is another way of challenging authority, and they will not take kindly to any lessons on how they can become useful members of society.

The two ministers have also forgotten to mention the boys who make up the other half of the equation. If boys continue to put pressure on girls to have sexual intercourse with them, the project is bound to fail. Then there is the difficulty of finding older single mothers who are willing to admit that their lives are a mess because of premature pregnancies. Many are just as likely to tell their wards how to work their way round the benefits system.

If Labour is serious about cutting down teenage pregnancies, it will need more than just cosmetic changes. Basic educational standards must be improved, the state must give young girls fewer financial incentives to become pregnant, and parents must be encouraged to take their role seriously. It takes more than a few hours with a mentor, and some lessons on life skills, to teach children to take responsibility for their actions.

Abb. 4.143: The Daily Telegraph: Girl talk

Dieser Wartezeiteffekt findet sogar ein marktwirtschaftliches Korrektiv: Mit ganzseitigen Anzeigen werben die privaten Krankenversicherungen um Mitglieder. Das entscheidende Werbeargument: Keine Wartezeiten, beste medizinische Versorgung und garantierte Versorgung bei allen Krankheitsbildern, insbesondere auch für die über 60jährigen Patienten.

In England ist man offenbar auf dem Weg, eine weitreichende Grundversorgung einerseits zu garantieren, aber die »Totalversorgung« durch ergänzende oder alternative Privatversicherungen abzusichern.

Ein möglicher Weg für Deutschland?

Wartezeiten sind zum Teil auch verursacht durch den Pflegenotstand (siehe Kommentare in den Abbildungen 4.145, 4.146 und 4.147); derzeit fehlen offiziell etwa 6.000 ausgebildete Pflegekräfte (die »Dunkelziffer« wird von Fachleuten auf mehr als 12.000 geschätzt).

2 Das britische Gesundheitsnetzwerk

2.1 Allgemeiner Hintergrund

Der Kostendruck in den europäischen Gesundheitswesen hält an, ist keine vorübergehende Erscheinung, erfordert Umdenken im Management der medizinischen Versorgungskette.

Auswahlentscheidung bei öffentlichen Gütern CKM

Ein aus Steuern refinanziertes Gesundheitswesen zwingt bei begrenzten öffentlichen Haushalten zu Priorisierungsentscheidung: Gesundheit vs. Militär vs. Schülerbafög vs. Studiengeldbefreiung vs. Wohngeld vs.,vs.,vs., …

»At ease, man. They're given your beds to the local hospital.«

Quelle: Evening Standard / 1998   Centrum für Krankenhaus-Management Universität Münster,   Geschäftsführung: Prof. Dr. Dr. Wilfried von Eiff

Abb. 4.144: Kritische Karikaturen in den englischen Tageszeitungen kennzeichnen die Allokationsprobleme des englischen Gesundheitssystem

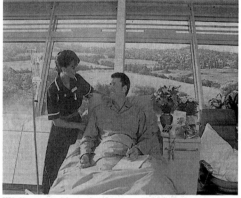
Abb. 4.145: Die privaten Krankenversicherer nutzen die Wartelisten der NHS-Krankenhäuser zu konsequenten Marketingkampagnen

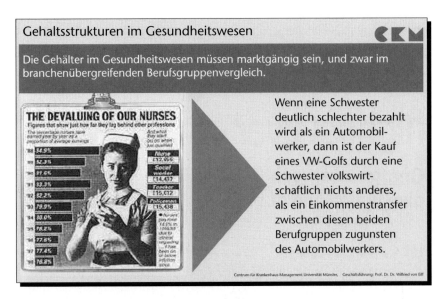

Abb. 4.146: Die Krankenschwestern in England liegen mit ihrem Einkommen seit 1998 in zunehmendem Maß deutlich unter dem Durchschnittsverdienst aller Berufsgruppen

London nurses quitting NHS for high-paying agency jobs

by JO REVILL
Health Correspondent

NURSES in London are leaving the NHS to join agencies where they can earn thousands of pounds more doing the same job in the same hospitals.

The hiring of temporary staff to cover the shortage of full-time nurses is costing the hospitals millions of pounds, and threatens to reduce the amount of money for operations.

Figures obtained by the campaign group London Health Emergency show that an intensive care nurse can earn £13.08 an hour as an agency nurse — 52 per cent more than the NHS rate of [illegible].

Some agencies are even covering them for holiday and sick pay, because even these companies are desperate for recruits to meet the huge demand for staff in London hospitals.

At Bart's and the Royal London Hospital in Whitechapel, managers have warned that they are being affected by the shortage of trained nurses and the costs of employing agency staff.

"In some specialities nursing staff were leaving the Trust's employ to sign on as agency nurses, as they could earn substantially more than the Trust paid," the minutes of its November board meeting state. As a result, the Trust has put up hourly rates for staff working overtime for its own nursing bank to discourage them from going to agencies.

A spokeswoman said: "We don't know how many staff have gone to work for agencies, although there is anecdotal evidence of it."

Pay rates for agency nurses are shown in a document from Staffing Enterprise, an agency in Uxbridge, Middlesex. An intensive care nurse could earn £13.06 an hour, but that escalates up to £30.72 for a bank holiday — more than twice the NHS rate.

Earlier this week, Health Secretary Frank Dobson announced a 15 per cent pay rise for junior nurses in London. Senior nurses won a 4.7 per cent rise, but with an increase in London weighting allowance.

Money is not the only reason for staff abandoning the NHS. Agency staff tend to be treated with more respect, according to many nurses.

Geoff Martin, of London Health Emergency, said: "I have heard of hospital wards where all the nursing staff are thinking of going wholesale over to an agency. If this gains momentum, it could bankrupt the NHS."

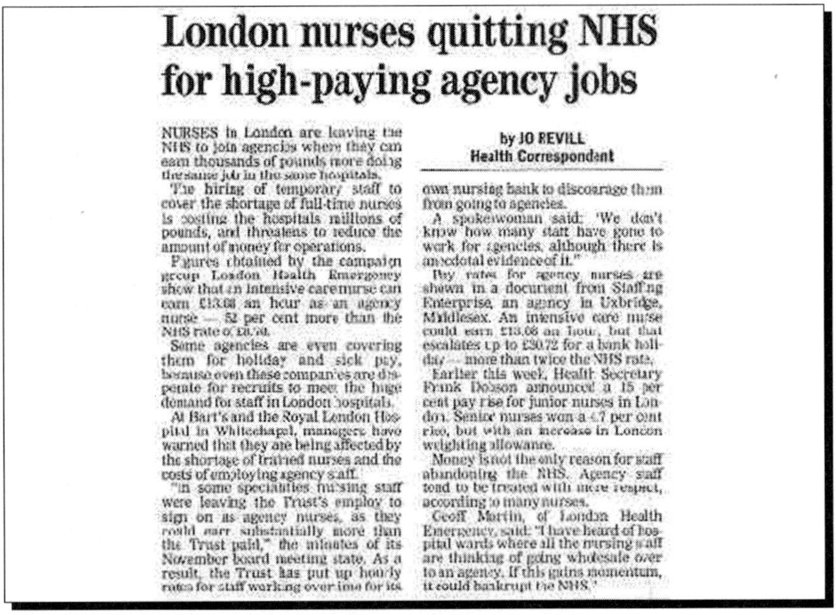

Abb. 4.147: Die Flucht des Pflegepersonals vom staatlichen zum privaten Sektor ist kennzeichnend für die Situation in Großbritannien. Ursache: Mangelhafte Bezahlung der Pflegekräfte (Quelle: Evening Standard, 5. Februar 1999)

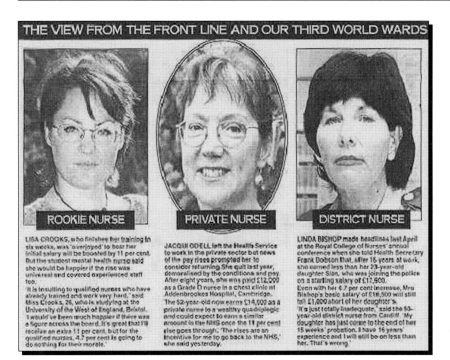

Abb. 4.148: Einschätzungen und öffentlich geäußerte Meinungen über die Situation der Pflegekräfte von Betroffenen aus erster Hand (Quelle: Daily Mail, 19. Januar 1999)

Durch die andauernde Diskussion zum Thema Kostenexplosion im Gesundheitswesen wird die Qualität der von den Dienstleistern erbrachten Leistungen zunehmend Gegenstand eines öffentlichen Interesses, damit auch die prozeß- und ergebnisorientierte Arbeit von Krankenhäusern, als dominante Leistungserbringer im Gesundheitsnetzwerk.

Mehr und mehr begreift der Beitragszahler medizinische Leistungen und gesundheitliche Versorgung als Produkt und fragt nach Kosten und Nutzen. Es greift die Einsicht, daß auch im Gesundheitswesen vorhandene Ressourcen wie in allen anderen Bereichen der Volkswirtschaft beschränkt sind und die Frage nach Effektivität und Effizienz kein Tabu mehr sein darf. Dem Primat des medizinisch/technisch Machbaren muß der ökonomische Aspekt beigestellt werden.

Das Gut Gesundheit, der Prozeß ihrer Erhaltung und/oder Wiederherstellung bringt zum einen die Patienten als Nachfrager als auch den Produzenten von Gesundheitsleistungen als Anbieter (Krankenhaus, Ärzte, Pflegedienste, Pharmahersteller) in Beziehung zueinander. Insofern liegt darin das Erfordernis nach einer adäquaten Beurteilung des Outputs in bezug auf Quantität und Qualität.

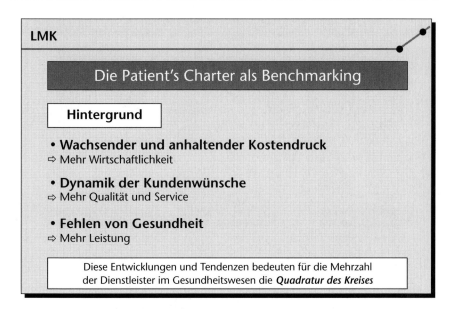

LMK

Die Patient's Charter als Benchmarking

Hintergrund

- **Wachsender und anhaltender Kostendruck**
  ⇨ Mehr Wirtschaftlichkeit

- **Dynamik der Kundenwünsche**
  ⇨ Mehr Qualität und Service

- **Fehlen von Gesundheit**
  ⇨ Mehr Leistung

> Diese Entwicklungen und Tendenzen bedeuten für die Mehrzahl
> der Dienstleister im Gesundheitswesen die *Quadratur des Kreises*

Abb. 4.149: Die Patient's Charters als Benchmarking: Hintergrund

Ein weiterer Aspekt kommt hinzu: Zunehmend rückt nicht mehr Krankheit, sondern das *Fehlen von Gesundheit* in den Mittelpunkt des Leistungsangebots der Gesundheitsnetzwerke.

Je stärker die Beeinträchtigung von *Gesundheit* zunimmt, desto größer wird die Erwartung an die einzelnen Teile des Netzwerkes. Deshalb die Forderung an die Institution Krankenhaus nicht nur die Wiederherstellung, sondern auch den Erhalt von Gesundheit bei größtmöglicher Qualität und Patientenzufriedenheit zu gewährleisten. Insofern fungiert das Krankenhaus als ein gesundheitsförderndes und -unterstützendes Teilsystem. Herauszufinden inwieweit das einzelne Krankenhaus seinen Beitrag hierzu leistet und gerecht wird, ist der Kern der Patient's Charter.

2.2 Die Organisation des Gesundheitssystems: The National Health Service (NHS)

Weil die medizinische Qualität der Krankenhausleistung vom Patienten aufgrund der Komplexität der Behandlungs-, Pflege- und Therapieleistungen nur in Teilen sicher eingeschätzt werden kann, greift die Patient's Charter zur Steigerung der Qualität und Wirtschaftlichkeit im Teilsystem Krankenhaus ausschließlich auf soziale und psychische Ersatzindikatoren zurück. Als solche dienen Wartezeiten, Verhalten des Arzt- und Pflegepersonals, Erscheinungsbild, das Erleben der Abläufe, das Erleben der Vorbereitung auf die Zeit nach dem Krankenhausaufenthalt etc.

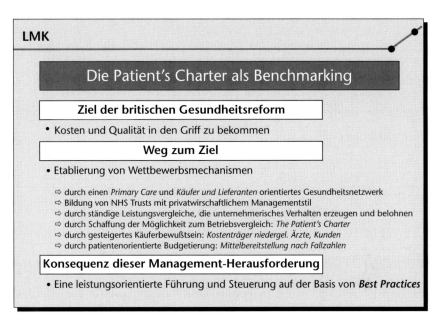

Abb. 4.150: Ziel der britischen Gesundheitsreform

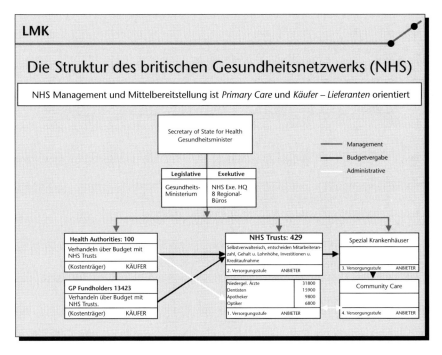

Abb. 4.151: Die Struktur des britischen Gesundheitsnetzwerks (NHS)

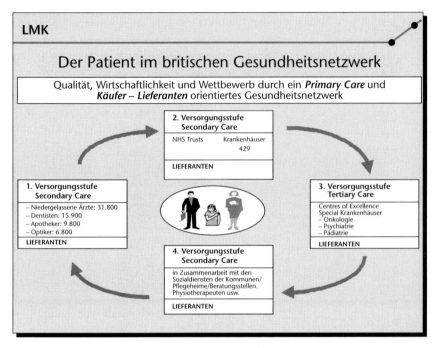

Abb. 4.152: Der Patient im britischen Gesundheitsnetzwerk

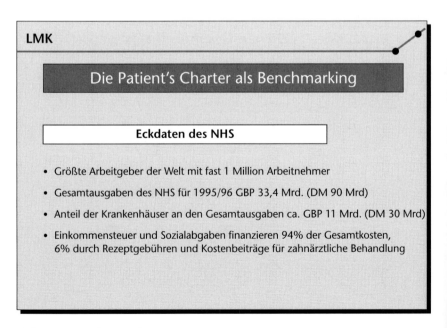

Abb. 4.153: Eckdaten des NHS

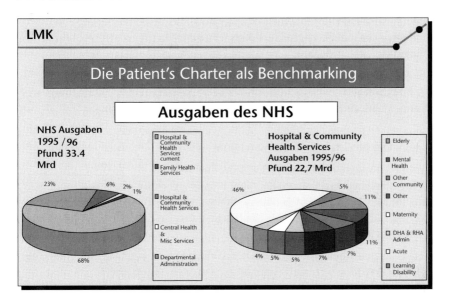

Abb. 4.154: Ausgaben des NHS

Zum besseren Verständnis der Patient's Charter als Benchmarkingwerkzeug in den weiten Handlungs- und Bezugsrahmen des Qualitätsmanagement folgt ein kurzer Exkurs in die Aufbau- und Ablauforganisation des britischen Gesundheitswesen, dem National Health Service (NHS).

2.2.1 Was ist der NHS?

Im Jahre 1948 wurde das britische Gesundheitsnetzwerk in der Form des NHS ins Leben gerufen mit den damals wie heute gültigen Grundprinzipien:

* Bereitstellung eines Gesundheitssystems mit ganzheitlicher Patientenbetreuung,
* Jedermann hat Anspruch auf Gesundheitsfür- und versorgung,
* Betreuung und Versorgung des Einzelnen richtet sich nach klinischer Notwendigkeit nicht nach seiner finanziellen Leistungsfähigkeit.

2.2.2 Aufgaben des NHS

Die Aufgabe des NHS ist mit gegebenen Mittel die größtmögliche Verbesserung der körperlichen und mentalen Gesundheit der Nation sicherzustellen. Dazu gehört:

* Förderung der Gesundheit,
* Prävention von Krankheiten und Seuchen,

- Diagnose und Behandlung von Krankheiten und Verletzungen,
- Versorgung der Langzeitkranken, pflegebedürftigen älteren Menschen und der Behinderten.

Zur Erfüllung dieser Aufgaben kommt der Zusammenarbeit zwischen den im NHS tätigen Professionalitäten der verschiedensten Disziplinen eine immer größere Bedeutung zu.

2.2.3 Die NHS Organisationsstruktur

An der Spitze des NHS steht der Secretary of State for Health mit seinem Gesundheitsministerium. Der NHS Executive mit seinen regionalen (8) und lokalen Health Authorities (100) ist als exekutives Organ des Ministeriums für das operative Geschäft sowie für die Zuteilung der Mittel verantwortlich.

NHS Management und Mittelbereitstellung sind nach dem Prinzip der ›Leistungsanforderer‹ und ›Leistungserbringer‹ strukturiert.

Leistungsanforderer sind:

- Health Authorities (HAs) (100),
- General Practioner (GP) Fundholders (13423).

Health Authorities und GP Fundholders sind für die Bedarfsplanung und Beschaffung aller zur Erfüllung des Versorgungsauftrages in ihrem Bezirksbereich benötigten medizinischen Sach- und Dienstleistungen verantwortlich. Die hieraus resultierende Freiheit der Wahl sich bei gegebenen Mitteln das beste Leistungsangebot aussuchen zu können, verursacht auf der Anbieterseite erhöhten Wettbewerbsdruck und führt zu Verbesserungen bei Qualität und Wirtschaftlichkeit.

In ihrer Rolle sind die HAs die treibende Kraft bei der Umsetzung der von der Legislativen vorgegebenen Strategie eines ›Primary Care-led‹ Gesundheitswesens.

Ein weiteres Element der NHS-Versorgungsstruktur stellen die sogenannten Health Action Zones dar (Regionale Gesundheitsaktionszone). In diesen Aktionszonen stellen niedergelassene Ärzte, soziale Hilfswerke (Voluntary Action), Sozialämter und Kostenträger (Regionale Health Authority) eine Leistungspartnerschaft für die ortsnahe medizinische Prävention und Versorgung außerhalb von Krankenhäusern und Reha-Einrichtungen dar.

2.2.4 Was sind regionale Gesundheitszonen?

Ende des letzten Jahres hat die Regierung die regionalen Gesundheitsbehörden eingeladen, Vorschläge über ihre Umwandlung in Gesundheitsakionszonen (GAZ) zu unterbreiten. Dem Vorschlag nachkommend

haben die Stakeholders des regionalen Gesundheitsnetzwerkes einschließlich des Stadtrates der Stadt Leicester, Vertreter der regionalen Gesund-
heitsbehörde sowie der Voluntary Action der Stadt Leicester eine Bewerbung für die Stadt Leicester erarbeitet, die bis zum 23. Januar 1998
eingegangen sein mußte. Mit Wirkung vom April 1998 sollen maximal
10 dieser Gesundheitsaktionszonen national tätig sein.

2.2.5 Warum Gesundheitsaktionszonen?

Wie die niedergelassenen Ärzte zu berichten wissen, ist eine organisa-
tionsübergreifende Zusammenarbeit mit anderen Bereichen des nationa-
len Gesundheitsnetzwerkes eine außerordentlich schwerfällige Angele-
genheit. Dies gilt gleichwohl, wenn es um das gesundheitliche Wohl der
örtlichen Bevölkerung geht. Die derzeitig bestehenden Anreizsysteme
sind vielmals die Ursache dafür, daß die Bestrebungen von zentralen und
regionalen Regierungsstellen, freiwilligen Helfergruppen und individuellen Personen unharmonisiert, unabgeglichen und ineffektiv verlaufen.
Da auch soziale Faktoren wie zum Beispiel Wohnverhältnisse, Schulbil-
dung und Umwelteinflüsse in starkem Maße die Gesundheit einzelner
Menschen sowie Gemeinschaften beeinflußt, will GAZ alle die zum gemeinsamen gesundheitlichen Wohl beitragenden Personenkreise und Institutionen zu einer Partnerschaft vereinen. In enger Zusammenarbeit
soll diese verantwortlich sein und Sorge tragen für die Entwicklung und
Durchführung einer abgestimmten Gesundheitsstrategie für die in ihrem
Einzugsgebiet lebende Bevölkerung.

2.2.6 Was werden die GAZs bewirken?

Die GAZ setzt und gibt den Rahmen für Veränderungen vor. In der
Partnerschaft werden die Bestimmungsfaktoren gesundheitlicher Risiken
angegangen und der Versuch unternommen, ausgeprägte Unterschiede
in den gesundheitlichen Programmen zu reduzieren. Zum Beispiel
durch:

Eine engere Zusammenarbeit zwischen den Sozialeinrichtungen der kom-
munalen Behörden und dem staatlichen Gesundheitswesen durch Schaffung eines besseren Anreizsystems;

- Schaffung von Synergieeffekte mit anderen sozioökonomischen Programmen wie mit dem Programm zur Verminderung der relativen und
  absoluten Armut, mit den Bildungsaktionszonen sowie mit Finanzie-
  rungsprogrammen für den Städtebau;
- Vereinfachung und Abbau von bürokratisch-administrativen Vorschrif-
  ten und Regulativen bezüglich der Gesundheitshaushaltspläne;
- begünstigte Bereitstellung von Mitteln für Kapitalinvestitionen und
  strategische Neuausrichtungen des örtlichen Gesundheitswesens.

3 Ziele, Rechte und Leistungsstandards, Verantwortlichkeit und Vergleichsmethodik der Patient's Charter

3.1 Ziele

Die Patient's Charter, Teil der 1991 von der damaligen konservativen Regierung ins Leben gerufene Citizen's Charter, trat im April 1992 in Kraft.

Die vom Gesetzgeber mit der Patient's Charter verfolgten Ziele kann man wie folgt formulieren:

- Sensibilisierung der Leistungserbringer im Gesundheitswesen auf die individuellen, sozialen und kulturellen Präferenzen und Wertvorstellungen des Patienten.

- Schwachstellen und Stärken des Krankenhauses bezüglich *materieller* (Ausstattung des Krankenhauses), *fachlich-praktischer* (wahrgenommene Qualität der professionellen Dienstleistungen und Tätigkeiten) und *informationeller* Unterstützung (Qualität der Informationen im Krankenhaus) zu identifizieren.

- So aufgezeigte Schwachstellen führen zu Interventionen der Krankenhausleitung und werden auf diese Weise verringert oder beseitigt; die Stärken werden unterstützt und weiter ausgebaut.

- Je erfolgreicher die Stärken entwickelt und die Schwachstellen abgebaut werden, desto höher ist die Attraktivität des Krankenhauses und desto konkurrenzfähiger ist es im zunehmenden Wettbewerb der Krankenhäuser untereinander.

Im Januar 1995 trat eine überarbeitete Fassung der Patient's Charter in Kraft. Dabei fokussiert die Neufassung sich verschärft auf die *fachlich-praktischen* und *informationellen* Aspekte der Leistungserbringung.

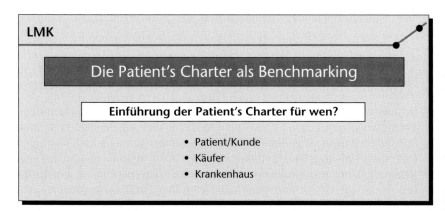

Abb. 4.155: Einführung der Patient's Charters für wen?

Abb. 4.156: Ziele und Logik der Patient's Charters

3.2 Rechte und Leistungsstandards

Die Patient's Charter teilt sich auf in **Rechte des Patienten** und in vom Gesetzgeber **vorgegebenen Standards**, die zur Erfüllung der Patientenzufriedenheit von den Leistungsanbietern im Gesundheitswesen anzustreben sind.

3.2.1 Rechte des Patienten

- Das Recht auf Krankenversorgung basierend auf klinischer Notwendigkeit und unabhängig von der Zahlungsfähigkeit, vom Lebensstil oder eines anderen Faktors.
- Das Recht auf einen Hausarzt und diesen auf Wunsch auch wechseln zu können und dürfen.
- Das Recht auf Not- und Unfallbehandlung entweder durch den Hausarzt oder im Krankenhaus.
- Das Recht auf Überweisung zu einem Spezialisten, wenn notwendig oder zur Einholung einer zweiten Meinung.
- Das Recht auf freie Entscheidung zur Teilnahme oder Nichtteilnahme an medizinischen/klinischen Tests und darüber, ob man mit der Behandlung durch einen AIP einverstanden ist.
- Das Recht auf Aufklärung und Information über eine vorgeschlagene Therapie, deren Risiken und Alternativtherapien, bevor eine Einwilligung erfolgt.
- Das Recht auf Einblick in die Patientenakte und auf strengste Vertraulichkeit im Umgang mit den Patientendaten.

- Das Recht auf schriftliche Beantwortung von Beschwerden von der Krankenhausleitung.
- Das Recht auf detaillierte Information und Auskunft über die Versorgungseinrichtungen, deren durch die Patient's Charter verbrieften Qualitätsstandards und maximale Wartezeiten.
- Das Recht auf Mitteilung vor der Einlieferung darüber, ob die Aufnahme auf einer nach ›Geschlecht gemischten‹ Station oder nach Geschlechtern getrennten Station erfolgt.

3.2.2 Verbriefte Leistungsstandards

Die Leistungsstandards des britischen Gesundheitsnetzwerk, die der Gesetzgeber durch die Patient's Charter verbessert sehen will, unterteilen sich in:

3.2.2.1 Materielle Standards

- Gebäude, Anlagen und Einrichtungen sind so zu gestalten, daß sie ohne große Mühe zu bereiten, auch älteren Menschen, Kindern und Behinderten zugänglich sind. Dazu gehört auch, daß Kinder auf den Kinderstationen unter der Leitung eines Kinderarztes einzuweisen sind. In Ausnahmefällen, wo das nicht möglich ist und die Einweisung auf eine andere als die Kinderstation erfolgt, muß dort die ärztliche Betreuung durch einen Kinderarzt erfolgen.
- Informationsstände und klare Beschriftungen sollen dem Patienten und den Besuchern das Zurechtfinden im Hospital erleichtern.
- Räume und Einrichtungen, die dem Patienten und Besucher dienen, sollen sauber und sicher sein.
- Während seines Aufenthalts im Hospital darf der Patient ein befriedigendes Maß an persönlicher Sicherheit und Schutz erwarten.
- Einrichtungen, die es dem Patient ermöglichen Geld, Wertsachen und Kleidung sicher aufzubewahren sollen zur Verfügung stehen.
- Respektierung der Privatsphäre, Würde und des Glaubens. Dazu gehört zum Beispiel die Berücksichtigung besonderer Essenswünsche; Abklärung der Patientenanrede (Vor- oder Familienname); zur Verfügungstellung von Besprechungszimmern, wo der Patient vertrauliche Gespräche mit Familienangehörigen und oder Verwandten führen kann.

3.2.2.2 Fachlich-praktische Standards

- Die Sofortbehandlung bei Einlieferung von Un- und Notfällen.
- Die Wartezeit für Untersuchungen bei einer Überweisung des Hausarztes soll 13 Wochen nicht überschreiten.
- Wartezeiten für alle Folgeuntersuchungen sollen 26 Wochen nicht überschreiten.

- Bei Aufnahme/Einlieferung soll die Bereitstellung eines Bettes gewährleistet sein spätestens aber innerhalb zwei Stunden nach Aufnahme/ Einlieferung.
- Operationstermine sollen wenn möglich nicht abgesetzt werden. Wo das der Fall ist (Notoperationen durch Unfälle), soll die Operation innerhalb eines Monats durchgeführt werden.
- Verkürzung der Wartezeit auf den Notarzt/Krankenwagen auf maximal 14 Minuten in Stadtgebieten und auf maximal 19 Minuten auf dem Lande.
- Bypaßeingriffe sollen innerhalb eines Jahres nach Diagnose vollzogen werden. In dringenden Fällen natürlich wesentlich schneller.

3.2.2.3 Informationelle Standards

- Auf Wunsch des Patienten die Mitteilung an Familienangehörigen und oder Freunde über den Verlauf der Behandlung.
- Alle Krankenhausmitarbeiter, die unmittelbar mit Patienten in Berührung treten, sollen ein Namensschild tragen.
- Ab April 1995 soll der Patient die Möglichkeit haben, sich mittels eines schriftlichen Dokuments über Verpflegungseinrichtungen und -angebote während seines Aufenthalts im Krankenhaus informieren zu können. Im einzelnen beinhaltet das:

  – Auswahlmöglichkeiten zwischen Speisen, die der jeweiligen Diät entsprechen;
  – vom Patienten brauchen nicht mehr als zwei Mahlzeiten im voraus bestellt zu werden;
  – der Patient bestimmt die Quantität seiner Mahlzeiten;
  – die Namen der im Krankenhaus tätigen Religionsvertreter sind dem Patienten mitzuteilen;
  – wenn notwendig sind Speisepläne mit größerem Schriftbild und oder anderen Landessprachen zur Verfügung zu stellen.

- Bei der Entlassung soll dem Patienten mitgeteilt werden, welcher Rehabilitationsmaßnahmen, medizinisch/pflegerischen Leistungen er bedarf. Das Hospital stellt die notwendigen Anträge und macht Mitteilungen an den Hausarzt, Sozialhilfestellen etc.
- Es ist die Aufgabe des Hospitals den Patienten über das Beschwerde- und Vorschlagswesen in Kenntnis zu setzen.
- Die Hospitäler sind verpflichtet, über Anzahl empfangener Beschwerden und Beantwortungszeiträume Statistiken zu führen und zu veröffentlichen.
- Die regionalen HAs sind dafür verantwortlich, daß die ihnen unterstehenden Krankenhäuser ihre eigenen lokalen Wartezeiten für Behandlungen von Unfall- und Notfällen festsetzen sowie die Wartezeiten für einen vom Hausarzt angeordneten Heimtransport.

- Aushang und Publikation der Zielerreichungen der in der Patient's Charter verbrieften Standards im Vergleich zu den auf nationaler Ebene erreichten Zielen.

Neben diesen allgemeinen und für alle Patienten gültigen Leistungsstandards setzt die Patient's Charter für Schwangere und junge Mütter zusätzliche Qualitätsstandards, die die Schwangerschaft, Geburt und die post-natale Phase berühren. Diese sind:

- Schwangere können erwarten, daß jederzeit entsprechend ausgebildetes medizinisch/pflegerisches Personal zur Verfügung steht und das ihnen der Name der sie jeweils betreuenden Hebamme und ›Health Visitor‹ mitgeteilt wird.
- Wählen zu können, wer verantwortlich für ihre Betreuung ist, wo die Geburt sein soll, wer nach der Geburt des Kindes die Betreuung weiterführen soll, z. B. Hausarzt, Hebamme oder der Facharzt.
- Bereitstellung und Mitteilung von Informationen, die Schwangere wissen müssen, um Entscheidungen bezüglich Geburt und der notwendigen vorgeburtlichen Tests machen zu können.
- Die medizinische Versorgung des Neugeborenen.

3.3 Verantwortlichkeit und Vergleichsmethodik

Verantwortung für die Erfüllung und Erreichung der in der Patient's Charter verbrieften Rechte und Leistungsstandards trägt die HA (Kostenträger). Sie ist ebenfalls verantwortlich für die Implementierung von Meßgrößen, d. h. zählen, bewerten und positionieren, für sechs Schlüsselindikatoren der Patient's Charter, die sie quartalsmäßig und jährlich als sogenannte Ligatabelle veröffentlicht.

Anhand der von der Health Authority (HA) veröffentlichten Bezugsbase zur Meßgröße für jeden der sechs Schlüsselindikatoren werden die Krankenhäuser in die Lage versetzt ihre eigenen Vergleichstabellen zu erstellen und sie sowohl Patienten als auch alle übrigen intern und extern am Prozeß der Leistungserbringung Beteiligten mitzuteilen.

4 Der Nutzeffekt der Patient's Charter

Die Patient's Charter als Wissensimport gesehen, versetzt die Leistungserbringer des britischen Gesundheitswesens in die Lage Leistungslücken zeitnah und objektiv aufzuzeigen und Möglichkeiten zu ihrer Überwindung zu generieren.

Benchmarking endet nicht mit dem Vergleich mit anderen. Ziel ist

- die Schaffung eines gemeinsamen Bewußtseins für die Notwendigkeit der Verbesserung,

LMK

Die Patient's Charter als Benchmarking

Vergleich und Analyse: die Hauptleistungsindikatoren

- 30 Minuten Termineinhaltung bei zur Untersuchung bestellten nichtstationären Patienten

- Anzahl der abgesetzten Operationen

- Un- und Notfallversorgung innerhalb 5 Minuten nach Einlieferung

- Wartezeiten für Einbestellung nach erfolgter Untersuchung 3 und 12 Monate

- Prozent der ambulant behandelten Fälle: Katarakte, Leistenbruch und Lapraskopie mit Sterilisation

Abb. 4.157: Vergleich und Analyse: Die Hauptleistungsindikatoren

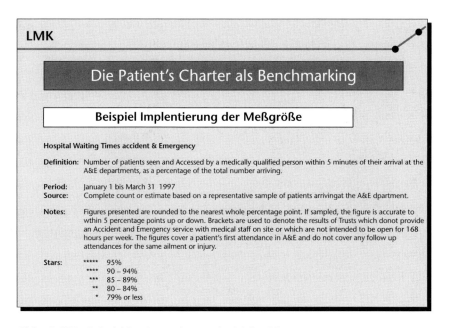

LMK

Die Patient's Charter als Benchmarking

Beispiel Implentierung der Meßgröße

Hospital Waiting Times accident & Emergency

Definition: Number of patients seen and Accessed by a medically qualified person within 5 minutes of their arrival at the A&E departments, as a percentage of the total number arriving.

Period: January 1 bis March 31 1997
Source: Complete count or estimate based on a representative sample of patients arrivingat the A&E dpartment.

Notes: Figures presented are rounded to the nearest whole percentage point. If sampled, the figure is accurate to wthin 5 percentage points up or down. Brackets are used to denote the results of Trusts which donot provide an Accident and Emergency service with medical staff on site or which are not intended to be open for 168 hours per week. The figures cover a patient's first attendance in A&E and do not cover any follow up attendances for the same ailment or injury.

Stars: ***** 95%
        **** 90 – 94%
        *** 85 – 89%
        ** 80 – 84%
        * 79% or less

Abb. 4.158: Beispiel Implementierung der Meßgröße

- Entwicklung eines gemeinsamen Verständnisses dessen, was zu tun ist,
- Durchführung aufeinander abgestimmter Maßnahmen zur Verbesserung der Leistung und

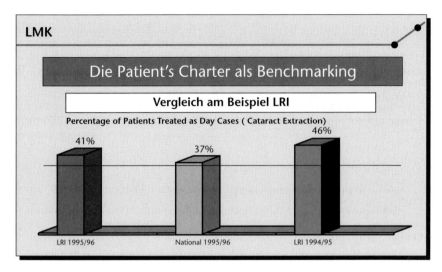

Abb. 4.159: Vergleich am Beispiel LRI

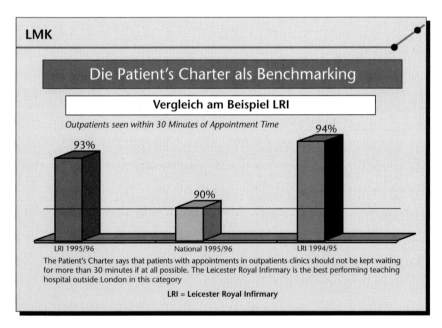

Abb. 4.160: Vergleich am Beispiel LRI

- gemeinsame Überprüfung der Maßnahmen und die Erarbeitung von Schlußfolgerungen verbunden mit ständiger Verbesserung der Vorgehensweisen.

WARRINGTON HOSPITAL NHS TRUST NHS PERFORMANCE TABLES-STAR RATING						
INDICATOR	**March 1997**		**April 1997**		**May 1997**	
Patient's Charter Standards	%		%		%	
Accident and Emergency	92	★★★★	92	★★★★	92	★★★★
Outpatient Appointments	90	★★★★	90	★★★★	90	★★★★
Cancelled Opcreations	1	★★★★	0	★★★★★	2	★★★
Day Surgery						
Inguinal Hernia Repair	24	★★	20	★★	22	★★
Cataract Extraction	47	★★★★	54	★★★★★	55	★★★★★
Laparoscopy with sterilisation	61	★★★★★	80	★★★★★	70	★★★★★
Waiting Times – admitted within 3 months						
All Specialties	72	(★★★★)	72	(★★★★)	73	(★★★★)
General Surgery	73	★★★★	71	★★★★	72	★★★★
Urology	85	★★★★★	91	★★★★★	89	★★★★★
Trauma & Orthopaedic	71	★★★★	51	★★	53	★★
Ear, Nose and Throat	45	★	52	★★	52	★★
Ophthalmology	51	★★	56	★★	60	★★★
Oral Surgery	33	★	20	★	23	★
General Medicine	95	★★★★★	100	★★★★★	99	★★★★★
Gastroentrology	88	★★★★★	73	★★★★	74	★★★★
Paediatrics	87	★★★★★	100	★★★★★	100	★★★★★
Gynaecology	79	★★★★	80	★★★★★	78	★★★★
Waiting Times – admitted within 3 months						
All Specialties	99	(★★★★★)	99	(★★★★★)	97	(★★★★)
General Surgery	100	★★★★★	100	★★★★★	100	★★★★★
Urology	100	★★★★★	100	★★★★★	100	★★★★★
Trauma & Orthopaedic	100	★★★★★	100	★★★★★	99	★★★★★
Ear, Nose and Throat	100	★★★★★	100	★★★★★	96	★★★★
Ophthalmology	96	★★★★	96	★★★★	85	★★
Oral Surgery	100	★★★★★	100	★★★★★	100	★★★★★
General Medicine	100	★★★★★	100	★★★★★	100	★★★★★
Gastroentrology	100	★★★★★	100	★★★★★	100	★★★★★
Paediatrics	100	★★★★★	100	★★★★★	100	★★★★★
Gynaecology	100	★★★★★	100	★★★★★	100	★★★★★
Sub Total:	**108**		**109**		**104**	

Abb. 4.161: NHS Performance tables – Star rating

Die Idee des Betriebsvergleichs ist simpel, aber die Probleme bei der praktischen Umsetzung liegen im Detail:

– Auswahl der richtigen Benchmarkingobjekte,
– Bestimmung geeigneter Partner,
– Datenerfassung,
– Bewertung der Vergleichsergebnisse,
– Umsetzung der Erkenntnisse.

LMK

Die Patient's Charter als Benchmarking

Pro und Kontra der Patient's Charter

Pro

- Schafft Basis und Einheitlichkeit für den landesweiten Vergleich
- Offenheit und Transparenz versetzt in die Lage Leitungslücken aufzuzeigen und Möglichkeiten zur Überwindung zu generieren
- Ziel der Patient's Chater endet nicht mit dem Vergleich, sondern schafft internes: Bewußtwerden/Verständnis/Handeln/Überprüfung und Reflexion

Kontra

- Keine Messungen der Qualität u. Wirtschaftlichkeit klinischer Prozesse und Leistungen
- Erhöhte Administration
- Falsche Wahl der Hauptleistungsindikatoren
- Gefahr der Kontraproduktivität

Abb. 4.162: Pro und Kontra der Patient's Charter

Ob innerhalb der Organisation oder extern bei der Zusammenarbeit tun sich Unternehmen oft schwer. Politische Spiele, kommunikative Blockaden und die Sicht des Eingeständnisses von Schwäche prägen derzeit noch das Bild des Benchmarking.

Dabei werden Wettbewerbsvorteile durch Zusammenarbeit immer bedeutender. Solche Wettbewerbsvorteile entstehen durch die Lernquelle des Betriebsvergleichs und der daraus resultierenden Anwendung von *Best Practices*.

Die englischen Krankenhäuser haben auf die Veröffentlichung von Leistungsabweichungen des eigenen Hauses gegenüber den Vorgaben der Patient's Charter längst reagiert: Programme zur Einführung von TQM, Business Process Reengineering (BPR) und Patient-Focused Care (PFC) sind mittlerweile nicht mehr nur in den innovativen Krankenhäusern anzutreffen. Das umfassendste Reengineering-Programm hat das LRI-NHS Trust durchgeführt. Das Haus beschäftigt mehr als 4.300 Mitarbeiter und hat einen jährlichen Umsatz von 130 Millionen Pfund. 360.000 Ambulanzpatienten und 110.000 Notfalleinweisungen sowie 57.000 stationäre Patienten werden hier behandelt.

Der vom LRI gewählte Reengineering-Ansatz ist in Abbildung 4.164 dargestellt.

LMK

Die Patient's Charter als Benchmarking

Lerneffekt für das Krankenhaus

- Nur offener und transparenter Vergleich gekoppelt mit dem Willen zur Verbesserung führt zu *Best Practices* und schlußendlich zur Senkung der Kosten bei gleichzeitiger Steigerung der Qualität

Das beinhaltet:

- Markterforschung
- Durchführung interner Analysen/Audits
- Definition der Erfolgsfaktoren
- Setzen strategisch/operativer Ziele
- Zur Zieleinrichtung Maßnahmen erarbeiten und implementieren
- Einführung von Kennzahlen zur Kontrolle und Steuerung
- Intensivierung der Kommunikation zu Kunden und Dienstleistungspartnern

Abb. 4.163: Lerneffekt für das Krankenhaus

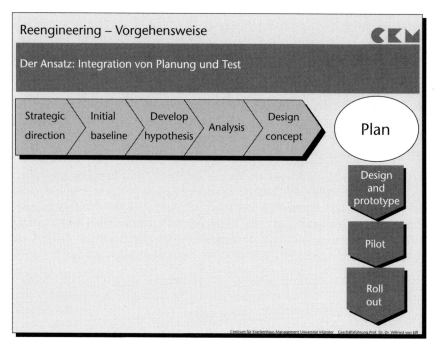

Abb. 4.164: Der LRI-Reengineering-Ansatz

Stellvertretend für eine Reihe von Teilprojekten zur gleichzeitigen Qualitätsverbesserung und Kostensenkung steht die komplette Reorganisation des Balmoral Test Centre.

4.1 Das Problem/Die Situation im Balmoral Test Centre

Eine Pilotstudie im ambulanten Untersuchungszentrum brachte ein überdurchschnittlich hohes Maß an organisatorischer Ineffizienz bei ambulanten Routineuntersuchungen an den Tag. Der Anteil der ambulanten Behandlungen betrug ca. 49 % gemessen am jährlichen Fallzahlvolumen. Dabei verursachte dieser Teil im Schnitt jährlich 66.000 diagnostische Untersuchungen. Zur Durchführung einer Blutuntersuchung, eines Elektrokardiogramms und einer Röntgenuntersuchung mußte ein Patient drei Besuche absolvieren. Hinzu kamen die wochenlangen Wartezeiten zwischen den einzelnen Besuchen und den jeweiligen Testergebnissen. Die Mitarbeiter des ambulanten Untersuchungsbereichs hatten keinerlei Möglichkeit zur Einflußnahme auf die Vergabe von Besuchsterminen; diese wurden ausschließlich von den jeweiligen Fachkliniken bestimmt, die zudem an unterschiedlichen Standorten des Hospitalkomplexes gelegen waren.

Die Auswertung von bei 150 Patienten durchgeführten ambulanten Untersuchungen ergab, daß 42 % der Untersuchungsergebnisse für die Besprechung mit dem Arzt nicht vorlagen. Des Weiteren zeigte sich, daß 9,5 Verwaltungsmitarbeiter nötig waren, verlorene Untersuchungsergebnisse wieder aufzufinden. Eine halbe Vollzeitkraft war in der Radiologie und Pathologie mit der Beantwortung über Nachfragen fehlender oder verlustig gegangener Untersuchungsergebnisse beschäftigt. Hinzu kam, daß ca. 28 % der durchgeführten Untersuchungen ein zweites Mal gefahren werden mußten, ungeachtet der dadurch verursachten Zeitverluste und Zusatzkosten. Die »Kosten« des Patienten in Form von Zeitverlust, Aufwand und Unmut wurden ebenfalls von der Studie festgehalten.

Zur Lösung dieses Problems wurde ein internes Team berufen, das unter Anleitung des Patients' Council (Patienteninteressengemeinschaft, die sich aus 30 ehemaligen Patienten und Pflegekräfte des Hauses zusammensetzt) die Aufgabe hatte, die Patientendurchlaufzeit bei ambulanten Untersuchungen wesentlich zu verkürzen bei gleichzeitiger Sicherstellung einer 100 %igen Verfügbarkeit der Untersuchungsergebnisse.

Für den Bereich ambulante diagnostische Untersuchungen, Quelle häufiger Beschwerden und Problemkind Nummer eins, erging vom Patients' Council mit Schützenhilfe durch die Geschäftsleitung der Vorschlag, die gestellte Aufgabe unter dem Aspekt einer »Idealen Bestlösung« im Sinne einer zentralen Untersuchungsstelle für alle in Frage kommenden ambulanten Fachbereiche zu sehen und eine tragfähige Konzeption zu erarbeiten.

Eine bereichsübergreifende Prozeßanalyse im Bereich ambulante Untersuchungen führte zur Erkenntnis, daß ein zeitnahes patientenorientiertes Vorgehen in Form einer zentralen Untersuchungsstelle drastische Verbesserung bei der Leistungserstellung erbringen würde.

4.2 Der Ansatz

Der Lösungsansatz bestand darin, eine patientenorientierte ambulante Untersuchungszentrale mit multifunktionalem Personal zur Verfügung zu stellen, die in der Lage ist, Untersuchungsergebnisse für Fachkliniken in maximal einer Stunde zu liefern. Dieser Ansatz sollte nicht nur zu einer Lösung der Probleme für Krankenhaus und Patienten führen, sondern auch bei den Betroffenen der tangierten Bereiche die Denkweise des Ansatzes »Alles-unter-einem-Dach« hinsichtlich ambulanter Untersuchungen in seiner Implementation wesentlich beschleunigen.

Anfänglich bestand das Prozeßoptimierungs-Team aus einem Projektleiter und drei Spezialisten, die gemeinsam Fähigkeiten entwickelten und sich gegenseitig trainierten, um den Ablaufprozeß für ambulante Untersuchungen effektiver und effizienter zu gestalten.

Das Prozeßoptimierungs-Team setzte Maßstäbe und Zielvorgaben für den neuen Ablaufprozeß (Teil 2 der Abbildung 4.165 illustriert den »Vorher«- und »Nachher«-Stand).

Die Pilotphase des Verbesserungsvorhabens »Patientennahe« ambulante Untersuchungen zog eine Reihe von interessierten Mitarbeitern aus den MTA Bereichen Phlebotomie, Labor, Röntgen und Kardiologie an. Rückblickend ist die kollektive Aussage der am Pilotversuch »ambulante Untersuchungszentrale« freiwillig beteiligte Mitarbeiter »es anders machen zu wollen« und sich »zu verändern« im Gegensatz zu ihren an der herkömmlichen Form der Leistungserstellung klebenden Kollegen und Kolleginnen, die den Pilotversuch ohnehin als eine »Mission Impossible« sahen. Zunächst nahm die Gruppe an einem Kurs für Teambildung teil, der ihnen vor allem dabei half, ihre Stärken und Schwächen gegenseitig besser zu verstehen und kennenzulernen. Der Kurs wurde unter Leitung eines externen Beraters durchgeführt. Dem Teambildungskurs folgte ein »Mehrfachfähigkeits«-Training, bei dem jedes Teammitglied seine professionellen Fähigkeiten den anderen Teammitgliedern vermittelte und darin schulte. Am Ende des Kurses mußte jedes Teammitglied sich einer Prüfung in den neu erlernten Untersuchungsfähigkeiten unterziehen. Nach Absolvierung der Kurse wurde der »Pilot« mit einer vierköpfigen Mannschaft realisiert; dabei war jedes Teammitglied in der Lage, alle Untersuchungen, die von der Untersuchungszentrale angefordert wurden, eigenständig und kompetent durchzuführen. Der Pilotversuch »Balmoral Untersuchungszentrale« im ambulanten Untersuchungsbereich des Hos-

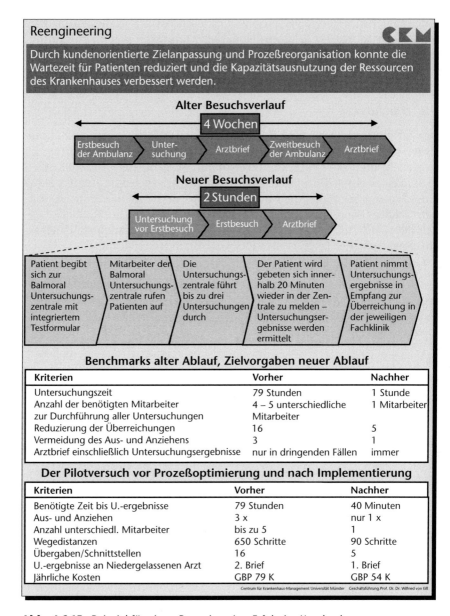

Reengineering CKM

Durch kundenorientierte Zielanpassung und Prozeßreorganisation konnte die Wartezeit für Patienten reduziert und die Kapazitätsausnutzung der Ressourcen des Krankenhauses verbessert werden.

Alter Besuchsverlauf

4 Wochen

Erstbesuch der Ambulanz › Unter-suchung › Arztbrief › Zweitbesuch der Ambulanz › Arztbrief

Neuer Besuchsverlauf

2 Stunden

Untersuchung vor Erstbesuch › Erstbesuch › Arztbrief

| Patient begibt sich zur Balmoral Untersuchungs-zentrale mit integriertem Testformular | Mitarbeiter der Balmoral Untersuchungs-zentrale rufen Patienten auf | Die Untersuchungs-zentrale führt bis zu drei Untersuchungen durch | Der Patient wird gebeten sich inner-halb 20 Minuten wieder in der Zen-trale zu melden – Untersuchungser-gebnisse werden ermittelt | Patient nimmt Untersuchungs-ergebnisse in Empfang zur Überreichung in der jeweiligen Fachklinik |

Benchmarks alter Ablauf, Zielvorgaben neuer Ablauf

Kriterien	Vorher	Nachher
Untersuchungszeit	79 Stunden	1 Stunde
Anzahl der benötigten Mitarbeiter zur Durchführung aller Untersuchungen	4 – 5 unterschiedliche Mitarbeiter	1 Mitarbeiter
Reduzierung der Überreichungen	16	5
Vermeidung des Aus- und Anziehens	3	1
Arztbrief einschließlich Untersuchungsergebnisse	nur in dringenden Fällen	immer

Der Pilotversuch vor Prozeßoptimierung und nach Implementierung

Kriterien	Vorher	Nachher
Benötigte Zeit bis U.-ergebnisse	79 Stunden	40 Minuten
Aus- und Anziehen	3 x	nur 1 x
Anzahl unterschiedl. Mitarbeiter	bis zu 5	1
Wegedistanzen	650 Schritte	90 Schritte
Übergaben/Schnittstellen	16	5
U.-ergebnisse an Niedergelassenen Arzt	2. Brief	1. Brief
Jährliche Kosten	GBP 79 K	GBP 54 K

Centrum für Krankenhaus-Management Universität Münster   Geschäftsführung Prof. Dr. Dr. Wilfried von Eiff

Abb. 4.165: Beispiel für einen Reengineering-Erfolg im Krankenhaus

pitals, wo vorher 78 % aller vom ambulanten Bereich des Hospitals an-geforderte Untersuchungen durchgeführt wurden, wurde im Dezember 1994 gestartet; es dauerte nur fünf Wochen, das Konzept von der ersten Idee bis zur Implementierung zu realisieren. Der Pilotversuch eliminierte alle Barrieren der vorherigen, sich an Funktionsbereichen orientierenden Vorgehensweise durch die Schaffung einer funktionsintegrierenden Untersuchungszentrale mit multifunktionsfähigen und -tüchtigen Mitarbeiter. Das Ziel, erstmals 40 Patienten täglich zu untersuchen und dabei eine 100prozentige Leistungsfähigkeit zu gewährleisten, wurde sehr bald vom Pilotversuch erreicht und überschritten.

4.3 Das Ergebnis

Nach dem erfolgreichen Pilotversuch wurde die Balmoral Zentraluntersuchungsstelle im Frühjahr 1995 offiziell ins Leben gerufen. Besetzt mit den Mitarbeitern aus dem Pilotversuch schaffte man es, die Tageszahl der untersuchten Patienten von 40 auf 205 sowie die Durchschnittszahl gefahrener Test von 75 auf 229 innerhalb von sechs Monaten zu steigern. Gleichfalls wurde das Leistungsangebot der Untersuchungszentrale für anfänglich fünf Fachkliniken um drei weitere auf insgesamt acht Fachkliniken ausgedehnt. Zusätzlich wurden auch Untersuchungen für den vorstationären Bereich mit in das Leistungsangebot einbezogen.

Ein Vergleich der Leistungsfähigkeit der zentralen Untersuchungsstelle zeigt Abbildung 4.165.

Die Steigerung der Leistungsfähigkeit wurde begleitet mit einer gleichzeitig einhergehenden signifikanten Steigerung des Patientennutzens. Die Zeit von 79 Stunden, die vorher von der Anforderung einer diagnostischen Untersuchung bis zum Vorliegen der Untersuchungsergebnisse benötigt wurde, wurde auf 40 Minuten reduziert. Damit wurde erreicht, daß fast alle Patienten nur einen Klinikbesuch zu machen brauchten, um die notwendigen Tests durchzuführen. Sich ergebende Zweit- oder Mehrfachbesuche konnten ebenfalls um 12 % gesenkt werden Zitat eines Arztes: »Ich kann jetzt pro Sprechstunde mehr Patienten entlassen, allein schon durch Eliminierung der Zusatzbesuche«.

Verbesserte Patienten- und Mitarbeiterzufriedenheit

Mit Einrichtung der Balmoral Untersuchungszentrale hat man auch die Wartezeit für den Patienten von durchschnittlich 90 Minuten auf nur 10 Minuten kürzen können. Die Wegedistanzen, die vorher zwischen den einzelnen Untersuchungsbereichen vom Patienten zurückgelegt werden mußten, haben eine Reduzierung von 650 Schritte auf nur 90 Schritte erfahren. Eine wesentliche Verbesserung für gebrechliche Patienten. Rückkoppelung von Patienten zeigt ein hohes Maß an Zufriedenheit ja sogar Entzücken über die Neueinrichtung während die Ärzte der tangierten Fachkliniken sich »zufrieden« äußern. Die Mitarbeiter der Balmoral Untersuchungszentrale sind stolz auf ihren Beitrag zur Prozeßoptimierung, was auch seinen Niederschlag in einigen ihrer Kommentare findet:

»In den ersten vier bis sechs Wochen nach Verlassen unserer Abteilungen, haben wir es aufgebaut wie wir es haben wollten. Wir haben die Untersuchungsformulare neu entwickelt und entworfen.«

»Wir waren in der Lage und man hat es uns auch erlaubt neu zu gestalten, umzuändern, zu modifizieren und wir sind auch heute noch immer dabei irgendwas zu verändern und zu vereinfachen, um es noch besser zu machen.«

»Wir haben es geschafft, alles klappt und jeder ist heute glücklicher.«

Neben derartigen Reengineering-Programmen sind erhebliche Anstrengungen zur Einführung von Pathways in englischen Krankenhäusern zu beobachten, wobei insbesondere Care Pathways eine große Rolle spielen.

Die Lerneffekte aus der Anwendung und der öffentlichen Diskussion solcher Best Practices sind in zahlenmäßig meßbaren Ergebnissen (Qualität, Kosten) nicht abgreifbar, aber im Sinne der »Enabler-Philosophie« geht es bei allen diesen Aktivitäten primär darum, etwas sinnvolles zu tun, statt erst die Meßbatterie aufwendig aufzubauen und dann durch Analyse paralysiert zu werden.

5 Krankenkassen als Objekt von Betriebsvergleichen

Zufriedenheit der Kunden von GKV und PKV: Ergebnisse des Deutschen Kundenbarometers

Frank Dornach
und
Annette Gerstein

1 Ergebnisse des Deutschen Kundenbarometers

Im »Deutschen Kundenbarometer«, der größten Studie zur Kundenzufriedenheit in Deutschland, urteilen jährlich über 35 000 Kunden über die Leistungsqualität von rund 1.000 marktbedeutenden Anbietern aus bislang 61 Branchen. Die jüngste Umfrage zeigt auch die aktuelle Situation den gesetzlichen Krankenkassen (GKV) und den privaten Krankenversicherungen (PKV) auf.

Die Kundenzufriedenheit in Deutschland ist in den letzten Jahren kontinuierlich gesunken. 1997 können aber erstmals nahezu alle Branchen einen – zum Teil sogar sehr deutlichen – Anstieg verzeichnen. Die Krankenkassen konnten von diesem allgemeinen Trend 1997 jedoch nicht profitieren. Die Kundenzufriedenheit sank hier erneut auf das Niveau der privaten Krankenversicherungen (PKV), das bislang immer unter dem der gesetzlichen Krankenkassen (GKV) lag (siehe Abbildung 5.1).

Im Rahmen des Deutschen Kundenbarometers 1997 wurde dazu eine repräsentative Erhebung durch Interviews mit über 8 000 Mitgliedern bzw. Kunden von Krankenkassen und Krankenversicherungen durchgeführt.

Ansprüche und Erwartungen des Kunden blieben auch 1997 generell hoch.

Konstant hohes Erwartungsniveau.

Denn zum einen sind Kundenzufriedenheit, Servicequalität und Quali-

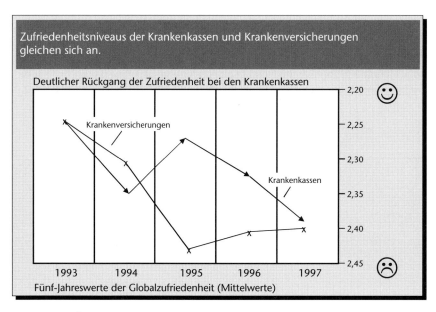

Abb. 5.1: Zufriedenheitsniveaus der Krankenkassen und Krankenversicherungen gleichen sich an

tätsmanagement Dauerthemen in den Medien. Mehr und mehr stellen Kunden aber auch Vergleiche an und messen die Leistung ihrer Anbieter mit denen aus anderen Branchen oder Ländern.

Die Kunden formulieren auch zunehmend präziser, was sie von ihren Anbietern erwarten. So zeigen Ergebnisse des Deutschen Kundenbarometers 1997:

- Nur 6% der deutschen Kunden verzeihen das Ausbleiben eines rechtzeitigen Rückrufes bzw. anders: 94% erwarten, daß der zugesagte Rückruf binnen einer Frist von 24 Stunden erfolgt.
- 88% der Kunden erwarten, bei der Nichteinhaltung einer gemachten Zusage rechtzeitig informiert zu werden.
- 93% der Beschwerdeführer erwarten eine Antwort auf ihre Beschwerde innerhalb einer Woche.
- 80% der Kunden erwarten eine aktive und unaufgeforderte Information über neue Angebote.

Kundenzufriedenheit hängt vom Grad der erfüllten Erwartungen ab. Aus dem Erfüllungsgrad der Erwartungen ergibt sich das Niveau der Zufriedenheit des Kunden (siehe Abbildung 5.2).

Hohe Kundenzufriedenheit stabilisiert nicht nur die bestehenden Kundenverbindungen und reduziert die Stornoquoten, sondern bringt Zu-

Abb. 5.2: Zufriedenheitsniveau des Kunden ergibt sich aus dem Grad der erfüllten Erwartungen

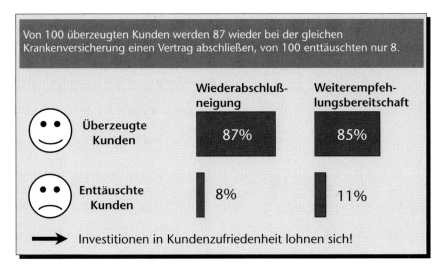

Von 100 überzeugten Kunden werden 87 wieder bei der gleichen Krankenversicherung einen Vertrag abschließen, von 100 enttäuschten nur 8.

	Wiederabschluß-neigung	Weiterempfeh-lungsbereitschaft
Überzeugte Kunden	87%	85%
Enttäuschte Kunden	8%	11%

➡ Investitionen in Kundenzufriedenheit lohnen sich!

Abb. 5.3: Wiederabschlußneigung und Weiterempfehlungsbereitschaft

satzerträge. So würden z. B. 87 % der von ihrer Krankenversicherung überzeugten Kunden wieder bei diesem Anbieter eine Krankenversicherung abschließen, während dies nur 8 % der enttäuschten tun würden. Die Weiterempfehlungsbereitschaft liegt bei 82 % bzw. 11 % der überzeugten bzw. enttäuschten Kunden (siehe Abbildung 5.3).

Eine der zentralen Fragen im Deutschen Kundenbarometer ist die Frage nach der Zufriedenheit des Befragten *Krankenkassen und -versicherungen 1997 im Branchenvergleich.* mit den Leistungen eines Anbieters insgesamt (Globalzufriedenheit). Aus dem Mittelwert der gegebenen Antworten errechnet sich der Branchenwert dieser Globalzufriedenheit. Darüber hinaus wird der Globalzufriedenheitswert auch für jeden der untersuchten 1000 weiteren Anbieter errechnet. Diese Werte in eine Rangfolge gebracht ergeben jedes Jahr das Ranking der Globalzufriedenheit über alle untersuchten Branchen, ebenso wie eine Vielzahl von Vergleichen auf unterschiedlicher Detailebene, z. B. brancheninterne Vergleiche wie die des Handels, der Finanzdienstleister (siehe Abbildung 5.4), der Banken und Sparkassen etc..

In der Gruppe der Finanzdienstleister belegen die Krankenkassen mit einem Wert von 2,39 und die Krankenversicherungen mit dem Wert von 2,40 das Mittelfeld, vor den Banken und Sparkassen sowie Lebensversicherungen, aber hinter den Kreditkartenorganisationen und KFZ-Versicherungen.

Innerhalb der Branchen der Krankenkassen und Krankenversicherungen streuen die Werte breit. So erreicht der Branchenbeste einen Globalzu-

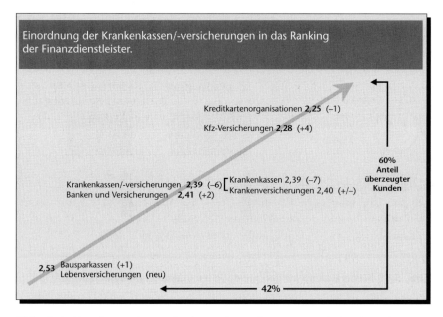

Abb. 5.4: Einordnung der Krankenkassen/-Versicherungen in das Ranking der Finanzdienstleister

friedenheitswert von 1,91 – dies entspricht einem Anteil von 84 % überzeugten Kunden – gegenüber dem Branchenletzten mit 2,52 und damit nur 44 % überzeugten Kunden.

Zentrales Ergebnis der Befragung 1997: Nur jedes zweite Mitglied bzw. jeder zweite Kunde ist von seiner Krankenkasse (53 %) oder Krankenversicherung (54 %) überzeugt. Sie haben mehr Leistung/Service erhalten, als ursprünglich erwartet. Konsequenz: Die Krankenkasse/Krankenversicherung hat Wettbewerbsvorteile und kann sich dauerhaft profilieren. Die Kundenbeziehung ist stabil.

40 % der Mitglieder und Kunden sind zufrieden, d. h. sie haben genau den Leistungsumfang bzw. die Servicequalität erhalten, die sie erwartet haben. Die Kundenbeziehung wird mittelfristig in Frage gestellt, da damit kein Wettbewerbsvorteil etabliert werden konnte.

7 % der Kundenverbindungen bei Krankenkassen, d. h. jede 14. Verbindung, bzw. 6 % bei Krankenversicherungen, d. h. jede 17. Verbindung, sind aktuell gefährdet, da die Kunden/Mitglieder mit ihrer Kasse/Versicherung weniger zufrieden oder unzufrieden sind. Bei einem Kundenbestand von z. B. 500 000 Kunden sind dies immerhin 30 000 gefährdete Kundenverbindungen.

Deutlich geringere Zufriedenheit der Kunden mit höherem Einkommen bei der PKV.

Die Differenzierung der Zufriedenheitswerte nach dem Haushaltsnettoeinkommen und der Dauer der Kundenbeziehung zeigt: Kunden von Krankenversicherungen mit einem Haushaltsnettoeinkommen von 5.000 DM und höher, sind deutlich unzufriedener als diejenigen der niedrigeren Einkommensklassen. Vor dem Hintergrund, daß 47 % der Krankenversicherungskunden dieser gehobenen Einkommensklasse angehören, gegenüber einem Anteil von 22 % in der Gesamtbevölkerung, wird deutlich, daß hier großes, häufig vernachlässigtes Potential liegt.

Bei den Krankenkassen fällt die hohe Zufriedenheit der Bezieher von Einkommen über 7.500 DM (4 % der Mit-

Deutlich höhere Zufriedenheit der hohen Einkommensklassen bei der GKV.

glieder) auf, während die niedrigen Einkommensklassen kaum vom Durchschnittswert der Zufriedenheit abweichen. Ein Grund für die höhere Zufriedenheit der obersten Einkommensklasse kann in dem gegenüber dem Bevölkerungsdurchschnitt nahezu doppelt so großen Anteil an Mehrpersonenhaushalten liegen, für die sich die Mitgliedschaft in einer Krankenkasse in der Regel finanziell wesentlich günstiger gestaltet.

Die Betrachtung der Kundenzufriedenheit in Abhängigkeit von der Dauer der Kundenbeziehung zeigt bei den Kran-

Die jungen und die langjährigen Kunden sind die zufriedensten.

kenkassen und Krankenversicherungen das übliche, d. h. für die meisten Branchen in ähnlicher Form geltende Bild. Die ganz jungen, neuen Kundenbeziehungen und die langjährigen Kundenverbindungen sind die zufriedensten. Dazwischen – je nach Branche – liegt ein Zeitraum von drei bis zehn Jahren der Kundenverbindung mit teilweise deutlich niedrigeren Zufriedenheitswerten. Eine mögliche Begründung für diese Entwicklung ist das »Betreuungsloch«, in das der Neukunde auf dem Weg zur Festigung der jungen Kundenbeziehung und Übergang zum Stammkunden fällt, wenn ein qualifizierter After-Sales-Service bzw. ein aktives Kundenbetreuungsmanagement nach der Vertragsunterzeichnung fehlen.

Bei den Krankenkassen sinken die Zufriedenheitswerte bereits nach dem ersten Jahr der Kundenverbindung und sind zwischen dem siebten und zehnten Jahr auf dem niedrigsten Niveau angelangt, bevor sie dann wieder ansteigen. Bei den Krankenversicherungen bricht die Kundenzufriedenheit im vierten Jahr regelrecht zusammen und bleibt ebenfalls bis zum zehnten Jahr deutlich unter dem Durchschnittswert der Globalzufriedenheit. Dies bedeutet: Die vier- bis zehnjährigen Mitglieder- bzw. Kundenverbindungen der Krankenkassen sind instabil und gefährdet. Sie bedürfen einer besonderen Betreuung/Aufmerksamkeit durch die Mitarbeiter im Innen- und Außendienst.

Die zentrale Frage bei der Verbesserung der Kundenzufriedenheit im Krankenkassen- und Krankenversiche-

Faktoren der Kundenzufriedenheit bei GKV und PKV.

rungssektor ist nun die Frage nach den Qualitätsmerkmalen, die insgesamt bzw. in einzelnen Zielgruppen die Zufriedenheit der Kunden positiv oder negativ beeinflussen. Es gilt zu untersuchen, welche Faktoren als Zufriedenheitstreiber bzw. -hindernisse identifiziert werden konnten. Die weiteren Ausführungen orientieren sich dabei an den zentralen Kundenkontaktsituationen im Versicherungsgeschäft: Qualität des Vertragsabschlusses, laufende Kundenbetreuung, Telefonkontakt und Umgang mit Problemen bzw. Beschwerden der Kunden, beurteilt über einzelne Qualitätsmerkmale aus Kundensicht. Das heißt, bei den folgenden Ergebnissen steht weniger die angebotene, sondern vielmehr die vom Kunden tatsächlich wahrgenommene Leistung im Vordergrund.

PKV-Kunden mit einzelnen Qualitätsmerkmalen deutlich zufriedener.

In der Beurteilung einzelner Qualitätsmerkmale schneiden die Krankenversicherungen teilweise deutlich besser als die Krankenkassen ab. Abbildung 5.5 zeigt die Mittelwerte der Zufriedenheit über verschiedene Qualitätsmerkmale differenziert nach GKV und PKV (1 = vollkommen zufrieden bis 5 = unzufrieden). Die höchste Abweichung wird dabei im wahrgenommenen Leistungsumfang gemessen. Hierunter fallen nicht nur die monetären Regelungen von Schadensfällen, sondern alle Leistungen, die der Kunde von seinem Anbieter wahrnimmt bis hin zur Qualität und Intensität der Betreuung oder dem aktiven Angebot alternativer Lösungen bei Leistungsablehnung.

Zur leichteren Interpretation der Mittelwerte nachfolgend die Anteile der jeweils vollkommen oder sehr zufriedenen Kunden – wir sprechen dabei von überzeugten Kunden – für ausgewählte Merkmale in Prozent:

Bezogen auf den Leistungsumfang schneiden die Krankenversicherungen mit einem Anteil von 52 % überzeugten Kunden gegenüber 40 % bei den Krankenkassen deutlich besser ab. Hinter den Mittelwerten der Zufriedenheit mit dem wahrgenommenen Preis-Leistungs-Verhältnis stehen 38 % überzeugte Krankenversicherungskunden und 31 % überzeugte Krankenkassenmitglieder. Werden diese Branchendaten für das eigene Unternehmen ausgewertet – was beispielsweise über das Deutsche Kundenbarometer 1997 für 10 Anbieter auf einer Fallzahl von mindestens 100 Befragten möglich ist –, so können im Abgleich mit dem eigenen Kundenstand Hochrechnungen über das Unzufriedenheitspotential bei einzelnen Qualitätsmerkmalen erstellt werden.

Nur 43 % der GKV-Kunden, jedoch 49 % der PKV-Kunden sind von der Qualität beim Vertragsabschluß überzeugt.

Mit dem Abschluß einer GKV/PKV wird in der Regel ein langfristiges, meist auf Lebenszeit ausgerichtetes Vertragsverhältnis zwischen dem Kunden und dem Anbieter begründet. Ziel jedes Kunden ist dabei, im Krankheitsfall die bestmögliche medizinische Versorgung und Betreuung zur Heilung oder dauerhaften Pflege sichergestellt zu haben. Die Kombinationsmöglichkei-

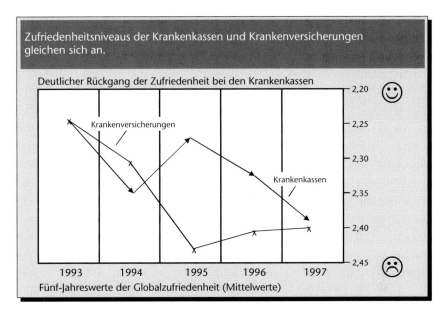

Abb. 5.5: Zufriedenheit von Krankenkassen- bzw. -versicherungskunden mit Leistungsempfang

ten verschiedener Leistungen, jeweils abgestimmt auf die aktuelle sowie zukünftige persönliche und finanzielle Situation des Kunden, sind vielfältig und für die Mehrzahl der Kunden oft nicht ganz klar und überschaubar. Der Versicherungsabschluß ist damit aus Kundensicht Vertrauenssache. Da sich erst im Verlauf der Kundenbeziehung zeigt, ob das Versicherungspaket richtig zusammengestellt ist, spielen bei der Beurteilung der Qualität des Vertragsabschlusses neben der Qualität des Abschlußgespräches, die Dauer bis zur Zusendung der korrekt ausgefüllten Police, das Verhalten des zuständigen Mitarbeiters bei Fragen/Problemen sowie die Kontakthäufigkeit eine entscheidende Rolle.

Von dieser Qualität beim Vertragsabschluß überzeugt (d. h. vollkommen oder sehr zufrieden) waren in der Studie 1997 43 % der Mitglieder von Krankenkassen, 54 % waren zufrieden und 3 % enttäuscht (d. h. weniger zufrieden oder unzufrieden). Für die Krankenversicherungen liegen diese Werte bei 49 % überzeugten, 45 % zufrieden und 6 % enttäuschten Kunden. Um das Erinnerungsvermögen der Kunden nicht zu strapazieren, wurden hierzu jeweils nur diejenigen Kunden mit einer Kundenverbindung von weniger als drei Jahren befragt.

Betreuungsintensität, regelmäßige Kundenkontakte und ein persönlicher Ansprechpartner sind die Zufriedenheitstreiber und damit Erfolgsfaktoren im Krankenkassen- und -versicherungsgeschäft. Jedoch:

47% der Kunden von PKV geben an, keinen persönlichen Ansprechpartner zu haben.

Obwohl es klare positive Zusammenhänge zwischen Betreuungsqualität und Globalzufriedenheit gibt, hat nur ca. jeder zweite Kunde aus seiner Sicht einen persönlichen Ansprechpartner. Am zufriedensten sind die Kunden, die einen Ansprechpartner im Innendienst haben. Dies sind rund 28 % der Befragten. Nur jeder vierte PKV-Kunde gibt an, einen Ansprechpartner im Außendienst zu haben. Vergleicht man diesen Wert mit dem Prozentsatz jener Bestände, für die Bestandsprovision gezahlt wird, muß die Frage gestellt werden, welchen Gegenwert die Unternehmen für die nicht unbeträchtlichen Zahlungen erhalten.

60% der GKV-Mitglieder haben keinen persönlichen Ansprechpartner.

Zum Vergleich die Werte der Krankenkassen (siehe Abbildung 5.6).

36 % der Mitglieder geben an, einen Ansprechpartner im Innendienst, 4% im Außendienst und 60% keinen persönlichen Ansprechpartner zu haben. Wie bei den Krankenversicherungen haben die Mitglieder mit einem Ansprechpartner im Innendienst die höchste Zufriedenheit und die ohne persönlichen Ansprechpartner die geringste Globalzufriedenheit und im Gegenzuge die höchste Wechselabsicht.

Ein weiteres interessantes Ergebnis in diesem Zusammenhang ist die differenzierte Betrachtung der Zufriedenheitswerte zwischen den Versicherten in den neuen und alten Bundesländern. Die Globalzufriedenheit mit den Krankenkassen in den neuen Ländern liegt mit einem Mittelwert von

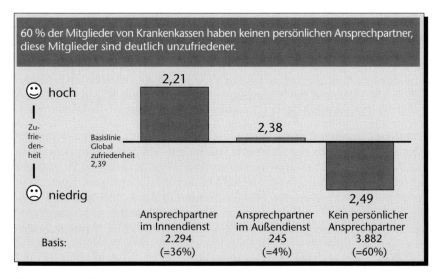

Abb. 5.6: Anteil der persönlichen Ansprechpartner für Mitglieder von Krankenkassen

2,53 deutlich unter dem der alten Bundesländer mit 2,35. Dies ist insbesondere auch auf die geringe Betreuungsintensität in den neuen Ländern zurückzuführen. 74 % der Mitglieder geben an, keinen persönlichen Ansprechpartner bei der Krankenkasse zu haben, gegenüber 55 % in den alten Bundesländern.

Wie oben ausgeführt, ist der Versicherungsabschluß stark vom Vertrauen in den Anbieter, den Ansprechpartner

> **11 % der Krankenkassenmitglieder fühlen sich falsch abgesichert.**

und dessen fachliche und soziale Kompetenz sowie von den bislang im Rahmen der Kundenbeziehung gemachten Erfahrungen abhängig.

Das Gefühl, das nach der Unterschrift beim Kunden verbleibt, ist deshalb für die Zufriedenheit mit dem Abschluß von besonderer Bedeutung. Die Frage ist hier, ob beim Kunden nach der Unterschrift der Eindruck verbleibt, sich gut und richtig abgesichert zu haben bzw. wie dieses positive Gefühl nach dem Abschlußgespräch verstärkt werden kann: So zum Beispiel durch das persönliche Aushändigen der Police oder einen Anruf beim Kunden ca. zwei Tage nach der Versendung der Police.

Auch hier kann durch entsprechende Maßnahmen die Kundenzufriedenheit bei Krankenkassen und Krankenversicherungen künftig gesteigert werden. So ist bei den Krankenkassen jedes 9. Mitglied der Meinung (11 %), nicht richtig abgesichert zu sein. Jedes 14. Mitglied ist sich in diesem Punkt unschlüssig. Bei den Krankenversicherungen liegen diese Anteile etwas niedriger, hier sind 6 % (jeder 17. Kunde). der Meinung, falsch abgesichert zu sein, bzw. 2 % (jeder 50. Kunde) sind sich unschlüssig.

Mitglieder, die sich falsch abgesichert fühlen, haben eine deutlich geringere Globalzufriedenheit mit einem Mittelwert von 2,93, was ungefähr den Zufriedenheitswerten der Branchenletzten des Deutschen Kundenbarometers entspricht. Zum Vergleich: Mitglieder, die sich richtig abgesichert fühlen, haben eine Globalzufriedenheit von 2,28.

Vom Kunden wahrgenommene aktive Betreuung ist nicht ausschließlich von der Anzahl persönlicher Kontakte zwi-

> **Die Beurteilung des Telefonkontakts durch die Kunden.**

schen ihm und seinem Ansprechpartner abhängig, sondern wird auch durch schriftliche Kontakte sowie die Häufigkeit und Art und Weise von Telefonkontakten bestimmt.

Insgesamt hatte nur jedes zweite Mitglied bislang telefonisch Kontakt zu seiner Krankenkasse. Diese sind insgesamt mit der Krankenkasse deutlich zufriedener als diejenigen ohne telefonischen Kontakt. Bei der Beurteilung der Telefonkontaktqualität werden jedoch auch Verbesserungspotentiale deutlich. So waren von der Freundlichkeit der Mitarbeiter am Telefon 65 %, d. h. 2 von 3 Kunden überzeugt. Bezogen auf die Zufriedenheit mit der Erledigung des Anliegens sinkt der Anteil der Überzeugten auf 60% und bei der telefonischen Erreichbarkeit auf 59%. Auffällig ist, daß der Telefonkontakt bei GKV-Kunden eine deutlich höhere Auswirkung auf die Globalzufriedenheit als bei den Kunden von privaten Krankenversicherungen hat. Dies birgt die Chance, über ein telefonisches Kundenkontaktmanagement die Zufriedenheit der Mitglieder deutlich steigern zu können.

Bei PKV ist telefonische Kontaktquote mit 59% etwas höher. Von der Freundlichkeit überzeugt sind 64%, vom Erledigen des Anliegens am Telefon 60% und von der Erreichbarkeit 59%.

Beschwerden der Versicherten – Chance oder lästiges Übel? Die Beschwerderate der GKV liegt bei 3,9%, der PKV bei 8,0%. Jede Beschwerde, die gegenüber dem Anbieter und nicht, bzw. nicht nur im Freundes- und Bekanntenkreis vorgebracht wird, ist als Chance für das Unternehmen zu werten, die Leistungsfähigkeit und -bereitschaft erneut unter Beweis zu stellen und auf diesem Weg den Kunden wieder zu überzeugen und die Beziehung dauerhaft zu festigen.

Der aus Kundensicht optimale Umgang der Mitarbeiter mit seiner Beschwerde, d. h. die Art und Weise der Annahme, der weiteren Bearbeitung einschließlich der angebotenen und umgesetzten Lösung sowie die Qualität der Rückmeldung an den Beschwerdeführer sind hier die Haupterfolgsfaktoren.

Eine Beschwerderate von 3,9%, wie sie 1997 die GKV aufweist, darf nicht automatisch dahingehend interpretiert werden, daß dies ein guter, weil niedriger Wert ist. Der Grund für diesen niedrigen Wert kann z. B. darin liegen, daß die Mitglieder der Krankenkassen nicht wissen, wo sie ihre Beschwerde anbringen können oder aber aufgrund früher gemachter Erfahrungen das Vorbringen einer Beschwerde aufgegeben haben und versuchen, bei nächster Gelegenheit die Kasse zu wechseln oder ihre Beschwerde im Freundes- und Bekanntenkreis vorbringen und damit Negativwerbung betreiben.

Die Beschwerderate der PKV liegt bei 8,0% und somit doppelt so hoch. Von der Bearbeitung der Beschwerde überzeugt waren 1997 nur 16% der Beschwerdeführer bei Krankenkassen und 14% bei den Krankenversicherungen. Andere Werte 1997 aus der Finanzdienstleistungsbranche zum Vergleich: Banken und Sparkassen 35% überzeugte Beschwerdeführer, Bausparkassen 23%, Kfz-Versicherungen 21% und Lebensversicherungen 16%.

Die am häufigsten genannten Beschwerdegründe 1997 waren bei den Krankenkassen und Krankenversicherungen:

1. Verweigerung von erwarteten Leistungen,
2. verzögerte Bearbeitung und
3. Inkompetenz der Mitarbeiter.

Optimale Betreuung aus Sicht der Versicherten zeigt sich nicht nur in einem über alle Kontaktstellen und -personen hinweg gleichbleibend hohen und zu jeder Zeit verläßlichen Serviceniveau bei der Erledigung der Anfragen und Probleme im Tagesgeschäft, sondern beinhaltet insbesondere auch die Qualität der Leistungen im Beschwerdefall.

Professioneller Umgang mit Beschwerden – aktives Beschwerdemanagement.

Ohne an dieser Stelle zu sehr ins Detail zu gehen, nachfolgend kurz die wesentlichen Ziele eines aktiven Beschwerdemanagements:

- Kanalisierung der Beschwerden auf das Unternehmen und nicht gegenüber Dritten,
- Instrument zur Stärkung der Kundenbeziehung und Steigerung der Kundenbindung,
- Frühwarnsystem zur Fehlerindikation und -vermeidung bei der Leistungserstellung im Kontakt zum Versicherten bzw. in internen Abläufen und Prozessen.

Der Betriebsvergleich und die Rolle der Krankenkassen

Wilfried von Eiff,
Klaus Goedereis
und
Bernd Hartmann

1 Zur Notwendigkeit eines Krankenkassenvergleichs

Nach § 5 BPflV sollen die Krankenhäuser einem Vergleich unterzogen werden, der den Vertragsparteien bei der Ermittlung vergleichbarer Krankenhäuser und Bemessung medizinisch leistungsgerechter Budgets und tagesgleicher Pflegesätze dienen soll (vgl. § 5 Satz 1 BPflV). Begründet wird die Notwendigkeit eines Krankenhaus-Vergleichs neben der Budgetorientierung mit der Identifikation besonders günstiger Leistungserbringer, dem steigenden Wettbewerb und letztendlich der Ausschöpfung von Rationalisierungspotentialen im Krankenhaussektor.

In der Diskussion um einen Qualitäts- und Wirtschaftlichkeitsvergleich der Krankenhäuser (Leistungserbringer) gerät die Seite der Krankenkassen (Lei-

> *Auch Krankenkassen können sich einem Wirtschaftlichkeits- und Qualitätsvergleich nicht entziehen.*

stungsfinanzierer) schnell in Vergessenheit. Nicht zuletzt durch die Gesetzgebung (GSG, NOG) der letzen Jahre muß berücksichtigt werden, daß auch die Krankenkassen einem Wettbewerb ausgesetzt sein sollen. Neben dem geforderten Kassenwettbewerb muß ferner der Blick darauf gerichtet werden, daß die Krankenkassen als Finanzintermediäre zwischen Patienten und Leistungserbringern eine nicht zu vernachlässigende finanzielle »Verteilungsmacht« besitzen und somit die Verpflichtung haben, ihre Rolle als Anwalt des Kunden (Patient, Angehörige, Versicherte) wahrzunehmen.

Darüber hinaus wird neben den gesetzlichen Anforderungen des § 5 BPflV in der Diskussion um Krankenhausvergleiche zunehmend herausgestellt, daß auch die »Kunden des Krankenhauses (insbesondere Patienten, niedergelassene Ärzte und Öffentlichkeit) Vergleichsdaten benötigen, um beispielsweise für elektive Eingriffe das »beste« Krankenhaus auswählen zu können. Betrachtet man adäquat zur Vergleichsdiskussion im Krankenhaussektor die »Kunden« der Krankenkassen, so sind dies neben den Versicherten einerseits die Leistungserbringer (niedergelassene Ärzte, Krankenhäuser, Reha-Einrichtungen usw.), andererseits die Politik, die durch Ergebnisse im GKV-Bereich politische Entscheidungen trifft, z. B. Risikostrukturausgleich und Beitragssatzstabilität (siehe Abbildung 5.7). Es stellt sich mithin die Frage, welche Anforderungen diese Kunden an die Krankenkassen haben und inwiefern diese Anforderungen im Kassenverhalten berücksichtigt werden (siehe Abbildung 5.8).

Im Bereich der PKV gibt es seit geraumer Zeit Vergleiche für potentielle Versicherte, in denen Preise und Leistungen der einzelnen Versicherungen miteinander verglichen werden. Im GKV-Bereich gibt es Vergleiche in dieser Form nicht. Ein Grund könnte in den mangelnden Leistungsabweichungen liegen, da der größte Teil der Leistungen gesetzlich vorgegeben ist. Ein Leistungsvergleich müßte sich unter den gegenwärtigen

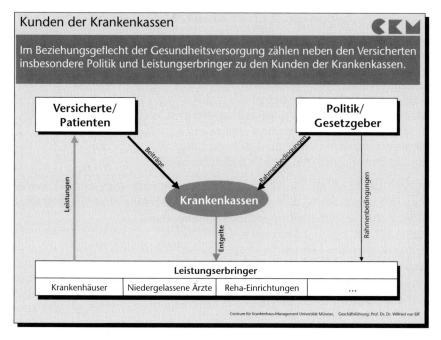

Abb. 5.7: Die Marktstruktur im Gesundheitssektor

Rahmenbedingungen auf präventive Maßnahmen konzentrieren, die von den einzelnen Kassen angeboten bzw. finanziert werden. Darüber hinaus sind viele dieser Leistungen in letzter Zeit in die Diskussion geraten, weil durch medizinisch fragwürdige Angebote Leistungen finanziert werden, die als Marketingmaßnahme sicherlich interessant sind, aber vor dem Hintergrund einer solidarisch orientierten Krankenversicherung und eines Risikostrukturausgleichs eindeutig dem Bereich der privaten Freizeitgestaltung und gesunden Lebensweise zuzuordnen sind. Schließlich hat die Art des Leistungsangebots der Kassen Auswirkungen auf die Kostenstrukturen der Krankenhäuser und auf die Solidar- und Finanzierungskraft der Versichertengemeinschaft. Abgestufte Leistungspakete mit der Möglichkeit freiwilliger Zuzahlungen könnten die Versichertengemeinschaft entlasten; insbesondere können die Kassen an dieser Stelle einen wichtigen Beitrag leisten, um die »Vollkasko-Mentalität mit Nulltarifillusion« (= Anspruchssolidarität) durch eine Hilfe-zur-Selbsthilfe-Solidarität zu ersetzen. Dies ist eine Grundvoraussetzung, um das Solidaritätsprinzip funktionsfähig zu halten und die Kostenstrukturen im Gesundheitswesen von unnötigen Belastungen frei zu stellen. Ein echter Leistungsvergleich auch in der GKV könnte aber interessant werden, wenn der Spielraum der Gestaltungsleistungen vergrößert wird, wie vielerorts gefordert.

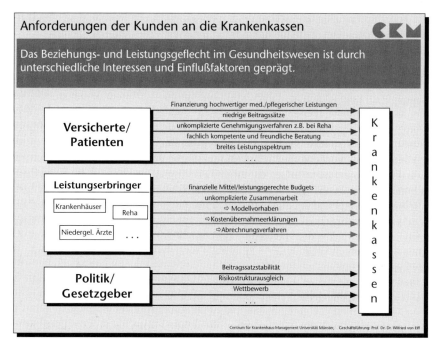

Abb. 5.8: Die Anforderungen der Kunden an die Krankenkassen sind z. T. mit gegensätzlichen Zielen verbunden

Bedingt durch den freizügigeren Kassenwechsel seit 1996 gibt es Vergleiche von Beitragssätzen, die in regelmäßigen Abständen publiziert werden und für jeden Versicherten abgreifbar sind (z. B. Fax-Abruf der Stiftung Warentest). Darüber hinaus gibt es branchenbezogene Kundenzufriedenheitsbefragungen, die regelmäßig publiziert werden. Ein Beispiel ist das Deutsche Kundenbarometer (vgl. Kapitel 5.1).

Im folgenden soll ein Vergleich der Krankenkassen aus der Sicht der anderen Kunden, der Leistungserbringer

> *Der Krankenkassenvergleich aus Sicht der Krankenhäuser.*

und insbesondere der Krankenhäuser diskutiert werden. Zwar könnte man zynisch unterstellen, die einzige Erwartung der Krankenhäuser bestehe darin, mehr Geld von den Krankenkassen zu erhalten; die meisten Verantwortlichen im Krankenhaus sind allerdings realistisch genug, um die finanziellen Rahmenbedingungen richtig einzuschätzen (was nicht bedeutet, daß die heutige Budgetverteilung medizinisch leistungsgerecht ist!). Die Beziehungen zwischen Krankenhaus und Krankenkassen sind wesentlich weiter gestrickt als lediglich die Überweisungstätigkeit zwischen beiden Institutionen. Wirtschaftlichkeit, Leistungsfähigkeit und Qualität von Krankenhäusern hängen auch von Faktoren ab, die durch die Krankenhausleitung selbst erst nachrangig beeinflußbar sind. An dieser Stelle spielt der Einfluß der Krankenkassen eine wichtige Rolle.

Die Anknüpfungspunkte in den Geschäftsbeziehungen liegen auf vielfältigen Ebenen:

Pflegesatzverhandlungen

Zwar verschieben sich die Pflegesatzverhandlungen zunehmend auf übergeordnete Instanzen (Verbände auf regionaler und Landesebene); dennoch sitzen sich in den Verhandlungen Vertreter von Krankenkassen und Krankenhäusern gegenüber, die über Leistungsmengen und Budgets entscheiden. Schon die Tatsache, daß ein erheblicher Teil der Budgets erst nach langwierigem Procedere durch Schiedsstellenverfahren entschieden wird und von prospektiver Budgetierung kaum mehr gesprochen werden kann, verdeutlicht die Tatsache, daß die Kooperations- und Verhandlungsbereitschaft von allen Verhandlungspartnern einer näheren Untersuchung bedarf.

Modellvorhaben

Durch die Regelungen des 2. NOG können außerhalb des geltenden Leistungsrechts Modellvorhaben verhandelt werden, die einer Verbesserung der Wirtschaftlichkeit und qualitativer Versorgung dienen sollen (§§ 63 bis 65 SGB V). Aufgrund der bisherigen Praxis von Modellvorhaben im niedergelassenen Bereich und wegen des Konkurrenzdrucks im Krankenkassen- und Krankenhaussektor ist zu erwarten, daß Verträge auch zwischen einzelnen Krankenhäusern und einzelnen Kassen geschlossen werden. (Sofern den Modellvorhaben nicht ein ähnliches Schicksal beschieden ist wie den Rationalisierungsinvestitionen nach § 18b KHG.) Insofern wird sich in der Umsetzung von Modellvorhaben die Flexibilität und Innovationsbereitschaft einzelner Kassen zeigen, die durchaus verglichen werden kann. Schließlich haben auch die Versicherten ein großes Interesse, sich einer Versichertengemeinschaft anzuschließen, die ihnen medizinisch-innovative Verfahren und Strukturen eröffnen.

Abrechnungspraxis

Die tägliche Zusammenarbeit – oder auch teilweise »Gegeneinanderarbeit« – zwischen Krankenhaus und Krankenkasse erfolgt in der Patientenverwaltung. Kostenübernahmeerklärungen und der Abrechnungsprozeß der erbrachten Leistungen sind die wesentlichen Aufwandstreiber im Tagesgeschäft zwischen beiden Institutionen. Für den administrativen Aufwand eines Krankenhauses ist es sicherlich bedeutend, ob die Kostenzusage für einen Patienten durch die Kasse sofort in unbegrenzter Höhe gegeben wird oder ob das Krankenhaus alle zehn Tage eine erneute Kostenzusage der Kasse anfordern muß.

2 Erfahrungen in der Zusammenarbeit zwischen Kassen und Krankenhäusern: Krankenhauspraktiker geben Auskunft

Das CKM führte mit Krankenhausmanagern aus verschiedenen Bundesländern Gespräche über deren Erfahrungen in der Zusammenarbeit mit Kassen. Die Ergebnisse weisen weder die erforderliche statistische Repräsentanz auf, noch stellen sie einen fundierten Vergleich dar. Die Ergebnisse dieser Zufallsbefragung aber belegen bereits, daß ein Vergleich der Krankenkassen auch aus Sicht der Leistungserbringer notwendig erscheint. Die Manager beklagten auf der einen Seite die zunehmende Bürokratie, monierten aber auch teilweise Willkürverhalten. Die von den Managern gebrachten Verbesserungsvorschläge erwiesen sich fallweise als rechtlich problematisch, was nicht automatisch bedeutet, solche Gedanken nicht aufzugreifen und konstruktiv weiterzuentwickeln.

❏ **Kostenzusagen/Kostenübernahmeerklärungen**

In der Zusammenarbeit zwischen Krankenhaus und Krankenkassen gibt es Unterschiede, die an bestimmten Kostentreibern festgemacht werden können.

Bereits in der Frage der Kostenzusagen gibt es sowohl zwischen einzelnen Bundesländern bzw. unterschiedlichen Landesverbänden der Krankenkassen als auch zwischen den einzelnen Kassenarten z. T. erhebliche Unterschiede in der täglichen Praxis, die den administrativen Aufwand im Krankenhaus beeinflussen. Einige Kassen befristen die Kostenzusagen in Abhängigkeit von der Erkrankung unter Bezug auf den sog. »Kölner Katalog« (z. B. Entbindung: 6 Tage; Appendixoperation: 6 Tage; ...). Eine solche Befristung erfolgt bei den Ersatzkassen in der Regel nicht. Insofern können die Auswirkungen im Hinblick auf den Organisationsablauf oder die Belastung der Mitarbeiter mit bürokratischen Tätigkeiten transparent nachvollzogen werden.

Der Weg einer Kostenzusage nimmt sich heute z. T. sehr bürokratisch aus: Die Klinik, die einen Patienten aufgenommen hat, erstellt ein Antragspapier, wobei eine Anzeigepflicht innerhalb von drei Tagen nach Aufnahme besteht. Grundlage des Antrags ist eine medizinische Diagnose, die jedoch in der Kürze der Zeit gerade bei unklarem Krankheitsbild in der geforderten Präzision häufig nicht möglich ist. Rückfragen der Kasse sind die Folge, und dies führt in der Konsequenz zu Rückfragen an den behandelnden Arzt, löst bei diesem zusätzliche Arbeitsbelastung aus und führt zu einer verzögerten Zahlung; mit allen Konsequenzen für Liquidität und Rentabilität. Aber auch die Bearbeitungszeit seitens der Kasse läßt oft zu wünschen übrig. Oftmals trifft die von der Kasse erteilte Kostenübernahmeerklärung zu spät im Krankenhaus ein, was insbesondere bei Fällen mit kurzen Verweildauern nachteilig ist.

Unterschiede zwischen einzelnen Kassenarten gibt es ebenfalls bei Kostenverlängerungen, da einige Kassen medizinische Stellungnahmen verlangen (z. B. die Knappschaftskassen). Die Problematik medizinischer Stellungnahmen scheint ohnehin zwischen den einzelnen Kassen sehr unterschiedlich gehandhabt zu werden. Weiterhin entsteht dem Krankenhaus organisatorischer Aufwand, wenn mit der Kostenübernahmeerklärung eine Durchschrift verschickt werden muß (z. T. bei DAK). Die Angaben müssen zwar nicht detailliert eingetragen werden, da die Entlassungsmitteilung und die Rechnung die geforderten Angaben enthalten; die Durchschrift muß aber später der Rechnung zugeordnet werden, da Rechnungen ohne die Durchschrift der Kostenzusage wieder zurückgeschickt werden.

In Punkto Kostenzusagen/Kostenübernahmeerklärungen ist die Verhaltensweise einzelner Kassen insgesamt zu beklagen: Kostenzusagen kommen zu spät, Kosten von Fällen, die aus Kliniksicht unstrittig sind, werden einfach nicht übernommen, »Erinnerungen« werden von der Kasse an das Krankenhaus gerichtet, obwohl der Kostenerstattungsantrag längst an die Kasse übermittelt worden ist. Die Zusammenarbeit mit solchen Kassen ist aus Krankenhaussicht außerordentlich mühsam; der Aufwand für Mahnungen ist an dieser Stelle sehr hoch.

Sinnvoll wäre es beispielsweise, den Antrag auf Kostenübernahme durch eine »Verdachtsdiagnose« durch den behandelnden Arzt zu begründen und nur bei später sich herausstellenden gravierenden Abweichungen

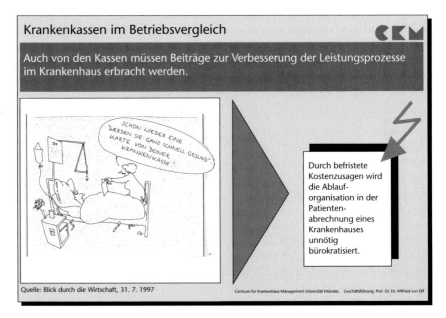

Krankenkassen im Betriebsvergleich **CKM**

Auch von den Kassen müssen Beiträge zur Verbesserung der Leistungsprozesse im Krankenhaus erbracht werden.

Durch befristete Kostenzusagen wird die Ablauforganisation in der Patientenabrechnung eines Krankenhauses unnötig bürokratisiert.

Quelle: Blick durch die Wirtschaft, 31. 7. 1997   Centrum für Krankenhaus-Management Universität Münster, Geschäftsführung: Prof. Dr. Dr. Wilfried von Eiff

Abb. 5.9: Die Verwaltungsanforderungen der Kassen an die Krankenhäuser führen teilweise zu Kostensteigerungen in den Krankenhäusern

entsprechende Anpassungen zu vollziehen. Natürlich ist der Ausbildungsstand der Ärzte nicht überall gleich gut, um solche Verdachtsdiagnosen einigermaßen treffsicher stellen zu können. Hinzu kommt, daß in einer Universitätsklinik überwiegend schwere Fälle eingeliefert werden und zusätzlich Verschlüsselungsaufgaben erforderlich sind, die aufgrund wissenschaftlicher und qualitätssichernder Zwecke erforderlich sind.

Die Kostenzusage könnte u. U. auch komplett wegfallen. Man sollte dann nur noch auf unklare Fälle reagieren (z. B. unklare Mitgliedschaft, beendetes Versicherungsverhältnis, Kassenwechsel, ...). Der Wegfall der Kostenzusage hat selbstverständlich auch nachteilige Wirkungen; insbesondere im Streitfall sind Rechtsnachteile für die Klinik zu befürchten. Denn zur Durchsetzung einer Forderung ist eine Kostenzusage notwendig, so zumindest die herrschende Rechtsauffassung. Auch unter Bezug auf den § 301 SGB V, in dem der Datenträgeraustausch festgelegt wird, ist ein Wegfall der Kostenübernahmeerklärung derzeit juristisch nicht möglich.

Zumindest könnte die Kostenübernahmeerklärung vereinfacht werden, indem der Antrag des Krankenhauses auf der Rückseite durch die Kasse einfach quittiert würde; im Verfahren des elektronischen Datenaustausches zwischen Kasse und Krankenhaus könnte elektronisch quittiert werden. Die Einführung von EDV zur Unterstützung der Übermittlungsprozesse ist zwingend notwendig. Die Übermittlung eines Kostenübernahmeantrags kann dann DV-technisch »bewiesen« werden. Allerdings hat diese Arbeitsweise auch ihren bürokratischen Preis: Zusätzliche Eingaben sind erforderlich, Plausibilitätsabfragen müssen möglich sein, Abrechnungsvorschläge müssen aus dem DV-System generierbar werden. Letztlich geht es darum, die Angaben der Ärzte bezüglich der Eingruppierung in Fallpauschalen und Sonderentgelte plausibilitätsartig überprüfen zu können.

Die Kosten- und Leistungsrechnung in den Krankenhäusern ist derzeit noch weit entfernt von einer funktionierenden Kostenträgerrechnung; insofern sind alle Anforderungen in Richtung Plausibilität, Überprüfung, usw. mit einer Ausweitung des Verwaltungsapparates verbunden. Ob das letztlich zu einer Qualitätsverbesserung der Krankenversorgung beiträgt, ist zumindest in Zweifel zu ziehen.

Allerdings muß an dieser Stelle ganz deutlich vermerkt werden, daß eine Reihe von Kassen ihre Kostenübernahmezusagen unbefristet erteilen und sehr schnell übermitteln und, was sehr wichtig ist, es kommt nicht vor, daß Vorgänge einfach »vergessen« werden.

Organisation der Kassen

Es gibt deutliche Unterschiede in der Organisation der Kassen, die sich niederschlagen auf die Art der Zusammenarbeit.

❑ Teilweise richten Kassen (z. B. die AOK) spezielle Teams eine, wobei jedem Krankenhaus ein spezieller Ansprechpartner zugewiesen wird, was zwar grundsätzlich positiv bewertet wird, da die Kommunikationswege verkürzt werden. Problematisch wird diese Einrichtung allerdings, wenn sich die Ansprechpartner als wenig kooperativ erweisen und häufig telefonische Nachfragen an das Krankenhaus richten, ob der Patient beispielsweise schon entlassen ist und wie lange die Verweildauer voraussichtlich noch sein wird. Darüber hinaus kommt es zu Schwierigkeiten, wenn die Ansprechpartner medizinisch nicht ausgebildet sind und daher eine fachliche Einschätzung bestimmter Informationen kaum möglich erscheint.

❑ Durch verstärkte Zentralisierungstendenzen bei vielen Krankenkassen kommt es zu Verzögerungen im Krankenhaus. Die AOK z. B. ist auf der einen Seite, was die Genehmigungs- und Entscheidungsprozesse betrifft, stark zentralisiert organisiert: Alles wird zentral entschieden. Andererseits existieren in Hessen sieben Geschäftsstellen der AOK (Kassel, Marburg, Wetzlar, Wiesbaden, Darmstadt, Offenbach, Frankfurt), die als Folge eines »Dezentralisierungsverständnisses« jeweils mit Spezialaufgaben befaßt sind. Allerdings ist der Abwicklungsprozeß eher bürokratisch organisiert: Die Kostenzusage erfolgt aus der Geschäftsstelle Marburg, Zahlbarmachung und Abrechnung der Rechnung führt die Geschäftsstelle Offenbach durch, in einer anderen Geschäftsstelle werden die Rechenzentrumsdienstleistungen vorgehalten, um den Anforderungsparagraphen 301 SGB V zu genügen und die Hilfsmittelversorgung wird durch eine weitere Geschäftsstelle sichergestellt. Sie muß für jeden Teilbereich mit unterschiedlichen Stellen korrespondiert, was den Koordinationsaufwand erhöht.

❑ Generell, und dies gilt auch für die Ersatzkassen, ist die Tendenz zur Regelung vor Ort zwischen Krankenhäusern und Krankenkassen deutlich rückläufig. Dies hängt sicherlich auch mit der Haftung des Geschäftsführers einer Krankenkassengeschäftsstelle zusammen; insbesondere bei Anfragen auf Genehmigung von nichtgenehmigungsfähigen Leistungen (§ 12 SGB V) ist die Tendenz zum »Verschieben nach oben« deutlich zu erkennen. Diese Zentralisierung der Entscheidungsprozesse wirkt sich für die Flexibilität der Krankenhäuser vor Ort ausgesprochen nachteilig aus.

Weitere Problembereiche im Zusammenarbeitsverhalten

❑ Ein neues Konfliktfeld ergibt sich durch die engeren Verzahnungs- und Kooperationsbestrebungen zwischen den einzelnen Stufen im Versorgungsprozeß, insbesondere an der Schnittstelle zwischen Krankenhaus und Rehablitation. Beispielsweise wählt ein Krankenhaus aus medizinischen und sozialen Gesichtspunkten ein Reha-Klinik aus; viele

Kassen prüfen diese Wahl rein kostenorientiert und wählen eine andere Einrichtung, sofern die vom Krankenhaus vorgeschlagene als zu teuer erachtet wird (z. B. bei AOK und Knappschaft). Dies setzt oftmals einen aufwendigen Schriftwechsel zwischen Krankenhaus und Krankenkasse in Gang. Ein derartiges Case-Mangement wirkt sich unter den derzeitigen Gegebenheiten unter Berücksichtigung des organisatorischen Aufwands aus Krankenhaussicht eher kostentreibend als kostensenkend aus.

❏ Ein weiterer Kritikpunkt ist in der mangelnden Einschätzung von einzusparenden Kosten und verursachtem Aufwand bei Rückfragen der Krankenkassen zu sehen. Zum Teil werden wegen vergleichsweise geringer Geldbeträge (bestimmte Sachmittel oder marginale Verweildauerabweichungen) Prüfverfahren in Gang gesetzt, die bei einer prozeßorientierten Kostenbetrachtung des Prüfprozesses die Relation von Kosten und (finanziellem) Nutzen fragwürdig erscheinen lassen.

❏ In einigen Regionen erfolgen z. B. durch neue DV-Prüfprogramme der AOK noch Rückfragen, die Fälle aus vergangenen Budgetjahren betreffen und daher einen sehr hohen Bearbeitungsaufwand im Krankenhaus verursachen.

❏ Bei einzelnen Kassen existieren Bonus-Systeme, durch die die Mitarbeiter dazu angehalten werden sollen, das für bestimmte Eingriffe billigste Krankenhaus herauszusuchen. Man sollte nicht soweit gehen, und von der Existenz »schwarzer Listen« für Krankenhäuser sprechen; aber Tatsache ist, daß die Suche nach dem billigsten Krankenhaus sehr viel Zeit in Anspruch nimmt.

3 Vorschläge der Krankenhäuser zur Reduktion von Aufwandstreibern und Kosten

Offenbar sind auf beiden Seiten, nämlich bei Kassen ebenso wie bei den Krankenhäusern, gemeinsame Optimierungsbestrebungen in der Zusammenarbeitsorganisation dringend erforderlich. Wo gibt es die richtigen Ansatzpunkte?

Vorschläge der Krankenhäuser:

• Generell unbefristete Kostenzusagen,
• einheitliches, einfaches Verfahren bei Zusagen und Abrechnungen,
• eindeutige Abrechnungsverfahren bei Fallpauschalen und Sonderentgelten (insbesondere wenn medizinische Dienste vermehrt die Art der Abrechnung überprüfen),
• Nachfragen seitens der Kassen in den Fällen, wo Kosten und Nutzen in einem angemessenem Verhältnis stehen.

Große Einsparpotentiale sehen die Krankenhäuser bei den Krankenkassen darüber hinaus in einer Reorganisation vieler administrativer Prozesse und den daraus resultierenden Vereinfachungen. Es ist z. B. festzustellen, daß eine unbefristete Kostenzusage sowie ein insgesamt entschlacktes Abrechnungsverfahren wesentlich dazu beiträgt, die Zusammenarbeit zwischen Kasse und Krankenhaus zu entbürokratisieren. Darüber hinaus ist auch deutlich geworden, daß der ICD 9 ein zu grober Dokumentationsschlüssel ist, wodurch immer wieder Nachfragen zu zeitaufwendigen Klärungsprozessen führen. Der ICD 10 wäre der richtige Schlüssel, aber seine Einführung ist zunächst vertagt. Auf beiden Seiten (Krankenhaus und Krankenkassen) muß Sorge getragen werden, daß die richtigen Informationen in qualifizierter Form zum richtigen Zeitpunkt abgegeben werden. Dies würde einerseits bedeuten, daß schon bei der Aufnahme im Krankenhaus mit einer ausgezeichneten Facharztqualifikation die Erstdiagnose schnell und endgültig gestellt wird. Möglicherweise gibt es in Zukunft den aufnehmenden, behandelnden Facharzt und neben ihm einen Verwaltungsfacharzt, der die Richtigkeit der Daten und damit die Sicherung der Liquidität garantiert. Auf der anderen Seite ist zu gewährleisten, daß auf Kassenseite die medizinischen Daten fachlich qualifiziert bewertet werden können, um kostentreibende bürokratische Schleifen zu vermeiden.

Darüber hinaus halten fast alle befragten Krankenhäuser eine kritische Analyse der derzeitigen Leistungskataloge der Krankenkassen nach rein medizinischen Kriterien für angezeigt, um eine Kostenreduktion zu erreichen. Die Kassen sollten den Mut haben, schrittweise auf ein Einkaufsmodell umzustellen, damit ausschließlich solidarfähige Leistungen refinanziert werden. Insbesondere sollten Leistungen ausgegrenzt werden, die nicht in die Krankenhäuser hineingehören. So ist z. B. der Präventionsbereich in der Vergangenheit überbetont worden: Bauchtanz, Muskelstudio und gesundheitsbewußtes Kochen überfordern die Solidargemeinschaft, ohne daß nachhaltige Präventionsleistungen nachweisbar wären. Auch eine Reihe versicherungsfremder Leistungen sollte eher über Zusatzversicherungen abgedeckt werden und nicht der Solidargemeinschaft angelastet werden; dazu gehören Abtreibungen, künstliche Befruchtung, Schönheitsoperationen, sofern sie nicht in direkter Verbindung mit einem anderen medizinischen Eingriff stehen, usw.

Wesentliche Verbesserungspotentiale sehen die Krankenhäuser in einer auch durch die Kassen gesteuerten und überprüfbaren besseren Verzahnung der Leistungserbringer:

• Kostentreibend wirkt sich beispielsweise im Bereich der Hilfsmittelversorgung der von einigen Kassen gepflegte »Versandhausstil« aus. Wir erleben es immer wieder, daß ein Patient zwei Rollstühle erhält, weil die Empfehlung für den ersten Rollstuhl nicht sachgerecht war.

Zwar war die Arztverordnung sinnvoll, aber durch eine nicht ganzheitliche Beratung des Orthopädiemechanikers (falscher Sitz als Folge unterlassener Druckmattenmessung) treten Folgeschäden ein (z. B. Dekubital Ulcera), die wieder mit einem Krankenhausaufenthalt verbunden sind.

- Auch die Positivliste sollte von den Krankenkassen zumindest auf regionaler Ebene verstärkt eingefordert werden. An den Krankenhäusern bestehen zwar Arzneimittelkommissionen. Aber die wirklichen Probleme in der Abstimmung der Arzneimittelindikation existieren zwischen Patient, Hausarzt und Krankenhaus. Hier sind die Kassen gefordert, die Hausärzte und die Krankenhäuser zu einer gemeinsamen, sektorenübergreifenden Positivliste in einer Region zu kommen.

- Ein zentraler Aufwandstreiber ist derzeit im Bereich der Zusammenarbeit zwischen Akutkrankenhaus und Reha-Klinik festzustellen. Insbesondere den Aspekten der Akutnachsorge als Instrument zur Vermeidung der Rehabilitation wird noch viel zu wenig Beachtung geschenkt. Ein gemischter Versorgungsauftrag, der Akutnachsorgeleistungen und Rehabilitationsleistungen mit abdeckt, könnte die Fall-

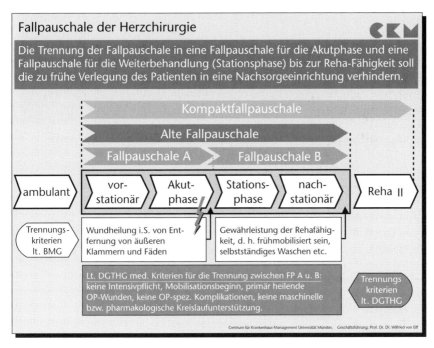

Abb. 5.10: Die Kompaktfallpauschale in der Herzchirurgie umfaßt die Vergütung für den Aufenthalt im Akutkrankenhaus und in der Reha-Klinik bis zur Beendigung der Phase Reha II

kosten insgesamt senken. Eine Möglichkeit besteht in diesem Zusammenhang auch, Ausschließlichkeitsverträge mit Kooperationsverpflichtung zwischen Akutkrankenhäusern und Reha-Zentren in einem Umkreis von 50 – 80 km zu schließen. Derartige feste Kooperationen eröffnen die Möglichkeit einer fallbezogenen Kalkulation und bieten den Beteiligten den Vorteil, eine Refinanzierung entsprechend ihrer faktischen Aufwendungen zu erhalten. Teilweise wird dies realisiert durch die Einführung einer sog. Kompakt- oder Komplexfallpauschale, die neben der Akut- auch die medizinische Rehabilitationsphase abdeckt.

Problematisch bei dieser Vorgehensweise ist die Trennung zwischen der Leistungsvergütung durch die Krankenkassen und der Bundesversicherungsanstalt für Angestellte (BfA). Die Vergütung für die medizinische Rehabilitation wird bei Rentnern seitens Krankenkassen sichergestellt, für die Vergütung der medizinischen Rehabilitation bei Angestellten ist die BfA zuständig. Somit ergibt sich bei der Einführung einer Kompaktfallpauschale automatisch das Problem der Vergütungsverrechnung zwischen der Krankenkasse und der BfA.

Das Hauptproblem bei der Einführung einer Kompakt- bzw. Komplexfallpauschale ist die unterschiedliche Zieldefinition bezüglich der Inhalte der

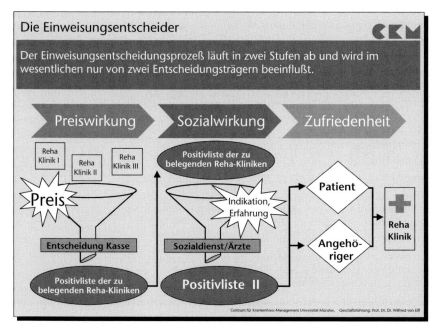

Abb. 5.11: Das entscheidende Kriterium für die Auswahl einer Reha-Klinik ist zur Zeit der Pflegesatz.

medizinischen Rehabilitation. Der Leistungsumfang und die zu erbringende Leistungsqualität bei dem Ziel »Reha vor Rente« (BfA) ist erheblich umfangreicher und dadurch auch kostenintensiver als bei dem Ziel »Reha vor Pflege« (Krankenkassen). Eine Konsequenz dieser unterschiedlichen Zieldefinition ist im Bereich der medizinischen Rehabilitation schon heute insofern spürbar, als daß die Krankenkasse teilweise die Pflegesatzverhandlungen im Bereich der medizinischen Rehabilitation selbst durchführen. Früher war es üblich, daß die von der BfA ausgehandelten Pflegesätze automatisch von den Krankenkassen übernommen wurden.

Ein weiterer Aspekt im Bereich der medizinischen Rehabilitation ist das Steuerungsverhalten der Krankenkassen und auch teilweise der BfA. Diese steuern die Patienten im Anschluß an den Akutkrankenhausaufenthalt ganz bewußt in ausgewählte Reha-Kliniken. Das Auswahlkriterium für eine Reha-Klinik ist zur Zeit seitens der Kasse nicht mehr primär die medizinische Qualität, sondern vielmehr der Pflegesatz.

In diesem Entscheidungsprozeß übernehmen die Ärzte und der Sozialdienst im Akutkrankenhaus nur noch eine Transferfunktion, da diese aufgrund ihrer Erfahrungen genau wissen, in welche Reha-Kliniken die Patienten der einzelnen Krankenkassen geschickt werden dürfen.

4 Benchmarking und Best Practices-Management für Krankenkassen

Die aufgeführten Beispiele belegen, daß durch die Organisation einzelner Kassen, durch spezifische Verfahrensweisen und den Umgang im Tagesgeschäft kostentreibende oder kostensenkende Wirkungen in den Krankenhäusern bzw. auch in den Reha-Kliniken auftreten. Entsprechend dem angestrebten Vergleich der Krankenhäuser, in welchem als Best Practices identifizierte Verfahren mit einer bestmöglichen Kosten-Nutzen-Relation zum Standard für alle Krankenhäuser erhoben werden sollen, könnten durchaus auch im Kassensektor Best Pratices bei anderen Kassen standardisiert werden. Beispielsweise muß hinterfragt werden, warum bestimmte Krankenkassen durch zusätzliche Formulare den Abrechnungsaufwand erhöhen, während andere Kassen auf derartige Routinen verzichten können. Ebenfalls ist es legitim zu fragen, warum einzelne Kassen stärker als andere Kassen Rückfragen an das Krankenhaus stellen, die Verwaltungsmitarbeiter und Mediziner von ihren eigentlichen Kerngeschäftsaufgaben abhalten. Mit Blickrichtung auf den Krankenhausvergleich, in dessen Diskussion oftmals auf die Praxis privater Krankenhäuser als besonders effizient hingewiesen wird, ist zu prüfen, ob ggf. die Gesetzlichen Krankenkassen im Sinne eines Benchmarking von der PKV lernen können. Die Bereitschaft der Krankenkassen zur Offenlegung der eigenen Verhaltensweisen, eigener Kennzahlen, eigener Defizite und er-

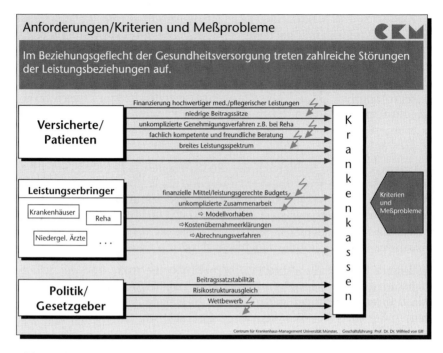

Abb. 5.12: Die Messung der Leistungen von Kassen gestaltet sich aufgrund der Dominanz qualitativer Kriterien schwierig

kennbare Bestrebungen, sich ständig verbessern zu wollen, würde den Krankenhäusern etwas die Angst nehmen, daß der Finger nur in eine Richtung gezeigt wird. Andererseits könnte so ein weiterer Beitrag zu einer neuen Diskussionskultur geleistet werden, die auf Basis sachlicher Argumente alle Bereiche des Gesundheitswesen auf mögliche Verbesserungspotentiale (qualitäts- und kostenorientierte) untersucht.

Wie die folgende Abbildung verdeutlicht, gibt es wie beim Krankenhausvergleich neben der Frage geeigneter, aussagekräftiger und entscheidungsorientierter Vergleichskriterien das Problem der eindeutigen Operationalisierung bzw. Messung möglicher Kriterien. Kriterienauswahl und Meßprobleme können aber wie beim Krankenhausvergleich kein k.o.-Kriterium gegen einen Vergleich darstellen.

6 Der Betriebsvergleich als Instrument einer leistungsorientierten Führung

Erkenntnisse und Thesen zur Methode und den Erfolgsvoraussetzungen eines Krankenhausbetriebsvergleichs

Wilfried von Eiff

»Der Betriebsvergleich ist integrierter Bestandteil eines delegationsorientierten Führungssystems«

1 Vorbemerkung

Im Zusammenhang mit der Anwendung von Betriebsvergleichskonzepten in Theorie und Praxis sind drei Aspekte immer wieder anzutreffen:

1. Der Betriebsvergleich muß einen klaren Nutzenvorteil für die Beteiligten erbringen, sonst ist man weder bereit, qualifizierte Daten einzuspeisen, noch wird man den Erhebungsaufwand betreiben wollen. Die meisten Betriebsvergleichsansätze sind aber viel zu sehr damit beschäftigt, Ergebnisse zu messen und anschließend die Vergleichsarbeit der Resultate grundsätzlich in Frage zu stellen.

   Wäre es nicht besser, organisierte Voraussetzungen zu schaffen, durch die automatisch Beiträge zur Ergebnisverbesserung eintreten, anstatt Resultate aufwendig zu messen und anschließend nach Ursachen zu suchen?

2. Es werden aufwendige Kunden- und Mitarbeiterbefragungen durchgeführt und man ist verärgert, wenn Kritik kommt; verändert wird nichts mit der Begründung, nur die Querulanten hätten sich an der Umfrage beteiligt und die hätten ohnehin nur eine negative Ausnahmesituation erlebt.

3. Den anzutreffenden Vergleichsansätzen fehlt die ganzheitliche Orientierung, die Geschlossenheit des Aussagensystems.

   Wäre es nicht besser, den Kunden zu überraschen, statt die Befragung zum Ausgangspunkt für Vergleiche zu machen?

Ein Resultatvergleich ist zwar relativ einfach zu erheben, aber die Gefahr der Fehlinterpretationen ist hoch.

Der Best Practice-Vergleich ist aufwendig, aber als Ideenlieferant ideal. Über diese grundsätzliche Methodendifferenzierung hinaus spielt auch die Ignoranz flankierender Einflüsse eine Rolle für den Betriebsvergleichserfolg: Wenn die Einführung eines Betriebsvergleichs nicht mit einem Anreiz-Beitragssystem kombiniert wird, durch das unternehmerisches Verhalten Belohnung findet, wirkt jedes noch so logische Betriebsvergleichskonzept innerorganisatorisch kontraproduktiv.

Ebenso verhält es sich mit der Korrelation zwischen Betriebsvergleich und Führungsorganisation: Der Betriebsvergleich entwickelt seine innovationstreibenden und kostensenkenden Wirkungen nur in einer delegationsorientierten Organisations- und Führungskultur.

Nachfolgend wird der Vergleich unternommen, die wichtigsten Ursache-Wirkungs-Zusammenhänge im Zusammenhang mit der Einführung von Betriebsvergleichen in Thesenform zur Diskussion zu stellen.

2 Thesen

Betriebsvergleichs-Orientierungen

These

Ziele, Methodik und Schwerpunkte eines Betriebsvergleichs müssen den absehbaren und faktischen Entwicklungen im Gesundheitswesen Rechnung tragen.

- Der GSG-Paradigmenwechsel: Steigende medizinische Qualität ist bei tendenziell sinkenden Kosten sicherzustellen;

- Die gesundheitspolitischen Zielsetzungen: Präventionsorientierung, Verzahnung ambulanter und stationärer Leistungen, horizontale Kooperationen;

- Trend zur Versorgung in regionalen Gesundheitsnetzwerken;

- Trend vom Krankenhaus zum Gesundheitszentrum;

- Trend zu Kooperationen zwischen den Leistungsanbietern im ambulanten, stationären und nachsorgenden Bereich;

- Trend zur stärkeren Verzahnung ambulanter und stationärer Leistungen (§ 39 SGB V);

- Trend zur Verpflichtung der Krankenhäuser, den Patienten durch die Versorgungskaskade zu steuern (§ 301, § 112 SGB V);

- Trend zur Durchführung von ambulanten tageschirurgischen Eingriffen (§ 115 a SGB V).

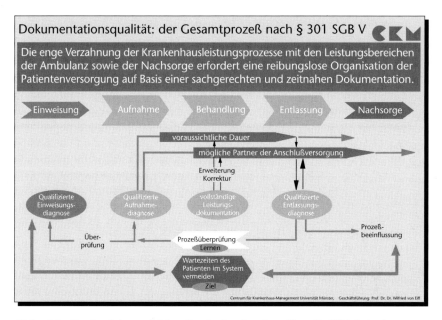

Abb. 6.1: Der Betriebsvergleich sollte Auskunft geben über die Fähigkeit eines Krankenhauses, die Anforderungen des § 301 zu erfüllen

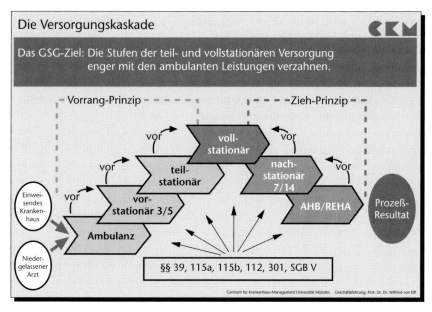

Abb. 6.2: Gegenstand eines Betriebsvergleichs ist auch die Fähigkeit eines Krankenhauses, die koordinierte Verzahnung der Sektoren Ambulanz, stationärer Aufenthalt und Nachsorge sicherzustellen

Betriebsvergleich und WYGIWYM-Syndrom

These

Der Betriebsvergleich darf nicht zum »Cherry-Picking« durch die Krankenkassen führen.

- Ein Herzzentrum, das primär Single Bypaß-OP's (ACVB) durchführt, kann diese Leistung zu deutlich niedrigerer Fallpauschale erbringen wie es einem Krankenhaus möglich ist, das multimorbide Patienten mit einem signifikanten Altersanteil über 70 Jahre behandelt, Mamaria-Bypässe und Kombinationseingriffe (Mehrfach ACVB, Aortenbogenersatz, ...) durchführt sowie ein weites Spektrum koronarchirurgischer Leistungen anbietet.

  Im Kennzahlenvergleich der Leistungen stehen in beiden Fällen z. B. 1.500 Herz-Lungen-Maschinen zu Buche; der Kostenvergleich geht aber auf die Angebotsstruktur nicht ein.

- Um solche Fehlschlüsse zu vermeiden, müssen die Kassen dem Prozeß- und Förderervergleich den Vorrang geben vor Resultatvergleichen.

- Das WYGIWYM-Syndrom vermeiden: Kassen, die ihre Best Practice gestützen Verhandlungen mit Krankenhäusern nur orientieren an oberflächlichen Kosten- und Leistungskennzahlen, tragen mittelfristig zu einer Qualitätsverschlechterung in der Medizin bei. Denn ein Krankenhaus muß sich dann überlegen, die eigenen Kostenstrukturen auf wenige Eingriffe/Leistungen zu konzentrieren und aufwendige Patienten abzuschütteln.

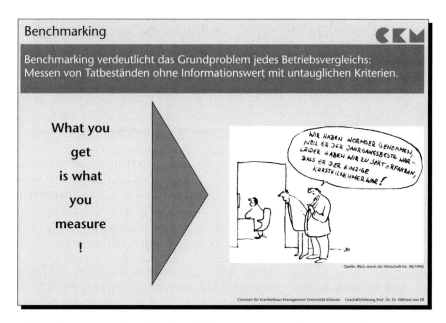

Abb. 6.3: Ein Betriebsvergleich muß das WYGIWYM-Syndrom vermeiden

Betriebsvergleich und Führungsorganisation

These

Der Betriebsvergleich verbindet die Instanzen der Aufsichts- und Steuerungsebene eines Krankenhauses entscheidungsorientiert.

- Betriebsvergleiche unterstützen die strategische und problemlösungsorientierte Zusammenarbeit zwischen Geschäftsführung und Aufsichtsrat und erleichtern die Prioritätensetzung von Entwürfen durch den Träger.

- Betriebsvergleichsdaten bilden die Grundlage für eine delegationsorientierte Führung: Betriebsvergleichsdaten lassen sich in operationale Zielvorgaben transformieren.

- Der Betriebsvergleich korrespondiert mit der Einführung eines Sollmodells der Führungsorganisation, das auf Delegation nach dem Prinzip der fallabschließenden Verantwortung setzt.

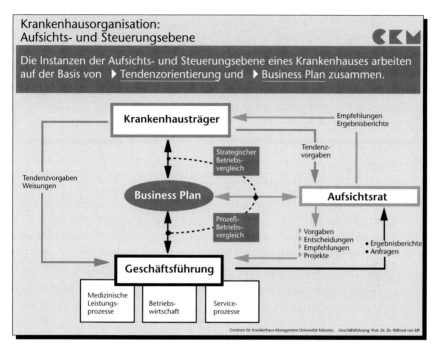

Abb. 6.4: Die Aufsichts- und Steuerungsebenen eines Krankenhauses werden informatorisch über Betriebsvergleichsdaten entscheidungsorientiert miteinander verbunden

Betriebsvergleich und Delegation

These

Der Betriebsvergleich: Instrument einer delegationsorientieren Führung im Rahmen einer dezentral ausgerichteten Unternehmensorganisation.

- Die Komplexität von Informations-, Leistungs- und Entscheidungsprozessen verlangt nach Dezentralisation und Delegation
  - Dezentralisierte Organisation von Aufgabenschwerpunkten und Programmen,
  - in Verbindung mit einer Delegation von Aufgaben, Kompetenzen und Problemlösungsverantwortung.

- Dezentralisation und Delegation setzen aber voraus:
  - Organisationseinheiten, die als selbständige Entscheidungs- und Leistungseinheiten strukturiert sind (sog. Center). Diese sind verantwortlich für die bedarfsgerechte und wirtschaftliche Erstellung einer klar umrissenen Leistung, wobei ein erkennbarer Wertschöpfungsbeitrag (Leistung) erzeugt wird.
  - Führungstechnik als Vorgabe operationaler Ziele in Verbindung mit einem entscheidungsorientierten Berichtswesen.
  - Führungsverhalten des Loslassens: Zielvorgaben auf Basis eines Zielvereinbarungsprozesses, mißt auf der Grundlage der Vorgabe von Zielen, Prinzipien und Handlungsanleitungen.

Der Betriebsvergleich ist ein hilfreiches Instrument, um Management (im Sinne von Entscheidungstechnik) und Führung im Sinne von Loslassen miteinander zu verbinden.

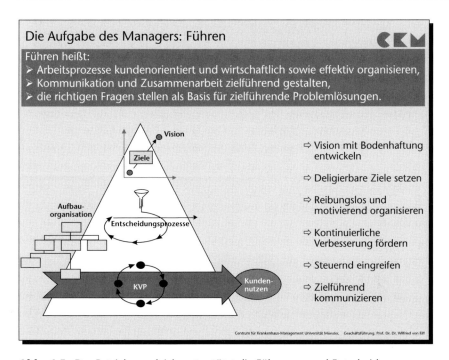

Abb. 6.5: Der Betriebsvergleich unterstützt die Führungs- und Entscheidungs-prozesse des Managements

Betriebsvergleich und Berichtswesen

These

Der Betriebsvergleich muß die Grundlage für ein leistungs- und entscheidungsorientiertes Berichtswesen bilden und alle Leitungsinstanzen (Träger, Aufsichtsrat, Geschäftsführung, Leitungen der Teilkliniken) mit entscheidungsrelevanten Informationen versorgen.

Der Betriebsvergleich bietet Informationswert für die Managementinstanzen.

- Träger:
  - Strategievergleiche und Trendentwicklungen,
  - Best Practices
  als Beurteilungsmaßstab für Genehmigung von Investitionsvorhaben und Kapitalausstattung.

- Aufsichtsrat:
  - Gezielte Einblicke in das Kerngeschäft,
  - Strategie- und Trendinformationen,
  - Best Practices als Strategiehilfe.

- Geschäftsführung:
  - Steuerungsdaten für nachgeordnete Leistungsstellen und
  - Geschäftsprozesse.

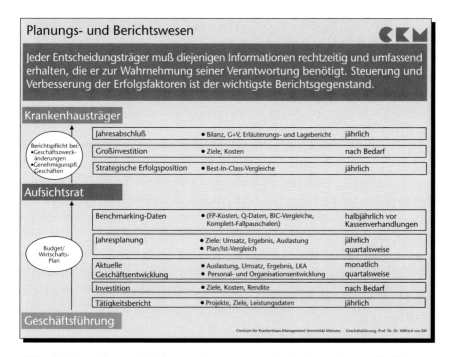

Abb. 6.6: Betriebsvergleichsinformationen müssen im Rahmen des standardisierten Planungs- und Berichtswesens den verschiedenen Managementinstanzen bedarfsgerecht zur Verfügung gestellt werden

Betriebsvergleich und Führung durch Delegation

These

Der Betriebsvergleich ist als Führungs- und Controlling-Instrument wichtiger Bestandteil einer leistungs- und delegationsorientierten Führung.

- Delegation setzt operationale, verständliche Ziele voraus.

- Der Betriebsvergleich muß als Prozeß der Ableitung operationaler Ziele verstanden werden; diese Ziele sind Meßlatte für erreichte Ergebnisse und bilden die Grundlage für Personalentwicklung und Entgeltfindung.

- Auf der Basis von Betriebsvergleichsdaten werden entscheidungsrelevante Informationen und Aktionsprogramme zur Kostensenkung und Qualitätsförderung systematisch in allen Ebenen der Organisation etabliert.

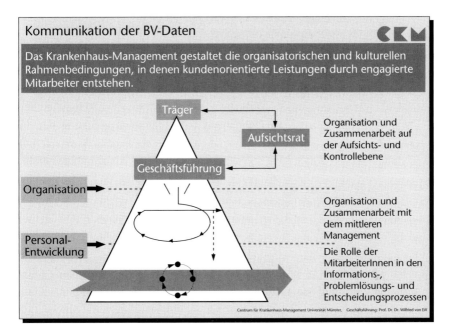

Abb. 6.7: Kommunikation der BV-Daten über die Entscheidungsebenen eines Krankenhauses: BV-Daten müssen an den Informationsbedarf der jeweiligen Managementebene angepaßt werden

Betriebsvergleich und Führungs- sowie Entscheidungsverhalten

These

Delegationsorientierte Führung ist durch transparente Informations- und Entscheidungsprozesse gekennzeichnet; durch Betriebsvergleichsdaten wird der Delegations- und Steuerungsprozeß versachlicht.

- Zielvorgaben sind die Meßlatte für den Delegationsempfänger; je klarer und nachvollziehbarer diese Meßlatte formuliert ist, um so wirkungsvoller sind Leistungsbeurteilungen möglich.

- Die »Qualität« des Delegationsprozesses hängt ab von der Rollenverteilung zwischen Vorgesetztem und Mitarbeiter. Delegation schafft Freiräume für den Mitarbeiter, insbesondere ist mit Delegation auch die Möglichkeit verbunden, aus Fehlern zu lernen.

- Delegation und Lernen aus Fehlern ist die Voraussetzung für einen dauerhaften, wirkungsvollen Prozeß der kontinuierlichen Verbesserung.

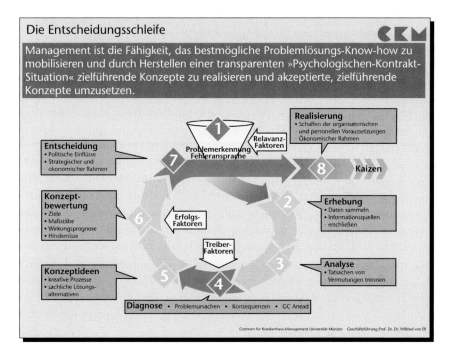

Abb. 6.8: Eine wirkungsvolle Beteiligung der Mitarbeiter an den Entscheidungsprozessen des Managements setzt delegierbare Ziele und entscheidungsrelevante
Informationen voraus: Aus dem Betriebsvergleich können solche Daten abgeleitet
werden

Betriebsvergleich und Kultur der kontinuierlichen Verbesserung

These

Kontinuierliche Verbesserung heißt, ständig »Betriebsvergleiche« am Arbeitsplatz durchzuführen, um die Qualitäts- und Kostenstandards permanent zu verbessern.

- Kontinuierliche Verbesserung setzt eine Führung nach dem Prinzip der Delegation und des Loslassens voraus.

- Durch KVP entwickeln sich »Center of Excellence« in allen Arbeitsbereichen des Unternehmens, die wiederum Lieferanten von »Betriebsvergleichsinformationen« im Sinne von Best Practices sind.

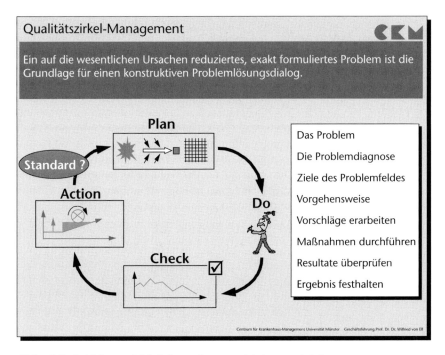

Abb. 6.9: Betriebsvergleichsinformationen entstehen auch intern am
»Ort der Wertschöpfung« (Arbeitsplatz des einzelnen Mitarbeiters)

Betriebsvergleich und Führungsphilosophie

These

Betriebsvergleiche setzen ein Führungskonzept des Go-to-Gemba voraus.

- Denn es geht nicht um Kennzahlen, die berichtet werden, sondern um Resultate, die durch bestimmte Praktiken, innerhalb in bestimmter Weise organisierter Geschäftsprozesse unter bestimmten Rahmenbedingungen erreicht oder nicht erreicht werden.

- Leistungsorientiertes Führen beschränkt sich nicht auf Reagieren auf Kennzahlenberichte und Zielabweichungen, sondern impliziert fundierte Kenntnis des Kerngeschäfts, Wissen um die arbeitstäglichen Probleme und Anstrengungen der Mitarbeiter; nur wer als Chef die Rahmenbedingung kennt, unter der Mitarbeiter arbeiten, kann gerecht beurteilen und gezielt Hilfestellung als Coach oder Fachmann oder Kollege geben.

- Damit wandelt sich die Rolle des Führenden: Er ist Zielgeber, Coach und auf einem Gebiet bester Fachmann und damit in der Rolle des Mitarbeiters.

- Go-to-Gemba: Lasse Dir nicht berichten, wie es in der Arbeitswelt Deines Betriebes aussieht, sondern gehe an den Ort der Wertschöpfung; nur dort erkennst Du die Komplexität der Prozesse.

- Damit entwickelt sich delegationsorientierte Führung zu einer neuen Dimension: Es geht weniger um die Delegation von Zielen, Aufgaben und Umsetzung, sondern um die Delegation von Problemlösungsverantwortung.

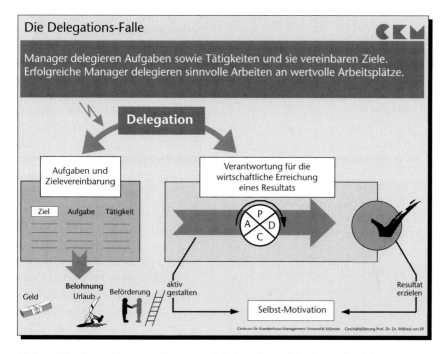

Abb. 6.10: Eine wirksame Führung und Delegation auf Basis von Betriebsvergleichsdaten ist umso eher möglich, je mehr der Vorgesetzte fachlich über den
Delegationsbereich weiß und je klarer der Mitarbeiter die Möglichkeit hat, Betriebsvergleichsdaten für eigene Entscheidungen zu nutzen

Betriebsvergleich und Leitlinien

These

Der Betriebsvergleich muß als akzeptierte Methode der kontinuierlichen Verbesserung sowie als gewolltes Merkmal einer lernenden Organisation in den Leitlinien eines Krankenhauses verankert sein.

- Der Betriebsvergleich ist eine permanente Aufforderung zum Dialog: Betriebsvergleichsdaten sind der Einstieg in eine qualifizierte Diskussion um »Vergleichbarkeit«, aus der alle Beteiligten lernen können.

- Die Leitlinien müssen Regeln für den kommunikativen Umgang miteinander enthalten und insbesondere zu folgenden Schwerpunkten eine Sprachregelung enthalten:
  - Umgang mit Fehlern,
  - Reaktion auf Widerspruch,
  - Behandlung von Initiative.

- Vergleichen erzeugt keine Gewinner und Verlierer, sondern produziert Ideen für Verbesserungen.

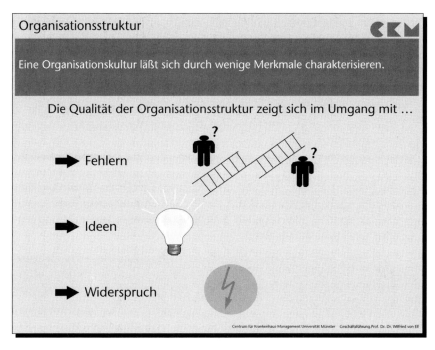

Abb. 6.11: Die Merkmale einer Organisationskultur

Erfolgfaktor: Unternehmenskultur

These

Der ausschlaggebende Erfolgsfaktor für die entscheidungsunterstützende, innovative und resultatwirksame Nutzung des Betriebsvergleichs ist eine transferwillige und umsetzungsstarke Unternehmenskultur.

- Die Erkenntnis von Bestleistungen Dritter ist nur so wertvoll wie es gelingt, diese Beste Praxis auf die eigene Organisation anzupassen und so schnell wie möglich kunden-, qualitäts- sowie kostensenkungswirksam umzusetzen.

- Mit einem Betriebsvergleich muß man anfangen, um Lernerfahrungen zu begründen; die Suche nach integrierten, analytisch abgesicherten und von allen Beteiligten getragenen Konzepte hält vom ersten Schritt ab.

- Deshalb ist mit der Einführung eines Betriebsvergleichs gleichzeitig eine Umsetzungsorganisation zu etablieren.

»In Zukunft gibt es nur noch zwei Typen von Managern:
Die Schnellen und die Toten.«

David Vice, Northern Telecom, zitiert nach Tom Peters

- Der Betriebsvergleich ist nicht der Abschluß eines Informationsprozesses, sondern stellt den Einstieg in einen Organisations-Entwicklungsprozeß dar, dessen Leitidee in einer selbststeuernden Delegations-Organisation und einer Lernkultur besteht.

- Gleichzeitig sind flankierende Maßnahmen zu ergreifen, durch die die Entwicklung einer Lernkultur unterstützt wird. Denn die Problemlösungskultur eines Unternehmens
  - sorgt einerseits für eine schnelle, reibungslose und erfolgswirksame Umsetzung von Innovationen und
  - sie ist der Faktor, der von Dritten am schwierigsten zu kopieren ist.

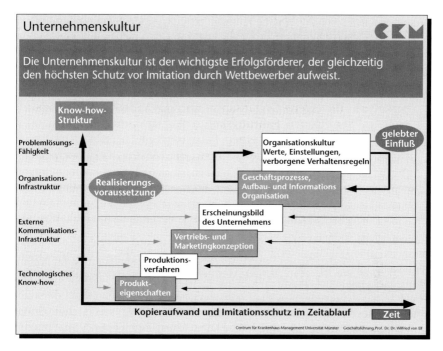

Abb. 6.12: Die Fähigkeit zur Problemlösung ist der wichtigste Erfolgsfaktor eines Krankenhauses

Betriebsvergleich ist kein Ersatz für Eigeninitiative

These

Die Suche nach der Besten Praxis, die Beurteilung der Übertragbarkeit auf die eigene Organisation und das Umsetzungsmanagement in der eigenen Führungskultur ist eine unternehmerische Aufgabe, die nicht durch einen Betriebsvergleich ersetzt werden kann. »Initiative vor Vergleich« heißt die Maxime des Unternehmens.

- Jeder Vergleich bringt zunächst einmal Vergangenes in Relation.

- Wer also seine Entscheidungsprozesse nur auf Vergleichsaussagen basiert und mee-too-Übernahmen anstrebt, versäumt es, seine Organisation auf die zukünftigen Herausforderungen des Marktes vorzubereiten.

- Die Beste Praxis anderer ist die Aufforderung zur Entwicklung eigener Ideen, deren innovative Umsetzung zu eigenen Vorteilspositionen führt.

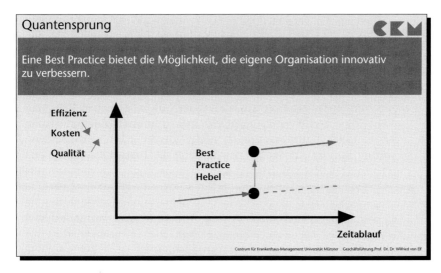

Abb. 6.13: Von der erkannten Best Practice über deren innovative Weiterentwicklung für das eigene Haus bis zur Realisierung

Erfolgsansatz:
Generic Benchmarking

These

Der Betriebsvergleich muß länder- und branchenübergreifend angelegt sein, damit innovative Anregungen ohne Konkurrenzbedenken ausgetauscht werden können.

- Wenn sich Krankenhäuser in einer Region miteinander vergleichen und Best Practices austauschen, besteht die Gefahr eines mee-too-Effekts. Jedes Krankenhaus kopiert so lange vom jeweils »Besten«, bis alle den annähernd gleichen Stand erreicht haben und eine Differenzierung vom Kunde nicht mehr möglich ist.

- Die Konsequenz: Der ISO 9000-Effekt; alle sind zertifiziert, so daß keine marktwirksame Profilierung mehr möglich ist.

- Das Einbringen von Vergleichsdaten und Best Practices aus anderen Branchen sowie der Vergleich mit artgleichen Funktionen (Generic Benchmarking) ist unbestritten der Weg, der zu wirklichen Innovationen, echten »breakthroughs« sowie beispiellosen, bisher nicht dagewesenen Verbesserungen führt. Gleichzeitig ist dies auch der fachlich schwierigste Weg, die eigene Organisation zu höherer Leistungsfähigkeit zu führen.

Bestes Resultat versus Beste Praxis

These

Der Betriebsvergleich in der Form des resultatorientierten Kennzahlenvergleichs ist kein ausreichendes Führungsinstrument, da nur zufällig entscheidungsorientierte Informationen ableitbar sind. Deshalb heißt Betriebsvergleich nicht »Suche nach dem Besten Resultat«, sondern bedeutet »Suche nach der Besten Praxis, die zu einem Bestresultat geführt hat.«

- Der Betriebsvergleich muß Anregungen zum konkreten Handeln bieten; das ist mit Resultatsvergleichen alleine nicht leistbar, sondern erfordert Best Practices-Informationen.

- Ein resultatorientierter Kennzahlenvergleich kann höchstens Hinweise auf die Richtung geben, in der nach der ursächlichen Besten Praxis weitergesucht wird.

- Resultate geben weder Hinweis auf die Meßmethode, noch zeigen sie, an welchen Stellen und nach welcher Zeit im Prozeß gemessen wurde.

- Resultate nehmen nicht Bezug auf die Prozeßstruktur, die Prozeßziele sowie die Eingangsvoraussetzungen für den Prozeß.

- Resultate geben nur indirekt Hinweis auf die Beste Praxis sowie auf die Beste Kultur.

- Resultate können sogar zu Fehlentscheidungen führen, wenn sie nur funktional (und nicht prozeßbezogen) orientiert sind. Das »Beste Resultat« einer Funktion, kann kontraproduktive Konsequenzen für den Geschäftsprozeß an einer nachgelagerten Stelle haben: Der Einkauf betreibt ein ausgeklügeltes Verfahren des preisorientierten wertanalytischen Produkteinkaufs; dies führt zu niedrigen Einkaufspreisen bei 100%iger Verfügbarkeit im eigenen Zentrallager; diese Lösung ist aber wesentlich kostenträchtiger als eine LDL-Organisation und ruft außerdem im OP aufwendige Kommissionierarbeiten hervor, was zu ungeplanten Überstunden am Nachmittag führt.

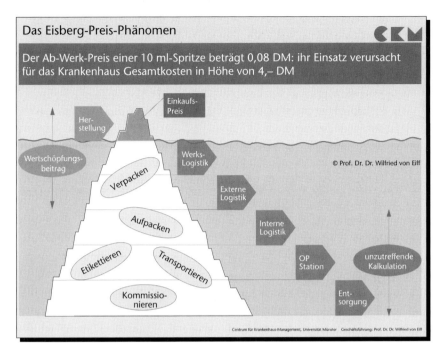

Abb. 6.14: Durch die Eisberg-Methode werden Vergleichsbereiche vergleichbar gemacht; außerdem wird ein »Resultat« auf seine »Praxis« zurückgeführt

Vergleichbarkeit auch bei Best Practices herstellen

These

Beste Praxis-Erkenntnisse müssen systematisch benutzt werden, um die Effizienzbasis der eigenen Organisation systematisch zu verbessern.

Inwieweit eine Beste Praxis für die eigene Organisation »Wert« besitzt, ist umso einfacher feststellbar, je transparenter der »innere Informationswert« einer Bestleistung dargestellt wird.

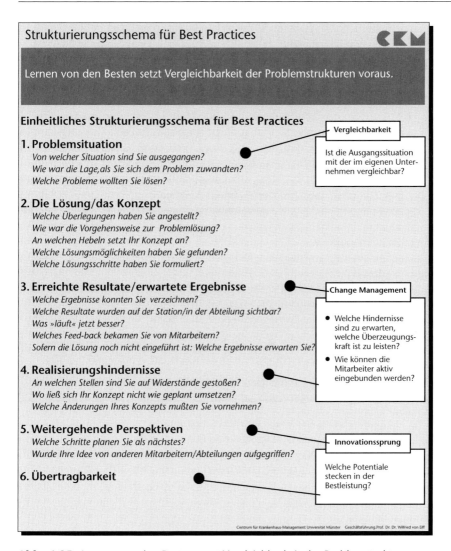

Strukturierungsschema für Best Practices CKM

Lernen von den Besten setzt Vergleichbarkeit der Problemstrukturen voraus.

Einheitliches Strukturierungsschema für Best Practices

Vergleichbarkeit

1. Problemsituation
Von welcher Situation sind Sie ausgegangen?
Wie war die Lage, als Sie sich dem Problem zuwandten?
Welche Probleme wollten Sie lösen?

Ist die Ausgangssituation mit der im eigenen Unternehmen vergleichbar?

2. Die Lösung/das Konzept
Welche Überlegungen haben Sie angestellt?
Wie war die Vorgehensweise zur Problemlösung?
An welchen Hebeln setzt Ihr Konzept an?
Welche Lösungsmöglichkeiten haben Sie gefunden?
Welche Lösungsschritte haben Sie formuliert?

3. Erreichte Resultate/erwartete Ergebnisse
Welche Ergebnisse konnten Sie verzeichnen?
Welche Resultate wurden auf der Station/in der Abteilung sichtbar?
Was »läuft« jetzt besser?
Welches Feed-back bekamen Sie von Mitarbeitern?
Sofern die Lösung noch nicht eingeführt ist: Welche Ergebnisse erwarten Sie?

Change Management

• Welche Hindernisse sind zu erwarten, welche Überzeugungskraft ist zu leisten?
• Wie können die Mitarbeiter aktiv eingebunden werden?

4. Realisierungshindernisse
An welchen Stellen sind Sie auf Widerstände gestoßen?
Wo ließ sich Ihr Konzept nicht wie geplant umsetzen?
Welche Änderungen Ihres Konzepts mußten Sie vornehmen?

5. Weitergehende Perspektiven
Welche Schritte planen Sie als nächstes?
Wurde Ihre Idee von anderen Mitarbeitern/Abteilungen aufgegriffen?

Innovationssprung

6. Übertragbarkeit

Welche Potentiale stecken in der Bestleistung?

Centrum für Krankenhaus-Management Universität Münster Geschäftsführung:Prof. Dr. Wilfried von Eiff

Abb. 6.15: Lernen von den Besten setzt Vergleichbarkeit der Problemstrukturen voraus

Betriebsvergleich-Informationswert und Konkurrenz

These

Die für einen aussagefähigen Betriebsvergleich mit entscheidungs-relevantem Informationswert benötigten Daten werden für den Bereich des Kerngeschäfts nur dann im notwendigen Umfang und mit der erforderlichen Ehrlichkeit zur Verfügung gestellt, wenn die Vergleichsinstitutionen nicht im direkten Wettbewerb stehen. Mit wachsender Marktdynamik im Gesundheitswesen wachsen auch die Vorbehalte gegen einen offenen Vergleich.

- Die Konsequenz:
  - Daten mit strategischer Relevanz werden zurückgehalten, ebenso werden
  - kunden- und kostensenkungswirksame Best Practices nicht in den Informationsaustausch eingebracht.

»Das 100 km entfernte Krankenhaus erhält von mir fundiertere Daten als das 20 km entfernte, mit dem ich im Wettbewerb stehe.«

Hubert Vennemann, kaufm. Geschäftsführer St. Agnes Hospital, Bocholt

- Vergleichsfähig sind alle Bereiche, die
  - keine strategische Relevanz haben,
  - die gemeinsame Marktmacht gegenüber einem Dritten erhöhen, z. B. im Bereich der Arzneimittelliste oder im Einkaufsverbund.

- Auch bei staatlichen Behörden ist der Betriebsvergleich nur solange unproblematisch, wie es sich um Länder und Gemeinden handelt, die im Rahmen der Industrieansiedlungspolitik nicht um gleiche Industriepartner werben.

Vergleichbarkeit

These

Resultatbezogene Kennzahlenvergleiche genießen in der Praxis keine umsetzungswirksame Akzeptanz, weil ihnen mangelhafte Vergleichbarkeit unterstellt wird.

- Kennzahlen, die Resultate abbilden, zeigen nicht, unter welchen Bedingungen die Ergebnisse zustande gekommen sind und ob der Leistungsprozeß selbst effizient durchgeführt worden ist.

- Kennzahlen ermöglichen und ersetzen auch keinen Zielevergleich. Ziele aber sind ein wichtiger Vergleichsfaktor, um Prozeßeffizienzen beurteilen zu können.

- Aus industriellen Analysen zur Qualitätssicherung ist bekannt, daß hohe Produktqualität auch durch aufwendige Nacharbeitsprozesse erreicht werden kann. Resultatbezogen hohe Qualität, prozeßbezogen geringe Effizienz: Vergleichbarkeit der Resultate ist nicht gegeben.

- Kennzahlen verführen zu einem »Hidden Factory Management«.

Der Resultatvergleich führt zu Fehlschlüssen.

Im Mittelpunkt: Der Prozeß

These

Der Betriebsvergleich muß Transparenz herstellen über die Frage: WAS wird unter welchen *BEDINGUNGEN WIE* zu welchem *RESULTAT* geführt?

- Der Betriebsvergleich ist in erster Linie ein Prozeßvergleich; im Mittelpunkt stehen die
  - 5 häufigsten sowie die 5 teuersten Diagnosen bzw. Eingriffe.
  - Spezialprozesse: Schlaganfall, Diabetischer Fuß, ...

- Prozesse werden nach den Resultatkriterien
  - Medizinische Qualität,
  - Patienten-/Angehörigenorientierung,
  - Mitarbeiterorientierung,
  - Wirtschaftlichkeit (Kosten),
  - Ökologie
  verglichen.

- Darüber hinaus werden
  - Zielstruktur,
  - Prozeßstruktur,
  - Prozeßauslöser,
  - Prozeßinput,
  - Prozeßpraktiken und
  - Treiberfaktoren
  miteinander verglichen.

- Einflüsse der Verantwortungsorganisation und der geheimen Spielregeln runden das Effizienzbild über einen Prozeß ab.

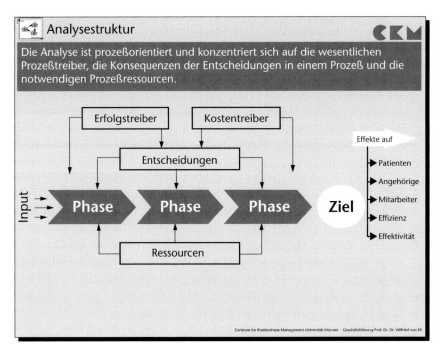

Abb. 6.16: Gleichartige medizinische Leistungsprozesse (z. B. TEP) werden in verschiedenen Krankenhäusern nach der gleichen Methodik analysiert, um vergleichbare Aussagen zu erhalten

Der Betriebsvergleich kombiniert medizinische und betriebswirtschaftliche Daten

These

Der Betriebsvergleich darf sich nicht auf betriebswirtschaftliche Daten beschränken, sondern ist eng mit medizinischen Leistungsdaten zu kombinieren.

- Der Betriebsvergleich muß an den Prozessen des Kerngeschäfts orientiert sein; dieses betrifft medizinische Leistungsprozesse der Patientenversorgung, aber auch Prozesse der Medikalprodukteversorgung, der Radiologie, der Versorgung mit Apothekengütern, etc.

- Zur Feststellung von Effizienzen sind ergänzend auch kosten- und leistungsrelevante Tertiärprozesse in den Betriebsvergleich einzubeziehen.

- Wichtig ist, Prozesse unter medizinischen und betriebswirtschaftlichen Aspekten zu betrachten und zu vergleichen.

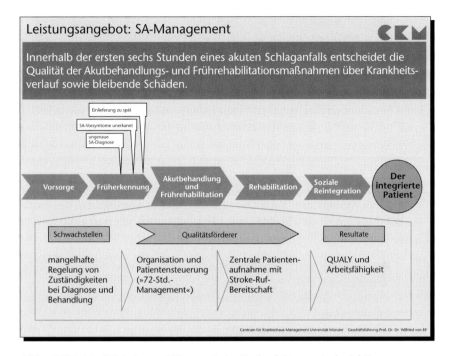

Abb. 6.17: Medizinische und ökonomische Treiberfaktoren sind wichtige Vergleichsindikatoren

Kundenzufriedenheitsabfragen

These

Kundenzufriedenheitsabfragen sind kein grundsätzliches Zeichen der Kundenorientierung; in vielen Fällen sind sie sachlich ohne Informationswert und rechtfertigen den wirtschaftlichen Aufwand nicht.

- Natürlich ist es wichtig, über die wirklichen Bedürfnisse des Kunden Bescheid zu wissen. Aber: Die grundlegenden Bedürfnisse des Kunden eines Krankenhauses sind bekannt und als Schwachstellen adressiert. Hier kommt es darauf an, zu handeln und nicht zu befragen:
  - Zuwendung und Eingehen auf die individuelle psychologische Verfassung;
  - zeitnahe, sachliche, individuell orientierte sowie verständliche Information;
  - Hilfestellung bei Überleitung in die Nachsorge.

»Unsere Patientenbefragung verdeutlichte die neuralgischen Phasen im Patientenversorgungsprozeß: Aufnahme und Entlassung. Allerdings wußten wir dies auch vorher; aber jetzt können wir jedem Mitarbeiter die Notwendigkeit zur Organisations- und Verhaltensänderung mit ›Testat von neutraler Beraterseite‹ besser klarmachen.«

Dr. Conrad, Verwaltungsdirektor der Marburger Universitäts-Kliniken

- Auch im Bereich der Zusammenarbeit zwischen Krankenhaus und Niedergelassenen sind die typischen Problemstrukturen bekannt:
  - zu lange Wartezeit auf Arztbrief,
  - nicht ernst nehmen des Niedergelassenen als qualifizierten Fachmann,
  - Telefonarroganz,
  - keine persönliche Beziehung.

Insbesondere auch die Übergänge zwischen den Phasen der Versorgungskaskade spielen eine wichtige Rolle als Vergleichsbereiche mit Marktrelevanz und Managementpriorität.

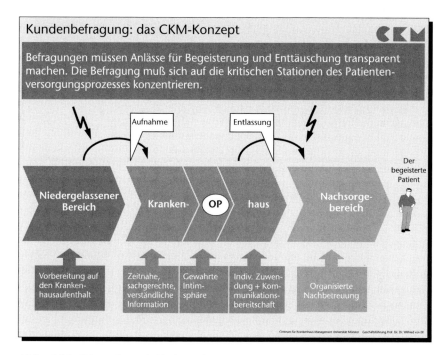

Abb. 6.18: Die patientenkritischen Phasen im Versorgungsprozeß sind aus zahlreichen Befragungen bekannt: Jetzt kommt es nicht mehr darauf an, weitere Befragungen durchzuführen, sondern kundenorientiertes Verhalten innovativ zu entwickeln und aktiv vorzuleben

**Betriebsvergleich:
Unternehmerisches Handeln fordern und belohnen**

These

Wenn der Betriebsvergleich rechtsverbindlich ist und in ein Reglement von Bestrafungen und Belohnungen eingebunden ist, müssen die Verhaltensmechanismen auf unternehmerisches Handeln abgestellt sein.

- Der Betriebsvergleich ist als Steuerungsinstrument nur geeignet, wenn
  - auf Basis nachvollziehbarer Kriterien gemessen wird,
  - ein Meßergebnis zur Diskussion gestellt wird und
  - Entscheidungs- und Handlungskonsequenzen mit einem Meßergebnis verbunden sind.
- Der Betriebsvergleich muß zu ganzheitlichen Strukturen in der Entscheidungsfindung führen: Der Betriebsvergleich muß mit einem Anreizsystem verbunden werden, durch das unternehmerisches Verhalten belohnt wird.

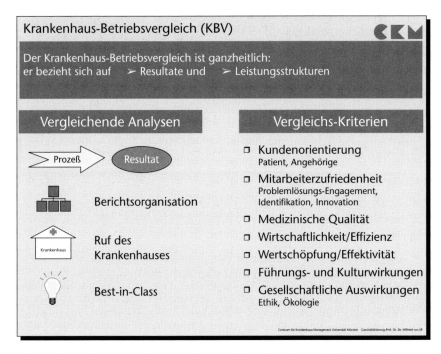

Abb. 6.19: Jeder Prozeß, jedes Resultat, jede Best Practice muß dem gleichen Kriterienbündel unterworfen werden, um festzustellen, welcher Nutzen zu erwarten ist

**Betriebsvergleich:
Instrument der Krankenkassen?**

These

Wenn der Betriebsvergleich einseitig zum Instrument der Krankenkassen wird und vordringlich zur Preisreduktion als Folge des Vergleichs von Fallpauschalen und Sonderentgelten Einsatz findet, sinkt die Bereitschaft der meisten Krankenhäuser zur aktiven Teilnahme deutlich ab.

- Reine Preisvergleiche für ausgewählte Eingriffsarten dürfen nicht das ausschlaggebende Argument bei Verhandlungen zwischen Kassen und Krankenhäusern sein.

- Die medizinische Qualität ist der primäre Vergleichsfaktor; nur bei gleicher medizinischer Qualität darf das Preisargument ziehen.

- Verbindlich zu klären ist, innerhalb welcher Zeit die »Beste Praxis« (in Form einer niedrigeren Fallpauschale) eines Krankenhauses zu Einschränkungen des Versorgungsauftrags bei weniger erfolgreichen Häusern führt.

- Überhaupt ist festzulegen, welche Rolle der Betriebsvergleich für die Kassen spielt und welche rechtliche Verbindlichkeit mit den Betriebsvergleichsdaten verbunden ist.

»Wer gibt schon gerne Daten über eigene Schwächen, um sich anschließend aufhängen zu lassen.«

(Prof. Dr. S. Eichhorn)

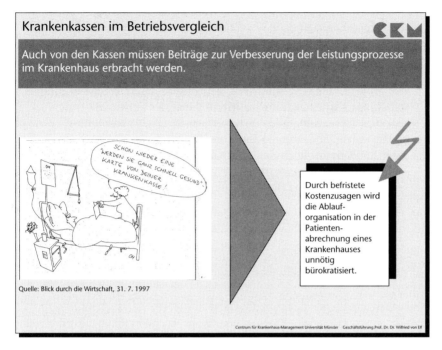

Abb. 6.20: Ein Betriebsvergleich der Kassen untereinander erhöht die Glaubwürdigkeit eines Krankenhausbetriebsvergleichs

627

These

Der an Best Practices orientierte Betriebsvergleich ist die wirkungsvollste und am meisten akzeptierte Form des Leistungsvergleichs.

- Der Betriebsvergleich soll Innovationsanstöße geben und das eigene Change Management (durch Hinweise auf mögliche Widerstände, Risikostruktur, Erfolgsfaktoren, besondere »Kniffe«, ...) erleichtern.

- Der Betriebsvergleich sollte primär darauf ausgerichtet sein, die Merkmale von Organisations- und Führungsstrukturen zu erkennen, durch die Innovationen, Kundenorientierung und Qualität für Kunden und Mitarbeiter gefördert werden.

- Der Betriebsvergleich hat das Ziel, die besondere Fähigkeit eines Krankenhauses zum Change Management herauszukristallisieren und die Merkmale eines erfolgreichen Change Managements festzustellen.

Der Betriebsvergleich muß die Merkmale erfolgswirksamer »Fördererstrukturen« herausstellen.

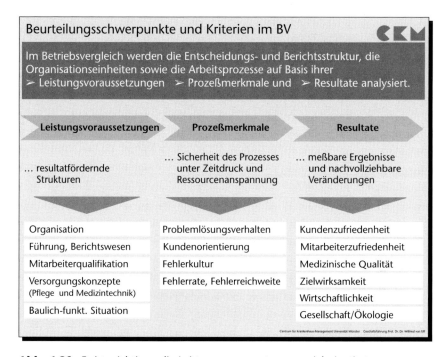

Abb. 6.21: Es ist wichtiger, die Leistungsvoraussetzungen zielorientiert zu gestalten, als Resultate aufwendig zu messen

These

Ein Betriebsvergleich darf nicht die Stärken und Schwächen der Vergleichspartner öffentlich ausweisen, und er darf nicht zur direkten Bestrafung von weniger leistungsfähigen Häusern führen (z.B. in Form von Budgetkürzungen, Eingrenzungen des Versorgungsvertrages, …).

- Der Betriebsvergleich muß dem weniger leistungsfähigen Haus die fachliche und zeitliche Chance zur Entwicklung und beherrschten Durchführung von Verbesserungsmaßnahmen einräumen.

- Erst wenn Chancen zur Verbesserung nachweislich ungenutzt blieben, ist eine Bestrafung in Form von Budgetkürzungen, Einschränkungen des Versorgungsvertrages, Entzug von Ermächtigungen, etc. die angemessene Reaktionsform.

Betriebsvergleich: Sanktionsinstrument oder Lernwerkstatt

These

Wenn mit dem Betriebsvergleich ein System von Belohnungen und Bestrafungen verbunden ist, leidet die Akzeptanz. Der Aufwand, der zur nachträglichen Rechtfertigung negativer Abweichungen getrieben wird, übersteigt bei weitem den Energierest, der für kundenwirksame Innovationen verbleibt.

Betriebsvergleich in konzernverbundenen Krankenhäusern

These

Ein Betriebsvergleich ist zwischen Krankenhäusern eines Konzernverbundes eher aussagefähig zu realisieren, als dies beim Vergleich im Wettbewerb stehender, rechtlich und wirtschaftlich unabhängig voneinander agierender Häuser der Fall ist.

Betriebsvergleichsvariationen

These

Es gibt nicht einen allgemeingültigen Vergleich, sondern zweck- und zielgruppenbezogene Vergleichsansätze mit unterschiedlicher Methodik sowie in verschiedener Trägerschaft.

Der aussagefähige Betriebsvergleich: Merkmale

These

Der Betriebsvergleich ist nur dann aussagefähig, wenn er über

– Qualitäts- und Wirtschaftlichkeits-Resultate aus dem Geschäftsbetrieb berichtet,

– Geschäftsprozesse einschließlich deren Rahmenbedingungen und Praktiken hinterfragt,

– Strategische Orientierungen in den Vergleich einbezieht,

– Entscheidungsrahmenbedingungen berücksichtigt,

– Erfolgsförderer und kulturelle Strukturen sowie

– Best Practices

im Gesamtzusammenhang zu einem Aussagensystem zusammenführt.

Deshalb verknüpft der CKM-Betriebsvergleich vier Aussagebereiche:

Vergleich von Erfolgsresultaten durch

- Kennzahlen (wie Auslastung, Verweildauer, Personalstruktur, Abwesenheitsrate, ...)
- Qualitative Resultate (wie Patientenzufriedenheit, ...)
- Medizinische Qualität

Vergleich von Qualitätsförderern

- Verantwortungsorganisation
- Führung und Kultur
- Leistungsprozesse
- Proxy-Kriterien (Beiträge zur Zielerreichung)

Vergleich von »Best Practices«

Vergleich von Geschäftsprozessen

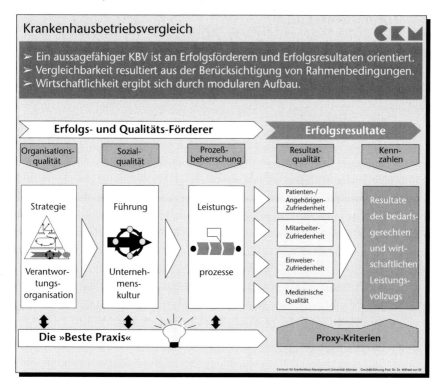

Abb. 6.22: Die modulare Struktur des CKM-Vergleichs

3 Das CKM-Konzept des Betriebsvergleichs

Ein aussagefähiges BV-Konzept vergleicht beides: Erfolgsresultate und Erfolgs-/Qualitätsförderer.

- Im Mittelpunkt der Vergleichsbetrachtung stehen ausgewählte Leistungsprozesse des Kerngeschäfts. Flankierend dienen »Beste Praxis-Vergleiche« dazu, die Organisation kontinuierlich zu verbessern, und die Fördererstrukturen auf Effizienz und bessere Resultate zu analysieren.

- Unternehmenskultur und Verantwortungsorganisation stellen die wichtigsten Erfolgsfördererbereiche dar; im Rahmen des CKM-Ansatzes werden Diagnoseinstrumente bereitgestellt, mit deren Hilfe ein Krankenhaus seinen Kulturlevel diagnostizieren kann.

- Ohne die Berücksichtigung kultureller Rahmenbedingungen sind Best Practices nicht einführbar; ebenso bleibt ein Lernen durch Vergleiche im Ansatz stehen.

4 Zusammenfassung

Der Betriebsvergleich ist integraler Bestandteil eines delegationsorientierten Führungssystems

These

Der Betriebsvergleich erweist sich nur dann als wirksames Managementinstrument, wenn er kontinuierlich sowie systematisch betrieben wird und integraler Bestandteil eines delegationsorientierten Führungssystems ist.

- Betriebsvergleichsdaten sind die Grundlage für operationale Zielvorgaben für die Führungskräfte mit Leitungs- und Ergebnisverantwortung für Organisationseinheiten.

- Betriebsvergleich als Führungsinstrument setzt eine Strukturierung der gesamten Organisation nach dem Center-Prinzip voraus.

- Der Betriebsvergleich bezieht sich gleichzeitig auf

  - Kennzahlen zum Vergleich von Resultaten,

  - Leistungsprozesse, einschließlich deren
    - Ziele, Standards und Resultate,
    - Prozeßrahmenbedingungen sowie
    - Prozeßpraktiken,

  - Kulturelle (Kommunikation; Sozialqualität) Wirkungsmechanismen und Erfolgsförderer,

  - die »Beste Praxis«.

- Der Betriebsvergleich ist eher orientiert an der Feststellung von Fördererfaktoren (Enabler-Management) und eher nachrangig an Resultatkennzahlen.

- Der Betriebsvergleich ist kein einmaliger projektorientierter Vorgang, sondern ist ein Prozeß der kontinuierlichen Verbesserung. Die Betriebsvergleichsdaten übernehmen die Initial- (= Auslöser für Veränderungen) sowie die Überprüfungsfunktion (= Check) von innovativen Maßnahmen.

- Der Betriebsvergleich ist nicht Ausdruck einer mee-too-Strategie, sondern muß verstanden werden als Datenquelle für kunden- sowie kostensenkungswirksame Anregungen zur Vorbereitung und konsequenten Durchsetzung innovativer Quantensprünge, die vom »Markt« bemerkt und honoriert werden.

- Der Betriebsvergleich ist Zeichen für eine lernende Organisation, die sich in besonderem Maß durch Schnelligkeit beim Lerntransfer auszeichnet.

- Ziel des Betriebsvergleichs ist es nicht, den Besten zu erreichen, sondern Bester zu werden und durch permanente Verbesserung Bester zu bleiben.

- Der Betriebsvergleich ist geeignetes Hilfsmittel zur Realisierung einer Organisation, deren Entscheidungsprozesse nach dem Prinzip der Subsidiarität strukturiert sind.

- Der Betriebsvergleich ermöglicht die Strukturierung der Organisation nach dem Prinzip der fallabschließenden Verantwortung bis an den Ort der Wertschöpfung.

- Damit ist der Betriebsvergleich ein Führungsinstrument, durch das möglichst viele Mitarbeiter aktiv in die Informations-, Planungs-, Entscheidungs- und Veränderungsprozesse als Wissensträger und Problemlöser eingebunden werden.

- Der Betriebsvergleich unterstützt die Einführung einer prozeßorientierten Organisation (siehe: fallabschließende Verantwortung).

- Der Betriebsvergleich unterstützt die Realisierung einer Organisation, in der Aufgaben, Kompetenzen und Verantwortung nicht nach Berufsbildern, sondern nach sachlichen Koordinationsnotwendigkeiten verteilt werden. Damit bietet der Betriebsvergleich die Möglichkeit, der »Kamin-Karrieren-Kultur« Einhalt zu gebieten.

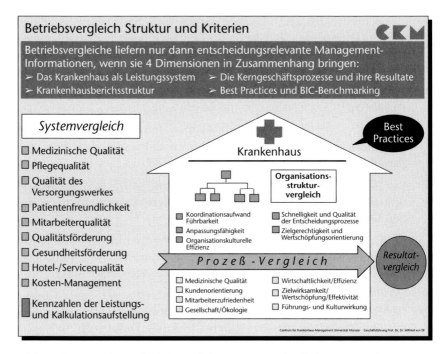

Abb. 6.23: Je nach Vergleichsbereich können unterschiedliche Kriterien herangezogen werden

Abb. 6.24: »Abschließende Empfehlung«

Anhang
Autorenprofile

Der Herausgeber
Prof. Dr. Dr. Wilfried von Eiff

Geschäftsführer des Centrum für Krankenhaus-Management (CKM), das 1994 als Institut an der Universität Münster von der Bertelsmann Stiftung gegründet wurde; davor war er kaufmännischer Direktor der Universitätskliniken Gießen sowie als Manager in der Automobilindustrie tätig; er übt mehrere Aufsichtsratsmandate aus.

Die Autorinnen und Autoren

Prof. Dr. Dietrich Adam
Direktor des Instituts für Industrie- und Krankenhausbetriebslehre, Westfälische Wilhelms-Universität, Münster
Prof. Dr. Dr. h.c. Michael Arnold
Emeritierter Professor für Gesundheitssystemforschung, Medizinische Fakultät der Universität Tübingen; ehemaliges Mitglied des Sachverständigenrates für die Konzertierte Aktion im Gesundheitswesen
Prof. Dr. med. Michael Betzler
Ärztlicher Direktor, Alfried Krupp von Bohlen und Halbach Krankenhaus gGmbH, Essen
Angelika Beyer-Rehfeld
Chefredakteurin der Zeitschrift »Krankenhaus-Umschau«, Berlin
Dr. Peter Borges
Leiter des Geschäftsbereiches »Krankenhauswesen«, GfR Gesellschaft für Rationalisierung mbH, Aachen
Dr. Frank Dornach
Leiter des Forschungsinstituts »Academic Research« und Geschäftsführer der Dornach & Partner Unternehmensberatung, Projektleiter des Deutschen Kundenbarometers, Kissing
Prof. Dr. Siegfried Eichhorn
Professor für Medizinorganisation und Krankenhausökonomie, Medizinische Fakultät der Universität Düsseldorf, Mitgesellschafter DKI GmbH Deutsches Krankenhausmanagement Beratung und Forschung, Düsseldorf
Annette Gerstein
Projektmanagerin, Betreuung von Unternehmen in der Konzeption und Umsetzung von Qualitätsprozessen, Kissing
Dr. Klaus Goedereis
Assistent der Geschäftsführung, Hospitalgesellschaften der Franziskanerinnen, Münster-St. Mauritz
Bernd Hartmann
Wissenschaftlicher Mitarbeiter, Centrum für Krankenhaus-Management, Münster
Dr. Peter Haun
Kaufmännischer Direktor, Alfried Krupp von Bohlen und Halbach Krankenhaus GmbH, Essen
Dr. Helmut Hildebrandt
Mehrheitsgesellschafter und Geschäftsführer der Unternehmensberatung Hildebrandt Gesundheitsconsult GmbH sowie Geschäftsführer der Beratungsgesellschaft Hildebrandt-Fox International, Hamburg
Peter Jungblut-Wischmann
Geschäftsführer der Unternehmensberatung Juwi Konzept, Walsrode

Wolfgang Kaufmann
Geschäftsführer, DKI GmbH Deutsches Krankenhausmanagement Beratung und Forschung, Düsseldorf
Thomas Kolb
Referatsleiter, Hessische Krankenhausgesellschaft e. V., Eschborn
Martin Litsch
Mitglied der Leitung des Wissenschaftlichen Instituts der AOK (WidO), Bonn
Dr. Axel Paeger
Prokurist der Asklepios Kliniken GmbH, Nidda
Herbert Rebscher
Vorsitzender des Vorstandes des Verbandes der Angestellten-Krankenkassen e.V. (VdAK) und des Arbeiter-Ersatzkassen-Verbandes e.V. (AEV), Siegburg
Wilhelm Schleibach
International Management Consultant, London, Münster, Scottsdale Az. USA
Dr. Bernd Schnabel
Geschäftsführender Gesellschafter der GfR Gesellschaft für Rationalisierung mbH, Aachen
Konrad Schumann
Pflegedirektor Klinikum Chemnitz, Chemnitz
Prof. Dr. med. Hans Konrad Selbmann
Institut für Medizinische Informationsverarbeitung, Tübingen
Dr. Holger Thiemann
Projektleiter, International Neuroscience Institute Hannover GmbH, Hannover
Prof. Dr. Dr. Alf Trojan
Abteilungsdirektor, Institut für Medizin-Soziologie, Universitäts-Krankenhaus Eppendorf der Universität Hamburg
Karl-Heinz Tuschen
Referatsleiter im Bundesministerium für Gesundheit, Bonn
Hans Werner Voss
Geschäftsführender Gesellschafter des Instituts für angewandte Biometrie und Epidemiologie GmbH, Universität Bochum
Elvira Wolf
Bereichsleiterin, DKI GmbH Deutsches Krankenhausmanagement Beratung und Forschung, Düsseldorf

Stichwortverzeichnis